실무자가 알려주는
무역과 수입가이드

A Practical Guide to Trade and Import

수출입 · 영문레터 · 해외영업 · 통관 · 관세

— 제 1 판 —

최종훈 지음

바른북스

서문
위대한 꿈, 위대한 여정, 위대한 시작을 위하여

앞서 2019년 출간한 「무역과 수출가이드」에 대한 독자 여러분의 성원과 응원에 힘입어 이번에 새로 출간하게 된 『실무자가 알려주는 무역과 수입가이드』입니다.

전편은 단숨에 쉼 없이 써 내려갔다면 이번 편은 오랜 시간을 갖고 에너지를 쏟아 낸 긴 여정이었습니다. 많은 날들의 새벽에 본문을 써 내려가며 '나는 왜 이 책을 쓰려고 하는가?' 자문해 보곤 했습니다.

제 마음을 울리는 가장 큰 답은 많은 경험을 통해 얻은 실무와 무역현장에 대한 기록들을 남기고 알리고 싶다는 것이었습니다.

제가 좋아하는 영화 중 '굿 윌 헌팅(Good Will Hunting)'이란 영화가 있습니다. 보스턴 퍼블릭가든의 한 벤치에 앉아 연못을 바라보며 교수 숀(Robin Williams)은 주인공 윌(Matthew Damon)에게 이런 말을 합니다.

"시스티나 성당의 내음이 어떤지는 모를 거야. 넌 한 번도 그 성당의 아름다운 천장화를 본 적이 없을 테니까…네가 얼마나 힘들게 살았고, 네가 뭘 느끼고 어떤 사람인지 올리버 트위스트만 읽어보면 다 알 수 있을까…"

우리가 현장에서 몸으로 부딪히며 느끼는 것은 우리가 머리에 담고 있는 지력(知力) 또는 감성과는 많이 다릅니다. 그래서 이론을 잘 정비하여 현장의 실무를 제대로 전달하는 것이 이 책을 쓴 목표입니다.

대부분 수입실무 서적은 관세 등 통관실무에만 국한되어 있습니다. 영업맨이 직접 쓴 책은 거의 없다 보니 바이어와의 관계, 그리고 현장과 서로 연결되지 않는 한계점으로 바로 실제 업무에 활용하지 못하는 점들이 있습니다.

따라서 오랜 기간 무역업무를 하면서 익힌 해외영업 상담, 비즈니스 레터, 계약, 생산관리, 선적, 수입통관, 사후관리, 국내운송 등 전반적인 내용들을 최선을 다해 상세히 전달하고자 합니다.

이 책은 수출도 함께 배울 수 있도록 쓰였으며, 가능한 한 쉽고 자세한 설명으로 무역을 처음 시작하는 초기 사업가부터, 대학생, 일반인, 기업 종사자까지 관심 있는 많은 분들에게 좋은 참고 도서가 되기를 희망합니다.

———————

우리나라는 광복과 한국전쟁을 겪으면서 이후 가난을 극복하고 경제발전을 해오기까지 참으로 고된 삶이었습니다. 현대 경제사는 곧 우리나라의 근현대사를 말해주는 사진첩과 같으며 오늘날 국가의 위상을 높인 주체입니다.

우리나라 경제발전의 초석을 다진 박정희 대통령의 연설에는 어려웠던 시절의 애환과 노력이 담겨져 있습니다.

"우리나라는 다른 나라에 비하여 적어도 1세기라는 시간을 잃었습니다. 이제 더 잃을 시간의 여유가 없습니다. 남이 한 가지 일을 할 때 우리는 열 가지 일을 해야 하겠고, 남이 쉴 때 우리는 행동하고 실천해야 하겠습니다".

가난을 벗어나 오늘날의 대한민국을 위해 1960~90년대 우리의 할머니, 할아버지, 어머니, 아버지들이 밤낮으로 각고의 노력을 했음을 알아야 합니다.

외화를 벌기 위해 서독으로 파견된 간호사부터, 뜨거운 사우디 중동 건설현장에서, 구로공단과 동대문의 근로자까지 그리고 농촌에서는 지붕을 새로 단장하고 벼를 개량하여 근면·자조·협동의 새마을운동이 실시되었습니다. 그 과정을 통해 우리나라 국민의 GDP는 성장했고 그 어느 나라보다도 근면, 성실, 그리고 강한 의지를 가진 국민이 되었습니다. 모래밭 위에 포항제철을 짓고 경부고속도로를 건설하여 물류와 생활이 편리해지고 푸른 산림을 조성하여 아름다운 강산을 만들었습니다.

이러한 DNA는 이제 젊은 세대로 이어져 세계는 지금 대한민국의 케이팝, 드라마, 영화, 음식, 전통문화에 갈채를 보내고 있습니다. 그리고 세계 1등 기업, 일류기업들이 속속 배출되고 반도체, 전자제품, 자동차, 건설, 조선, 방산산업 등 많은 분야에서 선진 한국을 이끌고 있습니다.

———————

집필을 하면서 가장 어려웠던 점은 항만터미널 내 작업 현장에 대한 기술이었습니다. 컨테이너터미널은 출입이 엄격히 제한된 장소로 현장 직원이 아니면 전체적인 운용이 어떤지 알기 어렵기 때문입니다. 따라서 그만큼 많은 자료를 찾고 묘사하는 데 시간을 할애했습니다. 그러한 이유는 현장의 생생한 장면들을 통해 실제 선적 또는 수입이 어떻게 이루어지는지 독자의 관심과 이해도를 높이기 위해서입니다.

끝으로, 지금 이 시각에도 한국 무역 발전을 위해 뛰고 있는 무역종사자, 한국무역협회, 코트라, 관세청, 관세사, 부산항만, 인천항만, 인천공항터미널, 선사, 항공사, 포워더, 물류회사, 트럭기사 등 관련 업무 종사자들의 노고에 깊은 존경과 갈채를 보냅니다. 그리고 우리가 오늘날까지 발전하는데 선대(先代)의 희생, 부모님들의 노고, 국민들의 근면성, 세계 8~9위 규모의 수출입이 있음을 잊지 않고 감사드립니다.

평소 저를 사랑해 주고 지켜봐 주신 많은 분들께도 감사 인사를 전합니다.

2022년 4월 15일
라일락 꽃이 화사하게 피는 날에, 최 종 훈

장(Chapter)에 대한 설명

이 책의 각 장마다 어떠한 내용이 담겨 있는지 알려드립니다.

제1장 수입상이 되기 위한 준비

수입상이 되기 위해서 우선 제품선택, 시장조사, 고객 찾기, 공급처 찾기를 해야 합니다. 그에 따른 내용과 관련 업체 및 기관들은 어떤 것이 있는지 살펴봅니다.

그리고 제품에 대한 이해와 관련된 전문용어를 공부해야 하는데 제품 관련 용어는 영어로 익혀두는 게 중요합니다.

다음으로 해외 공급자에게 의뢰와 주문을 하기 위해서는 영문으로 비즈니스 레터 쓰는 법을 배웁니다. 비즈니스 레터라고 해서 어려워할 필요는 없으며 간략하게 단어만 배열해서 쓰더라도 상대방에게 핵심 내용이 전달되고 예법(禮法)만 갖추면 됩니다. 이러한 레터쓰기 방법, 구성, 서식 등을 배워봅니다.

제2장 공급처 찾기

제2장에서는 이제 본격적으로 공급처(수출상) 찾기에 나섭니다. 수입상에게는 꾸준히 양질의 제품과 서비스를 제공해 줄 공급처를 찾는 일은 매우 소중합니다. 공급처 찾기의 방법에 대해 알아보기로 합니다.

제3장 협상하기

수입상이 적합한 공급처를 찾았다면 해당 업체에게 메일로 문의를 하고 거래를 타진합니다. 제3장에서는 가격, 품질 및 납기 등에 관한 협상 내용과 태도 등을 서술하였습니다. 거래를 시작하기 전 기업 신용조사와 수출입 보험에 대해서도 알아봅니다.

제4장 판매가격 계산하기

가격과 제품에 대한 문의가 끝났다면 수입상은 이제 국내시장에 얼마에 판매가격을 낼지 생각해 보아야 합니다.

제4장에서는 수입에 관련 업체들과 그에 따르는 수입비용항목 등은 어떤 것이 있는지 살펴봅니다. 비용을 계산하는 방법, 수입 시 거래조건, 판매원가에 적용하기 등을 기술하였습니다.

제5장 샘플소싱

제5장에서는 샘플소싱의 방법과 샘플을 받는 방법 등에 대해 살펴봅니다.

제6장 샘플오더 하기

수입상은 샘플소싱을 통해 제품의 품질을 확인하였다면 우선 샘플오더를 진행합니다. 샘플 발주서를 작성하는 방법, 품질 체크와 확인사항에 대해 서술하였습니다.

제7장 메인오더 하기

샘플오더가 끝나면 다음으로 수입상은 메인오더를 진행합니다.

제7장에서는 T/T 거래와 신용장 거래로 나눠 영문 계약서(발주서)를 작성하는 방법에 대해 알아봅니다. 그리고 신용장 개설은 어떻게 하는지와 신용장 원본을 통해 신용장의 구성과 내용을 익힙니다.

신용장은 수출상과 수입상이 알아야 할 매우 중요한 부분입니다. 따라서 신용장에 대한 상세한 설명을 하였습니다.

제8장 메인오더 생산관리

메인오더 주문을 한 후 수입상은 품질, 납기, 포장 등의 생산관리를 해야 하며 그것에 관한 내용입니다. 한편, 생산이 마무리 단계에 다다르면 수출상은 선적을 위한 준비를 합니다.

제9장 선적승인

수입상은 쉬핑샘플을 통해 최종 품질을 확인하고 선적승인에 대한 레터를 보냅니다. 선적승인에 대한 레터는 어떠한 형태로 나가는지 살펴봅니다. 그리고 선적승인 시 수출상에게 포장방법, 쉬핑마크 등을 지시합니다.

제10장 선적서류와 결제

제10장에서는 수출상이 선적을 하고 선적서류를 준비하는 과정을 설명하였습니다. T/T 거래와 신용장 거래로 나눠 수출상이 준비해야 하는 선적서류의 종류, 서식, 작성방법, 설명 그리고 수입상의 결제방법 등에 대해 기술하였습니다.

제11장 수입신고

수출상이 선적한 수출물품은 이제 수출지를 떠나 수입항에 도착합니다. 제

11장에서는 수입신고의 종류, 수입신고와 관련 업체들, 그리고 수입순서 등을 알아봅니다.

제12장 수입통관

제12장은 책의 가장 많은 분량을 할애하여 기술하였습니다.

우선 우리나라 대표 항만에 대해 소개를 합니다. 그리고 화물의 종류와 컨테이너의 크기 등을 이해하고 개념을 정리할 수 있게 했습니다.

제3절에서는 컨테이너터미널 내 구조와 함께 항만 업무의 이해를 돕기 위해 사진 이미지와 선박의 입항, 입항신고, 물품의 하역, 장치, 수입신고, 물품반출 등 수입상이 궁금할 사항들을 상세하게 파노라마(Panorama)로 설명·전개하였습니다.

그리고 제4절에서는 계약부터 수입통관, 국내판매까지 날짜별로 업무일정표로 설명하여 수입상이 해야 할 업무들을 자세히 기술했습니다.

제13장 물품입고와 판매

수입통관을 끝낸 수입물품은 국내로 운송되고 수입상은 본격적으로 국내판매에 들어갑니다. 제13장에서는 국내판매에 대해 설명하였습니다.

제14장 사후관리

제14장은 사후관리에 관한 내용입니다. 선적 전 또는 후에 제품과 관련된 문제 제기, 클레임, 클레임의 정산 방식, 그리고 중재에 관한 내용입니다. 클레임 레터를 작성하는 방법과 중재의 개념 등을 이해할 수 있습니다.

제15장 원산지 증명

원산지 증명은 HS CODE와 원산지증명서로부터 시작합니다. 그에 대한 내용을 기술하였습니다. 일반 원산지증명서와 관세양허대상 원산지증명서에 대해 비교를 하고 예시를 통해 FTA 원산지증명서에 대해서도 공부해 봅니다.

제16장 관세환급과 부가가치세

끝으로 제16장에서는 관세의 종류와 관세환급에 대해 알아봅니다. 그리고 부가가치세와 그에 대한 사무처리 등도 알아봅니다.

* 부록

1. 비즈니스 레터에서 사용하는 약어 (Abbreviation)

비즈니스 레터에서 자주 사용되는 기본적인 약어들을 정리하였습니다.

2. 회사직위 영문표기 (Title)

회사직위에 대한 내용입니다.

상대방 회사의 직함을 이해하고 자신의 소개나 공식행사의 영문표기에 참고하길 바랍니다.

3. 무역에 참고할 만한 기관 홈페이지

수출입 업무에 관련된 기관들의 홈페이지입니다. 이를 통해 많은 정보와 서비스 등을 이용할 수 있습니다.

4. 기명식 선하증권 (Straight B/L)과 지시식 선하증권 (Order B/L)

선하증권에 대한 궁금증을 해결해 줄 것으로 기대합니다.

5. 기한부신용장 만기일

일반신용장 다음으로 많이 사용되는 기한부신용장의 만기일에 대한 설명입니다.

6. 수입화물선취보증신청서 (L/G)

수입상이 선적서류가 도착하기 전 수입물품을 찾고자 하는 경우 L/G가 필요합니다. 이에 대한 설명입니다.

7. 무역서류 보관기간

회사 내에서 무역서류는 얼마 동안 보관을 해야 하는지 그리고 몇 년 후에 폐기해도 되는지 알아봅니다.

8. FTA 무역서류 보관기간

회사 내에서 FTA 무역서류는 얼마 동안 보관을 해야 하는지 그리고 몇 년 후에 폐기해도 되는지 알아봅니다.

9. 고시환율

무역업무의 기초가 되는 고시환율에 대한 설명입니다.

10. 환율 매매기준율과 적용

가격의 오피, 송금 보낼 때, 또는 송금 받을 때에 환율은 어떻게 적용해야 하는지 설명하였습니다.

11. 외환관련수수료

환전, 송금, 수출, 수입에 따르는 각종 은행수수료를 참고함으로써 무역업무에 활용할 수 있습니다.

12. 한국 연도별 수출입 실적 자료

1956년 우리나라 무역통계가 이루어진 이후로 대한민국 역대 수출입 실적 자료를 통해 우리나라의 눈부신 경제발전을 읽으며 참고할 수 있습니다.

13. UCP 600

신용장통일규칙(UCP600) 전문 중 핵심 내용을 실었습니다.

수출상은 NEGO 서류를 준비함에 있어 참고할 수 있으며, 수입상은 신용장개설 시에 참고가 됩니다.

일러두기

- 수입상이 되기 위한 준비사항부터 공급처 찾기, 협상, 계약, 생산, 수입통관, 국내판매까지 순차적으로 내용을 기술하였습니다.

- 업무에 따르는 필수적인 서식들은 반드시 예시하여 실무를 익히도록 했습니다.

- 모든 서류들은 내용이 서로 연결되도록 하여 독자의 이해도를 높였습니다.

- 무역용어 및 실무용어 등은 괄호 안에 영문을 같이 표기하였습니다.

- 현장에서 한글과 영어가 혼용되는 사용되는 용어는 '한글(English)' 형태로 표기하였습니다. 반면 현장에서 영어가 보다 친숙하게 사용되는 용어는 'English(한글)' 형태로 표기하였습니다.

- 실무에서 표기되는 형태로, 한 번에 읽어야 하는 실무용어나 법률용어는 띄어쓰기를 하지 않고 이어서 표기합니다. 예로 들면 '국내업체', '취소불능화환신용장발행신청서', '쇼핑샘플', '세관지정장치장', '국제협력관세' 등이 있습니다.

- 하지만 상황에 따라 표현에 띄어쓰기를 달리 한 경우도 있습니다. 예로 들면 '국내업체'와 '국내 업체의', '원산지증명' 과 '원산지 증명의' 등이 있습니다.

- 실무에서 잘 사용하지 않는 어려운 한자 용어는 가급적 피하고 필요한 경우에는 괄호 안에 한자와 함께 뜻을 적었습니다.

- 같은 의미로 쓰이는 단어는 괄호 안에 함께 나열하였습니다. 예로 들어 '공급자(수익자, 수출상)', '구매자(바이어, 수입상)' 등이 있습니다.

- 괄호 안의 단어는 일반적으로 보다 작게 표기하되, 동격 또는 강조하는 말은 같은 크기로 하였습니다.

- 내용에서 중요, 강조, 용어, 인용 등은 " "(큰따옴표)를 사용하였고, 환기, 구분, 집중, 인용 등은 ' '(작은따옴표)를 사용하였습니다.

- 독자의 이해를 돕기 위해 각주 설명을 추가하였습니다.

- 관련 기관의 자료 및 표 등 인용은 모두 저작권자로부터 사전에 허가를 받은 후 실었음을 알려드립니다. 그리고 해당 자료 하단에 그 출처를 밝힙니다.

감사의 글

비즈니스 공부에 좋은 가르침을 주신 로라 교수

좋은 교정과 조언을 해 준 친구 제프 머피

해외에서 늘 용기를 준 친구 앨라인, 리키 로, 자니 오, 폴콕, 민챠우, 넷 리

책이 나오기까지 응원해 준 강두석, 정은량님

집필에 조언해 준 람세스물류주식회사 김성한 이사님과

관세청, 천지인 관세사, 코트라, 한국무역협회 관계자님

신뢰있는 출판으로 애써주신 도서출판 바른북스

한결같이 아껴주고 격려해 주신 (주)셀파 최종일 사장님

늘 따뜻한 배려와 힘을 주는 자형 김태규님

삶의 지혜와 사랑을 주신 어머님 윤영조, 아버님 최정용

그리고 친구, 형제 및 자매들에게 특별히 감사드립니다.

❧

Special thanks to :

Professor Laura Paulina for inspiring my business studies,

Geoff Murphy for offering valuable comments and corrections,

Aline Choi, Ricky Lo, Johnny Au, Paul Kwok, Minh Chau, Net Le

who have shown support and courage for a long time from overseas.

차례

CONTENTS

제1부 공급처 찾기와 샘플 받기

제2부 오더진행

제4부 수입과 통관하기

제12장   수입통관   381

제5부   국내판매 하기

제13장   물품입고와 판매   519

제6부 수입 후 사후관리

부록

A Practical Guide to Trade and Import 제 **1** 부

공급처 찾기와 샘플 받기

1862년 국제 전시회
사우스 켄싱턴, 런던

International Exhibition of 1862,
beside the gardens of the Royal Horticultural Society,
South Kensington, London, England

제1장 수입상이 되기 위한 준비

> 오늘 누군가가 그늘에 앉아 쉴 수 있는 이유는
> 오래 전 누군가가 나무를 심었기 때문이다
> – 워렌 버핏 (Warren Edward Buffett)

제1절 의미

1. 역사의 에피소드 (Episode) 단편

세계의 많은 사람들은 할리우드(Hollywood) 영화를 통해서 미국 타임스퀘어와 월스트리트를 동경하거나 직접 관광에 나서 사진을 찍는다. 타임스퀘어는 세계 기업들의 광고편이자 명성 있는 뮤지컬 공연들이 있으며 월스트리트(Wall Street)에는 뉴욕증권거래소(NYSE : New York Stock Exchange)가 있다.

18세기 후반 월스트리트 강가에 거래인들(Traders)과 투기꾼(Speculators)들이 뒤섞여 거래를 하다가 이후 거래인들이 연합하여 만든 것이 뉴욕증권거래소이다.

이탈리아 베네치아도 전 세계인의 최고 관광지 하나로 꼽힌다. 사람들에게는 물의 도시, 관광의 도시로 알려져 있지만 베네치아는 8세기부터 1789년까지 베네치아 공화국(Respublica de Venexia)으로 무려 1,000년간 지중해 무역의 중심지였다.

한편, 동양의 무역 중심지 홍콩(香港)은 우리가 쓰는 한자로는 '향항(광동어로 행꽁)'인데 '향나무 항구'라 한다. 옛날 홍콩은 향나무가 많아 향나무를 생산하여 수출하던 항구여서 그렇게 부른다고 전해진다. 하지만 필자가 홍콩 지인들에게 물어 본 바는 옛날 향신료가 발달한 인도에서 많은 수출상들이 중국 본토로 향신료를 수출하였다. 그때 선적한 배들이 홍콩에 줄지어 대기하면서 항구에는 향신료 냄새가 가득했다고 한다. 그래서 '향기 나는 항구'라 했단다. 나는 개인적으로 후자의 설이 더 설득력 있어 보인다. 향신료는 음식의 맛을 풍미하게 하고 사람의 입맛을 돋아 건강하게 하지 않던가. 분명 홍콩·음식이 유명한 거 보면 일리가 있다.

어쨌든 침사추이에서 바라본 지금의 홍콩항에는 세계의 광고판들이 있다. 세계 일류기업이 아니면 그곳에 광고판을 내걸 수 없을 정도로 사용료가 어마어마하다고 한다. 세계의 관광객들이 방문하면 제일 먼저 사진을 찍는 것이 홍콩 야경이며 사진이 제일 잘 나온다는 포토존 중심 자리 빌딩에 우리 기업 '삼성'의 광고판이 있다. 그리고 나란히 옆 빌딩에는 'LG'가 서 있다.

우리나라의 경제발전과 국가 위상은 수출로 이루어졌다 해도 과언이 아니다. 2021년 현재 한국은 수출액 6,444억 달러, 수입액 6,150억 달러로 교역액 규모 세계 8위 경제 대국이다. 7대 수출품으로는 석유제품, 합성수지, 자동차, 자동차 부품, 선박해양구조물 및 부품, 반도체, 평판디스플레이 및 센서가 있으며 7대 수입품으로는 원유, 천연가스, 반도체 제조용 장비, 자동차,

무선통신기기, 컴퓨터, 반도체가 있다.[1]

따라서 한국에서 수출입을 하는 많은 기업들과 항만, 항공, 물류업체 및 관련 종사자들은 우리나라 발전의 개척자이자 한국경제를 이끌어가는 리더라는 자부심을 항상 가져도 좋을 것이다.

2. 변화의 시대

요즘과 같이 인터넷이 발전되기 전에는 '무역상', '오퍼상', '바잉오피스(Buying office)'의 말들은 무역회사 또는 무역 종사자들에게서 흔하게 사용하던 단어였다. 그러나 어느 날부터 타자기가 역사 뒤로 사라지고 그러한 단어들도 함께 점점 퇴색돼 갔다.

컴퓨터가 한 단계 더 발전하고 이메일(email)과 인터넷 사용이 활발해지면서 수입상은 컴퓨터망을 통해 전 세계로 가격 문의가 가능해졌다. 비교가 쉬워지면서 좀 더 나은 가격, 좀 더 나은 제품을 찾아 이 나라에서 저 나라로 쉽게 공급처를 옮겨 다니는 업체들도 많았다. 한편 수출상은 기존의 비싼 출장비를 들여 비행기를 타고 가서 바이어와 상담하고 확인해야 했던 많은 부분들을 온라인으로 해결을 했다.

세계는 '증기기관' 발명을 계기로 1차 산업혁명이 일어나고, '에디슨의 전기'로 2차 산업혁명으로 격변했으며, 이후 다시 1990년대 컴퓨터와 인터넷이 생활화·사무화되면서 세계의 산업은 또 한 번 급변했다. 그리고 이제 모빌리티(Mobility), 스마드폰(Smartphone), 자율수행, 인공지능(AI), 로봇(Robot), 항공우주 등 4차 산업으로 새로운 변화의 시대를 맞이하고 있다.

이렇게 변화의 시대를 거치면 한쪽에선 많은 새로운 산업이 생기고 발전을

---

[1] 한국무역협회 무역통계

하는 대신 다른 한쪽에선 사양산업(斜陽産業)의 길을 걷다가 시장에서 도태되어 가는 산업도 생긴다. 그리고 무한 경쟁은 점점 높아지고 사람이 결정해야 하는 시간은 점점 더 빨라져 간다. 육체적인 업무는 줄었을지 모르나 한 사람이 처리해야 할 업무량은 여전히 늘어났다.

또한 세계화와 IT(Information technology : 정보기술)의 발전으로 부의 집중화와 부의 빈부차는 과도하게 커지고 있다. 예전에는 도매상, 소매상, 재래시장뿐만 아니라 길거리 좌판에서도 물품을 팔며 이윤을 남겼고 개인의 삶을 개선해 나갔다. 하지만 이제는 정보기술과 함께 막강한 자금력을 가진 기업이 유통망과 가격 경쟁력을 확보하며 대부분의 소비를 빨아들인다. 개인들 또한 이젠 재래시장보다는 인터넷으로 쇼핑을 하거나 해외에서 직접 구매를 하기도 한다. 이로 인해 중간 유통 또는 판매회사들의 경영이 예전과 같지 않고 많은 어려움에 있는 게 사실이다. 이처럼 현대는 산업환경뿐만 아니라 무역환경 또한 녹록하지 않다.

하지만 시장은 여전히 바다와 같아서 이 속에서도 여러 종류의 기업들이 새롭게 생산을 하고 때로는 서로의 필요에 의해 공급과 구매가 이루어지고 있다. 그리고 돌이켜 보면 한때 바이어들이 인터넷으로 쉽게 쉽게 공급업체를 바꾸었던 시절이 그것이 꼭 좋은 공급처, 오래가는 공급처가 되는 것이 아님을 알고 기존의 보수적 거래 방식대로 돌아오듯이, 기업은 기본에 충실하며 품질과 성실성과 전략으로 나아갈 때 어려운 환경에서 길은 만들어질 것이다.

제2절 제품선택

수입자(수입상)는 완제품 생산을 위한 원재료를 수입하거나 또는 물품을 국내시장에 판매할 목적으로 해외로부터 구매하여 유통 판매하는 사람 또는 회사를 말한다.(이하 문장에 따라 수입자는 수입상, 구매자, 바이어 등과 같은 의미로 표기하고 공급자는 공급업체, 공급처, 수출상, 생산자, 생산업체, 생산처 등과 같은 의미로 표기를 한다)

원재료를 수입하여 제2생산자에게 공급하기도 하고, 부분품을 수입하여 직접 후가공 작업(After treatment)을 한 후 판매하기도 하며, 완제품(완성품)을 수입하여 중간 상인에게 판매하기도 한다. 판매는 관련 업체(B2B : Business to Business)에 하기도 하고 직접 소비자(B2C : Business to Customer)에게 하기도 한다.[2]

우선 수입상이 되고자 하는 사람이 가장 먼저 해야 할 일은 제품선택이다. 어떤 제품(Item)을 선정하고 수입하여 국내에 판매를 할지를 정하고 그것으로 어떤 수익을 올릴 수 있을지 조사하고 계획해야 한다.(이하 문장에 따라 제품은 상품, 물품, 아이템, Item 등과 같은 의미로 쓴다)

국내에서 이미 사업을 하고 있는 회사는 좀 더 다양하고 우수한 공급처 또는 제품 확보를 위해 수입이 필요한 경우가 있다. 그리고 어느 한 분야에서 오랫동안 경험이 있는 사람이라면 자신의 분야 또는 그와 관련된 제품을 수입물품으로 정하는 것이 바람직할 것이다.

반면 사회에 처음 진출하는 초년생이나 자신의 경력과 별개로 새롭게 시작하는 사람은 그만큼 제품 선택과 준비과정을 철저히 준비해야 한다.

제3절 시장조사

제품(Item) 선택이 끝나면 다음은 제품에 대한 국내 시장조사를 해야 한다.

---

2) B2B(Business to Business)는 기업과 기업 간의 거래를 말하며, B2C(Business to Customer)는 기업과 개인소비자들과의 거래를 말한다.

시장조사는 다음 사항을 중심으로 점검하고 체크한다.

- **시장성**은 있는지
- **타깃 고객**은 누구를 대상으로 할지
- **판매경로**는 어떻게 할지
- **마케팅**은 어떻게 할지
- **가격경쟁력**은 있는지
- **자금조달**과 자금은 있는지
- **제품 보관**은 어디서 할지
- **판매용 포장방법**은 어떻게 할지
- **사후관리**[3]는 어떻게 할지 등이다.

제4절 고객 (판매처) 찾기

다음으로 수입상이 되기 위해 고객(판매처)을 찾아야 한다.

제품을 사 줄 고객이 없다면 수입하고자 하는 처음의 목적도 없어진다.

수입상의 잠재적 고객으로는 대형매장에 공급하는 경우, 재래시장에 거래처를 만드는 경우, 도매상에게 공급하는 경우, 전국 각지의 개별 가게에 공급하는 경우, 개인소비자에게 온·오프라인으로 판매하는 방법 등이 있다. 이러한 경우에 제품의 특성에 따라 판매처가 달라지는 경우가 많으며 이를 연구해야 한다.

예를 들어 와인의 경우, 이미 대기업 마트에서는 중간 공급업체로부터 받기도 하고 또는 자체적으로 수입도 병행하고 있다. 한때 이마트에서는 해외

---

3) 사후관리 : 고객으로부터 수리요청, 교환요청, 품질하자 그리고 클레임발생 등을 어떻게 대처할지 기본 매뉴얼을 정하는 것을 말한다.

와인회사와 벌크(Bulk : 대량)로 공급계약을 맺어 4천 원대 와인을 판매하면서 소비자로부터 큰 호응을 얻었다. 만약 개별 수입상이 어떤 제품을 대기업에 공급하는 중간 공급업체로 등록되면 좋을 일이다. 그러기 위해서는 특별한 제품이어야 하고 신뢰도나 공급 노하우도 쌓아야 한다. 우리가 대형마트에 가면 개별 생산자 이름을 한 재래김, 채소, 과일 등을 볼 수 있듯이 대형마트에 공급하는 길이 그리 먼 얘기는 아닐 것이다.

와인의 경우 이처럼 판매처가 꼭 대기업만이 있는 게 아니라 전국에 있는 와인바, 호텔, 일반 호프주점 등도 고객 대상이 될 수 있다.

건어물의 경우 우리가 흔히 먹고 있는 쥐포, 오징어포, 육포 등은 대부분 베트남산 또는 러시아산이며 고등어나 연어의 경우 노르웨이로부터 수입을 하고 있다. 제품에 따라 그것을 공급할 수 있는 방안을 찾아보고 직접 분류, 재포장, 보관방법, 상품화 등을 하여 판매처를 발굴하여야 한다.

제5절 공급처 (수출상) 찾기

고객(판매처) 대상이 어느 정도 윤곽이 잡히면 동시에 제품을 공급해 줄 공급처(수출상)를 정해야 한다. 시간상으로 보면 공급처(수출상)를 먼저 발굴하고 준비를 해야 한다. 이 또한 사전 준비 시간이 많이 걸리기 때문이다.

먼저 어느 나라 어떤 지역으로 할지를 정한다. 예로 들어 와인의 경우 프랑스, 이탈리아, 스페인, 칠레, 호주, 뉴질랜드 등 다양하다. 수입상은 국내 공급량을 조사하고 예로 들어 프랑스, 이탈리아, 스페인, 칠레 산 와인이 많다면 뉴질랜드, 하와이 산 등 특별하거나 희소성이 높은 나라의 와인 수입도 고려해 볼 만한 가치가 있다. 이때에 판매성, 가격 경쟁력은 어떤지도 함께 조사를 해야 한다.

그리고 한 국가의 와인이라 할지라도 어느 한 지역의 와인을 특화해서 마케팅하는 것도 좋은 방법이라 생각한다. 이를테면 호주의 경우 주요 와인 산지들 여러 곳이 있다. 뉴사우스웨일즈(NSW)주에 헌터밸리(Hunter valley), 사우스오스트레일리아(South australia)주에는 바로사밸리(Barossa valley), 애들레이드힐스(Adelaide hills), 빅토리아(Victoria)주에는 야라밸리(Yarra valley), 모닝턴페닌슐라(Mornington peninsula), 웨스턴오스트레일리아(Western australia)에는 퍼스힐스(Perth hills), 마가렛리버(Margaret river), 그리고 타스매니아(Tasmania)주의 와인 산지들이 대표적이다. 또한 그 산지(Valley) 안에 또 많은 바이너리(Vinery : 포도밭)들이 있다. 그리고 각 농장의 회사마다 자체 와이너리(Winery : 포도주 양조장)를 갖추고 있으며 자체 브랜드 이름으로 레벨링(Labelling)하여 제품을 생산하고 판매하고 있다.

각 산지는 기후에 따라 재배하는 포도품종이 다르며 그에 따라 특유의 맛, 제조방식 등을 가지고 있어 수입상은 이것을 바탕으로 판매 마케팅 포인트를 계획할 수 있다.

1. 온라인 상담

수입자는 해외 무역사이트, 알리바바, 아마존, 해외 산업협회, 해외 한인회, 교민잡지 등을 통해 잠재적 공급처(생산자)를 조사하고 찾아볼 수가 있다.

그리고 그 나라의 특성, 지역, 산업, 문화 등을 사전에 공부하고 현지 생산업체들을 정한 후 그들에게 이메일 또는 팩스로 상품 문의를 한다. 문의내용으로는 최소 주문요구량[4], 가격, 납기 등을 할 수 있다.

---

4) 최소 주문요구량 : 생산자가 이윤을 남기기 위한 최소한의 판매가 가능한 수량 또는 작업설비를 이용하여 1회에 생산 가능한 수량을 말한다. 실무에서 'Minimum order quantity', Min.q'ty, 또는 'MOQ'라 한다.

2. 직접 방문상담

가장 중요한 것은 현지를 직접 방문하여 생산업체(수출상)와 상담을 하는 것이다. 영어 소통에 다소 어려움이 느껴진다 해도 크게 문제 될 것은 없다. 주변에 친구, 지인, 친지, 가족들 중에 영어 소통이 가능한 이를 동반하여 출장을 떠난다. 사전에 제품 용어, 묻고 싶은 내용 등을 잘 정리해서 간다. 생산시설을 둘러보는 것만으로도 많은 지혜를 얻을 수 있다.

3. 전시회 상담

매년 세계의 많은 국가에서 산업별 전시회가 열린다. 수입자는 관심분야의 전시회를 방문하여 현장에서 거래 가능성이 있는 여러 공급자들을 만날 수 있다. 전시회에 참가한 업체의 부스(Booth)를 직접 방문하여 제품을 보고 상담하며 여러 사항들을 문의한다. 그리고 명함을 주고받으며 추후 거래 계기를 만들 수 있다.

전 세계 전시회 정보 및 일정은 "GEP 글로벌 전시 플랫폼(www.gep.or.kr)"에 잘 나와 있으며 그것을 참고하여 출장 계획을 세운다. 이외에도 해외 산업협회 또는 무역 관련 사이트 등에서도 전시회 일정을 찾아볼 수가 있다.

제6절 거래처 구축하기

수출상뿐만 아니라 수입상은 성공적인 비즈니스를 위해서는 거래처가 잘 구축되어 있어야 한다. 업무에서 서로 유기적으로 협조가 될 때 성공적인 사업이 가능해진다.

수출상과 수입상에게는 다음과 같은 거래처들이 필요하며 미리 발굴한 후 본격적인 비즈니스에 나서야 한다.

1. 생산공장

수출상은 수출물품을 생산, 가공, 검사, 포장 등 전반적으로 생산을 하는 공장이 있어야 하며, 수입상에게는 수입한 수입물품을 후가공하거나(필요한 경우) 재포장을 위한 공장이 있어야 한다.

2. 화물운송회사

수출상은 출고할 때 수출할 물품을 운송수단인 트럭에 싣고 내륙운송하여 지정된 부두에 이동시킬 화물운송회사가 필요하다.

수입상에게는 해외로부터 수입한 수입물품을 운송수단인 트럭에 싣고 내륙 운송하여 사무실 또는 지정된 창고로 이동시킬 화물운송회사가 필요하다. 이후 국내판매 시 국내업체 간 운송에도 화물운송회사를 이용한다.

화물운송회사는 전국 각지로 화물을 운송하며 1톤 트럭부터 그 이상의 트럭 단위로 운송이 가능하다.

☎ 효성물류 : (053) 572-2727

3. 선사 (Line) 또는 포워더 (Forwarder)

수출상이 수출 시에 선사/포워더는 선적할 배를 대신 예약하고 선적을 대행해 주며 선하증권(B/L)을[5] 발행한다.

수입상이 수입 시에 선서/포워더는 화주(수입상)[6]에게 수입물품이 도착하였음을 알리는 도착예정통지서를 송부하고, 화주로부터 선하증권(Original B/L)을 받고 그 교환으로 화물인도지시서(D/O : Delivery order)를 내준다.

이에 D/O를 받은 화주는 D/O를 수입물품이 보관되어 있는 보세구역(CY, CFS, 보세창고 등) 화물관리인에게 제출하여 수입물품을 찾게 된다.

☎ 람세스 물류주식회사(포워더) : (02) 2151-0230, (02) 779-1400

☎ 동서해운 : (02) 3788-4000

4. 관세사

수출상이 수출 시에 관세사는 수출통관과 수출신고를 대행해 주며 수출신고필증을 발행해 준다. 이후 관세환급을 대행하여 진행해 준다.

수입상이 수입 시에 관세사는 수입물품에 대한 수입통관과 수입신고를 대행해 주며 수입신고필증을 발행한다. 수입에 대한 관세, 부가가치세 등 제세를 대행 납부해 준다. 이후 관세환급을 대행하여 진행해 준다.

그리고 수입상의 요청이 있는 경우 화물운송회사와 연계하여 수입물품을 내륙운송하는 업무까지 진행한다.

☎ 천지인관세사 : (02) 3448-5582

제7절 수입상의 공부

---

5) 선하증권(B/L) : 'Bill of Lading'이라 한다. 해상운송 시 도착지에서 수입상이 물품을 찾을 수 있도록 한 유가증권을 말한다. 한편 항공운송 시 도착지에서 수입상이 물품을 찾을 수 있도록 한 것은 '항공화물운송장(Air waybill)'이라 한다.

6) 화주 : '화물의 주인'이란 뜻이다. 수출 시 화주는 Consignor, 송하인이라 하고 수출상(수출화주)에 해당하며, 수입 시 화주는 Consignee, 수하인이라 하며 수입상(수입화주)에 해당한다.

1. Bona Fide 원칙

"신의성실의 원칙"은 고대 로마시대부터 이어져 오는 법률의 대원칙이다. 모든 국제법과 계약법의 바탕을 이루고 있다. 신의성실(信義誠實)은 라틴어로 'Bona fide'라 하며 영어로는 'In good faith'라고 한다. 모든 사람이 사회 공동생활의 일원으로서 상대방의 신뢰에 반하지 않도록 성의 있게 행동할 것을 요구하는 법 원칙이다.

법 조항에 자주 나오는 용어로 비즈니스뿐만 아니라 인간의 삶에서도 가장 필요한 원칙이라 할 수 있다. 어떤 사람이 상대방에게 성의와 신뢰를 보내면 상대방도 그에 걸맞은 태도와 성의를 보여야 한다. 그것은 기본적인 예의이자 올바른 태도이며 두 관계를 오랫동안 지속할 수 있는 기반이 된다. 비즈니스에서도 상호 계약의 내용을 성실히 이행하고, 협조하며, 때로는 어려운 점을 분담할 수 있는 마인드가 필요하다. 수출상은 공급자로서 제품을 성실히 만들어 제때 공급하고 수입상은 결제에 대한 책임과 의무를 다해야 한다.

2. 호혜주의 원칙

호혜주의(Reciprocity, Mutual benefit) 원칙이란 '상호주의' 또는 '상호호혜주의'라고도 부르며, 상호이익을 위하여 국가, 단체 또는 개인 등이 받은 특권을 같은 방식 또는 혜택으로 상대방 국가, 단체 또는 개인 등에게 부여하는 것을 말한다.

이러한 호혜주의 원칙은 상호이익을 추구하지만 '눈에는 눈 이에는 이(An eye for an eye, and a tooth for a tooth)'라는 보복성의 특징도 함께 하고 있다. 그리고 앞서 말한 'Bona Fide(신의성실의) 원칙'과도 그 의미에서 일맥상통하고 있다.

호혜주의 원칙은 국제법, 무역 관계, 관세 적용 등에 사용되고 있다. 특히 무역 관계에서 보복조치, 상계관세, 보복관세 등이 이 원칙을 바탕으로 이루어지고 있다. 따라서 사회적 관계, 개인적 관계, 그리고 비즈니스 관계에서도 이러한 원칙이 바탕으로 상호이익을 추구하되 상호 신뢰를 깨뜨리는 행위에 대해서는 응당한 조치를 취하는 것이 진정한 호혜주의라 하겠다.

3. HS CODE

HS CODE(Harmonized System Code)에 대해서는 '제15장. 원산지 증명' 편에 상세히 설명하겠다.

수입상의 공부에서 첫째로, 수입상은 수입하고자 하는 제품 또는 취급하는 제품에 관한 HS CODE를 미리 체크하고 알아 두어야 한다. HS CODE를 공부하는 이유는 수입하는 물품에 대해 수입관세를 결정짓는 직접적인 요소가 HS CODE이기 때문이다.

HS CODE는 세계의 국경을 넘나드는 모든 물품에 대해 각국의 수출입 시 물품마다 번호를 정하고 분류한 상품분류코드이다.

한국의 HS CODE는 10자리이다. 예로 들어 마른 김은 'HS CODE 1212.21.1010'이다. 앞 6자리는 세계 공통이며 나머지 뒷자리는 나라마다 형편에 맞게 세분화해서 숫자를 달리한다. 또한 코드를 총 10자리를 사용하지 않고 8자리, 9자리를 사용하는 국가도 있다.

HS CODE는 HS-CODE, HTS CODE, 세번, 세번부호 등으로 불린다.

수입상은 HS CODE를 통해 수입물품에 대한 관세, 부가가치세 비용을 미리 알아 두어야 한다. 그래야 그 비용을 감안한 후 판매단가를 계산하고 결정할 수 있다.

4. 제품 전문용어

둘째, 수입상은 수입하고자 하는 제품에 대해 전문지식을 완벽하게 갖추지는 못하더라도 어느 정도의 지식은 미리 공부해야 한다. 그리고 그에 해당하는 영어 단어, 영어 표현을 사용할 수 있어야 한다.

앞서 예로 든 건어물의 경우 건어물의 후가공 방법이라든지 해산물의 종류, 보관, 포장방법 정도는 알아야 한다. 포도주의 경우 대표적인 레드와인 포도품종으로 카베르네 소비뇽, 메를로, 피노 누아, 쉬라(쉬라즈), 산지오베제라던가 화이트와인의 경우 샤르도네, 세미용, 소비뇽 블랑, 리슬링, 모스카토, 게뷔르츠트라미너 등의 용어, 맛, 특징, 포장, 운송방법 등은 알아야 한다. 제조 방법에 대해서도 물어볼 수 있을 정도의 준비는 해야 한다. 하지만 실제 실무에서 부딪히면서 배우고 익히는 제품 지식의 양이 훨씬 더 많다. 그러므로 너무 공부하는 데만 시간을 쏟는 것도 주의해야 한다.

5. 무역용어

셋째, 수출상과 수입상은 기본적인 무역용어들에 대하여 알아야 한다.

무역용어 또한 업무와 경험을 늘려가는 과정 속에서 자연스럽게 많이 습득할 수 있게 된다.

다음은 필수 무역용어를 정리하였다. 본 수입가이드에 들어가기 전 미리 익히고 공부한다면 훨씬 본문 내용을 쉽게 이해하는 데 도움이 되리라고 생각한다.

◼ 무역용어

1) 상담, 협상

용 어	의 미
make an appointment	약속하다.
I am in charge of the overseas sales.	저는 해외 판매를 담당하고 있습니다.
I want to talk/report about a newly developed item.	새롭게 개발된 제품에 대해 말/보고해 드리고 싶습니다.
I will begin by giving you an overview of this item.	이 제품에 대해 대략적으로 설명해 드리겠습니다.
To move on a next point,	다음 주제로 넘어가면,
To go back to an earlier point,	앞의 주제로 돌아가서,
To summarize,	요약하면,
To expand on,	부연 설명하면,
To recap,	다시 정리하면,
To elaborate on,	상세히 설명하면,
To digress,	여담을 하면,
In my conclusion,	저의 결론은,
What I am saying is this...	제가 말하고자 하는 것은...
What I meant is...	제가 말한 의미는...
Please give me your main points.	당신이 말한 핵심 내용이 무엇인지 알려주세요.
inquiry, ask, enquiry	의뢰하다
reply, response	답하다
propose	제안하다
suggest, recommend	제안하다
refuse, reject, decline	거절하다
increase/ rise	증가하다
compromise	합의하다
agree	동의하다

arrange	미리 조달(조치)하다
cancel	취소하다
confirm	확약하다
reconfirm	재 확약하다
approve	승인하다
decrease/ fall	감소하다
shoot up/ take off	급격히 증가하다
plunge/ slump/ plummet	급격히 하락하다
fluctuate	오르락내리락 변동이 심하다
recover/ pick up	회복하다
stabilize/ level off	안정화되다
remain steady	안정을 유지하다
peak	최고점이다
hit a low/ bottom out	최저점이다. 바닥을 치다
grow/ expand	성장하다. 확장하다
shrink/ decline	줄다. 감소하다
slightly	약간 (가격, 양)
steadily	꾸준히 (가격, 양)
tremendously	엄청나게 (가격, 양)
sharply	날카롭게, 급격히 (가격, 수치)
considerably	상당이, 꽤 (가격, 수치)
marginally	아주 조금 (가격, 수치)
at USD1.00	1달러에
about/around USD1.00	대략 1달러에
approximately/roughly USD1.00	대략 1달러에
between USD1.00 and USD2.00	대략 1달러에서~2달러 사이
over USD1.00	1달러 이상
below USD1.00	1달러 이하
It is worth 1 US dollar.	그것은 1달러의 가치를 한다.

rise by 10%	10% 오르다
reduce costs	비용을 줄이다
offset costs	비용을 메우다
give discount	가격을 깎아주다
Low profitability	낮은 수익성
We strongly recommend that~	~을 강력히 추천합니다
We deeply regret that~	~을 유감스럽게 생각합니다
We totally reject that~	~을 완전히 거부합니다
We utterly refuse that~	~을 완전히 거절합니다
We honestly believe that~	~을 신뢰합니다
We readily accept that~	~을 기꺼이 받아들입니다
I am afraid your offer is totally unacceptable.	당신의 제안은 전혀 받아들일 수 없을 것 같습니다.
Now the market is too price-conscious.	현재 시장은 가격에 아주 민감합니다.
I would say we will just about manage to break even.	거의 마진 없이 본전으로 진행하고 있다고 말하고 싶군요.

2) 가격

용 어	의 미
Price terms	가격조건
Payment terms	결제조건
EXW (Ex Works)	공장인도조건. • 수출상 : 제소공장, 장고 능 인도 지점까지 (위험&비용 부담). 이후 차량적재, 출고 등은 구매자 부담
FOB (Free on board)	본선인도조건. • 수출상 : 본선(배)에 적재까지 위험&비용 부담

CFR (Cost & Freight)	운임포함조건, CNF. • 수출상 : 위험은 선적항 본선(배) 적재까지. 비용은 적재비용+해상운임+해상보험료 제외+정기선의 경우 하역비용까지
CIF (Cost, insurance & freight)	운임 보험료 포함조건. • 수출상 : 위험은 선적항 본선(배) 적재까지. 비용은 적재비용+해상운임+해상보험료+정기선의 경우 하역비용까지
Total amount	총합계 (금액)
Gross total	총합계 (금액, 수량)
Sub total	소합계 (금액, 수량)
Upcharge/ Surcharge	추가요금. 보통 샘플 작업 시 메인가격보다 15%의 가격을 업 시킨 가격으로 진행한다.
Net cost, Prime cost, Production cost	생산원가, 제조원가
Offer price	판매가격
Margin/ Sales profit	마진, 매출이익
Profit	이익
Net profit	순이익
Loss	손실
Commission	수수료
Surplus/ Black ink	흑자
Deficit/ Red ink	적자
Best price	최상의 가격
Bottom price	바닥 저가의 가격
Rock-bottom price	최저가의 가격
Reasonable price	적절한 가격
Competitive price	경쟁력 있는 가격
Target price	목표 가격

The price is high.	가격이 높다(비싸다)
The price is low.	가격이 낮다(싸다)
The product is expensive.	제품이 비싸다
The product is high-priced.	제품이 비싸다
The product is cheap.	제품이 싸다
The product is low-priced.	제품이(품질에 비해) 저렴하다
raise/ increase the price	가격을 올리다
reduce/ cut the price	가격을 내리다
The prices rise/ increase.	가격이 오르다
The prices fall/ decrease.	가격이 떨어지다
The prices shoot up/ take off.	가격이 급등하다
The prices skyrocket/ soar.	가격이 치솟다/ 급등하다
The prices plunge/ plummet.	가격이 급락하다
The prices fluctuate.	가격이 요동치다/ 변동이 심하다
The prices recover.	가격이 회복하다
The prices stabilize/ level off.	가격이 안정화되다
The prices remain steady.	가격이 그대로 유지되다/ 변화 없다
The prices peak.	가격이 최정점에 있다
The prices hit a low/ bottom out.	가격이 바닥점에 있다
The price is upward.	가격이 상승세 중이다
The price is downward.	가격이 하락세 중이다
fix the price	가격을 정하다
amend the price	가격을 조정하다
revise the price	가격을 조정하여 바꾸다
cut down	가격을 깎다
discount	가격을 깎다, 할인하다
Price list	가격표
Price quotation	가격 견적
Price offer	가격 제안

Please quote your price.	당신의 가격을 오퍼해 주세요.
Please offer us more lower price.	좀 더 낮은 가격으로 제시해 주세요.
Refund	환불
Monthly installment plan	할부
Lump sum payment	일시불
Prepaid	선불
Payment in advance, Prepayment, Advanced payment	선불
Collect	착불
Deferred payment	후불
remit	송금하다
Remittance	송금
Royalty	로열티. 저작권이나 소유권에 대한 사용료를 말한다.
Please remit your payment as soon as possible.	가능하면 빨리 결제 송금 부탁합니다.
Please advise when your remittance can be made.	언제쯤 송금 가능한지 알려 주세요.
Your payment has been overdue for 2 months.	당신의 결제가 2개월 연체되고 있습니다
Account number	계좌번호

3) 계약서, 레터 쓰기

용 어	의 미
Offer sheet	오퍼시트. 공급자 측에서 발행 우리말로 '물품매도확약서'라 한다.
Proforma invoice	제품명세서. 공급자 측에서 발행
Purchase sheet	구매 발주서. 바이어 측에서 발행
Contract sheet	계약서. 공급자 또는 바이어 측에서 발행
Unit price	단가. 제품 1개 당 가격

Quantity	수량
Amount	총 금액
MOQ	Minimum order quantity. 최소주문수량
Delivery	납기
Leadtime	납기. 소요시간
Messrs.	귀하. Messieurs의 약자
Attn.	참조. Attention의 약자
Sample order	샘플오더. 소량주문오더
Bulk order	본 작업 오더. 메인오더
Counter offer	공급자(수출상)가 제안한 오퍼에 대해 수정하여 다른 의견으로 구매자(수입상)가 다시 제안하는 오퍼
Acceptance	승낙. 오퍼에 대해 받아들이는 것
Repeat order, Firm order	재주문 오더. 이전 주문한 제품에 대해 다시 주문하는 오더를 말한다. 수량은 바뀔 수 있다.
Estopple	금반언. 법률상 용어로 한번 계약하고 약속하여 신뢰를 준 이후 그 약속을 부정하거나 임의로 부정하는 것을 금지하는 원칙. 가격오퍼, 계약서 유효기간 등 계약한 내용은 동의 없이 임의로 취소할 수 없는 게 기본 원칙
Circular letter	서큘러레터. 회사소개서
Company's chop	회사 도장. 사인방
Seal	직인(도장, 인장), 문장, 옥쇄, 봉인
Terms and condition	거래조건
Terms of payment	결제조건
PO NO.	Purchase order number. 계약서 번호
RE :	Reference. 제목
Item	제품명

Breakdown	칼라별 수량/주문내역
Spec.	Specification. 제품의 규격
Composition	혼용률
Contents	물질
Finish	가공
Length	길이
Width	폭
Piece	개당
Meter	미터
Yard	야드
Kg/g	킬로그램/그램
Financial status	재정상태
Breach of contract	계약위반
Cancellation of contract	계약해제. 이미 발생한 대금과 물품은 반환의 의무가 있다.
Termination of contract	계약해지. 이미 발생한 대금과 물품은 반환의 의무가 없다.
Dear Sirs,	▪ 비즈니스 레터에서 성별, 이름 등을 모를 때. 처음 대하는 상대방
Dear Sir,	상대방이 남성인 경우(이름 모를 때)
Dear Madam,	상대방이 여성인 경우(이름 모를 때)
Dear Mr. Smith	상대방이 남성인 Smith 이름
Dear Ms. Smith	상대방이 여성인 Smith 이름 (결혼 여부 없이)
Dear Mrs. Smith	상대방이 결혼한 여성인 Smith 이름
Dear Miss Smith	상대방이 아가씨인 Smith 이름
Best regards,	맺음말. 친애하는, 존경하는 뜻
Best wishes,	맺음말. 친애하는, 존경하는 뜻
Sincerely yours,	맺음말. 친애하는, 존경하는 뜻

Faithfully,	맺음말. 친애하는, 존경하는 뜻
Enclosures	첨부서류
We are looking forward to your reply soon.	당신의 빠른 답신 기대합니다.
Apostille	아포스티유 (공증서)
Commission no.	공증 번호
Affidavit	애피데이빗 (선서 진술서)
Affiant	어파이언트 (선서 진술인)
Notary public	공증인
Power of attorney	위임장
sworn to him	그에게 선서하다. 맹세하다
Verification of identity	신원확인서

4) 생산관리

용 어	의 미
Manufacturer	제조자
Exporter	수출자. 수출상
Importer	수입자. 수입상
Converter	임가공 또는 완제품 판매자
Agent	중간 거래상
Distributor	특약 판매점
Wholesaler	도매상
Retailer	소매상
Supplier, Seller	공급자
Buyer, Purchaser	구매자
Capacity	공장 측 생산 수행 규모(월 생산량) 또는 설비능력
CAPEX (Capital expenditures)	자본적 지출. 설비투자비용
Facilities	설비, 기계 등

Before treatment	전처리
After treatment	후가공
Counter sample	바이어 견본 샘플에 대하여 제시하는 공급자 측의 샘플
Trial product, Prototype	시제품
Shortage	부족분
Replacement	대체품
Loss	손실
Cost	비용
Delay, Postpone	연기. 연기하다
Confirmation	확약, 승인
Approval	승인
Shipping sample, Shipment sample	선적 전 제품 품질에 대해 승인을 받기 위한 샘플. 선적 승인용 샘플
catch/meet to the delivery	납기를 맞추다
adjust delivery/adjust price	납기를 조정하다/ 가격을 조정하다
Raw material	원료, 원재료
Finished materials/goods	완성품
Accessories	부자재
Stock	재고. 오더 취소, 잔량 등으로 남은 것
Ready-made goods	확보재고. 미리 작업해서 준비됨
24/7 basis	24 hours a day, 7 days a week. 24시간 내내
Market claim	마켓 클레임. 수입자 측의 시장 환경이 나빠져서 사소한 결점을 이유로 고의적으로 제기하는 클레임

5) 품질, 검사

용 어	의 미
Inspection	검사

Whole inspection, Entire inspection	전량검사, 전수검사
Radom inspection	무작위검사
Inspection certificate	검사증명서
Test report	시험성적서
Testing materials	시료
Testing institute	테스트 기관
ISO (International organization for standardization)	국제표준규격
JIS (Japanese industrial standard)	일본공업규격
ASTM (American society for testing and materials)	미국재료시험협회규격
Pantone colour	팬톤칼라. 미국 팬톤 회사가 만든 1만 가지 이상의 다채로운 칼라로 섬유, 패션, 그래픽 디자인, 인쇄, 출판, 건축 등의 산업에서 사용하고 있는 세계적으로 가장 보편적인 표준 칼라(북)를 말한다.
Quality control	품질관리
Quality terms	품질조건
Inferior quality	품질불량
Cut & sew criteria	섬유류의 원산지 결정에 사용되는 기준으로 최종제품의 재단 및 봉제공정이 실행된 국가가 원산지가 되는 기준을 말한다.
Colourfastness	▪ 견뢰도 (외부환경에 대한 색의 저항성, 견고함)
to Water	▪ 물 견뢰도 (물 : 비, 장시간 물 침지에 의한 색의 변색 및 이염 정도를 알아보는 시험)

to Washing	▪ 세탁 견뢰도 (세탁 시 색의 변색 및 이염 정도를 알아보는 시험)
to Rubbing	▪ 마찰 견뢰도 (마찰에 의한 색의 변색 및 이염 정도를 알아보는 시험)
to Perspiration	▪ 땀 견뢰도 (땀 성분에 의한 색의 변색 및 이염 정도를 알아보는 시험)
to Light	▪ 일광 견뢰도 (햇빛 노출에 의한 색의 변색 및 이염 정도를 알아보는 시험)
to Dry cleaning	▪ 드라이클리닝 견뢰도 (드라이클리닝에 의한 시험으로 오염포와 부착하여 퍼클로로에틸렌을 넣고 조건하에 색의 변색 및 이염 정도를 알아보는 시험)
to Iron	▪ 아이론 견뢰도 (다림질 과정을 거쳤을 때 색의 변색 및 이염 정도를 알아보는 시험)
to Chlorine	▪ 염소 견뢰도 (수영장 물 또는 염소계 성분에 의한 색의 변색 및 이염 정도를 알아보는 시험)
to Sea water	▪ 해수 견뢰도 (바닷물 염분에 의한 색의 변색 및 이염 정도를 알아보는 시험으로 수영복, 해상 장비, 선박용품 등에 적용)
to Sublimation	▪ 승화 견뢰도 (고온에 의해 염료가 승화되어 퇴색되거나, 인접 원단에 이염 정도를 알아보는 시험)
to Seam slippage	▪ 실미끄럼 저항측정(봉합, 실미어짐측정) (의류에서 봉합된 직물의 솔기를 일정 길이 만큼 분리하는데 필요한 힘으로 6mm의 실미끄럼이 일어나는 지점을 측정하는 것)

Tensile strength	▪ 인장강도 (=Breaking strength) (잡아당기는 힘에 견딜 수 있는 저항력, 잡아당겨 끊어질 때의 강도 측정)
Tearing strength	▪ 인열강도 (종이 찢기와 같이 시료 포의 한 변의 두 지점을 잡고 서로 다른 방향으로 잡아당겼을 때 찢어지는 힘의 크기를 측정하는 것)
to Shrinkage	▪ 수축률 시험 (온도 등 외부환경에 의한 줄어듦과 늘어남의 정도를 보는 시험)
to Dimensional change	▪ 수축률 시험 (온도 등 외부환경에 의한 줄어듦과 늘어남의 정도를 보는 시험)
Water washing	물세탁
Wet(dry) rubbing	습(건) 마찰
Rubbing, Crocking	마찰
Durability	내구성
Exfoliation	박리 (벗겨냄 또는 벗겨짐)
Snag	찢어진 곳
Water proof (WP)	방수도 (물이 침투 못하는 정도)
Water repellent (WR), Water resistant (WR)	발수도 (물이 잘 스며들지 않게 반발성 가공 처리를 한 것. 시간이 지나면 물이 조금씩 침투하게 된다)
MVP (Moisture vapour permeability)	투습도 (물은 침투하지 못하고 수증기는 배출되는 정도)
Defect	불량
Stripe, Streak	줄나는 현상
Stain	얼룩, 오염
Slippage	미어짐

Colour transfer	이염
Colour difference	색차
Colour difference between left and right side	좌우 이색
Discolouration	탈색
Resistance to low temperature	내한성 (추위에 견디는 정도)
Anti-static	대전 방지, 정전기 방지
Electrostatic propensity(V)	마찰대전성
Electrostatic propensity(second/time)	반감기
Cracking	갈라짐 현상
FR(Fire resistance)	방염가공
Anti-UV(Ultra violet rays resistance)	자외선 방지
Care label	세탁 표시표
Warranty & Guarantee	품질보증
It is poor quality.	품질이 나쁘다.
It is low quality.	품질이 낮다.
It is high quality.	품질이 좋다.
It requires high standard of quality	높은 수준의 품질이 요구된다.

6) 선적

용 어	의 미
Line, Actual carrier, Shipping company	상선, 선사. 배를 갖고 있는 회사
Forwarder	포워더. 배를 갖고 있지 않으며 선적을 대행하는 업체
Logistics	로지스틱스. 수입화물에 대하여 통관 및 운송 등을 대행하는 업체

60

Courier	쿠리어. 소화물 발송업체
Hand-carry	핸드캐리. 소화물 발송업체
Closing date	선적 마감일
ETD (Estimated time of departure)	출항일
ETA (Estimated time of arrival)	도착일
On board date	선적일
Shipment date	선적일
B/L (Bill of lading)	선하증권. 물품을 찾을 수 있도록 한 유가증권(배 편)
Airway bill	항공화물운송장. 물품을 찾을 수 있도록 한 운송장(항공기 편)
MASTER B/L	선사 또는 항공사에서 발행한 B/L
HOUSE B/L	선사 또는 항공사와 화주 사이에 중간의 콘솔(혼재) 업무를 담당하는 포워더가 화주에게 발행한 B/L
ORIGINAL B/L	원본 B/L로 부수는 3/3부이다.
SURRENDER B/L	원래 수입물품은 원본 B/L로 찾을 수 있는데, 수출상이 수입상의 신용을 믿고 수입상이 Copy본으로 물품을 찾을 수 있도록 선사에 요청한 B/L
Shipping advice	쉬핑어드바이스. 수출상이 수입상에게 선적스케줄, 선적서류를 팩스로 넣어주고 통지하는 것
HS CODE	세번부호. 세계적으로 사용되는 상품분류방식으로 수출입 시 관세를 매기는 기준이 된다.
Shipment documents	선적서류
Commercial invoice	상업송장(송품장)
Packing list	포장명세서
Packing details	포장송장
Certificate of origin	원산지증명서

Insurance policy	보험증권
Beneficiary's certificate	수익자(수출상)의 증명서
Applicant's certificate	신청인(수입상)의 증명서
Inspection certificate	검사증명서
Consular invoice	영사송장. 수출국에 주재하고 있는 수입국 영사의 확인을 받아야 하는 송장이다. 수입품 가격을 높게 책정하여 (over-invoicing) 수출업자가 외화를 도피거나, 수입품 가격을 낮게 책정하여(under-invoicing) 수입업자가 관세를 포탈하는 것을 방지하기 위한 방법
Sample invoice	샘플송장. 샘플 비용을 청구한 명세서
Shipping mark	쉬핑마크. 포장박스 겉면에 나타낸 인식표
Style no.	스타일 번호
C/N NO. (Carton number)	박스 번호
Polybag packing	비닐 포장
Bale packing	마대 포장
Box/carton packing	박스 포장
Inner packing	내포장(내부 포장재)
Outer packing	외포장(외부 포장재)
CBM (Cubic meter)	입방미터당 부피
20'F	20피트 컨테이너. 부피 33.1CBM
40'F	40피트 컨테이너. 부피 67.5CBM
FCL (Full container load)	풀 컨테이너. 컨테이너 하나를 통째로 사용
LCL (Less than container load)	엘시엘 컨테이너. 다른 화주의 물품과 같이 실을 때
Consolidation	콘솔. 수송의 한 단위를 채우지 못하는 소량화물을 모아 혼합 적재하여 한 단위로 만드는 것(일)을 말한다.

Inland transportation	내륙운송
Freight	화물
Cargo	화물
Partial shipment	분할선적. 여러 차례(배 편) 나눠서 물품을 선적하는 것
Transshipment	환적. 물품을 다른 배에 한번 옮겨 실은 후 이동하는 것
Net weight	순중량. 포장재를 제외한 내용물 중량
Gross weight	총중량. 포장재를 포함한 중량
Actual weight	실중량. 계약 또는 서류상의 중량에 비해 실제 중량에 차이가 날 때 표현
Shipper/Exporter	선적인/수출상
Port of loading	출발항
Port of discharge	도착항
Destination	도착지
Carrier/Vessel	편명/배
Consignee	수화인. 선적화물을 실지 받을 사람/회사
Notify	통지인. 선적화물이 도착하였음을 통지받을 사람/회사
Shipping charges	선적 비용
Shipping mark	화인, 쉬핑마크
Main mark	주화인. 쉬핑마크 중에 특별히 눈에 띄게 하여 찾기 쉽도록 표시한 기호 (Symbol)
Care & Caution mark	취급주의 표시
No hook	고리사용금지 (취급주의)
Fragile	깨지기 쉬움 (취급주의)
E/L (Export license)	수출승인신청서. 수출이 제한된 제품인 경우 관련 조합/단체장으로부터 허가를 받아야 한다.

용 어	의 미
I/L (Import license)	수입승인신청서. 수입이 제한된 제품인 경우 관련 조합/단체장으로부터 허가를 받아야 한다.
Ocean freight	해상운임료
Korea chamber of commerce	한국상공회의소
Air cargo	항공 화물

7) 컨테이너터미널, 통관, 세관

용 어	의 미
Mother vessel	모선. 본선
Port entry	입항. 선박이 수입항에 들어오는 것
Pilot	도선사. 선박을 안전하게 수로로 인도하는 사람
Tug boat	예인선. 강력한 기관을 가지고 다른 배를 끌고 가는 배
Container cargo	컨테이너 화물
Load	적재, 선적. 배에 짐을 실음
Unload	양하, 양륙. 배에서 짐을 내림
Load and unload	하역. 짐을 싣고 내림
Embarkation	승선. 본선에 물품을 적재하는 것
Disembarkation	하선. 본선에서 물품을 양하하는 것
Place of disembarkation	하선(기)장소
하선(기)	외국무역선 : 선박(항공기)에서 물품을 내리는 것
하선 下船	선박에서 물품을 내리는 것
하기 下機	항공기에서 물품을 내리는 것
Cargo manifest	적하목록. 선사의 배에 적재한 물품 리스트 (Master B/L과 House B/L 리스트)

Container terminal	컨테이너터미널. 컨테이너 하역, 보관, 인수, 인도를 행하는 장소로 CY, CFS 등이 여기에 속한다.
CY (Container yard)	컨테이너화물 야적장
On-dock CY	컨테이너터미널 안에 있는 CY
Off-dock CY (ODCY)	컨테이너터미널 밖에 위치한 CY
CFS (Container freight station)	컨테이너화물 작업장. 화주가 다른 각각의 소량의 화물을 목적지별, 제품별로 모아 1개의 컨테이너에 모으는 작업장
Storage	장치. 물품을 지정된 장소에 위치시켜 보관하는 것. 또는 창고보관료의 의미도 있다.
Storage area	장치장. 장치하고 있는 장소
Storage inside bonded areas	보세구역 내 장치
Storage outside bonded areas	보세구역 외 장치
Berth	선석. 선박이 정박할 수 있도록 한 접안시설
Apron	에이프런. 본선에 컨테이너를 적재, 양하 작업이 이루어지는 지역으로 레일 위로 갠트리 크레인이 설치되어 있다.
Gantry crane	갠트리 크레인. 본선에 컨테이너를 적재, 양하 작업을 하는 메인 크레인
Marshalling yard	마샬링 야드. 에이프런에 인접해 있으며 선적대기 또는 양하된 컨테이너를 임시 보관하는 야적장
Straddle carrier	스트래들 캐리어. 운송장비
Yard tractor	야드 트랙터. 운송장비
Control tower	컨트롤 타워. 컨테이너 야드 작업을 총괄, 감독하는 운영건물

Reach stacker	리치 스태커. 하역장비
Empty handler	앰티 핸들러. 하역장비
Yard chassis	야드 섀시. 야드 트랙터에 결합시키는 차대
Yard crane	야드 크레인. CY 야적장 중간중간에 설치 또는 이동 가능한 하역크레인
Carry-in	반입. 보세구역에 물품을 들이는 것
Carry-in report	반입신고
Release	반출. 보세구역에서 물품을 가져 나오는 것
Declaration of release	반출신고
Customs	세관
Bonded area	보세구역
Bonded warehouse	보세창고
Bonded goods	보세물품
Bonded transportation	보세운송. 보세 상태에서 다른 보세지역으로 외국화물을 운송하고 거기에서 수입통관 절차를 하는 것
ICD (Inland container depot, Inland clearance depot)	내륙컨테이너화물통관기지. 내륙에 있는 부두 역할로 수출입 통관 업무, 터미널 기능 등을 하는 지역
Customs office	세관관서
Customs clearance stations	통관역. 보세구역인 열차역
Customs clearance areas	통관장. 보세구역인 통관역과 연계된 장소
Customs clearance post office	통관우체국. 보세구역인 우체국
P/L 신고(Paperless declaration)	종이서류 없이 전자방식의 신고
Customs Act	관세법
Customs authority	세관당국
Customs clearance	통관
Customs duties, Tariffs	관세

Import duties	수입관세
VAT (Value added tax)	부가가치세
Owner of goods, Importer, Consignee	수입화주, 수입상, 수화인
Owner of goods, Shipper, Consignor	수출화주, 수출상, 송화인
Customs broker	관세사
Forwarder	포워더, 포워딩사, 화물운송주선업자
Consolidator	콘솔(화물혼재업자). 여러 화주의 소량 화물(LCL 화물)을 같은 목적지 별로 1 컨테이너에 모아 구성하는 일을 하는 업체
Port cargo handling company, Longshoreman	항만하역사업자
Bonded transportation company	보세운송업자
Cargo transportation company	화물운송회사
Import declaration	수입신고
Partial import declaration	분할 수입신고
Acceptance of import declaration	수입신고수리
Certificate of import declaration	수입신고필증
Certificate of export declaration	수출신고필증
Declaration acceptance	신고수리
Audit, Examination	심사
Inspection of goods	물품검사
On-board inspection, without unloading	선상검사. 양하 전 배 위에서의 검사를 말한다.
Whole inspection	전량검사, 전수검사
Selective inspection	선별검사
Detailed inspection	정밀검사
Random inspection	무작위검사

Draw back	관세환급
Tariff binding	관세양허
Tariff rate	관세율
Concessive duty rates	양허관세율
Tariff concession	양허관세. 특정품목의 관세를 그 수준 이상으로 부과하지 않겠다고 약속한 것
MFN, Most favored nation	최혜국(대우). 통상조약을 맺은 나라는 관세, 항해 등에 최고의 대우를 한다는 원칙
Schedule of concessions	양허표
Quota	쿼터제. 수출입되는 상품의 일정한 금액 또는 수량을 제한하는 제도
Snap back	스냅백. 약속을 이행하지 못한 경우 부여한 특혜관세를 일시적으로 철회하는 무역보복조치
Dumping	덤핑. 수입물품이 국내시장가격 또는 생산비 이하의 가격으로 국내 가격체계를 교란시키고 시장의 독점적 지위를 확보하려는 것을 말한다.
Social dumping	소셜덤핑. 노동임금이 싼 국가에서 비록 높게 가격을 책정하여 수출하여도, 수입국에서는 여전히 낮게 평가되어 국내 가격체계에 영향을 미치는 경우로 이를 덤핑으로 판정한다.
Anti-dumping duty	덤핑방지관세, 반덤핑관세. 덤핑으로 인한 자국 산업을 보호하기 위한 관세
Retaliatory duty	보복관세
Duty free	면세. 관세납부 의무가 면제되는 것

Charge, volume/ Measurement basis	부피운임 적용. 화물의 부피를 기준으로 한 운임으로 부피가 운임 산정의 기준 이 된다. CBM으로 기준 ■ 해상화물 1CBM 당 1,000kg 미만까지 ■ 항공화물 1CBM 당 167kg 미만까지
Charge, weight/ Weight basis	중량운임 적용. 화물의 중량을 기준으로 한 운임으로 부피는 작지만 중량이 높 은 화물로 철강, 화학제품 등은 중량으 로 운임 산정의 기준이 된다. 1 Metric ton = 2,204lbs(1,000kg)
Chargeable weight	부피와 중량을 비교하여 운임이 많은 쪽으로 운임 기준으로 하는 것
Volume cargo	무게보다 부피가 많이 나가는 화물
Container seal	컨테이너 봉인
Dead space	물품을 컨테이너에 실었을 때 물품과 물품 사이의 쓸 수 없는 공간
Vanning, Stuffing	적입 積入. 해당 물품을 컨테이너에 넣는 것
Devanning, Destuffing, Unstuffing	적출 積出. 해당 물품을 컨테이너에서 빼내는 것
Delayed arrival	연착
Moisture damage	습기로 인한 손상, 손해
Demage for chafing	마찰로 인한 손상, 손해
Dew point	컨테이너 속에 맺힌 서리
Short landing	양하 부족. 서류상의 수량보다 인도 수 량이 부족한 것
Non-delivery	불착. 도착항에 물품이 도착하지 않은 경우
Breakage	물품 파손
Nomination	업체를 지정해 주는 것
Quarantine	검역
Vacuum packaging	진공포장
Waterproof packaging	방수포장
Tallyman	검수인

용 어	의 미
Arrival notice (A/N)	도착예정통지서. 선사가 포워더/화주에게 수입물품이 도착하였음을 통지하는 것
D/O (Delivery order)	화물인도지시서. 선사가 화주의 B/L과 교환한 후 물품을 찾을 수 있게 한 것
Embargo	수출 출항 금지. 전쟁 발발 우려가 있는 경우 자국 영토 내의 물품을 수출 또는 출항 금지를 시키는 것
Force majeure	불가항력
Act of God	천재지변. 홍수, 자연 화재, 지진, 폭우

8) 은행, 신용장

용 어	의 미
Issuing bank, Opening bank	▪ 개설은행. 수입상의 신용장을 연(개설한) 은행
Main creditor bank	▪ 주거래은행. 회사가 매입, 매출, 수출입 등 은행 업무를 하기 위해 고정적으로 거래하는 은행을 말한다.
Advising bank	▪ 통지은행. 신용장이 도착했음을 수출상에게 통보해 주고 인도해 주는 수출지의 은행. 주로 개설은행의 지점이 통지은행이 되며 또는 개설은행의 환거래은행이 통지은행이 된다.
Confirming bank	▪ 확인은행. 신용장 개설은행 이외에 제3은행이 어음을 지급, 인수, 매입하겠다는 약속을 추가하고 확인을 행한 은행
Negotiating bank	▪ 매입은행, 네고은행. 수출지에서 수출상이 선적서류, 환어음을 제출하고 접수한 은행

Paying bank	▪ 지급은행. 대금을 먼저 수출상에게 지급하는 경우 수출상 측 은행(개설은행과의 환거래은행/코레스은행), 신용장 개설은행, 또는 제3국의 은행이 되기도 한다.
Nominated bank, Claiming bank	▪ 지급은행. 수출상에게 지급하기로 지정된 은행
Accepting bank	▪ 인수은행. 해외 Banker's 기한부신용장에서 기한부어음을 인수하는 은행으로 제시된 어음을 인수하고 대금을 지급한다.
Reimbursing bank, Settling bank	▪ 상환은행. 개설은행(수입상 측)과 매입은행(수출상 측)이 환거래계약이 안 되어있는 경우, 개설은행은 자신과 예치환거래 관계가 있는 제3의 은행을 지정하는데 그 은행을 '상환은행'이라 한다. 매입은행은 선적서류는 개설은행으로 송부하고, 환어음은 상환은행으로 송부하여 상환은행으로부터 대금결제를 받는다.
Depository correspondent bank	▪ 예치환거래은행, 코레스은행. 신용장의 개설은행과 환거래계약이 되어있는 은행
Non-depository correspondent bank	▪ 무예치환거래은행 환거래계약이 안 되어 있는 은행
Remitting bank	▪ 추심의뢰은행. D/A, D/P 거래의 경우 수출지에서 수입거래은행에 대금지급청구서(어음) 및 선적서류를 발송하는 은행
Collecting bank	▪ 추심은행. D/A, D/P 거래의 경우 수입지에서 수입상에게 어음 및 선적서류를 제시하여 물품대금을 받아주는 은행
Drawee, Payer	지급인. 신용장 거래에서 환어음에 대한 지급을 할 때에 개설은행을 뜻함

Payee	수취인. 수출상으로부터 선적서류와 환어음을 매입할 때 수출상 측 은행
Order	지시인
Bearer	소지인
Importer	수입상
Buyer, Client	구매자, 수입상. 제품을 구매하는 이로 표현될 때
Consignor	송화인. 화물을 보내는 이로 표현할 때 (수출상, 수출화주)
Consignee	수화인. 화물을 인수하는 이로 표현할 때(수입상, 수입화주)
Notify	통지인. 화물이 도착지에 도착하였을 때 통지하는 곳(수입상 또는 제3자)
Applicant	신청인. 신용장 개설을 신청할 때(수입상)
Drawee, Payer, Accountee	지급인. 추심방식 거래(D/P 또는 D/A), 환어음에 대한 지급을 할 때(수입상)
Exporter	수출상
Seller, Supplier	판매자, 공급자. 제품을 공급하는 이로 표현할 때(수출상)
Shipper	제품을 선적하는 이(수출상)
Beneficiary, Payee	수익자. 대금결제를 받는 이로 표현될 때(수출상)
Drawer	어음발행인. 환어음을 발행할 때(수출상)
Letter of credit	신용장
Documentary credit	신용장
Advice no.	통지 번호
Credit no.	신용장 번호
E/D (Expiry date)	(신용장의) 유효기간

S/D (Shipment date)	선적기일
NEGO(Negotiation)	매입
Clean NEGO	클린네고 선적서류의 서류 부수, 내용, 철자 등이 신용장의 내용과 깨끗이 일치하는 경우 의 매입
Discrepancy NEGO	하자네고 선적서류의 서류 부수, 내용, 철자 등이 신용장의 내용과 일치하지 않은 경우의 매입
Drafts, A draft drawn	환어음
Made out to order...	B/L consignee 란에 'To order'라고 적 으라는 뜻
Blank endorsed	백지배서를 하다
More or less clause	과부족인정조항. 수량 또는 금액에 있어 +/- 조항을 둬 서 신용장과 실제 선적과 차이 나더라 도 그 범위 내에서는 허용한다는 조항
Cover, Insure	부보하다, 보장하다
Discrepancy	불일치, 하자. 서류와 실물 사이에 일치하지 않은 것
Discrepancy fee	하자수수료
Banking charge	은행수수료
L/G (Letter of guarantee)	수입화물선취보증서. 수입지에 선적서류 원본보다 물품이 먼 저 도착한 경우 수입자가 서류도착 이 전에 수입물품을 찾으려고 할 때 신용 장 개설은행이 그것을 허가하여 발행해 주는 보증서. 수입상은 이를 선사에 제 출하고 물품을 찾을 수 있다.
INCOTERMS 2020	국내·국제 무역거래조건에 관한 해석 규칙

UCP 600 (Uniform customs and practice for documentary credits)	신용장통일규칙
At sight	일람. 수출상이 네고한 서류와 환어음이 은행을 거쳐 수입상 개설은행에 접수되는 것/시점
Collection	추심. D/A와 D/P 거래에서 대금지급을 요청하는 절차
Presentation	(서류) 제시
Honour	결제
Sight payment	일람지급. 바로 지급한다는 뜻이다.
Deferred payment	연지급
Stipulated documents	규정된 서류
Reimburse	상환하다, 갚다
Recourse	상환청구권
Amendments	신용장조건변경. 개설한 신용장의 내용을 수정, 변경하는 것을 말한다.
Original credit, Master L/C, Prime credit	원신용장. 수입상이 개설한 신용장으로 국내에서 처음으로 수령한 최초 수익자가 보유하고 있는 신용장. 'Master L/C' 또는 'Prime Credit'라 한다.
Notification	통지
Waiver	권리포기
Remittance	송금
SWIFT code, BIC code	국제은행식별코드
Tenor	환어음의 지급기일
Date of maturity, usance	만기일. 환어음, 보험기간 만료일 등
Acceptance	인수
Acceptance commission	환어음 인수수수료

Discount charges	이자, 어음할인료
LIBO (London interbank offered rate)	리보금리. 런던의 우량은행 간 대출금리로 국제금융시장에서의 기준금리이다.
Foreign exchange rate	외환율
EDI (Electronic data interchange)	전자문서교환. 컴퓨터로 문서 양식 제출, 접수, 처리하는 무역업무 시스템이다.
D/A (Documents against acceptance)	인수인도조건
D/P (Documents against payment)	결제인도조건
Irrevocable documentary credit	취소불능화환신용장
Revocable L/C	취소가능신용장
Sight L/C	일람출급신용장
Shipper's usance L/C	쉬퍼유전스(기한부신용장)
Banker's usance L/C	뱅크유전스(기한부신용장)
Transferable L/C	양도가능신용장
Non-transferable L/C	양도불능신용장
Documentary credit	화환신용장
Clean credit	무담보신용장
Reimbursement credit	상환신용장
Confirmed L/C	확인신용장
Unconfirmed L/C	무확인신용장
Revolving L/C	회전신용장
Back to back credit	동시개설신용장
Tomas credit	토마스신용장
Escrow credit	기탁신용장
Local L/C	내국신용장

9) 보험

용 어	의 미
Insurance policy	보험증권
Insurance policy holder	보험계약자. 보험회사와 보험계약을 체결한 사람으로 보험료를 납부하기로 한 사람
Insured, Assured	피보험자. 사고의 발생으로 인하여 손해를 입은 경우 그에 대한 보상을 받는 주체
Insured amount	보험금액. 보험 계약상 보험회사가 지급하기로 약정한 최고한도액
Insurable value	보험가액. 피보험이익을 평가한 가액(시가)으로서 사고 시 피보험자가 입게 될 손해의 최고한도액
Claim amount	보험금. 피보험자가 입은 재산상의 손해에 대하여 보험회사가 지급하는 보상금
Marine insurance	해상보험. 해상보험은 적하보험(Cargo insurance)와 선박보험(Hull insurance)으로 나뉜다.
Duration of insurance	보험기간. 피보험자가 보험회사로부터 부보(보장) 받을 수 있는 시간적, 공간적 한계
Premium	보험료. 보험계약자가 지불하는 금전으로 보험료는 보험금액(C.I.F. value X 110%)에 보험요율(premium rate)을 곱해서 산출된다.
Premium rate	보험요율. 품목, 거리, 손해율을 감안하여 적용된다.

용 어	의 미
Insurer, Assurer, Underwriter	보험자. 보험금을 지급할 의무를 지닌 자로 보험회사를 말한다.
Property covered	보험물품
ICC (Institute cargo clause)	협회적하약관. 런던 보험자협회가 제정한 보험계약에 관한 조항
Total loss	전손
Partial loss	분손
Free from particular average (F.P.A)	단독해손부담보조건
With average (W.A)	분손담보조건
All risks (A/R)	전위험담보조건
SRCC (Strike, riot, civil commotion)	파업, 폭동, 소요위험담보조건
WAR	전쟁
TPND (Theft, pilferage & non-delvery)	도난, 절도, 불착손
Breakage	파손

10) 사후관리

용 어	의 미
Warranty & Guarantee	품질보증, 애프터서비스
Quality claim	품질 클레임
Delivery claim	납기 클레임
Market claim	마켓 클레임. 바이어 측의 시장 악화, 판매 저조 등으로 사소한 품질, 기타 문제 등을 이유로 공급자에게 고의적으로 제기하는 클레임
Contract/Order cancellation	계약 해지
Reproduction in whole	전량 재생산

Reproduction in part	일부 재생산
Deduction	감액
Indemnification, Compensation for damages	손해배상
Unpaid	지불거부
Shortage	수량 부족분
Loss	손실
Replacement	대체품, 교환품
Ship-back	반품
Returns	반품
Credit note	크레딧 노트. 공급자가 발행하며 바이어에게 비용, 금액을 줘야하는 경우 작성하는 서류
Debit note	데빗 노트. 공급자가 발행하며 바이어로부터 비용, 금액을 받아야하는 경우 작성하는 서류

6. 비즈니스 레터 쓰기

1) 의미

비즈니스 레터란, 예전에는 '무역서한'이라는 단어로도 사용하였으나 시대가 변화함에 따라 비즈니스 레터라는 말이 좀 더 실용적으로 사용되고 있다. 비즈니스 레터 양식에는 몇 가지 종류가 있다. 앞서 출간한 필자의 책 「무역과 수출가이드, 2019」 에 자세히 설명되어 있다.

그중에서 현대에 세계적으로 가장 보편적으로 사용되고 있는 양식은 "**블록스타일(Block style)**"이다. 블록스타일의 서식은 모든 라인을 왼쪽 여백 끝(left margin)으로 정렬해서 쓰는 방식이다. 절(節)에 들여쓰기가 없고 모든 글의 시작은 왼쪽 끝에서 시작한다. 그렇게 함으로써 문장을 실용적이고 매끈

하게 한다. 문장의 여백 주기에 신경 쓰느라 에너지를 소모하지 않아 타이핑 시간을 빠르게 하는 효과가 있다.

블록스타일에서도 시대가 변함에 따라 세계 사용자들의 패턴 또한 약간씩 변형, 발전되어 가고 있다. 또는 자신들의 사내 방식을 적용하여 사용하기를 선호하기도 한다. 이 또한 괜찮다. 하지만 레터 쓰기에서 **중요한 원칙은 일관성(Be consistent)이 있어야 한다는 것이다.** 어떤 레터에서는 절과 절 사이에 공백(Lines)을 1줄씩 주고 다른 레터에서는 공백을 2줄씩 주거나 형식을 바꿔 쓰는 것은 상대방에게 혼선을 줄뿐더러 바람직하지 않다.

2) 비즈니스 레터 작성 원칙 20가지

① 신속, 정확, 간결, 솔직하게 쓴다.
(Speedily, Accurately, Concisely, Honestly)

② 얼굴을 마주 보고 대화하듯이 문장이 자연스러워야 하고 진솔되게 작성하여야 한다.

③ 글씨체는 상대방이 읽기 편안한 'Times New Roman'을 가장 보편적으로 사용한다. 이 외에 Arial, Tahoma, Verdana 등의 산세리프체(Sans serif)를 사용한다.

④ 레터 구성은 다음과 같이 한다.

- Salute(Salutation) : 인사
  (1~2 줄 공백)
- Intro(Introduction) : 간략한 소개 또는 들어가는 말
  (1~2 줄 공백)

- Body : 본문 내용

　(1~2 줄 공백)

- Action(Conclusion) : 회사(또는 본인)의 시행사항 또는 상대방에게 요청사항.

　(결론)

　(1~2 줄 공백)

- Closing : 맺음말

　(1~2 줄 공백)

- Complimentary close : 경의의 말(이하 총 4줄 공백에 걸쳐 Signature)

　(1~2 줄 공백)

- Signature : 작성자 이름과 직책 (2~3 줄에 걸쳐 작성)

⑤ 작성자(당사자)는 본문 내용을 'We' 또는 'I'로, 상대방(귀 측)은 'You'로 작성한다.

작성자는 'We'로 시작하면 대체로 레터를 We로 마무리하여 작성하고, 'I'로 시작하면 대체로 레터를 I로 마무리하여 작성한다.

하지만 본문 중에 회사로 대표되는 내용은 We (our sample, our item, our price 등)로 개인적으로 시행하는 내용은 I (I will arrange~, please give me a call 등)로 혼재하여 작성할 수도 있다.

대부분 작성자의 레터는 'We'를 주어로 사용하지만 'I'를 주어로 사용하는 경우는 대표이사인 경우, 본인이 담당자로서 일을 조율하고 시행하는 경우, 개인적인 레터인 경우가 해당된다.

⑥ 모든 답변(Reply)에 대한 레터는 가급적 당일 내에 보낸다. 만약 당일 내에 답하기 어려운 시간 또는 경우에는 짧은 노트 형식으로 '언제쯤 답신을 하겠다'고 메시지가 나가도록 한다.

⑦ 타이틀 주제(제목)는 구체적이고, 의미 있는, 관심을 가질 수 있는 제목으로 한다.

예로 들어 'Hi', 'Visit', 'Inquiry', 'Payment' 등과 같이 광범위하거나 이목을 끌지 않는 제목을 사용하는 것은 바람직하지 않다.

⑧ 상대방의 관점과 의견을 존중하고 이해하도록 노력한다.

⑨ 어떤 문제가 발생한 경우, 불공정한 점이 있다고 느끼더라도 감정을 억제하고 공격적인 톤이 되지 않도록 한다. 예의를 갖추어 답변하되 자신의 자존감을 낮추지는 않는다.

⑩ 어려운 단어는 가급적 사용하지 않는다(Use simple words).

예로 들면 endeavor, purchase, commence, terminate, dispatch보다는 try, buy, start, finish, send 단어를 사용한다.

⑪ 짧은 문장들로 작성한다(Use short sentences, Use short paragraphs).

예로 들면 'We would like to ask you to~' 대신 'Please~'를 사용한다. 'In spite of the fact that' 대신 'Despite'를 사용한다. 'We would appreciate' 대신 'Thank you for'를 사용한다.

⑫ 문장을 모두 대문자로 작성하는 일은 없도록 한다(No all capitals).

문장의 단어들을 모두 대문자로 작성하는 경우가 있는데 이러한 경우 상대방에게 무례함을 주거나 놀라게 한다. 그뿐만 아니라 작성자는 철자를 틀리게 쓰는 경우가 흔하게 발생하고 읽는 이는 내용을 이해하기가 힘들어진다.

예로 들면 'I HAVE PLEASURE IN INVITING YOU TO ATTEND...'식이다.

⑬ 과한 치장의 표현 또는 옛 표현은 사용하지 않는다(No old-fashioned language).

예로 들면 'Kindly be informed that~', 'Please be advised that~', 'Please find enclosed herewith~', 'Please do not hesitate to~' 표현 등이다.

⑭ 대부분 능동태 형식으로 작성한다(Active voice).

위 13항의 예를 능동태 형식으로 'We inform that~', 'We advise that~', 'I'm pleased to enclose~', 'Please give me a call on~' 등으로 표현한다. 대부분 문장은 수동태가 아니라(No Passive), 능동태 형식으로 작성을 한다.

⑮ 장황하거나 빙빙 둘러 얘기하는 것보다 직접적으로 간단명료하게 쓴다.

예로 들면 'Please kindly advise which item you would like to choose~' 보다 'Please let us know what item you can choose~'로 쓴다. 'The sample can be sent you next week' 보다 'We will send you the sample next week'로 쓴다.

⑯ 문법(Grammar), 철자(Spelling), 구두점(Punctuation)을 정확히 쓴다.

부정확한 문법, 철자, 구두점 사용은 작성자의 신뢰도를 떨어뜨리게 된다.

⑰ 약어(Abbreviations) 또는 머리글자(Acronyms) 사용은 가급적 제한적으로 사용한다.

보편적으로 인식되는 약어 또는 머리글자 사용이 아닌 경우 상대방에게 잘못된 정보 또는 혼선을 가져올 수 있다. 또한 과도한 약어 등의 사용은 상대방에게 작성자가 게으르거나 평소 일처리에 부주의함이 많을 것으로 비친다.

⑱ 긍정적인 용어를 많이 사용한다(Use positive language).

어떤 문제가 발생했거나 가격이 높거나 하는 경우 등에서 부정적인 단어보다
는 긍정적인 단어를 많이 사용하는 것은 상대방으로부터 우호적인 답을 이끌
확률이 높아진다.

긍정적인 단어로는 glad, excellent, satisfactory, surely 사용 등이 있다.

⑲ 명사구 보다는 동사를 사용한다.

예로 들면 'the improvement of' 대신 'improve'를, 'the arrangement of'
대신 'arrange'를 사용하는 것이다.

⑳ 레터 작성을 한 후에는 다시 한번 교정과 검토를 마치고 상대방에게 레터
를 발송한다(Proofreading).

블록스타일의 기본 형식은 아래와 같다.

무역인이 되려면 상황에 따라 우편서한, 팩스서한, 또는 이메일서한을 작
성할 줄 알아야 한다. 당장 제품에 대한 문의, 가격, 거래조건 등을 의뢰해
야 하기 때문이다. 따라서 레터 쓰기로부터 비즈니스가 시작된다고 해도 과
언이 아니다.

비즈니스 레터는 표준에 맞는 양식, 격식, 그리고 예법 등을 갖추어야 한
다. 그럼, 예시를 통해서 살펴보기로 하자.

3.1) 수출상에게 제품과 가격 의뢰하기

※ CASE 1-1. LETTER

ALPS RI INC.

Unit 6401, Chunghyo Bldg., Kyeongbok Uni., 425 Jinjeop, Namyangju-si, Korea Republic
Ph. 82-31-525 2000 Fax. 82-31-525 2021

Mr. Scott Smith   Date : 01/12/2021
Director
GLEBE FASHION PTY. LTD.
Unit 402, 34 Wentworth St.,
Glebe, Sydney, NSW 2037
Australia
Ph. 61-2-2730 0000

Dear Scott Smith,

Hi,
My name is Justin Choi, with the Alps Ri Company of the South Korea. We saw
your company on a trading website.

RE: YOUR ITEM #A201
We are interested in your item #A201 KANGAROO EMBLEM BAG.
Please give us your price quotation with the item details.

We need your price based on CIF Busan, Korea terms if possible, also your
leadtime and others.

We are looking forward to your reply soon.
Thank you.

Yours Sincerely,

Justin Choi

Justin Choi
General Manager

* 해설

스콧 스미스께,

안녕하세요.
저는 한국의 알프스 리 회사에 있는 Justin Choi라고 합니다. 무역사이트를 통해서
귀사를 알게 되었습니다.

RE: YOUR ITEM #A201
우리는 당신 회사의 제품인 #A201 캥거루 로고가 붙은 가방에 관심이 있습니다.
그 제품에 대한 설명과 견적을 내 주시길 바랍니다.

가능하다면 CIF 부산항, 한국 가격조건으로 가격을 내주시고, 납기와 기타 사항도
알려주세요.

당신의 빠른 답신 기대합니다.
감사합니다.

친애하는,

저스틴 초이
부장

* 용어 설명

비즈니스 레터 구성으로 보면 다음과 같다.

① Letter head : 레터헤드는 발송인의 회사명이 들어가는 부분이다.

일반적으로 레터(편지) 용지의 중앙에 위치시키나 선호에 따라 왼쪽에 위치시키
기도 한다. 직접 디자인하여 저장해 둔 문서 서식을 이용하거나 미리 인쇄소에
맡겨 로고, 회사명, 발송인의 주소, 전화번호 및 팩스번호, 이메일 주소, 홈페이
지 등이 함께 찍힌 레터 용지(Letterheaded paper)를 사용하기도 한다.

② Return address : 발송인의 주소이다.

인쇄된 레터 용지를 사용하는 경우 대부분 레터헤드에 주소가 포함되어 있다.

③ Letter address/Receiver's address : 수신인의 주소이다.

발송인의 주소에서 4줄 공백을 두고, 공식적인 문서(계약서, 중요 문서)에는 이와 같이 (Mr/Mrs/Miss/Ms) 수신인, 직책, 회사명, 주소 순서로 작성을 한다.

Mr. Scott Smith

Director

GLEBE FASHION PTY. LTD.

Unit 402, 34 Wentworth St.,

Glebe, Sydney, NSW 2037

Australia

Ph. 61-2-2730 0000

비공식적인 문서 또는 자주 왕래하는 문서(이메일, 팩스 등)에는 아래와 같이 수신인의 회사명만 적기도 한다.

Messrs : GLEBE FASHION PTY. LTD.

여기서 Messrs는 'Messieurs'의 약어로 MR.의 복수형이다. 우리말로 '귀하'의 뜻으로 수신인의 회사명을 적는다.

④ Date : 발송날짜를 적는다.

날짜 표기 방식은 영국식과 미국식이 다르다.

영국식(호주 등)은 일/월/연도순으로 쓰고, 미국식(캐나다 등)은 월/일/연도순으로 쓴다. 예로 들어 2021년 3월 14일 경우 아래와 같이 쓴다.

상단의 3개는 예의를 갖춘 글쓰기에 사용하며 하단의 2개는 메모나 편지 등에 사용한다.

영국식(호주 등)	미국식(캐나다 등)
The Fourteenth of March, 2021	March the Fourteenth, 2021
14th March 2021	March 14th, 2021
14 March 2021	March 14, 2021
14/3/2021	3/14/2021
14/3/21	3/14/21

원론적으로 발송날짜는 발송인의 주소로부터 1~2줄 공백을 두고 아래에(반면 수신인의 주소 위에) 위치하여 쓴다.

하지만 요즘은 CASE 1-1. LETTER 예시처럼 수신인의 회사명과 동일 선상 오른쪽에 위치하여 많이 쓴다.

⑤ Salute(Salutation) : 인사말이다.

Dear로 시작하는 것으로 우리말로 '~에게'의 뜻이다.

수신인의 주소로부터 1~2줄 공백을 두고 아래 위치하여 쓴다.

모든 비즈니스 레터에서는 공식적으로 항상 'Dear'로 시작해야 한다. 이어 상대방 이름을 적는다. 딱 한 가지 예외인 경우는 'To whom may concern'으로 우리말로 '관련 담당자에게'라고 표현할 때는 이름을 적지 않는다.

• 만약 남자 Smith인 경우 : Dear Mr. Smith라 적는다.

• 만약 여자 Smith 경우 : Dear Ms. Smith라 적는다.

상대방이 여자인데 결혼을 한 경우에는 'Mrs.' 아가씨인 경우에는 'Miss'로 적으며, 만약 혼인 여부를 정확히 모른다면 'Ms.'로 적는 것이 가장 적절하다(영어문법 상 Ms. Mrs.는 점을 찍고, Miss는 점을 찍지 않는다).

• 만약 세 명 앞으로 보내는 글이면 : Dear Mr. Smith, Mr. John, and Ms. Baker라 적는다.

• 만약 성별이 불분명한 애매한 이름인 경우 : Mr./Ms.를 빼고 그냥 Dear

Blake Baker라 적는다.

• 만약 전문직 종사자인 교수(Professor), 박사(Doctorate), 판사(Judge), 랍비(Robbi) 등인 경우에는 타이틀을 적어준다. 예로 들어 Dear Dr.John, Dear Robbi Williams, Dear Judge Choi 등으로 쓴다.

• 상대방 이름을 모를 때 : 남성인 경우 Dear Sir, 여성인 경우 Dear Madam이라고 적는다.

• 상대방 받는 사람이 여러 사람이고 이름도 모르고, 성별도 모를 때 : Dear Sirs라고 적는다. 잘 모르는 바이어이거나 또는 처음 접촉하는 바이어에게 보낼 때에 이와 같이 적는다.

이렇게 Dear 다음에 이어 이름을 적은 후에는 콤마(comma)를 찍도록 한다. 최근에는 콤마를 안 찍는 경향도 있다.

⑥ Intro(Introduction) : 서론이다.

Salutation에서 1~2줄 공백을 두고 아래 위치하여 쓴다. 본론에 들어가기 전에 감사의 표현, 최근 만남, 또는 서신의 주제 등을 가볍게 언급한다.

예시에서는 수입상이 공급자(수출상)를 알게 된 경위를 얘기했다.

⑦ Body : 본문 내용이다.

Introduction에서 1~2줄 공백을 두고 아래 위치하여 쓴다. 쓰고자 하는 서신의 주요 내용을 적는다.

예시에서는 관심 있는 제품에 대해 공급자(수출상)에게 견적을 요청하였다.

제품 문의를 할 때 체크해야 할 6가지 기본사항들은 다음과 같다 :

① 스펙(Specification)

② 가격(Price)

③ 최소주문수량(MOQ, Minimum Order Quantity)

④ 납기(Delivery, Leadtime)

⑤ 결제조건(Payment terms)

⑥ 추가적인 사항으로 해당 샘플이 존재하는지, 아니면 새롭게 샘플을 만들어야 하는지이다.

위의 기본사항들은 이메일 상담이나 현장상담에서 자동적으로 입에서 나올 수 있도록 해야 한다.

본문에 나오는 'Price quotation'은 가격 견적을 뜻하며 'CIF Busan, Korea terms'는 수출상이 해상보험료와 해상운임을 부담하고 그것을 포함한 단가로 수입상에게 오퍼 해 달라는 것이다. 이와 같이 수입상이 일반적으로 CIF 가격을 선호하는 이유는 수입상 측에서 일일이 해상보험과 해상운임을 신청하고 지불하는 업무가 성가시거나 번거롭기 때문이다.

⑧ Action(Conclusion) : 결론 부분이다.

Body에서 1~2줄 공백을 두고 아래 위치하여 쓴다.

본문 내용에 대하여 작성자의 회사(또는 본인)가 시행할 사항을 적거나 또는 상대방에게 요청하는 사항을 적는다.

⑨ Closing : 맺음말이다.

맺음말은 대체로 1줄로 쓴다. 예로 들면 'I look forward to seeing you soon', 'Please call me if you have any questions' 등이다.

예시에서는 'We are looking forward to your reply soon'이라고 적었다.

⑩ Complimentary close : 경의의 말(경의의 맺음말)이다.

Closing에서 1~2줄 공백을 두고 아래 위치하여 쓴다. 보편적으로 'Yours Sincerely'를 가장 많이 쓴다.

Complimentary는 '칭찬하는'의 뜻으로 사용되는 경의의 표현이다. 모든 경의의 말 다음에는 콤마(comma)를 찍도록 한다.

격식의 표현으로 Regards, Best regards, Best wishes, Sincerely, Yours Sincerely, Most sincerely, Faithfully, Yours truly, Respectfully 등이 있다.

⑪ 공백 총 4줄 (Blank total 4 lines), Signature : 사인란이다.

우선, Complimentary close에서 1~2줄 공백을 두고 아래 위치하여 사인 또는 작성자 이름을 적는다. 이렇게 하여 총 4줄의 공백을 갖고 사인란을 갖는다.

개인적인 편지뿐만 아니라 비즈니스 레터, 협정문, 양해각서, 계약서, 국가 간의 대통령 교환 문서 등 대부분의 문서에는 서명날인을 한다.

계약서의 경우 회사고무날인(명판, 직인)을 스캔 이미지로 이곳에 붙인 후 이메일로 보내기도 한다. 그렇게 하여도 계약은 성립된다. 단, 자필이든 스캔 이미지든 그 모양과 형태가 동일해야 한다.

작성자의 이름, 직책 또는 이름, 직책, 회사명을 적는다.

계약서나 공식 문서가 아니고 자주 쓰는 이메일, 팩스 등의 문서에서는 사인, 직책은 생략하여도 된다. 또한 수신인이 친구 사이면 성은 생략하고 '이름'만 적어도 된다.

① Formal

Yours Sincerely,	또는	Yours Sincerely,
Justin Choi		*Justin Choi*
Justin Choi		Justin Choi
General Manager		General Manager
		ALPS RI INC.

② Informal

Yours Sincerely,	또는	Yours Sincerely,
Justin Choi		Justin
(General Manager)		

3.2) 수출상으로부터 답신

Glebe Fashion Pty. Ltd.

Unit 402, 34 Wentworth St., Glebe, Sydney, NSW2037, Australia
Ph. 61-2-2730 0000 Fax. 61-2-2730 0001

Messrs.: ALPS RI INC.   Date : 01/12/2021

Dear Justin Choi

Hi, how are you? Thanks for your inquiry.
Here is our price quote with the item details.

RE: OUR ITEM #A201, KANGAROO EMBLEM BAG
SPEC. : SHELL 100% POLY 600D OXFORD FABRIC
SIZE : WIDTH x DEPTH x HEIGHT = 31cm x 13cm x 43cm each
WEIGHT : 800G each
Min. q'ty of bulk order : 500PCs/Colour.
Bulk price : USD10.00/PC CIF Busan, Korea.
Leadtime : About 35days after receipt of your written order.
Payment terms : L/C or T/T in advance.

Sample order : 30PCs/Order.
Sample price : USD13.00/PC (sample surcharge 30% included).
Sample leadtime : 1 week, if the ready-made is available.
Sample orders will be sent by courier, collect.

Feel free to contact me if you have any other enquiries.

Yours Sincerely,

Scott Smith
Scott Smith
Director
Glebe Fashion Pty. Ltd.

* 해설

저스틴 초이께,

안녕하세요? 반갑습니다. 귀사의 의뢰에 감사드립니다.
여기 저희 제품에 대한 상세한 정보와 견적을 오퍼 해 드립니다.

RE: YOUR ITEM #A201, KANGAROO EMBLEM BAG
스펙(규격) : 겉 원단 100% POLY 600D OXFORD
사이즈 : 개당 가로 x 세로(깊이) x 높이 = 31cm x 13cm x 43cm
무게 : 개당 800G
메인오더 최소주문수량 : 500개/칼라 당.
메인오더 가격 : 미국 달러 USD10.00/1개 당 CIF 부산, 한국 가격조건.
납기 : 귀사의 주문서를 받은 후 대략 35일 정도 소요.
결제조건 : 신용장개설 또는 선불 전신환 송금.

샘플오더 : 30개/오더 당.
샘플오더 가격 : 미국달러 USD13.00/1개 당 (샘플 추가요금 30%가 포함되었음).
샘플 납기 : 1주일, 만약 생산 재고가 있는 경우에.
샘플오더의 경우, 주문한 제품은 쿠리어 착불로 보내어집니다.

당신의 다른 의뢰 사항이 있으시면 언제든지 연락주세요.

친애하는,

스콧 스미스
스콧 스미스
이사
Glebe Fashion Pty. Ltd.

* 용어 설명

① SPEC. : Specification의 약자로 규격을 나타낸다.

제품의 규격, 재질, 길이, 중량 등을 상세히 적어 상대방이 스펙만 보고도 그 제품의 특성 등을 미리 알 수 있게끔 한다.

② Min. q'ty of bulk order : 메인 작업이 가능한 최소주문수량이다.
작업여건, 원재료 사용량, 필요 소요량에 따라 최소한 얼마만큼의 수량이 되어야
기계를 가동하여 작업할 수 있는 조건이 된다. 이것을 '최소주문수량'이라 한다.
이것은 생산에서 손실이 발생하지 않는 최저점을 뜻하기도 하며 또는 원재료를
개봉했을 때 1회 사용할 수 있는 양을 의미하기도 한다. 예시에서는 그 수량이
최소한 칼라별 500개 주문은 되어야 한다고 알려왔다. 대략 원단 1yd로 가방 2
개를 만들 수 있다면 500개 가방을 만들려면 원단 250yd가 필요하다. 섬유 생산
업체에서 염색 탕(Dye pot, Dyeing machine)에 생지(Greige fabric)[7]를 넣고
칼라를 제대로 맞추려면(최소한의 조건에 맞추려면) 최소 염색 수량이
250~300yd인 점을 감안하면 일리가 있다.

③ Bulk price : 메인오더 가격을 뜻한다.
수입상의 요청에 따라 수출상은 CIF Busan, Korea 가격조건으로 가격을 내었
다. CIF는 Cost, Insurance and Freight를 뜻하며 이것을 '운임보험료포함가격'
이라 한다.
호주의 수출상은 생산원가에 자신의 마진을 붙이고 + 내륙운송비, 기타 비용 +
해상보험료 + 해상운임료를(부담하며) 포함시킨 후 낸 것이 CIF Price이다.
반면 만약 수출상이 생산원가에 자신의 마진을 붙이고 + 내륙운송비, 기타 비용
만(부담하며) 포함시켜 낸 것이라면 FOB Price가 된다. 이때 수출상이 선적까지
는 의무(책임)를 져야 한다. FOB Price는 바이어의 수입항(목적지)이 아직 정해
지지 않은 상태에서 가격을 내는 경우에 활용된다.
가격오퍼는 예시에서처럼 단가(단위 당 가격)로 표시하게 되는데 USD10.00/PC
로 되어 있다. 가격의 단위로는 제품의 종류 또는 특성에 따라 개당(piece), 미터
(meter), 야드(yard), 그램(gram), 킬로그램(kilogram), 리터(liter) 등이 있다.

---

7) 생지(Greige fabric) : 염색 전 하얀 백포의 원단을 말한다.

예로 들어 단위에 따라 USD10.00/PC, USD10.00/M, USD10.00/YD, USD10.00/G, USD10.00/KG, USD10.00/L 등으로 표기를 한다. 읽을 때는 USD10.00/PC인 경우 "US Dollars Ten dollars per piece"라고 읽는다.

'단위 당'의 의미인 '/'은 per로 읽는다. 그리고 화폐의 단위 dollar, cent에는 글로 작성 시 's'를 붙인다.

④ Leadtime : 작업하여 생산이 완료될 때까지 걸리는 소요시간을 말한다.

일반적으로 'Delivery(납기: 납품기일)'와 같은 의미로 사용된다.

일반적으로 수출상이 적는 납기에 대한 표기는 ;

① Leadtime(Delivery) : About oo days after receipt your order sheet.

- 수입상으로부터 주문서를 받은 후 대략 oo일 또는,

② Leadtime(Delivery) : About oo days after our quality and colours are approved.

- 수출상이 보낸 (견본)샘플의 품질 및 칼라에 대해 수입상이 승인한 날로부터 oo일 등으로 나타낸다.

여기에서 '승인(Approval)'이란 말은 '그대로(그 품질대로, 견본과 같이) 진행해도 좋다'는 승낙의 의미를 나타낸다. 한편 대략의 뜻을 나타낼 때는 about을 쓰고 날짜를 명확히 할 때는 about 없이 적는다.

⑤ 결제조건 : L/C 또는 선불의 T/T.[8]

여기서 수출상은 신용장개설 또는 선불의 전신환(온라인) 송금을 원하고 있다.

T/T는 선불이나 후불로 할 수 있으며 선불+후불 몇 퍼센트씩 나눠서 두 차례에 걸쳐 결제를 받을 수도 있다. 대개 처음 거래를 하거나 상대방의 결제 이행에 대해 불확실하다면 수출상은 물품을 보내기 전에 100% 선불로 받는 것이 바람직하다.

---

8) L/C는 'Letter of Credit'으로 신용장을 뜻하며, T/T는 'Telegraphic Transfer'로 전신환 온라인송금을 뜻한다.

⑥ 샘플오더 : 오더 당 30개.

이 제품의 샘플오더 시에는 칼라 수에 상관없이 총 오더량으로 최소 30개 구매를 요구하고 있다.

⑦ 샘플가격 : 미국 달러 13달러/1개 당 (샘플 추가요금 30%가 포함되어 있음).

샘플오더의 경우 공급자(생산자, 수출상)는 대개 추가요금을 청구한다. 그 이유는 샘플 진행시 발생되는 추가 인건비 및 비용 등을 최소한으로 포함시키기 때문이다. 수입상이든 수출상이든 샘플오더를 받아 수익을 얻는 것이 목적이 아니므로 대체로 수입상들도 이 부분을 알고 있으며 받아들이고 있다.

⑧ 샘플 납기 : 생산된 재고상품이 있다면 1주일.

만약 재고상품이 없고 새롭게 샘플 수량만큼 생산을 해야 하는 경우 수출상은 수입상에게 별도의 안내를 해야 한다.

⑨ 샘플 또는 샘플오더의 경우, 일반적으로 수출상은 주문한 제품을 쿠리어9) 착불로 수입상에게 발송한다. 관례적으로 대개 그러하다.

설명한 바와 같이 샘플오더의 경우 이윤이 거의 발생하지 않는다. 수입상이 샘플오더를 하는 이유는 제품 품질의 안정성을 확보하고 메인오더 전에 원하는 칼라나 기준으로 품질을 한 번 더 확인하는 데 있다. 또한 국내시장에 시험적으로 테스트 판매를 해 봄으로써 소비자의 구매동향과 판매전략을 세울 수 있으며 메인 오더수량을 정하는 프로모션(Promotion)과 같은 과정이다.

---

9) 쿠리어(Courier) : 쿠리어는 핸드캐리와 마찬가지로 택배서비스(Door to Door service)를 하는 업체를 말한다. 소량의 물품이나 샘플을 발송할 때 이용하며 편리하며 DHL, Fedex, TNT 등 특송 핸드캐리 업체와 비교할 때 배달 속도는 비슷하며 요금이 보다 저렴한 게 특징이다.

제8절 수입의 단계

수입의 단계를 전반적으로 이해하기 위해 우선 간략화한 플로 차트(Flow chart)로 미리 살펴보자.

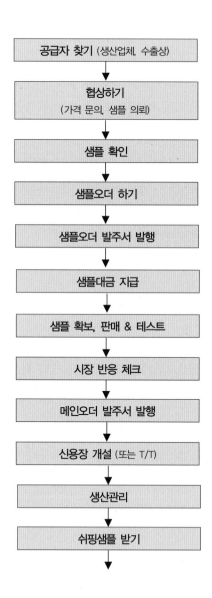

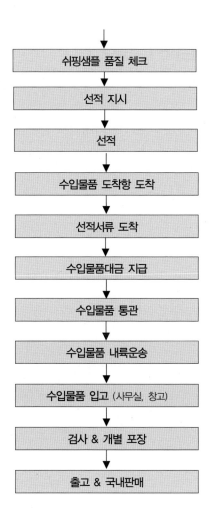

쉬핑샘플 품질 체크

선적 지시

선적

수입물품 도착항 도착

선적서류 도착

수입물품대금 지급

수입물품 통관

수입물품 내륙운송

수입물품 입고 (사무실, 창고)

검사 & 개별 포장

출고 & 국내판매

제2장 공급처 찾기

I could fly to Paris, it's at my beck and call...
But when I dream, I dream of you - Carol Kidd, When I dream

좋은 공급처를 찾는 것은 함께 할 삶의 동반자를 찾는 것과 같다. 좋은 공급처는 최소 10년, 20년 또는 평생 파트너십을 갖고 비즈니스를 함께 할 수 있는 반면 좋지 않은 공급처는 금전적인 손해뿐만 아니라 오랜 기간 정신적 피해를 입히기도 한다.

제1절 전시회를 통한 방법

수출입을 하는 회사라면 정기적으로 해외전시회를 참관하여 시장의 흐름을 파악할 필요가 있다. 수출상은 동종업종의 관련 제품 또는 경쟁사 제품들을 관찰할 수 있고 수입상에게는 적합한 공급처를 찾을 수 있는 기회이기도 하다.

해외전시회를 방문할 때에 전시회 장소, 일시 등 전시회 정보 이외에 가방, 노트, 명함 등을 필수적으로 가져가야 한다. 방문객들 중 간혹 카메라를 들고 사진을 찍는 경우도 있지만 대부분 전시회 현장 내에서는 촬영이 금지되어 있다.

부스(Booth)마다 한 업체씩 자리를 잡고 회사와 제품에 대한 홍보 및 마케팅이 펼쳐진다. 회사를 홍보하는 영상에서부터 팸플릿, 보드판, 책자, 견본 샘플, 마네킹 등 다양한 시각적 자료로 전시를 한다.

방문객은 관심이 있는 제품이 전시돼 있는 업체의 부스에 들어가 팸플릿, 책자, 명함 등을 얻을 수 있으며 제품에 관한 여러 가지 사항들을 물어볼 수 있다. 좀 더 자세한 설명 또는 상담이 필요하면 마련된 테이블에 앉아 영업사원과 현장 상담이 가능하다. 현장 상담에서는 샘플을 요청하기도 하고 견적을 받아 볼 수 있으며 필요하다면 샘플오더 주문까지 할 수 있어 거래가 성사되기도 한다. 상담이 끝나면 필요한 책자나 자료들을 챙기고 나중에 이메일 또는 팩스를 통해 연락하기로 기약한다.

우리나라에서 수출과 무역을 관장하는 두 기관은 한국무역협회(KITA)와 코트라(KOTRA : 대한무역진흥공사)이다. 여기에는 환율정보, 무역정보, 국가별 시장정보 등 유익한 내용들이 계속 새롭게 업데이트됨으로써 기업과 개인은 다양한 정보를 얻을 수 있다.

특히 전 세계 전시회 리스트는 'GEP 글로벌 전시 플랫폼' 홈페이지에 직접 들어가거나 '코트라(KOTRA)' 홈페이지를 통해 검색할 수 있다. 전 세계 국가별, 품목별, 일시별로 전시회를 찾아 볼 수 있다.

■ GEP 글로벌 전시 플랫폼 (www.gep.or.kr)

■ 코트라 (대한무역진흥공사 : www.kotra.or.kr)

■ 한국무역협회 (www.kita.net)
  해외전시회 : 무역협회 홈페이지〉 무역지원서비스〉 해외마케팅 사업안내

얼마 전만 하더라도 한국무역협회 홈페이지에서도 세계 전시회 리스트가 있었으나 최근에는 무역협회 홈페이지〉 무역지원서비스〉 해외마케팅 사업안내에서 일부 볼 수 있다. 기관의 홈페이지는 계속 포맷이 바뀌므로 이용자는 그 점을 이해하고 있어야 한다.

대부분 해외전시회는 일시만 변경될 뿐 같은 이름으로 매년 같은 장소에서 열린다. 따라서 전시회명을 기억해 두었다가 매년 해당 전시회에 참가해 보는 것도 좋은 방법이다. 예로 들면 세계 최대 국제 전자제품 전시회는 매년 1월 초 미국 라스베이거스에서 열리며 '라스베이거스 CES'로 잘 알려져 있다. 해마다 새해가 되면 TV에 빠짐없이 나오는 뉴스로 삼성전자, LG전자가 이번에는 전시회에서 어떤 신제품을 선보일지 이야기가 나온다. 세계 전시회 리스트는 다른 해외 사이트 등에서도 검색을 통해 찾을 수 있다.

특정 전시회를 자세히 알아보는 방법은 첫째로, 해당 전시회명을 클릭하면 전시회의 일정, 내용, 참가 신청, 연락처 등 을 볼 수 있다. 부스를 신청하여 직접 참가를 원하는 업체는 참가 비용, 참가 일정을 보고 주관사의 연락처를 통해 신청이 가능하다. 해당 전시회의 공식 사이트도 연계되어 있다.

둘째로, 전시회장 홈페이지를 검색해 보는 방법이다. 대표적인 전시회장으로 한국에는 서울 코엑스(Coex), 대구 엑스코(Exco), 부산 벡스코(Bexco)가 있으며 뉴욕에는 제이컵 K. 재비츠 컨벤션 센터(Jacob K. Javits Convention Center) 전시회장 등이 있다. 전시회장의 홈페이지에 들어가면 한 해 동안 전시회 일정, 내용, 참가신청 방법 등이 나와 있다.

끝으로 전시회명을 기억했다가 이름으로 검색해 보는 방법이다. 예로 들면 패션산업 전시회인 'Premiere vision', 섬유 전시회 'Texworld', 패션 란제리 수영복 전시회 'Curve new york', 뉴욕 완구 전시회 'American international toy fair', 파리 패션봉제전문 전시회 'Zoom by fatex' 이탈리아 나폴리 와인 전시회 'VitignoItalia', 뉴질랜드 오클랜드 식품 전시회 'Food show' 등으로 검색을 한다. 이에 전시회 해당 사이트로 접속할 수가 있으며 전시회의 특성과 내용 등을 상세히 살펴볼 수가 있다.

제2절 무역지원서비스를 통한 방법

1. KOTRA (코트라)

KOTRA(코트라: 대한무역진흥공사)에서는 수출과 수입에서 해외시장을 개척하고자 하는 기업들을 위해 무역지원서비스(대표 ☎ 1600-7119)를 하고 있다.

무료 상담	해외 진출, 수출, 해외 투자, 해외 인증, 외국인 투자유치, 무역사기, 기타 무역 상담
유료 서비스	해외 시장조사
	해외 비즈니스 출장지원
	지사화 사업
기타 지원 및 사업	해외 프로젝트 지원 (해외 프로젝트 수주 지원, 플랜트 수주 지원 등)
	온라인 마켓플레이스 셀러 육성사업
	디지털 B2B 플랫폼 (바이코리아 - 수출상품 등록, 바잉오퍼 조회 등)
	해외 지식재산권 보호
	FTA 해외 활용 지원

종합 서비스	수출 상담회(국내)
	무역 사절단(해외)
	글로벌 파트너링(GP) 사업
	투자유치 상담회(국내)
	투자유치 사절단(해외)

1) 무료 서비스

해외 진출, 수출, 해외 투자, 해외 인증, 외국인 투자유치, 무역사기 등 전반적인 무역상담을 할 수 있다.

2) 유료 서비스

해외 시장조사, 해외 비즈니스 출장지원, 지사화 사업이 있다.

① 해외 시장조사 : KOTRA 전 세계 해외 무역관(84개국 127개 무역관)을 통해 해외 잠재 파트너 발굴, 해외 수입업체 조사, 거래교신 지원, 시장조사 등을 지원하는 서비스이다.

② 해외 비즈니스 출장지원 : 해외 무역관을 통해 해외 바이어 발굴, 상담 주선, 해외 투자환경 조사, 통역, 차량 등 출장 업무를 지원한다.

③ 지사화 사업 : 해외에 지사를 설치할 여력이 부족한 중소·중견기업의 현지 지사 역할을 대행하여 수출 및 해외 진출을 지원하는 사업이다. 수행기관으로 현재 KOTRA(대한무역진흥공사), OKTA(세계한인무역협회), 중소벤처기업진흥공단 세 군데에서 함께 진행하고 있다.

3) 기타 지원 및 사업

해외 프로젝트 지원, 온라인 마켓플레이스 셀러 육성사업, 디지털 B2B 플랫폼, 해외 지식재산권 보호, FTA 해외 활용 지원이 있다.

① 해외 프로젝트 지원 : 해외 프로젝트 시장에서 국내기업이 효율적인 수주를 할 수 있도록 건설, 플랜트 등의 수주 지원을 한다.

② 온라인 마켓플레이스 셀러 육성사업 : 해외 유력 온라인 마켓플레이스인 Amazon US/JP(아마존 미국/일본), Qoo10 JP(큐텐 재팬, 일본), Shopee(쇼피, 동남아)와 협업하여 우리 기업에게 직접 유통망 내 MD 및 마케팅 전문가의 입점 및 판촉 교육을 제공한다.

③ 디지털 B2B 플랫폼 : 전 세계 바이어와 한국 업체를 연결해 주는 플랫폼으로 바이코리아(buyKOREA)가 있다. 이를 통해 한국 상품의 해외 홍보, 등록이 가능하며 해외 바이어의 바잉오퍼, 구매정보 등을 검색할 수 있도록 지원한다.

④ 해외 지식재산권 보호 : 해외에 진출한 국내기업의 지식재산권 보호를 지원한다. 현지에서 상표·디자인·특허 출원 시 발생하는 비용 및 절차 또는 해외 위조상품 유통 피해에 대한 현지 침해 조사 및 행정단속비용 지원을 한다.

⑤ FTA 해외 활용 지원 : FTA 정보제공, 관세율, 원산지 등 FTA 활용 전반에 대한 전문가 상담, FTA 활용 애로사항 해소 등을 지원한다.

4) 종합서비스

수출상담회, 무역 사절단, 글로벌 파트너링 사업, 투자유치 상담회, 투자유치 사절단이 있다.

① 수출상담회(국내) : 국내기업의 수출을 지원하는 사업으로 한국상품 수입을 희망하는 구매단 또는 개별 바이어의 방한을 유치하여 국내 업체와의 1:1 상담 기회를 제공한다.

② 무역 사절단(해외) : 국내 중소기업의 해외 진출을 위해 KOTRA가 지자체, 유관기관과 세일즈단을 구성하고 해외무역관이 현지에서 바이어와 상담을 지원한다. 또한 화상상담을 통해 현지 바이어와의 수출 상담 기회를 제공한다. 참가비는 기업 자체 경비(숙박, 항공권 등)를 제외하고는 무료이다.

③ 글로벌 파트너링(GP) 사업 : 국내 소재부품 분야 중소·중견기업이 해외 글로벌 기업의 밸류체인(GVC)에 진입하기 위해 글로벌 기업의 수요를 발굴하고 심층상담, 공장 방문 등 맞춤형 상담을 지원한다.

④ 투자유치 상담회(국내) : 외국인 또는 외국인 투자기업을 대상으로 한국 투자유치에 필요한 내용 및 과정을 지원한다.

⑤ 투자유치 사절단(해외) : 산업별 유치팀을 중심으로 지자체 및 유관기관과 협업해 투자유치사절단을 파견하고 해외투자가를 초청, 상담 및 국내 투자유치 활동을 지원한다.

2. KITA (한국무역협회)

한국무역협회에서는 다음과 같은 무역지원서비스(대표 ☎ 1566-5114)를 한다.

무역 상담	무역 애로사항, 무역현장 컨설팅, 무역실무, FTA 활용
제 증명 발급	무역업고유번호증 발급
	수출입실적 증명서 발급
	무역아카데미 증명서, 기타
회원사 유료 서비스	무역진흥자금 융자 추천
	수출바우처 서비스
	외국어 통번역 서비스
	해외 바이어 매칭 서비스, 기타

1) 무료 서비스

무역 애로사항, 무역현장 컨설팅, 무역실무, FTA 활용에 대한 상담을 할 수 있다.

① 무역 애로사항 : 무역 애로사항을 상담하고 해결 방법을 지원한다.

② 무역현장 컨설팅 : 해외 시장정보, 바이어 발굴 등 해외 마케팅 관련 단계별 종합 컨설팅과 해외 시장진출 관련 무역 유관기관의 각종 지원 제도 등을 안내받을 수 있다.

③ 무역실무 : 무역실무, 해외 인증, 물류, 변호사, 지역 전문가, 회계사, 수출마케팅, 창업 등 12가지 분야 별 전문가를 통해 무역상담을 받을 수 있다.

④ FTA 활용 : FTA 특혜관세 적용, 원산지 대응, 비관세장벽 대응 등을

상담 지원한다.

2) 제 증명 발급

무역업고유번호증 발급, 수출입실적 증명 등이 있다.

① 무역업고유번호증 발급

「대외무역법 시행령」 제21조 제1항 및 「대외무역관리규정」 제24조에 따라 산업통상자원부장관은 국가 수출입 통계 처리를 위해 무역업을 영위하는 자에게 무역업고유번호를 부여한다. 따라서 수출입을 하고자 하는 무역업자(무역회사)는 무역업고유번호를 발급받을 필요가 있다.

- 신청 기관 : 한국무역협회 본부 또는 지부
- 신청 방법 : 방문 신청 또는 온라인 신청
- 제출 서류 : 사업자등록증, 방문자 신분증, 재직증명서 또는 위임장
  한국무역협회 회원사는 별도의 신청 없이 자동 발급된다.

② 수출입실적 증명서 발급

기업이 일정 기간 동안 이행한 수출입 실적을 증명하여 발급해 주는 것으로 정부·지원기관의 수출지원사업 신청과 무역진흥자금 융자, 무역의 날 포상 등의 신청 시에 그 용도로 제출한다.

③ 무역아카데미 증명서 발급

한국무역협회 내 무역실무에 대한 교육 프로그램이 무역아카데미이다. 수강료가 있으며 교육과정수료 후 그 증명서를 발급해 준다.

3) 회원사 유료 서비스

무역진흥자금 융자 추천, 수출바우처 서비스, 외국어 통번역 서비스, 해외

바이어 매칭 서비스 등이 있다.

① 무역진흥자금 융자 추천 : 한국무역협회가 수출 중소기업 지원을 위해 자체 조성한 자금을 금융기관을 통해 대리 대출 한다.

기업의 수출 마케팅과 수출 이행에 필요한 자금으로 최고 3억 원, 융자 기간 3년, 최저 연 2.0% (2021년 기준)로 대출 지원하고 있다.

② 수출바우처 서비스 : 해외시장조사, 바이어 발굴, 바이어 신용조사 등을 지원한다.

③ 외국어 통번역 서비스 : 외국어 통번역, 외국어 홍보동영상 제작, 외국어 카탈로그 제작, 외국어 홈페이지 제작 등을 지원한다.

④ 해외 바이어 매칭 서비스 : 관심 상품에 대한 해외 바이어를 발굴하고 상담을 지원한다.

3. OKTA (옥타)

OKTA(옥타 : 세계한인무역협회)는 세계한인 경제인들이 만든 재외 동포 경제 단체이다. 1981년에 설립되어 모국의 경제발전과 수출촉진을 위하여 활동해 오고 있으며 전 세계 64개국 138개 지회에 7,000여 명의 재외 동포 CEO들과 차세대 경제인 21,000여 명으로 구성되어 있다.

매년 1차례 가을 한국에서 세계한인경제인대회 '월드 옥타'를 개최하고 있다. 이날은 늘 뉴스에 소개가 되고 있는데 세계 한인업체들과 국내업체들 간의 비즈니스 및 거래 상담을 주선하며 무역 증진과 친선을 도모하고 있다.

OKTA에서는 다음과 같은 무역지원서비스(대표 ☎ 1644-9033)를 한다.

글로벌 차세대 경제인 육성지원	차세대 글로벌 창업무역스쿨 (해외 현지교육, 모국방문교육), 기타
중소기업 해외진출 지원	수출친구맺기 사업
	해외지사화 사업
	수출새싹기업 지원사업
	글로벌 기술사업화 협력센터 사업
	수출바우처 사업
해외 일자리 창출 지원	글로벌 취업지원 사업
	글로벌 창업지원

1) 글로벌 차세대 경제인 육성지원

재외한인들을 상대로 무역인재 양성을 위한 차세대 글로벌 창업무역스쿨을 진행하고 교육과 인턴십을 지원하고 있다.

2) 중소기업 해외진출 지원

① 수출친구맺기 사업 : 국내 지역기업과 월드 옥타 한인무역인과의 네트워트를 만들고 매칭을 통해 비즈니스 관계를 형성하는데 지원한다.

② 해외지사화 사업 : 중소·중견기업을 위해 현지 지사 역할을 대행하여 수출 및 해외진출을 지원하는 사업이다. 세계한인무역협회(OKTA), 대한무역진흥공사(KOTRA), 중소벤처기업진흥공단이 공동 수행하고 있다.

③ 수출새싹기업 지원사업 : 초기 수출기업에 대해 수출경쟁력 확보를 위한 지원을 한다.

④ 글로벌 기술사업화 협력센터 사업 : 해외진출을 추진하고 있는 국내 기술기업에 대하여 진출 희망국의 현지 수요조사, 기술마케팅, 현지 수요 매칭 등 글로벌 기술사업화를 위한 컨설팅을 지원한다.

⑤ 수출바우처 사업 : 해외 시장조사, 해외 바이어 발굴, 법인(지사)설립 대행, 수출입 서류 및 통관 대행, 해외 홍보, 해외 전시회 등록 및 대행, 수출상담회 등을 지원한다.

3) 해외 일자리 창출 지원

① 글로벌 취업지원 사업 : 국내 청년들을 위해 옥타 회원기업들을 대상 으로 해외취업을 발굴하고 해외취업과 현지 정착을 지원한다.

② 글로벌 창업지원 : 월드 옥타 차세대 스타트업을 대상으로 차세대 기 업가를 발굴하고 초기 창업기금을 지원한다.

제3절 무역 사이트를 통한 방법

1. 무역 사이트

다음은 무역 사이트를 통한 방법으로 우리가 무역 사이트를 검색해 보면 바이어가 올려놓은 바잉오퍼(Buying offer), 공급자가 올려놓은 셀링오퍼(Selling offer)를 볼 수가 있다.

이 중 관심 있는 업체에게 직접 연락을 해서 거래 문의와 상담을 해볼 수 있다. 대표적인 예로 KOTRA 홈페이지에서 'buyKOREA'를 클릭하거나 또는 직접 buyKOREA 홈페이지(www.buykorea.or.kr)에 들어가면 바잉오퍼를 검색해 볼 수 있다. 한국무역협회에서도 예전에는 바잉오퍼와 셀링오퍼 정보가 있었으나 계속 홈페이지 포맷이 변화하면서 없어진 듯하다.

해외의 무역 사이트로 우리가 잘 알고 있는 아마존(www.amazon.com), 알리바바(www.alibaba.com), 앨리익스프레스(www.aliexpress.com) 등에서도 제품별로 많은 공급자들을 찾아볼 수 있다. 관심 있는 업체가 있다면 거기에 나와 있는 연락처로 직접 거래 문의를 해보자(해당 사이트는 가능하면 생산업체의 정보를 노출시키지 않는 경우가 많으므로 상품이름 등을 통해 추가 검색을 해 볼 수 있다).

2. 해외 한인회

현재 전 세계적으로 많은 한인 동포들이 살고 있다. 해외 동포들이 많은 만큼 큰 도시마다 해외 한인회가 결성되어 있다. 따라서 만약 해외 출장 기회가 있다면 미리 주소와 연락처를 확인한 후 하루쯤 해외 한인회를 방문해 볼 것을 적극 추천한다.

우선 해외 한인회를 방문하면 그 지역 한인업체 주소록 및 연락처, 시장동향, 비즈니스 주의사항 등의 정보를 얻을 수 있으며 상담도 가능하다. 그리고 운이 좋은 경우 한인회 임원들을 통해 평판 좋은 관련 품목의 한인업체를 소개받을 수도 있다. 그리고 한인회에서는 지역 한인사회 교민들의 연락처를 모아 전화번호부를 만들고 있으므로 전화번호부나 온라인 전화번호부를 받아 볼 수 있다.

3. 교민잡지

교민잡지는 생생한 교민생활과 교민업체들의 리스트를 확인할 수 있는 지표이다. 보통 교민잡지는 매주 발간이 되며 교민사회 뉴스와 함께 업종별 한인회사들의 주소와 연락처가 나와 있다.

만약 언어소통의 문제 등으로 외국 업체들과 직접 거래하기가 힘들다면 초기에는 한인업체를 대상으로 수입 또는 수출을 타진해 보는 것도 좋은 방법이다. 이후 시간과 경험이 쌓여감에 따라 외국업체로 거래선을 넓히는 것이 바람직하다. 요즘은 온라인 사이트도 개설되어 검색할 수 있다.

4. 엘로우페이지

필자의 경험으로 예전 뉴욕에 출장을 갔을 때 뉴욕한인회로부터 뉴욕 엘로우페이지(New york yellowpage, 2008) 한 권을 얻어 챙겨 온 적이 있다.

요즘 대학생들에게는 생소하겠지만 엘로우페이지(Yellowpage)[10]란 그 지역 업종별로 회사 이름, 주소, 전화번호가 나와 있는 전화번호부다. 우리나라도 2000년대 후반까지만 해도 전화번호부는 공중전화박스, 가정, 그리고 회사마다 1부씩 비치했을 정도로 사용도가 높았다. 이후 인터넷이 발달하고 이용자가 줄면서 역사의 뒤안길로 사라져 갔다. 대신 인터넷 엘로우페이지가 만들어지기도 했지만 사실 여러 분야에서 인터넷만이 모든 것에 명쾌한 답을 주지는 않는다. 때로는 구닥다리 같아 보이지만 보수적인 방법을 함께 사용했을 때 좀 더 좋은 결과를 낼 때가 많다. 보수적인 방식에는 '항상 기본에서 시작한다'는 말이 포함되어 있기 때문이다. 오히려 주소록의 경우 인터넷으로 모두 조회하기에는 어려움이 많으며 오히려 책으로 된 것이 훨씬 속도 면에서 찾기가 빠르다. 전화번호부에서 회사명을 찾고 최신 연락처에 변경사

---

10) 엘로우페이지(Yellowpage) : 노란색 표지로 된 업종별 전화번호부 책으로 회사 이름들과 주소, 연락처가 나와 있다. 반면 흰색 표지로 된 인명별 전화번호부 책을 '화이트페이지(Whitepage)'라 한다.

항이 있는지 인터넷의 도움을 받는 것이 낫다.

제4절　각국 산업협회를 통한 방법

수출 또는 수입하고자 하는 제품에 각 나라마다 관련된 산업협회들이 있다. 예로 들어 평소 호주와인 수입에 관심을 가지고 있다면 그에 관한 호주 산업협회를 찾아보는 방법이다. 예전에는 이러한 과정이 오롯이 해당 국가를 방문하거나 또는 현지 지인의 도움을 받아 엘로우페이지를 구하여 그 정보를 얻었다. 하지만 현재는 인터넷으로 산업협회를 충분히 검색해 볼 수가 있다.

호주 와인 분야는 호주 와인협회(www.agw.org.au)가 있으며 그 아래에 퀸즐랜드(southburnettwine.com.au), 서호주(winewa.asn.au), 기타 지역협회들 그리고 와인업체 주소록과 연락처 등을 검색할 수 있다.

만약 미국 섬유·의류 분야에 관심이 있다면 재미 한인섬유협회(Korean American Textile Association), 재미 한인의류협회(KAMA, kamainfo.org), 미주 한인봉제협회(Korean American Garment Industry Association), 미국 섬유연합회(NCTO), 미국 의류신발연합회(AAFA) 등을 통해 알아볼 수 있다.

조금은 더디고 어렵지만 이러한 노력으로 거래를 시작해 볼 수 있고 시장 개척을 기꺼이 할 수 있어야 한다.

제3장 협상하기

A dream you dream alone is only a dream
A dream you dream together is a reality - John Lennon

제1절 의미

협상(Negotiation)은 영업에 있어서 필수적인 요소이다. 물론 비즈니스뿐만 아니라 일상의 인간관계에서도 매일같이 일어나는 일이 협상이다. 아침에 일어나 식사는 무엇으로 할지, 커피는 무엇을 마실지부터 본인과 타협을 시작한다. 그리고 친구와 약속은 몇 시에 어느 장소로 할지, 아침에 회의는 무엇으로 할지 결정하는 인간의 모든 행위에는 협상이 일어난다.

허브 코헨(Herb Cohen)은 자신의 저서 「협상의 법칙 : You can negotiate anything」 이란 책에서 "오늘날의 승자는 단순히 재능을 가지고 노력하는 사람뿐 아니라, 원하는 것을 얻기 위해 협상을 해나갈 줄 아는 능력을 가진 사람에게 돌아간다"라고 했다. 그것은 경영자뿐만 아니라 현장에서 뛰는 영업인들도 똑같은 마음의 자세를 갖고 있어야 할 것이다. 협상이란, 단지 내가 이기고 상대방에게 손해를 입히는 것으로 결코 성공했다고 할 수 없다. 가장 좋은 것은 나에게도 이익이고 상대방도 이익을 낼 수 있는 방법이다. 지금 당장 내가 손해를 보더라도 장기적으로 우리 회사에 도움이 된다면 궁극적으로 그것은 우리가 말하는 윈-윈 전략(Win-Win Strategy)이 된다. 그렇게 했을 때 두 사람 또는 두 회사 간의 유대관계와 거래관계는 수년간 지속이 된다.

공급자는 생산, 품질, 서비스에 노고(勞苦)를 다하고 바이어는 지속적인 발주, 생산자 보호, 클레임(Claim) 방어 등을 위해 최선으로 답한다. 거래 또는 영업을 해오다 보면 결국 이러한 파트너는 자연히 남게 되고, 편법을 쓰거나 불성실한 업체는 자연스레 떠나거나 시장에서 도태가 된다.

협상을 할 때는 늘 마음속에 그 의미와 목표를 생각해야 한다. 단순히 지금 테이블에 놓여있는 한 건의 서류에서 윽박지르듯 가격을 깎는 게 나은 것인지, 아니면 조금 손해를 보더라도 여러 상황을 생각하여 주문할 것인지, 또는 앞으로 중장기적 방향까지 생각하고 협상을 할 것인지 판단해야 한다. 일반적인 비즈니스 상담은 가격, 품질, 납기, 그리고 결제조건을 두고 협상을 한다. 그리고 그것을 바탕으로 좀 더 심도 있게 M.O.U(Memorandum Of Understanding : 양해각서) 체결이나 계약서 협상을 하게 된다.

제2절 가격 협상

1. 공급자 입장

공급자(수출상)는 가격 오퍼에서 가능하면 최대한 이익을 보는 것이 유리하다. 하지만 무한경쟁시장 속에서 무작정 가격을 높게만 오퍼 할 수가 없다.

가격이 높으면 주문으로 이어질 확률이 자연 낮아지게 되고 바이어는 다른 경쟁업체를 찾아 주문하기 때문이다. 그렇다고 가격을 생산원가보다 낮은 가격으로 밑지게 오퍼 하기도 어렵다. (이하 문장에 따라 공급자는 공급업체, 공급처, 수출상, 생산자, 생산업체, 생산처 등과 같은 의미로 표기하고 수입자는 수입상, 구매자, 바이어 등과 같은 의미로 표기를 한다)

2. 공급자의 고려 대상

그렇다면 가격 협상에서 공급자의 고려 대상은 무엇인가?

가장 중요한 것은 바이어의 신용일 것이다. 제품을 판매한 후 얼마나 결제에 대한 성실성을 보여주는지 살펴보는 것이다. 결제에 대한 신용도가 좋다면 좋은 가격 또는 최대한 낮은 가격으로 오퍼 할 수 있다. 반대로 결제에 애를 먹이는 고객의 경우 위험부담, 시간적 비용, 이자부담, 비즈니스 피로도 등을 충분히 감안하여 그 비용만큼 가격에 포함시켜 오퍼 해야 한다.

3. 공급자의 가격오퍼 예시

예로 들어 공급자가 만든 의류 재킷 생산원가는 한 벌 당 U$20달러이다. 바이어의 요청에 따라 공급자는 FOB 가격조건으로 오퍼 하기로 했다. 이에 공급자(수출상)는 바이어에 따라 결제 관행 및 특성을 고려한 한 후 다음과 같이 오퍼 하기로 했다.

① USD20.00 X 1.5(마진 50%) = USD30.00/pc FOB PRICE.
  - 이 바이어의 경우 신용도 좋고 결제 관행도 좋아 공급자는 원가에서

평소 기본 마진만을 넣어 오퍼를 한다. 제품이 의류이다 보니 기본 마진이 높은 편이다. 마진 50% 한 오퍼가격은 생산원가 X 1.5를 하면 된다.

② USD20.00 X 1.75(마진 75%) = USD35.00/pc FOB PRICE.
- 이 바이어의 경우 결제가 몇 개월씩 늦어지는 선례가 있으며 종종 분할로 결제가 이루어지기도 한다. 따라서 공급자는 기본 마진보다 더 높게 오퍼를 했다. 오퍼가격은 생산원가 X 1.75를 하면 된다.

③ USD20.00 X 1.35(마진 35%) = USD27.00/pc FOB PRICE.
- 이 바이어의 경우 신용도가 좋을 뿐만 아니라 주문한 수량이 아주 많은 경우이다. 따라서 공급자는 일반적인 가격보다 훨씬 좋은 가격으로 오퍼를 했다. 오퍼가격은 생산원가 X 1.35를 하면 된다.

④ USD20.00 - USD0.50(마이너스 마진) = USD19.50/pc FOB PRICE.
- 이 경우는 불가피한 상황이나 사정으로 생산원가보다 밑지게 오퍼를 하는 경우이다. 예로 들어 바이어의 특별한 요청 또는 사정이 있거나 바이어의 시장 상황이 어려워 공급자가 받아들여 진행을 하는 경우이다. 그러므로 바이어는 미래의 오더 진행 건에 대해 현재 손실만큼 상쇄하여 가격을 올려 주겠다고 약속을 하는 경우가 많다(이것은 추후 단가에 얼마만큼 적용하겠다고 숫자로 특정 지어 정해놓을 필요는 없으며 서로 신뢰 하에 공급자는 이러한 내용을 미래에 바이어에게 상기시켜 주면 된다. 그런 후 미래의 오더 건에서 이 마진을 고려하여 평소 가격보다 USD5.00/pc 정도 상승된 가격이라 바이어에게 알려주면 된다).
한편 마이너스 마진을 적용하는 또 다른 이유는 해당 바이어로부터 이전에 발생한 클레임이 있는 경우이다. 보통 클레임 금액은 한 번에 배상하기에 재정적으로 부담스러운 경우가 많다. 따라서 공급자는 몇 차례에 걸처 나눠서 부담을 하거나, 위와 같이 현재 진행하고 있는 오더 건에서 단가를 조정하여 갚아나가는 방법이다.

보통은 반복적으로 진행되고 있는 오더건(Repeat order)에서 단가를 조정한다. 그 이유는 해당 단가가 이미 서로 합의하여 책정된 가격이므로 거기서 조정하는 것으로 바이어는 클레임 금액만큼 혜택을 볼 수 있고 서로 인지할 수 있기 때문이다. 반면에 만약 바이어가 새롭게 진행하려는 제품에 대해 공급자가 클레임 금액만큼 가격을 깎아 주겠다고 공언한다면 신뢰성은 떨어지게 된다. 왜냐하면 공급자가 단가를 미리 부풀려 오퍼 한 후 마치 클레임 금액을 이번 단가에서 깎아주는 행세를 할 수 있기 때문이다.

4. 바이어의 입장

바이어(수입상)는 최대한 싼 가격에 좋은 물품을 구매하는 것이 유리하다. 따라서 여러 나라의 많은 공급자들을 찾아 나서야 하며 그중에서 신뢰 있는 몇 군데의 공급처를 선택해야 한다.

5. 바이어의 고려 대상

바이어가 물품을 구매할 때는 무작정 가격이 싸다고 해서 좋은 것은 아니다. 가격이 저렴해야 하지만 무엇보다도 품질이 좋아야만 한다. 그리고 생산 과정에 있어 문제가 발생하거나 어려운 상황이 왔을 때 빠르고 원만하게 문제를 해결해 줄 수 있는 그러한 공급자여야 한다. 그뿐만 아니라 물품 공급 이후에도 사후관리 서비스가 우수해야 한다.

엄밀히 말하자면 가격은 싸다는 것보다 가격 경쟁력(Price competitiveness) 범위 안에 있으면 된다. 그리고 설령 다른 공급업체보다 조금 높은 가격일지라도 생산, 품질, 서비스 등 종합적인 면에서 우수하다면 그와 같은 공급자를 선택하는 것이 훨씬 낫다.

한편 어떤 수입상은 공급자의 가격을 무리하게 깎는 경우가 있는데 이러한 경우 공급자가 비용 절감을 위해 저렴한 원료를 사용하여 품질 저하, 부실한 서비스 등의 문제를 발생시키는 경우가 생긴다. 또한 불성실한 공급자의 경우 품질 문제로 납기가 지연되기 일쑤이다. 이는 곧 수입상의 판매 계획에 차질을 줄 뿐만 아니라 금전적으로 막대한 피해로 이어질 수 있다. 따라서 수입상은 적절한 가격을 지불하는 대신 좀 더 안정적인 공급과 우수한 품질 및 서비스를 확보하는 것이 보다 현명한 일이다.

제3절 품질 협상

1. 시험성적서 (Test Report)

바이어는 공급자가 어떻게 품질관리를 하는지에 대해 알기를 원한다. 하지만 협상의 장에서 공급자가 내놓은 제품설명서와 화려한 언어적 미사여구(Rhetorical expression) 만으로 제품 수준을 평가하기는 어렵다. 그래서 바이어는 협상 테이블에서 제품의 스펙(Specification), 견본샘플(Sample), 제품설명서(Description), 사용된 소재(Used materials), 기능(Function) 등의 자료를 직접 체크한다. 이렇게 1차적으로 확인하고 2차적으로 메인작업 시 시험성적서(Test Report) 제출을 요청한다. 이에 공급자는 바이어 측이 요구하는 기준 수치를 검토하고 그것에 도달할 수 있는지를 바이어에게 확약한다.

시험성적서는 종종 '테스트 리포트(Test Report)'라 부르며 공급자인 수출상이 시험 의뢰를 하고 그 비용까지 부담하는 게 일반적이다. 반면 재확인 또는 품질에 문제가 생겨 급하게 확인해야 하는 경우 수입상 측에서 시험 의뢰를 하고 그 비용을 부담한다.

시험성적서는 샘플오더 시 제품의 품질 확인을 위해 의뢰를 하거나 또는 메인오더 시 선적 전 생산된 제품의 품질 상태를 확인하기 위해 의뢰를 한다. 일반적으로 수입상은 생산된 제품의 실물(쉬핑샘플 : Shipping sample)과 시험성적서를 보고 최종적으로 공급자에게 선적을 지시(선적승인) 하게 된다.

다음은 시험성적서 견본이다.

※ CASE 3-1. TEST REPORT

INTERTEK	12 Exell Street, Banksmeadow, Sydney
Australia Testing & Research Institute	NSW 2019 Tel: 61-2-9316 6544 Fax: 61-2-9316 6545

TEST REPORT

APPLICANT : GLEBE FASHION PTY.   INTERTEK NO.: OZ21-0000150

BUYER : ALPS RI INC.   RECEIVED DATE:

ISSUED DATE :

PAGE(S) : 1 OF 1

APPLICANT'S PROVIDED SAMPLE DESCRIPTION : KANGAROO LOGO BAG

TEST ITEM :	TEST RESULT	
	#1	#2
Color Fastness to Accelerated Washing : AATCC 61-2013 1A (40'C AATCC WOB)		
Color Change	4.5	4.5
Stain(Acetate)	4.5	4.5
Stain(Cotton)	4.5	4.5
Stain(Nylon)	4.5	4.5
Stain(Polyester)	4.5	4.5
Stain(Acrylic)	4.5	4.5
Stain(Wool)	4.5	4.5

(Ref. Test No.1 A, 45 min., Mechanical wash at 30℃ in 0.37%

1993 Standard Reference detergent 'WOB' solution with 10 steel balls)

COLOR FASTNESS TO WATER (GRADE) : AATCC 107-2013

COLORCHANGE	4.5	4.5
COLOR STAINING		
Acetate	4.5	4.5
Cotton	4.5	4.5
Nylon	4.0	4.0
Polyester	4.5	4.5
Acrylic	4.5	4.5
Wool	4.5	4.5
Color Fastness to Crocking : AATCC 8-2013 CROCKMETER METHOD		
Dry	4.5	4.5
Wet	4.0	3.0
	#1	#2

Peter Lynch

Peter Lynch

Director General

2. 품질 수치에 대한 바이어 입장

수입상 입장에서는 경쟁자들(Competitors) 과의 품질 우위를 위해 종종 상대적으로 또는 과도하게 높은 수치를 공급자에게 원한다. 이때 한 가지 유념해야 할 점은 현실과 동떨어진 품질 수준을 원할 경우 결국은 품질에 도달하지 못하여 고객으로부터 신뢰를 잃게 된다는 점이다. 다시 말해 애초부터 안 되는 것을 할 수 있다고 하였을 때 시장 판매까지 계획에 차질을 빚게 된다. 또한 품질 문제와 납기지연을 초래하여 스스로 어려움에 빠질 확률이 높아진다. 따라서 수입상은 무조건 높은 수치를 요구할 것이 아니라 생산자의 현실 가능한 작업성과 현장의 의견을 충분히 귀담아들을 필요가 있다.

3. 품질 수치에 대한 생산자 입장

생산자 입장에서는 바이어가 원하는 과도한 수준의 품질 수치에 대해 대놓고 불가능하다고 말하기가 종종 어려울 때가 있다. 왜냐하면 그러한 경우 주문을 다른 업체에 뺏기는 빌미가 될 수도 있기 때문이다. 이 경우 생산자는 현시점에 작업 가능한 수준의 품질 수치를 바이어에게 알리고 확인받는 것이 가장 좋은 방법이다. 다시 말해 기술적으로 도달할 수 있는 최고치는 이러이러하다고 설명하는 것이다. 그런 후에 0.5 포인트라도(조금이라도) 품질을 높일 수 있도록 최선을 다하겠다고 설득하는 것이 바람직하다. 왜냐하면 바이어도 품질 수치를 높게 잡았을 때는 나름의 이유가 있기 때문이다.

4. 합의점

위와 같이 일반적으로 협상의 자리에서 바이어 측은 높은 수준의 품질 수치를, 공급자 측은 기술적으로 또는 현실적으로 작업 가능한 수치를 제시하게 된다. 공급자는 주문받기에 급급하여 현실적으로 가능하지 않은 수치를 무조건 받아들여서는 안 된다. 그것은 나중에 더 큰 문제를 야기하고 납품거절이나 클레임 발생을 유발하기 때문이다. 바이어 역시 현실을 무시한 무리한 수치 요구를 하는 것은 바람직하지 않다.

그리고 '시험성적서 상의 수치만 통과했다고 해서 반드시 품질에 이상이 없다'는 논리는 맞지 않다. 따라서 공급자가 설령 시험성적서뿐만 아니라 제품을 불량 없이 공급하였다 해도 최종 소비자로부터 품질에 대한 클레임이 발생하면 결국 품질에 문제가 발생하는 것이다. 이러한 경우 바이어와 공급자는 함께 문제점을 파악하고 해결책을 찾아가는 파트너십이 필요하다.

한편 바이어(수입상)는 공급자(수출상)가 제출한 시험성적서를 확인한 후 결과 수치가 품질 전체에 영향을 주지 않는다면 다소 일부 미달한 수치에 대해서는 받아들일 수 있는 융통성도 필요하다. 대신 공급자에게 최대한 품질 상태를 높일 것을 요구한다.

제4절 납기 협상

납기는 '생산 납품기일'의 약자로 납품기일(Delivery) 또는 소요시간(Leadtime)이라 한다. 보통 바이어는 '최대한 빠른 납기'를 원하고 생산자는 '생산 가능한 충분한 시간'을 원한다.

바이어는 그들 고객과의 납기가 있으며 판매 스케줄도 잡혀있다. 따라서 그 시간을 맞추기 위해서는 빠른 납기가 필요하다. 이에 생산자는 바이어가 요청하는 납기시간을 최대한 맞추는 것으로 응해야 한다. 예로 들면 S/S(Spring/Summer)시즌 의류는 바이어 측에서 늦어도 2월에는 매장에 나갈 수 있도록 납기가 정해져 있기 때문에 만약 생산자가 물품 공급이 늦어져 5월에서야 매장에 나간다면 시기를 놓칠 뿐 만 아니라 바이어에게 막대한 영업 및 금전적 손실을 입히게 된다. 생산자는 "모든 납기는 시즌 타이밍이 있다"라는 점을 잊지 말고 중요하게 생각해야 한다.

한편 바이어는 생산자의 입장 고려 없이 일방적으로 빠른 납기만을 요구하다 보면 자칫 생산자 측에서 공정을 서두르다 품질에 하자가 발생할 확률이 높아진다. 따라서 아무리 급하더라도 최소한 생산자가 원활히 제품의 품질을 만들어 낼 수 있는 시간을 주어야 한다. 경험적으로 납기를 독촉하다 오히려 생산과정에서 대량 불량이 발생하고 이로 인해 다시 재작업을 하게 되는 경우를 종종 보게 된다. 결과적으로 평소보다 2배의 시간이 더 걸려 비용 손실과 함께 납기를 놓쳐 원치 않은 클레임까지 발생하는 것을 보았다.

납기는 서로 합의하고 조절 가능한 범위에서 최대한 앞당기는 것이 좋으며 납기도 중요하지만 그것보다 품질이 더 중요하다는 사실을 명심해야 한다.

제5절 결제조건 협상

결제(Payment) 만큼 중요한 것은 없다고 해도 과언이 아니다. 기업을 운영하는 목적이 이윤창출이라는 것은 학창시절부터 교과서에서 배웠다. 일반인이 경제활동을 하는 것과 마찬가지로 기업도 그러하다.

샘플을 잘 만들고 영업을 잘하고 아무리 주문을 받았어도 결제(대금 회수)를 못 받는다면 모든 것은 허사이다. 그래서 회사마다 월 말이면 대금 회수에 바짝 신경을 쓰고 중요성을 강조하다 보니 영업사원들의 스트레스도 만만치 않다.

따라서 바이어와 상담 시 영업사원은 말미에 결제 관계 및 결제조건에 대해 명확히 의견을 나누어야 한다. 초기 영업사원들은 업무에 대해 이것저것 많이 물어보고는 정작 결제 관계에 대한 문의는 깜빡 잊고 자리를 떠나는 경우가 흔하다. 또는 첫 대면에서 왠지 금전이나 결제 관계를 묻는 것이 결례로 여기는 한국적 인식도 잘못된 것이다. 그렇게 흐지부지하게 상담하는 일은 없어야 한다.

또한 상대방 회사의 담당자 및 대표자의 업무 스타일을 파악하고 추후 결제가 잘 이루어질지 분위기도 읽을 필요가 있다. 예로 들면 예전에 B 브랜드 바이어로부터 발주서를 받아 원단(Fabric)을 생산한 적이 있다. 생산 초기부터 테스트 기준(시험성적서 요구 수치)이 까다롭고 높아 애를 먹고 있던 중이어서 납품 일정도 늦어지며 조정 중에 있었다. 그러던 중 중간 의류 생산을 하는 C 봉제업체 사장으로부터 전화가 왔는데 원단 납품이 언제 되냐며 화가 나

있었고, 이제 막 발주 초기임에도 불구하고, 벌써부터 손실 얘기를 꺼내며 클레임 발생을 운운하였다(당시 결제는 중간 C 봉제업체로부터 받는 구조로 되어 있었다). 며칠 후, 과도하게 높은 테스트 기준에 대한 이행 가능성이 어렵고 C 업체 대표의 업무 또는 결제 스타일, 우리 공장 측의 비용 손실 등 모두 종합한 결과 오더 취소가 낫다는 판단을 내렸다. 그리하여 B 브랜드 바이어에게 불가피함을 설명하고 이해를 구한 뒤 오더 취소를 통지했다. 발주 초기라 바이어에게는 아직 다른 공급업체에 발주할 수 있는 시간적 여유가 있었고 우리 공장 측에서도 비용 손실을 커버할 수 있는 미미한 단계였다. 이 경우에서처럼 특히 국내거래에서 가끔씩 결제가 원(原) 계약한 바이어로부터 나오는 것이 아니라 바이어의 하청업체로부터 나오는 경우도 있으므로 주목을 해야 한다.

일반적으로 공급자(수출상)와 바이어(수입상) 사이에 결제조건은 두 가지 방법을 가장 많이 이용하고 있다. 하나는 은행을 통해 온라인으로 받는 현금결제(T/T)이고 다른 하나는 은행에서 보증하는 신용장(Letter of Credit)을 통해 대금을 받는 방법이다. 따라서 수출상의 영업사원은 수입상과 상담 시에 결제조건을 T/T 또는 L/C 중에 정하는 것이 바람직하다. 보통 구매금액이 적은 경우 T/T를 선호하며 구매금액이 큰 경우 L/C를 선호한다. 오랫동안 거래 경험이 있는 경우 T/T를 선호하며 신규 바이어이거나 바이어의 신용도를 잘 모르는 경우 수출상은 L/C를 선호한다.

그 이외 결제방법으로는 수입상이 좀 더 유리한 조건의 D/A, D/P 등이 있으며 결제방법에 대해서는 추후의 장에서 좀 더 자세히 알아보기로 하자.

1. 전신환 송금 (T/T)

T/T(Telegraphic Transfer)는 공식적으로 '전신환 송금'이라 하고, 실무에선 쉽게 '현금결제' 또는 '온라인 송금'이라 부른다.

우리가 일상에서 가장 많이 사용하고 있는 홈쇼핑, 인터넷 쇼핑, 텔레뱅킹, 인터넷뱅킹, 휴대폰 결제 등 유선 또는 온라인상으로 타인에게 송금하는 것과 같은 의미이다. 단, 수입상이 물품대금을 직접적으로 수출상의 계좌로 입금하는 것이 아니라 은행과 은행을 통해서 입금하는 게 원칙이다. 다시 말해 수입상은 물품대금결제 시 주거래은행을 방문한 후 관련 계약서(복사본)와 수출상이 보내온 Commercial Invoice(상업송장 팩스본)를 제출하고 은행의 외환 담당자에게 송금을 위탁한다. 한편 수출상은 당사 주거래은행으로부터 외화 입금이 도래했다는 통지를 받은 후 관련 계약서 또는 Commercial Invoice 서류를 은행에 팩스로 넣어주고 외화입금영수증을 은행으로부터 받아 확인을 한다.

그럼 수입상 입장에서의 현금결제(T/T)에 대하여 살펴보자.

일반적으로 국제 비즈니스(International Business)에서 수출상은 계약 체결 시 물품대금의 30%를 선금으로 요구한다. 그 이유는 거래가 처음인 경우이거나 또는 바이어의 신용도를 확신하기 어려워 추후 대금 회수(물품대금 입금)에 대한 부담감이 있기 때문이다. 다시 말해 30%의 선금을 받고 생산에 들어가게 된다. 그런 다음 생산이 마무리되고 선적 직전에 나머지 70%의 대금을 받고 선적을 이행한다. 이것은 가장 보편적으로 이루어지는 방법이다. 물론 제품의 종류, 바이어의 신용도, 작업의 특수성에 따라 50% 또는 그 이상의 선금을 받고 생산을 진행할 수도 있다. 또는 그러한 상황을 고려하여 선금을 10% 받고 생산을 진행할 수도 있다.

반면, 오랫동안 거래를 해오면서 신용도가 있는 바이어의 경우 수출상이 선적 후에 결제를 받기도 한다. 이러한 경우 수입상은 대체로 선적 후 또는 물품도착 후 15일 이내에 수출상에게 결제를 한다.

발주서를 받고 계약을 체결한다는 것은 오더를 진행한다는 의미이다. 하지만 오더를 진행한다는 것과 생산을 진행한다는 것에는 다소 차이가 존재한다. 생산을 진행한다는 것은 실제 생산 투입을 말하는 것으로 외부 요소에 따라 잠시 중단되거나 대기 상태에 놓이기도 한다. 예로 들어 수입상으로부터 선금이 입금되지 않으면 가끔 생산자(수출상)는 생산에 들어가지 않고 대기 상태로 있을 수 있다. 그 이유는 섣불리 원재료를 생산 투입하였다가 취소된다면 손실을 회수하기 어렵기 때문이다. 따라서 이와 같은 대기 상태로 인해 추후 납기지연이 발생하기도 한다. 그러한 경우 납기지연에 대한 책임소재는 생산자가 아니라 수입상이 된다.

선금(Payment in advance, Prepayment)은 신규 바이어의 경우 결제 안정성 면에서 필요한 절차이다. 또한 무역은 단계별(Step by Step)로 상대방에게 약속된 이행을 하고 진행되는 절차임을 인식하여야 한다.

계약 시 결제방법을 현금결제(T/T)로 정하였다면 구체적인 조건(선금 대 후불 비율)은 수출상이 바이어에게 제시를 하고 결정하는 주체가 되어야 한다. 그런 다음 바이어의 의견을 받아 조정하거나 수출상이 최종 결정을 한다.

2. 신용장 (L/C)

신용장은 보다 안전한 수단으로 거래와 물품 대금을 받고자 할 때의 결제 방법이다. 처음 무역 업무를 익히기 시작할 때에는 신용장을 수출상이 여는 것인지 수입상이 여는 것인지 그것부터 제일 먼저 궁금해진다. 신용장은 수입하는 수입상이 은행에 가서 개설(Open)을 한다. 이때 수입상은 수출상과의 계약서 내용을 바탕으로 신청서를 기재하여야 한다. 그 내용으로는 품명, 수량, 중량, 단가, 납기, 가격조건, 기타 서류 요구사항, 품질관리 사항 등이 해당된다. 이를 통해 생산이 순조롭게 진행되고 안정된 품질의 제품을 받을 수 있도록 한다. 한편 수출상 입장에서는 특별한 이의사항(Exceptive cases)이 없는 한 은행이 대금 결제에 대해 보증하는 것이므로 보다 안전한 상태에서 오더를 진행할 수가 있다.

수입상 입장에서는 '수입신용장'이라 하고 수출상 입장에서는 '수출신용장'이라 부르게 되는 것이다.

앞서 설명한 현금결제(T/T)는 상거래에서 당사자 간의 결제 약속이기에 은행이 관여하거나 구속력(Binding force)을 갖고 있지 않다. 따라서 최악의 경우 바이어가 결제를 안 해주면 받기가 어려워진다. 생산자는 비싼 원재료를 매입하여 성실히 가공하여 생산을 다 마쳤는데 바이어가 어떠한 이유를 들어 클레임을 제기하거나 이런저런 이유로 구매를 거절을 한다면 그저 피해를 볼 수밖에 없다. 따라서 신용장은 이러한 문제들을 보완하고 거래 당사자 간의 보다 안전한 거래를 유도하는 결제방법이라 하겠다.

1) 바이어가 신용장 거래를 꺼리는 경우

현실에서 바이어가 신용장 거래를 꺼리는 것은 어떤 경우인가? 첫째로, 수입상이 은행에 신용장을 개설하려면 은행에 신용장 금액 상당의 현금이나 보증금을 예치해야 하기 때문이다. 또는 은행이 판단하기에 회사의 재정 규모나 신용도가 낮은 경우 수입상이 신용장 개설에 어려움이 있기 때문이다. 둘째로, 이와 같은 금전적 부담뿐만 아니라 은행 업무에 따른 절차 또는 번거로움 때문이다.

2) 수출상이 신용장 거래를 꺼리는 경우

반면 수출상이 신용장 거래를 꺼리는 것은 어떤 경우인가? 물품 선적 후 수출상은 선적서류와 환어음을 은행에 매입(NEGO)[11]을 해야 물품대금을 받을 수 있다. 물품대금 회수와 관련되어 있으므로 무역 사원은 '클린(Clean)'[12]하게 네고서류들을 작성하여야 하고 따라서 준비하는 데에 상당한 시간과 집중력이 필요하다. 또한 네고서류의 '하자(Discrepancy)'[13] 시에 일정 금액의 하자 수수료가 발생한다. 하지만 그것보다 초기 수출상의 경우 네고서류를 준비하는데 업무 지식이 부족하거나 준비하는데 어려움이 많기 때문이다. 또한 소업체의 경우 별도의 사무처리 직원을 둬야 하거나 업무가 가중되는 것이 가장 큰 이유라 하겠다.

3) 신용장 거래가 선호되는 경우

앞서 언급했듯이, 그래도 신용장 거래가 필요한 경우는 일반적으로 바이어가 신규 거래처인 경우, 바이어의 신용도가 아직 미흡한 경우, 바이어의 단일 구매금액이 큰 경우에는 신용장 거래가 바람직하다.

결제조건을 정할 때에 수출상은 수입상과 충분히 의견을 나눠 상대방의 형편이나 상황 등을 고려하여 정한다. 만약 수입상이 신용장 개설에 어려움이 있는 업체라면 선금을 일부 받고 오더를 진행할 수도 있을 것이다.

제6절 해외 기업 신용조사

수출상이든 수입상이든 해당 업체와 처음 거래를 시작하는 경우 상대방 기업의 신용도에 대해 염려가 되는 경우가 있다. 특히 추후 물품대금을 받아야

---

11) 매입(NEGO) : 매입행위를 실무에선 '네고'라고 부른다. 매입행위는 선적서류와 환어음을 선적 후 주거래은행에 제출하는 것을 말하며 물품대금을 받기 위한 행위이다.
12) 클린 네고(Clean NEGO) : 수출상이 은행에 제시한 선적서류의 서류 부수, 내용, 철자 등이 신용장의 내용과 깨끗이 일치하는 경우의 매입을 말한다.
13) 하자 네고(Discrepancy NEGO) : 수출상이 은행에 제시한 선적서류의 서류 부수, 내용, 철자 등이 신용장의 내용과 일치하지 않은 경우의 매입을 말한다.

하는 수출상의 입장이 그러하다. 따라서 이러한 경우 조사기관을 통해 해외
기업 신용조사를 의뢰하고 그 내용을 받아볼 수가 있다.

1. 해외 기업 신용조사 기관

- 한국무역보험공사
- 국내 거래은행 영업점 외환담당자 또는 본사 외환업무부
- KOTRA (대한무역투자진흥공사)
- 한국무역협회
- NICE 평가정보 (niceinfo)

이와 같은 기관들이 있으며, 특히 한국무역보험공사와 KB국민은행의 해외
기업 신용조사가 잘 이루어진다고 생각한다.

2. 신용조사의 내용

조사 내용으로는 세계 신용조사기관과 연계하여 회사 연혁, 경영자 정보,
재무제표 요약, 경영권 교체, 소송, 세금 체납 기록, 대외결제 내역, 신용상
태, 기타 특별히 요청한 사항 등이 있다.

3. 신용조사 기간과 수수료

한국무역보험공사의 해외 기업 신용조사 기간은 평균 2주 소요되며, KB국
민은행의 경우 지역에 따라 평균 10일~14일이 소요된다.

한국무역보험공사의 조사 수수료는 다음과 같다.

2021년 현재

보고서 종류	기업 규모	수수료 (VAT 포함)		
		일반조사	재무제표 미비	정보부족기업 또는 장기 소요(40일 초과 시)
요약보고서	중소·중견기업	₩33,000	₩22,000	면제
	대기업	₩66,000	₩22,000	면제
Full report	중소·중견기업	₩49,500	₩33,000	면제
	대기업	₩99,000	₩33,000	면제

제7절 수출보험과 수입보험

수출상은 당사자가 느끼기에 필요한 경우에 한하여 수출보험을 한국무역보험공사에서 신청이 가능하다. 한편 수입상은 해당 당사자이면서 필요시에 한하여 수입보험을 한국무역보험공사(대표 ☎ 1588-3884)에서 신청이 가능하다.

1. 수출보험

수출보험이란 국내의 수출상이 수입자의 계약 파기, 파산, 대금지급 지연 또는 거절 등의 신용위험과 수입국에서의 전쟁, 내란 또는 환거래 제한 등의 비상위험으로 입게 되는 손실 또는 수출금융을 제공한 금융기관이 입게 되는 손실을 보상하는 것을 말한다.

수출상은 수출대금을 받지 못하여 발생한 손실을 보상받을 수 있기 때문에 신규 수입상을 발굴·거래하고 새로운 시장개척에 적극적으로 임할 수가 있다. 한편 금융기관은 담보능력이 부족한 수출업체에 대해서도 수출보험증권이나 수출신용보증서를 담보로 하여 무역금융 지원 확대 및 폭넓은 수출 거래에 대한 지원이 가능해진다.

2. 수입보험

국내의 수입자가 원유, 철, 시설재 등 국민경제에 중요한 자원이나 물품을 해외로부터 수입하는 경우에 해당된다.

국내 기업이 주요 자원의 수입을 위하여 해외에 소재하는 수입 계약 상대방에게 선급금을 지급하였으나 비상위험 또는 신용위험으로 인하여 선급금이 회수되지 못함에 따라 발생하는 손실을 보상한다. 또는 수입보험을 통해 국내 기업에 대한 수입자금 대출 지원이 원활하도록 지원하는 제도이다.

한편 금융기관이 보험에 드는 경우는 주요 자원의 수입을 위하여 필요한 자금을 국내 수입업체에 대출하였으나 국내 기업의 파산 등으로 대출금이 회수되지 못함에 따라 발생하는 손실을 보상한다. 또는 금융기관이 소재·부품·장비 생산 중소·중견 제조기업에게 수입을 위하여 필요한 자금을 대출하였으나 기업의 파산 등으로 대출금이 회수되지 못함에 따라 발생하는 손실을 보상한다.

제4장 판매가격 계산하기

유리하다고 교만하지 말고 불리하다고 비굴하지 말라 – 지혜로운 이의 삶

제1절 판매가격이란?

수입상은 수출상과 상담 중 가격 문의를 하게 된다. 따라서 수출상이 가격을 오퍼하면 수입상은 바로 현장에서 수입비용 및 기타 제반 비용까지 계산하여 자신의 판매가격을 예상해 볼 수 있어야 한다.

만약 수출상의 오퍼가격이 시장의 가격 경쟁력에 미치지 못한다면 수입자의 판매가격도 그만큼 높아지기 때문에 상담 테이블에서 바로 깎거나 협상을 해야 한다. 수입상의 판매가격은 구매단가(수출상의 오퍼가격), 마진, 그리고 수입비용 등으로 구성된다.

- 판매가격 = 구매단가 + 마진 + 수입비용(및 기타)
  - 판매원가 : 구매단가(수출상의 오퍼가격) + 수입비용(및 기타)
  - 판매가격 : 수입상이 소비자 또는 도·소매 고객에게 판매할 가격

- 구매단가 : 수출상으로부터 구매하는 물품 1개당 단가, 오퍼가격
- 마진 : 물품 1개당 단가에 붙이는 수입상의 이익
- 수입비용 및 기타 : 수입통관비용 및 그 과정에 소요되는 제반 비용

수출상으로부터 구매단가와 수입상이 생각하고 있는 마진이 정해졌다면 나머지 비용들을 계산함으로써 수입상은 판매가격을 산출해 볼 수 있다.

의견이 바쁘게 오고 가는 상담 자리에서 수입상은 수입통관비용 및 기타 제반 비용을 정확히 계산하기에는 사실상 불가능한 일이다. 따라서 수입통관비용과 기타 제반 비용을 대략적인 비용(about cost)으로 산출할 수 있는 계산법을 갖고 있으라는 얘기지 정확히 계산해야 한다는 뜻은 아니다. 또한 항상 비용 계산에 여유를 둔다면 굳이 정확해야 할 필요가 없다.

평소 수입상은 구매할 물량을 3cbm[14]일 때, 10~15cbm일 때, 20피트 1개 컨테이너일 때 세 가지로 구분해 놓고 비용을 계산해 둔다. 이것을 기억해 두었다가 또는 노트에 메모를 해 두었다가 상담 시에 바로 적용하면 되는 것이다.

그럼 우선 계약서를 보고 수입비용과 관련하여 어떤 항목들이 있는지 살펴보기로 하자.

제2절 수출상의 Offer Sheet

1. 의미

수출상이 수입상에게 제시한 가격을 '오퍼가격(Offer price)'이라 한다. 수입

---

14) CBM : CBM은 선적 화물의 총 부피를 뜻하며 총 부피를 계산하여 그 기준으로 선사에서 해상운임료를 책정한다.

자의 입장에서는 구매단가(Purchase price, Unit price)가 된다.

수출상이 가격을 오퍼하면 수입상은 오퍼 받은 가격을 받아들이거나 (accept), 거절하거나(decline), 수출상에게 거꾸로 제안하거나(counter-offer), 협상하거나(negotiate), 조정(amend) 등의 과정을 통하여 최종적으로 확약한다 (Confirm). 이렇게 결정된 구매단가로 수입상은 향후 주문 계획을 세우거나 발주서를 발행한다.

발주서는 바이어 측에서 발행하는 것으로 구매서, 주문서, 계약서 등과 같은 의미로 사용되며 영문으로는 Purchase sheet, Purchase order, Order sheet, Contract sheet 등으로 표기된다.

반면 공급자 측에서 발행하는 것을 물품공급계약서, 계약서 등으로 표현하고 영문으로는 Offer sheet, Proforma invoice, Contract sheet 등으로 표기된다. 모두 계약서라는 관점에서 같은 의미이다.

제품명, 스펙, 중량, 수량, 단가, 납기 등 모두 합의된 내용으로 계약서를 발행하는데 발행 주체는 바이어(수입상)가 될 수도 있고 공급자(수출상)가 될 수도 있다. 대체로 바이어가 발행을 하지만 때로는 공급자에게 계약서를 만들어 팩스로 보내 달라고 할 수도 있다. 그렇게 하여 공급자인 수출상이 수입상에게 보내는 것이 다음의 Offer sheet이다.

2. FOB 거래조건과 CIF 거래조건

아래는 학습의 목적으로 2가지 가격 거래기준으로 구분하였으나 실무에선 이중 한 가지 거래기준으로 오퍼 또는 계약서를 받으면 된다(예시는 Offer sheet 의 주요 부분만 게시하였다).

※ CASE 4-1-1. OFFER SHEET (FOB 거래기준)

ITEM: KANGAROO EMBLEM BAG (SHELL : POLY 600D OXFORD FABRIC)
COLOUR : BROWN 1,000PC
            NAVY   800PC
            BLACK 1,200PC
\-

TOTAL :   3,000PC USD9.50/PC USD28,500.00[15]
PRICE TERMS : FOB SYDNEY, AUSTRALIA
PAYMENT TERMS : L/C AT SIGHT

※ CASE 4-1-2. OFFER SHEET (CIF 거래기준)

ITEM: KANGAROO EMBLEM BAG (SHELL : POLY 600D OXFORD FABRIC)
COLOUR : BROWN 1,000PC
            NAVY   800PC
            BLACK 1,200PC
\-

TOTAL :   3,000PC USD10.00/PC USD30,000.00
PRICE TERMS : CIF BUSAN, KOREA
PAYMENT TERMS : L/C AT SIGHT

원래 Offer sheet는 계약 전 '견적서(見積書)'[16]의 의미도 있다. 그리고 바이어가 오더를 확약한 후에 보내달라고 하는 것은 '계약서'의 의미가 있다.

부연 설명을 하자면 수입상은 어떤 제품에 대해 가격 문의를 하고 몇 차례 수출상과 협상을 거쳐 가격이 성해진다. 이에 공식석인 문서로 남기기 위해 Offer sheet를 팩스 해 달라고 한다. 이때는 견적서의 의미로 오더가 임박했음이 예상되지만 아직 수량 등 확정된 것은 아니다. 반면 수량, 단가, 납기

---

15) 미국 달러 표기 : 미국 달러 표기는 US$ 또는 USD로 한다. 무역거래에서 보통 달러 표시는 소수점 2자리까지 하고 이후는 반올림하지 않는다.
16) 견적서 : 비용을 세부적으로 적은 서류를 말하며 표준 순화어로 '추산서'라 한다.

등 모두 것이 확정되어 수입상이 오더를 진행하겠다고 확약한 후 Offer sheet를 팩스 해 달라고 하는 것은 계약서의 의미이다. 계약서는 상대방의 사인 또는 회사고무날인(직인, 명판)을 받은 후에 정식적으로 효력이 발생한다는 점이다. 이런 혼선을 방지하려면 수입상이 일반적으로 견적을 받을 때는 메일을 통해 "Price Quotation" 즉, 'Please give us your price quotation'이라고 의뢰하는 것이 바람직하다.

예시 CASE 4-1-1은 호주 수출상이 한국에 있는 수입상에게 캥거루 가방 3,000개를 공급하는 내용으로 1개 당 단가는 USD9.50이며 총 금액은 미국 달러 USD28,500.00이다. 그리고 가격조건은 FOB SYDNEY, AUSTRALIA이다.

반면 예시 CASE 4-1-2는 호주 수출상이 한국에 있는 수입상에게 캥거루 가방 3,000개를 공급하는 내용으로 1개 당 단가는 USD10.00이며 총 금액은 미국 달러 USD30,000.00이다. 그리고 가격조건은 CIF BUSAN, KOREA이다. 두 계약서에 수출상의 오퍼가격에 차이가 나는 것은 FOB Price 경우 수출상의 단가 계산에서 해상운임료와 해상보험료가 빠지기 때문이다.

- **수출상의 오퍼가격 계산식**
  - FOB PRICE = 생산원가 + 마진 + 수출포장비 + 내륙운송비(및 기타비용)
  - CIF PRICE = 생산원가 + 마진 + 수출포장비 + 내륙운송비(및 기타 비용) + 해상운임료 + 해상보험료

---

3. 주문량에 대한 CBM 묻기

한편 위 계약서의 내용으로 수입상은 수출상에게 총 오더량 3,000개에 대

한 CBM(부피)은 얼마인지 알려달라고 한다. 그 이유는 CBM을 알아야 수입비용 및 기타 제반 비용을 계산해 볼 수 있기 때문이다. 이에 대해 대개 수출상은 CBM을 계산할 줄 모르거나 질문에 어려워하는 경우도 많다. 그러한 경우 수입상은 다시 수출상에게 제품 1개의 사이즈 또는 수출포장 시 1박스 당몇 개의 제품을 넣어 포장하는지 묻고 1박스의 사이즈를 알아본다. 1박스 사이즈에 대한 부피를 계산하면 제품 수량 3,000개에 대한 총 박스 수와 총 CBM을 계산할 수 있다.

제3절 수입 관련 기관 업체들

수입에 관련된 주요 기관 및 업체들은 다음과 같으며 수입비용 항목들은 CASE 4-2에 잘 나타나 있다.

1. 선사/포워더

선사는 자체 선박을 보유하거나 또는 제휴 선사와 공동배선을 하는 회사를 말한다. "선사"는 선박회사를 줄임말로 영문으로는 'Line, Actual carrier, Shipping company'라고 한다. 실제 선박을 갖고 운용하는 회사를 말하며 대표적인 한국 기업으로는 현대상선(HMM), 한진해운, 흥아해운 등이 있다.

한편 포워더(Forwarder, Forwarding company)가 있는데 "포워더"란 선사의 Space와 가격을 가지고 수출자 또는 수입자에게 영업을 하는 업체를 말한다. 실무에선 '포워더' 또는 '포워딩 업체'라고 부른다.

선사가 해상운송 업무만 한다면 포워더는 해상, 항공, 택배 서비스까지 제공하는 업무를 한다. 특히 대다수 수출기업들의 화물은 LCL 또는 FCL로 이루어져 있기 때문에 포워더를 통해 선적을 진행하는 것이 B/L 발행 등 편리하고 협조가 잘되며 일처리에 신속하다.

선사와 포워더의 주 업무는 운임료 및 수수료를 받고 배를 예약(Booking)하고 선적을 대행하며(Shipping) 목적지항까지 선적 화물이 잘 운송(Transporting)되도록 한다. 실무에서는 선사, 포워더, 로지스틱스[17] 등을 엄격히 구분하지 않고 통틀어서 '선사'라 부르는 경우도 있다.

- 배 스케줄 통지
- 배 예약(Booking)
- 콘솔 작업 대행(Consolidation)[18]
- 선적(Shipping)
- 선하증권 발행(B/L)
- 기타 컨테이너 트럭 입고 및 내륙운송(Operating container trucks, Inland trucking)

2. 관세사

관세사는 수출입 시 통관 업무를 진행하고 신고를 대행하여 거기에 따르는 수출신고필증(수출면장) 또는 수입신고필증(수입면장)을 발행해 준다. 통관 시 부과되는 관세와 부가가치세를 알려주면 수출입업자는 관세사에게 세금을 납부하거나 직접 국고 납부처(국고수납 대리점)[19]인 국고수납은행이나 우체국을

---

17) 로지스틱스(Logistics) : 로지스틱스는 '물류'라는 뜻을 갖고 있으며, 수출입 시 수출상 또는 수입상을 대신하여 통관, 물류, 운송, 배송까지 모든 행정적 처리를 대행하여 업무를 하는 업체이다. 포워더 보다 좀 더 세세한 도움을 받고 여러 대행을 맡길 수 있으나 단일 비용이 높은 편이다.
18) 콘솔 작업(Consolidation) : 여러 화주로부터 LCL 소량의 화물들을 받아 1개의 컨테이너에 혼합적재 작업을 하여 하나의 컨테이너를 구성하는 작업이다. 그 일을 하는 업자를 콘솔업체(Consolidator)라 하고 그 작업장을 CFS(컨테이너화물 장치장)라 한다. CFS는 부두 내 또는 선적항 주변에 위치해 있으며 LCL 화물의 경우 이곳 CFS 작업을 거쳤다 CY(컨테이너 야적장)로 입고가 된다. 반면 FCL 화물의 경우 바로 CY로 입고가 된다.

통해 세관장에게 납부한다. 이후 수출입업자는 관세환급 업무를 관세사에게 위탁하여 환급을 받는다. 다수의 관세사는 물류회사와 연계하여 통관된 물품의 내륙운송 업무까지 제공하기도 한다.

- 수출신고필증 발행 또는 수입신고필증 발행
- 관세와 부가가치세 대행 납부
- 관세환급
- 기타 내륙운송

3. 화물운송업체

화물운송업체는 화주의 요청에 따라 적합한 크기의 트럭을 원하는 장소로 입고시켜 물품을 적재하고 내륙운송을 하여 목적지까지 운반해 준다. 또한 수출물품의 경우 화주로부터 받은 관련 서류들을 CFS(컨테이너화물 장치장), CY(컨테이너 야적장) 또는 공항 화물터미널(Air cargo terminal)에 제시하고 제시간에 원활히 물품을 입고시키는 역할을 한다.[20] 수입물품의 경우 화주의 요청에 따라 물품을 보세구역(CY, CFS 또는 보세창고 등)으로부터 원활히 반출 받아 수입상에게 운송한다.

- 내륙운송
- 수출 시에는 수출물품을 공장에서 싣고 선적항 부두(CY, CFS)에 입고

---

19) 국고 납부 : 한국은행이 국고금 관리를 하며, 국고수납 대행을 할 수 있도록 전국의 모든 체신관서(우체국)와 모든 금융기관의 영업점들이 국고수납 대리점으로 지정되어 있다.
20) 입고 시간 : 수출 시에 물품입고시간이 있으며 이를 'Closing time'이라고 한다. 최소한 그 시간 내에 선사/포워더가 요청한 장소에 선적물품을 반드시 입고시켜야 한다. 보통 근거리 아시아지역 해상편 선적의 Closing time은 출항일 1일 전 낮 12시까지이다. 하지만 유럽, 미주 또는 장거리 노선은 1주일 전에 마감되므로 미리 포워더에게 문의하고 주의한다. 반면 항공편 선적의 Closing time은 익일 비행기는 1일 전 저녁 6시까지, 당일 비행기는 당일 낮 12시까지이다.

- 수입 시에는 수입물품을 도착항 보세구역에서 싣고 수입자 장소에 입고

- 도착보고[21]

- 관련 서류(Packing list) 또는 물품입고확인서 전달[22]

4. 해상보험회사

해상보험(Marine insurance)은 선주[23] 또는 무역업자가 해상에서 사업운영 과정 중에 입을 수 있는 경제적 손해, 적재 물품 손실 및 유실 등에 대해 보험회사가 보상하는 보험을 말한다. 해상보험은 보험의 목적물에 따라 적화보험(적하보험, Cargo insurance), 선박보험(Hull insurance), 항공보험(Aviation insurance), 운임보험(Freight insurance), 희망이익보험(Profit insurance), 배상책임보험(Liability insurance) 등이 있으며 실무에서 수출상 또는 수입상의 해상보험이라 함은 곧 "적화보험(적하보험, Cargo insurance)"을 뜻한다.

적화보험(적하보험, Cargo insurance)은 해상보험회사가 화물을 보험 목적물로하여 운송 중 화물이 멸실 또는 훼손된 경우를 대비하거나 화물을 보존하기위하여 경비를 지출함으로써 화물의 소유권자(화주 : 수출상 또는 수입상)가 입은손해를 보험 조건에 따라 보상하는 것이다. 국내 해상보험회사로 삼성화재해상보험, 현대해상보험, 메리츠화재해상보험 등이 있다. 이들 회사는 해상보

---

21) 도착보고 : 도착보고 란 수출 시 수출물품을 CFS 또는 CY에 입고시킬 때 현장사무실에 화주의 선적 서류(복사본)를 전달하고 물품이 잘 도착했음을 확인시키는 것을 말한다.

22) 물품입고확인서 : 수출상이 여러 업체에게 부자재 생산을 하청 준 경우, CFS(컨테이너화물 장치장)에서 부자재들을 모아 1개의 컨테이너에 혼적 작업을 하도록 포워더에게 위탁해야 한다. 이 과정에서 A 부자재 업체는 A 물품입고확인서와 물품을, B 부자재 업체는 B 물품입고확인서와 물품을 입고시켜야 현장에 있는 CFS 콘솔업체는 어느 물품이 입고되었는지 확인할 수가 있다. 물품입고확인서는 포장명세서(Packing list) 또는 포장송장(Packing detail)과 비슷한 역할을 한다고 보면 된다. 물품입고확인서에는 화주 이름(수출상), 부자재 업체명, 제품명, 수량, 발주 번호, 스타일 번호, 쉬핑마크(Shipping mark), CFS 입고 장소, CFS 연락처 등이 기재되어 있다. 각 부자재 업체는 물품을 출고할 때 수출상으로부터 물품입고확인서를 팩스로 받아 공란에 내용을 기재한 후 출고 시 화물운송업체에게 포장송장과 물품입고확인서를 팩스로 전달하면 된다. 트럭 기사는 물품을 CFS 입고 시 CFS 화물관리인에게 확인시킨 후 서류를 전달하고 물품을 하역한다.

23) 선주 : 선박의 소유자뿐만 아니라 그것을 이용하여 상업적 행위를 하는 선사, 이용선사 등을 포함한다.

140

험뿐만 아니라 연금, 저축, 건강보험, 여행보험, 화재보험 상품 등 다양한
서비스를 제공한다.

CIF 거래조건(Cost, insurance and freight : 운임, 보험료포함 인도조건)인 경우 수
출상이 수출지에서 적화보험을 들고, FOB 거래조건(Free on board : 본선인도조
건)인 경우에는 수입상이 수입지에서 적화보험을 들어야 한다.

- 화주로부터 적화보험(Cargo insurance) 가입 받음
- 보험증권 발행(Insurance policy)

5. 은행

은행의 업무는 수출상과 수입상의 대금결제를 대행해 주고 외환, 대출, 신
용장 등과 같이 무역 관련 지원업무를 담당한다.

- 수출상 측 은행
  - 신용장 도래 통지
  - 선적서류와 환어음 매입(NEGO)
  - 개설은행에 선적서류 및 환어음 발송
  - 추심24)
  - 수출상에게 물품대금 지급(입금)

- 수입상 측 은행

---

24) 추심 : D/A와 D/P 거래에서 수출상 측 은행이 수입상 측 은행에게 선적서류와 환어음을 보내고 대
금 지급을 요청하는 절차를 말한다. D/A는 'Documents against acceptance'로 외상거래의 조건을
뜻하며 D/P는 'Documents against payment'로 수입상이 선적서류를 인도받고 바로 물품대금을 지
급해야 하는 것으로 Sight L/C와 개념이 같다.

- 신용장 개설
- 신용장 원본을 수출지 은행에 발송
- 수입상에게 선적서류를 인도
- 수입상으로부터 물품대금을 받음
- 수출상 측 은행에 물품대금을 송금
- 기타 서류(L/G)[25] 지원

6. 기타

수입상은 수입물품을 국내 창고업체에 위탁하여 일정 기간 보관하는 경우 창고료 등이 발생한다.

제4절 수입비용 기본항목

그럼 기관 또는 업체별로 수입비용 항목에는 어떤 것들이 있는지 표를 통해 살펴보자.

---

25) L/G : Letter of Guarantee, 수입화물선취보증신청서를 뜻한다.

※ CASE 4-2. 수입비용 기본항목

기관별	기본항목
▪ 선사	① 해상운임 – FCL 경우 – LCL 경우
▪ 관세사	② 수입관세
	③ 부가가치세
	④ D/O 비용
	⑤ 통관수수료
	⑥ 보세창고료
	⑦ 수입신고필증 비용
▪ 화물운송업체	⑧ 내륙운송료
▪ 해상보험회사	⑨ 해상보험료
▪ 은행 – L/C의 경우	⑩ L/C 개설수수료
	⑪ 일람불신용장 (Sight L/C) 전신료
	⑫ 기한부신용장 (Usance L/C) 전신료*
	⑬ L/C 조건변경수수료 (L/C amend)*
	⑭ L/C 조건변경전신료*
	⑮ 인수수수료*
	⑯ 수입추심수수료*
	⑰ L/G 발급수수료*
– T/T의 경우	⑱ 송금수수료
– 기타	⑲ 우편료
	⑳ 전신료
▪ 기타	㉑ 국내창고보관료*

* 표시항목은 선택사항이거나, 해당사항이 있는 경우에 한한다.

1. 해상운임

수출물품은 비행기를 이용하는 항공편과 배를 이용하는 해상편이 있다. 해상운임(Ocean freight charge, Sea freight charge)은 해상편에 해당하는 것으로 종종 실무에서 배 운임(Freight rate)과 혼용해서 사용하고 있다. 하지만 엄밀히 말해 해상운임은 순수한 배 운임과 부가적인 비용들(Terminal handling charge, CFS charge, 서류 비용 등)을 포함한 요금을 말한다. 따라서 실무에서는 용어 사용함에 있어 그 내용까지 주의 깊게 살펴보아야 한다.

수출은 대부분 비행기를 이용하기보다 컨테이너선, 벌크선, 탱크선 등을 이용한 해상편으로 물품을 수출한다. 그 이유는 수출물품이 대체로 대량(Bulk)이며 화물 특성과 수출단가 대비 물류비를 고려해야 하기 때문이다. 따라서 특별히 전자제품과 같이 운송 시 관리주의나 특수성을 고려해야 하는 제품의 운송 외에는 대부분 해상운송을 한다.

해상운임은 거래 당사자 간에 가격조건을 어떻게 하느냐에 따라 수출상이 비용을 부담할 수도 있고 아니면 수입상이 부담할 수도 있다. 수출상이 해상운임을 부담하는 경우는 CFR, CIF 거래조건이 있으며 수입상이 그것을 부담하는 경우는 EXW[26], FOB 거래조건이 있다. 거래조건을 어떻게 달리하느냐 하는 문제이지 그것이 어느 한쪽에 일방적으로 비용을 전가시키게 하는 제로섬 게임[27]의 문제가 아니다. 다시 말해 수출상은 거래조건에 따라 CFR, CIF 가격조건에서는 해상운임(및 기타 비용)을 적용하여 오퍼가격을 내고, EXW, FOB 가격조건에서는 해상운임(및 기타 비용)을 빼고 낸 가격으로 수입상에게 오퍼가격을 내는 것이다. 따라서 수출상이 낸 CIF 가격은 FOB 가격

---

26) EXW(Ex works) : 가격 거래조건의 하나로 구매자가 공급자의 공장이나 창고에서 물품을 인도받은 후 직접 내륙운송, 목적지까지 배 운임, 비용과 위험을 부담하는 것을 말한다.
27) 제로섬 게임(Zero sum game) : 어느 한 쪽에서 얻은 만큼 상대방에서 잃는 게임을 말한다. 한쪽의 이익과 다른 한쪽의 손실을 합하면 0이 되는 것을 뜻한다.

보다 해상운임(및 기타 비용) 만큼 높게 된다.

　오늘날 가장 보편적인 거래조건은 CIF 또는 FOB 가격이다. CIF는 "수출상이 해상운임을 부담하고 FOB는 수입상이 해상운임을 부담한다"라고 외워두면 이해하기가 쉽다. 한편 수입상은 일반적으로 CIF 가격을 더 선호하는데 그 이유는 FOB에서는 수입상 측에서 배를 예약하고 운임을 부담하는데 그에 따른 추가적인 업무와 절차의 번거로움이 발생하기 때문이다. 따라서 업무편의 상 수입상은 CIF 가격을 더 선호한다. 반면 간혹 수입상이 FOB 가격을 선호하는 경우는 물품 도착 후 수입상이 자신이 이용하는 관세사와 포워더를 통해 수입통관을 빨리하기 위한 경우이거나 포워더로부터 해상운임을 좀 더 싸게 제공받을 수 있는 경우이다.

1) 해상운임 계산 시 알아 두어야 할 용어

① CBM

앞서 설명한 대로 선사 또는 포워더는 선적물품의 CBM을 기준으로 해상운임을 부과한다. CBM은 "Cubic Meter"의 약자로 입방미터를 뜻하며 부피(용적)를 말한다. 부피를 구하는 공식은 가로 X 세로 X 높이이며, 1m x 1m x 1m = 1 CBM이라고 한다. 컨테이너 1개당 부피는 다음과 같다.

> - 20피트 컨테이너 x 1개의 부피 = 33.1 cbm
>
>   (실제 적재 가능한 CBM : Max. 25~27cbm)
>
> - 40피트 컨테이너 x 1개의 부피 = 67.5 cbm
>
>   (실제 적재 가능한 CBM : Max. 55~57cbm)

앞서 예시된 CASE 4-1-1 또는 CASE 4-1-2 주문서의 경우 수량은 캥거루 가방 3,000개이다. 수입상이 수출상에게 문의한 결과 수출포장 1박스에 가방

10개씩 넣어 포장을 하고, 1박스 당 사이즈는 100cm x 45cm x 50cm이며 출고할 총 박스 수는 300박스로 알려왔다.

이를 계산하기 위해 우선 수출포장 1박스 사이즈(100cm x 45cm x 50cm)를 미터로 환산한다. 그러면 1박스의 CBM = 1 x 0.45 x 0.5 = 0.22cbm이 된다. 여기에 곱하기 300(박스)을 하면 총 선적물품의 CBM = 0.22cbm x 300 = 67.5cbm이 된다.

67.5cbm의 경우 선적 공간을 여유 있게 생각하여[28] 57.5cbm 분량은 40 피트 컨테이너 1개에, 나머지 10cbm 분량은 LCL로 싣는 것을 계획 잡는다. 여기서 57.5cbm, 10cbm은 그 정도의 양(대략치)으로 나눈다는 것이지, 정확히 그렇게 나눠 실어야 한다는 뜻은 아니다. 현장에서는 40피트 1개 컨테이너에 최대한의 물량을 싣고 나머지는 LCL로 진행하게 된다.

② LCL과 FCL

LCL(Less than container load)은 1개의 컨테이너 물량이 안되는 양의 화물을 말한다. LCL 화물의 경우 다른 화주들의 물품과 혼적되어 1개의 컨테이너가 만들어지게 된다. 반면 FCL(Full container load)은 1개의 컨테이너 물량이 되는 양의 화물을 말한다. 크기 기준으로 20ft(20피트)와 40ft(40피트) 컨테이너가 있다.

2) 해상운임은 CBM으로 계산한다

수출상은 선사 또는 포워더에 제품의 스펙(Specification), CBM, 총중량, 그리고 도착항을 알려주고 해상운임표를 팩스로 받을 수 있다. 해상운임표에는 CBM 단위로 비용을 산출할 수 있도록 나와 있다. 따라서 수출상은 자신의

---

28) 데드 스페이스(Dead space) : 컨테이너에 물품을 적재할 때 물품과 물품 사이의 쓸 수 없는 공간이 생기는데 그것을 데드 스페이스라고 한다. 따라서 CBM 계산 시 여유 있게 감안하지 않으면 컨테이너에 못 싣는 경우가 발생하기 때문에 항상 여유치를 가지도록 한다.

수출물품 CBM을 계산해 본 후 해상운임표를 보고 해상운임을 계산할 수 있다.

※ CASE 4-3. 해상운임표. 호주 시드니항-부산항 (FOB 거래기준)

RAMSES

Ramses Logistics Co. Ltd.
6-7F Bumhwa Bldg., 70-1 Bukchang-dong,
Chungku, Seoul, Korea republic
Ph. 82-2-779-1400
Fax. 82-2-779-1401

To : Alps Ri Inc.
Attn. : 최종훈 부장님
Subject : 시드니항 FOB → 부산항 견적서

* FOB Terms

Unit = USD
USD = ₩1,100

해상운임	LCL	20'f	40'f	T/T	
USD	25/CBM	500	1,000	18days	
				Total	₩575,000

도착지 부대비용	LCL	20'f	40'f		
THC	₩12,500/CBM	₩130,000	₩180,000		
CFS		–	–		
WHF	₩323/CBM	₩4,420	₩8,840		
C.C.C	₩2,500/CBM	₩25,000	₩40,000		
항내 보세운송료	₩8,500/CBM	–	–		
DOC fee	₩50,000	₩50,000	₩50,000		
D/O fee	₩55,000	₩80,500	₩80,500		
내륙운송비	₩100,000	₩340,000	₩380,000		부산→대구
관세	실비	실비	실비		
부가가치세	실비	실비	실비		
통관수수료	실비	실비	실비		
적하보험료	실비	실비	실비		

* 참고란
– 환율은 입항일 기준 외환은행 고시 주간 전신환 매도율 적용 기준입니다.
– 세관검사 및 기타 비용 발생 시 실비(실제로 드는 비용) 청구됩니다.

- **용어 설명**

- OCEAN FREIGHT : 해상운임 단가

- THC : Terminal Handling Charge. CY 내에서 화물을 처리하고 이동시키는 데에 따르는 화물처리 비용이다. 본선 선측에서 CY 게이트 통과 시까지의 화물처리 비용으로 크레인으로 컨테이너를 올리고 내리는 비용도 이에 포함된다.

- CFS : LCL 화물에 한하여, 선적지 또는 도착지 CFS에서 화물의 혼적 또는 분류작업을 하게 되는데, 이때 발생하는 비용이다(하역료, 검수료, 화물정리비, 보관료 등).

- WHF : Wharfage. 부두를 이용하는 모든 선박에 부가되는 비용

- C.C.C : Container Cleaning Charge. 같은 뜻으로 C.C.F (Container Cleaning Fee)라고도 한다. 컨테이너 오염 등을 세척하는 비용. 컨테이너 청소료로 화물의 특성에 따라 적입 전 또는 적입 후에 컨테이너 청소를 요구하게 되는 경우 부과되는 비용이다.

- 항내 보세운송료 : 보세운송은 외국으로부터 수입하는 화물을 입항지에서 통관하지 아니하고 세관장에게 신고하거나 승인을 얻어 외국물품 상태 그대로 다른 보세구역으로 운송하는 것을 말한다. 여기서는 부두 내 CY에서 CFS 간의 이동에 대한 보세운송 비용이다.

- DOC fee : 서류 발급비용이다. 수출 시에는 B/L 발행에 따른 비용

- D/O fee : Delivery order. 도착한 화물이 지정 CY에서 반출되기 전 선사에서 반출 승인을 하였음을 증명하는 서류이다. 이에 서류 발급 비용으로 청구된 것이다.

- 내륙운송비 : 통관 후 도착항에서 수입상이 원하는 장소까지 운송하는 비용으로 화물운송회사, 포워더, 또는 관세사에 의뢰하여 운송을 진행할 수 있다.

- 관세 : 국경을 통과하는 수입물품에 대해 부과하는 세금

- 부가가치세 : VAT 또는 GST라 한다. 한국의 표준세율은 상품 또는 서비스 가격의 10%이다.

- 통관수수료 : 수출입 통관할 때 드는 비용

- 적화보험료 : 선적물품에 대해 수출상이나 수입상이 해상운송 시 물품의 멸실 또는 훼손 등 손해에 대비하여 드는 해상보험

① 해상운송 운임계산 기준점

한편 중량에 비해 부피가 많이 나가는 화물은 '부피화물'이라 하고, 부피에 비해 중량이 많이 나가는 화물은 '중량화물'이라 한다.

이에 따라 선사는 해상운송 운임계산에 2가지 기준을 두고 있는데, 하나는 "부피기준 화물운임(Volume Cargo)"이고 다른 하나는 "중량기준 화물운임(Weight Cargo)"이다.

Note

■ 해상운송 운임계산 기준점

- 화물의 1CBM(1㎥) 당 무게가 1,000kg(1MT) 미만 ⟹ 부피화물로 판단

- 화물의 1CBM(1㎥) 당 무게가 1,000kg(1MT) 이상 ⟹ 중량화물로 판단

  * 해상운임의 단위는 CBM이다.

※ 단위(R/T : Revenue tons)

  운임계산의 기초가 되는 톤수로 중량과 부피 중 높은 쪽을 선택하여 산출한다.

- 용적톤(Measurement ton) : 부피로 화물을 측정하는 단위

- 중량톤(MT : Metric ton) : 중량으로 화물을 측정하는 단위. 1,000kg을 1Ton, 1MT라 한다.

보통 물품이 1CBM 당 1,000kg 이상이 되는 경우가 거의 없으므로 **대부분의 해상운송 수출 공산품들은 부피기준 화물운임(CBM으로 계산한 운임)에 해당한다.**

이렇게 2가지 운임 계산법을 두는 이유는 물품이 쇳덩어리 제품인 경우 1개의 컨테이너(20피트 컨테이너 제품적입 순중량 규격 : Net weight 28,280kg)에 중량을 과도하게 차지하여 다른 화주의 물품을 같이 싣기 어렵기 때문이다(예로 들어 쇳덩어리 제품이 1CBM 당 2,000kg 중량이라면 20피트 컨테이너의 반만 실어도 적입 규격

Net weight 28,280kg에 달한다).

마찬가지로 물품이 퀼팅 솜이나 대형 플라스틱 제품의 경우 1개의 컨테이너
(20피트 컨테이너 실제 적재 가능한 CBM : Max. 25~27cbm)에 부피를 과도하게 차지
하여 다른 화주의 물품을 같이 싣기 어렵기 때문이다.

따라서 선사는 선적물품의 부피기준 화물운임과 중량기준 화물운임을 비교하
여 많이 나가는 것으로 해상운임을 부과한다.

① 해상 VOLUME CARGO 예시 : LCL 화물 선적, 캥거루 가방 140개 (14 박스)

수출물품 Gross weight : 119KG

Measurement : **3CBM**

Ocean freight : USD25/CBM

→ 1CBM 당 중량이 1,000KG 미만이므로 '부피기준 화물운임'으로 부과되며, 당
해 물품의 해상운임 LCL은 USD25 X 3 = USD75.00이다.

② 해상 WEIGHT CARGO 예시 : LCL 화물 선적, 철재물품

수출물품 Gross weight : **3,600KG**

Measurement : 3CBM

Ocean freight : USD25/CBM

→ 1CBM 당 중량이 1,000KG를 넘으므로 '중량기준 화물운임'으로 부과되며, 이
때에 실제 KG(3,600)을 CBM 기준점(1CBM= 1,000)으로 적용한 후 계산을 한다.
당해 물품의 해상운임 LCL은 USD25 X 3.6 = USD90.00이다.

② 항공운송 운임계산 기준점

항공사는 항공운송 운임계산에 2가지 기준을 두고 있는데, 하나는 "실제중량
(Actual Weight)"이고 다른 하나는 "용적중량(부피중량, Volume Weight)"[29]이다.

---

29) 용적중량 : 부피중량과 같은 의미로 쓰이며, 항공사에서 공식 용어로 '용적중량'이라 하므로 여기서는
    용적중량이라 표기하였다. 용적, 부피, 그리고 Measurement는 같은 뜻으로 사용된다.

■ 항공운송 운임계산 기준점

• 화물의 1CBM(1㎥) = 167KG로 간주하고, 실제중량과 용적중량을 비교하여 많이 나가는 것으로 항공운임을 부과한다. 항공운임의 단위는 KG이다.

a. 실제중량(Actual Weight)에 의한 방법

* 실제중량 계산법에서 0.5KG 미만은 0.5KG으로 절상하고 0.6KG 이상은 1KG으로 절상한다.

b. 용적중량(Volume Weight)에 의한 방법

* 최대용적(가로 X 세로 X 높이)에 단위용적 당 기준중량을 곱하여 산출된다.
* 기준중량 : 6,000 Cubic cm = 1KG
* 예시) 가로 100cm X 세로 45cm X 높이 50cm인 화물(또는 박스)의 용적중량은?

　가. 100cm X 45cm X 50cm = 225,000㎤

　나. 225,000㎤/6,000[30) = 37.50KG

　다. 용적중량(Volume Weight) = 37.50KG

① 항공 ACTUAL WEIGHT 예시 : 가전제품

수출물품 Gross weight : **300KG**

Measurement : 1.5CBM

Air freight : ₩1,200원/KG

→ 1CBM = 167KG로 간주하여 용적중량은 1.5CBM X 167KG = 250.50KG이 된다. 실제중량(300KG)과 용석중량(250.50KG)을 비교하였을 때, 큰 쪽인 '실제중량'이 운임산출중량(Chargeable Weight)이 된다. 즉 당해 물품의 항공운임은 300KG X ₩1,200원 = ₩360,000원이다.

---

30) 6,000 Cubic Centimeter : 용적을 6,000으로 나누는 것은 6,000 Cu. Centimeter = 1KG으로 국제항공운송협회(IATA)에서 규정하고 있다. 이 계산식은 앞선 CBM X 167KG 식 = (1 X 0.45 X 0.5) X 167KG = 37.575KG과 거의 같게 나온다.

② 항공 VOLUME WEIGHT 예시 : 캥거루 가방 5박스

(1박스 CBM = 0.22CBM, 1박스 중량 = 8.5KG 기준)

수출물품 Gross weight : 42.5KG

Measurement : **1.1CBM**

Air freight : ₩1,200원/KG

→ 1CBM = 167KG로 간주하여 용적중량은 1.1CBM X 167KG = 183.70KG이 된다. 실제중량(42.5KG)과 용적중량(183.7KG)을 비교하였을 때, 큰 쪽인 '용적중량'이 운임산출중량(Chargeable Weight)이 된다. 즉 당해 물품의 항공운임은 183.70KG X ₩1,200원 = ₩220,440원이다.

수출상은 굳이 자신의 물품이 어느 운임에 적용될지 미리 고민할 필요가 없으며 사전에 제품 스펙, CBM, 박스 수, 총중량 등으로 선사/포워더에게 문의를 하면 해상운임표(또는 항공운임표)와 함께 안내를 받을 수 있다. 기준운임을 구분하는 선사/포워더의 판단과 설명을 따르면 된다.

3) FOB 거래조건에서는 해상운임을 수입상이 부담한다

CIF 거래조건에서는 해상운임을 수출상이 부담한다. 따라서 수입상은 해상운임을 계산할 필요가 없다.

예시 CASE 4-3은 수출항이 호주 시드니항이며 FOB 거래조건임을 알리고 포워더로부터 해상운임표를 받았다. FOB 거래조건 시 수출상은 수출항 선측에 선적하는 것까지만 비용부담과 의무가 있고, 한국의 수입상이 선적지인 시드니항부터 도착지인 부산항까지 해상운임을 부담한다.

한국의 수입상 Alps Ri사는 호주로부터 자주 수입을 하고 있어 평소 판매원가 계산을 위해 해상운임을 정산해 보기로 했다. 수입 물량에 따라 해상운임이 어떻게 달라지는지 얼마를 단가에 적용해야 하는지 알 수 있을 것이다. 첫째로 수입 물량이 3cbm 일 때, 둘째로 10~15cbm 일 때, 셋째로 20피트 1

개 컨테이너 일 때, 마지막으로 40피트 1개 컨테이너 일 때 네 가지로 나누
어 계산해 보았다.

① 3 CBM 일 때 (FOB 시드니항 → 부산항)

우선 수입상은 평균적으로 1회 오더 시 자주 하는 주문량이 3 CBM 정도이
므로 이 기준으로 해상운임을 계산했다(수입자의 여건에 따라 또는 제품의 최소주문
요구량: MOQ 기준으로[31] 정하여 계산하면 된다. 그 기준이 1 CBM 또는 2 CBM 이어도 상관
이 없다). CASE 4-3. 해상운임표를 보고 그대로 적용하여 계산하면 된다.

구분	단가	계산식	계산 값(USD)
해상운임 LCL	USD25/CBM	USD25 X 3	USD75.00
THC+CFS	₩12,500/CBM	₩12,500 X 3	₩37,500(USD34.09)
WHF	₩323/CBM	₩323 X 3	₩969(USD0.88)
C.C.C	₩2,500/CBM	₩2,500 X 3	₩7,500(USD6.82)
항내보세운송료	₩8,500/CBM	₩8,500 X 3	₩25,500(USD23.18)
DOC FEE	₩50,000/1건	−	₩50,000(USD45.45)
D/O FEE	₩55,000/1건	−	₩55,000(USD50.00)
합계			USD235.42

* 환율 ₩1,100 = USD1 dollar 기준

해상운임료 합계는 USD235.42이다.

앞서서 CASE 4-1-1 또는 CASE 4-1-2 OFFER SHEET 캥거루 가방에서
설명한 바 수출포장 1박스에 가방 10개씩 넣어 포장이 되고 1박스의 CBM은
0.22cbm이라고 했다. 따라서 3cbm은 곧 14박스를 의미하며 캥거루 가방 주
문량(오더량) 140개에 해당한다.

다시 정리하면, 한국의 수입상은 총 3cbm 정도의 물량인 캥거루 가방

---

31) MOQ : 'Minimum Order Quantity'의 약자로 Bulk order 시 작업 가능한 최소주문수량, 최소주문요구
   량을 뜻한다. 보통 MOQ 또는 Min.q'ty로 표기를 한다.

140PC를 주문하였다. 호주의 수출상이 보내온 CASE 4-1-1 OFFER SHEET(FOB 거래조건)에 따르면 FOB Price는 USD9.50/PC이다. 해상운임료는 한국의 수입상이 부담하므로 계산한 결과 USD235.42이며 이것을 오더량 140PC로 나누면 1PC 당 USD1.68의 해상운임료가 든다. 따라서,

▪ **캥거루 가방 140개(3CBM)에 대한 수입상의 구매가격 계산식**

- FOB PRICE USD9.50/PC(수출상) + 해상운임료 USD1.68/PC(수입상)

= USD11.18/PC

*참고 : 수입상은 여기에다 해상보험료를 추가해야 실제 구매가격이 되며 해상보험료는 원가 영향에 미미하다.

이후 관세, 부가가치세 및 수입통관비, 내륙운송비 등을 포함하면 판매원가가 된다.

② 10~15 CBM 일 때 (FOB 시드니항 → 부산항)

둘째로 20ft(20피트) 컨테이너의 1/3 또는 1/2 정도의 물량 기준으로 해상운임을 계산했다.

CASE 4-3. 해상운임표를 보고 그대로 적용하여 계산하면 된다.

구분	단가	계산식	계산 값(USD)
해상운임 LCL	USD25/CBM	USD25 X 10	USD250.00
THC+CFS	₩12,500/CBM	₩12,500 X 10	₩125,000(USD113.64)
WHF	₩323/CBM	₩323 X 10	₩3,230(USD2.94)
C.C.C	₩2,500/CBM	₩2,500 X 10	₩25,000(USD22.73)
항내보세운송료	₩8,500/CBM	₩8,500 X 10	₩85,000(USD77.27)
DOC FEE	₩50,000/1건	-	₩50,000(USD45.45)
D/O FEE	₩55,000/1건	-	₩55,000(USD50.00)
합계			USD562.03

* 환율 ₩1,100 = USD1 dollar 기준

해상운임료 합계는 USD562.03이다.

앞서서 CASE 4-1-1 또는 CASE 4-1-2 OFFER SHEET 캥거루 가방에서 설명한 바 수출포장 1박스에 가방 10개씩 넣어 포장이 되고 1박스의 CBM은 0.22cbm이라고 했다. 따라서 10cbm은 곧 45박스를 의미하며 캥거루가방 주문량(오더량) 450개에 해당한다.

다시 정리하면, 한국의 수입상은 총 10cbm 정도의 물량인 캥거루 가방 450PC를 주문하였다. 호주의 수출상이 보내온 CASE 4-1-1 OFFER SHEET(FOB 거래조건)에 따르면 FOB Price는 USD9.50/PC이다. 해상운임료는 한국의 수입상이 부담하므로 계산한 결과 USD562.03이며 이것을 오더량 450PC로 나누면 1PC 당 USD1.25의 해상운임료가 든다. 따라서,

> ▪ **캥거루 가방 450개(10CBM)에 대한 수입상의 구매가격 계산식**
>
> • FOB PRICE USD9.50/PC(수출상) + 해상운임료 USD1.25/PC(수입상)
> = USD10.75/PC
>
> *참고 : 수입상은 여기에다 해상보험료를 추가해야 실제 구매가격이 되며 해상
> 보험료는 원가 영향에 미미하다.
>
> 이후 관세, 부가가치세 및 수입통관비, 내륙운송비 등을 포함하면 판매원가가
> 된다.

③ 20ft(20피트) 1개의 컨테이너 일 때 (FOB 시드니항 → 부산항)

셋째로 20피트 컨테이너 1개의 물량 기준으로 해상운임을 계산했다. 일반적으로 물량이 1개 컨테이너의 60~70%(20cbm 정도)만 되어도 LCL로 부킹을 하지 않고 FCL로 선적하는 경우가 많다. 그 이유는 FCL이 통관절차가 빠르고

비용 면에서 같은 양의 LCL과 큰 차이가 없거나 오히려 싸기 때문이다. 가격비교는 선사/포워더에 문의를 하면 된다.

CASE 4-3. 해상운임표를 보면 상단에 1개의 풀 컨테이너(FCL) 해상운임 및 기타 비용들이 나와 있고 계산은 건 당으로 한다.

구분	단가	계산식	계산 값(USD)
해상운임 20ft	USD500	USD500 X 1	USD500.00
THC	₩130,000	₩130,000 X 1	₩130,000(USD118.18)
WHF	₩4,420	₩4,420 X 1	₩4,420(USD4.02)
C.C.C	₩25,000	₩25,000 X 1	₩25,000(USD22.73)
항내보세운송료	0	−	0
DOC FEE	₩50,000/1건	−	₩50,000(USD45.45)
D/O FEE	₩80,500/1건	−	₩80,500(USD73.18)
합계			USD763.56

* 환율 ₩1,100 = USD1 dollar 기준

해상운임료 합계는 USD763.56이다.

앞서서 CASE 4-1-1 또는 CASE 4-1-2 OFFER SHEET 캥거루 가방에서 설명한 바 수출포장 1박스에 가방 10개씩 넣어 포장이 되고 1박스의 CBM은 0.22cbm이라고 했다. 따라서 20피트 1개의 컨테이너는 물량 20~25cbm 정도를 실을 수 있으며 대략 100박스를 의미하며 캥거루 가방 주문량(오더량) 1,000개에 해당한다.

다시 정리하면, 한국의 수입상은 20피트 1개의 컨테이너 물량인 캥거루 가방 1,000PC를 주문하였다. 호주의 수출상이 보내온 CASE 4-1-1 OFFER SHEET(FOB 거래조건)에 따르면 FOB Price는 USD9.50/PC이다. 해상운임료는 한국의 수입상이 부담하므로 계산한 결과 USD763.56이며 이것을 오더량 1,000PC로 나누면 1PC 당 USD0.76의 해상운임료가 든다. 따라서,

■ 캥거루 가방 1,000개(20피트 1개)에 대한 수입상의 구매가격 계산식

• FOB PRICE USD9.50/PC(수출상) + 해상운임료 USD0.76/PC(수입상)

= USD10.26/PC

*참고 : 수입상은 여기에다 해상보험료를 추가해야 실제 구매가격이 되며 해상
보험료는 원가 영향에 미미하다.

이후 관세, 부가가치세 및 수입통관비, 내륙운송비 등을 포함하면 판매원가가
된다.

④ 40ft(40피트) 1개의 컨테이너 일 때 (FOB 시드니항 → 부산항)

마지막으로 40피트 컨테이너 1개의 물량 기준으로 해상운임을 계산했다. 용
적 면에서 40피트 1개는 20피트 컨테이너 2개에 해당한다. 하지만 20피트 2
개를 사용하는 것보다 40피트 1개를 사용하는 것이 운임 면에서 저렴하고
운용 효율성이 높다.

CASE 4-3. 해상운임표를 보면 상단에 1개의 풀 컨테이너(FCL) 해상운임 및
기타 비용들이 나와 있고 계산은 건 당으로 한다.

구분	단가	계산식	계산 값(USD)
해상운임 40ft	USD1,000	USD1,000 X 1	USD1,000.00
THC	₩180,000	₩180,000 X 1	₩180,000(USD163.64)
WHF	₩8,840	₩8,840 X 1	₩8,840(USD8.04)
C.C.C	₩40,000	₩40,000 X 1	₩40,000(USD36.36)
항내보세운송료	0	-	0
DOC FEE	₩50,000/1건	-	₩50,000(USD45.45)
D/O FEE	₩80,500/1건	-	₩80,500(USD73.18)
합계			USD1,326.67

* 환율 ₩1,100 = USD1 dollar 기준

앞서서 CASE 4-1-1 또는 CASE 4-1-2 OFFER SHEET 캥거루 가방에서 설명한 바 수출포장 1박스에 가방 10개씩 넣어 포장이 되고 1박스의 CBM은 0.22cbm이라고 했다. 따라서 40피트 1개의 컨테이너는 물량 55cbm 정도를 실을 수 있으며 대략 250박스를 의미하며 캥거루 가방 주문량(오더량) 2,500개에 해당한다.

다시 정리하면, 한국의 수입상은 40피트 1개의 컨테이너 물량인 캥거루 가방 2,500PC를 주문하였다. 호주의 수출상이 보내온 CASE 4-1-1 OFFER SHEET(FOB 거래조건)에 따르면 FOB Price는 USD9.50/PC이다. 해상운임료는 한국의 수입상이 부담하므로 계산한 결과 USD1,326.67이며 이것을 오더량 2,500PC로 나누면 1PC 당 USD0.53의 해상운임료가 든다[32]. 따라서,

---

- **캥거루 가방 2,500개(40피트 1개)에 대한 수입상의 구매가격 계산식**
  - FOB PRICE USD9.50/PC(수출상) + 해상운임료 USD0.53/PC(수입상)
  = USD10.03/PC
  *참고 : 수입상은 여기에다 해상보험료를 추가해야 실제 구매가격이 되며 해상 보험료는 원가 영향에 미미하다.
  이후 관세, 부가가치세 및 수입통관비, 내륙운송비 등을 포함하면 판매원가가 된다.

앞서 수출상이 발행한 CASE 4-1-2 OFFER SHEET(CIF 거래조건)에서 캥거루 가방 3,000개에 대한 수출상의 CIF Price는 USD10.00/PC였다. 반면 수출상으로부터 FOB Price USD9.50/PC(CASE 4-1-1)를 받아 한국 수입상 측에서 해상운임료를 지불하고 계산해 보면, 40피트 1개(2,500PC, USD10.03/PC

---

32) 해상운임료 : 선적 물량이 많을수록 물량 대비 해상운임료가 낮아지는 것을 알 수 있다.

적용) + 10CBM(450~500PC, USD10.75/PC 적용)해서 가방 3,000개에 대한 구매가
격이 USD10.15/PC로 나타난다. 적용 과정에 차이는 존재하지만 큰 차이가
없음을 알 수 있다. 앞서 설명한 대로 FOB 가격과 CIF 가격은 거래조건만
달리 한 것이지 해상운임료와 해상보험료의 비용부담을 한쪽에 전가시키는
것이 아니다.

지금까지 수입 물량이 3cbm, 10cbm, 20피트 1개 그리고 40피트 1개 컨테
이너일 때 네 가지 경우로 해상운임료를 계산해 보았다. 수출상이 영세하거
나 CIF 가격을 계산하기 어려워하는 경우 대개 FOB 가격으로 오퍼하는 경
우가 있다. 따라서 수입상은 상담 시 수출상이 내는 FOB 가격에다 오더량을
기준으로 대략의 해상운임료를 대입하고 국내시장에 낼 판매가격을 가늠해
볼 수 있어야 한다.

2. 수입관세

수입관세는 국경을 통과하는 수입물품에 대해 부과하는 세금을 말한다. 그
리고 수입물품에 대한 관세를 매길 때 그 기준으로 삼는 가격을 '과세가격'이
라 한다. 과세가격은 수입물품이 항공 또는 배로 수입지에 도착하여 물품을
하역하기 직전까지 발생한 모든 가격이 과세 범위에 포함되는 가격이다. 다
시 말해 수출자의 가격(FOB), 해상운임료(또는 항공운임료), 해상보험료(또는 항공
보험료)를 합한 금액, 즉 CIF 금액이 과세가격이다.

3. 부가가치세

부가가치세는 VAT(Value added tax) 또는 GST(goods and services tax)라 부른

다. 이는 제품이나 용역이 생산·유통되는 모든 단계에서 기업이 새로 만들어내는 가치인 '부가가치'에 대해 부과하는 세금이다. 한국은 부가가치세 표준세율이 10%이다. 나라마다 5~25%의 표준세율을 갖고 있다.

「부가가치세법」 제49조(확정신고와 납부)에 의하면, 국내의 물품에 대한 확정신고할 때에, 부가가치세 납부는 부가가치세 확정신고서와 함께 각 납세지 관할 세무서장에게 납부하거나 「국세징수법」에 따른 납부서를 작성하여 한국은행 등에 납부하여야 한다.

하지만 수입물품에 대해서는 같은 법 제50조(재화의 수입에 대한 신고·납부)에 의거, "재화를 수입하는 자의 납세의무자가 재화의 수입에 대하여 「관세법」에 따라 **관세를 세관장에게 신고하고 납부하는 경우에는 재화의 수입에 대한 부가가치세를 함께 신고하고 납부하여야 한다.** 〈개정 2020. 12. 22.〉"

따라서 수입상은 수입관세와 부가가치세를 함께 관세사를 통해 세관장에게 납부한다.

1) 수입관세와 부가가치세 계산법

수입관세와 부가가치세 계산법은 다음과 같다.

> • **수입관세** = CIF Invoice 금액 x 해당 품목의 관세율 또는,
>
>   = (FOB Invoice 금액+운임료+보험료) x 해당 품목의 관세율
>
> • **부가가치세** = (CIF Invoice 금액+관세) x 0.1 (10%)
>
> * CIF Invoice 금액 = FOB Invoice 금액+운임료+보험료와 같다.

수출상과의 가격 거래조건이 FOB인 경우와 CIF인 경우에 위와 같이 구분

해서 계산할 수가 있다.

CIF Invoice 금액은 'CIF amount', 'CIF 금액'으로 표현되며 수출상이 보내온 Commercial Invoice(상업송장)에 나와 있는 금액이다. 이 경우 Commercial Invoice 상에 단가 표기가 CIF Price로 기재되어 있다.

FOB Invoice 금액은 'FOB amount', 'FOB 금액'으로 표현되며 수출상이 보내온 Commercial Invoice(상업송장)에 나와 있는 금액이다. 이 경우 Commercial Invoice 상에 단가 표기가 FOB Price로 기재되어 있다.

2) 수입 관세율 찾아보기

수입 관세율을 알기 위해서는 다음과 같은 순서로 체크를 한다.

① 우선 수입제품에 대한 HS CODE(숫자 10자리)를 알아야 한다.

HS CODE는 국경을 넘나드는 모든 수출입 물품에 대해 각 제품마다 고유의 번호를 매겨놓은 것으로 이해하면 된다. 그 번호를 기준으로 수출입 관세의 기준으로 삼는다.

HS CODE 확인은 관세법령정보포털 CLIP(unipass.customs.go.kr/clip/index.do)에서 "세계 HS〉HS 정보〉속견표〉편람"에 들어가면 품목별로 구분되어 해당 제품에 대한 총 10자리 HS CODE를 찾을 수 있다. 만약 찾는데 어려움이 있다면 관세사에게 문의하면 HS CODE 번호를 알려준다.

예시 CASE 4-1-1. OFFER SHEET 또는 CASE 4-1-2. OFFER SHEET에 나와 있는 '캥거루 가방(소재: POLY 600D OXFORD FABRIC)'을 관세법령정보포털 속견표를 통해 검색하면 HS CODE 4202.22.2000 인 것을 확인할 수 있다. 그리고 해당 HS CODE를 클릭하면 다음과 같은 내용이 나온다.

국가	한국			해당년도	2022년
품목번호	4202.22-2000			단위(중량/수량)	KG / U 단위표기
품명	국문	방직용 섬유재료로 만든 것			
	영문	Of textile materials			
간이정액환급	10 원 (2022-01-01 ~) (10,000원당 환급액)				
원산지	원산지표시대상 (Y) [적정표시방법]				

세율

세율적용 우선순위

구분기호	2022년	관세구분
A	8%	기본세율
C	16%	WTO협정세율
E1	5.6%	아시아·태평양 협정세율(일반)
R	0%	최빈국특혜관세
U	0%	북한산
FAS1	0%	한·아세안 FTA협정세율(선택1)
FAU1	0%	한·호주 FTA협정세율(선택1)
FCA1	0%	한·캐나다 FTA협정세율(선택1)
FCECR1	0%	한·중미 FTA협정세율_코스타리카(선택1)
FCEHN1	0%	한·중미 FTA협정세율_온두라스(선택1)
FCENI1	0%	한·중미 FTA협정세율_니카라과(선택1)
FCEPA1	0%	한·중미 FTA협정세율_파나마(선택1)
FCESV1	0%	한·중미 FTA협정세율_엘살바도르(선택1)
FCL1	0%	한·칠레FTA협정세율(선택1)
FCN1	1.6%	한·중국 FTA협정세율(선택1)
FCO1	0%	한·콜롬비아FTA협정세율(선택1)
FEF1	0%	한·EFTA FTA협정세율(선택1)
FEU1	0%	한·EU FTA협정세율(선택1)
FGB1	0%	한·영국 FTA협정세율(선택1)
FIN1	0%	한·인도 FTA협정세율(선택1)
FNZ1	0%	한·뉴질랜드 FTA협정세율(선택1)
FPE1	0%	한·페루 FTA협정세율(선택1)
FRCAS1	7.2%	RCEP협정세율_아세안(선택1)
FRCAU1	7.2%	RCEP협정세율_호주(선택1)
FRCCN1	7.2%	RCEP협정세율_중국(선택1)
FRCJP1	7.2%	RCEP협정세율_일본(선택1)
FRCNZ1	7.2%	RCEP협정세율_뉴질랜드(선택1)
FSG1	0%	한·싱가포르FTA협정세율(선택1)
FTR1	0%	한·터키 FTA협정세율(선택1)
FUS1	0%	한·미 FTA 협정세율(선택1)
FVN1	0%	한·베트남 FTA협정세율(선택1)

해당 제품은 수출국이 호주이므로 구분기호 FAU1 : 한-호주 FTA 협정세율에 따라 관세율은 0%(무관세)인 것을 알 수 있다. 만약 어떠한 협정이 체결되지 않은 국가로부터 수입을 하는 경우 이 제품의 수입 관세율은 기본세율인 8%가 된다. 표 좌측의 '세율적용 우선순위'를 클릭하면 세율의 우선 적용 순위에 대한 설명이 나와 있다.

다른 방법으로 'FTA 강국, KOREA' 홈페이지(www.fta.go.kr)에서 "우리나라 FTA〉전 세계 FTA체결현황〉한-호주 FTA〉협정문〉부속서 2-1 한국양허표〉4202.22.2000"을 찾아보면, 품목명에 '방직용 섬유재료제의 것'이 나와 있다. 기준세율 8%였으나 양허유형 0[33]이라고 돼 있다. 협정문에서 호주에서→한국으로 수입 시 한국(관세)양허표를 확인하고 반대로 한국에서→호주로 수출 시에는 호주(관세)양허표를 확인한다. 수입국 중심으로 양허표를 확인한다고 보면 된다.

관세 및 FTA협정 관세에 대해서는 추후 장에서 자세히 살펴보기로 한다.

② 이와 같이 수출국(원산지)이 어디인지 그리고 한국과 어떤 종류의 관세협정이 체결되어 있는지를 체크해야 한다.

③ 해당 제품의 HS CODE와 관세율을 다시 한번 관세사를 통해 재확인한다.

3) 수입관세와 부가가치세 계산하기

앞서 예시된 CASE 4-1-2. OFFER SHEET(CIF 거래기준)을 보고 수입관세와 부가가치세를 계산해 보기로 하자.

---

33) 양허유형 0 : 한-호주 FTA 협정에서 양허유형 0은 협정발효일 즉시 관세 철폐를 말한다.

※ CASE 4-1-2. OFFER SHEET (CIF 거래기준)

ITEM: KANGAROO EMBLEM BAG (SHELL : POLY 600D OXFORD FABRIC)
COLOUR : BROWN 1,000PC
            NAVY   800PC
            BLACK   1,200PC

TOTAL :   3,000PC USD10.00/PC USD30,000.00
PRICE TERMS : CIF BUSAN, KOREA
PAYMENT TERMS : L/C AT SIGHT

호주산 수입 제품인 캥거루 가방(HS CODE 4202.22.2000)은 이전 세율이 8%
였다. 따라서 여기서는 학습으로 협정 전 기본세율 8%에서 수입관세와 부가
가치세는 어떻게 되는지, 그리고 현재 한-호주 FTA 협정세율 0%(무관세)에
서 수입관세와 부가가치세는 어떻게 되는지 계산해 보기로 하자.

① CIF 시 (8% 세율)

• 수입관세

CIF Invoice 금액 USD30,000.00 x 0.08(8%) = USD2,400.00

• 부가가치세

(CIF Invoice 금액 USD30,000.00 + 관세 USD2,400.00) x 0.1

= USD3,240.00

② CIF 시 (0% 세율 : 무관세)

• 수입관세

CIF Invoice 금액 USD30,000.00 x 0% = 0

• 부가가치세

(CIF Invoice 금액 USD30,000.00 + 관세 0) x 0.1 = USD3,000.00

한편 한-호주 FTA 협정에 따라 이와 같이 무관세 적용을 받기 위해서는 수입 시 호주의 수출상으로부터 한-호주 FTA 원산지증명서를 받아야 한다. 그럼 FTA 협정국 간 FTA 원산지증명서에 대하여 알아보자.

4) FTA 원산지증명서

원산지증명서(Certificate of Origin)는 수출물품이 한국산 인지 일본산 인지 등의 원산지를 나타내는 증명서이다. 보통 각 수출국의 세관이나 상공회의소에서 발급한다.

FTA 원산지증명서(FTA Certificate of Origin)는 협정국 물품과 비협정국 물품을 구별하기 위한 수단으로 체결국 간 무관세 또는 저율 관세를 적용하기 위해 요구된다. FTA 원산지증명서의 서식은 체결국마다 합의된 양식과 발급기관이 다 다르다.

간혹 FTA 체결국으로부터 수입되는 수입물품은 무조건 무관세인 걸로 잘못 이해하고 있는 경우가 많다. 품목마다 '양허단계(유형)'이란 게 있으며 이것은 단계적으로 세율을 줄여나가는 것이며 일부 특정 농수산물과 같이 민감한 품목은 기준세율(Base rate)[34]로 유지되는 경우도 있다. 예로 들어 호주로부터 수입되는 '표고버섯'의 경우(40퍼센트 또는 1,625원/kg, 양자 중 고액(율)) E 유형으로 기준세율이 유지되는 품목이다.

자세한 FTA 원산지증명서에 대해서는 추후 장에서 살펴보기로 하고 여기

---

34) 기준세율(Base rate) : 관세인하 교섭 등에서 각국의 관세율 수준을 나타낼 때 사용하는 세율. 협정 세율인 품목에 대해서는 협정세율을 기준세율로 하고 협정세율이 아닌 품목은 기본세율을 기준세율로 사용한다.

서는 한-호주 FTA 원산지증명서에 대해 간략히 살펴보자.

한국의 수입상은 '캥거루 가방' 제품 수입 시 FTA 무관세에 해당되는 제품인 줄 모르고 진행을 하면 그대로 기본세율 8%의 관세를 물고 수입하게 된다. 따라서 수출상으로부터 한-호주 FTA 원산지증명서를 받아야 한다.

발급방식에는 2가지로 '자율발급'[35]과 '기관발급'[36]이 있다.

자율발급의 서식은 "FTA 특례법시행규칙에 따른 서식 – 호주와의 협정에 따른 원산지 증명서의 서식 Korea-Australia Free Trade Agreement Certificate of Origin"이다.

기관발급의 서식은 "호주상공회의소(ACCI)발급 KOREA-AUSTRALIA FREE TRADE AGREEMENT(KAFTA) CERTIFICATE OF ORIGIN," 또는 호주산업협회(AIG)발급 AUSTRALIAN INDUSTRY GROUP, KOREA-AUSTRALIA FREE TRADE AGREEMENT CERTIFICATE OF ORIGIN"이 있다.

자율발급 서식은 수출상이 자국의 관세사, 관세청, 상공회의소에서 서식을 다운로드해 자체 기재하면 된다. 기관발급은 자국의 해당 기관으로부터 발행을 받는다.

한-호주 FTA 원산지증명서의 경우 관세사에 문의한 결과, 만약 한국의 수출상이 호주로 수출하는 경우 자율발급의 서식 "FTA 특례법시행규칙에 따른 서식 – 호주와의 협정에 따른 원산지 증명서의 서식 Korea-Australia Free Trade Agreement Certificate of Origin"을 증명서로 하면 된다.

만약 한국의 수입상이 호주로부터 수입하는 경우 호주의 수출상은 위 세 가지 서식(자유발급 1개, 기관발급 2개) 중 하나만 증명서로 한국 수입상에게 보내면 된다.

---

35) 자율발급: 협정이 정하는 방법과 절차에 따라 수출자가 당해 물품에 대하여 원산지를 확인하여 작성한 후 서명하여 사용하는 제도. FTA 협정국으로 한-칠레, 한-EFTA, 한-EU, 한-페루, 한-터키, 한-호주, 한-캐나다, 한-뉴질랜드, 한-콜롬비아, 한-중미, 한-영이 있다.
36) 기관발급: 협정이 정하는 방법과 절차에 따라 원산지 국가의 관세당국 기타 발급 권한이 있는 기관이 당해 물품에 대하여 원산지를 확인하여 발급하는 제도. FTA 협정국으로 한-싱가포르, 한-아세안, 한-인도, 한-베트남, 한-중국, 한-호주가 있다.

FTA 체결국마다 FTA 원산지증명서 서식이 다 다르므로 개별적인 사항은 관세사에게 문의하거나 "관세청 종합 솔루션 Yes FTA〉 FTA 활용제도〉 원산지확인서〉 원산지증명서 발급〉 원산지증명서 서식"에서 참고할 수 있다. (www.customs.go.kr/ftaportalkor).

4. D/O 비용

D/O 또는 DO는 'Delivery order'의 약자이며 그 비용을 Delivery order charge라고 한다. D/O는 도착한 화물이 장치돼 있는 CY[37], CFS[38], 또는 보세창고[39]에서 반출되기 전 선사에서 반출 승인을 하였음을 증명하는 서류이다. 이에 보통 선사/포워더로부터 D/O 발급 비용이 청구되며 때로는 관세사를 통해서 청구되기도 한다. 이중 납부가 되지 않도록 주의한다.

5. 통관수수료

통관수수료는 'Custom clearance fee'라고 하며 수입 또는 수출통관할 때 드는 비용이다.

통관수수료는 (FOB Invoice 금액+해상운임) x 0.0015 (0.15%) 또는 CIF Invoice 금액 x 0.0015 (0.15%)로 적용해서 관세사로부터 청구된다.

6. 보세창고료

---

37) CY(Container yard) : 컨테이너 야적장으로 FCL 컨테이너화물이 장치되는 보세구역이다.
38) CFS(Container freight station) : 컨테이너화물 장치장/작업장으로 LCL 컨테이너화물이 장치되는 보세구역이다.
39) 보세창고 : 터미널에 소속돼 있지 않은 CFS, 또는 자가보세창고 등을 통틀어 보통 보세창고라 한다.

보세창고는 세관장의 허락을 받아 외국에서 들어오는 물품을 장치하는 곳으로 아직 수입통관이 끝나지 않은 화물을 임시로 보관하는 장소이다. 보다 큰 개념으로 "보세구역"이라 하며 보세구역에는 CY, CFS, 보세창고 등이 있다.

보세창고는 보통 CFS, 보세창고, 자가보세창고 등을 통틀어 뜻하며, LCL 화물이 보관되는 장소이기도 하며 분류되는 작업장이기도 하다. 이에 보관기간 동안 발생하는 보관료를 '보세창고료'라고 한다. FCL 화물은 CY로 바로 입고가 되고 신속 통관되므로 해당되지 않으며 LCL 화물에만 해당된다.

LCL 화물의 경우 보세창고 반입일 기준으로 출고시점(당일 기준)까지 창고료가 적용이 된다. 보통 보세창고에 머무는 기간은 1~2일 이내이며 그 비용은 10만 원~20만 원 내외이다. 보관 기간이 길어지면 그만큼 추가비용이 발생하게 된다.

보세창고는 보세창고료를 해당 품목의 과세가격, 창고료 요율, 보관기간으로 비용을 산출해서 청구한다. 관세사가 그 내역을 수입상에게 보내면 수입상은 관세사에게 지불한다.

7. 수입신고필증 비용

수입신고필증은 수입신고수리가 되었다는 증명서로 수입자가 관세, 부가가치세 및 제세를 납부하면 발급이 된다. 이 시점을 수입통관을 마쳤다고 할 수 있다. 관세 등 납부 후 수입물품을 반출할 수 있게 된다.

수입신고필증의 비용은 최저 27,000원에서 최고 200,000원이다. 계산식은 (FOB Invoice 금액+해상운임) x 관세청 고시환율(수입과세환율) x 0.0015(0.15%), 또는 CIF Invoice 금액 x 관세청 고시환율(수입과세환율) x

0.0015(0.15%)로 적용해서 청구된다.

예시 CASE 4-1-2. OFFER SHEET(CIF 거래기준)의 경우를 통해 수입신고필증 비용을 계산해 본다면, CIF Invoice 금액(USD30,000.00) x 수입(과세)환율 1,100원 x 0.0015(0.15%) = ₩49,500원이 나온다. 이 비용은 관세사로부터 수입상에게 청구된다(실무에서 실제 수입신고필증 비용까지 일일이 계산하는 데 시간을 쓸 필요는 없다. 관세사의 내역을 참고하면 된다).

한편, 관세청 고시환율은 수출입 시 적용되는 환율로 수출환율과 수입(과세)환율이 있다. 수입(과세)환율은 수입 시 관세 등 제세 부과의 기준이 되는 환율이다. 수입 시 과세표준은 CIF Invoice 금액(또는 FOB Invoice 금액+운임료+보험료)을 외화에서 원화인 과세가격으로 변경한 후 이를 기준으로 관세 등이 부과된다.

관세청 고시환율은 지난 1주간 환율 변동을 종합하여 다음 한 주간 수출입 신고 시 적용되는 주간 환율이다. 관세청 고시환율은 "관세청 국가관세종합정보망 UNIPASS CSP(unipass.customs.go.kr/csp/index.do)에 접속한 후 환율정보〉 환율구분"을 통해서 확인할 수 있다.

☎ 천지인관세사 : (02) 3448-5582

8. 내륙운송료

내륙운송료는 'Inland trucking charge'라 한다. 포워더나 화물운송회사를 통해 컨테이너 트럭 또는 화물트럭을 이용하여 수출 시에는 생산공장에서 선적항 부두까지, 수입 시에는 도착항에서 수입자가 지정한 물품입고장소(Agreed place)까지 물품을 이동한다. 이에 지불되는 운송비용을 말한다. 2021년 현재 내륙운송료는 다음과 같다.

- 20피트 컨테이너 1개 (컨테이너 트럭, 부산항-대구) : 37만 원
- 40피트 컨테이너 1개 (컨테이너 트럭, 부산항-대구) : 42만 원
- LCL 10cbm (화물트럭, 부산항-대구) : 3.5톤 트럭 1대 물량 18만 원~ 20만 원

일반적으로 컨테이너 전용 트레일러는 포워더에 의뢰를 하고 LCL 화물 트럭은 화물운송회사에 의뢰를 한다. 예시 CASE 4-1-2. OFFER SHEET(CIF 거래조건) 오더 건은 40피트 컨테이너 1개와 LCL 10cbm 물량으로 해당 비용을 합하면 60만 원~62만 원이 된다. 컨테이너 트레일러와 화물 트럭이 함께 필요한 경우 포워더에 일괄 운송 의뢰를 한다.

☎ 람세스 물류주식회사(포워더) : (02) 2151-0230
☎ 효성물류(화물운송회사) : (053) 572-2727

9. 해상보험료

수출입에서 해상보험은 적화보험을 뜻하며 영어로 'Cargo insurance' 또는 'Marine insurance'라 한다. 거래조건에 따라 해상보험은 수출상이 보험을 들거나 또는 수입상이 보험을 든다. 이에 해상보험회사에 지급하는 보험료이다.

CIF 거래조건의 경우 수출상이 보험 신청을 하고 선적서류 Commercial Invoice(상업송장)를 수출지 해상보험회사에 신청을 한다. 반면 FOB 거래조건의 경우 수입상이 보험 신청을 하고 수출상으로부터 받은 Commercial Invoice(상업송장)를 수입지 해상보험회사에 신청한다.

보험료(Premium) 계산은 보험요율(Rate) x 보험금액(CIF 가액 x 110%)이다. 보

험요율(Rate)은 보험회사에 따라 다르며 0.08%~0.11% 정도이다.

보험금액은 보험자가 손해 발생 시 보상하는 금액의 최고 한도로서 통상 CIF 가액(CIF value)에 매도인의 희망이익 10%를 가산한 금액으로 한다. 한편 **FOB 조건, CFR 조건 등의 가액에는 운임, 보험료를 가산하고 CIF 가액(CIF value)으로 환산해야 한다.**

- ▪ 예시 CASE 4-1-1. OFFER SHEET(FOB 거래기준)를 보면 FOB 거래조건이므로 수입상이 해상보험을 들어야 한다. 이 경우 보험료를 계산해 보면, 보험료(보험요율 0.11%, 환율 ₩1,100원 적용)

  = 0.0011 x (FOB Invoice 금액 USD28,500.00+운임+보험료) x 1.1(110%)

  = USD36.30

  = ₩39,930원

수입상이 해상보험을 신청하고 보험증권(Insurance policy)을 발행 받는데 ₩39,930원 비용이 든다. 계산식에서 FOB Invoice 금액에 해상운임, 해상보험료를 가산하여 CIF 가액으로 환산해야 하는데 운임과 보험료를 합쳐 CIF 가액으로 USD30,000.00로 책정하였다. 실무에선 해상운임은 앞서 계산한 것을 적용하고 해상보험료는 보험회사에 계산을 맡긴다.

☎ 삼성화재해상보험 : (02) 369-9364

10. L/C 개설수수료

신용장 개설수수료를 'L/C opening charge'라고 한다. 수입상이 수입신용장을 개설할 때 개설은행에 지불하는 신용장 개설비용이다. 기업의 신용등급에 따라 다르며 개설금액40)이 높을수록 개설비용이 높으며 보통 1건 당 ₩15,000~20,000원 정도이다.

11. 일람출급신용장 (Sight L/C) 전신료

일람출급신용장(일람불신용장)을 'Sight L/C, At sight L/C'라 한다. 일람출급(일람불)이란, 수입상이 물품 도착 후 선적서류를 인수함과 동시에 바로 은행에 수입물품에 대한 대금결제를 해야 하는 것을 뜻한다. 그러한 신용장을 말한다.

일람출급신용장 발행 시 은행 간에 신용장을 통지 또는 발송할 때 드는 전신료이다. ₩20,000원이다.

12. 기한부신용장 (Usance L/C) 전신료

기한부신용장은 'Usance L/C, At usance L/C'라 한다. 기한부란, 수입상이 물품 도착 후 선적서류를 인수하고 바로 은행에 수입물품 대금결제를 하는 것이 아니라 은행과의 신용장 개설 시 약정 하에 30일, 60일, 90일 등 환어음 만기일(Tenor)을 두어 만기일이 되는 날 수입물품의 대금결제를 하는 것을 뜻한다. 그러한 신용장을 말한다.

기한부신용장 발행 시 은행 간에 신용장을 통지 또는 발송할 때 드는 전신료이다. ₩30,000원이다.

13. L/C 조건변경수수료

---

40) 개설금액은 계약서에 나타난 발주의 총 금액으로 신용장에 나타낼 금액이다.

L/C 조건변경을 실무에서 보통 'L/C amend'라 한다. 명사형으로 L/C amendment가 맞으나 그렇게 부르고 있다. 수입상이 신용장을 발행한 후에 그 내용을 변경할 필요가 있는 경우 그것에 따르는 수수료이다.

L/C 개설신청인(수입상)은 수출상과의 계약서 내용을 바탕으로 일치하여 신용장을 개설하게 되는데 종종 추가적으로 또는 임의적으로 몇 가지 요구사항을 추가하는 경우가 있다. 이때에 수출상이 이행하기 어렵거나 불일치한 경우 L/C 조건변경을 요청할 수 있다. 또는 수출상의 납기가 늦어져 신용장 유효기간의 변경, 수량 또는 단가 변경으로 금액의 변경 등이 있는 경우 L/C 조건변경을 수입상에게 요청할 수 있다.

현대의 대부분 무역거래는 취소불능신용장을 이용하고 있다. **취소불능신용장의 경우 원칙적으로 신용장 거래 직접 관계 당사자 전원의 동의 없이는 L/C의 조건변경 또는 L/C 취소가 불가능한 신용장이다.**

- **신용장 거래 직접 관계 당사자**
  - 개설의뢰인(개설신청인, 수입상, L/C applicant)
  - 개설은행(Issuing bank) 및 확약은행(Confirming bank)
  - 수익자(수출상, Beneficiary)

보통 개설신청인이 수입상이 개설은행에 '신용장조건변경신청서'를 신청하면 개설은행이 통지은행을 통해 수익자의 동의를 얻고 L/C 조건변경을 한다. L/C 조건변경수수료는 개설신청인이 지불하며 ₩10,000원이다.

14. L/C 조건변경전신료

L/C 조건변경 시에 은행 간 통지할 때 드는 전신료이다. 건 당 ₩8,000~10,000원이다.

15. 인수수수료

인수수수료(Acceptance commission)는 기한부신용장에서 환어음 인수를 담당하는 은행에 지급하는 수수료로 Usance 만기일 기간에 따라 다르다. 기한부신용장 Shipper's usance의 경우 수출상이, 기한부신용장 Banker's usance의 경우 수입상이 부담한다. 최저 ₩8,000원(연 1.2%~2.4%)이다.

16. 수입추심수수료

추심(Collection)은 D/A와 D/P 거래에서 사용하는 용어로 상대방 은행 및 신청인(수입상)에게 대금지급을 요청하는 절차를 말한다.

수출상이 추심의뢰은행(Remitting bank)에 환어음과 선적서류를 제출하면 추심의뢰은행은 그 서류들을 추심은행(Collecting bank)/제시은행(Presenting bank)에게 보낸다. 추심은행/제시은행은 다시 그 서류들을 수입상에게 인도하고 물품대금을 받게 되는 것이다. 이러한 추심 과정의 수수료는 일반적으로 수입상에게 청구된다. 은행은 매입금액[41]의 0.1%로 책정하고 추심취급수수료는 최저 ₩20,000~30,000원이다.

수입상이 추심취급수수료 지급을 거절하거나 수출상에게 부담시키는 경우 은행을 통해서 통지되고 해당 수수료를 수출상의 매입금액에서 공제되기도

---

41) 매입금액(NEGO amount) : 실제 선적 시 선적되는 수출물품금액으로 선적서류인 Commercial Invoice에 기재된 금액이다. 개설금액과 매입금액에는 차이가 날 수 있다.

한다.

17. L/G 발급수수료

L/G는 '수입화물선취보증서(Letter of Guarantee)'라 한다. 수입상은 판매시기 또는 납품기일이 급하여 수입물품을 빨리 통관해야 하는 경우가 발생하기도 한다. 이러한 경우 수입물품을 빨리 취득하고자 할 때 필요한 서류가 L/G이다.

이는 수입물품은 이미 도착하였으나 운송서류(선적서류)가 도착하지 않았을 경우 운송서류 내도(도착) 이전에 개설은행이 수입상과 연대 보증한 보증서를 말한다. 개설은행이 발행을 하며 발행된 L/G로 수입상이 선사에 제출하면 운송서류(선적서류) 없이도(원칙은 선적서류와 선하증권 원본을 제출하여야 물품을 찾을 수 있다) 수입화물을 인도받을 수 있다. 단, L/G 발급을 위해서는 기업의 신용도에 따라 상당한 금액의 보증금(담보 제공)을 은행에 예치시켜야 한다. 따라서 L/G 발급은 필요한 경우에 한하여 발급되며 수수료는 ₩10,000원이다.

18. 송금수수료

T/T(전신환 송금) 결제조건인 경우 수입상이 수출상에게 물품대금을 송금할 때 은행에 지불하는 송금수수료이다. 해외송금금액에 따라 차등 적용되며 외국환은행이 자율적으로 결정한다.

보통 송금액이 USD20,000.00 이상일 때 송금수수료는 ₩25,000원이며, 그 이하인 경우 금액에 따라 송금수수료는 ₩5,000~20,000원이다.

19. 우편료

우편료(우편발송 : Courier)는 필요에 의해 은행과 은행 간에 서류 발송에 대한 요금을 말한다. 신용장, 선적서류 등 발송하는데 드는 요금으로 지역별, 종류별로 수수료 차이가 있으며 ₩2,000~24,000원이다.

20. 전신료

전신료는 필요에 의해 은행과 은행 간 업무에 필요한 전문을 작성하고 그 내용을 타행에 전신(Cable)으로 보내는 데 대한 요금이다. 건 당 ₩10,000원이다.

21. 국내창고보관료

수입통관이 끝나고 수입물품은 국내로 이동되어 수입상의 사무실 또는 지정한 창고에 도착한다. 수입상이 자체 창고를 보유하고 있는 경우 보관에 문제가 없다. 그러나 보관 장소가 마땅치 않거나 장기간 보관이 필요한 경우, 전문 창고업체, 수출포장업체, 또는 물류회사에 보관을 위탁해야 한다. 이 경우에 발생하는 창고보관료이다. 요금은 제품 종류별, 공간 차지에 따라 다르며 창고업체와 회사 간 자율적 합의로 결정된다. 예로 들어 한 달 보관료로 30만 원 또는 50만 원 식이다.

제5절 수입비용 계산하기

1. 수입비용 계산표

앞선 예시 CASE 4-1-1. OFFER SHEET(FOB 거래기준)와 CASE 4-1-2. OFFER SHEET(CIF 거래기준)를 기초로 주문서 내용을 정리하면 다음과 같다.

- CASE 4-1-1과 CASE 4-1-2 주문서 내용

ITEM : KANGAROO EMBLEM BAG 3,000PC

① FOB Amount : USD28,500.00

    FOB UNIT PRICE : USD9.50/PC

② CIF Amount : USD30,000.00

    CIF UNIT PRICE : USD10.00/PC

결제방법 : L/C at Sight(일람출급신용장)

용적(부피) : 67.5 CBM

적용 : FCL 40피트 컨테이너 1개와 LCL 10CBM

출발항 : 시드니항

도착항 : 부산항

물품 입고 지정장소(수입상) : 대구사무실 창고

수입(과세)환율 기준 : 1USD = ₩1,100원

※ CASE 4-4. FOB 거래조건 시 항목별 수입비용

기관별	기본항목	기본료/계산식	오더 건 CASE 4-1-1
▪ 선사	①해상운임 (수입상이 부담) -FCL 경우 -LCL 경우	CASE 4-3 해상운임표 참고	USD1,326.67 (40'f), USD562.03 (10cbm)
▪ 관세사	②수입관세	환산CIF invoice 금액 x 품목 관세 율	0 (무관세)
	③부가가치세	(환산CIF invoice 금액+관세) x 0.1	USD3,000.00 (환급 가능)
	④D/O 비용	CASE 4-3 해상운임표 참고	₩80,500(40'f), ₩55,000(10cbm)
	⑤통관수수료	환산CIF invoice 금액 x 0.0015	₩49,500
	⑥보세창고료	₩50,000~ 200,000원 이내	₩100,000
	⑦수입신고필증 비용	환산CIF invoice 금액 x 수입환율 x 0.0015 최저:₩27,000 최고:₩200,000	₩49,500
▪ 화물 운송업체	⑧내륙운송료		₩420,000(40'f), ₩200,000 (10cbm)
▪ 해상 보험회사	⑨해상보험료 (수입상이 부담)	보험요율 x (환산CIF invoice 금액 x 1.1)	₩39,930
▪ 은행 -L/C 경우	⑩L/C 개설수수료	최저 ₩15,000~ 20,000	₩15,000
	⑪일람출급신용장 (Sight L/C) 전신료	₩20,000	₩20,000
	⑫기한부신용장 (Usance L/C) 전신료	₩25,000~ ₩30,000	기한부신용장에 한함
	⑬L/C 조건변경수수료 (L/C amend)	₩10,000/건	해당시에 한함

	⑭L/C 조건변경전신료	₩8,000~ 10,000원/건	해당시에 한함
	⑮인수수수료	최저 ₩8,000	기한부신용장에 한함
	⑯수입추심수수료	최저 ₩20,000~ 30,000원	D/A,D/P 거래에 한함
	⑰L/G 발급수수료	₩10,000/건	해당시에 한함
-T/T 경우	⑱송금수수료	₩5,000~ 25,000원	T/T 거래조건에 한함
-기타 요금	⑲우편료	₩2,000~ 24,000원	₩10,000
	⑳전신료	₩10,000/건	₩10,000
▪ 기타	㉑국내창고보관료	실비	해당시에 한함
합계금액	달러//원화	–	해상운임료 USD1,888.70// 나머지 비용 ₩913,930

• 비고)

* 캥거루 가방은 HS CODE 4202.22.2000로 한-호주 FTA 무관세 해당 품목이다.

* FOB 거래조건에서는 해상운임료와 해상보험료를 수입상이 신청하고 부담을 한다.

* (FOB invoice 금액+운임+보험료) = CIF invoice 금액이다.

여기서는 (CASE 4-1-1. FOB 거래기준) 계약서이므로 FOB 금액만 나와 있다. 여기에 운임과 보험료를 가산하여 CIF invoice 금액으로 계산하여야 하기 때문에 표기를 '환산 CIF invoice 금액'으로 했고, 책정은 (CASE 4-1-2. CIF 거래기준) 계약서 금액과 동일 하게 환산 CIF invoice 금액을 USD30,000.00로 했다.

* 부가가치세는 추후 세무사를 통해 환급이 가능하므로 합계금액에서는 제외하였다.

* D/O 비용은 이미 해상운임 계산에 포함하였으므로 합계금액에서는 제외하였다.

* 보세창고료는 40피트 컨테이너 1개는 무료, LCL 10cbm만 ₩100,000원을 적용하였다.

※ CASE 4-5. CIF 거래조건 시 항목별 수입비용

기관별	기본항목	기본료/계산식	오더 건 CASE 4-1-2
▪ 선사	①해상운임 -FCL 경우 -LCL 경우		수출상이 부담
▪ 관세사	②수입관세	CIF invoice금액 x 품목 관세율	0 (무관세)
	③부가가치세	(CIF invoice금액 +관세) x 0.1	USD3,000.00 (환급 가능)
	④D/O 비용	CASE 4-3 해상운임표 참고	₩80,500(40'f) ₩55,000(10cbm)
	⑤통관수수료	CIF invoice금액 x 0.0015	₩49,500
	⑥보세창고료	₩50,000~ 200,000원 이내	₩100,000
	⑦수입신고필증 비용	CIF invoice금액 x 수입환율 x 0.0015 최저:₩27,000 최고:₩200,000	₩49,500
▪ 화물 운송업체	⑧내륙운송료		₩420,000(40'f) ₩200,000 (10cbm)
▪ 해상 보험회사	⑨해상보험료	보험요율 x (CIF invoice금액 x 1.1)	수출상이 부담
▪ 은행 -L/C 경우	⑩L/C 개설수수료	최저 ₩15,000~ 20,000	₩15,000
	⑪일람출급신용장 (Sight L/C) 전신료	₩20,000	₩20,000
	⑫기한부신용장 (Usance L/C) 전신료	₩25,000~ ₩30,000	기한부신용장에 한함
	⑬L/C 조건변경수수료 (L/C amend)	₩10,000/건	해당시에 한함
	⑭L/C 조건변경전신료	₩8,000~ 10,000원/건	해당시에 한함

	⑮인수수수료	최저 ₩8,000	기한부신용장에 한함
	⑯수입추심수수료	최저 ₩20,000~ 30,000원	DA,DP 거래에 한함
	⑰L/G 발급수수료	₩10,000/건	해당시에 한함
-T/T 경우	⑱송금수수료	₩5,000~ 25,000원	T/T 거래조건에 한함
-기타 요금	⑲우편료	₩2,000~ 24,000원	₩10,000
	⑳전신료	₩10,000/건	₩10,000
▪ 기타	㉑국내창고보관료	실비	해당시에 한함
합계금액	달러//원화	-	₩1,009,500

• 비고)

* 캥거루 가방은 HS CODE 4202.22.2000로 한-호주 FTA 무관세 해당 품목이다.

* CIF 거래조건에서는 해상운임료와 해상보험료를 수출상이 신청하고 부담을 한다.

* 부가가치세는 추후 세무사를 통해 환급이 가능하므로 합계금액에서는 제외하였다.

* D/O 비용은 여기서는 계산하였다.

* 보세창고료는 40피트 컨테이너 1개는 무료, LCL 10cbm만 ₩100,000원을 적용하였다.

2. 수입비용을 판매원가에 적용하기

지금까지 항목별 수입비용을 알아보았다. 실무에선 수입상이 항목별 수입
비용을 일일이 다 계산을 해보고 원가에 적용할 순 없다. 바쁜 업무상에 시
간적 한계로 가능하지 않다.

따라서 해상운임료(FOB 거래 시에 한함), 관세, 부가가치세, 대략적 통관비용
의 합, 내륙 운송료, 대략적 은행 비용의 합으로 비용을 산출한 뒤 판매원가
에 얼마를 적용할지 판단을 한다.

수출상의 오퍼가격(수입상의 구매단가)에다 수입상의 수입비용을 더 한 것이
수입상의 "판매원가"가 될 것이다.

> 수입상의 판매원가 = 수출상의 오퍼가격 + 수입비용(및 기타)

1) FOB 거래조건

예시 CASE 4-1-1. OFFERR SHEET(FOB 거래기준) 주문서를 보면,

UNIT PRICE : USD9.50/PC FOB SYDNEY, AUSTRALIA

ORDER QUANTITY : 3,000PC

TOTAL AMOUNT : USD28,500.00

이를 기초로 CASE 4-4. FOB 거래조건 시 항목별 수입비용을 계산해 보
았다. 표의 합계금액은 해상운임료가 USD1,888.70이고 나머지 비용은
₩913,930(USD830.84, 환율 ₩1,100원 기준)이다. 이를 합하면 USD2,719.54이다.
수입비용 합계금액 USD2,719.54를 오더 수량으로 나눠보면 1PC 당 수입비
용이 USD0.90 드는 것을 알 수 있다. 따라서,

> • 수입상의 판매원가
>
> = 수출상 오퍼가격 USD9.50/PC FOB + 수입비용 USD0.90/PC
>
> = USD10.40/PC이 된다.

2) CIF 거래조건

  예시 CASE 4-1-2. OFFERR SHEET(CIF 거래기준) 주문서를 보면,

UNIT PRICE : USD10.00/PC CIF BUSAN, KOREA

ORDER QUANTITY : 3,000PC

TOTAL AMOUNT : USD30,000.00

  이를 기초로 CASE 4-5. CIF 거래조건 시 항목별 수입비용을 계산해 보았
다. 표의 합계금액은 ₩1,009,500이다. 이를 달러로 환산(환율 ₩1,100원 기준)
하면 USD917.72이다.

  수입비용 합계금액 USD917.72를 오더 수량으로 나눠보면 1PC 당 수입비
용이 USD0.30 드는 것을 알 수 있다. 따라서,

> • 수입상의 판매원가
>
> = 수출상 오퍼가격 USD10.00/PC CIF + 수입비용 USD0.30/PC
>
> = USD10.30/PC이 된다.

3) 적용

  결론적으로 FOB 거래조건과 CIF 거래조건에서의 수입상의 판매원가는 거
의 동일하게 나타남을 알 수 있다.

따라서 수입상은 이 제품이 호주로부터 수입이 될 때 이 정도의 물량 (3,000PC, 67cbm, CIF 거래조건)의 경우 수출상의 오퍼가격에서 USD0.30/PC 정도 가산(UP)하면 판매원가가 되겠다고 생각할 수 있다. 같은 제품이라면 물량이 지금보다 많은 경우 USD0.30/PC 보다 가산을 낮게 하여 예로 들면 USD0.20/PC로 가산하고, 물량이 지금보다 적은 경우 가산을 높게 하여 예로 들면 USD0.40/PC로 가산할 수 있다. 실무에선 이렇게 대략적으로 가산을 빨리 해서 판단 또는 결정해야 한다.

사무실에 있는 경우 컴퓨터 엑셀 계산식으로 데이터화해서 수입비용 또는 판매원가를 산출해 내는 것도 관리적 측면에서 좋은 방법이다.

4) 기타 구성요소

수입상의 판매원가는, 수출상의 오퍼가격 + 수입비용에서 업체에 따라 기타 비용을 추가할 수도 있다. 기타 비용으로는 국내 운송비, 개별 소포장비 등이다. 어쨌든 수입상은 판매원가를 책정할 때 계산에 약간의 여유를 둔다.

3. 수입상의 판매가격 내기

수입상의 판매가격은 수입상의 판매원가에서 마진을 넣음으로써 구성된다.

> 수입상의 판매가격 = 수입상의 판매원가 + 마진(Margin)

앞서 CASE 4-1-1 또는 4-1-2 캥거루 가방 수입 시 판매원가를 계산해 보니 USD10.30~USD10.40/PC 이었다.

예를 들어 수입상이 여기에 마진을 USD7.00/PC 넣는다면 국내시장에 판매할 판매가격은 USD17.30~USD17.40/PC이 된다. 그렇지 않고 마진을 USD10.00/PC 넣는다면 수입상의 판매가격은 USD20.30~USD20.40/PC가 될 것이다.

이렇듯 마진(Margin : 이익)을 얼마 넣느냐에 따라 판매가격이 결정된다. 제품의 품질, 시장 상황 그리고 경쟁업체들과의 가격을 비교하여 마진을 넣어야 한다. 보다 나은 판매가격을 형성하기 위해서는 끊임없는 시장조사와 함께 새로운 제품을 개발하고 우수한 품질과 서비스 등을 추구해야 한다.

지금까지 OFFER SHEET를 보고 수입비용을 계산하면서 FOB, CIF와 같이 '가격조건' 또는 '거래조건' 용어가 많이 언급되었다. 이것을 "INCOTERMS"라고 하는데 이어서 살펴보자.

제6절 INCOTERMS 2020

1. 의미

인코텀스(Incoterms, ICC rules for the use of domestic and international trade terms)는 국제상업회의소가 제정하여 국가 간의 무역거래에서 널리 쓰이고 있는 무역거래 조건에 관한 해석 규칙이다.

국제무역의 거래에서 각 국가들은 역사, 문화, 상관습 등이 다르기 때문에 거래에 관한 규칙을 통일해야 할 필요성이 있었다. 그래서 국제 민간조직인 국제상업회의소(ICC, International Chamber of Commerce : 국제상공회의소)에서 시행안을 만든 것이 INCOTERMS이다.

INCOTERMS는 국제 매매계약서에 거래조건 또는 가격조건을 나타내는 것

으로 '비용 부담', '위험 부담' 및 '인도 조건'을 명시하였으며 해석은 매도인
(판매자) 시점에서 그것을 설명하고 있다. 무역거래에서 우리가 많이 들어 본
EXW, FOB, CFR, CIF 등과 같이 오퍼가격을 표기할 때 붙여 사용하며 이
러한 거래조건을 말한다.

INCOTERMS의 목적은 매매 당사자 간 불명확한 거래로 인해 발생하는 마
찰을 없애기 위함이다. 국제상업회의소는 세계 각국의 국내 매매계약에서도
INCOTERMS 사용을 권장하고 있으며 이에 따라 용어에서도 'domestic'이라
는 단어를 포함시켰다. 따라서 우리나라의 국내 거래에서도 기업 간의 물품
납품 시 비용, 위험, 인도 조건의 기준으로 삼을 수 있다. 단, 매매는 당사
자 간의 계약으로 이루어짐으로써 사전 합의에 의해 그 기준이 달리 정해질
수 있다. 예로 들어 출고 비용을 공급자가 부담할 수도 있고 구매자가 부담
할 수도 있다. 계약 전 미리 거래에 대한 조건, 결제조건 등을 정하고 시작
해야 한다.

INCOTERMS는 매 10년마다 개정하며 가격조건을 시대에 맞춰 내용을 조
금씩 개정하고 있으며 현재 많이 사용하고 있는 가격조건을 중심으로 발전 ·
집중시키고 있는 추세이다. 현재는 INCOTERMS 2020을 사용하고 있다. 국
제상업회의소의 가장 성공적인 시행으로 UCP600[42]과 INCOTERMS를 꼽는
다.

INCOTERMS의 거래조건(또는 가격조건) 중 가장 많이 사용되는 것은 다음
네 가지이다.

---

42) UCP600 : 국제상업회의소가 제정한 '신용장통일규칙'을 말한다. Uniform Customs and Practice for
    Documentary Credits.

2. EXW (EX Works) 공장인도조건

1) 인도의무(책임)구간

- 공급자 위험부담 : 공장이나 창고 등 합의된 지점에서 물품을 인도하는 조건이다(차량 적재, 출고 의무는 없다).
- 공급자 비용부담 : 위의 합의된 지점까지 비용을 부담한다.

2) 비용이전

- 구매자 위험부담, 비용부담 : 공급자의 공장이나 창고에서 인도받은 후, 차량 적재부터 내륙운송, 목적지까지 모든 것을 부담한다.
- 수출통관 : 수출통관은 구매자가 해야 한다.

3. FOB (Free On Board) 본선인도조건

1) 인도의무(책임)구간

- 공급자 위험부담 : 공급자가 공장, 내륙운송, 선적항 본선 선측(Ship's rail)까지 인도하는 조건이다.
- 공급자 비용부담 : 위의 지점까지 비용을 부담한다.

2) 비용이전

- 구매자 위험부담, 비용부담 : 본선 선측(Ship's rail)부터 목적지까지 모든 것을 부담한다.
- 수출통관 : 수출통관은 공급자가 해야 한다.

4. CFR (Cost and Freight) 운임포함인도조건

1) 인도의무(책임)구간

- 공급자 위험부담 : 선적항 본선 선측(Ship's rail)까지이다.
- 공급자 비용부담 : 공장, 내륙운송, 선적항 본선 선적완료, 목적지항까지 해상운임료를 포함하여 모든 비용을 부담한다(단, 해상보험료는 제외).

2) 비용이전

- 구매자 위험부담 : 선적항 본선 선적완료부터 목적지항까지 해상 상의 위험부담을 한다.
- 구매자 비용부담 : 구매자는 해상보험을 가입하고 해상보험료만 부담한다.
- 수출통관 : 수출통관은 공급자가 해야 한다.
* CNF, C&F, CFR 모두 같은 뜻이며 최신 용어는 CFR이다.

5. CIF (Cost, Insurance and Freight) 운임, 보험료포함 인도조건

1) 인도의무(책임)구간

- 공급자 위험부담 : 선적항 본선 선측(Ship's rail)까지이다.
- 공급자 비용부담 : 공장, 내륙운송, 선적항 본선 선적완료, 목적지항까지 해상운임료, 해상보험료를 포함하여 모든 비용을 부담한다.

2) 비용이전

- 구매자 위험부담 : 선적항 본선 선적완료부터 목적지항까지 해상 상의 위험부담을 한다.
- 구매자 비용부담 : 구매자는 목적지항까지 비용부담이 없다.
  단, 공급자 측이 가입한 해상보험 + 구매자 측이 필요하다고 느끼는 경우 구매자는 추가적인 해상보험을 가입을 하고 그 비용을 부담한다.
- 수출통관 : 수출통관은 공급자가 해야 한다.

그 밖에 FCA, FAS, CPT, CIP, DPU, DAP, DDP 거래조건이 있다. 이와 같이 INCOTERMS 2020에는 총 11개 거래조건을 명시하고 있다.

제5장 | 샘플소싱

사람이란 꿈이 있어야만 이상이 있는 거야 – 영화 첨밀밀

제1절 | 의미

회사 생활에서 영업 또는 생산관리를 하다 보면 가장 많이 하는 말 중 하나가 소싱(Sourcing)이란 단어일 것이다. 그와 함께 나오는 단어로 아웃소싱(Outsourcing)이 있다. 아웃소싱은 제품의 생산, 유통, 용역 등 업무의 일부분을 외부의 업체나 기관에 위탁하는 것을 말한다.

그리고 소싱에는 업체소싱, 거래처소싱, 샘플소싱 등이 있다.

이 중 샘플소싱(Sample sourcing)은 '샘플을 찾는다'라는 뜻으로 어떠한 견본샘플[43]이 있거나, 견본샘플이 없더라도 기준이 되는 스펙(Specification)[44]이 있으면 그것에 부합하는 또는 유사한 제품을 찾는 것을 말한다. 바이어(수입상)는 해당하는 제품 또는 샘플을 찾아야 하는 입장이고 공급자(수출상)는 해

---

43) 견본샘플은 기준이 되는 형태, 제품으로 Specimen sample, Original sample 등으로 표현한다.
44) 스펙(Specification) : 제품의 규격을 나타내는 것으로 제품명, 혼용률, 성분, 규격, 길이, 중량 등을 포함한다.

당 샘플을 찾아 제대로 제시를 해야 계약으로 이어질 수 있다. 따라서 샘플 소싱은 거래 또는 계약을 만들어 내기 위한 첫 단계로 매우 중요하다.

제2절 샘플소싱 관련 업체

1. 공급자 (Supplier)

공급자는 물품을 공급하는 자, 공급업체, 생산자, 생산업체, 수출상 등을 모두 포함하는 말이다.

수입상 입장에서는 수출상이 공급자이고, 수출상 입장에서는 생산업체가, 생산업체 입장에서는 원재료업체가 공급자에 해당한다. 따라서 자신의 위치에 따라 공급자도 달라진다.

☞ 수입상〉 수출상〉 완제품업체 또는 생산업체〉 원재료업체

2. 원재료업체 (Raw material supplier)

생산 제품에 필요한 원재료를 생산 또는 공급하는 업체이다.
예) 원사(실) 업체. 부자재 업체 등

3. 생산업체 (Manufacturer)

제품을 생산하는 자 또는 생산 공장 설비를 갖고 있거나 공장 설비를 갖고 있지 않더라도 임가공[45]하는 업체를 말한다. 생산업체의 종류에서도 일부

가공만 하는 전가공 또는 후가공 공장, 단순 조립공장, 제조공장 등이 있다.

　예) 제직공장, 염색공장, 나염공장, 후가공 공장, 봉제공장 등

4. 완제품업체 (Finished product supplier)

　생산되어 나온 완성된 제품을 그대로 구매하여 타 업체 또는 고객에게 공
급하는 업체이다.

　예) 원단 구매업체, 장난감 업체, 의류 업체 등

5. 수출상 (Exporter)

　물품을 해외로 수출하는 자 또는 업체로, 직접 생산자이거나 생산자가 아
니어도 수출상이 될 수 있다. 「관세법」 등 법령에서는 수출상을 '수출화주'
또는 '수출자'라 쓴다.

6. 수입상 (Importer)

　물품을 해외로부터 수입하는 자 또는 업체로, 수입을 계약한 당사자이다.
같은 말로 「관세법」 등 법령에서는 '수입화주' 또는 '수입자'라 쓴다.

　가끔 수출상이 수입상담을 바이어와 하고 가격이 결정이 되고 난 후 계약
서는 바이어 자신의 하청업체와 하게 함으로써 그 하청업체가 수입상이 되는
경우도 있다. 예로 들어 바이어는 의류회사이며 그 하청업체는 의류를 직접
만드는 봉제회사이다. 이러한 경우 원단을 공급하는 수출상의 실제 계약자는

---

45) 임가공 : 재료 또는 일정의 가공비를 주고 제조업체에서 생산을 하거나, 일부 생산 공정에 관여하여
　　제품을 만들어 내는 것

봉제회사가 되므로 수출에 대한 결제대금도 봉제회사로부터 받아야 한다.

또 다른 예로 수출상이 계약과 결제대금은 바이어로부터 받고 물품공급(선적)은 봉제공장을 수화인(Consignee)[46]으로 할 수 있다. 이 경우 실제 수입화주, 수입상은 봉제공장이 된다. 이때에 수출상은 만약 분쟁 시에 대비하여 문제 해결과 결제 관계에 대한 법률적 책임소재를 확실히 규정하고 일을 시작해야 한다.

7. 바이어 (Buyer)

물품을 구매하는 자 또는 업체를 말한다.

보통 중간 구매자 또는 완성품 구매자를 일컫는 말이다. 중간 구매자는 물품을 구매하여 그것을 다시 후가공을 거치거나 재포장 한 후 하나의 제품으로 완성하여 판매를 한다. 그리고 완성품 구매자는 그것을 수입하여 완성품 그대로 또는 재포장만 하여 국내시장에 판매하는 업체를 말한다.

예로 들어 원단을 구매하는 중간 구매자는 그것을 의류로 제품을 만든다. 또는 의류 완성품을 수입하여 그대로 재포장한 후 국내시장에 판매하는 업체들도 있다. 예로 들어 의류회사, 의류도매상, 의류브랜드회사, 일반 가게 등이 이에 속한다.

기본적으로 바이어는 위치와 입장에 따라 누구나 바이어가 된다. 원재료업체 입장에서는 제품 생산공장이 그들의 바이어이고, 생산공장은 수출상이 바이어이다. 또 수출상에게는 해외 구매자가 바이어가 된다. 그리고 해외 구매자 역시 자국에서 그의 상품을 구매해 주는 도·소매상 바이어가 있다. 이런 식으로 공급자와 바이어는 계속 이어져 있다.

---

46) 수화인(Consignee) : 수입상의 지시에 따라 신용장 또는 수출상이 선적서류에 명시하는 것으로, 수출상이 선적한 물품을 도착지에서 실제로 찾을 수 있는 사람/회사를 말한다.

8. 엔드바이어 (End-buyer, End-user)

일반적으로 계약 당사자인 바이어의 상위 바이어, 즉 바이어 물품을 구매해주는 한 단계 위의 바이어를 뜻한다.

무역실무에서는 수출상과 수입상이 거래 관계의 직접적인 당사자이다. 따라서 예로 들어 생산한 제품 품질에 다소 미흡함이 있는 경우 수입상은 승낙할 의향이 있으나 수입상이 상위 바이어 판단이 어떨지 자신이 없는 경우, 또는 제품 품질이 기준에서 미미하게 미달하여 수입상으로부터 한차례 거절이 있은 경우, 또는 이와 유사한 경우에 수출상은 수입상에게 엔드바이어에게 설명하고 품질승인이 될 수 있도록 부탁을 한다. 이에 수입상은 엔드바이어에게 관련 샘플을 보내어 설명하고 문제 소지가 없으면 대개 'Marginally accept'한다[47]고 답변을 주게 된다.

9. 고객 (Customer)

수입상의 고객은 제3의 해외 구매자가 될 수도 있고, 국내의 도·소매상 또는 일반 개별 소비자(개인)가 될 수도 있다. 보통 고객이라 함은 직접적인 거래의 바이어 또는 개별 소비자를 지칭한다.

제3절 **샘플소싱의 채널**

---

47) Marginally accept : 최저한의 한도 내에서 그 정도의 상태, 또는 부분을 허용하고 받아들이겠다는 뜻이다.

샘플소싱(Sample sourcing)의 채널은 어떠한 방법이 있는가?

구매자(수입상)는 샘플소싱을 단순히 샘플 찾는 것으로 생각하면 안 되고 추후 메인생산(Main production), 생산관리, 품질관리 그리고 구매까지 생각하여 공급업체를 찾아야 한다.

다시 말해 샘플은 A 업체에서 찾고 정작 오더(발주)는 B 업체에게 한다면 도의상으로도 맞지 않을뿐더러 샘플과 같은 품질 수준을 다른 업체에서 맞추기가 어렵다. 구매자는 구매, 생산, 판매까지 생각하여 자신의 여건에 맞는 샘플소싱 방법을 선택해야 할 것이다.(이하 문장의 흐름에 따라 공급자는 공급업체, 공급처, 수출상, 생산자, 생산업체, 생산처 등과 같은 의미로 표기하고, 수입자는 수입상, 구매자, 바이어 등과 같은 의미로 표기를 한다)

1. 현지 지사 (Branch)를 통한 방법

A 공급업체는 생산설비를 갖고 있으며 직접 생산을 하여 내수시장뿐만 아니라 수출도 하는 업체이다. 더구나 바이어가 있는 현지에 지사 사무실을 운영하고 있다.

이러한 경우 바이어는 공급업체의 현지 지사를 통해 샘플소싱을 할 수 있다. 이와 같은 지사의 경우 대부분 대기업 또는 중견업체의 회사가 대부분이다. 그러므로 바이어의 구매 수량이 어느 정도의 양이 되어야 상담이 원활히 이루어지기 쉽다. 대체로 대기업이나 중견업체에게 위탁하여 생산을 맡기는 경우 기존 주요 고객을 우선시하여 신규업체의 생산은 미뤄지거나 협조가 잘 안되어 품질관리 등에 애를 먹는 경우가 많다. 따라서 거래에서도 구매자의 오더량과 공급업체의 생산능력이 서로 비슷해야 대체로 협조가 잘 이루어지는 편이다.

2. 직접 생산자를 통한 방법

생산자는 앞서 언급한 생산업체, 완제품업체, 수출상을 포함한다. 수출상이 생산설비를 갖고 있지 않고 생산공장에 위탁하여 생산하여도 그 또한 생산자로 볼 수 있다.

수입상은 누구나 현지 생산공장으로부터 직접 구매를 하고 싶어 한다. 가장 큰 이유는 좀 더 싼 가격으로 공급받고 싶어 하기 때문이다. 그래서 마진을 더 취하고자 한다. 하지만 생산과정에 문제가 발생하거나 서로 의견이 맞지 않는 경우에 생산관리가 힘들다는 단점이 있다.

그래서 직접 생산자를 통한 방법의 경우 품질관리와 협조관계만 제대로 된다면 장기적으로 거래를 해 나갈 수 있다. 우수한 생산업체의 경우 독점계약을 맺거나 좋은 공급망으로 확보할 수 있다.

3. 중간업체 또는 에이전트 (Broker, Agent, 무역오퍼상)를 통한 방법

사실 직접 생산자를 통한 방법은 언어소통의 문제, 품질관리, 생산관리, 문제해결능력 또는 사후관리 등으로 무역거래에서 말처럼 쉽지가 않다. 물론 최근에 생산공장들도 수출부를 두고 직접 해외영업을 하고 있지만 문제해결 능력 면에서 여전히 많은 단점을 노출하고 있다. 그것은 어떤 문제가 발생했을 시 공장 특유의 방어적인 태도라든가 바이어에 대한 이해도 그리고 부족한 국제 비즈니스 마인드 등이다. 오랫동안 생산을 해오다 보니 바이어가 어떤 문제를 제기하면 바로 비용 손실을 떠올리며 그 사실을 인정하려 하지 않거나 방어적인 태도를 취한다. 또한 대부분 장기적인 관계를 고려하기보다 현재 주어진 오더 건에 대한 생각만 하는 경향이 크다.

이러한 어려움으로 인하여 수입상은 생산공장에 대한 생산관리와 품질관리를 해 줄 현지의 중간업체를 발굴하고 계약하는 경우가 많다.

중간업체의 의미로 사용되고 있는 용어로는 브로커(Broker), 에이전트(Agent), 컨버터(Converter) 등이다.

브로커는 구매자와 공급자의 중간에서 제품을 직접 제공하거나 구매하지는 않으며 서로의 정보와 서비스를 제공하는 일을 하고 중간에서 일정한 수수료를 받는 자(업체)를 말한다. 예로 들어 부동산 중개인(Real estate broker), 주식 중개인(Stock broker), 관세사(Customs broker) 등이 있다.

에이전트는 대리인으로 구매자 또는 공급자 중 한 쪽을 대표하는 입장으로 일을 하는 자(업체)를 말한다. 대표적인 예로 스포츠 에이전트(Sports agent)가 있다.

한편 컨버터는 사전적 의미로 어떤 것을 다른 것으로 변환해 주는 프로그램 또는 전환해 주는 장치 등을 뜻한다. 의류와 섬유업계에서 많이 사용하는 용어로 의류 생산업체와 원단 제조업체 간의 중간 가교 역할의 일을 한다. 구매자로부터 빠르게 변화하는 패션 트렌드, 유행 변화, 요구하는 소재 등의 정보를 원단 제조업체에게 전달하여 새로운 소재를 개발시키고 평소에는 트렌드에 적합한 원단을 빨리 찾아서 구매자에게 제시를 한다. 컨버터의 역할은 소재를 서로 매칭 시키는 일과 빠른 기동성(Mobility)에 있다. 컨버터는 원단 제조업제(공급자)로부터 직접 제품을 구매하고 미진을 붙여 오퍼가격으로 공급하거나, 원단 제조업체와 구매자를 연결하여 제품을 공급할 때에 우선 컨버터의 오퍼가격으로 공급하고 나중에 원단 제조업체로부터 마진을 받는다(이를 실무에선 백 마진 : Back margin이라고 한다).

오늘날 특히 홍콩에 있는 수많은 업체들이 그러한 역할을 잘해왔기 때문에 지금까지 홍콩이 금융업과 무역업이 성장하고 경제가 발전하였다(2020년 이후 중국정부가 홍콩보안법을 통과시킴으로써 현재 홍콩시장은 무역과 외국투자 등이 많이 퇴색되었다).

서구 바이어들 입장에선 중국 생산공장으로부터 직접 제품을 구매한다면 가격적인 면에서 많은 이득을 볼 수 있으리라 누구나 알 수 있다. 하지만 영어 소통의 문제, 생산관리, 품질관리 등 협조 관계를 생각하면 직접 중국업체와 거래하기보다는 홍콩업체를 통해서 생산하거나 구매하는 것이 훨씬 낫다고 판단한다.

홍콩업체는 역사적으로 같은 뿌리인 중국에 친밀감이 있으며 중국 사람들과 홍콩 사람들 사이에는 나름의 신뢰 혹은 우호적인 면이 바탕에 있다. 따라서 중국공장들은 다른 나라의 업체들 보다 홍콩업체들에게 비교적 협조적이며 생산에 문제가 있을 시 빠른 조치가 가능해진다. 홍콩업체들은 영국 문화에 익숙하여 영어뿐만 아니라 비즈니스 마인드도 우수하다. 그리고 중국어도 가능하다는 장점이 있다. 이런 이유로 바이어는 현지 중국 출장 횟수와 비용도 절감할 수가 있다.

다음은 필자의 무역실무 경험담이다. 예전 의류회사에 다닐 때 중국 봉제공장과 계약을 하고 OEM(Original Equipment Manufacturing: 주문자 상표 부착 생산)으로 의류 생산을 맡기며 생산을 주문하였다. 모든 부자재들(원단, 지퍼, 기타 액세서리 등)은 직접 우리 측에서 공급을 하고 생산을 진행했다(이를 위탁가공무역이라 한다). 어느새 납기일이 다가왔지만 생산 일정은 늦어지고 중간검사에서 의류 불량률도 많이 발생하였다. 따라서 그만큼 부족분이 발생하면서 다시 부자재들을 투입하고 그에 따른 비용 발생 및 항공 택배비가 추가적으로 발생하는 상황이었다. 그래서 직접 생산을 마무리하고 품질검사를 하기 위해 현지 중국 봉제공장으로 출장을 갔다. 일주일여 출장 기간 동안 생산을 마무리시키고 품질검사와 출고까지 확인하고 올 참이었다.

통역은 중국어를 잘하는 조선족 사람이었는데 문제는 이러했다. 내가 완성품 품질에 대해 중국인 공장장에게 '이건 안 된다. 이런 형태의 불량이 나오면 안 된다'라고 다그치면 처음엔 통역이 100% 내 말을 전달하는가 싶더니 시간이 지날수록 중국인 공장장에게 '이건 대충 하고 이건 마무리하자'라는 식의 말투와 표정으로 전달했다. 두 사람이 서로 무슨 말을 주고받으며 어떤 장난을 쳐도 알 수 없는 노릇이다.

비즈니스에서 언어소통이 안 되는 경우 우리는 이러한 리스크를 언제든지 감수하게 될 수 있다는 사실을 명심해야 한다.

그리고 마지막 날 품질검사를 통과한 의류들만 박스 포장하여 선적을 위해 컨테이너 트럭에 싣는 날이었다. 어두운 저녁까지 한쪽에 분류해놓은 박스 포장들을 모두 컨테이너 트럭에 실었다. 대부분 마무리가 되고 공장장은 직원들에게 나머지 정리를 시킨 후 나와 저녁식사를 하기 위해 공장을 나섰다.

한국으로 돌아와 며칠 후 나는 직원들과 함께 도착한 수입물품을 하역했는데 품질 미달분의 의류 박스가 수 박스 실려 있는 것을 확인하게 되었다. 중국 공장에서 컨테이너 트럭 기사가 물품 적재 후 문을 닫고 컨테이너 실(Container seal)[48]을 채우게 돼 있는데 그새 몰래 추가로 더 선적시킨 것이다. 그래서 불량 의류 박스만큼 중국업체는 대금결제를 더 받아 갔던 적이 있다.

또한 다른 경우의 예로, 현지 공장장의 역할로 대리인을 고용하였으나 공장장이 생산업체와 짜고 투자금이나 선금을 받아 사기를 치는 사례도 보았다. 특히 직접 현지의 생산공장을 임대하여 운영하거나 대리인을 고용할 때는 보다 높은 주의가 필요하다.

사실 현장에선 별의별 일들이 발생한다. 특히 사회주의 국가나 개발 도상 국가의 회사들과 거래 시에는 여러 분야에서 상당히 주의를 기울여야 한다.

---

48) 컨테이너 실(Container seal) : 컨테이너에 수출물품을 적입 후 제일 마지막에 컨테이너 문을 닫고 채우는 자물쇠로, 지정된 선사마다 고유의 실 번호(Seal number)가 새겨져 있다.

해당 국가의 다수 기업들은 아직 국제표준(Global standard)에 못 미치거나 비즈니스 마인드가 상당히 부족하다.

　신뢰 있는 중간업체를 두는 것은 그로 인해 구매 가격이 다소 높거나 일정 수수료가 발생하여도 오히려 비즈니스 측면에서 유리한 점이 많다. 그리고 국제거래에서는 단순히 제품을 파는 것에만 국한돼 있지 않다. 해외 바이어와의 유대관계, 거래처 확대, 문제해결능력 등은 다른 회사에 비해 무엇보다 큰 장점이 될 수 있다.

제6장 샘플오더 하기

> 어차피 생각할 바에는 크게 생각하라, Think Big!
> – 미국 제45대 대통령 도널드 존 트럼프

제1절 시장 소비 파악

1. 국내 경쟁업체 파악하기

국내 동종 업체의 동향을 파악하고 신제품에 대한 관심은 당연히 주된 업무 중 하나이다.

의류 브랜드 회사의 경우 타 업체가 소비지 연령층, 길라웨이, 니사인, 트렌드 등 시장 타깃을 어떻게 하고 있는지 항상 조사하고 참고하여 다음 시즌을 준비한다. 패션산업에서 수요는 아무래도 남성보다 여성이 우세하다. 따라서 여성 고객을 타깃으로 제품을 생산하는 브랜드가 많다. 그리고 연령층을 20~30대로 할지, 40~50대, 또는 그 이상으로 할지 정하여 브랜드 론칭(Launching)을 하게 된다.

또한 브랜드마다 그들이 사용하고 있는 대표적인 칼라가 있다. 그것을 칼라웨이(Colorway)[49]라고 하는데 예로 들면 아디다스 코리아(Adidas korea)는 검은색, 파란색을 메인 칼라로 사용하고 있으며 K-SWISS는 빨간색, 흰색, 엘레쎄(Ellesse)는 노란색, 오렌지, 흰색, 블랙야크는 블랙, 브라운, 로열 블루 등이다. 팬톤칼라북(Pantone color book)에서 그 기준으로 삼아 메인 칼라로 미리 정해 두어야 한다. 팬톤칼라는 미국 팬톤(PANTONE LLC.)사가 만든 것으로 10,000가지 이상의 색을 시스템으로 체계화하여 많은 산업분야에서 세계적 표준으로 사용하고 있다. 그래픽 디자인, 인쇄, 출판, 건축, 섬유, 패션 및 플라스틱 산업 등에서 사용되며 색마다 번호가 붙어있다. 예로 들어 디자이너나 바이어는 'Yellow 칼라로 PANTONE 13-0947TP 또는 PANTONE 14-0955TP로 진행해 주세요'라고 한다. 패션 분야에서는 숫자 뒤에 TP 또는 TC를 많이 사용하는데 TP는 'Textile paper', TC는 'Textile cotton'으로 칼라스와치(Color swatch)[50]가 종이와 면 원단으로 되어있어 칼라에 아주 미세한 차이가 있다. 그리고 그것들의 최신 버전으로 TPX, TCX가 있다. 제품 생산을 하기 위해 칼라를 정할 때 만약 바이어가 지정하는 칼라 또는 칼라북이 수출상에게 없는 경우, 수출상은 해당 팬톤칼라를 수입상에게 보내달라고 하거나 또는 견본 칼라가 되는 샘플을 보내달라고 요청해야 한다.

국내 경쟁업체에서 사용하는 칼라 그리고 유행하는 트렌드를 빠르게 파악하여 시즌마다 칼라와 패턴에 변화를 주고 제품에 접목시켜야 한다.

2. 해외 트렌드 파악하기

---

49) 칼라웨이(Colorway) : 어떤 디자인에 사용할 다양한 색깔 또는 색깔의 쉐이드(Shade, 단계별 색깔의 진하고 연함, 채도, 색조의 차이)를 말한다.
50) 칼라스와치(Color swatch) : 칼라의 견본이 되거나 옷의 질감/종류를 볼 수 있는 작은 조각의 원단

우리가 알고 있는 국내 대기업 의류 브랜드 회사에는 몇 개의 패션 브랜드가 소속되어 있으며 그에 따라 부서가 나누어져 있다.

예로 들어 FNC 코오롱의 경우 소속 브랜드로 코오롱스포츠, HEAD, ELORD, Jack Nicklaus, Cambridge Members, Henry Cotton, Lucky Chouette, 홈쇼핑부 등의 많은 브랜드가 있다.

각 브랜드마다 디자인실이 있으며 일부 소 브랜드의 경우 통합되어 디자인실이 운용되기도 한다. 디자인실 팀장을 중심으로 몇 명의 담당 디자이너들로 구성되어 있으며 전통적으로 내려오는 디자인 패턴과 핵심 칼라를 사용하여 타 브랜드와 차별화하고 있다.

대다수 브랜드에서 공통적으로 사용하는 칼라는 검은색, 흰색, 빨간색, 네이비, 베이지 등이다. 아무래도 소비자들이 가장 선호하는 칼라들이기 때문이다. 하지만 여기서도 기존 패턴과 칼라에서 추가적으로 변화를 주고 시장을 리딩 하기 위해서는 끊임없이 새로운 디자인과 칼라를 선보여야 한다.

그래서 디자인실 팀원들은 정기적으로 해외 패션 전시회를 참관하고 시장조사를 떠난다. 보통 해외출장을 가면 현지 백화점 또는 매장에 나와 있는 매력적이거나 기발한 디자인 또는 소재의 제품들(의류)을 한 꾸러미 구매하여 돌아온다. 새로운 아이디어를 얻고 디자인에 접목시키기 위해서이다.

해외 트렌드를 읽기 가장 좋은 방법이 바로 해외 전시회이다. 전시회는 장난감 전시회, 패션 전시회, 와인 전시회 등 그 종류가 실로 다양하다. 해외 전시회는 소비자 트렌드를 가장 잘 파악하여 반영한 것으로 수입상은 앞으로 방향과 목표를 정하는데 좋은 방법이 된다.

3. 미래 소비 창출하기

틈새시장, 잠재시장, 블루오션, 미래의 먹거리, 미래의 시장 등은 뉴스 기사에서 많이 나오는 용어들이다.

2020년 7월 6일 삼성그룹 이재용 부회장은 직원들에게 이렇게 말했다. "미래는 꿈에서 시작됩니다. 오직 미래만 보고 새로운 것만 생각합시다".

삼성이 잘 할 수 있는 것에 집중을 하고 미래의 먹거리를 개발하자는 뜻에서 말을 했다. 삼성은 처음 반도체 사업을 시작할 때에도 선대(先代) 이병철 회장은 똑같은 자세로 미래 먹거리를 생각하며 사업에 뛰어들었다. 1983년 2월 8일 반도체 산업에 거의 문외한 또는 변방이었던 삼성은 이병철 회장이 "도쿄 선언"을 하면서 반도체 사업을 시작한다. 당시 미국 인텔에서는 '과대망상증 환자'라는 말까지 언급하며 비웃어 댔다. 이후 지금의 삼성은 2021년 현재 전 세계 메모리 반도체 분야의 1위 기업, 비 메모리 분야의 2위 기업에서 1위를 향해 나아가고 있다. 그뿐만 아니라 2021년 현재 인텔을 밀어내고 전 세계 1위 반도체 기업으로 성장했다(2022년 1월 현재 삼성전자 반도체 부문 잠정 2021년도 연 매출액 94조 1,600억 원, 영업이익 29조 2,000억 원).

회사는 본인들이 가장 잘하는 분야에 집중을 다하여 기술력을 계속 발전 전진하여야 하며, 동시에 늘 미래 성장사업에 대해 연구하고 노력해야 한다. 그리고 변화무쌍한 시장에 발맞춰 끊임없는 변화와 혁신이 필요하다. 또한 마케팅과 광고의 중요성도 날로 중요해졌다. 개인 또는 자영업자도 개인 페이스북, 인스타그램, 블로그, 유튜브 등을 통해 PR을 하는 시대이다. 마케팅과 광고를 어떻게 할지 포지션을 잘 잡는 것은 매출 증대에 큰 영향을 끼친다. 하지만 변치 않은 골든 룰은 아무리 시대가 빠르게 변하고 발전해도 제품은 잘 만들어야 하고 경영자의 경영 마인드가 바르게 잡혀 있어야 한다는 사실이다.

제2절 **견본샘플 받아보기**

1. 견본샘플의 종류

　수입상은 수출상과 상담을 통해 그들의 생산설비능력(Capacity), 결제조건(Payment terms), 납품기일(Leadtime), 생산품목(Products) 등을 알 수 있게 된다.

　상담이 이어지면 수입상은 현재 관심을 두고 있는 특정 제품에 대한 문의를 한다. 구체적으로 가격, 스펙, 품질수준, 포장방법, 결제조건, 납품기일을 묻는데 그중에서도 수입상은 가격과 납품기일이 우선 만족스러운지 확인하고 협상을 진행한다.

　품질에 대해서는 수출상의 견본샘플을 보고 발주할 것인지 판단을 해야 한다. 견본샘플은 상담 중 현장에서 바로 확인할 수 있는 경우도 있고 당장 해당 샘플이 존재하지 않아 수출상이 유사한 샘플을 찾거나 또는 새롭게 만들어서 제시해야 하는 경우도 있다.

　샘플의 종류에는 아래 세 가지가 있다.

- 동일한 샘플(Identical sample)

- 유사 샘플(Similar sample)

- 대체할 만한 샘플(Substitutional sample)

　수입상은 원본 샘플(Original sample)[51]이 없는 경우 규격과 스펙을 알려주고, 반대로 원본 샘플이 있는 경우에는 부연 설명과 함께 수출상에게 전달하

---

51) 원본 샘플(Original sample) : 기준이 되는 샘플.

여 해당 제품을 찾아달라고 해야 한다.

이에 수출상은 현재 제시 가능한 유사 샘플 또는 대체할 만한 샘플을 보내어 수입상으로부터 확인을 받고, 만약 수입상이 반드시 동일한 샘플이어야 한다고 하면 현장에 샘플 작업으로 생산 가능한 지를 검토해야 한다.

만약 수출상이 해외 출장 시 테이블 상담 중에 똑같은 요구를 받는다면 귀국하는 대로 제시 가능한 샘플을 국제택배로 발송할 것을 약속한다.

2. 샘플오더란?

샘플오더(Sample order)란, 메인오더(이것을 실무에선 벌크오더라 한다 : Bulk order)를 진행하기 전에 제품의 품질과 상태를 확인하기 위한 과정이다. 일부는 'Trial order', 'Test order'라고도 부른다. 미리 제품을 만들어 품질을 확인하는 작은 수량의 오더이다. 그리고 시장 반응을 보기 위하여 미리 세일즈를 통해 시장조사(Market research)와 고객의 반응을 보는 오더이다. 따라서 최소한의 비용으로 작업 가능한 최소한의 수량으로 샘플 작업을 한다. 하지만 그 과정은 메인 생산의 가공방법, 절차 및 생산과정과 동일하게 진행을 한다.

3. 샘플오더의 비용

샘플오더는 비록 최소한의 수량으로 작업을 하지만 생산업체에겐 비용이 발생하기 마련이다. 이러한 샘플오더 비용에 대해 공급자인 수출상은 바이어(수입상)에게 그 비용을 청구하거나 또는 청구하지 않을 수도 있다. 이것은 바이어와의 오더 상황 또는 비즈니스 관계에 따라 판단을 한다. 원칙적으로는 바이어에게 샘플오더에 대한 비용 청구를 하는 것이 바람직하다.

1) 무상 처리 (수출상 부담)

- 오래된 거래 관계, VIP 고객
- 메인오더 발주가 예정되어 있고 수량이 큰 경우
- 메인오더 발주가 예상되나 수량이 불확실한 경우에 선 무상 처리, 후 청구한다.

2) 비용 청구 (수입상 부담)

- 일반적인 경우
- 신규 바이어
- 평소 소량 발주만 하는 바이어
- 샘플 개발비 또는 생산비가 큰 경우

3) 비용 분담 (수출상과 수입상)

- 비용을 50% 대 50%로 나누어 양 측에서 부담한다.
- 오더 만들기를 위한 프로모션(개발, 판촉) 개념일 때 비용을 분담한다.

4. 샘플 보내기와 받기

수출상 또는 수입상이 무역실무에서 가장 먼저 행동으로 나타나게 되는 일 중 하나가 샘플 보내기 또는 받기이다.

샘플을 보낼 때에는 국제택배 서비스를 이용한다. 국제택배 서비스의 종류에는 메이저 특송 업체, 일반 쿠리어 업체, 우체국에 의한 방법이 있다.

택배 서비스라 함은 'Door to door service'를 말하며 보내는 이로부터 물건을 직접 픽업하여 받는 이의 사무실 담당자에게 물건을 전달하는 방문 서비스이다.

1) 메이저 특송 업체

메이저 특송 업체로는 우리가 잘 알고 있는 DHL, Fedex, UPS, TNT 등의 회사가 있다.

전 세계 배송 서비스 망이 잘 구축되어 몇몇 국가들을 제외하고는 거의 1~3일 만에 신속한 배달을 하고 있다. 단점으로는 비용이 비싸다. 업체 홈페이지 또는 팩스를 통해 배송 요금표를 받아 볼 수 있다. 요금표는 소포의 무게에 따라 달리한다. 회원 account 번호로 운용되며 미리 비치된 운송장 용지에 작성하거나 특송 업체로부터 메일로 운송장을 받아 작성하여 프린트한다. 보내고자 하는 물품이 준비되면 운송장(B/L)을 작성하고, 업체로 전화하여 픽업 신청을 하면 된다.

2) 일반 쿠리어 업체

실무에선 "쿠리어(Courier)"라는 말을 보편적이고 공식적으로 사용하고 있다. 쿠리어는 핸드캐리(Hand-carry)와 함께 혼용되며 우리말로 '택배'이다.

쿠리어 업체는 메이저 특송 업체와 서비스가 동일하며 비용이 비교적 저렴한 것이 장점이다. 배송기간은 거의 비슷하나 지역에 따라 1~2일 늦을 수 있다. 배송에서 해외 쿠리어 업체와 파트너십을 맺어 서비스를 하고 있으며 때로는 메이저 특송 업체와 연계하여 배송하기도 한다. 대부분 무역업체는 메이저 특송 업체보다 쿠리어 업체를 많이 이용하고 있다.

쿠리어는 국제택배 운송 업무만 하는 회사이기 때문에 대부분 김포공항 근처인 서울과 경기도에 위치해 있다. 따라서 지방에 위치한 회사가 샘플을 발송하는 경우 쿠리어 업체에 연락을 하면 이용방법을 알려준다. 보통 쿠리어

업체의 지사에서 직접 방문하여 픽업을 하거나 발송하는 이가 물품을 국내 택배(경동화물, CJ택배, 롯데택배 등)로 쿠리어 업체에 보내면 다음 날부터 진행을 한다. 따라서 이러한 경우 배송기간이 하루 더 걸리게 된다.

팩스를 통해 요금표를 받아 볼 수 있다. 요금표는 소포의 무게에 따라 달리한다. 보내고자 하는 물품이 준비되면 업체로 전화하여 픽업 신청을 하면 된다. 국내에는 아래 쿠리어 업체들이 있다.

- 논스톱 익스프레스 : ☎ 02-2658 0001
- DPEX : ☎ 043-217 7010
- KAS : ☎ 02-737 8030

3) 우체국 국제우편택배 서비스(EMS)

우체국에는 우리가 평소 국내로 택배를 보내듯이 해외로 보내는 국제택배 서비스가 있다. 그것을 'EMS'라 한다. 외국의 지인에게 소포를 보낼 때 이용하거나 해외 바이어에게 박스 정도 양의 물품을 보낼 때 활용할 수 있다. 가까운 우체국에서 우체국 직원의 설명에 따라 물품을 발송할 수 있다.

4) Sample invoice와 B/L 작성

수출상 또는 수입상은 해외에 샘플을 발송하는 경우에 샘플과 함께 'Sample invoice(샘플 인보이스)'[52]라는 서식을 3장 준비해야 한다. 1장은 회사 보관용으로 보관을 하고 다른 1장(받는 이의 참고용)은 물품과 함께 포장을 한다. 그리고 나머지 1장은 쿠리어 직원 픽업 시에 전달하면 된다. 픽업 직원에게 전달된 샘플 인보이스는 쿠리어 업체의 전용 포장봉투 바깥 주머니에 넣게 된다. Sample invoice 양식은 다음과 같다.

---

52) Sample invoice : 발송할 샘플의 제품명, 명세, 가격 등을 기재하여 작성한 서류이다. 물품 통관 시에 서류 확인용으로 사용된다.

SAMPLE INVOICE

1.Shipper/Exporter	8. No&Date of Invoice	
GLEBE FASHION PTY. LTD. UNIT 402, 34 WENTWORTH ST., GLEBE, SYDNEY, NSW2037, AUSTRALIA (PH. 61-2-2730 0000)	GSI-210701-1	01-07-2021
	9. No&Date of L/C	
2.For Account & Risk of Messers		
ALPS RI INC. UNIT 6401, CHUNGHYO BLDG., KYEONGBOK UNI., 425 JINJEOP, NAMYANGJU-SI, KOREA REPUBLIC (PH. 82-31-525 2000)	10. L/C Issuing Bank	
3. Notify party		
SAME AS ABOVE		

4.Port of Loading	5. Final Destination	11. Remarks
SYDNEY, AUSTRALIA	NAMYANGJU, KOREA	MR. JUTSIN CHOI (PH. 82-31-525 2000)
6.Carrier	7. Sailing on/or about	
	01-07-2021	

12.Marks&Number of PKGS	13.Description of Goods	14.Quantity/Unit	15.U/Price 16. Amount
		CIF BUSAN	
	KANGAROO EMBLEM BAG (SHELL: POLY 600D OXFORD FABRIC) - BLACK	1PC	USD5.00
	* COURIER CHARGE 800G		USD20.00
	GROSS TOTAL:	1PC	USD25.00
	* SAMPLE * NO COMMERCIAL VALUE * FREIGHT PREPAID		

GLEBE FASHION PTY., LTD.

Sample invoice 양식은 회사마다 자체적으로 조금씩 다르게 만들어도 되나 구성요소는 위와 같아야 한다.

* 용어 설명

- Shipper/Exporter : 발송인의 회사명, 주소, 전화번호, 담당자 이름 등을 적는다.
- For account & risk of messerser : 수취인의 회사명, 주소, 전화번호, 담당자 이름 등을 적는다.
- Port of loading : 발송지를 적는다.
- Final destination : 도착지를 적는다.
- Carrier : 운송수단을 적는다. 샘플 발송 시 'Hand-carry' 또는 'Courier'라고 적는다.
- Sailing on/or about : 발송일을 적는다. 영국식은 일/월/연도 순으로 적는다.
- No & date of invoice : 인보이스 번호와 발행 날짜를 적는다. 인보이스 번호는 일련번호로 정하면 되는데, 예로 들어 GSI-210701-1로 하면 '2021년 7월 1일에 보내는 첫 번째 샘플'로 기억하기 쉽고 추후에 해당 자료를 찾을 때도 쉬워진다. 앞에 GSI는 수출상 Glebe Sample Invoice의 약자이다. 인보이스 번호는 회사마다 자율적인 일련번호와 형식으로 적는다. 샘플 인보이스는 2년 정도 보관을 한다. 수입 관련은 5년, 수출 관련 무역서류는 보관기간이 3년이다(관세법).
- No & date of L/C : 원래는 신용장 번호를 적는 란으로 샘플 발송 건에는 해당이 없으므로 비워둔다.
- L/C issuing bank : 역시 해당사항이 없으므로 비워둔다.
- Remarks : 참고할 사항이 있는 경우 적는다.
- Marks & number of PKGS ~ 기타 Amount :
- 발송할 샘플의 제목, 스펙, 규격을 적는다.
- 발송할 샘플의 수량과 단가를 적는다(1~2개 샘플의 경우 형식적인 단가로 아주 낮은 가격으로 표기한다. 이유는 통관 시 고가 또는 수입신고물품이 아닌 업

무용 샘플이란 의미를 나타내기 위해서이다. '상업용 견본품'의 면세는 받는 이의 자국 관세법에 따라 다르다). 여기서는 형식적인 가격 USD5.00로 나타냈다.

- 쿠리어의 무게(Courier weight)를 적는다. 사무실에 저울이 없는 경우 추후 픽업 직원이 무게를 재서 기재를 한다.

- Sample (샘플임을 적는다).

- No commercial value ('비용을 청구하지 않는다'는 뜻의 비 청구용 인보이스).

- Freight prepaid (선불. 쿠리어 발송비를 발송인이 부담한다는 뜻이다. 만약 그 비용을 수취인이 부담하는 경우라면 'Freight collect' : 착불이라고 표기를 한다).

한편 쿠리어 B/L은 '운송장'이라고도 하며, 국내 택배에서는 '물표(物標 : 물 건표지)'라 부른다. 모두 같은 의미로 사용된다. 그것은 영수증으로서 물품 발 송에 대한 증빙서류의 역할을 한다. 따라서 최소 1년은 보관을 해둔다. 그리 고 쿠리어 B/L의 작성 방법은 일반 국내 택배와 마찬가지로 어렵지 않다. 잘 모르는 경우 쿠리어 직원의 도움을 받아 작성을 한다.

샘플 발송은 공급자인 수출상뿐만 아니라 필요에 따라 수입상이 수출상에 게 보내야 하는 경우도 있으므로 Sample Invoice 작성법을 익혀 둔다.

제3절 샘플 발주서 쓰기

1. 샘플오더의 필요성

1) 동일한 샘플이 존재하는 경우

동일한 샘플(Identical sample)이 존재하는 경우, 앞서 설명한 대로 상담 중 수입상은 수출상으로부터 바로 제품을 확인하거나 여건이 여의치 않은 경우 추후 국제택배로 샘플을 발송해 달라고 요청을 한다.[53]

동일한 샘플이 존재하는 경우 수입상은 샘플오더 건 진행 없이 바로 메인오더를 진행할 수 있다. 단, 수입상이 별도로 사용 목적이 있다면 소량의 샘플오더 건을 먼저 진행할 수도 있다.[54]

2) 유사 샘플 또는 대체할 만한 샘플로 결정한 경우

동일한 샘플은 없으나, 수출상이 제시한 유사 샘플(Similar sample) 또는 대체할 만한 샘플(Substitutional sample) 중에 수입상이 구매 판단이 선다면 샘플오더 건을 진행하지 않고 바로 메인오더를 진행하면 된다.

단, 여기서도 수입상이 별도로 사용 목적이 있다면 소량의 샘플오더 건을 먼저 진행할 수 있다.

3) 동일한 샘플이 존재하지 않은 경우

동일한 샘플(Identical sample)이 존재하지 않은 경우, 수입상 입장에서는 수출상의 제품과 품질 상태를 확인할 방법이 없다. 그렇다고 확인 없이 무리하게 메인오더를 진행하기에는 위험성이 있다. 따라서 이러한 경우 소량의 샘플오더 건을 먼저 진행하는 것이 바람직하다.

다음은 한국에 있는 수입상 'Alps Ri 회사'가 호주의 수출상 'Glebe Fashion Pty. Ltd.'에게 발주한 Sample Purchase Sheet(샘플 발주서)이다. 이와 같이 작성하여 오더를 진행한다.

---

53) 이때 상대방이 제시하는 샘플을 '카운터 샘플(counter sample)'이라고 한다.
54) 미리 시장 파악을 위한 세일즈, 판촉이 필요한 경우, 대리점에 보내야 하는 경우 등이다.

2. Purchase Sheet/ Purchase Order (수입상 발행)

ALPS RI INC.

Unit6401, Chunghyo Bldg., Kyeongbok Uni., 425 Jinjeop, Namyangju-si, Korea Republic
Ph. 82-31-525 2000 Fax. 82-31-525 2021

<u>SAMPLE ORDER</u>

Messrs.: GLEBE FASHION PTY. LTD.   Date : 15/08/2021
Attn   : Mr. Scott Smith   S/C NO : 21-001S

We take pleasure in buying the following good(s) as per terms and conditions specified here under:

DESCRIPTION	ITEM	COLOUR	Q'TY	PRICE (CIF Busan)	SUB TOTAL
BAG	KANGAROO EMBLEM BAG (SHELL FABRIC : POLY 600D OXFORD FABRIC)	BROWN NAVY	5PC 5PC	USD10.00/PC	

```
SUB TOTAL                        10PC   USD10.00/PC    USD100.00
* COURIER CHARGE                 15KG                  USD200.00
-------------------------------------------------------------------
GROSS TOTAL                                            USD300.00
```

Shipment Date : A.S.A.P by courier.
Payment Term   : T/T in advance.
Remark :
Packing :

Yours Sincerely,

Justin Choi
Alps Ri Inc.

* 용어 설명

양식은 회사마다 자체적으로 만들어도 되나 기본 구성요소는 위와 같다.

① 레터헤드(Letter head) : 구매자의 회사 로고, 회사명, 주소가 들어가 있는 부분이다. 회사마다 대체로 이 부분이 미리 인쇄된 커버레터지를 사용하여 문서를 작성한다. 잉크 프린트한 것보다 좀 더 고급스럽고 깔끔하게 느껴진다.

② Purchase Sheet : 타이틀(제목)로 서류의 성격을 나타낸다.

예시는 샘플 발주서란 의미로 강조하기 위해 'Sample order'라고 했으며 같은 뜻으로 Sample purchase sheet, Sample sheet 등으로 타이틀을 바꿔 표기해도 된다.

③ Messrs. : 수신인 회사명. 'Messieurs'의 약자로 Mr.의 복수형으로 쓰인다. 뜻은 ~귀하, ~씨, ~여러분이다.

④ Attn. : Attention의 약자. 수신인의 담당자 이름

⑤ Date : 발행 날짜

⑥ S/C NO. : Sales Contract. 계약번호

⑦ Description, Item : 제품 규격/스펙, 제품명

⑧ Colour : 칼라명

⑨ Q'ty : Quantity의 약자. 수량

⑩ Price : 가격

여기서는 CIF Busan, Korea 거래조건으로의 가격이다.

⑪ Sub total : 소 합계

⑫ Courier Charge : 샘플오더의 경우 오더 수량이 소량이므로 대부분 쿠리어 (국제택배)로 구매자에게 발송하게 된다. 그리고 샘플오더의 경우 발송비는 착불 (Collect)로 발송하는 게 일반적이다.

⑬ Gross total : 총합계

⑭ Shipment date : 납기일. 여기서는 준비되는 대로 빨리 발송해 달라고 적혀 있다. A.S.A.P(As soon as possible)

⑮ Payment term : 결제조건. T/T는 전신환송금(현금결제)이다.

⑯ Remark : 비고란. 특별한 요구사항이 없으면 비워둔다.

⑰ Packing : 특별한 요구사항이 없으면 비워둔다.

⑱ Yours Sincerely : 경의를 표하는 맺음말(Complimentary close)

⑲ 서명란 : 문서 발행인의 회사고무날인(Company's Chop, 명판, 직인), 또는 자필 사인

수입상은 Purchase sheet가 작성되면 팩스나 이메일(스캔 이미지로 첨부)을 통해 수출상에게 보낸다. 원칙적으로 모든 계약서는 상대방이 서명(자필 사인, 또는 회사고무날인(명판, 직인))을 해서 다시 같은 방법으로 보내와야 계약이 체결된다.

하지만 샘플오더의 경우 또는 메인오더의 경우라도 오랜 기간 거래한 거래처라면 바이어가 Purchase sheet를 넣어 주고 전화 또는 이메일로 잘 받았는지 확인을 하면 계약은 이루어진다.

3. 샘플 체크와 확인

수출상은 샘플오더의 생산이 완료되면 제품이 준비되었음을 수입상에게 알린다. 반면 수입상은 수출상이 샘플 제품을 발송하기 전에 필요한 수량을 미리 수출상에게 알려준다. 상황에 따라 생산된 전량을 받을 수도 있고 현재 꼭 필요한 수량만 먼저 받을 수도 있다. 이후 나머지 수량은 추후 메인오더 시에 배편으로 함께 받아도 된다. 이유는 불필요하게 낭비되는 쿠리어 비용을 줄일 수 있기 때문이다.

▪ 수출상이 샘플을 발송하는 방법에는,

① 국제택배(쿠리어, 핸드캐리 등 : 가장 일반적인 경우, 소량)

② 수출 항공편(다소 중량이 나가는 경우)

③ 수출 배편(시간이 오래 걸리므로 샘플오더의 경우에는 이용이 드물다)

수출상은 사전에 수입상과 협의하여 발송 비용 및 발송 방법을 결정한다.

▪ 수입상은 샘플을 받아 본 후 아래 사항을 체크한다.

① 요구한 스펙(Spec.)과 제품이 동일한지

② 요구한 품질수준과 동일한지

③ 요구한 기능성 수치와 동일한지

④ 요구한 칼라와 동일한지

⑤ 기타 요구한 사항과 동일한지

작업한 샘플의 품질이 상당히 차이가 나는 경우, 수입상은 수출상과 의논하여 수정 가능한지 또는 재작업 할 수 있는지를 문의한다. 이 경우 공급자(수출상)의 생산 문제로 수정 또는 재작업 하는 경우이므로 그 비용은 공급자가 부담한다. 그리고 재작업하는 경우, 문제가 된 작업분에 대해서는 추후 수출상으로부터 요청이 있다면, 반품(Ship-back)으로 보낸다.

한편, 만약 작업한 샘플의 품질이 조금 또는 다소 차이가 나는 경우, 수입상은 수출상과 의논하여 메인오더 시에 조정이 가능한지를 확인하고, 재작업 없이 추후 바로 메인오더를 진행한다. 그리고 공급받은 샘플 제품은 원래 목적대로 세일즈 등에 사용을 한다.

이러한 과정들을 거쳐 수입상은 전반적인 제품의 품질을 확인하고 이후 메인오더 발주서를 발행을 하게 된다.

A Practical Guide to Trade and Import 제**2**부

오더진행

브라운과 레녹스사의 공장 내 작업 모습
1884년 잉글랜드

A Chain Testing Machine at Messrs Brown and Lenox's Works,
Millwall, England, 1884

제7장 메인오더 하기

> 남이 한 번에 그것을 할 수 있으면 나는 백 번 하고
> 남이 열 번에 그것을 할 수 있으면 나는 천 번 한다
> – 중용

제1절 계약하기

1. 계약서 의미

 무역에서 계약은 계약 당사자 간의 제품, 규격, 품질, 금액, 납기 등을 계약서 내용에 담고 서로 합의하여 제반 사항을 이행할 것을 약속하고 서명한 문서이다. 또한 계약 이행에 대한 의무를 다하고 이행, 채무, 채권, 손실보상 등의 책임과 법률적 구속력을 가진다.

 원칙적으로 모든 계약서는 발행인이 회사고무날인(명판, 직인) 또는 자필사인을 하여 상대방 측에 우편으로 원본 2부를 발송한다. 이를 받은 상대방은 원

본 2부에 똑같은 방법으로 회사고무날인(명판, 직인) 또는 자필 사인을 하여 원본 1부는 자체 보관하고 나머지 원본 1부는 원 발행인에게 우편으로 보내면 계약이 공식적으로 체결이 된다. 현장 계약의 경우에서도 계약 당사자끼리 원본 1부씩을 자필 사인 한 후 나눠 가진다.

주요 계약서에는 다음과 같은 종류들이 있다.

- **계약서의 종류**
  - 양해각서(MOU, Memorandum Of Understanding) *
  - 의향서(LOI, Letter Of Intent) *
  - 확인서(LOC, Letter Of Confirmation) *
  - 매매계약서(Sales contract)
  - 발주서(Purchase sheet, purchase order)
  - 공급계약서(Offer sheet)
  - 에이전트 계약서(Agency agreement)
  - 판매권 계약서(Distributorship agreement)
  - 기술도입 계약서(Technical assistance agreement)
  - 합작투자 계약서(Joint venture agreement)

이 중 양해각서(MOU), 의향서(LOI), 확인서(LOC)는 일반적으로 법적 효력 또는 구속력(Legally binding)이 없다. 이들은 대체로 어떠한 사항을 앞으로 합의해 나간다는 내용으로 구성되어 있다. 단, 이러한 서류에도 구체적인 합의 사항을 서술한다든지, agree, agreement, shall 등의 단어는 법적 강제력을 가질 수 있으므로 사용에 유의해야 한다. 법적 구속력이 없음을 명확히 하고자 한다면 당사자는 MOU/LOI/LOC 서류에 구속력을 명백히 부정하는 다음과 같은 문구를 포함시키면 구속력에 관한 분쟁을 예방할 수 있다.

"This MOU/LOI/LOC shall not bind the signatory(ies) of this MOU/LOI/LOC unless and until a separate, formal and written agreement(s) has(have) been made and entered into by the signatory(ies)."

2. T/T 거래와 신용장 거래에서 계약 체결

실무에서 평소 제품을 주문하는 단기성 발주서의 경우 원칙적인 우편 방식보다 약식으로 팩스나 이메일을 통해 교환을 하고 오더를 진행한다. 이렇게 체결된 계약 역시 동등하게 법적 효력과 구속력을 갖는다.

보통 T/T 거래(전신환, 현금결제 거래) 또는 신용장 거래(L/C 거래)로 오더가 진행되는데, T/T 거래의 경우 수입상이 작성하고 자필 사인하여 Purchase sheet를 수출상에게 팩스 또는 이메일을 하는 것으로 발주가 끝난다.

반면 신용장 거래의 경우, 팩스 또는 이메일로, 가급적이면 양 측의 회사 고무날인(명판, 직인) 또는 자필 사인을 하여 Purchase sheet를 교환하는 것이 바람직하다. 그 이유는 신용장 거래의 경우 대부분 금액이 큰 경우이고 수입상이 은행에 신용장 개설을 신청하기 위해서는 공식적인 사인 형태가 필요하다.

제2절 메인오더 발주서 쓰기

다음은 한국의 수입상 'Alps Ri Inc.' 회사가 호주의 수출상 'Glebe

Fashion Pty. Ltd.'에게 메인오더(Bulk order) Purchase Sheet를 발행하였다.

1. T/T의 경우 발주서

    수입상은 이번에 캥거루 가방 Brown색 50개와 Navy색 50개를 구매하고
자 한다. 예시와 같이 주문 수량과 금액이 크지 않은 경우, 수입상과 수출상
은 T/T 거래로 진행하기로 한다.

    이에 수입상은 결제조건(Payment terms)을 T/T 조건으로 기재하고
Purchase Sheet를 발행한다.

ALPS RI INC.

Unit6401, Chunghyo Bldg., Kyeongbok Uni., 425 Jinjeop, Namyangju-si, Korea Republic
Ph. 82-31-525 2000 Fax. 82-31-525 2021

PURCHASE SHEET

Messrs.: GLEBE FASHION PTY. LTD.   Date : 01/09/2021
Attn   : Mr. Scott Smith   S/C NO : 21-099

We take pleasure in buying the following good(s) as per terms and conditions
specified here under:

DESCRIPTION	ITEM	COLOUR	Q'TY	PRICE (CIF Busan)	SUB TOTAL
BAG	KANGAROO EMBLEM BAG (SHELL FABRIC : POLY 600D OXFORD FABRIC)	BROWN NAVY	50PC 50PC	USD10.00/PC	
GROSS TOTAL			100PC	USD10.00/PC	USD1,000.00

Shipment Date : 20/09/2021
Payment Term   : T/T
Packing : BOX

SHIPPING MARK

DESTINATION : BUSAN, KOREA
21-099
ITEM : K. BAG
COL. :
Q'TY :
C/NO. : 1-
MAED IN AUSTRALIA

REMARKS :
1. EACH PC IN POLYBAG WITH COLOUR NAME.
2. PLUS OR MINUS 3% IS ACCEPTABLE ON AMOUNT/Q'TY.
3. 1PC EACH COLOUR SAMPLE SHOULD BE SUBMITTED FOR APPROVAL
   BEFORE SHIPMENT.
4. THE QUALITY STANDARD MUST BE SAME AS THE SAMPLE ORDER BEFORE.
5. PLEASE ISSUE AND SEND US YOUR INSPECTION CERTIFICATE.

Yours Sincerely,

Justin Choi
Alps Ri Inc.

* 용어 설명

양식은 회사마다 자체적으로 만들면 되며 기본 구성요소는 위와 같다.

① 레터헤드(Letter head) : 구매자의 회사 로고, 회사명, 주소가 들어가 있는 부분이다. 회사마다 대체로 이 부분이 미리 인쇄된 커버레터지를 사용하여 문서를 작성한다. 좀 더 고급스럽고 깔끔하게 느껴진다.

② Purchase Sheet : 타이틀(제목)로 서류의 성격을 나타낸다.

③ Messrs. : 수신인 회사명. 'Messieurs'의 약자로 Mr.의 복수형으로 쓰인다. 뜻은 ~귀하, ~씨, ~여러분이다.

④ Attn. : Attention의 약자. 수신인의 담당자 이름

⑤ Date : 발행 날짜

⑥ S/C NO. : Sales Contract. 계약번호

⑦ Description, Item : 제품규격/스펙, 제품명

⑧ Colour : 칼라명

⑨ Q'ty : Quantity의 약자. 수량

⑩ Price : 가격.

여기서는 CIF Busan, Korea 거래조건으로의 가격이다.

⑪ Sub total : 소 합계

⑫ Gross total : 총합계

⑬ Shipment date : 선적일(납기). 여기서는 2021년 9월 20일이다.

선적일의 기준은 수출상이 물품을 배에 싣는 날(On board date)이 기준이다.

⑭ Payment term : 결제조건. 여기서는 T/T(전신환, 현금결제)이다.

오더 시점에 수출상은 선적 전 T/T를 먼저 받고 물품을 보낼지, 선적 후에 T/T를 받을지 그 조건을 수입상과 협의를 하되 최종 판단과 결정은 수출상이 한다.

⑮ Packing : 수입상의 박스 포장 요청이 있다.

수출상 측에서 포장설비가 갖추어지지 않은 경우, 공장에서 생산이 완료되면 물

품을 전문 포장회사인 '수출포장회사'로 출고하여 거기서 바이어의 요청에 따른 포장을 한 후 선적을 진행한다.

⑯ Shipping mark : 수입상이 요청한 쉬핑마크이다.

쉬핑마크는 수출포장 박스 겉에 표시하는 마크(화인, 인식표, 이름표)이다. 수출상이 물품 박스에 마크를 붙임으로써 수출입국 세관 통과 시에 물품과 서류를 확인할 수 있게 한 것이다. 모든 수출품에는 거래조건(Intercoms 2020)이 무엇이든 간에 쉬핑마크를 붙이도록 되어있다.

DESTINATION : BUSAN, KOREA
21-099
ITEM : K. BAG
COL. :
Q'TY :
C/NO. : 1-
MADE IN AUSTRALIA

⑰ Remarks : 참고란이다. 수입상이 별도의 필요한 요청사항들을 적는다.

1. EACH PC IN POLYBAG WITH COLOUR NAME.

– 개별 제품은 비닐 백에 칼라명을 붙여 포장해 주세요.

2. PLUS OR MINUS 3% IS ACCEPTABLE ON AMOUNT/Q'TY.

– 금액/수량에 +/–3%까지 허용하여 선적이 가능합니다.

3. 1PC EACH COLOUR SAMPLE SHOULD BE SUBMITTED FOR APPROVAL BEFORE SHIPMENT.

– 선적 전, 개별 칼라 당 1개의 SHIPPING SAMPLE을 발송한 후 선적승인을 받아야 합니다.

4. THE QUALITY STANDARD MUST BE SAME AS THE SAMPLE ORDER

BEFORE.

- 제품의 품질은 이전 샘플오더 작업 분의 품질과 같아야 합니다.

5. PLEASE ISSUE AND SEND US YOUR INSPECTION CERTIFICATE.

- 공급자(수출상)의 검사증명서를 발급해 주세요.

⑱ Yours Sincerely : 경의를 표하는 맺음말(Complimentary close).

⑲ 서명란 : 문서 발행인의 회사고무날인(Company's Chop, 명판, 직인), 또는 자필 사인

2. L/C의 경우 발주서

한편, 다음 예시와 같이 수입상의 주문 수량 또는 금액이 큰 경우, 일반적으로 수출상은 수출대금 회수의 안전성을 위해 L/C 거래를 선호한다. 따라서 수입상과 수출상은 L/C 거래로 진행하기로 한다.

이에 수입상은 결제조건(Payment terms)을 L/C 조건으로 기재하고 Purchase Sheet를 발행한다.

ALPS RI INC.

Unit6401, Chunghyo Bldg., Kyeongbok Uni., 425 Jinjeop, Namyangju-si, Korea Republic
Ph. 82-31-525 2000 Fax. 82-31-525 2021

PURCHASE SHEET

Messrs.: GLEBE FASHION PTY. LTD.   Date : 01/10/2021
Attn   : Mr. Scott Smith   S/C NO : 21-100

We take pleasure in buying the following good(s) as per terms and conditions
specified here under:

DESCRIPTION	ITEM	COLOUR	Q'TY	PRICE (CIF Busan)	SUB TOTAL
BAG	KANGAROO EMBLEM BAG (SHELL FABRIC : POLY 600D OXFORD FABRIC)	BROWN NAVY BLACK	1,000PC 800PC 1,200PC	USD10.00/PC	

GROSS TOTAL   3,000PC USD10.00/PC USD30,000.00

Shipment Date : 31/10/2021
Payment Term   : L/C AT SIGHT
Packing : BOX

SHIPPING MARK

DESTINATION : BUSAN, KOREA
21-100
ITEM : K. BAG
COL. :
Q'TY :
C/NO. : 1-
MADE IN AUSTRALIA

REMARKS ;
1. EACH PC IN POLYBAG WITH COLOUR NAME.
2. PLUS OR MINUS 3% IS ACCEPTABLE ON AMOUNT/Q'TY.
3. 1PC EACH COLOUR SAMPLE SHOULD BE SUBMITTED FOR APPROVAL BEFORE SHIPMENT.
4. THE QUALITY STANDARD MUST BE SAME AS THE SAMPLE ORDER BEFORE.
5. PLEASE ISSUE AND SEND US YOUR INSPECTION CERTIFICATE.

Yours Sincerely,

Justin Choi
Alps Ri Inc.

앞서 설명한 바와 같이 L/C(신용장) 거래의 경우 수입상은 Purchase Sheet 하단 오른 편에 회사고무날인(Company's chop, 명판, 직인) 또는 자필 사인을 한 후 수출상에게 팩스나 이메일(스캔 이미지로 첨부)로 보낸다. 그리고 수출상으로부터 똑같은 방법으로 자필 사인을 받도록 한다. 이에 계약이 공식적으로 체결된다.

다음으로 수입상은 계약 체결 후 가능하면 1주일 내에 주거래은행을 방문하여 신용장 개설을 한다. 개설 기간이 정해진 것은 아니나, 신용장 개설이 늦어지면 늦어질수록 수출상의 생산일정과 납기 또한 순연(順延)된다. 따라서 가급적 빨리 개설하도록 한다.

신용장 개설 신청방법은 주거래 은행 홈페이지에 WEB으로 신청하는 방법이 있다고 하나 가능하면 방문 신청을 한다. 은행 직원의 안내에 따라 신청하는 것이 오기(誤記)나 실수를 방지할 수 있다.

제3절 신용장 개설하기

1. 신용장 개설 (L/C Opening)

이번 절에서는 신용장 거래에서의 오더 진행을 살펴보기로 하자.

앞서 2절에서 T/T 거래 발주서는 신용장 개설과 상관이 없으며, L/C 거래 발주서(Case 7-2. Purchase sheet)의 경우에 수입상은 수출상 앞으로 신용장을 개설해 주어야 한다. 그것으로 본격적인 거래가 시작되게 된다.

따라서 만약 수입상이 Purchase Sheet만 발행한 상태라면 수출상은 수입상에게 신용장을 개설해 줄 것을 촉구할 수 있으며, 수출상은 생산에 들어가지 않고 대기 상태에 있을 수 있다.

그러므로 수입상은 신용장 개설을 납기 기준으로 대략 1개월~ 1개월 반 전에 열어주는 것이 바람직하다. 다시 말해 계약서를 교환한 후 적어도 1주일 내에 신용장 개설을 하여야 한다.

개설은 수입상이 하는 것이므로 수입상 입장에서는 수입신용장이라 할 수 있으며 수출상 입장에서는 같은 신용장을 놓고 수출신용장이라 한다.

신용장 개설 방법은 수입상이 계약서(여기서는 Case 7-2. Purchase sheet를 말한다)와 회사 명판, 직인 등을 들고 주거래은행 외환담당 창구로 가서 신용장개설신청서를 작성하여 신청한다. 은행 방문 전에 전화를 하여 사전에 준비해야 할 사항들을 문의하고 안내를 받는다.

2. 신용장 개설에 필요한 제출서류

① 외국환거래약정서 *55)
② 취소불능화환신용장개설신청서 *
③ 보험서류(가격조건이 FOB, CFR인 경우에만 한함)
④ 매매계약서(Offer Sheet 또는 Purchase Sheet)
⑤ 기타 필요서류(수입승인서 등 : 해당 품목인 경우에만 한함)이다.

외국환거래약정서와 취소불능화환신용장개설신청서는 은행 창구에서 직접 받아 작성하는 서류이다.

---

55) 외국환거래약정서 : 수출입업자가 은행과의 수출, 수입, 내국신용장발행, 내국신용장환어음, 판매대금 추심의뢰서, 매입(추심)거래, 선적통지부 사후송금방식 수출거래에 의한 수출대금채권 매입거래를 함에 있어 '은행여신거래기본약관'이 적용됨을 승인하고 확약하는 것이다.

3. 신용장과 은행에 관련된 용어

1) 수출상

무역에서...	Exporter	수출상
공급에서...	Supplier	공급자
매매에서...	Seller	매도인
선적에서...	Shipper	선적인
선적에서...	Consignor	송하인, 송화인, 수출화주
신용장에서...	Beneficiary	수익자
환어음에서...	Drawer	어음발행인
대금결제를 받을 때...	Payee, Accounter	대금수령인

2) 수입상

무역에서...	Importer	수입상
공급에서...	Buyer, Client	구매자
매매에서...	Buyer	매수인
선적에서...	Consignee	수하인, 수화인, 수입화주
신용장에서...	Applicant	개설신청인
환어음에서...	Drawee	지급인
대금결제를 지급할 때...	Payer, Accountee	대금결제인

3) 수출상의 주거래은행

주거래 업무 시...	Main creditor bank	주거래은행
NEGO 시...	Negotiating bank	매입은행
대금지급 시...	Paying bank	지급은행
환어음 매입 시...	Payee	수취인

4) 수입상의 개설은행

주거래 업무 시...	Main creditor bank	주거래은행
신용장개설 시...	Issuing bank, Opening bank	개설은행
환어음 지급 시...	Drawee, Payer	지급인

5) 신용장 거래 당사자

Applicant	개설신청인 (신용장을 개설 신청한 수입상을 말한다)
Issuing Bank	개설은행 (신용장을 발행하고 신용장 대금 지급을 확약한다)
Beneficiary	수익자 (수출상을 말한다)
Confirming Bank	확인은행 (개설은행의 신용이 불확실한 경우 신용장 대금 지급을 추가로 확약하는 은행이다)
*Advising Bank	통지은행 기본 당사자는 아니다. 다만, 매입은행, 지급은행, 또는 확인은행을 겸하는 경우가 종종 있다.

6) 신용장 관련 은행

Advising Bank	통지은행 (수출지 은행으로 신용장이 도착했음을 수출상에게 통보해 주고 인도해 주는 은행)
Negotiating Bank	매입은행 (수출상이 선적서류, 환어음을 접수하는 은행. 보통 모든 은행은 매입은행이 가능하다)
Paying Bank	지급은행 (수출상의 선적서류, 환어음을 받아 대금결제를 하는 은행으로 보통 개설은행이 지급은행이며, 때로는 제3국의 은행이 지급은행이 되기도 한다)

Nominated Bank, Claiming Bank	지급은행
Accepting Bank	인수은행 (기한부신용장에서 기한부어음을 인수하는 은행으로 지급은행이 된다)
Reimbursing Bank, Settling Bank	상환은행 (개설은행과 매입은행이 환거래계약이 안 되어있는 경우, 개설은행은 자신과 예치환거래 관계가 있는 제3의 은행을 지정하는데 그 은행을 상환은행이라 한다. 매입은행은 선적서류는 개설은행으로 송부하고 환어음은 상환은행으로 송부하여 상환은행으로부터 대금결제를 받는다)
Depository correspondent Bank	예치환거래은행 (개설은행과 환거래계약이 되어 있는 은행)
Non-depository correspondent Bank	무예치환거래은행 (환거래계약이 안되어 있는 은행)
Remitting Bank*	추심의뢰은행 (신용장 거래에는 해당되지 않는다.* D/A, D/P 거래의 경우 수출지에서 수입 거래은행으로 대금지급청구서/어음 및 선적서류를 발송하는 은행)
Collecting Bank*	추심은행 (신용장 거래에는 해당되지 않는다.* D/A, D/P 거래의 경우 수입지에서 수입상에게 어음 및 선적서류를 제시하여 수출대금을 받아주는 은행)
Transferring Bank	양도은행 (최초 수익자의 요청에 따라 제2의 수익자에게 신용장의 양도 통지를 행하는 은행. 주로 통지은행이 담당한다)

4. 신용장의 종류

1) 경제적 기능에 따른 분류

▪ 상업신용장(Commercial Credit) : 상업신용장은 용역거래가 아닌 상품거래를 원활하게 할 목적으로 사용된다. 우리가 일반적으로 무역에서 상품(물품) 매매로 사용하고 있는 것은 모두 상업신용장이다.

▪ 클린신용장(Clean Credit) : 클린 신용장은 상품 이외의 거래에 따른 대금결제를 확약하는 신용장으로 선박의 운임, 보험료, 수수료, 기술용역의 대가 등 용역거래에 따른 대금결제나 국제 입찰 참가에 수반되는 입찰보증금, 계약이행보증금, 선수금 환급보증금 등을 차입할 때 채무를 보증할 목적으로 사용되는 신용장이다.

2) 선적서류/운송서류의 요구에 따른 분류

▪ 화환신용장(Documentary Credit) : 선적서류/운송서류와 환어음이 첨부되어야 개설은행이 지급, 인수 또는 매입할 것을 확약하는 상업신용장이다.

▪ 무화환신용장, 무담보신용장(Clean Credit) : 선적서류/운송서류 없이 환어음 제시만으로 개설은행이 지급, 인수 또는 매입할 것을 확약하는 상업신용장이다.

▪ 보증신용장(Stand-by Credit) : 보증신용장은 금융 또는 채무보증 등을 목적으로 발행되는 특수한 형태의 무화환신용장(Clean Credit)이다.

일반적으로 국내 상사의 해외지사 운영자금 또는 국제입찰의 참가에 수반

되는 입찰보증(Bid bond), 계약이행보증(Performance bond), 선수금상환보증(Advance payment bond)에 필요한 자금 등을 현지은행에서 공급받는 경우 이 채권을 보증할 목적으로 국내은행이 해외은행 앞으로 발행하는 신용장이다.

여기서 국내회사가 개설신청인(Applicant), 국내은행이 개설은행(Issuing bank), 해외은행이 수익자(Beneficiary)가 된다.

만일 국내 상사의 해외지사가 채무를 불이행하는 경우에는 현지 금융기관은 개설은행(국내은행) 앞으로 일람불어음(Sight)을 발행하여 대금 지불을 청구하고 대금을 받는다. 즉, 계약 이행에 대한 담보로 보증신용장이 발행되었기 때문이다.

3) 취소가능 여부에 따른 분류

▪ 취소불능신용장(Irrevocable Credit) : 일단 개설된 신용장은 유효기간 내에 신용장 거래 당사자(개설신청인, 개설은행, 수익자, 확인은행) 전원의 동의 없이는 취소(Revocation) 또는 변경(L/C amendment)이 불가능한 신용장을 말한다.

▪ 취소가능신용장(Revocable Credit) : 신용장을 개설한 개설은행이 수익자(수출상)에게 사전통지 없이 신용장 자체를 취소하거나 조건변경을 할 수 있는 신용장을 말한다.

4) 대금지급시기에 따른 분류

▪ 일람출급신용장(Sight L/C, Sight Payment Credit)

▪ 기한부신용장(Usance L/C, Acceptance Credit)

  – Shipper's Usance

  – Banker's Usance

▪ 할부지급신용장(Instalment Payment Credit)

5) 타 은행의 확인 유무에 따른 분류

▪ 확인신용장(Confirmed Credit) : 개설은행 이외의 제3은행이 개설은행의 요청에 의해 수익자(수출상)가 발행한 어음의 지급, 인수 또는 매입을 확약한 신용장을 말한다. 개설은행 이외의 제3은행이 지급보증을 하게 되므로 수익자는 더욱 확실하게 대금 지급이 보장된다.

▪ 무확인신용장(Unconfirmed Credit) : 수익자(수출상)가 발행한 어음에 대해 제3은행의 확약이 없는 신용장을 말한다.

6) 양도허용 여부에 따른 분류

▪ 양도가능신용장(Transferable Credit) : 수익자가 신용장 금액의 전부 또는 일부를 제3자에게 양도할 수 있는 권한을 부여한 신용장을 말한다. 신용장상에 "Transferable"이라는 단어가 기재되어 있는 신용장을 말한다.

▪ 양도불능신용장(Non-Transferable Credit) : 신용장을 제3자에게 양도할 수 없는 신용장을 말한다.

7) 기타 여러 분류

기타 여러 분류들이다. 어떤 것들이 있는지 이름만 살펴보자.

① 발행방법에 따른 분류
▪ 우편신용장(Mail Credit)
▪ 전신신용장(Cable Credit)

② 상환청구권 유무에 따른 분류

- 상환청구가능신용장(With Recourse Credit)

- 상환청구불능신용장(Without Recourse Credit)

③ 대금결제방법의 간편도에 따른 분류

- 단순신용장(Simple Credit)

- 송금신용장(Remittance Credit)

- 상환신용장(Reimbursement Credit)

④ 매입은행의 지정 여부에 따른 분류

- 자유매입신용장(Open or General Credit)

- 매입제한신용장(Restricted or Special Credit)

⑤ 매입허용 여부에 따른 분류

- 매입신용장(Negotiation Credit)

- 지급신용장(Straight Credit)

⑥ 기한의 이용방법 여부에 따른 분류

- 인수신용장(Acceptance Credit)

- 연지급신용장(Deferred Credit)

⑦ 특수신용장의 종류

- 회전신용장(Revolving Credit)

- 선대신용장(Packing Credit)

- 견질신용장(Back to Back L/C)

- 연계무역신용장(Counter Trade Credit)
  - 동시개설신용장(Back to Back Credit)
  - 기탁신용장(Escrow Credit)
  - 토마스신용장(Thomas Credit)
- Baby L/C vs Local L/C
- Cargo Receipt Credit
- 통과신용장(Transit Credit)

무역거래에서 통상적으로 진행하는 대부분의 수입신용장은 화환신용장(Documentary credit), 취소불능신용장(Irrevocable credit), 일람출급신용장(Sight credit)으로 신용장을 개설한다. 수입상의 대금결제 여건에 따라 일람출급신용장(Sight)이 아닌 기한부신용장(Usance)으로 개설할 수도 있다. 따라서 이러한 용어들을 집중해서 알고 있으면 된다.

중요한 것은 한 가지 Purchase Sheet(발주서) 건으로 신용장이 이와 같이 여러 개가 발행되는 것이 아니라, 여러 개의 조건으로 구성된 한 개의 수입신용장이 개설되어 발행된다는 점을 명심하자.

즉, 개설된 한 개의 신용장을 풀어서 해석을 하면 "수출상은 매입은행을 통해 선적서류/운송서류와 환어음을 제출하여(NEGO) 개설은행으로 보내고(▪ 화환신용장, Documentary credit), 이 신용장은 거래 당사자(개설신청인, 개설은행, 수익사, 확인은행) 전원의 동의 없이는 취소 또는 변경이 불가능한 것이며(▪ 취소불능신용장, Irrevocable credit), 개설은행은 선적서류/운송서류와 환어음을 인수하여 명확한 사유가 발생하지 않는 한 즉시 대금결제(수출상의 물품대금)를 매입은행에 한다(▪ 일람출급신용장, Sight credit). 또는 개설은행은 수입상과 만기일 대금지급기일 조건에 따라 대금결제(수출상의 물품대금)를 매입은행에 한다(▪ 기한부신용장, Usance credit)."

수입상이 신용장을 개설할 때 수입신용장개설신청서를 보면 기본적으로 "취소불능화환신용장발행신청서(APPLICATION FOR IRREVOCABLE DOCUMENTARY CREDIT)"라고 되어 있다. 이 단어에서 취소불능신용장, 화환신용장이란 의미가 함께 포함되어 있는 것이다.

그럼, 앞선 예시, L/C 거래의 발주서(CASE 7-2. Purchase sheet)를 바탕으로 신용장 개설을 해보자. 수입상이 신용장 개설을 하기 위해서는 은행을 방문하여 신용장개설신청서(취소불능화환신용장발행신청서)를 작성해야 하는데 그 서식과 설명은 다음과 같다.

5. 신용장개설신청서

취소불능화환신용장발행신청서
(Application for Irrevocable Documentary Credit)

TO : WOORI BANK   * 표시가 있는 항목은 필수 입력사항입니다.

외환거래점*		신청일자	년 월 일
신용장번호		용도코드*	

SWIFT CODE	
Advising Bank	
Applicant*	
Beneficiary*	

32B	Amount*	
39A	Credit amount tolerance	More_____ %/Less _____ %
31D	Date and place of expiry*	년 월 일 IN BENEFICIARY'S COUNTRY
44C	Latest date of shipment*	년 월 일
42C	Drafts at...*	☐ At Sight ☐ Reimbursement(상환방식) ☐ Remittance(송금방식) ☐ Usance : ☐ Banker's ☐ Shipper's ☐ Domestic
46A	Document required	☐ _____ of clean on board ocean of lading made out to _____ marked Freight(☐collect ☐prepaid) and Notify_____ ☐ Airway bills consigned to _____ marked Freight(☐collect ☐prepaid) and Notify _____ _____

46A	Document required	☐ Insurance policy or certificates in duplicate, endorsed in blank for 110 percent of the invoice value, stipulating that claims are payable in the currency of the draft and also indicating a claim-setting agent in korea covering institute cargo clauses _____ _____ ☐ Signed Commercial Invoice in _____ ☐ Packing List in _____ ☐ Other Documents (100 Line까지 가능) _____ _____ _____ _____
45A	Description of goods and/or service	HS-CODE [ ] - [ ] - [ ] HS code는 관세청 통계자료로 해외발송 전문에 미반영 되오니, 필요시 상품명세 내에 입력 바랍니다. Country of Origin : Price Term : Commodity Description (100 Line까지 가능) _____ _____ _____ _____

Port of loading/ Airport*		Port of discharge/ Airport*	
Place of taking in charge		Place of final destination	

43P	Partial shipments*	☐ Allowed ☐ Not allowed
43T	Transshipment*	☐ Allowed ☐ Not allowed
49	Confirmation instructions	☐Confirm/☐May add/☐Without Confirmation charge is for account of ☐ Beneficiary ☐ Applicant ※ 'May add' 또는 'Confirm' 선택 시 58A 항목 필수 입력 바랍니다.

242

58A	Request confirmation party	확인은행명(CONFIRMATION BANK NAME) _____ 지점명(BRANCH NAME) _____ BIC CODE :
	Transferable	☐ Allowed (Transferring Bank :)
48	Period for presentation in	____ (DAYS AFTER THE DATE OF SHIPMENT) ※ 기준조건이 Date of shipment가 아닌 경우, 47A필드 Other conditions 항목에 작성 바랍니다.
71B	Charges*	All banking charges outside korea are for account of ☐ Beneficiary ☐ Applicant ☐ Other _____ _____ _____ _____
47A	Additional conditions	☐ Late presentation(Stale) B/L acceptable ☐ T/T reimbursement : ☐Allowed ☐Prohibited ☐ The number of this credit must be indicated in all documents ☐ Other conditions (100 Line까지 가능) _____ _____ _____ _____

위와 같이 신용장 발행을 신청함에 있어서 따로 제출한 외국환거래약정서의 해당 조항을 따를 것을 확약하며, 아울러 위 수입물품에 관한 모든 권리를 귀행에 양도하 겠습니다.

※ 본건 신용장 MT700 전문상 제재법위반 방지를 위한 자동문구발송에 동의합니다.
(If the presented shipping documents include any reference to countries, regions, entities, vessels or individuals subject to any applicable international sanctions regimes and relevant regulations imposed by governmental authorities, we shall not be liable for any delay or failure to pay, process or return such documents.)

	주 소 :
승인신청번호 :	
고 객 번 호 :	신청인 :　　　 (인)
	인감 및 원본확인

접 수 번 호 :	◉우리은행

※ 본건 수입과 연계된 거래가 이란, 북한 등 송금제한 국가와의 교역(수출 등)과 관련된 거래가 아님을 확약합니다. □

1) 작성 내용

CASE 7-2. Purchase Sheet 기준으로 다음과 같이 작성을 한다.

- **40A** [56] **취소불능화환신용장발행신청서**
- **52A 외환거래점** : SUNGSEO BRANCH (WOORI BANK)
- **31C 신청일자** : 2021년 10월 5일
- **20 신용장번호** :
- **용도코드** : N-일반 내수용

- SWIFT CODE : HVBKKRSE(XXX)

- **Advising Bank** : AMP BANK(Sydney RET Branch)

  31 Floor, 50 Bridge St., Sydney, NSW 2000, Australia

  (Ph. 612-2110 0001)

---

56) MT 700 Swift message type : 개설은행이 신용장 발행에서 조건과 조항에 관해 보낼 때에 메시지 앞에 붙이는 은행 간 공통인식 전신코드번호이다.

- **50 Applicant** : ALPS RI INC.

Unit 6401, Chunghyo Bldg., Kyeongbok Uni., 425 Jinjeop, Namyangju-si, Korea Republic (Ph. 82-31-525 2000)

- **59 Beneficiary** : GLEBE FASHION PTY. LTD.

Unit 402, 34 Wentworth St., Glebe, NSW 2037, Australia (Ph. 612-2730 0000)

- **32B Amount** : USD30,000.00

(SAY US DOLLARS THIRTY THOUSAND DOLLAR ONLY***)

- **39A Credit amount tolerance** : More 3% / Less 3%

- **31D Date and place of expiry** : 2021년 11월 20일 IN BENEFICIARY'S COUNTRY

- **44C Latest date of shipment** : 2021년 10월 31일

- **42C Drafts at...** : ■ At Sight

  □ Reimbursement(상환방식) □ Remittance(송금방식)

  □ Usance : □ Bank's □ Shipper's □ Domestic

- **46A Document required** :

■ 3/3 SET of clean on board ocean bills of lading made out to order and blank endorsed, marked Freight prepaid and Notify ALPS RI INC. Unit 6401, Chunghyo Bldg., Kyeongbok Uni., 425 Jinjeop, Namyangju-si, Korea Republic, Attn : Mr. Justin Choi, PH: 82-31-525 2000, FAX:

82-31-525 2021.

■ Insurance policy or certificate in duplicate, endorsed in blank for 110 percent of the invoice value, stipulating that claims are payable in the currency of the draft and also indicating a claim-setting agent in korea covering institute cargo clauses cargo/air transportation all risks, war risks.

■ Signed Commercial Invoice in 1 original fold, 2 copies indicating LC NO. and Contract NO.

■ Packing List in 1 original fold, 2 copies

■ Other Documents (100 Line까지 가능)

· Certificate of Origin in 1 original fold, 2 copies

· Beneficiary's certified copy of fax advice dispatched to applicant (FAX NO. 82-31-525 2021) within 1 day after shipment advising details of shipment and this credit NO.

· Inspection Certificate issued by the applicant approving a shipment sample.

· Test Report(SGS test report) issued by the SGS test institute must be presented to the Bank.

· Beneficiary's Certificate confirming their acceptance or non-acceptance of the amendments issued under this credit quoting the relevant amendment number, such certificate is not required if no amendment has been issued under this credit.

- **45A Description of goods and/or service :**

HS-CODE (4202)-(22)-(2000)

Country of Origin : Australian origin

Price term : CIF Busan Korea

Commodity Description (100 Line까지 가능)

KANGAROO EMBLEM BAG (SHELL : POLY 600D OXFORD FABRIC)

COL. BROWN 1,000PC   USD10.00/PC USD10,000.00

     NAVY   800PC   USD10.00/PC USD 8,000.00

     BLACK 1,200PC   USD10.00/PC USD12,000.00

--------------------------------- ------------

    TOTAL : 3,000PC   USD30,000.00

SHIPPING MARK

ALPS (IN DIA)

DESTINATION : BUSAN, KOREA

21-100

ITEM : K. BAG

COL. :

Q'TY :

C/NO. : 1~

MADE IN AUSTRALIA

- **44E Port of loading/Airport :** Sydney, Australia
- **44F Port of discharge/Airport :** Busan, Korea republic

- 44A Place of taking in charge :

- 44B Place of final destination :

- 43P Partial shipments : ☐ Allowed ■ Not allowed

- 43T Transshipment : ☐ Allowed ■ Not allowed

- 49 Confirmation instructions : ☐ Confirm/ ☐ May add/ ■ Without

  Confirmation charge is for account of ☐ Beneficiary ☐ Applicant

- 58A Request confirmation party :

  확인은행명(CONFIRMATION BANK NAME)

  지점명(BRANCH NAME)

  BIC CODE :

- Transferable : ☐ Allowed (Transferring Bank :   )

- 48 Period for presentation in : _3_ (DAYS AFTER THE DATE OF SHIPMENT)

- 71B Charges : All banking charges outside korea are for account of
              ■ Beneficiary ☐ Applicant ☐ Other

- 47A Additional conditions :

☐ Late presentation(Stale) B/L acceptable

■ T/T reimbursement : ☐ Allowed ■ Prohibited

■ The number of this credit must be indicated in all documents

■ Other conditions (100 Line까지 가능)

248

- T/T reimbursement is prohibited.
- All documents must be in English.
- More(03PCT) or Less(03PCT) in quantity and amount are acceptable.
- Should the shipment be effected by sea and destined to Korea Republic, Transport documents(s) must show this credit NO., the name, address and telephone NO. of delivery agent in Korea Republic.
- In case of queries, please contact Mr. Justin Choi at TEL NO. 031-525 2000 FAX NO. 031-525 2021.
- All documents are to be presented to us in one LOT by courier/speed post. Our address is WOORI BANK, SUNGSEO BRANCH, 1244, I-GOK DONG, DALSEO-GU, DAEGU-SI, KOREA REPUBLIC.

- **승인신청번호** : 은행 담당 직원이 기재
- **주소** :
- **고객번호** : 은행 담당 직원이 기재
- **신청인** : ALPS RI INC. 회사 명판과 직인(도장) 찍는 곳
- **인감 및 원본확인** : 은행 담당 직원의 확인
- **접수번호** : 은행 담당 직원이 기재

2) 내용 설명

- **40A 취소불능화환신용장발행신청서** : 신용장 형태
- **52A 외환거래점** : 수입상의 주거래은행으로 수입신용상의 개설지점을 적는다. SUNGSEO BRANCH (WOORI BANK)
- **31C 신청일자** : 개설 신청일자를 적는다.
- **20 신용장번호** : 은행 담당 직원이 적는 란이다.
- **용도코드** : N-일반 내수용
(A-군납용 원자재, B-가공무역용, E-수출용 원자재, G-정부용, L-임대차방식,

N-일반 내수용, P-대북 반입용, R-중계무역용, S-기타 외화획득용, T-수탁가 공무역용, X-제3국 도착 수입) 중에 선택한다. 해당 발주 건 CASE 7-2는 국내 판매용이므로 일반 내수용을 선택한다.

- **SWIFT CODE** : HVBKKRSE(XXX)

전 세계은행들의 식별코드로 영문과 숫자가 혼합되어 있다. 개설은행인 '우리은 행 성서지점'의 식별코드를 적는다. 같은 의미로 'BIC CODE'라 한다.

- **Advising Bank** : AMP BANK(Sydney RET Branch)

31 Floor, 50 Bridge St., Sydney, NSW 2000, Australia

(Ph. 612-2110 0001)

통지은행에 해당하며 신용장이 도착했음을 수출상에게 통지하고 인도해 주는 은 행이다. 보통 개설은행의 지점 또는 환거래계약이 되어있는 은행이 통지은행이 된다. 은행 담당 직원이 기재하도록 비워둔다.

- **50 Applicant** : ALPS RI INC.

Unit 6401, Chunghyo Bldg., Kyeongbok Uni., 425 Jinjeop, Namyangju-si, Korea Republic (Ph. 82-31-525 2000)

개설신청인으로 수입상의 회사명과 주소를 적는다.

- **59 Beneficiary** : GLEBE FASHION PTY. LTD.

Unit 402, 34 Wentworth St., Glebe, NSW 2037, Australia

(Ph. 612-2730 0000)

수익자로 수출상의 회사명과 주소를 적는다.

- **32B Amount** : USD30,000.00

(SAY US DOLLARS THIRTY THOUSAND DOLLAR ONLY***)

신용장 금액으로 계약한 발주서(Purchase Sheet)의 금액을 적는다.

글씨 금액과 숫자 금액이 서로 일치하지 않을 시 글씨 금액이 숫자 금액을 우선 시 하여 인정된다.

• **39A Credit amount tolerance** : More 3% / Less 3%

'More or less 조항' 또는 '허용치 조항'이라고 불린다.

발주서 금액 또는 수량에서 +3% 더 많이 선적하거나 -3% 더 적게 선적하여도 그것을 허용한다는 뜻이다. 따라서 실제 수출상이 선적할 때의 Commercial invoice(상업송장) 금액 또는 수량은 이 범위 내에서 원래 계약서와 차이가 날 수 있다. 신용장에는 아래와 같은 문구로 표기된다.

"+ MORE(03PCT) OR LESS(03PCT) IN QUANTITY AND AMOUNT ARE ACCEPTABLE."

• **31D Date and place of expiry** : 2021년 11월 20일 IN BENEFICIARY'S COUNTRY

신용장 유효기간을 말한다. 수익자 국가(수출지) 기준으로 2021년 11월 20일까지 유효하다. 따라서 수출상의 선적도 그 기간 내에 이행되어야 한다. 보통 납기로 부터 신용장 유효기간은 보름 정도의 여유를 둔다.

• **44C Latest date of shipment** : 2021년 10월 31일

선적일로 납품기일(납기)에 해당한다. 2021년 10월 31일이다. 이날 보다 이전에 선적하는 것은 문제가 되지 않는다.

• **42C Drafts at..** : ■ At Sight

             □ Reimbursement(상환방식)　　□ Remittance(송금방식)

             □ Usance : □ Bank's　□ Shipper's　□ Domestic

환어음은 일람출급어음으로 발행한다는 뜻이다. 이 신용장은 일람출급신용장임을

나타내고 있다.

- 46A Document required :

■ 3/3 SET of clean on board ocean bills of lading made out to order and blank endorsed, marked Freight prepaid and Notify ALPS RI INC, Unit 6401, Chunghyo Bldg., Kyeongbok Uni., 425 Jinjeop, Namyangju-si, Korea Republic, Attn : Mr. Justin Choi, PH: 82-31-525 2000, FAX: 82-31-525 2021,

46A 조항에는 수입상이 수출상에게 요구하는 선적서류/운송서류를 적는 란이다. 여기에 요구된 서류들은 수출상이 준비하여 선적 후 은행에 접수시켜야 하는 네고서류(NEGO)에 해당한다.

선하증권 3/3 SET(원본 3부).

선하증권의 Consignee 란에는 "To order"라 기재하고, Notify 란에는 "ALPS RI INC. Unit 6401, Chunghyo Bldg., Kyeongbok Uni., 425 Jinjeop, Namyangju-si, Korea Republic..."라 기재할 것을 명시하고 있다.

그리고 "해상운임은 CIF 조건거래이기에 선불(Prepaid)이라 기재를 하고, 선하증권 뒷면에 수출상이 배서하는데(회사고무날인, 명판, 직인, 서명날인) 피배서인을 지정하지 않고 백지배서(Blank endorsed)를 하라"라고 하였다.

■ Insurance policy or certificate in duplicate, endorsed in blank for 110 percent of the invoice value, stipulating that claims are payable in the currency of the draft and also indicating a claim-setting agent in korea covering institute cargo clauses cargo/air transportation all risks, war risks.

보험증권 Duplicate(원본 2부).

"보험증권은 인보이스금액의 110%로 보장하고 증권 뒷면에 수출상이 배서하는데 (회사고무날인, 명판, 직인, 서명날인) 피배서인을 지정하지 않고 백지배서하라.

환어음의 기재된 통화로 보험금 지급지를 한국에서 하는 것으로 명시한다. 보험증권은 적하보험약관(ICC, Institute cargo clauses)에 따른 적하화물/항공화물 운송에 대한 전위험담보, 전쟁위험담보조건으로 부보한다"라고 명시하였다.

■ Signed Commercial Invoice in <u>1 original fold, 2 copies indicating LC NO. and Contract NO.</u>
상업송장(원본 1부, 사본 2부).
"수출상은 LC 번호와 계약서 번호가 적힌 상업송장을 만들어 회사고무날인(명판, 직인)을 찍어 제출한다"라고 명시하였다.

■ Packing List in <u>1 original fold, 2 copies</u>
포장명세서(원본 1부, 사본 2부).

■ Other Documents (100 Line까지 가능) : 기타 서류
기타 서류는 신청인(수입상)이 생각하기에 추가적으로 필요한 서류로 수출상이 품질 및 생산관리를 제대로 이행하도록 통제할 수 있는 서류, 수출상 측에서 야기될 수 있는 문제를 미리 방지할 수 있도록 한 서류, 시험성적서(검사리포트) 등을 Other documents 란에 요청한다.

· <u>Certificate of Origin in 1 original fold, 2 copies</u>
원산지증명서 (원본 1부, 사본 2부).

· <u>Beneficiary's certified copy of fax advice dispatched to applicant (FAX NO. 82-31-525 2021) within 1 day after shipment advising details of shipment and this credit NO.</u>
수익자(수출상)의 쉬핑어드바이스 증명서(원본 또는 사본 1부).
이 증명서는 쉬핑어드바이스를 신청인(수입상)에게 선적 후 1일 이내에 하였다는

것을 확약하는 수출상이 자체적으로 발행한 증명서를 말한다.

수출상의 쉬핑어드바이스에는 선적 내용과 신용장 번호가 적혀있어야 한다.

이 경우 수익자(수출상)는 증명서, 쉬핑어드바이스 팩스 전문, 팩스한 시간이 기록된 팩스 리스트를 각각 원본 또는 사본 1부씩을 네고(NEGO) 시에 함께 매입은행에 제출해야 한다.

• <u>Inspection Certificate issued by the applicant approving a shipment sample.</u>

신청인(수입상)이 발행한 것으로 쉬핑샘플 품질을 승인한다는 검사증명서.

수익자(수출상)는 선적 전 쉬핑샘플을 수입상에게 보낸 후 품질 확인을 받고 검사증명서를 발행해 줄 것을 수입상에게 요청해야 한다. 수출상은 미리 서류를 받아 두어야 지체됨이 없이 선적 후 바로 은행에 네고(NEGO)할 수가 있다.

• <u>Test Report(SGS test report) issued by the SGS test institute must be presented to the Bank.</u>

시험성적서(SGS 시험기관에 수출상이 신청하여 발행된 시험성적서).

• <u>Beneficiary's Certificate confirming their acceptance or non-acceptance of the amendments issued under this credit quoting the relevant amendment number, such certificate is not required if no amendment has been issued under this credit.</u>

수익자(수출상)의 L/C 조견변경확인증명서.

L/C 조건변경이 필요한 경우 또는 조건변경을 한 경우에만 해당됨.

• **45A Description of goods and/or service :**

재화/또는 용역[57]에 대한 명세 (상품 명세)

---

57) 상품 : 경제에서 상품은 재화(Goods)와 무형의 서비스, 용역(Service)을 말한다.

HS-CODE (4202)-(22)-(2000) : HS 코드

Country of Origin : Australian origin : 원산지

Price term : CIF Busan Korea : 가격조건

Commodity Description (100 Line까지 가능) : 상품 명세

상품 명세는 Purchase Sheet(발주서, 계약서)에 나와 있는 품목명, 규격, 칼라,
수량, 단가, 총 금액, 쉬핑마크 등을 적어준다.

KANGAROO EMBLEM BAG (SHELL : POLY 600D OXFORD FABRIC)

COL. BROWN 1,000PC   USD10.00/PC   USD10,000.00

       NAVY   800PC   USD10.00/PC   USD 8,000.00

       BLACK   1,200PC   USD10.00/PC   USD12,000.00

       TOTAL : 3,000PC   USD30,000.00

SHIPPING MARK

ALPS (IN DIA)

DESTINATION : BUSAN, KOREA

21-100

ITEM : K. BAG

COL. :

Q'TY :

C/NO. : 1~

MADE IN AUSTRALIA

• **44E Port of loading/Airport** : Sydney, Australia 선적항.

- **44F Port of discharge/Airport** : Busan, Korea republic 도착항(양륙항).
- **44A Place of taking in charge** : Place of receipt, 수탁지. 공란으로 비워둔다.
- **44B Place of final destination** : Place of delivery, 최종목적지. 공란으로 비워둔다.

'수탁지'는 트럭에 의하여 물품을 싣는 지점에서 출발하여~ 항구까지의 내륙운송에서, '물품을 싣는 곳'을 뜻한다.

'최종목적지'는 트럭에 의하여 물품을 싣는 항구에서 출발하여~ 최종 배달지 지점까지의 내륙운송에서, '최종 배달지'를 뜻한다.

신청인(수입상)이 신용장에서 복합운송선하증권(FIATA multimodal transport bill of lading)을 요구한다고 명시한 경우 수익자(수출상)는 B/L(선하증권) 발행 신청 시 반드시 수탁지와 최종목적지를 증권에 기재하여야 한다. 그래야 하자(Discrepancy)를 막을 수 있다.

① 신용장 복합운송선하증권 발행요구 명시의 문구 예
SHIPMENT FROM : SYDNEY
SHIPMENT TO : BUSAN
"FULL SET MULTIMODAL TRANSPORT DOCUMENT CONSIGNED TO ORDER OF ABC BANK SHOWING FREIGHT PREPAID."

이 경우 B/L(선하증권)에 수탁지(Place of taking in charge 또는 Place of receipt), 선적항(Place of loading), 도착항(Place of discharge), 최종목적지(Place of destination 또는 Place of delivery) 4가지가 반드시 기재되도록 수출상은 포워더에게 B/L 신청 시에 신청해야 한다. 예시는 아래와 같다.

② B/L(선하증권) 상 표기의 예
Place of taking in charge(Place of receipt) : Glebe, Sydney

Place of loading : Sydney, Australia.

Place of discharge : Busan, Korea republic.

Place of destination(Place of delivery) : Daegu.

해석 : 수탁지는 Glebe, Sydney이며 선적항은 Sydney항, 도착항은 부산항, 최종목적지는 대구이다.

일반적인 발주 건의 경우 수탁지(Place of taking in charge 또는 Place of receipt)와 최종목적지(Place of destination 또는 Place of delivery)는 기재하지 않는다. 따라서 신용장개설신청서에 공란으로 비워둔다.

- **43P Partial shipments :** ☐ Allowed ■ Not allowed

분할선적 : 허용하지 않음

특별한 경우가 아닌 한 분할선적은 허용하지 않는다.

- **43T Transshipment :** ☐ Allowed ■ Not allowed

환적 : 허용하지 않음

특별한 경우가 아닌 한 환적은 허용하지 않는다.

- **49 Confirmation instructions :** ☐ Confirm/ ☐ May add/ ■ Without

    Confirmation charge is for account of ☐ Beneficiary ☐ Applicant

Confirmation instructions은 '확인신용장(Confirmed L/C)으로 하겠느냐'라는 항목이다. 수익자(수출상)가 개설은행의 신용을 믿지 못해 개실은행과 별도로 주가적으로 대금 지급 책임을 질 제3의 은행의 확약(확인은행, Confirming Bank)을 요구하는 것을 말한다. 확인은행은 대체로 개설은행의 대외적 신용도가 낮거나 수입국의 지위가 낮은 경우 개설은행과 별도로 지급 확약을 추가하는 은행이다. 보통 수출지에 우수 은행이 확인은행이 되며 수출상은 두 은행으로부터 각기 독자적인 지급 확약을 받게 된다.

신청인(수입상)과 사전협의를 통해 판단하는데 선택항목에는 CONFIRM, MAY ADD, WITHOUT 세 가지가 있다.

'CONFIRM'은 확인신용장을 개설하겠다는 의미이고(비싼 수수료 발생),

'MAY ADD'는 확인신용장을 개설할 수도 있다는 것이며,

'WITHOUT'은 확인신용장을 개설하지 않겠다는 의미이다.

일반적으로 WITHOUT으로 진행을 한다. 따라서 CONFIRM 시에 발생하는 비싼 수수료(Confirmation charge)는 해당사항이 없으므로 공란으로 비워둔다.

- **58A Request confirmation party :**

    확인은행명(CONFIRMATION BANK NAME)

    지점명(BRANCH NAME)

    BIC CODE :

49조항에서 확인신용장으로 하겠다(CONFIRM)라고 한 경우에만 해당한다.

위 건은 'WITHOUT'으로 해당사항이 없으므로 공란으로 비워둔다.

- **Transferable :** □ Allowed (Transferring Bank :   )

'양도가능신용장(Transferable Credit)으로 하겠느냐'라는 항목이다.

양도가능신용장은 수익자(수출상)가 신용장 금액의 일부 또는 전부를 제3자에게 양도할 수 있는 신용장으로, 수출상의 별도의 요청이 없다면, 해당사항이 없다. 따라서 공란으로 비워둔다. 만약 체크를 하면 신용장에 TRANSFERABLE 단어가 기재된다.

- **48 Period for presentation in :** 3 (DAYS AFTER THE DATE OF SHIPMENT)

'서류제출기한은 선적일 후 3일 이내이다.'

수익자(수출상)는 선적서류/운송서류를 선적일 후 3일 이내에 은행에 제출하여야 한다(NEGO, 매입).

신청인(수입상)은 은행을 통해서 빨리 해당 서류들을 받아 수입통관을 해야 하므로 개설 시 제출기한에 너무 여유를 두지 않는다. 대체로 3~4일이 적당하다.

- **71B Charges** : All banking charges outside korea are for account of
  ■ Beneficiary　□ Applicant　□ Other

한국(수입국) 밖의 모든 은행 수수료 발생은 수익자(수출상)가 부담을 한다.
All banking charges outside는 보통 수익자(수출상) 부담으로 한다.

- **47A Additional conditions** : 추가조건

□ Late presentation(Stale) B/L acceptable.
'때늦은 스테일비엘을 받아들일 수 있다'라는 뜻이다.
스테일비엘(기간경과선하증권)은 신용장에 선적서류/운송서류 제출 기한(48조항 Period for presentation) 내에 매입은행에 제시되지 않은 선하증권을 말한다.
보통 기간경과선하증권은 매입은행에서 받아주지 않는다. 단, 신청인(수입상)이 받아 줄 수 있다면 미리 신용장 신청 시에 이 항목을 체크하고 그렇지 않다면 비워둔다.

■ T/T reimbursement : □ Allowed　■ Prohibited
신용장거래에서 은행 간 대금정산방식으로 송금방식(Remittance)과 상환방식(Reimbursement)이 있다.
▪ 송금방식(Remittance)은 매입은행이 선적서류와 환어음을 개설은행으로 보내고 개설은행은 선적서류를 받은 후 하자가 없는지 확인하고 매입은행으로 대금을 송금하는 방식이다.

▪ 한편 상환방식(Reimbursement)은 매입은행이 선적서류는 개설은행으로 보내고 대금청구(전신/우편으로 환어음 발송)는 지정된 상환은행으로 하여 상환은행이 매입은행으로 대금을 송금하는 방식이다.(이때에 상환은행은 개설은행과 예치

환거래은행에 있는 은행으로 지정된다).

상환방식(Reimbursement) 내에서 대금지급은 2가지가 있는데 ;

① 신용장에 "T/T REIMBURSEMENT IS ALLOWED"라고 되어 있으면 '전신환에 의한 상환이 허용된다'라는 뜻이다.

즉, 매입은행이 상환은행 앞으로 환어음을 **"전신(Cable, Telex, SWIFT 등)으로"** 온라인 발송하여 상환 청구(Claim)를 하면 바로 매입은행에게 대금결제가 이루어 진다. 따라서 이후 발생하는 환가료(Exchange commission)[58] 및 기간수수료를 수입상이 부담하게 된다.

이는 개설은행이 매입은행으로부터 선적서류를 인수하고 수입자로부터 대금결제 를 받는 것보다 날짜 수가 훨씬 이르고 이에 따른 날짜 수 차이가 나는 만큼의 환가료 및 기간수수료 발생 등은 수입상이 부담한다. 더구나 신용장 대금에 클수 록 수수료 부담이 높아진다.

② 반면 신용장에 "T/T REIMBURSEMENT IS NOT ALLOWED/PROHIBITED" 라고 되어 있으면 '전신환에 의한 상환은 금지된다'라는 뜻이다.

매입은행이 상환은행 앞으로 환어음을 전신(Cable, Telex, SWIFT 등)이 아닌 **"우편(Mail) 발송으로"** 오프라인 발송하면 상환은행은 그것을 국제 우편으로 받 은 후에, 그리고 개설은행으로부터 매입지시가 있은 후 매입은행에 대금결제를 하게 된다. 따라서 시일이 걸린다. 이는 개설은행이 매입은행으로부터 선적서류 를 인수하여 하자 여부를 검토한 후 상환은행에 상환토록 함으로써 어떠한 수입 자 부담의 환가료 및 기간수수료 발생이 방지된다. 따라서 수입상이 유리하므로 개설은행이 선적서류를 인수하기 전에 전신환(T/T)에 의한 상환방식을 대체로 금 지(T/T reimbursement is not allowed/prohibited)하고 있다.

---

58) 환가료 : 수출환어음 및 외화수표 매입 등의 외환거래 시 발생하는 이자성 수수료이다. 신용장에서는 은행이 수출상에게 대금결제가 나가고 이후 수입상으로부터 대금결제가 들어오는데 소요 기간 동안의 외환거래 자금 부담에 따르는 이자성 수수료이다.

※ 상환방식(Reimbursement)은 일람출급신용장(Sight L/C) 뿐만 아니라 기한부 신용장 뱅커 유전스(Banker's usance L/C)에도 사용된다.

■ The number of this credit must be indicated in all documents
이 신용장 번호는 모든 선적서류/운송서류 및 기타 서류에 적혀 있어야 한다.

■ Other conditions (100 Line까지 가능)
기타 조건들
- T/T reimbursement is prohibited.
전신환 방법에 의한 상환방식은 금지된다.
- All documents must be in English.
모든 서류는 영어로 작성되어야 한다.
- More(03PCT) or Less(03PCT) in quantity and amount are acceptable.
신용장에 기재된 수량 또는 금액의 +/-3% 허용치를 받아들인다.
- Should the shipment be effected by sea and destined to Korea Republic, Transport documents(s) must show this credit NO., the name, address and telephone NO. of delivery agent in Korea Republic.
선적은 한국을 목적지로 해상으로 진행되어야 한다. 선하증권에는 신용장 번호와 한국의 화물(복합)운송주선업자의 이름, 주소, 전화번호가 적혀있어야 한다.
여기서 화물(복합)운송주선업자는 포워더를 뜻한다.

- In case of queries, please contact Mr. Justin Choi at TEL NO. 031-525 2020 FAX NO. 031-525 2021.
문의사항이 있는 경우 이 번호로 담당자 Justin Choi(신청인)에게 연락을 한다.

- All documents are to be presented to us in one LOT by courier/speed

post, Our address is WOORI BANK, SUNGSEO BRANCH, 1244, I-GOK
DONG, DALSEO-GU, DAEGU-SI, KOREA REPUBLIC.

모든 선적서류/운송서류들은 쿠리어/특송 우편에 의해 한 단위로 우리에게 보내
져야 합니다. 우리 주소는 대한민국 대구 달서구 이곡동 1244번지, 우리은행, 성
서지점입니다.

- **승인신청번호** : 은행 담당 직원이 기재
- **주소** :
- **고객번호** : 은행 담당 직원이 기재
- **신청인** : ALPS RI INC. 회사 명판과 직인(도장) 찍는 곳
- **인감 및 원본확인** : 은행 담당 직원의 확인
- **접수번호** : 은행 담당 직원이 기재

6. 신용장 원본

수입상은 수출상과의 계약서 CASE 7-2. Purchase sheet를 바탕으로 신
용장개설신청서를 작성하고 신청하였다.

개설은행은 이제 신용장을 발행하고 신용장 원본(Original L/C)을 수출지 통
지은행 앞으로 보낸다. 통지은행은 이것을 다시 수출상에게 도착통지를 하고
신용장 원본을 인도한다.

신용장은 원본이 1부이며 유가증권이므로 수출상은 오더가 끝날 때까지 원
본은 따로 보관하고 별도로 1부 복사하여 복사본으로 업무를 본다. 그리고
**수출상은 선적 후 보통 3~4일 이내에 선적서류, 환어음을 발행하여 매입은
행에 NEGO할 때 함께 신용장 원본을 제출하여야 한다.**

그럼 CASE 7-3. 신용장개설신청서의해 개설된, 수출상이 받아 보게 될,
신용장 원본을 살펴보기로 하자.

AMP BANK

ORIGINAL

31 FLOOR, 50 BRIDGE STREET, SYDNEY
NSW 2000, AUSTRALIA

TEL: (612)2110 0001
TELEX : AU920214 SYDNEY
SWIFT : AMPBAU2SRET
DATE : 07.10.2021 PAGE : 1

ADVICE OF
IRREVOCABLE DOCUMENTARY CREDIT

*Advice No : AD100-205-741001
*Credit No : LC9607235/01

Issuing Bank : HVBKKRSE(XXX)
WOORI BANK (SUNGSEO)
KOREA REPUBLIC

*Beneficiary :
 GLEBE FASHION PTY.LTD.
 UNIT 402, 34 WENTWORTH ST.,
 GLEBE, NSW2037, AUSTRALIA

Applicant :
ALPS RI INC.
UNIT 6401, CHUNGHYO BLDG.,
KYEONGBOK UNI., 425 JINJEOP
NAMYANGJU-SI, KOREA REPUBLIC
DEAR SIR(S)

*Amount : USD30,000.00
*Expiry date : 20.11.2021

We are pleased to inform you, without any responsibility on our part, that we have
received a telegraphic message dated 05/10/2021 from WOORI BANK, KOREA REPUBLIC
reading as follows :

MT S700		Issue of a Documentary Credit
Sequence of Total	*27	: 1/1
Form of Doc. Credit	*40A	: IRREVOCABLE
Doc. Credit Number	*20	: LC9607235/01
Date of issue	31C	: 05 OCTOBER 2021
Expiry	*31D	: Date 20 NOVEMBER 2021 Place AUSTRALIA
Applicant	*50	: ALPS RI INC.
		UNIT 6401, CHUNGHYO BLDG., KYEONGBOK UNI.,
		425 JINJEOP, NAMYANGJU-SI, KOREA REPUBLIC
Beneficiary	*59	: GLEBE FASHION PTY.LTD.
		UNIT 402, 34 WENTWORTH ST.,
		GLEBE, NSW2037, AUSTRALIA
Amount	*32B	: Currency USD Amount 30,000.00
Amount tolerance	39A	: MORE 3%/ LESS 3%
Available with..By..	*41a	: ANY BANK
		BY NEGOTIATION
Drafts at..	42C	: AT SIGHT
		FOR 100PCT OF INVOICE VALUE
Drawee	42a	: WOORI BANK, SUNGSEO BRANCH
Partial Shipment	43P	: NOT ALLOWED

---- to be continued on page 2

ADVICE OF   *Advice No : AD100-205-741001
IRREVOCABLE DOCUMENTARY CREDIT   *Credit No : LC9607235/01

Transshipment   43T : NOT ALLOWED
Loading in Charge   44E : SYDNEY, AUSTRALIA
For Transport to..   44F : BUSAN, KOREA
Latest Date of Ship.   44C : 31 OCTOBER 2021
Descript. of Goods   45A :
        + HS-CODE 4202.22.2000
        COUNTRY OF ORIGIN : AUSTRALIAN ORIGIN
        PRICE TERM : CIF BUSAN KOREA
        KANGAROO EMBLEM BAG (SHELL: POLY 600D OXFORD FABRIC)
        COL. BROWN   1,000PC USD10.00/PC   USD10,000.00
              NAVY   800PC USD10.00/PC   USD 8,000.00
              BLACK   1,200PC USD10.00/PC   USD12,000.00
        TOTAL: 3,000PC   USD30,000.00

        SHIPPING MARK:

              ALPS (IN DIA)
              DESTINATION : BUSAN, KOREA
              21-100
              ITEM : K. BAG
              COL. :
              Q'TY :
              C/NO. : 1~
              MADE IN AUSTRALIA

Documents required   46A :
    1. 3/3 SET OF CLEAN ON BOARD OCEAN BILLS OF LADING
    MADE OUT TO ORDER AND BLANK ENDORSED, MARKED FREIGHT PREPAID AND
    NOTIFY ALPS RI INC. UNIT 6401, CHUNGHYO BLDG., KYEONGBOK UNI., 425 JINJEOP,
    NAMYANGJU-SI, KOREA REPUBLIC. ATTN: MR. JUSTIN CHOI, PH: 82-31-525 2000 FAX:
    82-31-525 2021.

    2. INSURANCE POLICY OR CERTIFICATE IN DUPLICATE, ENDORSED IN BLANK FOR
    110 PERCENT OF THE INVOICE VALUE, STIPULATING THAT CLAIMS ARE
    PAYABLE IN THE CURRENCY OF THE DRAFT AND ALSO INDICATING A
    CLAIM-SETTLING AGENT IN KOREA COVERING INSTITUTE CARGO CLAUSES
    CARGO/AIR TRANSPORTATION ALL RISKS, WAR RISKS.

    3. SIGNED COMMERCIAL INVOICE IN 1 ORIGINAL FOLD, 2 COPIES INDICATING LC
    NO. AND CONTRACT NO.

                             ---- to be continued on page 3

264

ADVICE OF   *Advice No : AD100-205-741001
IRREVOCABLE DOCUMENTARY CREDIT   *Credit No : LC9607235/01

----

4. PACKING LIST IN 1 ORIGINAL FOLD, 2 COPIES.

5. CERTIFICATE OF ORIGIN IN 1 ORIGINAL FOLD, 2 COPIES.

6. BENEFICIARY'S CERTIFIED COPY OF FAX ADVICE DISPATCHED TO APPLICANT
(FAX NO. 82-31-525 2021) WITHIN 1 DAY AFTER SHIPMENT ADVISING DETAILS
OF SHIPMENT AND THIS CREDIT NO.

7. INSPECTION CERTIFICATE ISSUED BY THE APPLICANT APPROVING A SHIPMENT
SAMPLE.

8. TEST REPORT(SGS TEST REPORT) ISSUED BY THE SGS TEST INSTITUTE MUST
BE PRESENTED TO THE BANK.

9. BENEFICIARY'S CERTIFICATE CONFIRMING THEIR ACCEPTANCE OR
NON-ACCEPTANCE OF THE AMENDMENTS ISSUED UNDER THIS CREDIT QUOTING
THE RELEVANT AMENDMENT NUMBER, SUCH CERTIFICATE IS NOT REQUIRED IF NO
AMENDMENT HAS BEEN ISSUED UNDER THIS CREDIT.

Additional Cond.   47A :
+ T/T REIMBURSEMENT IS PROHIBITED.

+ THE NUMBER OF THIS CREDIT MUST BE INDICATED IN ALL DOCUMENTS.

+ ALL DOCUMENTS MUST BE IN ENGLISH.

+ MORE(03PCT) OR LESS(03PCT) IN QUANTITY AND AMOUNT ARE ACCEPTABLE.

+ SHOULD THE SHIPMENT BE EFFECTED BY SEA AND DESTINED TO KOREA
REPUBLIC. TRANSPORT DOCUMENTS(S) MUST SHOW THIS CREDIT NO., THE
NAME, ADDRESS AND TELEPHONE NO. OF DELIVERY AGENT IN KOREA REPUBLIC.

+ IN CASE OF QUERIES, PLEASE CONTACT MR. JUSTIN CHOI AT TEL NO. 031-525 2000
FAX. NO. 031-525 2021.

+ ALL DOCUMENTS ARE TO BE PRESENTED TO US IN ONE LOT BY COURIER/SPEED
POST. OUR ADDRESS IS WOORI BANK, SUNGSEO BRANCH, 1244, I-GOK DONG,
DALSEO-GU, DAEGU-SI, KOREA REPUBLIC.

---- to be continued on page 4

ADVICE OF   *Advice No : AD100-205-741001

IRREVOCABLE DOCUMENTARY CREDIT   *Credit No : LC9607235/01

Details of Charges 71B : ALL BANKING CHARGES OUTSIDE APPLICANT'S COUNTRY ARE
                           FOR ACCOUNT OF BENEFICIARY.

Presentation Period 48 : DOCUMENTS TO BE PRESENT WITHIN 3 DAYS
                           AFTER THE DATE OF SHIPMENT
                           BUT WITHIN THE VALIDITY OF THE CREDIT.

Confirmation   *49 : WITHOUT

Instructions   78 :
     + WE HEREBY UNDERTAKE THAT ALL DRAFTS DRAWN UNDER AND IN COMPLIANCE
       WITH THE TERMS AND CONDITIONS OF CREDIT WILL BE DULY HONORED ON
       PRESENTATION AT THIS OFFICE.
     + A DISCREPANCY FEE FOR USD60.00 WILL BE DEDUCTED FROM THE PAYMENT FOR
       EACH SET OF DOCUMENTS CONTAINING DISCREPANCY(IES).
     + IF WE GIVE NOTICE STATING ALL DISCREPANCIES IN RESPECT OF WHICH WE
       REFUSE THE DOCUMENTS, WE SHALL HOLD THE DOCUMENTS AT YOUR DISPOSAL.
       BUT IF WE DO NOT RECEIVE YOUR INSTRUCTIONS FOR RETURNING THE
       DOCUMENTS WHEN THE APPLICANT WAIVES THE DISCREPANCIES, WE SHALL
       RELEASE THE DOCUMENTS TO THE APPLICANT ACCORDINGLY.

This advice constitutes a documentary credit by the above mentioned bank and must be presented with the document/drafts for negotiation/payment/acceptance.

Please note that we assume no responsibility for any errors and/or omissions in the teletransmission and/or translation of the message.

Except so far as otherwise expressly stated, this documentary credit is subject to the "Uniform Customs and Practice for documentary credits" (2007 revision) international chamber of commerce publication No. 600

YOURS FAITHFULLY

AMP BANK

AMP BANK

AUTHORIZED SIGNATURE

AD100-205-741001

1) 내용 설명

* ADVICE OF IRREVOCABLE DOCUMENTARY CREDIT

– 취소불능화환신용장[59]

* AMP BANK

– 통지은행 : 통지은행의 주소, 전화번호, 텔렉스번호, SWIFT 코드(은행식별번호) 신용장 전문이 통지은행의 용지 하에 타이핑되어 수출상에게 인도된다.

따라서 사용하는 조항 명칭(Field name)이 개설은행과 조금 다르게 표현되기도 한다. 예로 들어 개설은행에서 사용한 '45A Description of goods and/or service' 조항이 통지은행 신용장 전문에는 'Descript. of Goods 45A' 식으로 나타난다. 하지만 여기 붙은 조항 전신코드번호(Tag) '45A'는 전 세계 동일하다. 또한 거기에 기재될 내용은 개설은행/신청인이 발행한 전문 그대로 표기된다.

* Advice No : AD100-205-741001

– 통지 번호

* Credit No : LC9607235/01

– 신용장 번호[60]

* Issuing Bank : HVBKKRSE(XXX)

WOORI BANK (SUNGSEO)

KOREA REPUBLIC

– 개설은행 : SWIFT 코드(은행식별번호), 은행 이름

---

59) '취소불능신용장'이란, 일단 개설된 신용장은 신청인(바이어), 개설은행, 확인은행, 수익자(수출상) 전원의 동의 없이는 조건변경 및 취소할 수 없는 신용장을 말한다.

60) 수출상이 선적서류를 준비할 때 종종 신용장 번호와 통지 번호를 혼동하여 선적서류에 잘못 기재하는 경우가 있다. 신용장(신용장 번호)은 Letter of Credit(L/C NO.), 또는 Documentary Credit(D/C NO.)이라고 한다.

* Beneficiary : 수익자(수출상)

* Applicant : 신청인(수입상)

* Amount : 총 금액

* Expiry Date : 2021. 11. 20 (신용장 유효기한)
----

* MT S700   Issue of a Documentary Credit

- MT S700은 'MT 700 Swift message type'이라 부르며 개설은행이 신용장 발행에서 조건과 조항에 관해 보낼 때에 메시지 앞에 붙이는 은행 간 공통인식 "MT 700 전신코드번호"이다.

MT 700은 Status(Optional/Mandatory, 선택/필수사항), Tag(조항 번호), Field name(조항 이름)으로 구성되어 있다.

예로 들어 신용장 첫 번째 항목의 경우 'Status(M), Tag(27), Field name(Sequence of Total)'이라고 규정되어 있다. 이것은 "Sequence of Total 27조항, 필수 입력사항"임을 뜻한다.

다음 10개 조항은 신용장 개설 신청 시 필수 입력사항(Mandatory)이다. ;

Status	Tag	Field name
M	27	Sequence of Total
M	40A	Form of Documentary Credit
M	20	Documentary Credit Number
M	40E	Applicable Rules
M	31D	Date and Place of Expiry
M	50	Applicant
M	59	Beneficiary
M	32B	Currency Code, Amount

M	41a	Available With...By...
M	49	Confirmation Instructions

위 조항들은 MT 700에 의해 발행되는 모든 신용장에는 나타나야 한다. 개설신청인 (수입상)은 걱정할 필요 없이 개설은행의 직원 안내에 따라 기재하면 된다.(이하 필수 조항은 번호 앞에 * 표시하여 구분하였다).

* Sequence of Total *27 : 1/1
- 27조항, [신용장 페이지 총수] : 전신 1건
1페이지 중에 1페이지 뜻으로, '실제 전신은 1페이지로 연결된 1건'이란 의미이다.

* Form of Doc. Credit *40A : IRREVOCABLE
- 40A 조항, [신용장 형태] : 취소불능화환신용장
대부분의 신용장은 "IRREVOCABLE"이란 단어가 기재되며 설령 이 단어의 명시가 없는 경우에도 취소불능화환신용장으로 간주한다.

* Doc. Credit Number *20 : LC9607235/01
- 20조항, [신용장 번호] : LC9607235/01

* Date of Issue 31C : 05 OCTOBER 2021
- 31C 조항, [신용장 개설일] : 2021년 10월 5일

* Expiry *31D : Date 20 NOVEMBER 2021 Place AUSTRALIA
- 31D 조항, [유효기한과 종료 장소] : 오스트레일리아 장소로 2021년 11월 20일

* Applicant *50 :
- 50 조항, [개설신청인] : 신청인(수입상)이름, 주소

* Beneficiary *59 :

- 59 조항, [수익자] : 수익자(수출상)이름, 주소

* Amount *32B : Currency USD Amount 30,000.00

- 32B 조항, [통화 종류 및 신용장 금액] : 미국 달러 금액 30,000.00

* Amount tolerance 39A : MORE 3%/ LESS 3%

- 39A 조항, [신용장 금액 또는 수량 허용치] : +3%/-3%

「신용장통일규칙(UCP600)」 "제30조. 신용장 금액, 수량 그리고 단가의 허용치"에는 이렇게 명시하고 있다.

① 신용장 금액 또는 신용장에서 표시된 수량 또는 단가와 관련하여 사용된 "about" 또는 "approximately"라는 단어는, 그것이 언급하는 금액, 수량 또는 단가에 관하여 +10%를 초과하지 않는 범위 내에서 많거나 적은 편차를 허용하는 것으로 해석된다.

② 만일 신용장이 수량을 포장단위 또는 개별단위의 특정 숫자로 기재하지 않고 청구금액의 총액이 신용장의 금액을 초과하지 않는 경우에는, 물품의 수량에서 +5%를 초과하지 않는 범위 내의 많거나 적은 편차는 허용된다.

③ 물품의 수량이 신용장에 기재된 경우 전량 선적되고 단가가 신용장에 기재된 경우 감액되지 않은 때, 또는 ②항이 적용되지 않는 때에는, 분할선적이 허용되지 않더라도 신용장 금액의 5% 이내의 편차는 허용된다. 이 편차는 신용장이 특정 편차를 명시하거나 ①항에서 언급된 표현을 사용하는 때에는 적용되지 않는다.

* Available with..By.. *41a : ANY BANK
                              BY NEGOTIATION

- 41a 조항, [신용장 사용은행과 사용방법] : 모든 은행(어느 은행에서나)에서 네

고(NEGO)[61] 할 수 있음.

신용장의 사용 가능한 은행(Place of Presentation : 매입은행)을 말하며 'ANY BANK'는 모든 은행을 뜻한다. 수출상은 어느 은행에서든 NEGO(매입)가 가능하다. 'With' 다음에는 신용장을 사용할 수 있는 은행명을, 'By' 다음에는 신용장의 사용방법을 나타낸다.

신용장은 그 신용장이 일람지급, 연지급, 인수 또는 매입에 의하여 이용 가능한지 여부를 명시하여야 한다 ;

BY SIGHT PAYMENT

BY DEFERRED PAYMENT

BY ACCEPTANCE

BY NEGOTIATION

* Drafts at.. 42C : AT SIGHT

FOR 100PCT OF INVOICE VALUE

- 42C 조항, [환어음의 지급기일] : Commercial Invoice(상업송장)에 나타난 100% 금액에 대한 환어음과 선적서류가 개설은행에 도래하면 바로 물품에 대한 대금지급이 이루어진다는 뜻으로 대금 결제방식/지급기일(AT SIGHT : 일람출급)을 나타내고 있다.

* Drawee 42a : WOORI BANK, SUNGSEO BRANCH

- 42a 조항, [환어음 지급은행(지급인)] : 우리은행, 성서지점[62]

어음지급인으로 보통 개설은행이 되며 또는 개설은행과 예치환거래은행인 제3국의 상환은행 또는 결제은행이 되기도 한다.

* Partial Shipment 43P : NOT ALLOWED

---

61) 네고(NEGO)란, 'Negotiation'의 약자로 수출상이 수출을 이행하고, 은행에 환어음, 선적서류를 제시하는 절차를 말한다. 이를 매입이라고도 표현한다.
62) Drawee는 어음지급인(개설은행), Drawer는 어음발행인(수출상)을 말한다.

- 43P 조항, [분할선적] : 허용 안 됨

일반적으로 분할선적은 허용하지 않는다고 명시한다.

이후 분할선적이 필요한 경우 L/C 조건변경(L/C amend)을 해야 한다.

■ **분할선적 (Partial Shipment)**

분할선적은 수출상이 최종 선적일 내에 계약한 수출물품의 양을 2회 이상으로 나눠서 시간적 간격을 두고 선적하는 것을 뜻한다. 보통 생산이 완료된 수량 먼저 선적하고 나머지 수량은 준비되는 대로 선적하는 것을 말한다.

① 분할선적 허용

신용장에 '금지하는 문구가 없는 경우' 분할선적은 허용된다.

분할선적을 금지하는 문구는 ;

• PARTIAL SHIPMENT IS NOT ALLOWED 또는

• PARTIAL SHIPMENT IS PROHIBITED 이다.

② 분할선적으로 보지 않는 경우

• 운송방법 : 해상운송 또는 항공운송

• 운송수단 : A 선박, B 선박..또는 A 항공, B 항공..

• 운송서류 : 선적서류(Commercial Invoice, Packing List 등)와 B/L

「신용장통일규칙(UCP600)」 제31조 분할청구 또는 분할선적에 따르면 ;

분할선적으로 보지 않는 경우는, "**같은 운송수단**에서 개시되고 같은 운송구간을 위한 선적을 증명하는 두 세트 이상의 운송서류로 이루어진 제시는, 그 운송서류가 **같은 목적지**를 표시하고 있는 한 비록 다른 선적 일자 또는 다른 선적항, 수탁지 또는 발송지를 표시하더라도 분할선적으로 보지 않는다. 제시가 두 세트 이상의 운송서류로 이루어지는 경우 어느 운송서류에 의하여 증명되는 가장 늦은 선적일을 선적일로 본다."라고 되어 있다.

설명하면 예로 들어 한국의 수출상은 총 오더량 200개 중 5월 1일 해상운송으로 인

천항에서 A 선박에 100개를 선적하고, 5월 3일 A 선박이 부산항에 도착하는 때 부산항에서 나머지 100개를 선적하였다. 그리하여 수입항인 미국 샌프란시스코항에 도착하는 경우 이때는 분할선적으로 보지 않는다. 선적은 두 번 이루어졌으므로 B/L (선하증권 : 운송서류)은 2개로 발행되며 가장 늦은 5월 3일을 선적일로 본다. 선적에 대한 B/L(선하증권 : 운송서류)이 2개로 발행되어도 미국의 수입상(수하인 : Consignee) 입장에서는 한 번에 수입 화물을 받게 되는 경우이다.

③ 분할선적으로 보는 경우

a. 「신용장통일규칙(UCP600)」 같은 조항에 따르면 ;

"같은 운송방법 내에서 둘 이상의 운송수단 상의 선적을 증명하는 하나 또는 둘 이상의 세트의 운송서류로 이루어진 제시는, 비록 운송수단들이 같은 날짜에 같은 목적지로 향하더라도 분할선적으로 본다."라고 되어 있다.

설명하면 예로 들어 한국의 수출상은 총 오더량 200개 중 5월 1일 해상운송으로 인천항에서 A 선박에 100개를 선적하고, 같은 날 B 선박에 나머지 100개를 선적하였다. 그리하여 수입항인 미국 샌프란시스코항에 비록 같은 날짜에 도착하는 경우에도 이때는 분할선적으로 본다. 선적에 대한 B/L(선하증권 : 운송서류)이 2개로 발행되어 미국의 수입상(수하인 : Consignee) 입장에서는 두 번에 걸쳐 수입 화물을 찾게 되는 경우이다.

b. 선적서류 발행

분할선적으로 만약 2회에 나눠 선적하는 경우, 수출상은 선적서류를 ;

• 1차 선적 시에 1차 선적분에 대한 수출신고필증, Commercial Invoice, Packing List, B/L 발행을 한다.

• 2차 선적 시에 2차 선적분에 대한 수출신고필증, Commercial Invoice, Packing List, B/L 발행을 한다.

– 1, 2차 모두 선적은 신용장 최종 선적일 이내에 해야 한다.

④ 특송, 우편의 경우

「신용장통일규칙(UCP600)」같은 조항에 따르면 ;

"둘 이상의 특송배달영수증, 우편영수증 또는 우송확인서로 이루어진 제시는 만일 특송배달영수증, 우편영수증 또는 우송확인서가 같은 특송배달용역 또는 우체국에 의하여 같은 장소, 같은 날짜 그리고 같은 목적지로 스탬프가 찍히거나 서명된 것으로 보이는 경우에는 분할선적으로 보지 않는다."라고 되어 있다.

설명하면 특송, 우편의 경우 둘 이상의 화물들을 하나의 특송 배달업체(또는 우체국)에 의하여 배달되는 경우 같은 날짜, 같은 목적지의 화물들은 분할선적으로 보지 않는다.

⑤ 분할선적을 하는 이유

• 수출량이 많아서 한꺼번에 생산 완료하기 어려운 경우
• 항공운송과 해상운송 등 서로 다른 운송 수단으로 선적하는 경우
• 수입자가 한 번에 결제하지 않고 나누어 결제할 경우
• 수입자가 수입통관에 대한 세액 부담이 되는 경우 등이다.

■ 할부선적 (Installment Shipment)

할부선적은 수입상이 신용장에 명시한 선적 일정에 따라 선적되어야 하며, 동 선적 일정에 따른 선적이 되지 않은 경우, 동 선적분을 포함한 향후 선적분에 대해 신용장의 효력이 상실된다. 따라서 할부선적 기간 내에 할부선적이 이루어지지 않은 경우 해당 신용장은 더 이상 사용할 수가 없다. 그러한 것을 '할부선적'이라 한다.

설명하면 예로 들어 수입상이 신용장에 총 오더량 200개를 5월에 30개, 6월에 30개, 7월에 40개, 8월에 100개로 나눠서 선적할 것을 명시하였다면, 수출상은 명시한 바와 동일한 수량으로 선적을 하여야 한다.

만약 5월분, 6월분은 이행을 하고 7월분에 20개밖에 선적하지 못하면, 7월분을 포함한 이후의 선적분에 대해서 신용장이 무효가 된다.

* Transshipment 43T : NOT ALLOWED

- 43T 조항, [환적] : 허용 안 됨

일반적으로 환적은 허용하지 않는다고 명시한다.

■ 환적 (Transshipment)

선적항에서 도착항까지 운송하는 도중에 원래의 운송수단에서 양하되어 다른 운송수단으로 재적재되는 것을 의미한다.

* Loading in Charge 44E : SYDNEY, AUSTRALIA

- 44E 조항, [선적항] : 시드니, 오스트레일리아

* For Transport to... 44F : BUSAN, KOREA

- 44F 조항, [도착항] : 부산, 한국

* Latest Date of Ship 44C : 31 OCTOBER 2021

- 44C 조항, [최종 선적 기일] : 2021년 10월 31일

* Descript. of Goods 45A :

- 45A 조항, [상품 명세] :

+ HS-CODE 4202.22.2000

COUNTRY OF ORIGIN : AUSTRALIAN ORIGIN

PRICE TERM : CIF BUSAN KOREA

KANGAROO EMBLEM BAG (SHELL : POLY 600D OXFORD FABRIC)

COL. BROWN 1,000PC   USD10.00/PC USD10,000.00

       NAVY   800PC   USD10.00/PC USD 8,000.00

      BLACK 1,200PC   USD10.00/PC USD12,000.00

TOTAL :   3,000PC   USD30,000.00

SHIPPING MARK :

        ALPS (IN DIA)

        DESTINATION : BUSAN, KOREA

        21-100

        ITEM : K. BAG

        COL. :

        Q'TY :

        C/NO. : 1~

        MADE IN AUSTRALIA

Purchase Sheet(발주서, 계약서)에 기재된 제품명, 스펙, 수량, 금액, 쉬핑마크 등 내용과 같아야 한다.

* Documents required 46A :

- 46A 조항, ［요구 서류］ : 선적서류/운송서류에 관한 조항(수출상의 NEGO서류) 46A 조항은 수익자(수출상)가 선적 시 준비해야 할 선적서류를 기재해 놓은 조항이다. 수출상은 반드시 환어음과 여기에 해당하는 서류들을 매입은행에 제출해야 한다 (NEGO, 매입행위). 그래야 수출물품대금을 결제 받을 수 있다.

그리고 중요한 것은 반드시 서류제출기한(Presentation period 48조항에 명시한 날짜) 이내에 제출하여야 한다. 따라서 수출상은 선적 후 한꺼번에 모든 서류들을 준비하려면 시간 상 어렵기 때문에 선적 10일 전부터 먼저 준비되는 서류들을 챙기고 미리 예상의 Commercial Invoice, Packing List 등을 만들어 두어야 제출기한을 맞출 수 있다.

1. 3/3 SET OF CLEAN ON BOARD OCEAN BILLS OF LADING

MADE OUT TO ORDER AND BLANK ENDORSED, MARKED FREIGHT PREPAID AND NOTIFY ALPS RI INC. UNIT 6401, CHUNGHYO BLDG., KYEONGBOK UNI., 425 JINJEOP, NAMYANGJU-SI, KOREA REPUBLIC. ATTN: MR. JUSTIN CHOI, PH: 82-31-525 2000 FAX: 82-31-525 2021.

- B/L(선하증권) 원본(Original) 3부.

"B/L 원본 3부를 제출하는데 선사/포워더에서 발행한 B/L의 Consignee 란에는 "To order"로 적혀있어야 하고, 화물은 Prepaid(선불), Notify 란에는 "ALPS RI INC..."으로 적혀있어야 한다. 그리고 매입 시 B/L 뒷면에 백지배서하라."라고 명시했다.

수출상은 이와 같이 선적서류를 만들고 선사/포워더에게 동일하게 B/L이 발행되도록 요청해야 한다.

• B/L(Bill of Lading) : 선하증권

• Consignee : 수화인/수하인 (물품을 찾을 수 있는 사람)

• Notify : 통지업체 (물품이 도착했음을 통지받는 사람)

• CIF 거래조건은 : B/L에 Prepaid 기재

• FOB 거래조건은 : B/L에 Collect 기재

• 백지배서(Blank endorsement) : 소유자가 증권에 피배서인(양수인)을 지정하지 않은 채 배서하는 것을 '백지배서'라고 한다. 이때에 배서 인도를 한 증권을 소유하고 있는 사람이 소유권을 가지게 된다.

• B/L의 FULL SET : Full Set 이란 원본 3부를 말하는데 원본 3부는 Original, Duplicate, Triplicate 타이틀로 발행되며 이들을 합쳐서 "FULL SET 3/3" 또는 "ORIGINAL 3/3"이라고 한다. 추가적으로 COPY 부수를 여러 장 받을 수 있다.

여기서 중요한 점은 ORIGINAL 3부(Original, Duplicate, Triplicate)가 각자 독립적

으로 효력이 있기 때문에 이 중 1부만 있어도(Original, Duplicate, Triplicate 중 1
부) 수입상은 물품을 찾을 수 있다는 것이다.

- 선하증권의 종류 : 선하증권의 종류에는 기명식 선하증권(Straight B/L)과 지시식
선하증권(Order B/L)이 있다.
기명식은 B/L Consignee 란에 특정 이름/회사명을 기재하여 그 사람만이 물품을 찾
을 수 있도록 한 것이다. T/T 거래나 항공화물운송장은 기명식 B/L 방식으로 한다.
반면 신용장 거래는 B/L Consignee 란에 특정한 이름을 기재하지 않고 위와 같이
"TO ORDER", "TO ORDER OF SHIPPER", "TO ORDER OF ABC BANK"라고 하는
지시식 선하증권이다. 배서 및 지시에 의해 양도된 선하증권 소지인이 물품을 찾을
수 있도록 한 것이다.(이에 대한 자세한 내용은 "부록 편"에 설명하겠다).

"TO ORDER"와 "TO ORDER OF SHIPPER"는 같은 뜻이다.
"SHIPPER의 지시를 받아, SHIPPER의 지시를 받은 자, SHIPPER의 지시인"으로 해
석하면 되겠다.
따라서 여기서는 선하증권 뒷면에 수출상(Shipper)이 배서하는데(회사고무날인, 명판
과 서명날인) 피배서인을 지정하지 않고 백지배서를 한다(Blank endorsed). 이렇게
하여 매입은행에 NEGO 시 제출하면 선하증권은 결국 수출상→ 매입은행→ 개설은행
→ 수입상 순으로 배서가 되고(순차배서 : Continuous chain of endorsement) 순차
적으로 소유권이 양도가 된다.[63] 최종적으로 수입상은 도착지 선사에게 B/L을 제시
하고 그 대가로 물품을 찾을 수 있게 된다.

2. INSURANCE POLICY OR CERTIFICATE IN DUPLICATE, ENDORSED IN
BLANK FOR 110 PERCENT OF THE INVOICE VALUE, STIPULATING THAT
CLAIMS ARE PAYABLE IN THE CURRENCY OF THE DRAFT AND ALSO
INDICATING A CLAIM-SETTLING AGENT IN KOREA COVERING INSTITUTE

---

63) TO ORDER, 백지배서의 경우 : 매입은행과 개설은행의 배서는 하지 않고 진행되기도 한다.

CARGO CLAUSES CARGO/AIR TRANSPORTATION ALL RISKS, WAR RISKS.

- 보험증권 원본 2부.

Insurance Policy를 '보험증권'이라고 한다.

"보험증권은 원본 2부를 제출하는데 Commercial Invoice금액(상업송장금액)의 110%
로 부보하고(보장하고) 증권 뒷면에 수출상은 회사고무날인(명판과 서명날인)을 찍어
백지배서하라. 환어음의 기재된 통화로 보험금 지급지를 한국에서 하는 것으로 명시
한다. 그리고 보험증권은 적하보험약관(ICC, Institute cargo clauses)에 따른 적하
화물/항공화물운송에 대한 전위험담보, 전쟁위험담보조건으로 부보하라."라고 명시했
다.

보험증권(Insurance policy)은 보험회사에서 발행되는 원본 부수가 2/2, 즉 2부이다.

3. SIGNED COMMERCIAL INVOICE IN 1 ORIGINAL FOLD, 2 COPIES
INDICATING LC NO. AND CONTRACT NO.

- Commercial Invoice 원본 1부, 사본(Copy) 2부.

Commercial Invoice를 일반적으로는 '상업송장'이라고 하고 수입통관 시 세관에서는
'송품장'이라 부르기도 한다.

"Commercial Invoice 원본 1부와 사본 2부를 제출하는데 거기에는 LC 번호와 계약
번호[64]가 적혀 있어야 하고 수출상의 회사고무날인(명판, 직인)이 돼 있어야 한다."
라고 명시했다.

수출상은 Commercial Invoice 서류 하단 오른 편에 회사고무날인(명판, 직인)을 찍
어서 제출한다.

회사고무날인은 명판, 직인, 인감, 인장, 봉인, 도장, 문상(紋章), 옥새, 사인방 등과
같은 의미로 사용된다. 실무에선 이들 중 어느 것 하나로 통일하여 선적서류를 진행
하면 된다. 단, 회사명이 새겨진 것이어야 한다. 영문으로 Company's chop이라 하
며, Seal, Signet, Stamp 등으로 표현할 수 있다.(이하 회사고무날인(명판, 직인)으
로 표현한다).

---

64) LC번호는 'LC9607235/01'을 적고, 계약번호는 CASE 7-2 발주서의 'S/C NO : 21-100'을 적으면
    된다.

4. PACKING LIST IN 1 ORIGINAL FOLD, 2 COPIES.

– 패킹리스트 원본 1부, 사본(Copy) 2부.

Packing list를 '포장명세서'라고 한다.

"패킹리스트 원본 1부, 사본(Copy) 2부를 제출해야 한다."라고 명시돼 있다.

수출상은 Packing List 서류 하단 오른 편에 수출상의 회사고무날인(명판, 직인)을 찍어서 제출한다.

5 CERTIFICATE OF ORIGIN IN 1 ORIGINAL FOLD, 2 COPIES.

– 원산지증명서 원본 1부, 사본(Copy) 2부.

Certificate of Origin을 '원산지증명서'라고 한다.

"원산지증명서 원본 1부, 사본(Copy) 2부를 제출해야 한다".라고 명시돼 있다.

수출상은 증명서 하단의 해당란에 수출상의 회사고무날인(명판, 직인)을 찍어서 제출한다.

6. BENEFICIARY'S CERTIFIED COPY OF FAX ADVICE DISPATCHED TO APPLICANT(FAX NO. 82-31-525 2021) WITHIN 1 DAY AFTER SHIPMENT ADVISING DETAILS OF SHIPMENT AND THIS CREDIT NO.

– 수익자증명서 1부.

– 쉬핑어드바이스 1부.

– "팩스 Confirm 확인" 프린트 1부.[65]

Beneficiary's Certificate를 '수익자증명서'라고 한다. 이것은 수출상에 의해 발행되는 모든 증명서를 포괄한다.

"46A Document required, Other documents : 기타 서류"에는 필요에 한하여 주로 아래의 증명서들이 수입상으로부터 신청되어(요구되어) 기재된다 ;

---

65) "팩스 Confirm 확인"은 팩스기기에 팩스 후 시간대별 송신과 수신 기록을 출력할 수 있도록 관련 메뉴가 있다.

- Certificate of Origin (원산지증명서)

- FTA Certificate of Origin (FTA 원산지증명서) 또는 특혜관세 원산지증명서

- Beneficiary에 의한 Inspection Certificate 검사증명서 (Beneficiary Certificate)

- Beneficiary에 의한 기타 증명서 (Beneficiary Certificate)

- Applicant에 의한 Inspection Certificate 검사증명서 (Applicant Certificate)

- Applicant에 의한 기타 증명서 (Applicant Certificate)

- Consular Invoice (영사송장)[66]

- Customs Invoice (세관송장)[67]

"수출상은 수익자증명서를 제출하는데, 선적 후 1일 이내에 선적 내용과 신용장 번호가 적힌 팩스 통지(쉬핑어드바이스)를 신청인(수입상)에게 해 주고, 또한 그렇게 이행했다는 증명서를 제출하라"라고 명시돼 있다.

따라서 수출상은 쉬핑어드바이스 전문 1부, 그것을 수입상에게 팩스하고 팩스가 잘 들어갔다는 팩스 Confirm 확인 프린트 1부, 그리고 이행했음을 확약하는 수익자증명서 1부 이렇게 준비를 해야 한다.

3가지 모든 서류 하단 오른 편에 수출상의 회사고무날인(명판, 직인)을 찍어서 제출한다.

수출상은 46A 조항 신용장 기타 서류에서 원본과 사본(Copy)에 대해 특별히 구분하여 명시하지 않은 문구에 대해서는 원본 1부와 사본(Copy) 3부를 기본으로 준비하여 NEGO에 제출하는 것이 안전적이다. 원본은 회사고무날인(명판, 직인) 후 인주(印朱)가 묻어 있는 것을 뜻하며, 사본(Copy)은 그것을 복사한 것을 뜻한다.

7. INSPECTION CERTIFICATE ISSUED BY THE APPLICANT APPROVING A

---

66) Consular Invoice(영사송장) : 수출국에 주재하는 수입국의 영사가 작성 또는 사증하는 것으로, 중남이, 중동 국가 등에서는 수입 화물의 관세 가격 결정, 덤핑 방지, 수입세 탈세 방지의 목적으로 수출상은 NEGO 할 때 수출국 주재 수입국 영사의 영사송장을 발급받아 제출해야 한다.

67) Customs Invoice(세관송장) : 수입국 세관이 수입 화물에 대한 관세 가격 결정, 덤핑 유무의 확인, 쿼터 관리, 수입 통계의 목적으로 일부 국가에서 이를 요구한다. 영사송장과 같은 목적으로 사용되며 반드시 지정된 양식을 사용해야 하고 뒷면에 있는 원산지란에 수출국의 국명이 기재되어 있어야 한다. 따라서 수출상은 수입상으로부터 세관송장 서식을 보내달라고 요청을 하고, 세관송장에 들어가야 할 문구를 알려달라고 하여 그것을 기재토록 한다.

SHIPMENT SAMPLE.

- 신청인(수입상)의 검사증명서 원본 1부.

Applicant's Certificate를 '신청인증명서'라고 한다. 이것은 수입상에 의해 발행되는 모든 증명서를 포괄한다.

"신청인(수입상)이 발행한 것으로 쉬핑샘플 품질을 승인한다는 내용의 검사증명서를 제출하라"라고 명시돼 있다.

따라서 수출상은 선적 전 생산된 견본샘플 즉, 쉬핑샘플을 수입상에게 보낸다. 그리고 수입상으로부터 품질 승인을 받은 후 수입상이 검사증명서를 발행하여 회사고무날인(명판, 직인)을 찍은 다음 우편 또는 쿠리어로 보내 줄 것을 요청해야 한다.

신청인의 검사증명서를 받은 후 수출상은 서류 하단 적당한 자리에 수출상의 회사고무날인(명판, 직인)을 찍어서 제출한다.

수출상의 모든 NEGO 서류에는 수출상의 회사고무날인(명판, 직인)을 찍어 제출한다고 생각하면 된다. 불명확한 경우에는 담당 은행 직원에게 묻고 안내에 따른다.

8. TEST REPORT (SGS TEST REPORT) ISSUED BY THE SGS TEST INSTITUTE MUST BE PRESENTED TO THE BANK.

- 시험성적서 원본 1부.

수익자(수출상)가 시험 기관(SGS)으로부터 발급받아야 할 시험성적서 원본 1부이다.

"SGS 시험 기관으로부터 발급된 시험성적서를 은행에 제출하라"라고 명시돼 있다.

수출상은 본 건 견본샘플 시료를 SGS 시험 기관에 보내어 시험성적서를 발급받아야 한다. 시험성적서는 계약 전 수입상과 이미 합의한 규격, 품질 수치에 도달해야 한다.

만약 미달 시에는 생산되고 있는 제품을 수정 또는 개선하고, 선적 전 합격될 때까지 시험성적서를 신청하여 다시 발급받아야 한다. 하지만 최종적으로 시험성적서가 수치에 근접했으나 다소 미달 시에는 수입상과 협의하여 승낙을 얻은 뒤 제출 서류로 이용한다.

시험성적서의 경우 수출상이 회사고무날인(명판, 직인)을 찍어야 할 공간이 여의치 않다. 따라서 이러한 경우 담당 은행 직원에게 묻고 안내에 따른다.

9. BENEFICIARY'S CERTIFICATE CONFIRMING THEIR ACCEPTANCE OR
NON-ACCEPTANCE OF THE AMENDMENTS ISSUED UNDER THIS CREDIT
QUOTING THE RELEVANT AMENDMENT NUMBER, SUCH CERTIFICATE IS
NOT REQUIRED IF NO AMENDMENT HAS BEEN ISSUED UNDER THIS
CREDIT.

- 수익상의 L/C 조건변경에 대한 확약증명서.

"이 신용장에서 조건변경이 필요한 경우에 한하여, 수락 또는 비 수락에 대한 수익자
(수출상)의 증명서가 필요하다. 단, 이 신용장에서 조건변경이 없는 경우, 이 증명서
는 요구되지 않는다."라고 명시돼 있다.

수출상은 신용장의 조건변경이 있는 경우에 한하여 이 증명서를 만들고 제출한다.

* Additional Cond. 47A :

- 47A 조항, [추가 조건] :

추가 조건에는 신청인(수입상)이 별도로 강조한 내용과 개설은행에서 추가한 내용이
담긴다.

+ T/T REIMBURSEMENT IS PROHIBITED.

"전신환방법에 의한 상환방식은 금지한다."

매입은행이 상환은행 앞으로 환어음을 전신환(Cable, Telex, SWIFT 등)이 아닌 **"우
편(Mail) 발송으로"** 오프라인 발송하면 상환은행은 그것을 국제 우편으로 받은 후에,
그리고 개설은행으로부터 매입지시가 있은 후 매입은행에 대금결제를 하게 된다. 따
라서 시일이 걸린다. 이는 개설은행이 매입은행으로부터 선적서류를 인수하여 하자
여부를 검토한 후 상환은행에 상환토록 함으로써 어떠한 수입자 부담의 환가료 및
기간수수료 발생이 방지된다. 따라서 수입상이 유리하여 전신환(T/T)에 의한 상환방
식을 대체로 금지(T/T reimbursement is not allowed/prohibited)하고 있다.

+ THE NUMBER OF THIS CREDIT MUST BE INDICATED IN ALL DOCUMENTS.

"모든 서류들에는 이 신용장 번호가 기재돼 있어야 한다."

+ ALL DOCUMENTS MUST BE IN ENGLISH.

"모든 서류들은 영어로 작성되어야 한다."

+ MORE(03PCT) OR LESS(03PCT) IN QUANTITY AND AMOUNT ARE ACCEPTABLE.

"신용장의 수량 또는 금액으로부터 +/-3% 허용치 내에 선적이 가능하다."

수출상은 Purchase Sheet(계약서)에 나타난 수량에서 +/-3% 범위 내에 물품을 더 실거나 덜 실을 수 있다. 또는 총 금액에서 +/-3% 범위 내에 물품을 더 실거나 덜 실을 수 있다. 단, 그 범위를 넘어서는 안 된다.

+ SHOULD THE SHIPMENT BE EFFECTED BY SEA AND DESTINED TO KOREA REPUBLIC. TRANSPORT DOCUMENTS(S) MUST SHOW THIS CREDIT NO., THE NAME, ADDRESS AND TELEPHONE NO. OF DELIVERY AGENT IN KOREA REPUBLIC.

"선적은 목적지가 한국으로 해상으로 이루어져야 하며 운송서류에는 신용장 번호, 한국 운송업체(포워더)의 이름, 주소 그리고 전화번호가 기재되어 있어야 한다."

여기서 운송서류는 B/L(선하증권)을 뜻한다.

+ IN CASE OF QUERIES, PLEASE CONTACT MR. JUSTIN CHOI AT TEL NO. 031-525-2000 FAX NO. 031-525 2021.

"문의사항이 있는 경우, 전화 031-525-2000, 팩스 031-520-2021 JUSTIN CHOI에게 연락 주세요."

+ ALL DOCUMENTS ARE TO BE PRESENTED TO US IN ONE LOT BY
COURIER/SPEED POST. OUR ADDRESS IS WOORI BANK, SUNGSEO BRANCH,
1244, I-GOK DONG, DALSEO-GU, DAEGU-SI, KOREA REPUBLIC.
매입은행에 대한 지시.

"모든 서류들은 1세트로 쿠리어/특송 우편으로 우리(개설은행)에게 제출되어야 한다.
우리 주소는 대한민국 대구시 달서구 이곡동 1244번지, 우리은행 성서지점이다."
개설은행이 매입은행에게 지시하는 내용이다.

**신용장거래에서 모든 원본의 선적서류/운송서류는 반드시 은행과 은행을 통해서 발
송되어야 한다. 수출상이 수입상에게 직접 쿠리어 또는 우편으로 발송하는 일은 없어
야 한다(금지).** 하지만 수입상의 참고를 위해 팩스(사본)로 보내는 것은 상관이 없다.

* Details of Charges 71B : ALL BANKING CHARGES OUTSIDE APPLICANT'S
COUNTRY ARE FOR ACCOUNT OF BENEFICIARY.
- 71B 조항, [비용부담의 주체] :
"신청인의 신청국 밖에서 일어나는 모든 은행 수수료는 수익자(수출상)가 부담한다."
이 표시(명시)가 없는 경우에는, 매입수수료와 양도수수료를 제외한 모든 수수료는
개설신청인의 부담으로 간주한다.

* Presentation Period 48 : DOCUMENTS TO BE PRESENT WITHIN 3 DAYS
                           AFTER THE DATE OF SHIPMENT
                           BUT WITHIN THE VALIDITY OF THE CREDIT.
- 48조항, [서류제출기한] :
"선적서류/운송서류는 신용장 유효기간 내에, 선적일로부터 3일 이내에 은행에 제출
되어야 한다."
수출상은 주거래은행에 NEGO(매입)를 선적일로부터 3일 이내에 반드시 해야 한다는
뜻이다.

* Confirmation *49 : WITHOUT

– 49조항, [확인지시(확인은행 여부)] :

"확인신용장으로 하지 않는다."

확인신용장은 개설은행과 별도로 추가적으로 대금 지급을 책임질 제3의 은행, 즉 확인은행(Confirming Bank)을 설정하는 것을 말한다. 대체로 이러한 경우 개발 도상국 등 개설은행의 대외 신용도가 낮은 경우에 하는데 수출상은 두 은행으로부터 독자적인 지급 확약을 받게 되는 효과가 있다. 따라서 확인은행이 필요한 경우 수출상은 미리 수입상에게 신용장 개설 전 얘기를 해야 한다.

49조항은 이에 관련하여 CONFIRM, MAY ADD, WITHOUT 세 가지 선택이 있다.

'CONFIRM'은 확인신용장으로 개설하겠다는 뜻으로 비싼 수수료가 따른다.

'MAY ADD'는 확인신용장을 수출상 측의 통지은행이 추가하여 개설할 수도 있다는 뜻이다.

'WITHOUT' 확인신용장을 개설하지 않겠다는 뜻이다.

* Instructions 78 :

– 78조항, [지급/인수/매입은행에 대한 지시사항] :

개설은행의 지급/인수/매입(Honour, Pay/Accept/Negotiate)에 관한 지시사항이다.

+ WE HEREBY UNDERTAKE THAT ALL DRAFTS DRAWN UNDER AND IN COMPLIANCE WITH THE TERMS AND CONDITIONS OF CREDIT WILL BE DULY HONORED ON PRESENTATION AT THIS OFFICE.

– 개설은행의 지급확약문언.

"우리는(당 은행 : 개설은행) 신용장의 조건과 내용에 준수하여 제시되는 모든 환어음에 대해 지급할 것을 보증하며 서류를 인도받는 대로 적절한 절차에 따라 인수하고 지불할 것입니다(일람출급신용장임을 나타내고 있다)."

• Undertake(보증하다) • Duly honored(적절한 절차에 따라 인수하여 지불하다)

+ A DISCREPANCY FEE FOR USD60.00 WILL BE DEDUCTED FROM THE PAYMENT FOR EACH SET OF DOCUMENTS CONTAINING DISCREPANCY(IES).

하자 수수료.

"하자가 발견된 서류가 있을 시 제출된 NEGO 건마다 결제금액에서 USD60.00씩 하자 수수료로 감액될 것입니다."

- Deduct(감액하다)   • Discrepancy(하자)

+ IF WE GIVE NOTICE STATING ALL DISCREPANCIES IN RESPECT OF WHICH WE REFUSE THE DOCUMENTS, WE SHALL HOLD THE DOCUMENTS AT YOUR DISPOSAL. BUT IF WE DO NOT RECEIVE YOUR INSTRUCTIONS FOR RETURNING THE DOCUMENTS WHEN THE APPLICANT WAIVES THE DISCREPANCIES, WE SHALL RELEASE THE DOCUMENTS TO THE APPLICANT ACCORDINGLY.

- 하자 서류에 관하여.

"선적서류에 대해 우리가 거절할 만한 사유로 하자를 통보하면, 귀측의 요청(처분)이 있을 때까지 서류를 보관할 것입니다. 그러나 신청인(수입상)이 그 하자에 대한 권리 포기를 할 때에(문제 제기를 하지 않는 경우에) 귀측에서 그 서류에 대한 반환 지시가 없다면, 우리는 서류를 신청인(수입상)에게 그대로 인도할 것입니다."

- Hold(보관하다, 보류하다)   • Disposal(처분)   • Waive(권리를 포기하다)

* 끝부분

- [신용장통일규칙 준서문언]

This advice constitutes a documentary credit by the above mentioned bank and must be presented with the document/drafts for negotiation/payment/acceptance.

Please note that we assume no responsibility for any errors and/or omissions in the teletransmission and/or translation of the message.

Except so far as otherwise expressly stated, this documentary credit is subject to the "Uniform Customs and Practice for documentary credits" (2007 revision) international chamber of commerce publication No. 600

"이 통지서는 위에서 말한 은행(개설은행)에 의하여 신용장을 구성합니다. 그리고 매입/결제/인수를 위해 선적서류와 환어음이 반드시 함께 제출되어야 합니다.

전문 해석과/또는 전문 전송에 있어서 누락/또는 오류에 대한 책임은 지지 않습니다.

확실하게 명시하지 않는 한, 이 신용장은 "신용장통일규칙"(2007년 개정), 국제상업회의소 간행물 제600호(UCP600) 규칙에 따릅니다(준거합니다)."

* 통지은행 고무날인 부분
YOURS FAITHFULLY

AMP BANK

AMP BANK

AUTHORIZED SIGNATURE

AD100-205-741001

- [통지은행 확인란]

신용장이 통지은행(Advising Bank)에 도래하고 통지은행이 수출상에게 신용장을 인도할 때 당행 고무날인(회사 명판)을 마지막 페이지에 찍는다. 그리고 신용장 각 페이지마다 통지은행이 확인 도장을 찍고 수출상에게 신용장 원본을 인도한다.

이상으로 신용장 원본을 살펴보았다.

수입상은 신용장을 개설하고 일정한 기간 동안 수출상이 생산에 집중할 수 있도록 시간적 여유를 주어야 한다. 그리고 납품기일 중간 시점에 제품이 잘 나오고 있는지 확인을 하고 생산 관리에 들어가야 한다.

다음 장에서는 이러한 생산관리 단계에서 수입상이 해야 할 일들은 무엇인지 살펴보기로 하자.

제8장 ┃ 메인오더 생산관리

> 바람이 불지 않을 때 바람개비를 돌리는 방법은
> 내가 앞으로 달려 나가는 것이다 – 데일 카네기

수입상으로부터 신용장이 열리고 나면 수출상은 본격적인 생산에 들어간다. 수출상이 한창 생산을 진행하고 있는 동안에는 수입상은 별도로 수출상에게 지시를 내리거나 관여할 일은 크게 없다. 그리고 납기의 2/3가량의 시간이 흘렀을 때 수입상은 생산이 잘 진행되고 있는지 중간 점검을 해야 한다. 필요한 경우에 직접 출장을 나가 품질에 대한 중간 검사를 실시하고 그러지 않은 경우에는 메일로 상황 보고를 받는다.

수입상의 주요 생산관리에는 다음과 같은 사항들이 있다.

제1절 ┃ 쉬핑마크 (Shipping Mark) 체크

쉬핑마크는 수입상이 수출상에게 지시하는 사항 중 하나로 수출포장 박스 겉면에 표시하는 인식표 또는 이름표이며 우리말로 "화인"이라고 한다.

제조업체는 생산을 완료한 후 제품에 기본적인 포장을 실시한다. 예로 들어 우리가 백화점에서 화장품을 사면 케이스에 제품이 들어 있고 다시 종이로 된 개별 박스에 담겨 있다. 이것을 개별 포장 또는 제품 포장이라 한다.

하지만 수출상이 수출 시에는 이러한 개별 포장을 몇 개씩 모아 다시 커다란 수출 전용 박스에 담아서 수출을 진행해야 한다. 이것을 '수출포장(Export packing)'이라고 하며 수출상은 반드시 수출포장을 하여 수출을 해야 한다.

제조업체에는 이처럼 수출포장 설비까지 갖추고 있는 경우도 있지만 만약 설비가 갖추어져 있지 않다면 전문적으로 포장만 진행하는 수출포장업체에 생산된 제품을 보내어 수출포장을 실시한 후 선적을 한다. 우리가 가끔씩 길을 지나다 보면 볼 수 있는 "A 수출포장", "B 수출포장상사" 등의 간판을 한 회사들이 수출포장을 전문으로 하는 업체들이다.

쉬핑마크는 수출포장 시에 박스 겉면에 인쇄, 수기(手記) 또는 붙이는 것으로 수출입국 통관 시 세관 및 관련 업체들이 서류와 일치하여 해당 제품을 쉽게 인식할 수 있도록 하기 위한 것이다.

1. 쉬핑마크 지시

① 수입상은 쉬핑마크를 일반적으로 Purchase Sheet(발주서, 계약서)를 발행할 때 거기에 쉬핑마크 지시를 한다.

② 또는 수입상은 신용장 개설 신청 시 '45A Description of goods and/or service조항(상품 명세)'에 기재하여 쉬핑마크 지시를 한다.

③ 또는 수입상은 수출상이 제품을 생산하고 있는 동안 A4 용지에 쉬핑마크를 그려서 팩스로 쉬핑마크 지시를 한다. 수출상이 선적하기 최소 1주일 전에는 팩스를 보내어 수출포장할 수 있도록 한다.

수입상은 위 방법들 중에 가능한 방법으로 쉬핑마크 지시를 하면 된다.

한편, 수출상은 선적 준비 시에 수입상이 요구한 포장방법에 따라 수출포장을 실시하고 수출포장 겉면에 동일하게 쉬핑마크를 표시한다. A4 용지에 쉬핑마크를 프린트하여 겉면에 붙여도 되고 직접 유성매직으로 그려서 붙이거나 수기(手記)로 수출포장 겉면에 표시할 수도 있다.

2. 쉬핑마크 견본

쉬핑마크 견본은 다음과 같다.

※ CASE 8-1. 쉬핑마크

```
SHIPPING MARK

         ◇ ALPS ◇

DESTINATION : BUSAN, KOREA
21-100
ITEM : K.BAG
COL. :
Q'TY :
C/NO. : 1~
MADE IN AUSTRALIA
```

* 제7장 CASE 7-2. Purchase Sheet에 나와 있는 쉬핑마크이다.

* 용어 설명

① DIAMOND 모양 : 주표시로, 보통 안에 수입자의 회사명을 기재한다.
때로는 물품을 대표하는 명칭, 스타일 이름, 또는 오더 번호를 적을 수 있다.

② DESTINATION : 목적지 표시 또는 양륙항 표시로, 'PORT : '로 표기를 하기
도 하며 단순하게 BUSAN, KOREA(도착항 이름)만 표기해도 된다. 또는 목적지
표시 항목 자체를 생략하여도 무방하다.

③ 오더번호 : 스타일 번호 또는 오더 번호이다.
'STYLE NO. : 21-100', 'ORDER NO. : 21-100' 등으로 표기할 수 있다.

④ ITEM : 제품명으로, 'PRODUCT : ', 'COMMODITY : '로 대신해 표기해도
좋다.

⑤ COL. : 칼라명이다. 부득이하여 공란으로 비워둬도 상관없다.

⑥ Q'TY : 수량 표기이다. 박스 내부에 담긴 제품 수량 수를 표기하지만, 공란으
로 비워둬도 상관없다.

⑦ C/NO. : 카톤 박스 번호이다. 해당 박스가 몇 번 박스인지 반드시 기재를 해
야 하는 항목이다.

⑧ 원산지 표시 : 원산지 표시로 여기서는 'MADE IN AUSTRALIA'이다.

쉬핑마크는 누구나 한두 번쯤 박스 겉면에 이름표처럼 위와 같은 종이가

붙어 있거나 인쇄된 것을 보았을 것이다.

수입상이 보낸 쉬핑마크 그대로 수출상은 수출포장 겉면에 적용한다.

만약 수출상이 쉬핑마크를 받지 못한 경우에는 수입상에게 팩스로 요구를 한다. 그리고 만약 수입상이 수출상에게 '쉬핑마크는 자체적으로 해 달라'라 고 통지를 하는 경우 수출상은 임의로 쉬핑마크를 작성하면 된다. 임의로 작 성된 쉬핑마크는 선적서류에 그대로 기재가 되므로 추후 수입상이 알 수가 있다. 쉬핑마크는 수출상이 작성하는 모든 선적서류 : Commercial Invoice, Packing List, B/L, 원산지증명서 등에 기재토록 되어 있다.

3. 쉬핑마크 모양과 표기

쉬핑마크의 가장 보편적으로 사용되고 있는 모양은 예시와 같이 다이아몬 드 모양이다.

쉬핑마크는 다이아몬드 모양뿐만 아니라 수입상의 기호에 따라 원형, 삼각 형, 사각형, 별 모양, 반달 모양 등 다양한 모양으로 표현될 수 있다.

또한 수입상은 다이아몬드 모양을 생략하고 ALPS 글씨만 나타내어도 되고 ALPS라 하지 않고 ALPS INC. 라 표기해도 된다.

ITEM, COL., Q'TY, C/NO., MADE IN AUSTRALIA 등 항목의 순서를 위아래 변경하거나, 항목을 빼거나, 또는 항목을 추가해도 된다. 예로 들어 STYLE NO, ORDER NO 등을 추가할 수 있다. ITEM 이름도 'K. BAG'이라 하지 않고 수입상이 자유롭게 정할 수 있다.

단, 제품명(ITEM), C/NO.[68], 원산지 표기는 필수적으로 쉬핑마크에 들어가야 한다. 특히 C/NO는 카톤 번호마다 담긴 개별 제품 수를 알 수 있고 운송 중 박스가 훼손된 경우에 해당 카톤 번호로 관련 업체(수출상, 수입상, 화물운송업체, 포워더, 세관 등) 간에 의사소통이 가능해지기 때문에 중요하다.

수입상은 쉬핑마크에서 C/NO. 표기를 보통 "C/NO. 1~ " 또는 "C/NO. 1~UP"으로 수출상에게 알린다. 이것은 카톤 번호를 1번부터 시작해서 순서대로 숫자를 높여가며 카톤 번호를 매기라는 뜻이다. 일부 BOX NO.로도 사용하나 대체로 'C/NO.' 또는 'CARTON NO.' 용어로 표기하고 사용한다.

쉬핑마크는 따로 규정된 양식이 있는 것이 아니므로 수입상이 자율적으로 만든다. 하지만 복잡한 모양이나 양식보다는 단순한 것이 좋다. 그래서 대부분 다이아몬드 모양을 가장 많이 사용한다.

서류상에서 CASE 8-1. 예시의 다이아몬드 그림을 표현하기 힘든 경우에는 ALPS (IN DIA)로 나타낼 수 있다. 만약 '원 모양으로 해서 원 모양 안에 ALPS라는 글씨를 넣어라'고 한다면 ALPS (IN CIRCLE)로 나타낼 수 있다.

중요한 것은 1건의 동일한 선적 물품의 수출포장에는 동일한 쉬핑마크가 붙어 있어야 한다(단지 쉬핑마크 옆 공란에 수출상이 기재하는 칼라별 이름 및 내용들만 달라지게 된다).

제2절 포장방법 체크

포장방법(Packing method) 역시 수입상이 수출상에게 지시하는 사항이다. 선적 시 수출물품의 수출포장[69]을 케이스, 박스, 카톤, 또는 드럼 등 중에 어떠한 종류로 포장을 해야 하는지 정해준다.

---

68) C/NO. : Carton number 또는 Box number의 뜻으로 우리말로 '카톤 번호' 또는 '박스 번호'이다.
69) 수출포장과 달리 내포장은 보통 자율적으로 수출상이 자체 포장재를 사용한다.

포장방법은 선적할 물품이 어떤 제품이냐에 따라 보관상태, 보호성, 계절성, 온도 적합성 등을 고려하여 가장 적합한 포장재를 선택해야 한다. 공산품으로 가장 많이 사용되고 있는 것은 역시 박스 포장이다. 포장방법은 보통 수입상이 Purchase Sheet(발주서)를 발행하면서 거기에 기재를 하거나 별도로 팩스나 이메일로 통지한다.

한편, 수출상은 수입상에게 오퍼가격(Offer price)을 낼 때 이러한 포장 비용도 미리 감안을 하여 가격에 적용한다. 포장재의 종류는 다음과 같다.

1. 포장의 종류

1) CASE

주로 작은 크기의 제품 포장으로 제조업체에서 개별 완성품 포장을 할 때 사용된다. 이러한 케이스에 포장된 제품들을 박스나 카톤에 담게 된다.

2) BOX

일반적으로 가장 많이 사용되고 있는 것이 종이박스이다.

3) BALE

주로 부드러운 소재의 제품들을 포장할 때에 사용한다. 보통 현장에선 '마대'라고 부른다.

4) BUNDLE

외부로부터의 충격이나 제품의 변질에 우려가 없는 제품에 사용한다. '다발', '묶음'을 뜻하는 말로, 스틸 밴드(steel band)나 스트랩(strap)을 이용하여 고정 및 결속을 한다.

5) CARTON

재활용이 가능한 두꺼운 카드 보드(cardboard, 판지 박스)이다. 일반적인 종이 박스와 같은 개념으로 사용되며, 크기 면에서 종이박스 보다 더 큰 내용물을 담을 수 있는 박스를 '카톤'이라고 한다. 종이박스와 함께 통틀어 카톤이라 부르기도 한다.

6) STRAPPING

물건을 단단히 고정시킬 수 있는 플라스틱, 고무 또는 철재 소재의 '끈'을 말한다. 군용물품 수송에서 많이 볼 수 있다.

7) CRATE

상자이다. 나무 상자, 플라스틱 상자, 메탈 상자 등과 같이 낱개를 다른 낱개와 구분을 하고 고정해 주는 역할을 한다. 대표적인 예로 음료수 병, 맥주 병 등의 운반에서 사용되는 상자이다.

8) SKID

어느 정도 빗물에 견딜 수 있는 제품, 방수를 실시하면 좋은 것, 그리고 외력에 의한 손상을 방지할 필요가 있는 것에 사용된다. 내장 용기를 포장한 내용품을 종류별로 구분하여 포장 수를 적게 할 필요가 있는 것에 사용된다. 특수 비닐/외부 포장재 등으로 '밀봉한 포장'이다. 지게차와 같은 운송 장비에 의해 한 번에 이동 가능한 양, 번들(Bundle)로 물품을 비닐로 싸매어 놓은 것을 말한다.

9) PALLET

외부로부터의 충격이나 습기 및 해수에 변질될 우려가 없는 제품, 컨테이너 적립이 가능한 제품에 '팰릿'이 이용된다. 실무에선 흔히 파레트(잘못된 외래어 표기)라고 부른다.

철판, 철 구조물, 탱크류 등과 같이 적재하는데 어려움이 있는 제품을 팰릿 위에 적재하고 대개 철띠나 PP 밴드로 고정한다. 경량 물품을 운송할 때도 팰릿 포장을 적용한다. 또한 봉강, 형강, 파이프와 같이 강도상 손상의 염려가 없는 철 등이 팰릿 포장으로 운송된다. 특히 국가적으로 보호해야 할 제품에는 BUNDLE 포장을 동시에 실시한다.

10) DRUM

우리가 알고 있는 '드럼통'으로 플라스틱 용기나 철제 용기 등이 있으며 주로 석유, 오일, 위험 물질, 화학 액제, 식품 등의 포장 용기로 많이 사용되고 있다.

제3절 생산 스케줄 체크

수입상은 수출상에게 발주를 한 후 생산이 진행되고 있는 중간시점에 생산 스케줄을 체크하는 것은 매우 중요하다.

수출상 측에서 생산 과정 중에 일어나는 불량, 사고, 생산 지연은 없는지 그리고 생산이 순조롭게 진행되고 있는지 확인을 해야 한다. 또한 생산국에서 일어나는 파업, 물류대란, 내란, 홍수, 폭설 등의 뉴스가 있으면 생산 및 선적에는 차질이 없는지 확인할 필요가 있다.

특히 납기지연은 수입상에게 국내 매장에 제품 공급 차질을 가져다 올 수 있다. 또는 수입상이 거래처 또는 대리점과 납품 계약을 했다면 판매시기를 놓쳐 그로 인한 금전적 손실로 인해 클레임을 받을 수 있다.

반대의 상황도 있다. 수입상이 수출상에게 원자재를 공급해 주고 그것을 수출상이 완성품으로 생산한 다음 다시 수입상에게 수출하는 경우가 있다(이를 '위탁가공무역'이라 한다). 예로 들면 수입상이 의류 부자재인 원단, 지퍼, 단추 등을 의류 생산업체(이후 수출상)에게 제때에 공급하지 못해 의류 봉제가 늦어지는 경우가 있다. 이러한 경우 생산업체의 현장 공장 라인은 그 기간 동안 비게 되며 날짜 수만큼 인건비는 자연스레 늘어난다.

따라서 만약 납기지연이 예상되는 경우 수출상은 빨리 수입상에게 알리고 서로 양해하고 협의하여 납기를 조정해 나가야 한다. 수입상 역시 고객이나 대리점에게 미리 양해를 구하여 납기를 연장하도록 한다.

수입상에게 생산 스케줄 체크는 무엇보다도 중요한 업무 중 하나이다.

제4절 규격, 품질 체크

다음으로 수입상은 계약한 내용대로 제품의 규격과 품질이 잘 나오는지 체크해야 한다.

수입상은 수출상에게 제품 생산을 주문한 경우 가능하다면 생산 중 한 번은 수출상의 현지 공장을 방문하는 것이 가장 바람직하다. 하지만 여건과 체류비용을 생각하면 여의치 않는 경우가 대부분이다. 따라서 쿠리어를 통해서 중간 샘플을 받아보고 검사 리포트 등을 요청하여 품질관리가 잘 될 수 있도록 해야 한다.

생산이 거의 마무리될 즈음에는 쉬핑샘플(Shipping sample : 수출상이 생산한 메인생산 분 물량 가운데서 뽑아낸 샘플을 말한다)을 요청하여 제품의 최종 품질을 확인한다. 또한 수입상은 선적을 앞두고 수출상에게 요청하여 전문 테스트 기관에 생산제품의 시료를 접수하여 시험성적서를 받도록 해야 한다. 그리고 시험성적서의 결과를 팩스로 받아 제품의 품질이 합격 수치에 다다르는지 확인을 한다.

규격과 품질 체크의 방법은 다음과 같다.

1. 규격 (Specification)

규격은 우리가 흔히 사용하는 용어로 스펙(Specification)이라 한다. 스펙에는 혼용률(composition), 소재(materials), 물질(contents), 가공(finish), 길이(length), 폭(width), 중량(weight) 등을 모두 포함한 제품에 대한 명세이다. 규격만 보아도 이 제품이 어떤 제품인지 알 수 있도록 기재해야 한다. 예로 들어 원단의 경우, "100% NYLON FULL DULL 230T TASLAN N70D FD X N160D ATY, 155 X 70, PD WR PU COATING 58/60" 이런 식으로 표기한 것을 말한다. 노트북과 같은 전자제품은 우리가 구매할 때 제일 먼저 체크하는 제품사양으로 운영체제, 화면크기, 패널 형태, 해상도, CPU, 메모리 용량, 메모리, 무게 등이 있다. 이것이 곧 스펙에 해당한다.

2. 품질 (Quality)

품질이란 제품의 치수, 재질, 성질, 외형, 칼라, 질감, 기능, 물리적 측정(무게, 강도, 퇴색, 변화 등)을 통해 바이어가 원하는 수치 또는 국제적 표준 수치에 도달하는지 살펴보고 평가하는 것을 말한다.

이것은 서로 계약한 규격서 또는 계약서에 기재된 내용을 바탕으로 품질을 평가하게 되는데 다음과 같은 방법들이 있다.

1) 품질평가 방법

① 치수(Dimension) : 줄자 또는 계측기 등으로 치수를 재어 확인한다.

② 재질(Material) : 육안, 터치감, 소리, 혼용률 등을 통해서 확인한다.

③ 성질(Properties) : 물, 수증기, 열, 구김, 마찰, 외부적 환경 등을 통하여 물성에 변화가 발생하는지 확인한다.

④ 외형(Appearance) : 시각 또는 확대경(microscope) 등을 통해 확인한다.

⑤ 칼라(Colour) : 시각으로 확인한다. 칼라는 실외, 흐린 날, 맑은 날 등 날씨에 따라 달리 보인다. 그리고 자연광(태양광)이냐 또는 사무실 내 실내조명이냐에 따라 칼라의 명암과 채도가 확연히 다르므로 우선 그 기준을 정한 후 확인을 한다. 같은 사무실 내에서도 조명의 종류, 바깥 날씨의 변화(맑은 날/흐린 날)에 따라 칼라가 달리 보인다.

의류와 원단에서 가장 적절한 칼라 비교는 사무실 내 형광등 조명 아래서이다. 간접 햇빛의 영향이 있는 곳으로 그늘이 시작된 지점부터 안쪽으로 3~4 미터 더 들어간 후 비교하는 것이 가장 적절해 보인다. 이것은 필자의 수많은 경험으로 얘기하는 것이므로 다소 주관적인 견해일 수 있다.

한편, 간혹 칼라 측정 기계로 칼라를 스펙트럼(Spectrum)까지 비교하여 옳고 그름을 평가하려는 바이어가 있는데, 그것은 다른 산업분야에서는 몰라도, 적어도 패션업계에서는 잘못된 방법이다.

⑥ 질감(Texture) : 후각 또는 손으로 만져서 그 느낌을 확인한다.

⑦ 기능(Function) : 외부적 환경 테스트 또는 조작을 통하여 확인한다.

⑧ 물리적 측정(Physical measurement) : 무게, 인장강도[70], 인열강도[71] 등을 저울, 손, 무게 추, 기계 등을 통하여 확인한다.

이와 같이 수입상은 자체적으로 품질에 대해 판단할 수 있으며 좀 더 전문적으로 평가하기 위해서는 테스트 기관에 샘플 시료를 신청하여 시험성적서(Test report)를 통해 그 결과를 볼 수 있다.

2) 시험 기관들

시험 기관은 세계적으로 여러 기관들이 있다. 몇몇 나라에 지사를 둔 기관들도 있으며 각국마다 국내 시험 기관들도 있다.

시험 기관들을 통해 스펙, 물성, 기능, 강도, 색 이염도 등 다양한 시험들을 진행할 수 있다. 섬유, 의류시험 등을 중심으로 한 국내 시험 기관들은 다음과 같다. 이 외에도 각 산업 분야 별 시험 기관은 수출상과 수입상이 협의하여 적절한 시험 기관을 찾아 시험을 의뢰하게 된다.

• FITI (한국원사직물시험연구원) : www.fiti.re.kr

---

70) 인장강도(Tensile strength) : 시료를 양쪽에서 잡아당겨 시료가 찢어질 때까지(파단)의 견뎌내는 강도를 측정하는 것을 말한다. 종이를 두 사람이 양쪽에서 잡아당겨 찢어질 때의 강도라 생각하면 이해가 쉽다.
71) 인열강도(Tear strength) : 시료의 한 변의 두 지점을 잡고 서로 다른 방향으로 엇나게 잡아당겼을 때 찢어지는 힘의 크기를 측정하는 것을 말한다. 한 사람이 종이의 한 변을 잡고 한 손은 위쪽 방향으로 다른 한 손은 아래쪽 방향으로 잡아당겨 찢는다고 생각하면 이해가 쉽다.

시험 분야 : 섬유, 의류, 소비재(생활용품, 유아용품, 가구류, 패션 액세서리, 가방류, 신발류, 생활화학제품, 위생용품, 포장재), 환경(수질, 대기, 토양, 폐기물, 석면, 건축자재 등), 기타 산업 분야.

☎ 문의 : 02-3299 8000 팩스 02-3299 8161

• KATRI (한국의류시험연구원) : katri.re.kr

시험 분야 : 섬유, 의류, 부품 소재(가구, 전기전자, 토목섬유, 건축 내외장재, 기타 산업자재), 생활제품(세정제품, 세탁가전, 생활용품), 융복합소재, 보호복, 바이오매스, 마스크, 해외 바이어시험 등.

☎ 문의 : 02-3668 3000 팩스 02-3668 2900

• KOTITI (KOTITI시험연구원) : kotiti-global.com

시험 분야 : 섬유, 의류, 생활소비재(패션, 생활제품, 화장품, 의약외품, 어린이 제품, 생활화학제품, 위생용품), 전기전자(전기전자, 의료기기, 자동차 부품), 식품, 축산, 수질, 환경안전(건축자재, 학교 우레탄, 포장재 재활용) 등.

☎ 문의 : 02-3451 7000 팩스 02-3451 7170

• SGS (Societe Generale de Surveillance) : www.sgsgroup.kr

시험 분야 : 섬유, 의류, 건설 시설관리 안전 시험, 소비재(화장품, 전기전자, 문구 사무용품, 의료기기, 완구, 유아용품, 포장재), 농수산물, 식품, 환경, 안전, 화학물질 등.

☎ 문의 : 02-709 4500 팩스 02-749 1674

기본적으로 시험성적서는 공급자 측에서 의뢰하여 제출하는 것이 관례이다. 수입상 측에서 시험 의뢰를 하는 경우는 품질에 대한 시험을 재확인하고 자 할 때에 직접 의뢰를 한다.

시험 비용은 양측이 50%대 50%로 나누어서 부담하거나 수입상이 부담 질 때도 있다. 대부분 이러한 경우는 오더량이 적거나 수입상이 필요로 하여 추 가적으로 요청한 경우 등이다.

오더 상담 시에 수입상은 시험성적서를 제출해 줄 것을 얘기하고 수출상은 가격오퍼 시 그러한 비용을 미리 단가에 적용한다.

정해진 룰은 없기 때문에 상황에 따라 서로 협의를 하면 된다.

제5절 선적일, 선적가능수량 체크

수입상은 앞서 언급한 제품의 현장방문검사, 중간검사, 쉬핑샘플, 그리고 시험성적서를 통해 전체적인 품질을 평가하고 최종적으로 선적승인을 한다. 이에 수출상은 생산이 완료되는 대로 바로 선적을 진행하게 된다.

선적 전 수입상은 수출상에게 선적 예상일과 선적가능수량이 얼마가 되는 지를 체크한다. 선적가능수량이란, 오더 수량의 100% 수량이 모두 선적 가 능한지 아니면 Shortage(수량 부족분)가 발생한지 여부이다. 이때에 수입상은 납기에 여유가 없는 경우 1차적으로 완료된 수량 먼저 선적을 요청할 수 있 다. 만약 시간적 여유가 있다면 Shortage를 빨리 마감하여 전량이 한꺼번에 선적이 될 수 있도록 수출상에게 지시를 한다.

1차, 2차 선적으로 나눠서 분할선적하면 수입상이 수입통관을 두 번 하게 되므로 업무 또는 비용 발생도 두 번 이루어진다. 반면에 시간을 미뤄 한꺼 번에 선적을 지시하는 경우 만약 수출상 측에서 뜻하지 않게 생산이 더 지연 되는 상황이 생긴다면 전체적인 납기에 문제가 될 수도 있다.

이렇게 수입상은 생산이 거의 마무리될 즈음 선적일과 선적가능수량에 대한 체크가 필요하다.

Note

※ 메인오더 생산관리
- 쉬핑마크 체크
- 포장방법 체크
- 생산 스케줄 체크
- 규격, 품질 체크
  - 현장방문검사, 검사 리포트, 쉬핑샘플 확인, 자체검사, 시험성적서 확인
- 선적일, 선적가능수량 체크

제9장 | 선적승인

> 당신이 아무것도 가진 것이 없다면
> 당신에게 주어진 시간을 활용하라
> 거기에 황금 같은 기회가 있다 - 피터 드러커

제1절 쉬핑샘플 확인하기

"쉬핑샘플"이란, 영문으로 'Shipping sample', 'Shipment sample', 'Bulk sample', 또는 'Approval sample'이라고 한다. 쉬핑샘플은 메인생산으로 생산된 제품 또는 선적(예정)제품에서 발취(拔取)한 샘플을 말한다. **따라서 반드시 선적제품의 품질과 규격 등을 대표해야 한다.**

앞선 8장에서 설명한 바대로 생산이 거의 마무리될 즈음 수입상은 수출상에게 쉬핑샘플을 발송해 줄 것을 요청한다. 그리고 필요한 경우에 함께 시험성적서(Test report)도 첨부해 줄 것을 요청한다.

수입상은 쉬핑샘플 또는 이 두 가지를 받아 본 후 전체적인 생산 품질 상태를 평가하여 선적 여부를 승인해 주어야 한다. 이것을 '**선적승인**(Shipment approval)'이라고 한다. 선적승인을 한다는 것은 '선적하여도 좋다', '선적을 진행하라'라는 의미이다. 영문으로 'We approve your shipment sample'이라 하면 되겠다. 이에 수출상은 생산이 마감되는 대로 선적을 준비하여 선적을 진행한다.

만약 그렇지 않고 수입상이 쉬핑샘플을 받아 봤을 때 품질이 미달하거나 만족스럽지 않은 경우 즉시 수출상에게 통보하여 제품을 개선해 달라거나 다시 생산할 것을 요구해야 한다.

따라서 품질의 상황에 따라 선적승인을 하는 경우, 거절하고 개선을 요구하는 경우, 거절하고 새롭게 생산을 요구하는 경우, 만족하진 않지만 겨우 승인하는 경우 등 대체로 네 가지 경우가 가능하다.

그럼 이 네 가지 경우에 수출상에게 영문 레터는 어떻게 쓰는지 살펴보자.

1. 쉬핑샘플 품질을 승인하는 경우

※ CASE 9-1

ALPS RI INC.

Unit 6401, Chunghyo Bldg., Kyeongbok Uni., 425 Jinjeop, Namyangju-si, Korea Republic
Ph. 82-31-525 2000 Fax. 82-31-525 2021

Messrs.: GLEBE FASHION PTY. LTD.   Date : 20/10/2021

Dear Scott Smith,

Hi Scott, how are you?

RE: 21-100, KANGAROO EMBLEM BAG (3,000PC) ORDER
We received your shipment sample. We're satisfied with this quality.
Please ensure all shipped goods are this quality.
And as soon as you can finish, please ship the goods and inform us your
shipment schedule with the details.

Thank you.

Yours Sincerely,

Justin Choi
General Manager

* 내용 설명

스콧 스미스에게,

안녕하세요, 스콧

RE: 21-100, KANGAROO EMBLEM BAG (3,000PC) ORDER
우리는 당신이 보내준 쉬핑샘플을 잘 받았습니다. 쉬핑샘플의 품질에 대해서도 만족
합니다.
당신의 모든 선적 제품도 이와 같은 품질로 해주세요.

그리고 가공이 끝나는 대로, 제품들을 선적해 주시고 자세한 선적 스케줄과 내용을 우리에게 알려 주십시오.

감사합니다.

친애하는,

저스틴 초이
부장

2. 쉬핑샘플 품질을 거절하고 개선을 요구하는 경우

※ CASE 9-2

ALPS RI INC.

Unit 6401, Chunghyo Bldg., Kyeongbok Uni., 425 Jinjeop, Namyangju-si, Korea Republic
Ph. 82-31-525 2000 Fax. 82-31-525 2021

Messrs.: GLEBE FASHION PTY. LTD.   Date : 20/10/2021

Dear Scott Smith,

RE: 21-100, KANGAROO EMBLEM BAG (3,000PC) ORDER
We have received your shipment sample.
We regret your shipment sample do not satisfy our quality requirements, especially with the colour difference. Also, it was misshapen.

Please improve and send us a better quality 2nd shipment sample.

Thank you for your co-operation.

Yours Sincerely,

Justin Choi
General Manager

* 내용 설명

- 비즈니스 레터 : 대부분의 비즈니스 레터는 간결하고 심플하게 작성을 한다 (Concise and simple). 화려한 미사여구(Ornate sentences) 사용은 오히려 상대방에게 메시지 전달에 혼선을 가져다줄 수가 있어 바람직하지 않다.

- RE에 대해 :

기업에서는 하루에도 여러 거래처로부터 많은 이메일과 서신이 오고 간다.
때로는 같은 거래처 하더라도 이 건에 대해 말하는 것인지 다른 건을 말하는지 헷갈릴 때도 있다. 그리고 같은 제품을 각기 다른 두 업체에게 공급하거나 반대로 구매하는 경우, 한 쪽 거래처 내용을 다른 쪽 거래처 이메일로 잘못 보내는 경우도 발생한다. 특히 가격이 기재되었거나 한다면 낭패를 볼 수 있다.
따라서 서신을 작성할 때는 제목을 반드시 적어주어야 한다. 그래야 팩스나 메일을 받는 사람도 어떤 건인지 단번에 인식할 수가 있다.

RE는 'Reference' 또는 'Regarding'의 약자이다. 거기에는 스타일 번호, 오더 번호, 또는 제품명 등을 함께 적어준다. 그리고 밑줄을 하거나 진하게(Bold) 한다면 상대방이 주목하기에 좋다.

RE 외에도 제목을 나타내는 단어로는 'ITEM', 'SUBJECT' 등이 있다.

- 첫 문장 : 첫 문장은 대체로 간단히 용건을 먼저 제시한다. 여기서는 샘플을 잘 받아보았음을 얘기한다.

- We에 대해 :

비즈니스 레터에서는 대부분 문장의 주어를 'I'로 쓰지 않고 'We'로 쓴다.

왜냐하면 업무의 모든 내용들은 개인적인 의사 표시가 아니라 회사를 대표해서 의견을 전달하기 때문이다. 그리고 아무래도 'I' 주어를 쓴다면 나중에 어떤 문제가 발생했을 시 책임 회피성으로 이용할 수 있으므로 전달성 또는 진실성 면에서 무게감이 떨어지게 된다. 'I' 주어로 쓰는 경우는 대표이사가 작성하거나, 사적인 경우가 있다.

- 유감 표시는 :

We regret (to advise that)~은 '~라고 통보하게 되어 유감스럽다'라는 표현이다. 좋지 않은 소식을 전할 때 이 문구로 시작한다.

We regret... 대신에 We sorry (to advise, inform, notify)... 등을 사용할 수 있다.

- Improve : '제품을 개선해 달라'라고 할 때 쓴다.

Improve를 대신하여 adjust(조정하다), enhance(향상시키다) 등의 단어가 있다.

- Thanks for your co-operation (in advance) : '(앞서) 당신의 협조에 감사드린다'라는 표현으로 상대방이 협조해 줄 것을 간접적으로 요구하는 표현이다.

3. 쉬핑샘플 품질을 거절하고 새롭게 생산을 요구하는 경우

※ CASE 9-3

ALPS RI INC.

**Unit 6401, Chunghyo Bldg., Kyeongbok Uni., 425 Jinjeop, Namyangju-si, Korea Republic
Ph. 82-31-525 2000 Fax. 82-31-525 2021**

Messrs.: GLEBE FASHION PTY. LTD.   Date : 20/10/2021

Dear Scott Smith,

RE: 21-100, KANGAROO EMBLEM BAG (3,000PC) ORDER
We received your shipment sample. We regret your shipment sample is totally different in quality - it's rejected.
Please remake your bulk production and replace it with your new shipment sample.

Thank you for your co-operation.

Yours Sincerely,

Justin Choi
General Manager

* 내용 설명

스콧 스미스에게,

RE: 21-100, KANGAROO EMBLEM BAG (3,000PC) ORDER
우리는 당신이 보내준 쉬핑샘플을 잘 받았습니다.
우리는 품질적인 관점에서 당신이 보내준 쉬핑샘플은 품질이 완전히 다르다는 것에 깊은 유감을 표합니다 - 받아들일 수 없습니다.
메인생산을 다시 해주시고 새로운 쉬핑샘플을 보내 주시길 바랍니다.

당신의 협조에 감사합니다.

친애하는,

저스틴 초이
부장

- Rejected : 수동태 형태로 '거절되었다'라는 뜻이다.

거절의 표현에는 not acceptable, not satisfy, not meet, not reach to the standard... 등이 있다.

이렇게 수동태(Passive voice)를 쓰는 경우는 위와 같이 불가피하게 무엇을 거절해야 하는 상황(품질 문제, 납기 지연, 거절, 클레임 발생 등)으로서 메시지 전달을 좀 더 부드럽게 하는 효과가 있다. 또한 수동태는 가끔 자신의 책임이나 비난을 줄이거나 회피하고자 할 때에 사용되기도 한다. 하지만 습관처럼 수동태를 자주 사용하는 경우 의사 전달에 있어 애매모호함(Obscure)으로 비칠 수 있으므로 가급적 사용을 자제하는 것이 바람직하다.

따라서 비즈니스 스쿨에서는 레터는 가급적 능동태 형태를 사용하도록 가르치고 있다. 이는 의사 표현이 간결하고 정확하기 때문이다. **"원칙적으로 비즈니스 레터 내용은 능동태(Active voice)로 작성한다"**라고 기억하자.

- Bulk production : "Bulk production"은 패션업계에서 많이 사용하는 용어로, '실제생산(Actual production)', '최종생산(Final production)', '메인생산(Main production)'을 뜻하는 말이다.

- Replace (명사형 : Replacement) : '대체하다', '새로운 것으로 다시 만들다', '새로 교체해 보내 달라'의 뜻이 있다. 실무에서 'Replacement'라는 단어도 종종 보게 되는데 '다시 새롭게 생산한 제품', '교환품', '교체품', '보충품' 등을 뜻한다.

4. 쉬핑샘플 품질을 만족하진 않지만 겨우 승인하는 경우

※ CASE 9-4

ALPS RI INC.

Unit 6401, Chunghyo Bldg., Kyeongbok Uni., 425 Jinjeop, Namyangju-si, Korea Republic
Ph. 82-31-525 2000 Fax. 82-31-525 2021

Messrs.: GLEBE FASHION PTY. LTD.   Date : 20/10/2021

Dear Scott Smith,

RE: 21-100, KANGAROO EMBLEM BAG (3,000PC) ORDER
We received your shipment sample.

We're sorry to advise that your shipment sample is not satisfactory quality.
Considering our tight delivery time, we'll marginally accept it this time.
Please keep your bulk production quality at least as high as the shipment
sample's quality.

Please ship the shipment as soon as you're ready.

Yours Sincerely,

Justin Choi
General Manager

* 내용 설명

스콧 스미스에게,

RE: 21-100, KANGAROO EMBLEM BAG (3,000PC) ORDER
우리는 당신이 보내준 쉬핑샘플을 잘 받았습니다.

우리는 당신이 보내준 쉬핑샘플 품질이 만족스럽지 못하다는 것에 유감을 표합니다.
시간이 빠듯한 납기를 감안하여, 최저한으로 품질을 받아들이겠습니다.
당신의 메인생산 품질에 더욱 신경 써주실 것을 당부하며, 최소한 당신의 쉬핑샘플의
품질만큼 높이 달성될 수 있도록 해 주시길 바랍니다.

생산이 완료되는 대로 선적해 주시길 바랍니다.

친애하는,

저스틴 초이
부장

— Marginally :
바이어와의 메일에서 'marginally'라는 단어를 종종 들어보게 된다. 그 뜻은 대표적
으로 두 가지로 설명될 수 있다 ;
① barely(간신히, 가까스로, 최저한으로)
· It is only marginally qualified for the shipment. 선적하기에 가까스로 품질이
적합합니다.
· The colour was marginally accepted. 그 칼라는 간신히 승인되었습니다.
· The quality is marginally acceptable. 그 품질은 가까스로 받아들일 만합니다.

② slightly(아주 조금, 약간)
· There has only been a marginal improvement in the quality. 품질에 아주 약
간 개선이 되었습니다.
· It is marginally better. 약간 좋습니다.

— Thank you 사용 안 함 : 맺음말을 기계적으로 'Thank you'라고 쓰지 않는다. 전
반적인 본문 내용의 상황이 '불만족스럽거나 문제 제기의 경우'에는 더욱 그러하다.

포장 지시와 선적 지시

수입상은 최종적으로 수출상의 쉬핑샘플(Shipping sample)을 승인하고 동시에 포장 지시와 선적 지시를 한다.

수입상은 서류를 통해 포장 지시가 수출상에게 미리 전달되었는지 다시 확인을 하고 아직 못했다면 아래 사항들을 팩스나 이메일을 통해 전달한다.

1. 포장방법, 쉬핑마크, 그리고 취급주의표시

1) 포장방법 (Packing method)

포장방법은 수입상이 일반적으로 계약서에 그 내용을 지시한다. 적합한 제품 포장방법[72]을 상담 시에 수입상이 제안을 하거나 반대로 수출상이 제안을 한다.

딱히 논의가 없었다면 수출상은 제품의 가장 일반적으로 유통되고 있는 포장 방식을 따른다. 예로 들어 섬유의 경우에는 주로 마대포장 또는 박스포장을 하고 의류의 경우에는 박스포장을 한다.

2) 쉬핑마크 (Shipping mark)

쉬핑마크 또한 미리 계약서에 그 내용을 지시한다. 만약 수입상이 계약서에 기재를 못했다면 선적일 이진에 수출상에게 팩스로 알려주도록 한다.

3) 취급주의표시 (Care and caution mark)

쉬핑마크와 함께 취급주의표시가 있다. 취급주의표시는 수입상이 꼭 필요

---

72) 수출포장은 외포장재에 해당한다. 한편 내포장재는 제조공장에서 정형화되어 사용하고 있는 포장재이다.

하다고 생각하는 경우에 한하여 수출상에게 팩스로 알린다.

취급주의표시란, 수출물품은 수출입국의 내륙운송업자, 수출입국의 부두화물취급업자 등을 통해 하역[73]이 수없이 많이 이루어진다. 따라서 현장의 작업자가 물품을 어떻게 관리하고 취급해야 하는지 그 주의 사항을 그림과 글씨로 표기한 것을 말한다. 예로 보면, 다음의 표시들이 있다.

THIS SIDE UP : 위쪽 방향으로 적재

FRAGILE : 깨지기 쉬운 물품

USE NO HOOK : 고리 사용금지

취급주의표시는 수출포장재 겉면에 쉬핑마크와 함께 볼 수 있는데 이것은 대체로 제조업체 또는 수출상이 제품의 특성을 고려하여 수출포장회사에 취급주의표시를 인쇄하도록 미리 박스를 주문하게 된다. 그렇지 않은 경우 수출상은 별도로 종이에 프린트하여 직접 박스에 붙여도 된다.

다음으로 수입상은 수출상에게 선적승인 레터를 써서 "선적지시"를 한다.

---

73) 하역 : 짐을 싣고 내리는 일.

2. 선적승인 레터 쓰기 (수입상 → 수출상)

ALPS RI INC.

Unit 6401, Chunghyo Bldg., Kyeongbok Uni., 425 Jinjeop, Namyangju-si, Korea Republic
Ph. 82-31-525 2000 Fax. 82-31-525 2021

Messrs.: GLEBE FASHION PTY. LTD.   Date : 20/10/2021

Dear Scott Smith,

RE: 21-100, KANGAROO EMBLEM BAG (3,000PC) ORDER
We received your shipment sample and we approve it.

Please ensure all your shipment goods are to this quality, and as soon as you're ready, please ship the goods and inform us your shipment schedule with the details in advance.

Thank you.

Yours Sincerely,

Justin Choi
General Manager

* 내용 설명

스콧 스미스에게,

RE: 21-100, KANGAROO EMBLEM BAG (3,000PC) ORDER
우리는 당신이 보내준 쉬핑샘플을 잘 받았으며 쉬핑샘플에 대해 승인함을 확인해 드립니다.

모든 선적물품의 품질을 쉬핑샘플 수준으로 맞춰주시고, 준비되는 대로, 선적을 진행하고 미리 선적 스케줄과 내역을 알려 주시길 바랍니다.

감사합니다.

친애하는,

저스틴 초이
부장

— Approve (명사형 : Approval) : 승인하다.

'선적에 대한 승인'을 뜻할 때는 "Shipment approval"이라 한다.

한편 세부적으로 '품질에 대한 승인'을 뜻할 때는 'Quality approval'이라 하고, '칼라에 대한 승인'을 뜻할 때는 'Colour approval'이라고 한다.

예로 들어, 수출상이 품질은 기준치에 도달하였으나 칼라에 대한 승인만 따로 바이어로부터 받고자 할 때 'Colour approval'만 해달라고 할 수 있다. 마찬가지로 품질만 승인받고자 할 때 'Quality approval'만 해달라고 할 수가 있다.

— Confirm (명사형 : Confirmation) : 여기 레터에는 안 나왔지만 'confirm'이란 단어도 많이 사용되는 용어이다.

'확약하다'라는 뜻으로 'We confirm~ (확약해 드립니다)', 'Please confirm~ (확약해 주세요, 확답해 주세요)' 등의 표현이 쓰인다.

— Goods : 제품
— Shipment schedule : 선적 스케줄
— Details : 자세한 내용

3. 선적승인 레터에 대한 답장 (수출상 → 수입상)

Glebe Fashion Pty. Ltd.

Unit 402, 34 Wentworth St., Glebe, Sydney, NSW2037, Australia
Ph. 61-2-2730 0000   Fax. 61-2-2730 0001

Messrs.: ALPS RI INC.   Date : 21/10/2021

Dear Justin Choi

Hi, how are you?

RE: 21-100, KANGAROO EMBLEM BAG (3,000PC) ORDER

Thanks for your shipment sample approval.
We will release our shipment on the following schedule :

VESSEL NAME	ETD SYDNEY	ETA BUSAN, KOREA
WIDE JULIET 016N	28/10/2021	18/11/2021

Please refer, and we will fax you our C/invoice, packing list, packing details and B/L copy as soon as it's prepared.

Thank you.

Yours Sincerely,

Scott Smith

Scott Smith
Director
Glebe Fashion Pty. Ltd.

* 내용 설명

저스틴 초이에게,

안녕하세요.

RE: 21-100, KANGAROO EMBLEM BAG (3,000PC) ORDER
쉬핑샘플을 승인해 주신 것에 대해 감사합니다.
아래의 선적 스케줄로 선적을 진행할 예정입니다 :

배 편명	출항일 시드니	도착일 부산, 한국
WIDE JULIET 016N	28/10/2021	18/11/2021

참고하시고, 준비되는 대로 상업송장, 포장명세서, 포장송장 그리고 선하증권 사본을 팩스로 먼저 넣어드리겠습니다.

감사합니다.

친애하는,

스콧 스미스
스콧 스미스
이사
Glebe Fashion Pty. Ltd.

※ Shipping advice : 위와 같이 선적 전/후 수출상이 선적 스케줄과 선적서류를 미리 팩스(또는 이메일 스캔이미지)로 수입상에게 통지하는 것을 **"쉬핑어드바이스"**라고 한다. **쉬핑어드바이스는 수출상이 수입상에게 해야 할 필수 의무(통지)사항이다.**

- Shipment schedule : 선적 스케줄
- VESSEL NAME : 배 편명

- ETD : Estimated time of departure, 출항일(출항 예정일)

- ETA : Estimated time of arrival, 도착일(도착 예정일)

- Commercial Invoice : 상업송장

- Packing List : 포장명세서

- Packing details : 포장송장[74]

- B/L : Bill of Lading, 선하증권

　　수입상은 수출상으로부터 이렇게 선적 스케줄과 선적서류들을 미리 팩스로 받아, 수입통관과 그 이후 일정을 계획한다.

---

74) 포장송장(Packing details) : 포장명세서(Packing List)는 선적 물품에 대한 총 수량, 순중량 및 총중량을 나타낸 선적서류인데 비해 포장송장(Packing details)은 포장명세서를 바탕으로 카톤(Carton)별 포장된 수량 수를 상세하게 기록한 서류이다. 포장송장은 공식 선적서류는 아니지만 수출상이 수입상에게 제공해야 할 카톤 별 포장 내역을 기재한 서류이다.

A Practical Guide to Trade and Import

제 **3** 부

결제하기

거래소
19세기 코펜하겐

The Exchange, Copenhagen, 19th Century

제10장 선적서류와 결제

뜻을 얻었을 때에는 담담하게 처신하고
뜻을 잃었을 때에는 태연하게 처신하라 - 경주 최부자

제1절 선적서류

"선적서류(Shipment documents)"는 같은 의미로 신용장, 은행 또는 세관에서 '매입서류(Negotiation documents : 네고서류)' 또는 '운송서류(Transport documents)'라 불린다. 선적서류는 수출상이 선적을 바로 앞두고 Booking(부킹)[75] 상태에서 작성하는 선적물품의 명세에 대한 서류이다.

T/T 거래의 경우 수입상은 팩스 또는 쿠리어/특송 우편을 통해 선적서류를 받아야 하고, 신용상 거래의 경우 개설은행을 통해 선적서류를 받아야 한다. 수입상은 선적서류를 인수하고(T/T 거래)/인수받기 위해(신용장 거래) 물품대금을 지급하고 그것으로 수입물품을 찾을 수 있다.

---

75) Booking : 수출상이 선사 또는 포워더에게 선적할 배를 미리 예약하는 것을 '부킹'이라 한다.

다음 네 가지 서류를 기본 선적서류라 한다.

- Commercial Invoice : 상업송장
- Packing List : 포장명세서
- B/L : 선하증권
- Insurance Policy : 보험증권

그럼 네 가지 서류에 대해 자세히 알아보자. 다음에 나오는 모든 선적서류는 제7장 "CASE 7-2. Purchase Sheet" 및 "CASE 7-4. 신용장 원본"을 바탕으로 수출상이 작성하였다.

1. Commercial Invoice

Commercial Invoice는 우리말로 "상업송장"이라 한다. 세관에서는 "송품장"이라고도 불린다.

수출상이 선적을 바로 앞두고 작성하는 가장 핵심적인 서류이자 최초로 작성하는 서류이다. 수출물품의 규격/스펙, 길이, 수량, 단가, 총 금액을 나타낸 명세서이며 청구서에 해당한다. Commercial Invoice를 기초로 하여 나머지 모든 선적서류와 제반 서류들을 작성하거나 발급한다는 점에서 중요하다.

수출상은 Commercial Invoice 작성을 계약서(Purchase Sheet)에 나와 있는 수량으로 작성하는 것이 아니라, 실제 선적 예정인 실 수량으로 작성해야 한다는 점을 명심해야 한다.

COMMERCIAL INVOICE

1.Shipper/Exporter	8. No&Date of Invoice	
GLEBE FASHION PTY. LTD. UNIT 402, 34 WENTWORTH ST., GLEBE, NSW2037, AUSTRALIA	GCI-211028	28-10-2021
	9. No&Date of L/C	
	LC9607235/01 05 OCTOBER 2021	
2.For Account & Risk of Messers		
TO ORDER	**10. L/C Issuing Bank**	
3. Notify party		
ALPS RI INC. UNIT 6401, CHUNGHYO BLDG., KYEONGBOK UNI., 425 JINJEOP, NAMYANGJU-SI, KOREA REPUBLIC ATTN : MR. JUSTIN CHOI PH. 82-31-525 2000 FAX. 82-31-525 2021	HVBKKRSE(XXX) WOORI BANK (SUNGSEO) KOREA REPUBLIC	

4.Port of Loading	5. Final Destination	11. Remarks
SYDNEY, AUSTRALIA	BUSAN, KOREA	CONTRACT NO. - S/C NO. : 21-100
6.Carrier	**7. Sailing on/or About**	
WIDE JULIET 016N	28-10-2021	

12.Marks&Number of PKGS	13.Description of Goods	14.Quantity/Unit	15.U/Price	16. Amount
	CIF BUSAN			
ALPS (IN DIA) DESTINATION : BUSAN, KOREA 21-100 ITEM : K. BAG COL. : Q'TY : C/NO.: 1-30 MADE IN AUSTRALIA	HS-CODE 4202.22.2000 COUNTRY OF ORIGIN : AUSTRALIAN ORIGIN PRICE TERM : CIF BUSAN KOREA KANGAROO EMBLEM BAG (SHELL: POLY 600D OXFORD FABRIC)			
	- BROWN	1,000PC	USD10.00/PC	USD10,000
	NAVY	800PC	USD10.00/PC	USD 8,000
	BLACK	1,200PC	USD10.00/PC	USD12,000
	GROSS TOTAL: 30 CARTONS	3,000PC		UD30,000.00

GLEBE FASHION PTY., LTD.

* 제7장 CASE 7-2. Purchase Sheet 및 CASE 7-4. 신용장 원본의 발주 건에 해당한다.

　수입상은 Commercial invoice를 보고 실제 선적할 수량과 물품의 총 금액이 얼마인지 알 수 있다.

　* 용어 설명
　① Shipper/exporter : 수출상 이름, 주소, 전화번호

　② For account & risk of messers
　물품비용의 지불과 리스크(수입상), 주소, 전화번호
　Consignee(수하인)와 같은 의미이다.
　실제 물품을 수령하고 비용을 지불하는 사람으로 소유인에 해당한다.
　수출상은 앞선 신용장 원본 CASE 7-4에 명시된 대로 Consignee란에 "TO ORDER"라고 기재를 해야 한다.

　만약 신용장 거래가 아니라 T/T 거래인 경우 기명식으로 아래와 같이 기재한다.

　ALPS RI INC.
　UNIT 6401, CHUNGHYO BLDG.,
　KYEONGBOK UNI., 425 JINJEOP,
　NAMYANGJU-SI, KOREA REPUBLIC
　ATTN: MR. JUSTIN CHOI
　PH: 82-31-525 2000 FAX: 82-31-525 2021

　③ Notify party
　통지업체 이름, 주소, 전화번호
　통지업체는 "물품이 도착했다고 사실을 알리는 곳, 통지받는 곳"이다.
　수출상은 앞선 신용장 원본 CASE 7-4에 명시된 대로 Notify란에 다음과 같이

기재를 해야 한다.

ALPS RI INC.
UNIT 6401, CHUNGHYO BLDG.,
KYEONGBOK UNI., 425 JINJEOP,
NAMYANGJU-SI, KOREA REPUBLIC
ATTN: MR. JUSTIN CHOI
PH: 82-31-525 2000 FAX: 82-31-525 2021

만약 신용장 거래가 아니라 T/T 거래인 경우에는 대개 수입상과 통지업체는 같다. 따라서 Consignee란에 수입상의 이름과 주소를 적고, 여기 통지업체란에는 "Same as the above" 또는 "Same as the consignee"라고 기재를 한다. '위와 동일하다'라는 뜻이다.

④ Port of loading : 선적항 이름
CASE 7-4. 신용장의 44E 조항 "Loading in Charge"에 명시된 대로 적어준다.

⑤ Final destination : 도착항 이름
CASE 7-4. 신용장의 44F 조항 "For transport to.."에 명시된 대로 적어준다.

⑥ Carrier : 배편명 또는 항공편명
포워더에 배를 예약하고 그 편명을 적어준다.

⑦ Sailing on/or about : 출항일
포워더에 예약한 배의 출항일을 적어준다.

⑧ No & date of invoice : 인보이스 번호와 발행 일자
수출상의 Commercial Invoice 번호에 "GCI-211028"가 적혀있다. 보통 작성 날짜를 일련번호로 하여 만든다. 정해진 룰은 없다.

여기서는 수출상의 회사명 GCI(Glebe Commercial Invoice)에서 인용한 다음 작성한 날짜를 이어 만들었다.

⑨ No & date of L/C
신용장 번호와 발행 일자.
CASE 7-4. 신용장의 20조항 "Doc. Credit Number"에 명시된 신용장 번호를 적어준다. 발행 일자는 31C 조항 "Date of issue"에 명시된 발행 일자를 적어준다. T/T 거래인 경우에는 "Telegraphic Transfer"라고 적어준다.

⑩ L/C issuing bank
신용장 개설은행. 신용장 거래인 경우에만 적는다.
CASE 7-4. 신용장의 첫 장 "Issuing Bank"에 명시된 대로 적어준다.

⑪ Remarks
참고사항. 특별히 주의사항이 필요한 경우에만 적는다.
CASE 7-4. 신용장의 46A 조항 "Document required" 3항에 'Commercial Invoice에 LC NO.와 함께 CONTRACT NO.(계약 번호)를 적으라'고 명시돼 있다. 신용장 번호는 위에 적었으므로 이곳에는 Purchase Sheet에 나와 있는 계약 번호 'S/C NO.: 21-100'을 적어준다.

⑫ Marks & number of PKGS
쉬핑마크.
CASE 7-4. 신용장의 45A 조항 "Descript. of Goods"에 명시된 쉬핑마크 대로 적어준다. 만약 신용장에 쉬핑마크가 나타나 있지 않다면 Purchase Sheet(계약서) 또는 별도로 수입상으로부터 받은 쉬핑마크를 기재해 준다.
그리고 선적할 카톤(Carton) 수를 적어야 한다. 여기서는 C/NO. 1~30로 표기돼 있다. 선적할 카톤 수는 총 30카톤(박스)이라는 뜻이다.

⑬ Description of goods : 제품의 명세(설명)

CASE 7-4. 신용장의 45A 조항 "Descript. of Goods"에 명시된 그대로 적어준다. T/T 거래의 경우는 Purchase Sheet(계약서)에 나타난 대로 적어준다.

⑭ Quantity/unit : 선적 수량

CASE 7-4. 신용장의 45A 조항 "Descript. of Goods"에 명시된 대로 적지 않고 **여기서는 실제 선적할 실 수량대로 적어준다.**

⑮ U/price

Unit price. 제품 단가이다.

단가 위에 조건은 'CIF BUSAN'이라 표기돼 있다. 이와 같이 수출상은 단가와 함께 반드시 거래조건을 표기해야 한다.

⑯ Amount

총 물품 금액.

CASE 7-4. 신용장의 39A 조항 "Amount tolerance"에 MORE 3%/ LESS 3% 허용치가 명시돼 있다. 그리고 이 문구는 47A 조항 "Additional Cond."에도 명시돼 있다. 그러므로 Purchase Sheet(계약서) 및 신용장에 나와 있는 금액 또는 수량에서 +/-3% 범위 내에서 선적이 가능하다.

수출상이 실제 선적할 수 있는 가능 범위는 아래와 같다.

CASE 7-2. Purchase Sheet
- 계약서 총 금액 : USD30,000.00
- 계약서 수량 : 3,000PC
→ 선적 가능 총 금액 : USD29,100.00 ~ USD30,900.00
→ 선적 가능 수량 : 2,910PC ~ 3,090PC

T/T 거래의 경우, 오차 범위를 약간 벗어나는 것은 수입상에게 승낙을 구하고 선적을 진행하면 된다. 반면 오차 범위를 많이 벗어나는 것은 예로 들어 210PC 부족하다면(-7%) 수출상은 부족분(Shortage)에 대해 추가로 작업을 해주어야 한다. 이렇게 별도로 생산하는 제품을 'Replacement(교환품, 보충품)'라 한다.

수출상은 Replacement를 하기 전에 수입상에게 의견을 물어본다. 왜냐하면 수입상이 '추가 작업을 하지 않고 그 상태에서 오더를 마무리하자'고 하는 경우도 있기 때문이다.

한편 수입상이 발행한 발주서에 허용치가 없는 경우도 있다. 이러한 경우에도 만약 수출상이 제품 특성 또는 작업장의 환경 상 허용범위가 불가피하게 필요하다면, 수입상에게 이에 대한 동의를 얻어 생산을 진행하는 것이 바람직하다.

2. Packing List

Packing List는 "포장명세서"라 부른다. 수출상이 작성해야 할 두 번째 서류로서 선적할 물품의 포장에 관한 명세서이다.

수출포장을 마친 후 수출포장업체 또는 공장으로부터 그 내역(Packing details : 국내실무에선 송장 또는 포장송장이라 한다)을 받아 그것을 기초로 작성한다.

수출상의 Packing List의 양식은 Commercial Invoice의 전체적인 양식을 그대로 사용한다. 그리고 수출상은 제품명, 수량, 쉬핑마크 등 **Commercial Invoice의 주요 내용과 일치하게 단어의 철자 그대로 작성해야 한다. 단, 단가와 금액은 나타내지 않는다.**

한편, 포장명세서에는 포장을 나타내는 쉬핑마크, 제품 내용, 카톤 수, 수량을 적고 순중량(Net weight)과 총중량(Gross weight)을 반드시 나타내야 한다.

"Measurement"에 CBM의 경우 신용장 거래에서는 수출상이 선사/포워더로부터 B/L(선하증권)을 받으면 거기에 기재되어 있는 CBM을 그대로 옮겨 적으면 된다. 반면, T/T 거래에서는 수출상이 시간적인 여유가 없는 경우 CBM 부분은 비워두고 서류를 처리해도 무방하다.

PACKING LIST

1.Shipper/Exporter	8. No&Date of Invoice
GLEBE FASHION PTY. LTD. UNIT 402, 34 WENTWORTH ST., GLEBE, NSW2037, AUSTRALIA	GCI-211028 28-10-2021
2.For Account & Risk of Messers	9. Marking and No. of Cartons
TO ORDER	LC9607235/01 05 OCTOBER 2021
3. Notify party	
ALPS RI INC. UNIT 6401, CHUNGHYO BLDG., KYEONGBOK UNI., 425 JINJEOP, NAMYANGJU-SI, KOREA REPUBLIC ATTN : MR. JUSTIN CHOI PH. 82-31-525 2000 FAX. 82-31-525 2021	ALPS (IN DIA) DESTINATION : BUSAN, KOREA 21-100 ITEM : K. BAG COL. : Q'TY : C/NO.: 1-30 MADE IN AUSTRALIA

4. Port of Loading	5. Final Destination	
SYDNEY, AUSTRALIA	BUSAN, KOREA	CONTRACT NO. - S/C NO : 21-100
6. Carrier	7. Sailing on/or About	
WIDE JULIET 016N	28-10-2021	

10. C/T NO. 11. Description of Goods	12. Quantity	13. Net weight	14. Gross weight	15. Measurement
HS-CODE 4202.22.2000 CIF BUSAN COUNTRY OF ORIGIN : AUSTRALIAN ORIGIN PRICE TERM : CIF BUSAN KOREA KANGAROO EMBLEM BAG (SHELL: POLY 600D OXFORD FABRIC)				
- BROWN 1,000PC				
NAVY 800PC				
BLACK 1,200PC				
GROSS TOTAL 30 CARTONS	3,000PC	2,400KG	2,550KG	67.5CBM
	40'F CONTAINER X 1 LCL 10 CBM			
GLEBE FASHION PTY., LTD				

* 제7장 CASE 7-2. Purchase Sheet 및 CASE 7-4. 신용장 원본의 발주 건에 해당한다.

*** 용어 설명**

수출상은 Commercial Invoice의 내용을 대부분 그대로 옮겨 적는다.

① Shipper/exporter : 수출상 이름, 주소, 전화번호

② For account & risk of messers

물품비용의 지불과 리스크(수입상), 주소, 전화번호

③ Notify party : 통지업체 이름, 주소, 전화번호

④ Port of loading : 선적항 이름

⑤ Final destination : 도착항 이름

⑥ Carrier : 배편명 또는 항공편명

⑦ Sailing on/or about : 출항일

⑧ No & date of invoice

인보이스 번호와 발행 일자

Packing List 번호를 Commercial Invoice 번호와 동일하게 적어야 한다.

모든 선적서류의 번호는 Commercial Invoice 번호에 맞춰 동일하게 기재해야

한다.

⑨ Marking and No of cartons

쉬핑마크를 적는다. 그리고 빈 공간에 Commercial Invoice에 기재한 LC NO., LC 발행 일자, CONTRACT NO.(계약 번호)를 그대로 옮겨 반드시 기재토록 한다. 모든 선적서류에는 기본적으로 LC NO.(신용장 번호)를 반드시 기재해야 한다.

T/T 거래인 경우에는 "Telegraphic Transfer"라고 적거나, 수입상의 담당자 이름 등을 적는다.

⑩ C/T NO. : 쉬핑마크를 적는 란이다. 9항에 기재를 했다면 적을 필요가 없다.

⑪ Description of goods : 제품의 명세(설명)를 적는 란이다.

⑫ Quantity : 선적 수량

CASE 7-4. 신용장의 45A 조항 "Descript. of Goods"에 명시된 대로 적지 않고 **여기서는 실제 선적할 실 수량대로 적어준다.**

⑬ Net weight : 순중량

외포장재(박스) 무게를 제외한 순수한 선적물품의 총 무게이다.

따라서 여기서는 선적물품인 가방의 총중량을 적는다. 가방 1개당 중량 x 선적 수량으로 계산해 볼 수 있다. 또는 수출포장업체에 박스 1개 당 무게를 문의하여 총중량(Gross weight) – 총 박스 무게 = 순중량(Net weight)으로 계산해 볼 수 있다.

⑭ Gross weight : 총중량

선적물품에 박스포장을 한 후에 잰 총중량이다.

T/T 거래의 경우, 수출상은 수출포장업체로부터 1개의 빈 박스 무게를 미리 알아두면 참고가 된다. 그리고 1박스 당 몇 개의 물품을 담아 포장할 수 있는지 알

면 계산하기에 편하다.

서류에서 중량은 근사치 중량으로 작성하더라도, 현격히 차이가 나지 않는 경우를 제외하고는, 수입지의 통관에서 크게 문제가 되지 않는다.

신용장 거래의 경우, 중량에 대해 정확하게 진행할 필요가 있다.

따라서 수출포장업체에서 포장을 모두 마치고 수출상에게 팩스로 Packing detail(포장송장)을 보내오게 된다. 거기에는 저울로 정확하게 잰 총중량이 나와 있다. 이에 수출상은 Packing List에 총중량을 기재하고 순중량은 총중량에서 총 박스 무게(외포장재의 총 무게)를 뺀 것으로 계산하여 작성한다.

⑮ Measurement

CBM을 적는다.

선사/포워더에서 B/L(선하증권)이 발행되면 거기에 정확하게 잰 CBM이 적혀 있다. 그리고 이 경우(CASE 7-2. Purchase Sheet)에는 40피트 컨테이너 1개와 LCL 10 CBM의 물량 표기가 역시 B/L에 기재돼 있다.

따라서 수출상은 CBM과 물량 표기를 함께 Packing List에 적어준다.

GROSS TOTAL : 67.5 CBM

40'F CONTAINER X 1

LCL 10 CBM

3. B/L (Bill of Lading)

B/L(Bill of lading)을 "선화증권" 또는 "선하증권"이라 한다.(이하 선하증권이라 한다).

선하증권(B/L)은 선사/포워더가 일정한 운송계약 하에 송화인(수출상)으로부터 선적을 위탁받아 물품을 받고 그 대가로 발급해 주는 유가증권이다.

수출상은 T/T 거래의 경우 B/L을 수입상에게 직접 보내고, 신용장 거래인 경우 오직 은행을 통해서만 수입상에게 보내야 한다.

이것은 계약 지정의 도착지에서 수화인(수입상)이 본 증권을 선사에 제시를 하면 선사는 B/L을 받고 그 대가로 물품을 인도하도록 약속한 증권이다.

B/L은 수출상이 Commercial Invoice, Packing List, 수출신고필증을 선사/포워더에게 팩스로 넣어주면 발급 받을 수 있다. B/L의 발급 내용은 수출상의 Commercial Invoice와 Packing List를 바탕으로 기재가 된다.

따라서 B/L이 공식 발급되기 전 선사/포워더는 내용에 오타나 잘못된 기재 내용이 없는지 수출상에게 '예정 B/L'을 팩스로 보내어 전화로 묻는데, 이를 실무에선 **"Check B/L(체크비엘)"**이라고 한다.

수출상은 내용에 오타나 이상이 있으면 다시 수정한 Check B/L을 받아 확인하고, 이상이 없으면 '이상이 없으므로 B/L을 그대로 진행해 달라'라고 답한다.

그럼 B/L 서식과 내용을 살펴보기로 하자.

※ CASE 10-3. B/L

CONSIGNOR	FBL	SFCOZ10088

GLEBE FASHION PTY. LTD.
UNIT 402, 34 WENTWORTH ST.,
GLEBE, NSW2037, AUSTRALIA

FBL   SFCOZ10088

**NEGOTIABLE FIATA
MULTIMODAL
TRANSPORT**

**OZ M200
BILL OF LADING** ORIGINAL

CONSIGNED TO ORDER OF	SYDNEY FORWARDING CO.

TO ORDER

SYDNEY FORWARDING CO.
UNIT 1, QVB, 455 GEORGE ST.,
SYDNEY, NSW 2000, AUSTRALIA
TEL +612-9265-6000 FAX+612-9265-6001
EMAIL sydforward@gmail.com

NOTIFY ADDRESS

ALPS RI INC.
UNIT 6401, CHUNGHYO BLDG.,
KYEONGBOK UNI., 425 JINJEOP,
NAMYANGJU-SI, KOREA REPUBLIC
ATTN : MR. JUSTIN CHOI
PH. 82-31-525 2000 FAX. 82-31-525 2021

SYD *BEST IN FORWARDING*

ORIGINAL B/L

PLACE OF RECEIPT

LC9607235/01
05 OCTOBER 2021

OCEAN VESSEL	PORT OF LOADING
WIDE JULIET 016N	SYDNEY, AUSTRALIA

CONTRACT NO.
- S/C NO. : 21-100

PORT OF DISCHARGE	PLACE OF DELIVERY
BUSAN, KOREA	

C/INVOICE NO. GCI-211028

MARKS AND NUMBERS	NUMBER AND KIND OF PACKAGES	DESCRIPTION OF GOODS	GROSS WEIGHT	MEASUREMENT
ALPS (IN DIA) DESTINATION: BUSAN, KOREA 21-100 ITEM : K. BAG COL. : Q'TY : C/NO. : 1-30 MADE IN AUSTRALIA	30 CTNS	SAID TO CONTAIN :	2,550KG	67.5CBM
		HS-CODE 4202.22.2000 COUNTRY OF ORIGIN : AUSTRALIAN ORIGIN PRICE TERM : CIF BUSAN KOREA		
	40'X1, 10CBM	KANGAROO EMBLEM BAG (SHELL : POLY 600D OXFORD FABRIC)		
	COL : BROWN	1,000PC		
	NAVY	800PC		
	BLACK	1,200PC		

ON BOARD DATE:
28 Oct, 2021

"FREIGHT PREPAID"

CFS/CFS   SAY : 40'F CONTAINER X 1, LCL 10CBM ONLY.

FREIGHT AMOUNT	FREIGHT PAYABLE AT	PLACE AND DATE OF ISSUE
FREIGHT PREPAID AS ARRANGED	SYDNEY, AUSTRALIA	SYDNEY, AUSTRALIA, 28 Oct., 2021
	NUMBER OF ORIGINAL FBL'S	STAMP AND SIGNATURE
	ZERO (0)	SYDNEY FORWARDING CO.

* 제7장 CASE 7-2. Purchase Sheet 및 CASE 7-4. 신용장 원본의 발주 건에 해당한다.

* 용어 설명

선사/포워더는 수출상의 Commercial Invoice와 Packing List의 내용을 그대로 인용하여 B/L 발급을 한다.

① Consignor : 송화인(수출상)
물품을 보내는 이로 수출지의 화주에 해당한다.

② Consigned to order of : 수화인(수입상)
물품을 수령하는 이로 수입지의 화주에 해당한다.
수출상의 서류대로 "TO ORDER"로 기재된다.

③ Notify address : 통지업체 주소, 전화번호

④ Ocean vessel : 배편명

⑤ Port of loading : 선적항

⑥ Port of discharge : 도착항, 양륙항

⑦ Place of receipt : 수탁지
수탁지를 'Place of receipt' 또는 'Place of taking in charge'라고 한다.
수탁지는 선적항으로 출발하기 위하여 수출상의 수출물품을 처음 인수하여 트럭에 싣는 지점을 말한다.
수출상의 서류에 기재 내용이 없는 경우, 기재되지 않는다.

⑧ Place of delivery : 최종 목적지

최종 목적지를 'Place of delivery' 또는 'Place of destination'이라고 한다.
최종 목적지는 수입지 수입자에게 수입물품을 전달하는 최종 배달지를 말한다.
수출상의 서류에 기재 내용이 없는 경우, 기재되지 않는다.

⑨ Mark and numbers : 쉬핑마크

⑩ Number and kind of packages : 포장 개수

⑪ Description of goods : 제품의 명세

⑫ Gross weight : 총중량

⑬ Measurement : CBM

⑭ On board date : 선적일

⑮ Freight prepaid : 해상운임 선불

Case 7-2. Purchase Sheet는 거래조건이 CIF이기 때문에 수출상이 해상운임을
선불로 해서 물품을 보내야 한다. 반면 거래조건이 FOB라면 수입상 부담인
Freight collect(해상운임 착불)로 B/L은 발급된다.

⑯ Freight payable at : 운임 지급지

CIF 거래조건에서 해상운임 지급지는 수출국이다.

⑰ Place and date of issue : B/L 발급일

⑱ B/L number : B/L 번호. 여기서는 'SFCOZ10088'이다.

⑲ 기타

빈 공간에 Commercial Invoice에 표시된 LC NO., LC 발행 일자, CONTRACT NO.(계약 번호)가 반드시 B/L 상에도 기재되도록 한다.

1) B/L의 발급

수출상은 선사/포워더에 수출물품의 선적을 위탁하고 B/L을 발급받는다. B/L 발급에는 'Original B/L' 발급과 'Surrender B/L' 발급이 있으며 수출상이 신청 시에 선택을 한다.

Original B/L은 전면 중앙에 **"ORIGINAL"**이라는 글씨가 찍혀 발급되고 Surrender B/L인 경우는 **"SURRENDERED"**라는 글씨가 찍혀 발급된다.

2) B/L의 효력

Original B/L을 발급하면 수입상이 수입지에 도착한 물품을 찾을 때 오직 원본 Original B/L을 선사에 제시하여야만 수입물품을 찾을 수 있고, Surrender B/L을 발급하면 수입상이 도착한 물품을 찾을 때 사본 B/L(팩스본)로도 수입물품을 찾을 수 있다.

한편 Original B/L의 팩스본이라면 그것은 사본 B/L에 해당한다. Original이란 말은 원래의 모습이 훼손되지 않은 진품(genuine)의 서류를 뜻한다.

3) B/L 발급의 결정

어떤 B/L로 발급할지는 수출상이 판단하여 결정한다.

① T/T 거래의 경우 — Original B/L 발급과 Surrender B/L 발급 중 하나를 선택하여 발급받는다.

수출상이 선적 전에 수입상으로부터 대금결제를 받은 경우, 또는 선적 후라 할지라도 수입상으로부터 대금결제를 받을 수 있다는 신뢰가 있는 바이어의 경우에 Surrender B/L 발급을 신청한다.

반면 선적 전/선적 후에 수입상으로부터 대금결제를 받을 안전장치가 필요한 경우는 Original B/L 발급을 신청한다. 수입상으로부터 대금결제가 되지 않은 경우 수출상은 Original B/L을 소유한 채 우편으로 발송하지 않으면 수입상은 도착한 수입물품을 찾을 수 없게 된다.

② 신용장 거래의 경우 — 무조건 Original B/L을 발급해야 하는 것이 원칙이다.

4) B/L 받기

① T/T 거래 (Original B/L 발급 시)

수입상은 선적 바로 전/후에 수출상으로부터 쉬핑어드바이스를 통해 선적서류(Commercial Invoice, Packing List, B/L, Insurance Policy 등)를 먼저 팩스로 받는다. 그리고 물품대금 결제 후 수출상으로부터 쿠리어/특송 우편을 통해 원본 Original B/L(FULL SET 3/3부)과 다른 선적서류를 함께 받게 된다.

② T/T 거래 (Surrender B/L 발급 시)

수입상은 선적 바로 전/후에 수출상으로부터 쉬핑어드바이스를 통해 Surrender B/L과 다른 선적서류를 팩스로 받는다.

③ 신용장 거래

수입상은 선적 바로 전/후에 수출상으로부터 쉬핑어드바이스를 통해 선적 서류를 먼저 팩스로 받는다.

하지만 모든 원본의 선적서류들은 수출상이 선적 후 매입은행에 제출하도록 되어있다. 매입은행은 제출받은 원본 선적서류를 수입지 개설은행으로 보낸다. 이어서 개설은행은 수입상으로부터 물품대금을 받고 원본 Original B/L과 선적서류를 수입상에게 인도한다.

4. Insurance Policy

보험증권을 "Insurance Policy"라고 한다.

거래조건이 CIF(Cost, Insurance and Freight)일 때는 수출상이 해상보험을 들어야 하고 거래조건이 FOB(Free on board)일 때는 수입상이 해상보험을 든다.

해상보험증권은 원본이 2부로 발행되며 표기는 세관용, 보험료 청구용, 부본으로 나타난다. 해상보험(정확한 표현은 '적화보험 : Cargo Insurance'이다)이 필요한 이유는 해상운송 중 화물이 멸실 또는 훼손될 경우를 대비하여 보험료를 지불함으로써 화주가 입은 손해를 보험조건에 의해 보상받기 위해서이다. 화물이 보험목적물이 된다.

CARGO INSURANCE POLICY

POLICY NO. AG03141001   **ORIGINAL**

THIS POLICY OF INSURANCE witnesses that in the consideration of a premium, as agreed, being paid to AG Insurance company by the Assured for own account or the Assignee or others, the Insurer makes insurance on the following goods, subject to the General Conditions of Marine Cargo Insurance as printed overleaf and the condition and/or clauses as specified hereinafter or annexed hereto or written hereon :

Date : 28. OCT., 2021	
Name of assured : GLEBE FASHION PTY. LTD.	
Documentary credit(L/C) No. LC9607235/01 05 OCTOBER 2021	
B/L No. : SFCOZ10088	**Contract No.**: S/C NO.: 21-100
From : Sydney, Australia	**To** : Busan, Korea
Vessel : WIDE JULIET 016N	
Sailing on or about : 28-10-2021	

Property covered : Invoice NO. GCI-211028 HS-CODE 4202.22.2000 COUNTRY OF ORIGIN : AUSTRALIAN ORIGIN PRICE TERM : CIF BUSAN KOREA KANGAROO EMBLEM BAG (SHELL: POLY 600D OXFORD FABRIC) BROWN 1,000PC NAVY 800PC BLACK 1,200PC TOTAL: USD30,000.00	
Amount insured(Cargo)	USD33,000.00 (USD30,000.00 X 110.0000%)
Premium	USD38.21
Rate %	0.11580
Total	USD38.21
Conditions or special coverage Institute Cargo Clauses, Cargo/Air transportation All risks 0.07000% WAR risks 0.05000%	

AG FIRE & MARINE INSURANCE CO. LTD.

AG INSURANCE CO.

Authorized signatory

* 제7장 CASE 7-2. Purchase Sheet 및 CASE 7-4. 신용장 원본의 발주 건에 해당한다.

* 용어 설명

① POLICY NO. : 보험증권 번호

② Date : 발행 날짜

"보험서류의 일자는 선적일보다 늦어서는 안 된다."(신용장통일규칙 UCP600 제 **28조)**. 따라서 NEGO 시 하자(Discrepancy) 방지와 보험효력이 발생하기 위해서 는 보험증권 발행 날짜가 선하증권 발행일(선적일)보다 빠르거나 같아야 한다. 이 점을 보험회사에 요청한다.

③ Name of assured : 피보험자

사고의 발생으로 인하여 손해를 입은 경우 그에 대한 보상 받을 권리를 갖는 주 체이다.

④ Documentary credit(L/C) No. : 신용장 번호

⑤ B/L No. : 선하증권 번호

⑥ Contract No. : 계약서 번호

⑦ From : 출발항, 출항지

⑧ To : 도착항, 도착지

⑨ Vessel(Flight) : 배편명 또는 항공편명

⑩ Sailing on or about : 출항일 또는 예정 출항일

⑪ Property covered : 보험 물품

수출입 실무에서 해상보험은 보험의 목적물이 선적 화물에 해당하며 곧 "적화보험/적하보험(Cargo insurance)"을 의미한다.

보험 목적물인 화물의 제품명, 규격/스펙, 수량, 총 금액이 적혀 있다.

⑫ Amount insured(Cargo) : 보험금액

실제로 보험에 가입한 금액을 말하며 보험회사가 보험계약상 부담하는 손해배상 책임의 최고한도액을 말한다.

보험금액은 적하화물(Cargo) 금액의 110%가 국제 상관례이다. 적하화물 금액은 Commercial Invoice에 나타난 금액으로 여기에 110%를 적용한다. 적하보험 규정에는 최고 150%까지 한도로 나타내고 있지만 보험회사에서는 일반적으로 130%까지로 제한하고 있다.

⑬ Premium : 보험료

보험계약자가 지급하는(납입하는) 요금을 말한다.

※ 보험료(Premium) 계산

= 보험요율(Rate) x 보험금액(CIF value x 110%).

= 0.0011580 x USD33,000.00 = USD38.21

⑭ Rate % : 보험요율[76]

해상 적하보험의 요율은 보험회사별로 자율적으로 산출, 적용되고 있다.

⑮ Total : 합계

---

76) 보험요율(Rate) : 보험료를 산출하기 위하여 일정한 보험 단위당 적용된 비율로 보험요율 X 보험금액 = 보험료가 된다.

⑯ Conditions or special coverage :

Institute Cargo Clauses,

Cargo/Air transportation

All risks 0.07%, WAR risks 0.05%

- All risks : 전위험담보조건

- WAR risks : 전쟁위험담보조건

CASE 7-4. 신용장의 46A 조항 "Documents required" 2항 보험증권에 관한 약관대로 일치하게 신청해야 한다.

▪ **Institute Cargo Clauses : 협회적하약관**

런던보험자협회가 제정한 약관으로 구약관과 신약관이 있다.

1963년 제정된 구약관에는 F.P.A, W.A, A/R이 있으며, 1982년 제정된 신약관에는 A, B, C가 있다.

① **구약관**

a. F.P.A (Free particular average) : 단독해손부담보조건

선박이 좌초, 침몰 또는 대화재를 입은 경우 보상한다.

그리고 선적, 환적 또는 양하 시 전손이 된 화물을 보상하고 선박 간 충돌, 화재, 폭발, 타 물체와의 접촉, 조난항에서 양하 작업에 의한 멸실 또는 손상에 대해서도 보상한다.

b. W.A (With average) : 분손담보조건

공동해손이 성립되었을 때 선박이 좌초, 침몰 또는 대화재를 입은 경우 보상한다.

그리고 선적, 환적 또는 양하 시 전손이 된 화물을 보상하고 선박 간 충돌, 화

348

재, 폭발, 타 물체와의 접촉, 조난항에서 양하 작업에 의한 멸실 또는 손상에 대해서도 보상한다.

c. A/R (All risks) : 전위험담보조건
면책위험 및 보험요율서 상 제외되는 위험 이외에, 보험 목적물의 멸실 또는 손상의 모든 위험을 담보한다.

② 신약관
a. A : 구약관 A/R와 비슷하다.
b. B : 구약관 W.A와 비슷하다.
c. C : 구약관 F.P.A와 비슷하다.

③ WAR Risks
전쟁위험은 항해에 부수하는 위험으로서, 전쟁(War), 포획(Captures), 나포(Seizures), 군주와 국민의 억류 및 억지(Restraints and detainments of princes and peoples) 등을 말한다.
"전쟁"은 국가 간의 전쟁뿐만 아니라 국가 내에서의 내란(Civil war)도 포함한다.
"포획"은 적에게 전리품으로서 점유와 권리를 박탈당하는 것을 말하며, 나포는 적, 외국 공무원, 또는 승객으로부터 점유와 권리를 탈취당하는 것이다.
"군주와 국민의 억류 및 억지"는 공권력에 의해 점유를 탈취당하거나 선박의 운항을 제지 받는 것을 말한다.

**담보위험(Risks covered) : 보험자(보험회사)가 보상해 주는 특정 위험을 말한다.
**면책위험(Exceptions) : 보험자(보험회사)에게 보상의 책임을 면제시키고 있는 것을 말한다.

⑰ Authorized signatory : 보험회사의 직인(명판) 또는 사인

제2절　수출상의 매입서류 (NEGO)

　수출상의 매입서류, 즉 은행에 제출해야 할 선적서류(요구서류와 기타 서류)는 신용장(CASE 7-4. 신용장 원본)의 아래 조항에 명시되어 있다.

1. Original L/C

- Original L/C (신용장 원본)

2. 46A Document required

- Commercial Invoice (상업송장)
- Packing List (포장명세서)
- B/L (선하증권)
- Insurance Policy (보험증권)

3. 46A Document required-Other documents

- Certificate of Origin (원산지증명서)
- Beneficiary's Certificate (수익자의 증명서)[77]

---

77) 수익자의 증명서 : 수출상이 발행하는 증명서를 뜻하며, 하위 Sub-title로 여러 증명서가 요구될 수 있다.

- Applicant's Inspection Certificate (신청인의 증명서)[78]
- Test Report (시험 기관 시험성적서)

4. 42C Draft at

- Bill of Exchange (환어음)

위와 같이 CASE 7-4. 신용장의 경우 신용장 원본을 포함하여 총 10가지 매입서류가 필요하다.

46A 조항은 기본 선적서류를 나타내고 있다. 46A-기타 서류 조항에서는 기타 서류를 요구하고 있다. 그리고 42C 조항에서는 환어음에 대해 명시하고 있다.

수출상은 이 서류들을 모두 준비하여 선적 직후 주거래은행을 방문하여 제출해야 한다. 이것을 Negotiation documents, 즉 '네고서류' 또는 '매입서류'라 한다.

반면, T/T 거래의 경우 수출상은 모든 선적서류를 쿠리어나 특송 우편으로 직접 수입상에게 보낸다.

제3절 결제방법

결제는 어떠한 물품을 구매하고 그에 대한 대가의 금액을 지불(Payment)하는 것을 말한다.

---

78) 신청인의 증명서 : 수입상이 발행하는 증명서를 뜻하며, 하위 Sub-title로 여러 증명서가 요구될 수 있다.

무역거래에서 결제방법은 여러 가지가 있으나 가장 보편적으로 이용하고 있는 T/T 결제와 신용장을 통한 결제에 대해 알아보자.

1. 전신환 송금 (T/T, telegraphic transfer)을 통한 결제방법

T/T는 'Telegraphic Transfer'의 약자로 공식 용어로는 "전신환 송금"이라 하고, 실무에선 보통 '온라인 송금/현금결제'라 한다.

수입상은 은행에 관련 서류를 증명하고 은행을 통해서 수출상에게 수입물품에 대한 대금을 지급하는 방식이다. 그 절차는 다음과 같다.

1) T/T 거래 (Original B/L 발급 시)

① 수입상이 쉬핑샘플을 확인한 후 선적승인을 한다.

② 그리고 수출상에게 쉬핑어드바이스를 요청한다.

③ 수출상은 쉬핑어드바이스에서 선적서류(Commercial invoice, Packing list, Insurance policy, B/L 및 기타 서류)와 선적 스케줄을 수입상에게 팩스로 보낸다.

④ 수입상은 선적서류와 스케줄을 확인한다.

⑤ 수입상은 선적서류와 계약서(Purchase sheet)를 들고 주거래은행에 가서 서류를 제출하고 은행을 통해 수출상에게 물품대금을 결제한다.

⑥ 수입상은 은행으로부터 받은 송금영수증(T/T Remittance receipt)을 수출상에게 팩스로 보낸다.

⑦ 선적이 진행된다.(수출상은 선적을 ③항 이전 단계에서 먼저 진행할 수도 있다. 이유는 미리 선적하였더라도 원본 Original B/L을 갖고 있다가 최종 수입상으로부터 물품대금이 입금된 걸 확인하고 난 후, Original B/L을 포함한 선적서류들을 수입상에게 보내면 되기 때문이다. **Original B/L**

발급 시 Original B/L 없이는 수입자가 수입물품을 찾을 수 없도록 규정돼 있다.)

⑧ 수출상은 송금영수증(T/T Remittance receipt)을 받은 후, 쿠리어 또는 특송우편으로 선적서류 각 1부씩, 그리고 Original B/L(Full set 3/3부)을 수입상에게 발송한다.

⑨ 수입상은 물품이 수입지에 도착하면 Original B/L로 수입물품을 찾는다.

2) T/T 거래 (Surrender B/L 발급 시)

① 수입상이 쉬핑샘플을 확인한 후 선적승인을 한다.

② 그리고 수출상에게 쉬핑어드바이스를 요청한다.

③ 선적이 먼저 진행된다.

④ 수출상은 쉬핑어드바이스에서 선적서류(Commercial invoice, Packing list, Insurance policy, B/L 및 기타 서류)와 선적 스케줄을 수입상에게 팩스로 보낸다.

⑤ 수입상은 선적서류와 스케줄을 확인한다.

⑥ 수입상은 물품이 수입지에 도착하면 팩스본 B/L로 수입물품을 찾는다. (Surrender B/L 발급 시 팩스본 B/L로도 수입자가 수입물품을 찾을 수 있도록 돼 있다.)

⑦ 수입상은 선적된 후 보통 7일~15일 이내에 선적서류와 계약서(Purchase sheet)를 들고 주거래은행에 가서 서류를 제출하고 은행을 통해 수출상에게 물품대금을 결제한다.

⑧ 수입상은 은행으로부터 받은 송금영수증(T/T Remittance receipt)을 수출상에게 팩스로 보낸다.

※ T/T 거래에서 수출상은 수입상으로부터 선금을 일부 먼저 받고 오더를 진행(생산에 착수)하는 경우도 있다. 이때에 선금은 대체로 30%이다.

2. 신용장 (Letter of Credit)을 통한 결제방법

신용장은 은행의 조건부 지급 확약서에 해당한다. 거래 당사자인 매도인 (Seller)과 매수인(Buyer) 사이에 은행이 약정한 조건에 부합하는 조건하에 결제를 확약한다. 따라서 신용장 거래가 T/T 거래보다 결제 면에서 안전하다.

신용장 거래의 대금결제는 수입자가 신용장을 어떻게 개설하느냐에 따라 달라진다. 신용장 개설 시 수입자는 보통 Sight L/C, Shipper's usance L/C 또는 Banker's usance L/C 중 하나로 정하게 된다.

대금결제를 받아야 하는 수출상 입장에서는 Sight L/C를 가장 선호한다. 그리고 특히 Shipper's usance L/C 경우에는 은행 이자가 발생하고 대금결제 지급이 만기일 일수만큼 늦어지기 때문에 수입자는 수출상과 미리 협의를 한 후 개설하는 것이 도리 상 바람직하다.

신용장을 개설하려면 수입자는 주거래은행을 방문하여 "취소불능화환신용장발행신청서"를 작성하게 된다. 신청서 란에 '42C Drafts at..' 조항 기재란이 있으며 거기에 At Sight, Usance(Banker's), Usance(Shipper's) 항목이 있고 그중에 선택을 하게 된다. 단, Usance L/C(기한부신용장)의 경우 수입자의 자의로 할 수 있는 게 아니며, 은행과 논의하여 은행의 승인 하에 개설이 가능하다. 최종적으로 선택한 조건으로 신용장이 발행된다.

이와 같이 무역거래(Business transaction)에서 가장 많이 이용되고 있는 신용장은 "일람출급신용장(Sight L/C)", "기한부신용장 쉬퍼 유전스(Shipper's usance L/C)", "기한부신용장 뱅커 유전스(Banker's usance L/C)" 세 가지이며 그 차이와 내용은 다음과 같다.

1) SIGHT L/C : 일람출급신용장

수입자가 Sight L/C로 신용장을 개설한 경우이다.

Sight L/C는 L/C at sight, At sight로 표현되기도 한다. 우리말로 "일람출급신용장"이라 한다.

일람출급(또는 일람불)의 뜻은 '어음을 제시하면 바로 즉시 대금을 지급해야 한다'라는 뜻으로 수입상은 수출상이 보낸 선적서류와 환어음을 개설은행으로부터 인수하는 즉시 바로 물품대금을 지급해야 한다.

	일람출급신용장
분류	Sight L/C
이자부담	–
지급·인수은행 (Drawee)	개설은행
결제	일람출급

▪ 인수은행 : 인수은행은 환어음을 인수(Acceptance)하는 은행으로 Drawee(어음지급인)가 된다. 그리고 최종 Drawee는 결국 수입상이다.

① 수입상이 신용장을 개설한다.

② 개설 시에 개설은행과 약정하여 선적서류가 도래하면 즉시 물품대금을 수입상이 지불하기로 한다(SIGHT L/C).

③ 수출상이 통지은행을 통해 신용장을 받는다.

④ 수출상은 생산에 착수한다.

⑤ 수입상이 쉬핑샘플을 확인한 후 선적승인을 한다.

⑥ 그리고 수출상에게 쉬핑어드바이스를 요청한다.

⑦ 수출상은 선적서류를 만들고 준비한다.

⑧ 선적이 진행된다.

⑨ 수출상은 쉬핑어드바이스에서 선적서류(Commercial invoice, Packing list, Insurance policy, B/L 및 기타 서류)와 선적 스케줄을 수입상에게 팩스로 보낸다.

⑩ 수입상은 선적서류와 스케줄을 확인한다.

⑪ 수출상은 선적서류와 환어음을 매입은행[79]에 접수하여 제출한다(NEGO).

⑫ 매입은행은 접수한 선적서류와 환어음을 개설은행으로 보낸다.

⑬ 개설은행은 수입상에게 선적서류가 도래했음을 통지한다.

⑭ 수입상은 개설은행을 방문하여 물품대금을 **즉시(일람출급)** 결제하고 그 대가로 선적서류를 인도받는다.

⑮ 수입상은 물품이 수입지에 도착하면 선적서류와 Original B/L로 수입물품을 찾는다.

⑯ 한편 개설은행은 물품대금을 **즉시(일람출급)** 매입은행에 결제한다.

개설은행이 매입은행과 무예치환거래은행인 경우, 개설은행은 상환은행(결제은행)에 수권(授權)을 주어 상환은행으로부터 대금결제가 이루어지기도 한다.

⑰ 매입은행은 물품대금을 **즉시(일람출급)** 수출상에게 결제한다.

※ SIGHT L/C

계약 ➡ L/C 신청 (수입상→개설은행) **➡ L/C 발행** (개설은행→통지은행) **➡ L/C 통지** (통지은행→수출상) **➡ 선적** (수출상→수입상) **➡ NEGO** (수출상→매입은행) **➡ 어음 및 선적서류 송부** (매입은행→개설은행) **➡ 서류도착 통지** (개설은행→수입상) **➡ 즉시 대금결제** (수입상→개설은행) **➡ 선적서류 인도** (개설은행→수입상) **➡ 대금송금** (개설·결제은행→매입은행) **➡ 즉시 대금지급** (매입은행→수출상)

---

* 통지은행은 대체로 개설은행의 지점이 통지은행이 된다.

* 결제은행(상환은행)은 개설은행과 예치환거래가 되어있다.

---

79) 매입은행 : 매입은행은 수출상 측의 외국환 주거래은행이 해당된다.

※ 결제은행 = 상환은행

개설은행과 매입은행이 무예치환거래은행이거나, 신용장의 결제통화가 수입국이나 수출국의 통화가 아닌 제3국의 통화인 경우, 개설은행과 제3국에 있는 예치환거래은행이 결제은행(Settling bank)이 된다.

어음을 매입한 은행(매입은행)에 대금을 상환해 주는 은행이라 해서 상환은행(Reimbursing bank)이라고도 한다. 개설은행이 상환은행을 지정하여 상환은행에게 "매입은행으로부터 대금청구가 오면 신용장 개설은행을 대신해 상환하라"라고 수권(Authorization : 권리를 부여함)을 하는 것이다.

2) SHIPPER'S USANCE L/C : 기한부신용장, 쉬퍼 유전스

기한부신용장은 기간을 두고 만기일에 수입상이 물품대금을 지급하는 조건의 신용장이다. 이는 수입자의 결제를 일정 기간 동안 유예해 준다는 뜻이다.

기한부신용장에는 크게 두 가지 종류가 있다.

	분류	종류	이자부담	인수은행 (Drawee)	결제
기 한 부 신 용 장	쉬퍼 유전스 (Shipper's usance)	–	수출상	개설은행	만기에 지급
	뱅커 유전스 (Banker's usance)	해외은행인수신용장 (Overseas Banker's usance)	수입상	해외은행	일람출급
		국내은행인수신용장 (Domestic Banker's usance)	수입상	개설은행	일람출급

▪ 이자부담 : 유전스 이자로서 인수수료(Acceptance commission)와 할인료(Discount charge)를 말한다. "기간이자(Term charge)"라 부르기도 한다.

▪ 만기일 : Maturity, The date of maturity   ▪ 환어음 지급기일 : Tenor of draft,

• 쉬퍼 유전스(Shipper's usance) : 수입상에게 만기일(결제유예기간)을 주는 대신 그 기간 동안 **이자를 수출상이 부담한다.**

• 뱅커 유전스(Banker's usance) : 수입상에게 만기일(결제유예기간)을 주는 대신 그 기간 동안 **이자를 수입상이 부담한다.**

―――――――

　우선 쉬퍼 유전스에 대해 살펴보자.

쉬퍼 유전스는 "수출상이 수입상에게 만기일에 대한 여신을 공여해 주는 신용장"이므로 유예기간에 대한 이자를 수출자가 부담하게 된다. 그리고 수출상은 물품대금을 은행으로부터 원칙적으로 만기일에 받게 된다.

　쉬퍼 유전스에서는 ;

"Acceptance commission and discount charges are for beneficiary's account."

"인수수수료와 어음할인료는 수익자(수출상) 부담이다"의 문구로 신용장에 나타난다.

① 수입상은 신용장 개설 전 수출상에게 미리 Shipper's usance L/C(만기일도 얼마 기간으로 할지 알린다)로 하겠다고 알리고 확약을 받아야 한다.

② 수입상이 신용장을 개설한다.

③ 개설 시에 개설은행과 약정하여 어음 만기일을 정하고, 그 만기일에 물품대금을 수입상이 지불한다. 그리고 **만기일 기간 동안의 이자**(어음할인료 : Discount charges, 어음인수수수료 : Acceptance commission)**는 수출상이 부담하는 조**

건으로 한다(Shipper's usance).

④ 수출상이 통지은행을 통해 신용장을 받는다.

⑤ 수출상은 생산에 착수한다.

⑥ 수입상이 쉬핑샘플을 확인한 후 선적승인을 한다.

⑦ 그리고 수출상에게 쉬핑어드바이스를 요청한다.

⑧ 수출상은 선적서류를 만들고 준비한다.

⑨ 선적이 진행된다.

⑩ 수출상은 쉬핑어드바이스에서 선적서류(Commercial invoice, Packing list, Insurance policy, B/L 및 기타 서류)와 선적 스케줄을 수입상에게 팩스로 보낸다.

⑪ 수입상은 선적서류와 스케줄을 확인한다.

⑫ 수출상은 선적서류와 환어음을 매입은행에 접수하여 제출한다(NEGO).

⑬ 매입은행은 접수한 선적서류와 환어음을 개설은행으로 보낸다.

⑭ 개설은행은 수입상에게 서류가 도래했음을 통지한다.

⑮ 수입상은 개설은행으로부터 선적서류는 바로 인도받고, 반면 물품대금은 약정한 어음 만기일에 개설은행에 결제한다.

⑯ 수입상은 물품이 수입지에 도착하면 선적서류와 Original B/L로 수입물품을 찾아 바로 판매에 들어갈 수 있다. 판매하여 자금화를 할 수 있다.

⑰ 개설은행은 **만기일 되는 날** 수입상으로부터 물품대금을 받아 매입은행에 결제를 한다.

개설은행이 매입은행과 무예치환거래은행인 경우, 개설은행은 상환은행(결제은행)에 수권(授權)을 주어 상환은행으로부터 대금결제가 이루어지기도 한다.

⑱ 매입은행은 **만기일에** 수출상에게 물품대금(신용장대금)을 지급한다.

⑲ 수출상은 은행이 어음인수를 한 후 만기일까지 기다렸다 물품대금(신용장대금)을 받거나 그 전에 어음할인(어음할인료, 이자지급)하여 자금화를 할 수 있다.

즉, 이 말은 수출상이 은행에 이자지급(만기일 동안의 이자)을 먼저 하면 선결제로 물품대금(이자지급만큼 금액을 적게 받게 되는 상황이 된다)을 받을 수도 있다는 뜻이다.

※ 수출상은 결국 만기일 기간 동안 자금운용을 못하거나, 이자부담으로 금액을 적게 받게 되는 상황이므로, 수출상은 그 기간에 대한 Loss(손실)를 생각해야 한다.

그러므로 예로 들어 바이어(수입상)와 계약 시에 단가를 USD3.00/YD로 정하였는데, 며칠 후 바이어가 L/C를 Shipper's usance L/C로 열겠다고 알려오면 수출상은 바이어에게 설명하고 단가를 다시 조정하여야 한다.

즉 '만기일 기간이자' 만큼 더하여 예로 들어 USD3.05/YD로 수정하여 계약서를 다시 받도록 한다.

※ Shipper's usance L/C

계약 ➡ L/C 신청 (수입상→개설은행) ➡ L/C 발행 (개설은행→통지은행) ➡ L/C 통지 (통지은행→수출상) ➡ 선적 (수출상→수입상) ➡ NEGO (수출상→매입은행) ➡ 어음 및 선적서류 송부 (매입은행→개설은행) ➡ 서류도착 통지·선적서류 인도 (개설은행→수입상) ➡ 만기일 통지 (매입은행→개설은행) ➡ 만기일 대금결제 (수입상→개설은행) ➡ 만기일 대금송금 (개설·결제은행→매입은행) ➡ 만기에 대금지급 (매입은행→수출상)

---

* 통지은행은 대체로 개설은행의 지점이 통지은행이 된다.
* 결제은행(상환은행)은 개설은행과 예치환거래가 되어있다.

3) BANKER'S USANCE L/C : 기한부신용장, 뱅커 유전스

뱅커 유전스는 "은행이 수입상에게 만기일에 대한 여신을 공여해 주는 것"이다. 따라서 유예기간에 대한 이자를 수입자가 부담하게 된다. 그리고 수출상은 물품대금을 은행으로부터 일람출급(일람불 : at Sight)으로 받게 된다.

뱅커 유전스에서는 ;

"Reimburse yourselves on the reimbursing bank at sight basis. 또는,

"Usance drafts must be negotiated on at sight basis and acceptance charge and discount charges are for account of applicant(또는 buyer's account).

"기한부 환어음은 일람불로 매입되어 상환은행에서 상환된다."

"기한부 환어음은 일람불로 매입되어야 하고 인수수수료와 할인수수료는 개설신청인(수입상)이 부담한다."의 문구로 신용장에 나타난다.

뱅커 유전스는 다시 두 종류로 나눌 수 있다.

▪ 해외은행인수신용장 (Oversea's Banker's usance L/C)

> 어음을 인수하고 여신을 공여해 주는 주체가 해외은행인 경우에 "해외은행인수신용장(Oversea's Banker's usance L/C)"이라 한다. 다시 말해 어음의 인수은행(Accepting bank, Drawee)이 해외은행이다.
>
> 매입은행은 선적서류를 개설은행으로 송부하고, 어음은 해외의 인수은행에 제시하여 대금을 즉시(일람출급) 받게 된다.
>
> 이때에 **"인수은행"**은 개설은행과 예치환거래약정이 돼 있으며, 개설은행이 인수은행을 지정할 때 대개 통지은행이 지정되는 경우가 많다.

▪ 국내은행인수신용장 (Domestic Banker's usance L/C)

> 어음을 인수하고 여신을 공여해 주는 주체가 국내 개설은행인 경우에 "국내은행인수신용장(Domestic Banker's usance L/C)"이라 한다. 다시 말해 어음의 인수은행

이 개설은행이다.

매입은행은 선적서류 및 어음을 함께 개설은행으로 송부하고 제시하여 대금을 즉시(일람출급) 받게 된다.

다음은 국내은행인수신용장(Domestic Banker's usance L/C)을 기초로 기술하였다.

① 수입상은 신용장 개설 전 수출상에게 미리 Banker's usance L/C(만기일도 얼마 기간으로 할지 알린다)로 하겠다고 알리고 확약을 받아야 한다.

② 수입상이 신용장을 개설한다.

③ 개설 시에 개설은행과 약정하여 어음 만기일을 정하고, 그 만기일에 물품대금을 수입상이 지불한다. 그리고 **만기일 기간 동안의 이자**(어음할인료 : Discount charges, 어음인수수수료 : Acceptance commission)**는 수입상이 부담하는 조건으로 한다**(Banker's usance).

* 수입상은 형편이 되어 만기일 이전에 물품대금을 지불해도 된다.

④ 수출상이 통지은행을 통해 신용장을 받는다.

⑤ 수출상은 생산에 착수한다.

⑥ 수입상이 쉬핑샘플을 확인한 후 선적승인을 한다.

⑦ 그리고 수출상에게 쉬핑어드바이스를 요청한다.

⑧ 수출상은 선적서류를 만들고 준비한다.

⑨ 선적이 진행된다.

⑩ 수출상은 쉬핑어드바이스에서 선적서류(Commercial invoice, Packing list, Insurance policy, B/L 및 기타 서류)와 선적 스케줄을 수입상에게 팩스로 보낸다.

⑪ 수입상은 선적서류와 스케줄을 확인한다.

⑫ 수출상은 선적서류와 환어음을 매입은행에 접수하여 제출한다(NEGO).

⑬ 매입은행은 접수한 선적서류 및 환어음을 '개설은행'(국내은행인수신용장의 경우)으로 보낸다. 그리고 어음 매입대금을 청구한다.

개설은행이 매입은행과 무예치환거래은행인 경우, 개설은행은 상환은행(결제은행)에 수권(授權)을 주어 상환은행으로부터 대금결제가 이루어지기도 한다.

⑭ 개설은행(또는 상환은행을 통해)은 물품대금(신용장대금)을 선지급으로 **즉시(일람출급)** 매입은행에 결제를 한다.

⑮ 매입은행은 물품대금(신용장대금)을 선지급으로 **즉시(일람출급)** 수출상에게 지급한다.

⑯ 한편, 개설은행은 수입상에게 서류가 도래했음을 통지한다.

⑰ **수입상은 만기일에 대한 이자 및 수수료만 먼저 지급**을 하고 선적서류를 바로 인수한다.

⑱ 수입상은 물품이 수입지에 도착하면 선적서류와 Original B/L로 수입물품을 찾아 바로 판매에 들어갈 수 있다. 판매하여 자금화를 할 수 있다.

⑲ 개설은행은 물품대금을 **만기일 되는 날** 수입상으로부터 받는다.

※ Banker's usance L/C

계약 ➡ **L/C 신청** (수입상→개설은행) ➡ **L/C 발행** (개설은행→통지은행) ➡ **L/C 통지** (통지은행→수출상) ➡ **선적** (수출상→수입상) ➡ **NEGO** (수출상→매입은행) ➡ **어음 및 선적서류 송부, 어음 매입대금 청구** (매입은행→개설·인수은행) ➡ **즉시 대금결제** (개설·결제·인수은행 ➔매입은행) ➡ **즉시 대금지급** (매입은행→수출상) ➡ **서류도착 통지** (개설은행→수입상) ➡ **이자 결제** (수입상→개설은행) ➡ **선적서류 인도** (개설은행→수입상) ➡ **만기일 대금결제** (수입상→개설은행)

---

* 통지은행은 대체로 개설은행의 지점이 통지은행이 된다.

* 해외은행인수신용장은 인수은행에서 수출상에게 대금결제가 나가고, 국내은행인수신용장은

개설은행 또는 결제은행(상환은행)에서 수출상에게 대금결제가 나간다.

기한부신용장의 만기일에 대한 설명은 "부록 편"에 기술하도록 하겠다.

4) 신용장 거래에서 1건의 계약서 (발주서) 금액이 큰 경우

계약 금액이 큰 경우 수출상은 하나의 신용장으로 받는 것보다 수입상에게 몇 차례 나눠서 신용장 개설하여 받는 것이 안전하다. 특히 중소기업 입장에서는 그러하다. 그 이유는 ;

① 금액이 나눠짐으로써 자금 운용이 가능해진다.

예로 들어 계약서 금액이 수억 원이어서 5차례에 나눠서 신용장 개설이 된다면, 수출상은 첫 번째(1/5) 신용장에 대한 선적을 하고 NEGO하여 물품대금을 받을 수 있다. 그것으로 이후의 생산 및 회사 자금으로 운용할 수가 있다.

② 납기 관리를 신용장별로 할 수 있다.

예로 들어 첫 번째(1/5) 신용장의 생산에서, 불량으로 인한 Shortage(부족분) 수량 파악과 생산관리가 쉬우며 일부 마감수량이 부족하더라도 납기에 맞춰 선적이 마무리된다.

그렇지 않고 하나의(1/1) 신용장하에서 전체 발주수량을 한꺼번에 선적하려면, 똑같은 상황에서, 바이어에게 계속 전체 납기를 연장해야 하거나 클레임 발생 시 금액적인 부담이 높아진다. 수출상 입장에서는 리스크가 될 만한 여건들을 미리 줄이는 방안이 낫다.

③ 신뢰도를 검증해 가며 전체 오더를 진행할 수가 있다.

계약서 금액이 큰 경우 주문 수량 또한 크다. 그리고 공급자 측에서는 생산 일정이 길고 대개 생산과정에서 예상치 못한 어려움이 많이 나타나게 된다.

그래서 첫 번째(1/5) 신용장의 생산 과정에서, 바이어(수입상)와 공급자(수출상)의 협력 관계, 업무 스타일, 문제 해결, 클레임 대처, 의견 차이, 대금결제 스타일 등이 나타나게 된다. 흔치 않지만 갈등이 심해져 서로 조정이 더 이상 안 되는 경우가 발생하기도 한다. 이러한 경우, 예로 들어 수출상이 두 번째(2/5) 신용장까지 선적을 마무리하였다면, 서로 합의하에, 부득이 나머지 세 차례 신용장 생산 분에 한하여 중단하여 오더를 파기할 수도 있다(수입상이 추가로 신용장 개설을 하지 않거나, 3차 신용장이 개설되었다 해도 취소할 수 있다).

즉, 신용장을 나눠서 진행하는 경우(예로 들어 5/5 차례), 상호 신뢰도를 검증해 가며 전체 오더를 진행할 수가 있다. 공급자는 생산에 대한 신뢰를 보일 수 있고 바이어는 결제와 문제해결에 대한 신뢰를 보일 수 있다.

서류와 대금결제 이동경로

1. T/T 거래에서 서류 이동경로

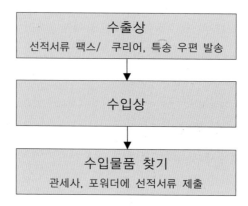

2. T/T 거래에서 대금결제 이동경로

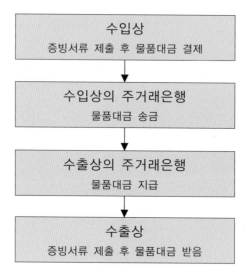

3. 신용장 거래에서 서류 이동경로

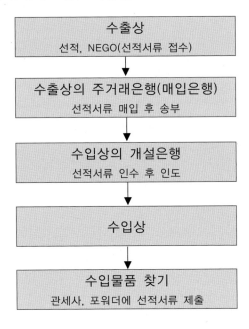

4. 신용장 거래에서 대금결제 이동경로

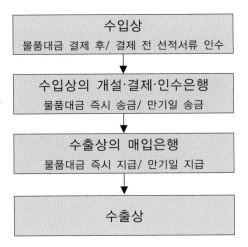

수입과 통관하기

쿠야호가 강 입구 모습
클리블랜드, 1872년 미국

Mouth of the Cuyahoga River, Cleveland,
Ohio, United States, 1872

제11장 수입신고

밧줄을 풀고 안전한 항구를 벗어나 항해를 떠나라
돛에 무역풍을 가득 담고 탐험하고, 꿈꾸며, 발견하라 – 마크 트웨인

제1절 수입신고의 종류

일반인 또는 수입을 처음 진행하는 회사의 경우 가장 어려워하는 점은 계약을 하고 물품대금을 지불하고 그 이후 과연 수입통관은 어떻게 진행되는가일 것이다.

가장 명쾌한 답은 '통관은 그 분야에 전문인 관세사와 포워더에게 의뢰를 하고 위탁하라'는 것이다. 그러면 수입상의 업무는 한결 간단해지고 쉬워진다. 반면 수입상이 직접 통관을 시도하는 경우 시간 및 인건비 비용이 더 들게 되며 효율성이 떨어진다.

1. 개별신고

관세사 등 대행업체를 이용하지 않고 수입자가 직접 일반 수입신고를 하는 것을 '사업자통관' 또는 '화주자가통관'이라고 한다.

관세청 전자통관시스템 Uni-pass를 통해 수입신고를 하는 것으로 인터넷 관세청 유니패스 CSP(unipass.customs.go.kr/csp/index.do)에 접속한 후 전자문서로 수입신고서를 전송(종이문서로 작성하여 팩스 등으로 보내는 방식이 아님) 하여야 한다. ☞ 관세청 UNIPASS CSP〉 전자신고〉 신고서 작성〉 수입통관

전송 후 '서류제출대상'으로 지정된 경우에는 수입신고서를 출력하여 다음 서류를 첨부하여 통관지 세관장에게 제출하여야 한다.

① 송품장(Commercial Invoice)
② 가격신고서 : 수입신고 시 수입상이 작성
③ 선하증권(B/L) 사본 또는 항공화물운송장(AWB) 사본
④ 포장명세서(Packing List)
⑤ 원산지증명서(Certificate of Origin, 해당 물품에 한함)
⑥ 「관세법 제226조에 따른 세관장확인물품 및 확인방법지정고시」 제3조에 따른 수입요건 구비서류(해당 물품에 한함)
⑦ 기타 요구 서류

자가 일반 수입신고에 어려움이 있는 경우 관세청 기술지원센터(☎ 1544-1285)에 문의하면 도움을 받을 수 있다.

2. 관세사를 통한 신고

관세사 등에게 위탁하여 수입신고를 하는 경우이다.

일반적으로 기업체는 관세사를 통해서 신고를 하며 이를 통해 업무 부담과 시간을 줄이고 있다.

수입신고는 수입화주, 관세사, 관세사법인, 통관취급법인 등의 명의로 가능한데 수입화주는 개인, 사업자(개인사업자, 법인사업자)가 해당한다.

다만 사업자등록이 된 사업자 명의로 수입신고되어야 납부한 부가가치세에 대하여 이후 세무서로부터 매입공제 등 조치(환급)를 받을 수 있다.

제2절 수입신고 시 제출서류

수입신고 시 제출서류는 다음과 같다.

① 송품장(Commercial Invoice)[80]

다만, 잠정가격으로 수입신고할 때 송품장이 해외에서 도착하지 아니한 경우에는 계약서를 제출하고, 송품장은 확정가격 신고 시 제출한다.

② 가격신고서

해당 물품에 한하며, 전산으로 확인 가능한 경우에는 서류제출 대상에서 제외한다.

③ 선하증권(B/L) 부본이나 항공화물운송장(AWB) 부본

④ 포장명세서(Packing List)

포장박스별로 품명·규격·수량을 기재해야 하며, 세관장이 필요 없다고 인정하는 경우는 제외한다.

⑤ 원산지증명서(Certificate of Origin)

---

80) 송품장 : 수출상이 작성하는 Commercial Invoice를 말하며 일반적으로 무역용어에서는 '상업송장'이라 하고, 세관에서는 '송품장'이라 부른다.

해당 물품에 한한다.

⑥ 「관세법 제226조에 따른 세관장확인물품 및 확인방법지정고시」 제3조에 따른 수입요건 구비서류(해당 물품에 한함)

⑦ 관세감면(분납)/용도세율적용신청서(별지 제9호 서식)(해당 물품에 한함)

⑧ 합의에 의한 세율적용 승인(신청)서(별지 제29호 서식)

⑨ 「지방세법 시행령」 제71조에 따른 담배소비세 납세담보확인서(해당 물품에 한함)

⑩ 할당·양허관세 및 세율추천 증명서류 및 종축·치어의 번식·양식용 해당세율 증명서류(동 내용을 전산으로 확인할 수 없는 경우에 한함)

⑪ 「지방세법 시행령」 제134조의 2에 따른 자동차세 납세담보확인서(해당 물품에 한함)

일반적인 경우 수입상이 관세사에게 수입신고를 위해 제출하는 서류는 송품장(Commercial Invoice), 선하증권(B/L) 사본, 포장명세서(Packing List), 원산지증명서(Certificate of Origin)가 해당되며, 해당 물품에 한하여 기타 '합의에 의한 세율적용 승인신청서' 정도가 추가된다.

자세한 내용은 관세사의 안내에 따라 제출을 한다.

제3절 수입신고인

「수입통관 사무처리에 관한 고시」 제9조에 의거,
수입신고인은 수입화주, 관세사, 관세사법인, 통관취급법인 등의 명의로 해야 한다.

수입신고인은 관세 등 세금의 부과기준이 되는 과세가격, 관세율 및 품목분류번호(HS CODE), 과세환율 등을 확인하여 신고하여야 한다.

제4절 수입신고 관련 업체별 업무내용

수입신고 및 통관 관련 업체별 업무내용은 대략 다음과 같다.

1. 수입화주 (Importer, Consignee)

화물의 주인, 신용장 개설신청, 물품대금 지급, 선적서류 인수, 부두하선 요청(관세사 대행), 보세운송신고(관세사 대행), 수입통관(관세사 대행), 관세 및 제세 납부(관세사 대행), 화물 인출(관세사 또는 포워더 대행) 등.

2. 개설은행 (Issuing bank)

신용장 개설, 선석서류 인도, 환어음 지급인, L/G 발급(Letter of Guarantee, 수입화물선취보증신청서) 등.

3. 선사 (Carrier, Shipping company, Line)

B/L 발급(Bill of lading, 선하증권), 화물 선적, 화물 해상운송, 선박 입항업무, 선적서류 접수, 입항보고서 제출, 적하목록제출, 하선신고서 제출, 하선계획, 하선, 보세구역에 물품반입 등. A/N 통지(Arrival notice, 도착예정통지서), D/O 발급(Delivery order, 화물인도지시서)

※ 화물이 항공운송으로 오는 경우는 '항공사'를 선사라 한다.(보세화물관리에 관한 고시 제3조)

4. 세관 (Customs)

입항보고수리, 적하목록 접수, 적하목록심사, 하선신고서 접수, 하선신고수리, 보세구역 반입신고수리, C/S 선별, 전자통관심사, 심사, 물품검사와 심사, 수출신고수리, 수출신고필증 발급, 수입신고수리, 수입신고필증 발급, 보세운송신고수리, 보세운송승인수리, 관세 청구 등.

5. 컨테이너터미널 (Container terminal), 부두운영회사 등

적하목록 접수, 본선입항 계획, 하선계획, 하역작업, CY, CFS, 보세창고 등에 화물을 반입 및 장치, 보세구역 반입신고, 보세운송 협조, 컨테이너화물 검사, 컨테이너 수리 및 청소, 공컨테이너 회수, 화물 게이트 반출·반입 등.

6. 관세사 (Customs broker)

수출통관 및 수입통관 대행, HS CODE 검색, 부두하선요청, 보세운송신고 (또는 승인신청)대행, 수출신고, 수입신고, 수출신고필증 전달, 수입신고필증 전달, 관세 및 제세 납부대행, 수입물품 반출 및 내륙운송, 관세환급 등.

7. 포워더, 포워딩사 (Forwarder)

배편/항공편 예약, 선적 스케줄 통지, 화물 선적, 혼재적하목록 작성·선사 제출, B/L 발급(Bill of lading, 선하증권), A/N 통지(Arrival notice, 도착예정통지서), 컨테이너 전용 트레일러 배차, 수입물품 반출 및 내륙운송 등.

제5절 수입 개요도와 순서

1. 수입 개요도

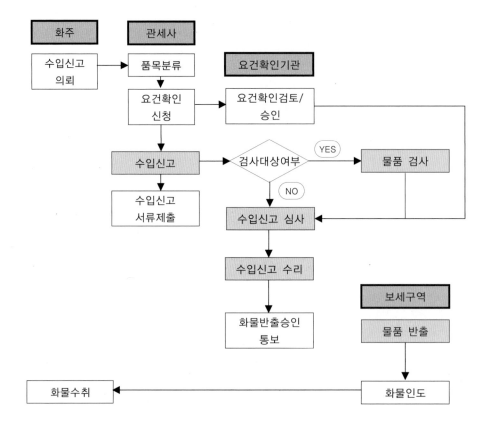

2. 수입 순서

수입 순서는 대략 다음과 같다.

① 쉬핑어드바이스 받기

수출상이 팩스로 보내온 선적 스케줄과 선적서류를 확인한다.

② 선적서류 인수

a. T/T 거래(Surrender B/L 발급 시), 사본으로 수입신고와 통관이 가능하므로 선적서류를 팩스로 받는다.

b. T/T 거래(Original B/L 발급 시), 은행을 통해 수출상에게 물품대금 결제 후, 원본 선적서류를 수출상으로부터 쿠리어/특송 우편으로 받는다.

c. L/C 거래 시, 개설은행에 물품대금 결제 후, 은행으로부터 원본 선적서류를 인수한다.

③ 수입신고 위탁

수입상은 관세사에게 수입신고 및 통관업무를 위탁한다. 그리고 관세사에게 관련 선적서류 등을 팩스 또는 이메일로 보낸다.

※ 수입상은 부두직통관, 보세운송신청, 또는 특별사항이 필요한 경우 관세사에게 미리 알려 수입신고가 '입항전신고', '보세구역도착전신고' 등이 되도록 해야 하며, '부두내 하선요청'을 의뢰한다.

④ 수입물품 수입항 도착

선사 또는 포워더로부터 수입화물이 도착하였음을 통지받는다(A/N 통지).

⑤ 입항 및 하선

세관의 수리와 지시에 따라 선사, 부두운영회사, 항만하역사업자 등에 의해 입항과 물품의 하선이 이루어진다.

⑥ 보세구역 반입

하선계획에 따라 수입물품은 보세구역(CY, CFS, 보세창고 등)에 반입이 되어 장치되고 필요시에 물품검사가 이루어진다.

한편, 미리 부두직통관, 타지역 보세창고 등으로 신고된 물품은 절차에 따라 직통관 반출 및 타지역 보세운송으로 이송된다. 이때에도 세관이 필요한 경우 물품검사가 이루어진다.

⑦ 수입신고수리

심사 및 검사 등이 완료되면 수입신고가 처리되고 통관절차가 마무리 된다.

⑧ 관세 및 제세 등 납부

수입자는 수입물품에 대한 관세 및 제세 등을 관세사를 통해 세관에 납부한다.

⑨ 수입신고필증 발급

세관장은 수입자로부터 수입물품에 대한 관세 및 제세 등이 납부되면 수입신고필증을 발급한다. 세금이 납부되면 수입물품의 반출이 가능해진다.

⑩ D/O (화물인도지시서) 수령

수입상은 선사에 D/O 신청을 하고, ORIGINAL B/L은 등기우편 또는 방문으로 제출하여 선사로부터 D/O를 수령한다.

※ T/T 거래(Surrender B/L 발급 시)에서는 팩스본 B/L을 제시하여도 D/O 수령이 가능하다.

⑪ 수입물품 반출

당해 수입화물이 장치되어 있는 보세구역 운영인(화물관리인)에게 D/O를 제출하고, 수입물품을 반출한다.

물품을 반출할 때에는 화주자가운송(화물운송회사 이용), 관세사에 위탁, 또는 포워더에 위탁하는 방법으로 국내로 운송한다.

⑫ 수입상의 물품 입고지 도착

운송된 물품은 수입상의 물품 입고지로 입고된다.

수입통관의 자세한 순서와 내용은 다음 제12장에서 설명하기로 한다.

제12장 수입통관

세상의 중요한 업적 중 대부분은
희망이 보이지 않는 상황에서도
끊임없이 도전한 사람들이 이룬 것이다 – 데일 카네기

제1절 수입통관의 의미

1. 대표적 의미

수입통관은 수입화주(수입상) 또는 그를 대행하는 관세사 등이 수입하고자 하는 물품을 세관장에게 신고를 하고, 세관장은 관세법 및 기타 법령에 따라 적법한 경우 이를 신고 수리하고 신고인에게 수입신고필증을 교부함으로써 수입물품이 내국물품이 되어 반출되도록 하는 것이다.

2. 국내 산업보호

총기 화약류, 마약류, 풍속을 저해하는 서적, 사진, 비디오테이프 및 CD 등, 위조 변조한 화폐, 채권 및 유가증권 등, 상표권 등 지식 재산권 침해물품의 유통을 막고 국내 금융과 산업 질서를 혼란케 하는 것을 방지하는 의미가 있다.

3. 국내 동식물 생태계 보호

또한 수입통관의 주요 업무는 해외로부터 감염병이나 해충이 들어오는 것을 막기 위해 공항과 항구 또는 지정된 검역 장소에서 검사를 한다. 동물검역, 식물검역, 수산물검역, 축산물검사 및 식품검사 등으로 나누어 각각 가축전염병 예방법, 식물 방역법, 수산생물질병 관리법, 수입식품안전관리 특별법에 따라 실시하여 해외로부터 해충 또는 살아있는 동식물, 그것의 가공품 유입을 선별하고 차단하는 데 있다.

특히, 멸종 위기에 처한 야생 동·식물종의 국제거래에 관한 협약(CITES)에서 보호하고 있는 살아있는 야생 동·식물 및 이들을 사용하여 만든 제품·가공품(호랑이, 표범, 코끼리, 타조, 매, 올빼미, 거북, 악어, 철갑상어, 산호, 난, 선인장, 알로에 등과 이들의 박제, 모피, 상아, 핸드백, 지갑, 액세서리 등, 웅담, 사향 등의 동물 한약 등, 목향, 구척, 천마 등과 이들을 사용하여 제조한 식물 한약 또는 의약품 등)의 유통을 막고 동·식물을 보호하는 데 역할을 하고 있다.

4. 조세적 의미

관세를 부과하고 징수함으로써 관세 수입을 확보하여 국가의 조세수입과 경제발전에 이바지한다.

제2절 대한민국 대표 항만

1. 국내 6대 무역항만

우리나라에 있는 6대 무역항만으로는 국토를 따라 인천항만, 평택·당진항만, 여수·광양항만, 부산항만, 울산항만, 그리고 포항항만이 있다.

2021년 현재 물동량 기준으로 순위로 보면 부산항 28%, 여수·광양항 18.5%, 울산항 11.7%, 인천항 10%, 평택·당진항 7.4%, 대산항 5.5%, 포항항 3.8% 순이다. 이어서 묵호항, 마산항, 목포항, 보령항, 군산항이 따른다.

1) 인천항만

인천항은 1883년 개항하였다. 이후 점차 상업적으로 발전하였으며 서해의 조수간만의 차를 극복하고 대형 선박을 수용하기 위해 1974년 축조된 갑문 (閘門 : Floodgate)은 동양 최대 규모이다.

2015년 만들어진 인천신항은 초대형 컨테이너 선박도 접안할 수 있으며, 자동화 하역장비 도입 등을 통한 최첨단 항만으로 발전하고 있다. 서울 및 수도권과 가까이 인접해 있다는 것이 장점이며 국제여객터미널, 크루즈터미널 등 해양관광을 위한 대표 항만으로 자리 잡고 있다.

인천항만공사의 설명에 의하면 인천항은 신항, 내항, 남항, 연안항, 북항, 송도, 영흥도, 거점도 등 부두시설, 계류시설 및 배후 단지로 구성되어 있으며 총 125개 선석, 부두 길이 일반부두 24,948m, 컨테이너 부두 2,459m를 갖추고 있다.

해양수산부의 자료에 의하면 연 컨테이너화물 물동량은 2021년 인천항 335만 TEU로 집계됐으며, 비컨테이너화물 물동량은 1억 563만 톤을 기록했다.

2) 평택·당진항만

평택·당진항은 경기도 평택시 포승읍과 충청남도 당진시 신평면에 걸쳐 있는 항만이다. 한때 관할구역에 대한 두 지역 간 갈등이 있었다.

항만 주변이 자연 방파제로 둘러싸여 태풍이나 해일의 피해가 거의 없다. 평균 수심 14m로 5만 톤 급 이상의 대형 선박이 입항이 가능하다. 중국의 연안 산업벨트와 지리적으로 최단거리에 위치해 있다는 장점이 있으며 중국 산둥으로 오고 가는 여객들과 화물들이 많아 국제여객터미널도 운영하고 있다. 주요 부두로는 동부두, 서부두, 송악부두, 고대부두, 돌핀부두, 모래부두가 있다.

평택항만공사의 설명에 의하면 동부두는 자동차, 잡화, 철재, 컨테이너선 화물이 처리되고 있으며, 서부두는 시멘트, 잡화, 양곡 화물, 송악부두는 슬라그, 타르, 철광석, 석탄, 기타 광석 등, 고대부두는 철재, 잡화, 액체 화물, 돌핀부두는 LNG, LPG, 벙커C유, 유지류 화물, 모래부두에는 모래 화물이 처리되고 있다.

해양수산부의 자료에 의하면 연 비컨테이너화물 물동량은 2021년 평택·당진항 1억 230만 톤을 기록했다.

3) 여수·광양항만

여수·광양항은 1986년에 개항하여 2011년 8월에 여수광양항만공사가 출범하였다. 전라남도 광양시와 여수시 북부에 걸쳐 있는 항만이다.

주변 자연환경의 자연 방파제 역할로 선박이 접안하기에 유리하며 북미, 유럽을 연결하는 아시아 간선 항로의 역할을 하고 있다. 주변 환경으로는 POSCO 광양제철소(철광석 수입, 유연탄 수입, 철강제품 수출)와 여수석유화학단지 등이 있으며 여기서 나오는 물동량을 처리하고 있다.

여수광양항만공사의 설명에 의하면 총 97개 선석, 컨테이너선, 유조선, 산물선, 케미컬선, LNG선 등 연간 4만 3천여 척, 연간 약 2억 톤 이상의 물동량을 처리할 수 있다. 하루 평균 118척이 입출항하고 있다.

해양수산부의 자료에 의하면 연 컨테이너화물 물동량은 2021년 여수·광양항 212만 TEU로 집계됐으며 비컨테이너화물 물동량은 2억 5,801만 톤을 기록했다.

4) 부산항만

부산항은 대한민국 최대 수출입 항만이다.

해양수산부의 자료에 의하면 연 컨테이너화물 물동량은 2021년 부산항 2,269만 TEU로 집계됐다. 부산항에 대해서는 별도로 자세히 알아보기로 한다.

5) 울산항만

울산항은 1963년 9월에 개항하였으며 울산본항, 온산항, 미포항, 신항으로 구성되어 있다.

우리나라 중화학 공업의 산지라 할 수 있는 울산공업단지와 조선소들이 있다. 액체화물이 전체 화물의 80%를 차지하고 있으며 현대자동차의 수출이 이루어지고 미포항에서는 미포조선이 수출되고 있다.

해양수산부의 자료에 의하면 연 비컨테이너화물 물동량은 2021년 울산항 1억 7,901만 톤을 기록했다.

6) 포항항만

포항항만은 포항구항(1962년 6월에 국제항으로 개항), 포항신항(1969년 개항), 그리고 영일만신항(2020년 개항)이 있다.

포항구항은 포항과 울릉도 간 울릉도 여객선 터미널이 운용되고 있다. 포항신항은 1969년 포스코가 들어서면서 주로 철광석, 철강 등의 수입과 수출을 한다. 그리고 2020년에 개항한 영일만신항은 주로 컨테이너화물을 취급한다. 현재 영일만신항과 포항역에는 인접 철도로 연결되어 있어 열차로 컨테이너화물을 수송할 수도 있다.

2. 부산항만 소개

부산항(釜山港, Port of Busan)은 대한민국 제1의 무역항이다.

1407년 조선 태종 7년 때 부산포가 잠시 개항하였으나 폐쇄를 거듭하며 근대항으로는 1876년(고종 13년) 2월 27일 강화도조약에 의해 부산포라는 이름으로 우리나라에서 가장 먼저 개항을 하였다. 주요 역사는 다음과 같다.

- 1906 ~ 1910년 : 처음 부두 축조, 매립지조성, 편측철도잔교 축조, 세관 및 창고 축조, 이후 계속 발전
- 1974 ~ 1978년 : 양곡부두 등, 국제여객부두 및 연안 여객부두 축조
- 1974 ~ 1982년 : 자성대 컨테이너 부두 등 축조
- 1979 ~   : 감천항 개발
- 1985 ~ 1991년 : 신선대 컨테이너 부두 축조
- 1991 ~ 1997년 : 감만 컨테이너 부두 축조
- 1992 ~ 1999년 : 내륙 컨테이너기지(ICD) 조성

• 1995 ~   : 부산신항만 개발

1974년 자성대 부두가 축조되고 1995년부터는 부산신항이 만들어졌다. 이후 2012년 기준으로 북컨테이너 부두, 남컨테이너 부두, 서컨테이너 부두 등을 추가로 만들어 운영하고 있다.

부산항은 2021년 현재 2,269만 TEU[81]를 처리하여 전 세계 컨테이너 항만 중 물동량 세계 5위~7위를 오가며 위치해 있다. 대한민국 총 해상 수출화물의 40%, 컨테이너화물의 80%, 전국 수산물 생산량의 42%를 부산항이 처리하는 그야말로 대한민국 최대의 수출입 항만이다.

부산항만공사에서 운영되고 있는 부산항만은 24시간 업무가 진행되고 안전과 속도를 최우선으로 하고 있다. 일반 기업들의 대부분 수출과 수입물량은 부산항을 통해서 이루어진다고 보면 된다.

부산항은 신항, 감천·다대포항, 북항으로 세 지역으로 나눠져 있다.

신항(부산신항역~가덕도 옆), 감천·다대포항(감천동), 북항(부산진역~오륙도 옆)이 각각 위치해 있다.[82]

부산항만을 살펴보는 것은 부두의 접안능력, 화물의 장치능력 및 터미널 규모 등을 봄으로써 전체적인 물동량과 터미널 구조를 이해하는데 그 목적이 있다.

1) 「신항」 컨테이너부두 현황

---

81) TEU : Twenty-foot equivalent unit, TEU는 20피트 길이(6.096m)의 컨테이너 크기를 말한다. 컨테이너 선박과 컨테이너터미널에서 주로 쓰는 용어이다. 20피트 표준 컨테이너의 크기를 기준으로 배나 기차, 트럭 등의 운송 수단 간 용량을 비교하기 쉽도록 하기 위해 사용된다.
82) 컨테이너 화물역 : 부산 신항에는 부산신항역에서 분기하여 부두까지 연결된(각 5.8km 노선) 북컨테이너부두의 북철송장역과 남컨테이너부두의 남철송장역이 있다. 북항에는 부산진역이 있다.

구 분		신항1부두 (PNIT)	신항2부두 (PNC)	신항3부두 (HJNC)	신항4부두 (HPNT)	신항5부두 (BNCT)
사업기간		1995~2009		2001~2009	2001~2010	2004~2013
총사업비		1조746억원		3,881억원	4,118억원	5,180억원
운영개시		2010.3	2006. 1.	2009.2	2010.2	2012.1
운영회사		부산신항 국제터미널 (주)	부산신항만 (주)	한진부산 컨테이너 터미널(주)	PSA 현대 부산신항만 (주)	비엔씨티(주)
시설현황	일시 장치 능력	62,682	113,181	65,420	53,385	37,585
	부두 길이	1,200m	2,000m	1,100m	1,150m	1,400m
	전면 수심	16m	16m~17m	18m	16m~17m	17m
	하역 능력	2,420천TEU	3,677천TEU	2,310천TEU	1,938천TEU	2,440천TEU
	'15년 실적	2,420천TEU	4,296천TEU	2,555천TEU	2,320천TEU	1,261천TEU
	'16년 실적	2,419천TEU	4,626천TEU	1,926천TEU	2,322천TEU	1,542천TEU
	접안 능력	5만톤급 3척	5만톤급 6척	5만톤급 2척 2만톤급 2척	5만톤급 2척 2만톤급 2척	5만톤급 4척
	부지 면적	840천㎡	1,210천㎡	688천㎡	553천㎡	785천㎡
	CY면적	282천㎡	525천㎡	346천㎡	213천㎡	154천㎡
	건물 면적	19.6천㎡	11천㎡	15.7천㎡	10.3천㎡	7.792천㎡
	CFS	야적장 : 10.319천㎡ 창고: 856㎡	2.5천㎡	1.1천㎡	1.4천㎡	959㎡
	철도 인입선	–	1,200m	–	–	–
	주요	·C/C 11기 (22열 9기,	·C/C 19기 (22열 9기,	·C/C 12기 (24열 12기)	·C/C 12기 (24열 12기)	·C/C 11기 (24열 11기)

하역 장비	24열 2기) ·T/C 30기 ·Y/T 66대 ·R/S 2대 ·E/H 4대 ·섀시 88대 ·F/L 7대	23열 7기, 24열 3기) ·T/C 61기 ·R/S 4대 ·Y/T 130대 ·섀시 202대 ·E/H 13대 ·F/L 12대	·T/C 42기 ·R/S 3대 ·E/H 3대 ·Y/T 96대 ·섀시 213대 ·F/L 5대	·T/C 38기 ·R/S 3대 ·E/H 2대 ·Y/T 85대 ·섀시 160대 ·F/L 6대	·T/C 38기 ·R/S 2대 ·S/C 23대 ·Y/T 10대 ·섀시 50대 ·F/L 2대 ·E/H 2대

- C/C : Container crane(컨테이너 크레인)
- T/C : Transfer crane(트랜스퍼 크레인, 야드 크레인)
- H/C : Harbor crane(하버 크레인)
- Y/T : Yard tractor(야드 트랙터)
- Y/C : Yard chassis(야드 섀시)
- R/S : Reach stacker(리치 스태커)
- T/H : Top handler(탑 핸들러)
- E/H : Empty handler(엠티 핸들러)
- F/L : Fork lift(지게차)

2) 「북항」 컨테이너 부두 및 TOC 부두 현황

(2020년. 3월 기준)

구 분		컨테이너 부두					TOC부두
		자성대 부두	신선대 부두	감만부두	신감만 부두	우암 부두	7부두
사업기간		1974~ 1996	1985~ 1997	1991~ 1997	1995~ 2001	1995~ 1999	1974~ 1978
총사업비		1,084억원	2,226억원	4,724억원	1,781억원	–	–
운영개시		1978. 9. (피더: 1996. 9.)	1991. 6.	1998. 4.	2002. 4.	–	1978
운영회사		한국 허치슨 터미널(주)	부산항터미널(주)		동부부산 컨테이너 터미널(주)	–	인터지스 (주)
시설현황	일시 장치 능력	44,681	79,205	32,811	16,917	–	–
	부두 길이	1,447m	1,500m	1,400m	826m	500m	674m
	전면 수심	15m	15~16m	15m	15m	11m	7.5~11m
	하역 능력	1,700천 TEU	2,000천 TEU	1,560천 TEU	780천 TEU	–	잡화 5,001천톤 (‘컨’300천 TEU)
	15년 실적	1,729천 TEU	2,016천 TEU	1,132천 TEU	1,110천 TEU	2천 TEU	572천 TEU
	16년 실적	1,867천 TEU	1,954천 TEU	1,171천 TEU	1,070천 TEU	2천 TEU	514천 TEU
	접안 능력	5만톤급 4척 1만톤급 1척	5만톤급 5척	5만톤급 4척	5만톤급 2척 5천톤급 1척	2만톤급 1척 5천톤급 2척	1만5천톤 급 1척 1만톤급 1척 5천톤급 2척
	부지 면적	624천㎡	1,151천㎡	509천㎡	294천㎡	182천㎡	–

CY 면적	335천㎡	804천㎡	384천㎡	153천㎡	158천㎡	53,608.49 ㎡
건물 면적	7천㎡	82천㎡	25천㎡	3천㎡	5천㎡	1,253㎡
CFS	19천㎡ (2동)	59천㎡ (1동)	4.8천㎡ (1동)	5.5천㎡ (1동)	–	–
철도 인입 선	980m	925m	1,032m	–	–	–
주 요 하 역 장 비	·C/C 14기 (13열 1기, 15열 3기, 18열 3기, 20열 7기) ·T/C 33기 ·Y/T 85대 ·Y/C 337대 ·T/H 9대 ·R/S 5대 ·F/L 11대	·C/C 15기 (16열 4기, 18열 3기, 20열 5기, 22열 3기) ·T/C 42기 ·Y/T 83대 ·Y/C 174대 ·T/H 5대 ·R/S 7대 ·F/L 5대	·C/C13기 (18열 9기, 22열 4기) ·T/C 30기 ·Y/T 54대 ·Y/C 154대 ·T/H 1대 ·R/S 8대 ·F/L 6대	·C/C 7기 (18열 4기, 22열 3기) ·T/C 19기 ·Y/T 39대 ·Y/C 64대 ·R/S 3대 ·F/L 1대	선석 통합에 따른 운영 중단	·C/C 2기 ·T/C 4기 ·H/C 3기 ·R/S 6대

• TOC 부두 : Terminal Operation Company(부두운영회사) 부두. 독점적 사용권을 지니고 민간이 운영하는 부두

3) 「북항」 일반부두 현황

(2020년. 3월 기준)

구 분		국제여객부두	연안여객부두	크루즈부두	1부두	2부두	관광선부두
사업기간		2012~2015	1975~1978	2003~2006	1911~1944	1911~1944	1983~1986
운영개시		2015	1978	2007	1944	1944	1986
운영회사		공용부두	공용부두	공용부두	공용부두	공용부두	공용부두
취급품목		여객,잡화 컨테이너	여객, 카페리 화물	–	컨테이너 잡화	컨테이너 잡화	–
시설현황	부두길이	2,040m	652m	360m	437m	388m	175m
	전면수심	9~12m	4~9m	11m	9m	9m	5m
	접안능력	170,000톤급 1척 50,000톤급 1척 20,000톤급 4척 500톤급 5척	10,000톤급 2척 3,000톤급 1척 200톤급 2척	80,000톤급 1척	10,000톤급 2척	10,000톤급 2척	1,000톤급 10척 300톤급 10척 30톤급 3척
	CY면적	5026,12㎡	11,370㎡	–	14,455㎡	20,337㎡	4,498㎡
	건물면적	93,932㎡	12,053.28㎡	–	203㎡	208㎡	–
	비고	–	–	–	– 재개발사업구역 –		–

구 분		8부두	연합부두	동명부두	용호부두	감만 시민부두	양곡
사업 기간		1975~ 1980	1997~ 1998	1962~ 1981	1983~ 1990	2003~ 2004	1974~ 1978
운영 개시		1980	1998	1981	1990	2004	1978
운영 회사		BPA, 국방부	연합철강	공용부두	공용부두	BPA	고려사일로 (주)
취급 품목		군수품, 잡화, 컨테이너	철재	유류, 모래	위험물, 냉동어획 물	어업지도선 예선계류 친수시설	양곡
시 설 현 황	부 두 길 이	1,001m	200m	385m	210m	415m	371m
	전 면 수 심	4,5~10m	7.5m	5m	11m	4m	13m
	하 역 능 력	720천톤	600천 RT	210천 RT	－	－	1,249천톤
	접 안 능 력	15,000 톤급 3척 10,000 톤급 1척 5,000톤급 1척 1,000톤급 2척	5,000톤급 1척	5,000톤급 1척 1,000톤급 2척 500톤급 1척	20,000 톤급 1척	－	50,000 톤급 1척
	C Y 면 적	－	－	3,940㎡	6,975㎡	－	－
	건 물 면 적	－	－	100.05㎡	275㎡	228㎡	－

4) 「감천 · 다대포항」 부두 현황

(2019년. 10월 기준)

구 분		감천 중앙부두	감천 제1부두	감천 제2부두	감천 제3부두	감천 제4부두
사업 기간		1986~1990	1978~2001	1978~2001	1978~2001	2001~2008
운영 개시		1990	1995	1995	1995	2008
운영 회사		인터지스 중앙부두(주)	공용부두	공용부두	공용부두	공용부두, 부산시국제수 산물유통시설 관리사업소
시 설 현 황	부 두 길 이	942m	831m	1,062m	1,055m	500m
	전 면 수 심	6~12m	5.5~8m	9~11m	9~11m	7.5m
	접 안 능 력	1,000톤급 1척 3,000톤급 1척 5,000톤급 1척 30,000톤급 2척	2,000톤급 1척 5,000톤급 1척 3,000톤급 1척 8,000톤급 1척 6,000톤급 1척	10,000톤급 3척 20,000톤급 1척	10,000톤급 1척 5,000톤급 4척 1,000톤급 4척	5,000톤급 3척, 돌제시설 2기
	C Y 면 적	63,244㎡	-	1,300㎡	-	-

구 분		감천 제5부두	감천 제6부두	감천 제7부두	관공선 부두	다대 부두
사업 기간		1978~2001	1978~2001	1988~1997	1986~1990	1978~2001
운영 개시		1995	1995	1990	1990	1995
운영 회사		공용부두	공용부두	공용부두	공용부두	공용부두
시설현황	부두길이	802m	590m	600m	160m	390m
	전면수심	6~8m	8~13m	13m	7.5m	7.5m
	접안능력	5,000톤급 4척 10,000톤급 2척	10,000톤급 1척 5,000톤급 1척 30,000톤급 1척 20,000톤급 1척	50,000톤급 2척	1,000톤급 1척	5,000톤급 2척
	CY면적	–	3,168㎡	6,120㎡		–

〈출처 : 부산항만공사〉

3. 화물 종류와 선박 크기

화물 종류와 선박의 크기는 다음과 같다.

1) 화물 종류

분류	종류	선적 화물
탱커선 (Tanker)	원유운반선 Crude-oil tanker	원유
	정유운반선 Product carrier	휘발유, 경유 등 정제유
	화학제품운반선 Chemical tanker	납사(Naphtha) 등
	가스운반선 Gas carrier	LPG, LNG 등 천연가스
건화물선 (Dry cargo)	벌크선 Bulk carrier	곡물, 철광석 등
	일반화물선 General cargo ship	일반화물
	컨테이너선 Container ship	컨테이너화물 적재

2) 선박 크기

① 탱커선

탱커선	5만톤 이하	8.5만~11만 톤	13만~15만 톤	20만~30만 톤	30만톤 이상
명칭	중소형 선박	아프라막스 (Aframax)	수에즈막스 (Suezmax)	VLCC (Very large crude-oil carrier)	ULCC (Ultra larger crude-oil carrier)

• 아프라막스(Aframax) : 운임, 선가 등을 고려했을 때 가장 이상적이고 경제적인 사이즈란 뜻
으로 보통 9.5만 톤 급 선박을 말하는데 8.5만~11만 톤 급도 포함한다.

• 수에즈막스(Suezmax) : 수에즈운하를 화물 적재한 상태에서 통과할 수 있는 최대 선형으로 13만~15만 톤 급까지 가능한 선박이다. 배의 밑바닥을 수에즈 운하의 밑바닥처럼 뾰족하게 건조한다.

• VLCC(Very large crude-oil carrier) : 초대형 유조선으로 20만~30만 톤 급 선형이 해당된다.

• ULCC(Ultra larger crude-oil carrier) : 극 초대형 유조선으로 30만 톤 급 이상 선형이다.

② 건화물선

건 화물선	2만~4.5만톤	5만~7만톤	13만~15만톤	19만톤 이상
명칭	핸디/핸디막스 (Handymax)	파나막스 (Panamax)	케이프사이즈 (Capesize)	VLBC (Very large bulk carrier)

건화물선은 광물 등의 벌크선, 일반화물, 그리고 컨테이너를 싣는 컨테이너선박을 말한다.

• 핸디/핸디막스(Handymax) : 소형 화물선으로 보통 2만~4만 톤 급의 선박으로 항로에 구애됨이 없이 운항이 가능한 가장 많이 이용되는 선박이다.

• 파나막스(Panamax) : 파나마 운하를 통과할 수 있는 최대 선형으로 5만~7만 톤 급 선박이 해당된다. 배의 밑바닥을 파나마 운하의 밑바닥처럼 평평하게 건조한다.

• 케이프사이즈(Capesize) : 남아프리카공화국 동쪽 해안 석탄 적출항인 리차드항(Richard Bay)에 입항 가능한 최대 선형으로써 13~15만 톤 급의 선형이다.

• VLBC(Very large bulk carrier) : 19만 톤 이상의 화물을 실을 수 있는 초대형 화물선박이다.

4. 컨테이너 종류와 크기

컨테이너를 영문으로 "Intermodal container" 또는 "Shipping container"
라 표현한다.

1) 컨테이너 종류

ISO[83] 표준 컨테이너 종류로는 드라이 컨테이너(Dry cargo/freight), 플랫랙
컨테이너(Flat racks), 오픈탑 컨테이너(Open-top), 인설레이티드 컨테이너
(Insulated), 리퍼 컨테이너(Reefer), 그리고 탱크 컨테이너(Tank container)가 있
다.

① 드라이 컨테이너(Dry freight, Cube)

드라이 컨테이너를 '큐브 컨테이너'라고도 하며, 앞쪽에서 화물을 적입한 후 봉하는
것으로 일반잡화, 일반화물 수송으로 수출입에서 가장 많이 사용되는 컨테이너이다.
우리가 도로에서 흔히 보는 컨테이너가 드라이 컨테이너이다.

② 플랫랙 컨테이너(Flat racks, Platforms)

플랫랙 컨테이너는 윗부분(Roof)과 옆면 벽(Side walls)이 없으며 양쪽 끝에만 칸막
이벽(Bulkheads)이 있는데 이것은 종종 접어서(Collapsible) 이용하기도 한다. 키가
높은 화물을 싣는데 유용하다. 기계, 자동차[84], 중장비, 특수화물을 운송할 때 사용
된다.

---

83) ISO : International Organization for Standardization. 국제 표준화 기구로 각국의 다른 산업, 통
   상, 표준의 문제점을 해결하고 국제적으로 통용되는 표준을 개발하고 보급하고 있는 기구이다. 본부
   는 스위스 제네바에 있다.
84) 자동차 전용 운반선 : 울산현대자동차 야드에 수많은 수출차량이 전용 운반선(배)에 실리는 것을 볼
   수 있다. 이 배를 'Pure car carrier', 또는 'Roll on/Roll off vessel'이라고 한다.

③ 오픈탑 컨테이너(Open-top)

오픈탑 컨테이너는 박스 모양으로 되어 있으며 윗부분(Roof) 또는 앞쪽(Front door)에서 화물적입이 가능하다. 윗부분(Roof)에는 탈부착으로 천막으로 덮을 수도 있다. 키가 큰 화물이거나 무게가 나가는 화물(예. 철강류)을 크레인으로 윗부분(Roof)을 통해 적재가 가능하다는 점이 장점이다. 석탄, 곡물과 같이 적재하기 힘든 화물을 운반할 때도 사용된다.

④ 인설레이티드 컨테이너(Insulated, Thermal)

인설레이티드 컨테이너는 보온과 냉방 컨테이너이다.

이 컨테이너는 벽에 절연(Insulated walls)이 되어 있으며 냉장장치는 되어있지 않다. 주로 온도에 민감하거나 신선도 유지가 필요한 야채 과일 등의 수송에 이 컨테이너가 사용된다.

⑤ 리퍼 컨테이너(Reefer, Refrigeration)

냉장 또는 냉동 컨테이너로 온도 조절이 가능한 일체형 냉장장치를 가지고 있는 컨테이너이다. 상하기 쉬운 식품(Perishables) 또는 주로 생선 육류 등 냉동식품 수송에 사용된다.

⑥ 탱크 컨테이너(Tank container)

탱크 컨테이너는 다른 일반 ISO 컨테이너 표준과 같은 치수의 컨테이너이다. 그러나 직사각형 모양의 철제 테두리에 원통형 용기(Cylindrical vessels)를 고정시켜 놓았다. 주로 대형화물 또는 화학약품과 같은 액체화물 수송에 사용된다.

2) 컨테이너 크기

Container by common name (imperial)		ISO 국제 표준 컨테이너 규격 ISO (global) standard containers			
		20 foot Standard height	40 foot Standard height	40 foot high-cube	45 foot high-cube
External dimensions	Length	19 ft 10+1/2 in 6.058 m	40 ft 12.192 m		45 ft 13.716 m
	Width	8 ft 2.438 m			
	Height	8 ft 6 in 2.591 m		9 ft 6 in 2.896 m	
Minimal interior dimensions	Length	5.867 m 19 ft 3 in	11.998 m 39 ft 4+3/8 in		13.542 m 44 ft 5+1/8 in
	Width	2.330 m 7 ft 7+3/4 in			
	Height	2.350 m 7 ft 8+1/2 in		2.655 m 8 ft 8+1/2 in	
Minimum door aperture	Width	2.286 m 7 ft 6 in			
	Height	2.261 m 7 ft 5 in		2.566 m 8 ft 5 in	
Internal volume		1,169 cu ft (33.1 m^3)	2,385 cu ft (67.5 m^3)	2,660 cu ft (75.3 m^3)	3,040 cu ft (86.1 m^3)
Common maximum gross weight		30,480 kg (67,200 lb)			33,000 kg (73,000 lb)
Empty (tare) weight (approximate)		2,200 kg 4,850 lb	3,800 kg 8,380 lb	3,935 kg 8,675 lb	4,500 kg 10,000 lb
Common net load (approximate)		28,280 kg 62,350 lb	26,680 kg 58,820 lb	26,545 kg 58,522 lb	28,500 kg 62,800 lb
ISO max gross mass		36,000 kg (79,000 lb) per ISO 668:2013, Amd1 (2016)			
U.S. maximum legal truck weights		80,000 lb (36,000 kg) overall maximum on Interstate highways / 84,000 lb (38,000 kg). (6 or more axles) on non-Interstate highways			
		Triaxle chassis: 44,000 lb (20,000 kg)	Triaxle chassis: 44,500 lb (20,200 kg)		

Container by common name (imperial)		일반 북미 컨테이너 규격 Common North American containers	
		48 foot high-cube	53 foot high-cube
External dimensions	Length	48 ft 14.630 m	53 ft 16.154 m
	Width	8 ft 6 in 2.591 m	8 ft 6 in 2.591 m
	Height	9 ft 6 in 2.896 m	9 ft 6 in 2.896 m
Minimal interior dimensions	Length	47 ft 5 in (14.453 m)	52 ft 5 in (15.977 m)
	Width	8 ft 2 in (2.489 m)	8 ft 2 in (2.489 m)
	Height	8 ft 11 in (2.718 m)	8 ft 11 in (2.718 m)
Minimum door aperture	Width	8 ft 2 in (2.489 m)	8 ft 2 in (2.489 m)
	Height	8 ft 10 in (2.692 m)	8 ft 10 in (2.692 m)
Internal volume		3,454 cu ft (97.8 m^3)	3,830 cu ft (108.5 m^3)
Common maximum gross weight		30,480 kg (67,200 lb)	30,480 kg (67,200 lb)
Empty (tare) weight (approximate)		4,920 kg 10,850 lb	5,040 kg 11,110 lb
Common net load (approximate)		25,560 kg 56,350 lb	25,440 kg 56,090 lb
ISO max gross mass		*Not standardized*	*Not standardized*
U.S. maximum legal truck weights		80,000 lb (36,000 kg) overall maximum on Interstate highways / 84,000 lb (38,000 kg). (6 or more axles) on non-Interstate highways Triaxle chassis: 44,500 lb (20,200 kg)	

<출처 : ISO 668:2013-Series 1 freight containers-Classification, dimensions and ratings. ISO 668:2013(E). Archived from the original(PDF) on 31 March 2019.

Georgia storage containers: Specifications(site: georgiastoragecontainers.com)〉

* 용어 설명

- Length 길이(가로), Width 폭(세로), Height 높이

- 20 Foot standard height : 20피트

- 40 Foot standard height : 40피트

- 40 Foot high-cube : 40피트 하이큐브

- 45 Foot high-cube : 45피트 하이큐브

- 48 Foot high-cube : 48피트 하이큐브

- 53 Foot high-cube : 53피트 하이큐브

- External dimensions : 외장 치수

- Minimal interior dimensions : 내장 치수

- Minimum door aperture : 개구부(開口部) 치수, 문 치수, Door opening

- Internal volume : 부피(CBM)

- Common maximum gross weight : 총중량

- Empty(tare) weight (approximate) : 자체 중량, 용기 중량 (대략)

- Common net load (approximate) : 일반 적재중량 (대략)

- ISO max gross mass : ISO 기준 최대 총중량

- U.S. maximum legal truck weights : 미국 법적 트럭 최대 중량

- Triaxle chassis : 3개 차축(차대)이 달린 섀시.

1개의 차축에 2개의 바퀴가 연결되므로 3개의 차축은 바퀴 6개가 달린 섀시이다. 여기서는 이것을 매 단 컨테이너 트랙터를 뜻한다.

트랙터(머리) 부분만 보통 3개의 차축을 가지고 있다. 그러므로 합산하면 총 6개의 차축, 12개의 바퀴 수의 차량이 된다.

3) 건화물 드라이 컨테이너 크기

우리가 가장 일반적으로 수출입하는 공산품, 소비재 등의 화물은 대부분 건화물(Dry cargo)에 해당하며 "드라이 컨테이너(Dry container)"를 사용한다. Dry Container의 표준 스펙은 다음과 같다.

Dry container		20ft	40ft	40ft high cube	45ft high cube
Internal measurement (CBM)	Length	6.058m	12.192m	12.192m	13.716m
	Width	2.438m	2.438m	2.438m	2.438m
	Height	2.591m	2.591m	2.896m	2.896m
	CBM	33.1	67.5	75.3	86.1
Weight(W/T)	Tare W/T	2,200kg	3,800kg	3,935kg	4,500kg
	Net W/T	28,280kg	26,680kg	26,545kg	28,500kg
	Gross W/T	30,480kg	30,480kg	30,480kg	33,000kg

컨테이너 크기는 컨테이너 생산회사에 따라 약간씩 치수 차이가 있지만 대체적으로 거의 같다.

4) 컨테이너선 (Container ship) 규모

① TEU : Twenty-foot equivalent unit, TEU는 20피트 길이(약 6m)의 컨테이너 크기를 말한다.

보통 선박의 크기를 말할 때 사용하는 용어로 예로 들어 10,000TEU급 컨테이너선이라면 20피트 컨테이너를 1만 개 실을 수 있는 선박을 뜻한다.

② FEU : Forty-foot equivalent unit, FEU는 40피트 길이(약 12m)의 컨테이너 크기를 말한다.

역시 선박의 크기를 말할 때 사용하는 용어로 예로 들어 5,000FEU급 컨테이너선이라면 40피트 컨테이너를 5천 개 실을 수 있는 선박을 뜻한다.

TEU와 FEU 용어는 컨테이너선박과 컨테이너터미널에서 주로 쓰는 용어이다. 20피트 또는 40피트 표준 컨테이너의 크기를 기준으로 배, 기차, 또는 트럭 등의 운송 수단 간 용량을 서로 비교하기 쉽도록 하기 위해 사용한다.

5) 컨테이너 1개를 화물의 양에 따라

컨테이너 1개를 채우는 화주의 화물의 양에 따라 FCL 또는 LCL로 구분하여 부른다.

① FCL : Full container load, FCL은 1개의 컨테이너를 충분히 채울 수 있는 양으로 한 화주와 한 수하인의 이름으로 진행되는 화물을 말한다.
화물의 중량이 같다면 대체로 LCL에 비해 해상 운임료가 싸다. 또한 빠른 통관을 위해 어떤 화주는 1개 컨테이너의 60% 정도 물량임에도 불구하고 FCL로 진행하는 경우도 있다.

② LCL : Less than container load, LCL은 1개의 컨테이너에 미치는 못하는 양으로 소량의 컨테이너화물에 해당한다. 그러므로 LCL의 경우 수출 시에 CFS(컨테이너화물 장치장/작업장)로 입고되어 여러 화주의 소량 물품들을 함께 혼재(혼합 적재, 콘솔 : Consolidation)하여 하나의 컨테이너로 만드는 작업을 한다. 이러한 일은 포워더(화물운송주선업자)가 주관을 하여 콘솔업체(콘솔포워더 : Consolidator)가 여러 화주의 소량화물들을 같은 목적지별, 제품 유형별로 모아 함께 혼재하고(적입) 1개의 컨테이너로 만드는 일을 한다.
수입 시에는 역시 CFS로 입고되어 반대로 컨테이너의 화물들을 꺼내어(적출) 화주별로 분류하게 된다.

제3절 항만 컨테이너터미널

1. 컨테이너터미널 구조

※ CASE 12-1. 컨테이너터미널

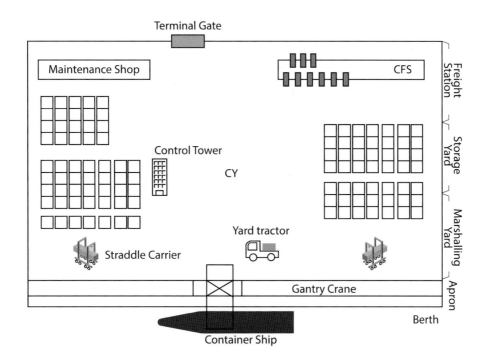

2. 컨테이너터미널 영역

■ 선석(Berth)

컨테이너 선박이 정박해 선적 또는 하역작업을 할 수 있도록 한 '접안시설'
을 말한다.

■ 에이프런(Apron)

에이프런에는 크레인이 통과 주행할 수 있도록 일정한 폭으로 되어 있으며 '레일(Rail)'이 깔려져 있다. 이곳에서 컨테이너 적재와 양륙[85] 작업이 이루어지며 거대한 설치물이 레인 위로 움직이며 하역 작업을 하는데 그것이 '갠트리 크레인(Gantry crane)'이다.

■ 갠트리 크레인(Gantry crane)

갠트리 크레인은 '안벽 크레인(Quay crane)', '컨테이너 크레인(Container crane)', 또는 'STS 크레인(Ship to shore crane)'이라고도 한다.

갠트리 크레인은 높이 50m, 레일 간격 42.7m의 슈퍼 크레인이다. 인양능력 80LT(81톤, 81,280kg)[86]으로 레일을 따라 이동하며 선박의 하역작업(Vessel operation, Loading and unloading)을 하는 컨테이너 터미널의 메인 크레인이다.

컨테이너 선박이 들어오면 최대 7대의 갠트리 크레인이 동시에 팔(Boom)을 내려 작업을 수행한다. 크레인 구조물 상부에는 운전실(선실 : Cabin)이 있으며 크레인 기사가 투명 유리로 된 바닥을 보며 일일이 직접 조종을 한다. 크레인 기사는 스프레더(Spreader, 컨테이너를 잡는 손 모양의 기계)로 선박에 있는 컨테이너를 들어 올려 야드 트랙터 등에 양하 하거나 또는 선적하는 작업을 한다. 스프레더로 한 번에 40피트 컨테이너 하나를 들어 올릴 수가 있고, 20피트 컨테이너는 두 개를 연결해서 한 번에 들어 올릴 수도 있다. 보통 1시간당 25개의 컨테이너 하역작업을 처리한다고 한다.

2019년 현재 부산항에는 갠트리 크레인이 북항 51대, 신항 67대가 있다.

■ 컨테이너전용선박(Container ship)

---

85) 양륙 : 배에서 짐을 내려 육지로 이동시키는 것을 말하며, '양하'는 배에서 짐을 내리는 것을 뜻한다.
86) LT(Long ton) : 무게 측정 단위로 영국의 야드파운드법이다. '롱 톤'이라 하며 1LT = 1016.04kg이다.
한편 미국에서는 미국톤(Short ton, 숏 톤)을 사용하는데 1ST = 907.18kg이다.
반면에 국제단위의 미터톤(Tonne)은 1MT = 1000kg이다.

컨테이너전용선박은 보통 축구장 2~3개 크기이다.

2020년 4월 23일 대우조선해양에서 건조한 현대상선 'HMM 알헤시라스(Algeciras)호'의 명명식이 열렸으며 이것은 세계 최대 규모의 컨테이너 선박으로 알려졌다. 24,000TEU급(20피트 컨테이너 24,000개를 한 번에 운반할 수 있는 크기)으로 1척의 건조비가 1,725억 원이라고 한다.

HMM 알헤시라스호 선박의 최대속력은 22.5kts(41.7㎞/h)이며 길이는 약 400m, 폭은 61m, 높이는 33.2m로 축구장 4배 크기에 달한다. 여의도 63빌딩(264m)이나 프랑스 파리의 에펠탑(320m)보다도 길다. 실제 크기 23,964개에 달하는 20피트 컨테이너에 모두 라면으로 싣는다면 5억 5천만 개를 실을 수 있다고 하니 이는 우리나라 국민 1인당 10~11끼니에 해당하는 양이다. 컨테이너선 하나로 대한민국 국민의 3.5일분 식량을 해결할 수 있는 양이다.

초기 컨테이너 선박은 1,950년대 500~800TEU(길이 137m), 1,970년대 1,000~2,500TEU(길이 215m), 1,980년대 3,000~3,400TEU(길이 250m), 1,988년 4,000~5,000TEU(길이 285m), 2,000년대 6,000~8,000TEU(길이 300m)으로 변화하며 2,013년 이후에는 18,000TEU급(길이 400m) 이상의 크기로 성장해 왔다.

■ 마샬링 야드(Marshalling yard)

선적 예정인 컨테이너들 또는 양하된 컨테이너들을 일시 순서대로 정렬해 놓은 야적장이다.

에이프런에 인접해 있으며 컨테이너터미널 운영에 있어 중심이 되는 중요한 부분이다. 마샬링 야드에는 컨테이너 크기에 모두 맞추어 바둑판처럼 백색 또는 황색의 구획선이 그어져 있는데 이 칸을 '슬롯(Slot)'이라고 한다.

■ 스트래들 캐리어(Straddle carrier)

갠트리 크레인 또는 컨테이너 야드에서 컨테이너를 하역하고 이동시키는 운송 장비이다. 이 장비는 컨테이너를 사이에 끼우고 운반하며 기동성이 좋아 사방으로 자유롭게 움직일 수 있다. 에이프런 지역에서 화물을 받아 신속하게 CY로 이동하는 수단으로 이용된다.

■ 야드 트랙터(Yard tractor)

컨테이너를 야적장 내에서 지정한 장소로 이동시키는 운송 장비이다. 스트래들 캐리어와 마찬가지로 갠트리 크레인으로 컨테이너를 하역하여 CY 또는 CFS로 운반하는 수단으로 이용된다. 터미널 내에서만 운행할 수 있고 시속 50km 이하로 운행을 해야 한다.

> **Note**
>
> • **트랙터(Tractor)** : 견인차로 "동력을 갖춘 차".
> 뒤에 트레일러 또는 섀시를 연결할 수 있도록 차량 머리만 크게 나와 바퀴가 달려 있는 모습을 하고 있다.
>
> • **트레일러(Trailer)** : 트럭 또는 트랙터 뒷부분에 연결되어 견인되는 피견인차로 "무동력 부수차"를 말한다.
> 동력이 없는 트레일러의 모양은 여러 종류가 있으며 일반 컨테이너 운송, 탱크 컨테이너 운송, 벌크 운송, 중장비 운송, 승용차 운송 등에 사용된다. 하지만 통상 트랙터+트레일러가 연결된 것을 합쳐서 '트레일러'라고 부르기도 한다.
> 고속도로에서 보는 컨테이너를 싣고 가는 트럭(트랙터)을 '컨테이너 운송 트레일러'라 부른다.

■ 야드 크레인(Yard crane)

야드 크레인은 컨테이너 야적장에 설치되어 있는 Π 자 모양 구조물의 크레인을 말한다. '트랜스퍼 크레인(Transfer crane)'이라고도 한다.

야드 크레인의 폭은 31m, 높이 18m에 인양능력은 40톤의 화물을 들어 올릴 수 있다.

야드 크레인은 바퀴가 달려 바퀴로 이동 가능한 RTGC(Rubber tired gantry crane) 크레인과 바닥에 설치된 레일 위로만 움직이는 RMGC(Rail mounted gantry crane) 크레인이 있다. RMGC는 자동화되어 자동 레일 갠트리 크레인 'ARMG(Automated rail mounted gantry crance)'라고도 불린다.

RMGC는 원격으로 조정하여 컨테이너 하역작업이 가능하다. 따라서 컨트롤 타워(운영 건물)에서 직원이 모니터를 보며 원격 조정하여 야드 크레인으로 컨테이너의 하역작업을 한다. 현재 컨테이너터미널은 많은 물동량을 신속하게 이동시키고 컨테이너 야적장의 공간 확보를 위하여 스마트화 시스템을 확대하는데 힘쓰고 있다. 한편, RTGC 크레인은 컨테이너 물량이 많을 때 추가 투입하여 그 업무 역할을 한다.

2019년 현재 부산항에는 북항 122대, 신항 239대의 야드 크레인이 있다.

■ **하버 크레인**(Harbor crane)

하버 크레인은 부두에서 갠트리 크레인과 같은 주 크레인의 역할을 하며 주로 바퀴가 달려 있거나 레일 위로 움직이는 이동식 크레인이다.

고철, 중량화물, 잡화 등 다목적 화물의 하역작업을 한다. 주로 곡물 등과 같이 대량화물인 벌크화물(Bulk)을 처리하여 화물을 선박으로부터 내려 트럭 등에 싣는다. 하버 크레인은 / 자 모양으로 크레인이 불쑥 솟아있는 모습을 히고 있디.

■ **휠 크레인**(Wheel crane)

휠 크레인은 하버 크레인과 비슷한 / 자 모양으로 불쑥 솟아있는 모습이다. 대형 차체에 크레인을 실어 화물의 하역에 사용된다. 높이 조절이 가능하여 항만뿐만 아니라 건축현장, 플랜트 공사 그리고 공장 등에서도 사용하며 우리가 많이 볼 수 있는 크레인이다.

■ **컨트롤 타워**(Control tower)

컨테이너 야드 작업을 관리, 감독하고 컨테이너 야드 내의 배치와 통제를 하는 곳이다.

■ **기타 하역장비 및 운송 장비들**

① 리치 스태커(Reach stacker) - 리치 스태커는 야드 내에서 컨테이너를 야적하거나 또는 섀시(Yard chassis)에서 컨테이너를 하역하여 야드 내에 적재한다. 야드용 차량 장비로 컨테이너 홈이 파인 네 귀퉁이를 집어 들어 컨테이너화물을 트레일러에 싣거나 내린다.

② 엠티 핸들러(Empty handler) - 리치 스태커와 비슷한 모양으로 지게차처럼 수직으로 생겼다. 엠티 핸들러는 가벼운 화물 또는 공컨테이너(빈 컨테이너)를 옮기는데 주로 사용한다.

③ 탑 핸들러(Top handler) - 엠티 핸들러와 역할과 모양이 거의 같다.

④ 야드 섀시(Yard chassis) - 야드 섀시는 컨테이너를 적재해 운반하는 차량의 일부로 차대를 말한다. 바퀴가 달려 있으며 섀시(Chassis, 차대) 혼자서는 움직일 수 없고 야드 트랙터와 결합하여 견인됨으로써 컨테이너를 운반한다.

⑤ 휠 로더(Wheel loader) - 우리가 잘 알고 있는 불도저(Bulldozer)와 비슷한

모양으로 하역 보조 장비이다. 흙과 석재 등을 버킷으로 담아서 트럭에 싣는 장비이다.

■ 컨테이너 야적장(CY : Container yard)

컨테이너 터미널 전체 면적의 약 65%를 차지하는 장소로 수출입 컨테이너를 적재하는 장소이다.

CY는 우리가 실무에서 많이 언급되는 장소로 이와 같이 부두 안에 있는 CY를 "On-dock CY"라 하고, 부두 밖에 있는 CY도 있는데 이것은 "ODCY(Off-dock CY)"라 한다. 그리고 부두에서 떨어진 지역(예로 들어 10km 밖)에도 사설 ODCY가 있다.

CY에서는 FCL 컨테이너의 인수, 인도, 보관이 이루어진다. 수출 시에는 선적 예정인 화물을 보관하는 장소로 FCL 컨테이너 또는 CFS 작업된 컨테이너를 인수한다. 수입 시에는 양하한 컨테이너를 반출 때까지 보관하는 장소로 FCL 화물이 장치된다. 이와 같이 CY는 보세구역/보세장치장이다.

■ 컨테이너화물 장치장/작업장(CFS : Container freight station)

CFS는 CY에 예속된 CFS가 있으며, 부두에서 떨어진 지역에도 사설 CFS가 있다. 따라서 CFS를 흔히 보세창고라고 부르는 경향도 있다.

CFS는 수출 시에 1개의 컨테이너에 미달하는 LCL 화물들을 여러 화주로부터 받아 목적지별로 정리하여 1개의 컨테이너로 혼재작업(만재작업: 滿載作業)[87]을 한다. 그래서 1개의 컨테이너로 CY로 입고된 후에 선적이 진행된다.

수입 시 LCL 컨테이너화물은 CY에서 CFS로 옮겨져 입고된다. 그리고 컨테이너에서 LCL 화물들을 꺼내어 분류하는 작업(stripping, devanning)을 하고

---

87) 혼재작업(만재작업) : 혼재작업은 소량의 화물들을 모아 함께 적재하는 일. 만재작업은 화물을 컨테이너에 가득 채우는 일.

각 화주별로 화물을 반출한다. 이와 같이 CFS는 보세구역/보세장치장이다.

■ 세관검사장, CY내 컨테이너 검사소, 지정장치장 검사소

필요에 따라 물품검사가 이루어지는 장소들이다.

■ 게이트(Gate)

컨테이너터미널의 출입문(Container terminals gate)으로 공컨테이너 반납[88],
컨테이너화물을 인수, 인도하는 장소이다. 게이트는 운송 확인을 하고 관리
책임이 변경되는 중요한 기능을 한다. 수입물품의 반출과 수출물품의 반입이
이루어지는 출입문이다.

3. 컨테이너터미널 수입화물 이동 흐름도 (사진 이미지)

선석(Berth). 컨테이너 선박이 입항하여 접안한다(부산항 신항 5부두)

---

88) 공컨테이너(Empty container) : 컨테이너화물을 수입화주의 장소로 운송을 마친 후 수입물품을 적출
하여 인도하고 빈 컨테이너는 다시 컨테이너터미널로 반납해야 한다. 이와 같이 빈 컨테이너를 공컨
테이너라 하며 선사 소유이다.

에이프런(Apron). 레일 위로 갠트리 크레인이 있다(부산항 신항 5부두)

에이프런(Apron)에서 갠트리 크레인(Gantry crane)의 하역작업(부산항 북항 감만부두)

갠트리 크레인(Gantry crane) 하역작업. 야드트랙터/스트래들 캐리어로 컨테이너화물을 이동

마샬링 야드(Marshalling yard). 수입양하 또는 수출선적 대기하는 컨테이너화물 구역

컨테이너를 장치장으로 이동시키고 있는 스트래들 캐리어(Straddle carrier)

컨테이너를 장치장으로 이동시키고 있는 야드 트랙터(Yard tractor)

야드 트랙터에 결합되어 컨테이너를 운반하는 야드 섀시(Yard chassis)

컨트롤 타워(Control tower)(부산항 북항 신감만부두 운영건물)

하역장비 야드 크레인(Yard crane). 레일이 깔려져 있다(부산 신항 1부두)

하역장비 야드 크레인(Yard crane)으로 컨테이너 야적 모습(부산항 신항 5부두)

하역장비 야드 크레인(Yard crane)으로 컨테이너 상차 모습(부산항 북항 신선대)

하역장비 리치 스태커(Reach stacker)로 컨테이너 야적 모습(부산항 신항 2부두)

하역장비 엠티 핸들러(Empty handler)로 컨테이너 야적 모습(부산항 신항 1부두)

하버 크레인(Harbor crane) 하역작업. 선박에 철재화물 적재(부산항 감천항 중앙부두)

휠 크레인(Wheel crane)/세이프 크레인(Safe crane) 하역작업(부산항 북항 2부두)

컨테이너 야적장(CY, Container yard)(자성대 항만 컨테이너터미널)

컨테이너화물 장치장(CFS, Container freight station)

CY 내 컨테이너 검사소(부산항 신항 4부두)

컨테이너화물 검사센터(부산항 북항 신선대)

물품검사, 세관검사장(Customs inspection place).

반출하고 있는 컨테이너화물 트레일러(Container trailer)

반출. 컨테이너터미널 게이트(Gate) (부산항 신항 2부두 게이트)

〈이미지제공 출처 : 본 이미지는 부산항만공사, 한국문화정보원에서 2018년 작성하여 공공누리 제1유형으로 개방한 '부산항만'을 이용하였다〉

4. 컨테이너터미널 주요 시설 및 작업자 용어

컨테이너터미널 주요 시설, 장비, 그리고 작업자들을 살펴봄으로써 컨테이너터미널 내 현장을 간접적으로 이해할 수 있다.

※ CASE 12-2. 컨테이너터미널 내 용어

용어	영문	의미
항만	Harbor, Port	항구, 부두
컨테이너터미널(부두)	Container terminal	컨테이너화물 부두
컨트롤 타워, 컨테이너부두운영 관리자	Control tower, Control office building	컨테이너터미널의 운영 업무 총괄. 종사자들의 활동을 조정. 선적과 양하 상황을 감독
선사	Carrier, Shipping company, Line	선박회사, 운송회사
선장	Captain	선박의 최종 책임자
1등 항해사	First officer	선박의 갑판부, 적재된 컨테이너 화물의 최고 책임자
도선사	Pilot	수로 안내자
예선/예인선	Tug boat	견인 배
선박고정업자	Line handling, Line man	줄잡이
플래너	Planner	선박 접안을 결정하는 선석플래너, 컨테이너 선적/양하 순서를 정하는 쉽플래너, 어느 야적장에 놓을지 정하는 야드플래너가 있다.
컨테이너 고정·해체업자	Container lashing · unlashing	라싱은 컨테이너를 선박에 고정하는 작업으로 수출화물 선적 완료 후 진행한다. 언라싱은 선박에서 고정 장치를 풀고 제거하는 작업으로 수입화물 하역 전 진행한다.
검수사	Tallyman	적하목록 확인, 양하/선적 시 화물의 개수, 컨테이너 봉인상태, 파손유무, 콘, 선적위치 파악, 화물인수·인도증명서를 발급한다.

검량사	Certified measurer	선적화물의 양하/적하 시 그 화물의 용적, 중량을 계산하고 증명하는 일. 특히 액체화물, 곡물, 석탄 등을 제3자 입장에서 공정하게 산정한다.
감정사	Certified surveyor	선박 및 화물에 관련된 증명, 조사, 감정을 하는 사람으로 선박 사고 시 선체의 손해를 감정하고 과일·냉동수산물 등 신선도를 감정한다.
포맨	Foreman	하역 작업의 현장 감독관. 하역 작업을 총괄 진행하고 공동 안전수칙, 작업자 보호구, 설치물 등을 확인
언더맨	Underman	포맨 지시에 따라 장비 조작원과 컨테이너 부두의 상황실 통제원과 무선 연락으로 하역 작업을 진행. 크레인 밑 안전사항 등을 확인
신호수	Signalman	컨테이너 하역작업이 안전하게 진행될 수 있도록 크레인 기사에게 무전과 깃발로 신호를 하는 작업자
항만하역회사	Port cargo handling company	하선/승선 하역
항만 노동자	Longshoreman, Docker	부두 내 작업
갠트리 크레인 기사	Gantry crane worker	하선/승선 하역장비
스트래들 캐리어 기사	Straddle carrier worker	야드 운송장비
야드 트랙터 기사	Yard tractor worker	야드 운송장비
리치 스태커 기사	Reach stacker worker	야드 하역장비
엠티 핸들러 기사	Empty handler worker	야드 하역장비
지게차 기사	Fork lift worker	야드 하역장비

휠 로더 기사	Wheel loader worker	야드 하역장비
야드 크레인 기사	Yard crane worker	야드 하역장비
하버 크레인 기사	Harbor crane worker	하선/승선 하역장비
안전 케이지 기사	Safety cage worker	하선/승선 하역장비
휠 크레인 기사	Wheel crane worker	하선/승선 하역장비
세관공무원	Customs officer	서류심사, 처리, 운용
부두 내 CY	On-dock CY	터미널 안 보세구역
부두 밖 CY	ODCY, Off-dock CY	터미널 밖 보세구역
부두 내 CFS	CFS	터미널 안 보세구역
부두 밖 CFS	CFS	터미널 밖 보세구역
지정장치장 (세관지정장치장)	Customs designated storage area	지정보세구역
세관검사장	Customs inspection place	지정보세구역
보세창고	Bonded warehouse	특허보세구역
보세공장	Bonded factory	특허보세구역
보세전시장	Bonded exhibit hall	특허보세구역
보세건설장	Bonded construction site	특허보세구역
보세판매장	Bonded store	특허보세구역
종합보세구역	Comprehensive bonded area	종합보세구역
세관관서	Customs office	(통관)보세구역
통관역	Customs clearance stations	(통관)보세구역
통관장	Customs clearance areas	(통관)보세구역
통관우체국	Customs clearance post office	(통관)보세구역
ICD (내륙컨테이너화물 통관기지)	Inland container(clearance) depot	(통관)보세구역
타소장치장	Storage outside bonded area	보세구역 외 장치장

보세운송업자	Bonded transportation company	보세구역 간 운송
컨테이너 화물검사소	Container inspection shed	X레이 검색기로 화물 검색
컨테이너 세척장	Container cleaning shop	공컨테이너의 오염세척
컨테이너 청소근로자	Container cleaning worker	세척 및 방충 작업
컨테이너 수리장	Container repair shop	수출 전 공컨테이너의 찌그러짐, 하자 수리
냉장창고	Cold storage warehouse	단기 저장하는 냉온 육류, 어류, 달걀, 과일, 의약품 등
정비공장	Repair(maintenance) shop	차량, 기계 정비
LNG 주유소, 일반 주유소	LNG station, Petrol station	LNG 선박, LNG 트랙터 주유, 일반 주유
LNG 이동 주유트랙터	LNG fueling vehicle	이동식 LNG 주유차량
근로자 휴게소	Worker lounge	근로자 휴식공간
근로자 대기실	Worker waiting room	근로자 작업대기
안전장구 보관소	Safety equipment & gear storage room	안전장비 보관
터미널 게이트	Terminal gate	반입/반출 출입문

제4절 계약부터 통관까지 업무일정표

앞선 장에서 수입 개요도와 수입 순서를 간략히 살펴보았다.

이번 장에서는 순차별로 회사의 수입담당자가 해야 할 일과 체크사항들을 상세히 알아보자.

처음 계약에서부터 수출상이 제품을 생산하고 선적을 하면, 이후 수입상이 수입하는 과정을 스토리화하여 정리하였다. 지면 상 기술하다 보니 일정이 아주 길고 복잡해 보이지만 실제 입항 후에 통관과 내륙운송은 빠르게 진행된다.

순차	할 일	신청서류 및 방법	해당 주체	결정/내용/관할
계약	Offer sheet/ Purchase sheet	팩스, 이메일	수출상/ 수입상	발행
	L/C OPEN	주거래은행 (개설은행)	수입상	신용장개설 (L/C거래 시)
생산	생산관리	공장	수출상	품질, 공정
	쉬핑샘플 보내기	쿠리어/ 특송 우편	수출상	shipping sample
	쉬핑샘플 승인	팩스, 이메일	수입상	선적승인 (shipment approval)
	납기관리	생산 마감	수출상	선적일(납기) 감안하여 계산
	검사	최종검사	수출상	제품검사 완료
선적 3~5일 전 [89]	수출포장	팩스	수출포장 업체	포장완료, 출고 대기
	선적서류 준비	· C/invoice · Packing list · Packing detail · B/L · Insurance policy 등	수출상 (관세사, 선사/포워더 ,보험회사)	실제 선적수량 기준
	쉬핑어드바이스 (T/T 경우)	팩스, 이메일	수출상	선적 스케줄과 선적서류를 수입상에게 통지
물품대금결제 (T/T Payment)	선적 전	쉬핑어드바이스 받은 후 은행을 통하여	수입상	T/T 경우

선적 2일 전	제품 출고	트럭	화물운송 회사	출고
Closing date (선적 1일 전)	선적	팩스, 전화	선사/포워더	loading (상역, 적재)
On board date(출항일)	출항		해상, 선사	수출
출항 다음날	쉬핑어드바이스 (L/C 경우)	· 배 스케줄 · C/invoice · Packing list · Insurance policy · Packing detail · B/L · 기타 서류 (팩스 또는 이메일)	수출상	선적 스케줄과 선적서류를 수입상에게 통지
선적 후 1~2일 이내	선적서류 발송 (T/T 경우)	· C/invoice · Packing list · Insurance policy · Packing detail · B/L · 기타 서류	수출상	쿠리어/특송 우편 발송
선적 후 3일 이내	선적서류 제출 NEGO (L/C 경우)	선적서류, 기타 서류, 환어음	수출상	주거래은행에 제출

---

89) 선적준비와 Closing date(카고마감일, 상역) : ※ 주의 – 미주, 남미 또는 원거리 노선의 경우에는 최소 10일~14일 전에 선적을 준비하고 선적물품을 선적할 부두에 입고시켜야 한다.

Arriving date(도착일)	도착		선사	수입항
입항 전/후	L/G 신청 (letter of guarantee)	개설은행 방문	수입상	L/C 경우 필요시에만 신청
	화물도착통지서 (Arrival notice)	전화, 팩스	선사/포워더	도착통지
	관세사에게 수입신고 의뢰	전화, 팩스	수입상	관세사에 위탁
입항	입항	부두 접안	선사	도선사, 예선
	입항보고수리	입항보고서 제출	선사	세관장
	입항 적하목록제출	화물목록 제출	선사	세관장
	입항 적하목록심사	화물목록 심사	화물관리 세관공무원	세관장
하선(기)	하선과 하선신고	하선신고서 (전자문서)	선사, 또는 위임받은 항만하역 사업자	세관장
	하선장소	하선장소 (보세구역)	선사, 또는 위임받은 항만하역 사업자	CY, CFS, 기타 보세구역
	하선신고수리	하선신고 심사 (전자문서)	선사, 또는 위임받은 항만하역 사업자	세관장
	하선장소 물품반입	장치	선사, 또는 위임받은 항만하역 사업자	세관장, 보세구역 운영인(화물관리인)

반입	보세구역반입	CY, CFS, 기타 보세구역	선사, 또는 위임받은 항만하역 사업자	세관장, 보세구역 운영인(화물 관리인)
	보세구역 반입신고	물품반입신고 서 (전자문서)	보세구역 운영인(화물 관리인)	세관장
통관	수입신고	· 수입신고서 · C/invoice · Packing list · B/L · Insurance policy, · 기타 서류 (팩스)	화주, 관세사	세관장
	수입통관절차의 구분	일반통관, 간이통관, 특정물품통관	관세사	세관장
	통관목록심사	전자통관심사, 심사, 물품검사 와 심사	세관 수입과 주무 또는 과장	세관장
	통관물품검사	물품검사, 검역	세관 공무원, 검역관	세관장, 검역기관의 장
	수입신고수리	수입신고완료, 물품반출 전 단계	관세사	세관장
	관세 등의 납부	수입관세, 부가가치세 등 세제 납부	수입상 (관세사, 국고수납 은행, 우체국)	세관장 (수입신고수리 후 15일 이내)
	수입신고필증	세금 납부 후 발행	세관장 (관세사)	세관장

반출	수입물품의 위치	보세구역에 장치	관세사	보세구역 운영인 (화물관리인)
	원본 선적서류 도래	개설은행방문, 선적서류입수	화주 (물품 대금결제)	개설은행
	D/O 수령	원본 B/L제시 D/O 신청	화주, 포워더	선사
	화물 수취	D/O 제출, 차량 배정	화주, 관세사, 포워더	보세구역 운영인 (화물관리인)
	운송차량	위탁, 차량 배정	화주, 화물운송사, 관세사, 포워더	운송 주체 선택
수입화물 이동경로	해상 수입화물	LCL 화물 FCL 화물	화주, 관세사, 포워더	세관장, 보세구역 운영인
	항공 수입화물	항역내 보세구역, 타세관 보세구역	화주, 관세사, 포워더	세관장, 보세구역 운영인
	보세운송	보세운송신고/ 보세운송승인	화주, 관세사, 보세운송 업자	세관장, 보세구역 운영인
물품대금결제 (L/C Payment)	SIGHT L/C	즉시 결제	수입상	개설은행
	Shipper's Usance L/C	만기일에 결제	수입상	개설은행
	Banker's Usance L/C	만기일에 결제	수입상	개설은행
내륙운송	수입화주	수입신고, 통관, 반출	수입화주	운송
	포워더에 위탁	반출	포워더	운송
	관세사에 위탁	수입신고, 통관, 반출	관세사	운송

국내판매	완제품, 또는 원재료	온.오프라인, 배송	수입상	고객, 거래처

1. 계약 (Contract)

1) Offer Sheet/Purchase Sheet

Offer Sheet/Purchase Sheet는 우리말로 공급 계약서/구매 계약서이다. 같은 의미로 Order Sheet, Contract Sheet 등이 사용되기도 한다.

국내 업체 간의 거래에서는 계약서, 주문서, 매매 계약서 등의 용어가 있으나 실무에선 "발주서"라는 말을 가장 보편적으로 사용하고 있다.

Offer sheet는 공급자가 발행하는 것으로 제품의 규격/스펙, 길이, 중량, 칼라, 단가, 수량, 금액, 가격조건, 납품기일 등을 기재한다. 반면, Purchase Sheet와 Order Sheet는 구매자가 발행을 한다.

Contract Sheet는 공급자 또는 구매자 어느 쪽에서든 발행이 가능하다.

발행하는 측이 서류 맨 아래에 명판(직인) 또는 사인을 하여 보내면 상대방 측에서도 같은 방식으로 명판(직인) 또는 사인을 하여 교환함으로써 계약이 성립된다. 계약서를 교환하면 공급자는 본격적인 생산에 들어간다.

2) L/C OPEN

T/T 거래의 경우 수출상은 계약서를 받고 바로 생산에 들어가면 되지만 신용장 거래의 경우 수출상은 수입상이 L/C를 개설한 것을 확인한 후 생산에 들어가는 것이 바람직하다. 물론 이미 신뢰도가 있는 바이어인 경우 계약서를 받고 바로 생산에 들어가기도 하지만, 신용장 개설까지 되고 그것을 확

인한 후 생산을 진행하는 것이 보다 안전하다.

따라서 수입상은 계약을 체결한 후 가능하면 1주일 이내에 수출상에게 신용장을 개설해 주는 것이 바람직하다. 그래야 수출상이 그만큼 빨리 생산에 착수하여 납기를 맞출 수 있기 때문이다.

2. 생산 (Production)

1) 생산관리

생산이 본격적으로 시작되면 수출상은 생산관리에 집중해야 한다. 공정이 순조롭게 진행되고 있는지 품질은 잘 나오는지 중간중간에 체크를 하며 생산 스케줄과 품질을 조정해야 한다.

2) 쉬핑샘플 보내기

생산 또는 납기의 2/3가 지난 시점 수출상은 생산한 제품의 샘플을 수입상에게 보내어 제품의 스펙 및 품질에 대해 확인 절차를 밟아야 한다. 이러한 샘플을 '쉬핑샘플(Shipping sample, Shipment sample)'이라 하며 쉬핑샘플은 바이어의 요구에 따라 칼라별 또는 LOT 별90)로 해서 쿠리어 또는 특송 우편을 통해 바이어에게 보낸다.

3) 쉬핑샘플 승인

수입상은 쉬핑샘플을 받은 후 생산된 제품이 계약한 내용과 일치하는지 제품의 품질을 꼼꼼히 확인한다.

---

90) LOT : '로트'란 일반적으로 1회에 생산되는 특정 수의 제품 단위로, 로트를 식별하도록 문자, 기호, 숫자의 조합으로 번호로 구분돼 있다.
단일 생산자가 동일 시점·동일 원료·동일 조건하에 생산된 것은 같은 군으로 분류하여 같은 번호를 매기고, 다른 군 또는 다음에 생산되는 것은 다음 번호를 매겨 서로 구분을 하고 추적성을 부여한다.

만약 품질이 미흡하거나 개선할 사항이 있으면 수출상에게 품질을 개선할 것을 요구한다. 그리고 개선한 후 2차 쉬핑샘플을 다시 보내줄 것을 요청한다. 품질이 현격히 차이가 나는 경우 새롭게 재생산해 줄 것을 요구하고 역시 2차 쉬핑샘플을 보내줄 것을 요청한다.

쉬핑샘플이 최종적으로 만족스러운 경우 수입상은 수출상에게 선적승인을 하여 선적이 진행되도록 한다.

4) 납기 관리

쉬핑샘플이 승인되면 수출상은 품질을 그대로 유지하면서 나머지 생산을 완료해야 한다. 그리고 납기(납품기일)가 늦어지지 않도록 최선을 다한다.

납기지연은 바로 비용 손실과 연결된다. 납기가 늦어지면 수입상으로부터 물품을 해상편 선적이 아닌 항공편 선적으로 요청 들어오기 쉽다. 항공편 선적(Air cargo)은 비용 면에서 비싸며 대체로 수출상이 부담해야 하기 때문이다. 또한 납기지연은 수입상의 판매 스케줄에도 영향을 줘 추가적인 클레임 발생도 우려가 된다.

납기일 기준일은 거래조건에 따라 다르지만 일반적으로 국내거래에서는 구매자가 물품을 받는 날, 국제거래에서는 수출항의 선적일(On board date)이 납기이다.

5) 검사

수출상은 제품의 생산과정 중 중간검사를 하고 제품을 출고하기 전 공장의 검사팀은 전량(전체 수량)의 품질에 대해 최종검사를 실시한다. 제품마다 검사 리포트를 기록지에 기재를 한다. 기록지는 공장에서 기록으로 보관을 하고 추후 문제 발생 시 당사자 간의 분쟁 및 책임의 소재를 명확히 구분하고 증명하는 자료로 활용한다. 그리고 검사 과정에서는 소포장과 내포장의 상태도 함께 점검한다.

3. 선적 3~5일 전

1) 수출포장 (Export packing)

"수출포장(Export packing)"은 수출하기에 적합한 포장재를 사용하여 제품에 외부 포장을 하는 것이다.

외포장재는 수입상의 별도 요청에 따라 또는 해당 제품 분야의 보편적이고 표준적인 포장재로 실시를 한다. 공산품, 소비재 등에서 가장 일반적으로 사용하는 것은 박스포장(Box, carton)이다. 제품의 특성에 따라 마대포장(Bale), 스키드포장(Skid), 드럼포장(Drum) 등을 실시하기도 한다.

외포장재 겉면에는 "쉬핑마크(Shipping mark)"와 필요에 따라 "취급주의표시 (Care & Caution mark)"를 함께 표시하여 출고를 한다.

2) 선적서류 준비

수출포장이 끝나면 공장 또는 포장을 위탁받은 수출포장업체에서는 박스별 포장 내용을 상세히 기록한 포장송장(Packing detail)이 출력된다.

포장송장은 총 박스 수와 각 박스 번호마다 몇 개의 제품 수량(또는 소포장 개수)이 담겨 있는지를 자세히 나타낸 서류이다. 수출상은 포장송장을 받아 이것을 기초로 Packing List(포장명세서)와 다른 선적서류들을 만들어야 한다.

3) 쉬핑어드바이스 (T/T 경우)

수출상은 납기일이 다가오면 선사/포워더로부터 미리 한 주의 선적 스케줄을 받아본다. 그리고 가능한 선적일을 정하여 부킹(Booking)91)을 한다. 선적 스케줄에는 배편명, 출항일 날짜, 도착일 날짜 등이 적혀있다.

수출상은 의무사항으로 수입상에게 선적 예정인 선적 스케줄을 통지해야 한다. 따라서 선적 스케줄, 선적서류 및 기타 서류를 팩스 또는 이메일로 보내야 하는데 이를 "쉬핑어드바이스(Shipping advice)"라 한다.

4. 물품대금결제 (T/T Payment)

1) 선적 전

T/T 거래의 경우 수입상은 쉬핑어드바이스를 받아 본 후 선적서류와 B/L을 확인하고 수출상에게 물품대금을 결제한다. 물품대금을 결제할 때는 은행과 은행을 통하여 전신환 송금(T/T)으로 하는 게 원칙이다. 이때에 증빙서류로 매매계약서와 Commercial Invoice 등 사본을 은행에 제출해야 한다.

5. 선적 2일 전

1) 제품 출고

수출상은 선적 2일 전 공장으로부터 물품을 출고하여 선적항의 CFS 또는 CY로 입고하여야 한다. 선사/포워더에서 알려준 장소와 Closing date 시간에 늦지 않게 수출물품을 입고한다.

하지만 미주 노선 또는 원거리 노선의 경우라면 2일 전이 아니라, 최소 1주일~10일 전에 제품을 출고해야 하며 정확한 마감시간은 미리 선사/포워더로부터 확인을 하여야 한다.

---

91) 선적할 배를 예약하는 것을 부킹이라 한다.

6. Closing date (선적 1일 전)

1) 선적 (Shipment)

Closing date는 마감(날)시간으로 수출상은 그 시간까지 선사/포워더가 지정한 장소인 CFS[92] 또는 CY[93]로 물품을 입고시켜야 한다.

포워더에서 보내온 선적 스케줄에는 서류마감과 카고마감이란 용어가 있다. "**서류마감**(Document closing)"이란 선사/포워더가 B/L을 발급할 수 있도록 수출상이 Commercial Invoice, Packing List, 수출신고필증을 그들에게 팩스로 보내야 하는데 그 마감시간을 말한다. 한편 "**카고마감**(Cargo closing)"은 수출상이 화물을 입고해야 할 마감(날)시간으로 "Closing date"를 뜻한다.

대체로 Closing date/카고마감은 해당일 낮 12시까지이다. Closing date는 물품입고, 물품확인, 컨테이너별로 분류, 상역(Loading)하는 것으로 실제 선적이 이루어지는 날이라고 이해하면 된다.

근거리 아시아 노선의 Closing date는 보통 선적 1일 전이지만, 미주 노선 또는 원거리 노선의 경우 최소 1주일~10일 전에 마감되므로 수출상은 미리 선적 스케줄을 확인하고 충분히 날수를 확보하여 입고가 늦지 않도록 각별히 유의해야 한다.

7. On board date (출항일)

1) 출항 (Departure)

선적한 배가 수입항을 향해 출발한다. 선적일(Shipment date)이라고도 한다.

---

92) CFS : Container Freight Station, '컨테이너화물 장치장/작업장'으로 LCL 화물들을 여러 화주로부터 받아 목적지별로 정리하여 컨테이너에 혼적 작업을 해주는 보세장치장이다.
93) CY : Container Yard, '컨테이너 야적장'으로 불리며, 수출 시 화주로부터 직접 FCL 컨테이너화물 또는 CFS로부터 컨테이너화물을 인수받고 수입 시에는 양하한 것을 보관하는 보세장치장이다.

8. 출항 다음날

1) 쉬핑어드바이스 (L/C 경우)

앞서 쉬핑어드바이스 T/T 내용과 동일하다. L/C 거래의 경우, 보통 쉬핑어드바이스는 출항 다음날 이루어진다.

9. 선적 후 1~2일 이내

1) 선적서류 발송 (T/T 경우)

T/T 거래 중 Surrender B/L을 발급하는 경우 수출상은 선적서류를 수입상에게 팩스나 이메일로 보내고, Original B/L을 발급하는 경우는 선적서류 원본들을 쿠리어 또는 특송 우편으로 발송해 준다.

10. 선적 후 3일 이내

1) 선적서류 제출 NEGO (L/C 경우)

NEGO는 신용장 거래에만 해당된다.

L/C 거래의 경우 수출상은 모든 선적서류 원본들을 은행에 제출하여 은행을 통해 수입상에게 보낸다.

수출상은 개설된 신용장 46A 조항에 명시된 선적서류, 기타 서류 및 환어음을 주거래은행에 접수시켜 제출해야 한다. 이것을 **"매입(NEGO)"**이라고 한다.

"서류제출기한"은 신용장 48 조항에 명시되어 있는데 대체로 선적일로부터

3일 이내이다. 따라서 그 기한을 놓치면 수출상은 하자수수료(Discrepancy fee)를 물거나 접수가 안 될 수도 있다(수리 또는 매입 거절).

Note

신용장 대금, 판례정보 [대법원 2009.11.12., 선고, 2008다24364, 판결]

① 판시사항 : 제5차 개정 신용장통일규칙 제43조 제a항에서 신용장에 서류제시기간을 명시하도록 한 취지 및 신용장에서 환어음의 제시를 요구하고 있는 경우 그 환어음도 서류제시기간 내에 제시되어야 할 서류에 포함되는지 여부

☞ 판결요지

제5차 개정 신용장통일규칙(The Uniform Customs and Practice for Documentary Credits, 1993 Revision, ICC Publication No. 500) 제43조 제a항은 "운송서류의 제시를 요구하는 신용장은 유효기간 외에 선적일부터 기산되는 서류제시기간을 명시하여야 한다. 그 서류제시기간 내에 신용장의 조건과 일치하는 서류의 제시가 이루어져야 하고, 서류제시기간이 명시되지 않았더라도 은행은 서류가 선적일 후 21일을 경과하여 제시된 때에는 이를 수리하지 아니한다. 다만, 어떠한 경우에도 서류는 신용장의 유효기간 내에 제시되어야 한다"고 규정하고 있다.

이와 같이 신용장에 서류제시기간을 명시하도록 한 것은 신용장의 수익자(수출상)가 선적 후 운송서류 등을 수령하고서도 이를 제시하지 않고 계속 보관함으로써 개설의뢰인(수입상)이 운송물을 늦게 수령하는 불이익을 입게 되는 것을 방지하려는 데 그 목적이 있고, 서류제시기간 내에 제시하여야 할 서류를 필요서류 중 일부만으로 한정하여서는 이러한 목적을 달성하기 어렵게 될 것이므로, 당해 신용장에 기재된 모든 필요서류가 서류제시기간 내에 제시되어야 한다고 보아야 하고, 따라서 신용장에서 환어음에 관한 조건을 명시하여 환어음의 제시를 요구하고 있는 경우에는 그 환어음도 위 조항이 규정하는 서류에 포함된다.

11. Arriving Date (도착일)

선적한 배가 수입항(도착항)에 도착하는 날이다.

12. 입항 전/후

1) L/G 신청 (Letter of Guarantee)

"수입화물선취보증서(Letter of Guarantee)"란 수입물품은 이미 도착하였으나 선적서류가 도착하지 않았을 경우 서류 도착 이전에 수입상이 급하게 물품을 찾아야 하는 경우 개설은행에 신청하여 발급받는 서류이다.

원칙적으로 수입물품은 B/L 원본을 도착지 선사에 제시하여야 찾을 수 있다. 따라서 L/G 신청은 긴급히 수입물품의 수취가 필요한 수입자의 경우에 신청을 한다. 자세한 내용은 추후 '부록 편'에 설명하기로 한다.

2) 화물도착통지서 (Arrival Notice)

"화물도착통지서(Arrival Notice)"는 수입화물을 적재한 본선의 선박회사가 본선의 도착에 앞서 "귀사의 화물이 아래와 같이 도착예정임을 통지드리오니 신속한 화물이 인도될 수 있도록 제반 협조 부탁드립니다"라는 내용으로 수입상에게 알려주는 통지서이다. 줄여서 'A/N'이라고도 한다.

통지서에는 입항 모선, 도착 예정일, 호출 부호, 접안 부두, ODCY, Line 운송, 창고 하역 등의 항목이 기재되어 있으며, B/L 또는 Packing List와 동일한 정보(제품명, 편명, 출항일 등)로 기록되어 있다.

선사는 Notify에 적힌 수입화주(수입상)와 포워더에게 통보해야 할 의무가 있으며 대체로 입항하기 3~4일 전/직후에 Arrival Notice(A/N)를 통보한다.

Master B/L인 경우에 선사는 직접 수입화주에게 통지를 하고, Master B/L 내에 House B/L이 있는 경우 선사는 포워더에게 통지를 하고 포워더가 다시 수입화주에게 통지를 한다.

① **Master B/L** : 선박회사 또는 항공사가 발행하는 B/L(선하증권 또는 항공화물운송장)을 말한다. 대체로 FCL 화물에서 Master B/L이 주로 발행되며, B/L 하단에는 "Signed for the Carrier", "As a carrier" 등으로 표시된다.

② **House B/L** : 화물운송주선업자(포워더)가 수출화주(수출자)에게 직접 발행하는 B/L(선하증권 또는 항공화물운송장)을 말한다. LCL 화물에서 House B/L이 발행되며, B/L 하단에는 "Signed for the Carrier or its Agent", "Acting as a carrier" 등으로 표시된다.

보통 선사들은 LCL 화물을 취급하지 않기 때문에 화주와 직접적으로 업무를 하지 않게 된다. 따라서 다수의 수출화주(수출자)가 소량의 LCL 화물들을 포워더에게 위탁하면 포워더가 하나의 컨테이너 작업으로 FCL을 만들어 선사에 운송을 의뢰한다. 이에 선사는 포워더 앞으로 Master B/L을 발행해 주고 포워더는 Master B/L 기준으로 각 화주에게 House B/L을 발행한다.

3) 관세사에게 수입신고 의뢰

수입신고는 수입화주, 관세사, 관세법인, 또는 통관취급법인이 할 수 있다. 수입상은 개별적으로 수입신고를 신청하는 것에 많은 어려움이 있으므로 업무 효율성과 전문성을 고려하여 관세사에 위탁하여 수입통관을 진행하는 것이 바람직하다.

13. 입항 (Port entry)

1) 입항

- **"적하목록"**이란 선사 또는 항공사가 Master B/L의 내역을 기재한 "선박 또는 항공기의 화물적재목록"을 말하며, 화물운송주선업자가 House B/L의 내역을 기재한 경우에는 "혼재화물적하목록"이라 한다.
- **"적하목록 제출의무자"**란 외국무역선(기)을 운항하는 선박회사(대리점을 포함하며, 이하 "운항선사"라고 한다) 및 항공사(그 대리점 및 공동 운항하는 항공기의 경우 운항항공사)를 말한다.
- **"적하목록 작성책임자"**란 다음 각 목의 어느 하나에 해당하는 자를 말한다.
① 입출항물품을 집하·운송하는 운항선사와 항공사
② 공동배선의 경우에는 선박 또는 항공기의 선복을 용선한 선박회사, 항공사(그 대리점을 포함한다)
③ 혼재화물은 화물운송주선업자(그 대리점을 포함한다)

❀ 보세화물 입출항 하선, 하기 및 적재에 관한 고시, 제1장 제2조 ❀

수출지를 떠난 컨테이너 선박은 물품을 싣고 해상운송을 마친 후 수입지 도착항에 도착을 한다.

컨테이너 선박이 근해에 근접하면 첫째로 컨트롤 타워(Control tower, Control center : 통제실, 부두 상황실)의 통제원 및 하역작업 플래너(Planner)는 접안 선석을 결정하고(접안지 결정 : Berth planning), 수출 시에는 컨테이너를 어떤 순서로 실을지 결정을 하고 수입 시에는 어떻게 내릴지를 결정을 한다(하역 결정 : Ship planning). 그리고 어떤 컨테이너를 어느 야적장에 갖다 놓을지를(야드 결정 : Yard planning) 컴퓨터 모니터 도면(해당 선박에 컨테이너화물들이 번호별로 어떻게 적재되어 있는지 알 수 있는 도면)을 보며 미리 계획한다.

다음으로 선박이 근해 외항(Outer harbor)에 도착을 하면 배정된 선박을 맡은 도선사(Pilot)가 도선선(Pilot ship)을 몰고 바다로 나가 해당 선박에 접근을 한다(도선점은 보통 항만으로부터 배로 40여 분 거리가 된다). 그러면 입항하는 컨테이너 선박은 사다리를 내려서 선박에 도선사가 승선을 하도록 한다.

"**도선사**(導船士)"[94]의 임무는 선장으로부터 배의 상태를 확인하고 도선 계획 수립, 입·출항 경로 안내, 입·출항 작업 시작을 하고, "**예선**(예인선 : Tug boat)" 의 도움을 받아 선박을 부두로 안내하고 이동시키는 역할을 한다. 승선 후 도선사는 항해사에게 선박의 방향과 속도를 지시한다.

부산항에는 2019년 현재 도선선 13척, 도선사 56명이 종사하고 있다.

이어 도선사는 무전기로 예선(曳船)[95]에 연락을 취하면 배정받은 2대의 예선은 선박이 있는 위치를 향해 출발한다. 예선은 해당 선박에 접근하고 예선 작업을 위한 위치에 도착하면 도선사의 지시에 따라 예인줄을 선박과 예선에 연결한다. 그리고 예인줄을 감으며 해당 선박에 가까이 접근을 한다.

---

94) 도선사 : 일정한 지역에서 배들을 안전하게 수로로 인도하는 자격을 가진 사람.
95) 예선 : 예선/예인선은 강력한 기관을 가지고 다른 배를 끌고 가는 배로 선박의 입항과 출항을 보조하고 화재 진화 또는 사고 선박의 인양을 돕는 역할을 하는 선박이다.

선박이 도선사와 예선의 도움으로 내항(Inner harbor)으로 들어오면 미리 나와 있는 선박고정업자는 포지션 깃발(Position flag) 및 야간에는 야간 경광등을 흔들어 선박이 접안할 **"선석(Berth : 접안시설)"**의 위치를 알려준다.

큰 선박은 측면으로 이동이 불가능하여 혼자서 접안시설에 붙이기가 어렵다. 따라서 2대의 예선이 승선한 도선사의 무전 지시를 받으며 컨테이너 선박의 앞과 뒤의 측면에서 밀고 당긴다. 그리하여 선박을 한 쪽 측면(바깥쪽)에서 밀어 옆으로 조금씩 이동시켜 마침내 부두시설에 접안 시킨다.

예선은 부딪혀도 완충 작업을 할 수 있게끔 타이어들로 둘러싸여져 있고 선박이 접하는 안벽 면(Quay wall)에도 선박이 접촉으로 인한 손상이 발생하지 않도록 고무 재질로 된 완충장치인 **"방충재(Fender, Rubber fender)"**가 붙어 있다.

부산항에는 2019년 현재 예선 47척, 종사자 200여 명이 종사하고 있으며 선박이 안전하게 입항하도록 돕고 있다.

선박이 항만 접안시설에 안착하면 본선에서는 **"선박고정업자(Line handling: 일명. 줄잡이)"**에게 추가 달린 가느다란 밧줄(Heaving line : 히빙 라인)을 지면으로 던져 준다. 줄잡이들은 히빙 라인을 당겨 그곳에 연결된 무거운 밧줄(Mooring line : 계선줄, 계류색)을 여럿이 또는 1톤 트럭을 동원하여 끌어올리고 계선줄을 **"계선주(Bitt, Bollard)"**[96]에 묶고 고정을 시킨다. 보통은 선수(船首, Bow, Head : 배의 앞부분), 선미(船尾, Stern : 배의 뒷부분), 스프링 라인(Spring line : 상반 아치가 시작되는 점)에 각각 2개씩 계선줄로 고정 작업을 한다. 간혹 TV를 통해 접안한 선박을 보면 밧줄로 계선주에 고정되어 있는 장면을 볼 수가 있다.

부산항에는 2019년 현재 50여 개 선박고정업체에 140여 명의 근로자가 종사하고 있다.

---

96) 계선주 : 배를 매어두기 위해 부두 잔교에 세워 놓은 기둥.

2) 입항보고수리

「외국무역선의 입출항 전환 및 승선절차에 관한 고시」 제5조(입항보고서 제출시기)에 따라,

① 선사의 선장 등은 선박이 수입항의 부두에 입항하기 24시간 전까지 입항예정(최초)보고서를 세관장에게 제출하여야 한다. 다만, 직전 출항국가 출항부터 입항까지 운항 소요시간이 24시간 이하인 경우에는 직전 출항국가에서 출항하는 즉시 입항예정(최초)보고서를 제출하여야 한다.

② 제1항에 따라 입항예정(최초)보고를 한 선장 등은 선박이 입항하여 부두에 접안하기 전까지 또는 해상에 정박하기 전까지 입항예정 보고한 내용을 근거로 하여 최종입항보고서를 제출하여야 한다.

세관장은 해당 선박이 부두에 접안하기 전까지 또는 해상에 정박하기 전까지 입항보고를 수리하여야 한다.

3) 입항적하목록제출

출항한 선박의 배에 적재된 물품 리스트를 "**적하목록**(Cargo manifest : Master B/L 단위의 화물적재목록, House B/L 단위의 혼재화물적하목록)"이라 하고 선사는 이를 하선(기)장소(Place of disembarkation)[97]를 기재한 **하선신고서**(Discharging cargo declaration, Declaration of unloading)[98]와 함께 세관장에게 제출해야 한다.

「보세화물 입출항 하선 하기 및 적재에 관한 고시」 제2장 제8조(적하목록

---

97) 하선(기) : 선(기)로부터 화물을 내리는 것을 말하며, '선'은 선박을 '(기)'는 비행기를 뜻한다.
98) 하선신고서 : 선사 또는 항공사가 화물을 운송수단으로부터 하선할 예정임을 세관장에게 신고하는 것을 말한다.

제출)에 따르면,

① 「관세법」 제135조 제2항에 따라 적하목록 제출의무자는 적재항에서 화물이 선박에 적재되기 24시간 전까지 적하목록을 선박 입항예정지 세관장에게 전자문서로 제출해야 한다.
다만, 중국·일본·대만·홍콩·러시아 극동지역 등(근거리 지역)의 경우에는 적재항에서 선박이 출항하기 전까지, 벌크화물의 경우에는 선박이 입항하기 4시간 전까지 제출해야 한다.

② 공동배선의 경우에는 선복을 용선한 선박회사(용선선사)가 전자문서로 작성하여 제공한 적하목록 자료를 제1항에 따라 운항선사가 이를 취합하여 세관장에게 제출해야 한다.

③ 혼재화물의 경우에는 운항선사가 화물운송주선업자(적출국에서 혼재화물을 취급하는 화물운송주선업자를 포함한다)로부터 혼재화물적하목록을 제출받아 제1항 및 제2항에서 정하는 바에 따라 최종적으로 이를 취합하여 세관장에게 제출해야 한다.

④ 세관장은 제1항부터 제3항까지의 규정에도 불구하고 적하목록 제출 이후 다음 각 호의 어느 하나에 해당하는 경우에는 적하목록 또는 적하목록 일부를 해당 물품 하선 전까지 추가로 제출하게 할 수 있다.
　① 하역계획 변경 등으로 공컨테이너 추가 하선이 필요한 경우(다만, 세관 근무시간 이외에 하선작업을 하는 경우 하선 후 첫 근무일의 근무시간 종료 시까지 적하목록을 추가로 제출하게 할 수 있다)
　② 선박의 고장 또는 컨테이너 고장 등으로 화물 등의 추가 하선이 필요한 경우

③ 냉동물 등이 선상에서 현품 확인 후 계약됨에 따라 추가 하선이 필요한 경우

④ 그 밖의 부득이한 사유로 추가 하선이 필요한 경우

⑤ 제4항에 따라 적하목록 또는 적하목록 일부를 접수한 화물관리 세관공무원은 그 사유를 심사하여 타당하다고 인정할 때에는 세관화물정보시스템에 등록해야 한다.

⑥ 세관장은 제4항에 따라 추가 제출한 적하목록에 대하여 감시단속상 필요한 때에는 검사대상으로 선별하여 검사를 실시할 수 있다.

4) 입항적하목록심사

「보세화물 입출항 하선 하기 및 적재에 관한 고시」 제2장 제10조(적하목록 심사)에 따르면, 화물관리 세관공무원이 적하목록을 제출받은 때에는 다음 각 호에 해당하는 사항을 심사해야 한다.

이 경우 적하목록 심사는 적하목록 기재사항에 관한 형식적 요건에 한하며, 실질적인 요건에 해당하는 기재사항의 오류 여부는 적하목록 접수단계에서 이를 심사하지 아니한다.

① 적하목록 자료의 취합완료 여부(공동배선의 경우 용선선사별 적하목록 누락 여부와 혼재화물적하목록의 누락 여부를 포함한다)

② 적하목록 기재사항의 누락 여부

③ 세관의 특별감시가 필요한 우범화물 해당 여부

④ 그 밖에 세관장이 필요하다고 인정하는 사항

이와 같이 화물관리 세관공무원이 입항적하목록을 심사하면 다음으로 선사

는 세관장에게 하선신고를 한다.

14. 하선(기) (Disembarkation)

1) 하선과 하선신고

- **"하역"**이란 화물을 본선(기)에서 내리는 양륙 작업과 화물을 본선(기)에 올려 싣는 적재 작업을 말한다.

- **"하역장소"**란 화물을 하역하는 보세구역을 말한다. 다만, 항만의 경우에는 보세구역이 아닌 부두를 포함한다.

- **"하선(기)장소"**란 선박 또는 항공기로부터 하역된 화물을 반입할 수 있는 보세구역을 말한다.

- **"Master B/L"**이란 선박회사가 발행한 선하증권 또는 항공사가 발행한 항공화물운송장을 말한다.

- **"House B/L"**이란 화물운송주선업자가 화주에게 직접 발행한 선하증권 또는 항공화물운송장을 말한다.

- **"산물"**이란 일정한 포장용기로 포장되지 않은 상태에서 운송되는 물품으로서 수량관리가 불가능한 물품을 말한다.

- **"화물관리번호"**란 적하목록 상의 적하목록관리번호(Manifest Reference Number) + Master B/L 일련번호 + House B/L 일련번호를 합한 번호를 말한다(예로 들면 '20HDMUA001I + 1001 + 1234' 이런 형태이다).

- **"검사대상화물"**이란 「관리대상화물 관리에 관한 고시」 제3조의 기준에 따라 적하목록 등을 심사하여 선별한 화물로서 "검색기 검사화물"과 "즉시 검사화물"을 말한다.

- **"환적화물"**이란 외국무역선(기)에 의하여 우리나라에 도착한 외국화물을 외국으로 반출하는 물품으로서 수출입 또는 반송신고 대상이 아닌 물품을 말한다.

- **"세관화물정보시스템"**이란 적하목록, 적재·하선(기), 보세운송신고, 보세구역반출입 등의 자료를 관리하는 세관운영시스템을 말한다.

• **"전자문서"**란 컴퓨터 간에 전송 등이 될 수 있도록 하기 위하여 관세청장이 정한 실행지침서에 의하여 작성된 전자자료를 말한다.

❀ 보세화물 입출항 하선 하기 및 적재에 관한 고시, 제1장 제2조 ❀

앞서, 도착한 컨테이너 선박이 접안시설에 고정되고 나면 **"컨테이너 고정·해체업자"**가 컨테이너들을 양하할 수 있게끔 언라싱 작업을 한다. **"언라싱 (Unlashing)"**은 수입 시 선박에 컨테이너들을 고정한 고정 장치를 풀고 제거하는 작업이다. 반대로 **"라싱(Lashing)"**은 수출 시 선박에 컨테이너들을 고정하는 작업으로 작업자가 벨트(Belt), 바(Bar), 턴버클(Turnbuckle) 등을 이용하여 컨테이너를 X자 모양으로 결박하여 상하 또는 좌우로 유동하는 것을 방지한다.

언라싱 작업이 끝나면 갠트리 크레인 기사는 **"갠트리 크레인(Gantry crane)"**의 스프레드(Spreader)[99]를 이용하여 야드 트랙터(Yard tractor) 등 이동장비에 컨테이너 화물을 내리게 된다.

이에 이동장비 옆에서 대기하고 있는 **"검수사(Tallyman)"**는 적하목록을 확인하고 화물의 개수, 컨테이너 번호 확인, 컨테이너 봉인상태, 파손유무를 확인한다. 검수사는 수출입되는 화물의 선적과 양하 시에 선주, 화주를 대행하여 화물의 개수를 계산하고 수도(受渡 : 물품을 받거나 넘기는 일)의 증명을 한다. 그리고 컨테이너 박스 하부 코너에 장착된 컨테이너 콘을 제거한다. **"컨테이너 콘(Container cone)"**은 컨테이너를 선박에 적재할 때 컨테이너끼리 안착시켜 컨테이너 박스가 전후좌우로 유동하는 것을 방지하도록 컨테이너 박스 하부 코너에 코너 피팅(Corner fitting)한 이음쇠이다. 콘 장착은 고정작업 중의 하나로 승선 전에는 이를 체결하고 양하 후에는 이를 해체한다. 검수사는 2인

---

99) 스프레드(Spreader) : 컨테이너를 잡는 것으로 손과 같은 역할을 하는 장치

1조로 구성되어 1명은 지상에서 1명은 선박에 위치하여 컨테이너 위치를 체크하고 업무를 확인한다. 업무가 끝나면 화물의 인수·인도 증명서를 발급한다.

부산항에는 현재 6개의 검수회사가 있으며 총 650여 명의 검수사가 일하고 있다.

검수사의 확인과 업무가 끝나면 컨테이너화물은 이동장비(야드 트랙터 또는 스트래들 캐리어 등)에 의해 지정된 터미널 야적장으로 운송이 된다.

이와 같이, 하선(기)(下船機)는 본선에서 화물을 양하하는 것으로 선사로부터 위임받은 하역업체(항만하역사업자)가 보세구역인 "하선(기)장소"에 물품을 내리는 것이다.

「보세화물 입출항 하선 하기 및 적재에 관한 고시」 제2장 제15조(하선신고)에 따르면 하선신고(Discharging cargo declaration, Declaration of unloading)는,

① 운항선사(공동배선의 경우에는 용선선사를 포함한다) 또는 그 위임을 받은 하역업체(항만하역사업자)가 화물을 하선하려는 때에는 MASTER B/L 단위의 적하목록을 기준으로 하역장소와 하선장소를 기재한 별지 제10호 서식의 하선신고서를 세관장에게 전자문서로 제출해야 한다.

② 제1항에도 불구하고 다음 각 호의 어느 하나에 해당하는 경우에는 세관장에게 서류로 하선신고를 할 수 있으며, 하선작업 완료 후 다음 날까지 하선신고서를 세관장에게 전자문서로 제출해야 한다.

　① B/L 단위로 구분하여 하선이 가능한 경우
　② 검역을 위하여 분할 하선을 해야 하는 경우
　③ 입항 전에 수입신고 또는 하선 전에 보세운송신고한 물품으로서 검사

대상으로 선별된 물품이 선상검사 후에 하선해야 하는 경우

④ 재난 등 긴급 하선해야 하는 경우

2) 하선장소

「보세화물 입출항 하선 하기 및 적재에 관한 고시」 제2장 제15조(하선신고)에 따르면,

① 선사가 물품을 하선할 수 있는 장소는 다음 장소(보세구역)로 한정되어 있다.(다만, 부두 내에 보세구역이 없는 세관의 경우 관할구역 내 보세구역(보세구역 외 장치 허가 받은 장소를 포함한다)중 세관장이 지정하는 장소로 한다).

　① 컨테이너화물 : 부두 내 또는 부두 밖 컨테이너 보세장치장(이하 "CY" 라 하며, CFS를 포함한다).

　다만, 부두 사정상 컨테이너화물과 산물을 함께 취급하는 부두의 경우에는 보세구역 중 세관장이 지정한 장소로 한다.

　② 냉동컨테이너화물 : 제1호를 적용하되 화주가 냉동컨테이너로부터 화물을 적출하여(꺼내어) 반입을 원하는 경우 냉동시설을 갖춘 보세구역

　③ 산물 등 기타 화물 : 부두 내 보세구역

　④ 액체, 분말 등의 형태로 본선에서 탱크, 사이로 등 특수 저장시설로 직송되는 물품 : 해당 저장시설을 갖춘 보세구역

② 선사가 하선장소를 결정하는 때에는 다음의 순서에 따른다.

　① 세관장이 밀수방지 등을 위하여 검사대상화물로 선별하여 반입지시서

가 발부된 물품은 세관장이 지정한 장소

② 입항 전에 수입신고 또는 하선 전에 보세운송신고가 된 물품으로서 검사가 필요하다고 인정하는 물품은 부두내의 세관장이 지정하는 장소

③ 그 밖의 화물은 제1항에서 지정된 하선장소 중 선사가 지정하는 장소

③ 선사가 위 규정에 따른 하선작업을 할 때에는 다음 각 호의 어느 하나에 해당하는 물품별로 하선작업 계획을 수립하여 하역장소 내에 구분하여 일시 장치해야 한다.

① 하선장소내에서 통관할 물품

② 하선장소내 CFS 반입대상물품

③ 타지역으로 보세운송할 물품

④ 세관장이 지정한 장치장에 반입할 검사대상화물

⑤ 냉동·냉장물품

⑥ 위험물품

⑦ 그 밖에 세관장이 별도로 화물을 분류하도록 지시한 물품

3) 하선신고수리

"하선신고서(Discharging cargo declaration)"를 접수받은 세관장은 하선신고내용이 적하목록과 일치하는지 여부와 하선장소의 적정성 여부 등을 심사한 후 세관화물정보시스템에 하선신고수리 사실을 등록한다. 그리고 신고인, 관련 하역업자 및 보세구역 등에 전자문서로 통보한다. 다만, 세관장은 신속한 화물처리를 위해 세관화물정보시스템에서 자동으로 하선신고를 수리할 수 있다.

4) 하선장소 물품반입

「보세화물 입출항 하선 하기 및 적재에 관한 고시」 제2장 제19조(하선장소 물품반입)에 따르면 하선신고를 한 자(선사 또는 위임받은 하역업체)는 입항일(외항에서 입항수속을 한 경우 접안일)로부터,

① 컨테이너화물 : 3일
② 원목, 곡물, 원유 등 산물 : 10일

기간 내에 해당 물품을 지정된 하선장소에 반입시켜야 한다.

다만, 부득이한 사유(검색기 검사를 마치고 하선장소에 반입하는 경우 등)로 지정기한 이내에 반입이 곤란할 때에는 반입지연사유, 반입예정일자 등을 기재한 별지 제20호 서식의 하선장소반입기간연장(신청)서를 세관장에게 제출하여 승인을 받아야 한다.

15. 반입 (Carry-in)

1) 보세구역반입

- **"세관지정장치장"**이란 세관장이 관리하는 시설 또는 세관장이 시설 관리인으로부터 무상사용의 승인을 받은 시설 중 지정장치장으로 지정한 시설을 말한다.
- **"운영인"**이란 특허보세구역 운영인, 지정보세구역 화물관리인, 보세구역 외 장치의 허가를 받은 자, 검역물품의 관리인을 말한다.
- **"선박회사"**란 물품을 운송한 선박회사와 항공사를 말한다.
- **"위험물"**이란 폭발성, 인화성, 유독성, 부식성, 방사성, 산화성 등의 물질로서 관계 법령에 따라 위험품으로 분류되어 취급이나 관리가 별도로 정해진 물품을 말한다.
- **"화물관리 세관공무원"**이란 통관지원과 또는 화물담당부서의 세관공무원을 말한다.
- **"세관화물정보시스템"**이란 적재화물목록, 적재, 하선·하기, 보세운송신고, 보세구역

반출입 등의 자료를 관리하는 세관운영시스템을 말한다.

- **"전자문서"**란 컴퓨터 간에 전송 등이 될 수 있도록 하기 위하여 관세청장이 정한 실행지침서에 따라 작성된 전자자료를 말한다.
- **"B/L제시 인도물품"**이란 「수입통관 사무처리에 관한 고시」 제70조 제1항에 따른 물품을 말한다.
- **"관리대상화물"**이란 「관리대상화물 관리에 관한 고시」 제2조 제1호에 따른 물품을 말한다.
- **"식품류"**란 「식품위생법」에 따른 식품 및 식품첨가물, 「건강기능식품에 관한 법률」에 따른 건강기능식품, 「축산물가공처리법」에 따른 축산물을 말한다.

❀ 보세화물관리에 관한 고시, 제1장 제3조 ❀

보세(保稅)의 의미는 '관세 부과가 보류된 상태 또는 부과하기 전으로 외국 물품인 상태'이다.

"하선장소반입"은 선박(또는 항공기)으로부터 화물을 하역하여 반입할 수 있는 부두 내와 부두 밖의 인접한 보세구역이 해당되며, "보세구역반입"은 하선장소를 포함하고 보세운송으로 이송 가능한 타지역 보세구역(타지역 관할 세관, 자가보세창고, 보세공장, 타소장치장 등)을 모두 아우르는 보세구역을 뜻한다.

이처럼 보세구역의 종류로는 세관지정장치장(CY, CFS), 세관지정 보세창고(보세창고, 보세공장, 보세전시장, 보세판매장), 타소장치장(보세구역 외 장치) 등이 있다. 이러한 장소에 물품이 입고되어 장치되는 것이 보세구역반입이다. 보세구역에 물품반입은 선사 또는 위임받은 항만하역사업자가 실시한다.

즉, 수입화물이 본선으로부터 하선되면, 접안시설과 가까운 마샬링 야드(Marshalling yard)에 잠시 머무르거나 바로 지정된 부두 내 또는 부두 밖 **"보세구역(Bonded area : CY, CFS)"**으로 장치가 된다. 특히 FCL 화물은 대체로 CY에 장치된다. 하지만 별도 장치가 요구되는 특수화물의 경우, 세관장이 허가한 보세구역이 아닌 장소에 장치하는 경우가 있는데 이를 **"타소장치, 또는 보세구역 외 장치**(Storage outside bonded areas)"라고 한다.

또한 보세운송신고한 화물은 **"보세운송으로 타 보세구역"**으로 이송되고, 입항전수입신고수리 또는 하선전보세운송수리를 신고한 물품은 하선과 동시에 **"직통관"**으로 차상반출이 되기도 한다.

「보세화물관리에 관한 고시」 제4조와 제5조에는 이렇게 나와 있다.

> ■ 제4조(화물분류기준) 제2항 1호
> 입항전 또는 하선(기)전에 수입신고가 되거나 보세운송신고가 된 물품은 보세구역에 반입함이 없이 부두 또는 공항내에서 보세운송 또는 통관절차와 검사절차를 수행하도록 하여야 한다.
>
> ■ 제5조 (물품의 반입) 제1항
> 제4조에 따른 화물분류기준에 따라 장치장소가 결정된 물품은 하선(기)절차가 완료된 후 해당 보세구역(동물검역소 구내계류장을 포함한다)에 물품을 반입하여야 한다.

보세구역은 통관 전까지 화물을 보세구역 운영인(화물관리인) 관리하에 효율적으로 관리하고 원활하게 통관을 돕는 장소의 역할을 하며 수출입 물품의 검사가 이루어진다. 이후 수입상의 수입신고와 관세 등 세금 납부가 완료되면 수입신고수리 후 보세구역으로부터 국내로 물품 반출이 가능해진다.

2) 보세구역반입신고

「보세화물관리에 관한 고시」 제3징 보세구역물품 빈출입절차등, 제9조(빈입확인 및 반입신고)에 따르면,

① 운영인(보세구역 운영인, 화물관리인)은 하선신고서에 의한 보세화물을

반입 시 세관화물정보시스템의 반입예정정보와 대조확인하고 반입 즉시 별지 제4호 서식의 반입신고서를 세관장에게 전자문서로 제출하여야 한다.

② 운영인은 하선 반입되는 물품 중 세관봉인대 봉인물품의 반입 즉시 세관 장에게 세관봉인이 이상 있는지 등을 보고하고, 별지 제5호 서식의 세관봉인 대 봉인물품 반입확인대장에 세관봉인대 확인내역을 기록 관리하여야 한다. 이 경우 세관장은 필요시 화물관리 세관공무원으로 하여금 직접 세관봉인대 가 이상이 있는지를 확인하게 하거나 해당 물품을 검사하게 할 수 있다.

③ 운영인은 보세운송물품이 도착한 때에는 다음 각 호의 사항을 확인하여 이상이 없는 경우에만 물품을 인수하고, 반입 즉시 반입신고서를 전자문서로 제출하여야 한다. 이 경우 보세운송신고(승인) 건별로 도착일시, 인수자, 차 량번호를 기록하여 장부 또는 자료보관 매체(마이크로필름, 광디스크, 기타 전산매체)에 2년간 보관하여야 한다.
   a. 세관화물정보시스템의 보세운송예정정보와 현품이 일치하는지
   b. 운송차량번호, 컨테이너번호, 컨테이너봉인번호가 세관화물정보시스템의 내역 과 일치하는지
   c. 컨테이너 봉인이 파손되었는지
   d. 현품이 과부족하거나 포장이 파손되었는지

④ 운영인은 제3항의 내용을 확인한 결과 일치하지 않는 부분이 있거나 포장 또는 봉인이 파손된 경우에는 물품의 인수를 보류하고 즉시 별지 제1호 서식 의 반입물품 이상 보고서를 세관장에게 제출한 후 세관장의 지시에 따라 처 리하여야 한다.

⑤ 운영인은 제1항부터 제4항에 따른 반입신고 내역을 정정하려는 때에는 별지 제6호 서식의 반입신고 정정 신청서를 세관장에게 전자문서로 제출하고 승인을 받아야 한다.

⑥ 제1항의 반입신고는 HOUSE B/L 단위로 제출하여야 한다.
다만, 하선장소 보세구역에 컨테이너 상태로 반입하는 경우에는 MASTER B/L 단위로 할 수 있다.

⑦ 컨테이너장치장(CY)에 반입한 물품을 다시 컨테이너화물조작장(CFS)에 반입한 때에는 CY에서는 반출신고를 CFS에서는 반입신고를 각각 하여야 한다.

⑧ 동일사업장내 보세구역간 장치물품의 이동은 물품반출입신고로 보세운송신고를 갈음할 수 있다.

⑨ 운영인이 보세화물의 실시간 반출입정보를 자동으로 세관화물정보시스템으로 전송하는 경우 이를 제1항, 제3항, 제7항 및 제8항에 따른 반입신고로 갈음하게 할 수 있다.

16. 통관 (Custom clearance)

1) 수입신고 (Import declaration)

• **"출항전신고"**라 함은 항공기로 수입되는 물품이나 일본, 중국, 대만, 홍콩으로부터 선박으로 수입되는 물품을 선(기)적한 선박과 항공기(이하 "선박 등"이라 한다)가 해당 물품을 적재한 항구나 공항에서 출항하기 전에 수입신고하는 것을 말한다.

- **"입항전신고"**라 함은 수입물품을 선(기)적한 선박 등이 물품을 적재한 항구나 공항에서 출항한 후 입항 (「관세법」 제135조에 따라 최종 입항보고를 한 후 하선(기) 신고하는 시점을 기준으로 한다. 다만, 입항보고를 하기 전에 하선(기) 신고하는 경우에는 최종 입항보고 시점을 기준으로 한다) 하기 전에 수입신고하는 것을 말한다.

- **"보세구역도착전신고"**라 함은 수입물품을 선(기)적한 선박 등이 입항하여 해당 물품을 통관하기 위하여 반입하려는 보세구역(부두밖 컨테이너 보세창고와 컨테이너 내륙통관기지를 포함한다)에 도착하기 전에 수입신고하는 것을 말한다.

- **"보세구역장치후신고"**라 함은 수입물품을 보세구역에 장치한 후 수입신고하는 것을 말한다.

- **"심사"**라 함은 신고된 세번·세율과 과세가격 등 신고사항의 적정여부와 법령에 따른 수입요건의 충족 여부 등을 확인하기 위하여 관련 서류나 분석 결과를 검토하는 것을 말한다.

- **"물품검사"**라 함은 수입신고된 물품 이외에 은닉된 물품이 있는지 여부와 수입신고 사항과 현품의 일치 여부를 확인하는 것을 말한다.

- **"수입화주"**라 함은 수입신고한 물품에 대하여 그 물품을 수입한 자를 말하며, 수입한 자가 불분명한 경우에는 다음 각 목의 어느 하나에 해당하는 자를 말한다.

  가. 물품의 수입을 위탁받아 수입업자가 대행 수입한 물품인 때에는 그 물품의 수입을 위탁한 자.

  나. 수입을 위탁받아 수입업체가 대행수입한 물품이 아닌 때에는 송품장(송품장이 없을 때에는 선하증권이나 항공화물운송장)에 기재된 수하인.

  다. 수입신고 전에 양도한 때에는 그 양수인.

  라. 조달물품은 실수요부처의 장이나 실수요자. 다만, 실수요부처나 실수요자가 결정되지 아니한 때에는 수입신고한 조달청장이나 현지 조달청 사무소장으로 하되, 그 후 실수요부처나 실수요자가 결정되면 조달청장이나 현지 조달청 사무소장은 즉시 납세의무자 변경통보를 통관지세관장에게 하고 통관지세관장은 이에 의하여 납세의무자를 변경한다.

  마. 송품장상의 수하인이 부도 등으로 직접 통관하기 곤란한 경우에는 적법한 절차를 거쳐 수입물품의 양수인이 된 은행.

456

입항 후, 이 단계부터 실질적으로 수입상의 업무가 시작된다.

선사는 수입화주(수입상)에게 직접적으로 또는 포워더(Forwarder)에게 수입물품이 도착했음을 알리고 포워더는 다시 화주에게 그 사실을 알린다.

가장 일반적으로 이루어지는 경우는 물품이 도착한 후 지정된 보세구역에 물품이 장치되었다는 것을 확인받은(장치) 후 세관에 수입신고를 한다.

① 수입신고인

「수입통관 사무처리에 관한 고시」 제9조(신고인)에 따르면, 수입신고나 제131조에 따른 반출신고는 **관세사,** (관세사 법 제17조에 따른)**관세법인,** (관세사 법 제19조에 따른)**통관취급법인** 등(이하 "관세사"라 한다)이나 **수입화주**의 명의로 하여야 한다.

② 수입신고의 시기 선택

수입하려는 자는 출항전신고, 입항전신고, 보세구역도착전신고, 보세구역장치후신고 중에서 필요에 따라 신고방법을 선택하여 수입신고할 수 있다.

㉠ 출항전신고

항공기로 수입되는 물품 또는 일본, 중국, 대만, 홍콩으로부터 선박으로 우리나라에 수입되는 물품이 해당되며, 적재지에서 출발하기 전에 수입신고하는 것을 말한다. 도착할 입항예정지 세관장에게 수입신고한다.

---

100) 경락(競落) : 경매에 의해 동산 또는 부동산의 소유권을 취득하는 일.

② 입항전신고

항공기 또는 선박으로 우리나라 공·항만으로 입항되는 물품으로 입항하기 전에 수입신고하는 것을 말한다. 도착할 입항예정지 세관장에게 수입신고한다.

Note

※ 출항전신고 또는 입항전신고

해당 선박 등이 우리나라에 입항하기 5일전(항공기의 경우에는 1일전)부터 할 수 있다. (수입통관 사무처리에 관한 고시 제7조 제1항)

단, 해상화물의 경우 아직 LCL 화물은 출항전신고, 입항전신고가 불가능하다.

③ 보세구역도착전신고

우리나라의 항구 또는 공항에 도착한 후 보세구역(보세창고)에 입고하기 전에 수입신고하는 것을 말한다. 여기서 보세구역은 보세창고, 부두밖 보세구역(OCDY, CFS), 내륙컨테이너기지(ICD), 선상도 포함한다.

해당 물품이 도착할 보세구역을 관할하는 세관장에게 신고하여야 한다.

④ 보세구역장치후신고

우리나라의 항구 또는 공항에 도착한 후 보세구역(보세창고)에 입고한 후에 수입신고하는 것을 말한다.

해당 물품이 장치된 보세구역을 관할하는 세관장에게 신고하여야 한다.

※ 따라서 수입화주(수입상)는 수입신고를 관세사에 위탁한 경우, FCL 화물을 시간을 요하여 빨리 통관해야 하는 경우(예. 부두직통관)이거나, 보세운송 등이 필요한 경우에는 미리 관세사와 논의하여 수입신고시기가 제대로 될 수 있도록 해야 한다.

③ 수입신고 시 제출서류

수입신고는 P/L신고를 원칙으로 한다.

「수입통관 사무처리에 관한 고시」 제2장 제15조(수입신고 시 제출서류)에 따르면, 수입신고인은 제13조에 따라 서류제출대상으로 선별된 수입신고건에 대하여는 수입신고서에 다음 각 서류들을 스캔 등의 방법으로 전자 이미지화하거나 제14조에 따른 무역서류의 전자제출을 이용하여 통관시스템에 전송하는 것을 원칙으로 한다. 이러한 신고를 "P/L신고(Paperless declaration : 전자신고)"라 한다.

■ **수입신고 제출서류**

- 수입신고서[101]
- Commercial Invoice(송품장, 상업송장)

  잠정가격으로 수입신고를 할 때 송품장이 해외에서 도착하지 아니한 경우는 계약서 제출. 송품장은 확정가격신고 시 제출.
- Packing List(포장명세서)
- 선하증권(B/L) 부본 또는 항공화물운송장(AWB) 부본
- Certificate of Origin(원산지증명서) - 해당 물품에 한한다.
- 합의에 의한 세율적용 승인(신청)서 - 해당 물품에 한한다.
- 기타 요구서류 - 해당 물품에 한한다.

수입상은 업무 효율성과 전문성을 고려하여 관세사에 의뢰·위탁하여 수입신고를 하는 것이 바람직하다. 이때 수입신고인은 관세사가 된다.

알고 있는 관세사가 없다면 선사/포워더로부터 소개를 받은 관세사를 이용한다. 수입상은 위의 제출서류와 관세사에서 요구하는 기타 서류를 팩스로 넣어주면 관세사에서 수입신고를 P/L신고로 진행한다.

---

101) 수입신고를 관세사에 위탁한 경우 수입신고서는 관세사가 작성하여 세관에 제출한다.

2) 수입통관절차의 구분

「수입통관 사무처리에 관한 고시」 제2장(제6조)－제4장(제106조)에는 통관절차에 대하여 다음 세 가지로 구분하고 있다.

① 일반통관절차

일반적인 수입물품은 출항전신고, 입항전신고, 보세구역도착전신고, 보세구역장치후신고 중에 신고방법을 선택하여 수입신고하여 통관할 수 있다.

② 간이통관절차

a. 자가사용 소액물품

「관세법시행규칙」 제45조 제2항 제1호에 따른 자가사용인정기준(면세통관범위)은 농림수축산물(참기름, 참깨, 꿀, 고사리, 버섯, 호두 등은 각 5kg, 소고기, 돼지고기는 각 10kg, 육포 5kg, 수산물 5kg 등이다), 한약재(인삼 합 300g, 상황버섯 300g, 녹용 150g, 기타 한약재 각 3kg 등이다), 기호물품(주류 1병 1리터 이하, 궐련 200개비, 엽궐련 50개비, 전자담배 니코틴용액 20ml, 향수 60ml, 기타유형 110g, 250g) 등이 있다. 기타 자가사용물품의 인정은 세관장이 판단하여 통관 허용하고 있다.

각 물품의 물품가격을 합산한 금액이 위 기준을 초과하는 때에는 관세면제 대상에서 제외하고 합산하여 과세한다.

※ 「수입통관 사무처리에 관한 고시」 제69조(합산과세시 수입신고서 등의 처리)에 의거, 세관장이 합산과세할 때에는 합산금액에 따라 다음 각 호의 어느 하나와 같이 처리한다.

　　가. 특송물품으로 반입된 경우 미화 150불 초과의 물품은 목록통관을 배제하고
　　　　일반수입신고

나. 우편물로 반입된 경우

㉮ 미화 1,000불 이하의 물품은 우편물목록 등에 따라 과세처리

㉯ 미화 1,000불 초과의 물품은 일반수입신고

b. 수입신고의 생략 물품(면세 또는 무세물품)

다음 물품 중 관세가 면제되거나 무세인 물품은 수입신고를 생략한다.

외교행낭, 내방 외국원수와 그 가족 및 수행원에 속하는 물품, 장례를 위한 유해(유골)와 유체, 신문·뉴스를 취재한 필름·녹음테이프 등 언론기관의 보도용품, 재외공관 등에서 보낸 자료, 기록문서와 서류, 외국에 주둔하는 국군으로부터 반환되는 공용품(군함, 군용기에 적재되어 우리나라에 도착한 경우에 한함) 등이 있다.

c. 신고서에 의한 간이신고

상기 b물품 중 과세되는 물품과 다음 어느 하나에 해당하는 물품은 첨부서류 없이 신고서에 수입신고사항을 기재하여 신고(간이신고)한다.

국내거주자가 수취하는 물품의 가격이 미화 150달러 이하의 물품으로 자가사용으로 인정되는 면세물품, 해당물품의 총 과세가격이 미화 250달러 이하의 면세되는 상용견품[102], 설계도중 수입승인이 면제되는 것, 「외국환거래법」에 따라 금융기관이 외환업무를 영위하기 위하여 수입하는 지급수단이 있다.

d. 면세신청서 제출생략

「관세법」 제241조 제2항에 따라, 수입신고가 생략되거나 간이한 신고절차가 적용되는 물품으로서 다음 하나에 해당하는 경우로서 면세부호를 기재한

---

102) 상용견품 : 본 거래를 하기에 앞서 제품의 형태, 성능, 색상, 디자인, 시장성 등을 확인하는 데 사용하는 견본품(샘플)을 말한다.

신고서와 물품의 확인만으로 면세대상물품임이 확인되는 경우에는 면세신청서를 제출하지 아니하여도 관세를 감면할 수 있다.

외교관 면세대상물품, 국제평화 봉사활동 등 용품, 신체장애인용품, 정부용품 등 면세대상물품, 소액물품 등의 면세, 여행자휴대품·이사물품 등의 면세, 재수입면세대상물품이 해당된다.

③ 특정물품의 통관절차

고철 및 비금속설, 해체용 선박, 공동어업사업에 의하여 반입되는 수산물, 외국무역선에서 수거된 폐유, 그 밖의 특정물품(선박· 항공기, 컨테이너 및 항공기용 탑재용기, 액체화물, 액화천연가스, 외국과 연결된 전선로·배관 등을 통해 수입하는 연속공급물품인 전기, 가스, 유류, 용수 등 액체류), 통관지세관 제한 물품(특정물품은 특정세관에서 수입통관을 해야 한다. 단 특정물품을 통관지세관장의 사전승인을 받은 경우 통관지세관에서 통관이 가능하다)이 해당된다.

3) 통관목록심사

• **"전자통관심사"**란 일정한 기준에 해당하는 성실업체가 수입신고하는 위험도가 낮은 물품에 대하여 통관시스템에서 전자적 방식으로 심사하는 것을 말한다.

• **"부두직통관"**이라 함은 화물 전부가 1명인 화주의 컨테이너로 반입된 화물로써 부두 내에서 통관절차 및 검사절차가 이루어지는 것을 말한다.

• **"부두통관장"**이라 함은 부두직통관 하려는 화물을 컨테이너에 내장한 상태로 장치하기 위해 부두에 설치된 장소를 말한다.

• **"장치장소 관리인"**이라 함은 특허보세구역은 운영인, 지정장치장은 화물관리인, 자유무역지역은 입주기업체 등 화물을 관리하는 자를 말한다.

• **"P/L신고"**란 별지 제1-2호 서식의 수입신고서 작성요령에 따라 기재한 수입신고서를 첨부서류 없이 법 제327조 제2항 (국가관세종합정보망 UNI-PASS CSP 전산처리설비를 이용한 전자신고)에 따라 전송하는 것을 말한다 (Paperless declaration,

종이서류 없이 하는 전자신고를 뜻한다).

• **"통합선별심사"**란 각 수입통관 담당과(이하 "수입과"라 한다)로 접수된 "P/L신고" 건을 심사하는 과(이하 "통관정보과"라 한다)에서 통합해 위험분석 및 신고사항을 심사하는 것을 말한다.

❀ 수입통관 사무처리에 관한 고시, 제1장 제3조 ❀

통관이란, 물품을 수출, 수입 또는 반송하는 것을 말하며 'Custom clearance'라 한다.

「수입통관 사무처리에 관한 고시」 제22조-제27조에 따르면, 통관목록심사는 세관의 수입과 주무 또는 담당 과장이 수입신고물품에 대한 심사를 한다.

① 수입신고서 처리 방법

수입신고된 물품에 대한 신고서의 처리 방법은 다음의 구분으로 처리된다.

a. 전자통관심사 (P/L 또는 자동수리)

b. 심사 (전자제출, 서류제출)

c. 물품검사와 심사 (검사, 현품확인)

※ CASE 12-4. 수입신고서 선별

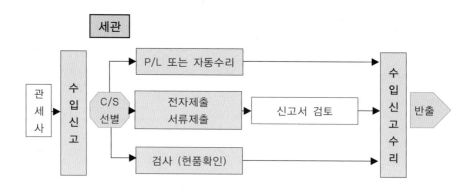

수입자를 대행하여 관세사가 수입신고를 하면, 세관은 수입신고서를 바탕으로 "C/S선별(Cargo Selectivity : 화물선별) 시스템"을 통해 무작위(random)로 선별 분류를 한다.

그 분류에는 전자통관심사(P/L 또는 자동수리), 심사(전자제출, 서류제출), 물품검사와 심사(검사, 현품확인) 대상으로 나뉘는데, 신고인은 이 세 가지 중 하나로 결과 통보를 받으며 그것으로 수입신고 처리가 진행된다.

    a. P/L 또는 자동수리 : 수입신고서만 보고 화면으로 심사.

    b. 전자제출, 서류제출 : 세관담당자가 관세청 UNI-PASS에 관세사가 업로드한 PDF 파일과 선적서류를 함께 검토한다.

    c. 검사, 현품확인 : 세관담당자가 CY 또는 CFS를 직접 방문하여 현장에서 현품을 검사한다.

Note

※ C/S 선별 : 화물선별(검사)

우범 가능성이 높다고 예상되는 물품을 전산의 기준에 따라 무작위로 골라 검사하는 것으로 "화물선별(검사)" 또는 "우범화물선별검사 시스템"이라 한다.

수입신고서의 해당코드에 "Y"가 찍힐 경우 물품검사대상이 되며, "S"가 찍힐 경우 검사생략, P/L(Paperless)대상이 된다.

② 심사사항

수입과의 심사자는 기본적으로 서류심사(제출서류의 구비, 수입신고서 기재사항, 분석의뢰 필요성 유무, 사전세액심사 대상물품의 품목분류, 세율, 과세가격, 세액, 감면 등의 적정여부, 관세율 적용의 적정여부, 협정세율 적용신청의 적정여부, 원산지표시, 품질 등 허위·오인표시, 지식재산권 침해여부 등)를 진행하며, 추가적으로 필요한 경우에는 분석의뢰, 사전세액심사, 보완요구, 통관보류, 신고사항의 정정을 통보하고 실시한다.

4) 통관물품검사

물품검사는 수입신고자료 접수 시 통관시스템에 의해 선별하거나 수입신고서 처리방법 결정 시 세관공무원에 의해 선별한다(C/S 선별). 이에 물품검사대상(검사, 현품확인)으로 정해지면 다음에 따른다.

① 검사대상 여부의 통보 및 검사절차 등

물품검사 시 세관장은 검사 준비사항이 포함된 검사계획을 신고인 및 장치장소 관리인에게 전자통관시스템으로 통보해야 한다.

신고인이 수입화주가 아닌 관세사인 경우 관세사는 통보를 받고 수입화주에 이를 즉시 통보해야 한다.

검사계획을 통보받은 신고인(또는 수입화주)은 검사참여를 신청할 수 있으며 이 경우 검사참여신청(통보)서를 통관지 세관장에게 제출해야 한다.

② 검사방법

검사대상물품은 일반검사(전량검사, 발췌검사), 정밀검사(분석검사, 비파괴검사, 파괴검사), 안전성검사 {협업검사, 방사능검사(표면방사선량률 측정), 안전성분석검사 방법으로 검사를 실시한다.

> Note

※ 관리대상화물에 관한 검사

• **"관리대상화물"** : 세관장이 지정한 보세구역 등에 감시·단속 등의 목적으로 장치하거나 검사 등을 실시하는 화물을 말한다.

• **"검색기"** : X-ray 등을 이용하여 컨테이너 등의 내장물품의 내용을 확인하는 과학검색장비

• **"검색기검사화물"** : 검사대상화물 중 검색기로 검사를 실시하는 화물

• **"즉시검사화물"** : 검사대상화물 중 검색기검사를 하지 않고 바로 '개장검사'를 실시하는 화물

• **"반입후검사화물"** : 검사대상화물 중 하선(기)장소 또는 장치예정장소에서 이동식 검색기로 검사하거나 컨테이너 적출 시 검사하는 화물

• **"수입신고후검사화물"** : 검사대상화물 중 수입검사대상으로 선별할 수 있도록 관련 부서에 통보하는 화물

• **"하선(기)감시화물"** : 부두 또는 계류장 내에서 하역과정을 감시하거나 하역 즉시 검사하는 화물

• **"운송추적감시화물"** : 감시대상화물 중 하선(기)장소 또는 장치예정장소까지 추적 감시하는 화물

• **"세관지정장치장"** 이란 「보세화물 관리에 관한 고시」 제3조 제1호에 따른 시설을 말한다.

• **"세관지정 보세창고"** 란 세관장이 관할구역내 영업용 보세창고 중에서 화물의 감시·단속이 용이한 곳으로 관리대상화물 등을 장치하거나 검사하기 위하여 지정한 보세창고를 말한다.

❀ 관리대상화물 관리에 관한 고시, 제1장 제2조 ❀

---

③ 통관 유형에 따른 검사 종류

① 장치장에서 검사 : 일반적으로 물품이 장치되어 있는 장소(CY, CFS 등)에서 검사를 실시한다.

이때 화물의 보관·관리를 위탁받은 장치장소 관리인으로부터 검사를 위한 협조(장소와 장비 확보, 물품의 포장작업을 할 수 있는 사람 배치 등)를 받게 된다. 해당 장치장소에서 검사 실시가 어려운 경우 지정보세구역 등 세관장이 지정하는 검사 가능 장소로 보세운송 등을 하여 검사를 실시한다.

② 선상검사

출항전신고 물품, 입항전신고 물품, 보세구역 도착전신고 물품으로서 정부에서 직접 수입하는 군수품과 물자수급계획상 긴급도입 물품과 선상에서의 검사가 가능하다고 세관장이 인정하는 물품은 선상에 적재한 상태로 검사할 수 있다.

③ 부두직통관 검사

부두직통관이란 부두내에서(On-dock CY)[103] 컨테이너 화물을 검사한 뒤 곧바로 수입화주의 공장 등으로 이동하는 제도이다.

검사생략화물은 부두내 통관장으로 이송하고, 검사대상화물은 "부두내 세관검사장"으로 이송 후 검사와 통관을 진행하게 된다.

부두직통관에 대한 설명은 이후 "18. 수입화물 이동경로"에서 하기로 한다.

④ 검역대상

---

103) On-dock CY : 접안한 선박 주변으로 컨테이너터미널 안에 있는 CY를 의미한다.
　　　반면 ODCY 또는 Off-dock CY는 컨테이너터미널 밖에 있는 CY를 의미한다. On-dock CY 공간이 부족하거나 비싼 보관료 부담을 줄이기 위해 컨테이너 화물을 이곳으로 이동한다. 공컨테이너(빈 컨테이너)를 보관하는 장소로도 이용된다.

해외로부터 수입되는 동·식물 및 식품 등을 통해 감염병이나 해충이 들어오는 것을 막기 위해 공항과 항구 또는 지정된 검역시행장과 검사장소에서 이루어지는 검사이다.

동물검역, 식물검역, 수산물검역, 축산물검사 및 식품검사 등으로 나눠 각각 「가축전염병예방법」, 「식물방역법」, 「수산생물질병관리법」, 「축산물위생관리법」, 「식품위생법」, 「수입식품안전관리특별법」에 따라 실시된다.

5) 수입신고수리

수입신고수리는 통관목록심사와 물품검사가 종료된 후에 수리하는 것을 원칙으로 한다. 따라서 수입신고수리가 되었음은 곧 통관이 처리되고 완료되었음을 뜻한다.

① 신고수리

「수입통관 사무처리에 관한 고시」 제35조(신고수리)에 따르면,

① 세관장은 수입신고한 내용을 심사한 후 「관세법」 제248조에 따라 신고수리하는 것을 원칙으로 한다. 다만, 출항전신고, 입항전신고, 보세구역도착전신고 물품에 대하여는 다음 각 호에 따른 요건이 완료된 때 신고수리한다.

a. 출항전신고나 입항전신고 물품은 「보세화물 입출항 하선 하기 및 적재에 관한 고시」에 따른 적하목록 심사가 완료된 때. 다만, 수입신고 전에 적하목록 심사가 완료된 때에는 수입신고 심사가 완료된 때

b. 보세구역도착전신고 물품은 법 제215조에 따라 보세운송 도착보고된 때(하역 절차에 따라 하역장소로 반입되는 때에는 「관세법」 제157조에 따라 반입신고된 때)

② 제1항에도 불구하고 세관장이 「수입통관 사무처리에 관한 고시」 제28조에 따라

검사대상으로 선별하거나 「보세화물 입출항 하선 하기 및 적재에 관한 고시」에 따라 관리대상화물로 선별한 경우에는 해당 물품검사가 종료된 후에 수리한다.

③ 신고서 처리기간은 다음 각 호의 어느 하나에서 정하는 시점부터 계산한다.

a. 출항전신고나 입항전신고 물품으로서 검사가 생략되는 물품은 적하목록심사완료일. 다만, 수입신고전에 적하목록 심사완료된 때에는 수입신고일

b. 출항전신고, 입항전신고, 보세구역도착전신고 물품으로서 검사대상으로 선별된 물품은 해당 물품의 검사장소 반입일

c. 보세구역도착전신고 물품으로서 검사생략물품은 반입하려는 보세구역 도착일

d. 보세구역장치후신고 물품은 수입신고일

e. 제30조에 따라 선상에 적재한 상태로 검사할 물품은 수입신고일

④ 신고수리의 효력발생시점은 통관시스템을 통하여 신고인에게 신고수리가 되었음을 통보한 시점으로 한다. 다만, 제144조 제1항에 따라 수작업에 의하여 신고수리하는 때에는 신고인에게 신고필증을 교부한 시점으로 한다.

위와 같이 신고수리 시점이 조금씩 다르다. 단, 세관장은 관세 또는 관세 등에 상당하는 담보가 제공된 경우에 수입신고를 수리한다.

② 신고수리 시 담보의 제공

① 세관장은 「관세법」 제248조 제2항과 「관세 등에 대한 담보제도 운영에 관한 고시」에 따라 관세 등에 상당하는 담보를 제공해야 하는 물품에 대하여는 담보가 제공된 경우에 수입신고를 수리한다.

② 관세 등의 수납여부 확인은 수납기관에서 전자문서로 전송한 영수필통지에 의한다. 다만, 전자문서로 전송할 수 없는 수납기관에 관세 등을 납부한 경우에는 수납기관에서 우송한 영수필통지서에 의하여 확인하며, 이때 담당 세관공무원은 통관시스템

에 수납사항을 등록해야 한다.

③ 신고수리전 반출

「수입통관 사무처리에 관한 고시」 제38조(신고수리전 반출)에 따르면,

① 수입통관에 곤란한 사유가 없는 물품으로서 다음 각 호의 어느 하나에 해당하는 경우에는 「관세법」 제252조에 따라 세관장이 신고수리전 반출을 승인할 수 있다.

a. 완성품의 세번으로 수입신고수리 받고자 하는 물품이 미조립상태로 분할선적 수입된 경우

b. 「조달사업에 관한 법률」에 따른 비축물자로 신고된 물품으로서 실수요자가 결정되지 아니한 경우

c. 사전세액심사 대상물품(부과고지물품을 포함한다)으로서 세액 결정에 오랜 시간이 걸리는 경우

d. 품목분류나 세율 결정에 오랜 시간이 걸리는 경우

e. 수입신고 시 「관세법 시행령」 제236조 제1항 제1호에 따라 원산지증명서를 세관장에게 제출하지 못한 경우

② 제1항에 따른 신고수리전 반출을 승인받고자 하는 자는 세관장에게 수입신고수리전 반출승인(신청)서(별지 제3호 서식)에 신고수리전 반출신청내용을 기재하여 전송해야 한다.

③ 신고수리전 반출하려는 자는 납부해야할 관세등에 상당하는 담보를 제공해야 한다.

④ 세관장은 신고수리전 반출기간 중에 관세부과 제척기간[104]이 도래하는 물품이 있

---

104) 관세부과 제척기간 : 관세의 부과, 결정 따위의 행정 처분을 할 수 있는 권리인 관세 부과권의 존속 기간으로, 이 기간 내에 과세당국이 세금을 부과하지 않으면 그 권리가 소멸되는 것을 말한다.

는 경우 제척기간 도래 전에 「관세법」 제39조 제1항 제3호에 따라 수입화주나 비축물자 수입자에게 해당 관세를 부과해야 한다.

④ 수입신고 기한 및 수입신고수리물품의 반출기한
① 수입신고 기한 ;
　「보세화물관리에 관한 고시」 제34조에 의거, 수입물품은 "보세구역(CY, CFS, 보세창고 등)에 반입일 또는 장치일부터 30일 이내에 수입 또는 반송신고 하여야 한다".
수입하거나 반송하려는 물품을 기간 내에 수입 또는 반송의 신고를 하지 아니한 경우에는 「관세법」 제241조 및 「영」 제247조에 따라 해당물품 과세가격의 100분의 2에 상당하는 금액의 범위에서 가산세가 징수된다.

② 수입신고수리물품의 반출기한 ;
　「관세법」 제157조의 2, 또는 「보세화물관리에 관한 고시」 제19조에 의거, 수입신고가 수리된 때에는 "그 수리일로부터 15일 이내에 해당 보세구역에서 수입물품을 반출하여야 한다".
이를 위반한 경우에는 「관세법」 제277조에 따라 해당 수입화주를 조사한 후 과태료를 부과한다(100만 원 이하의 과태료). 다만, 세관장으로부터 반출기간 연장승인을 받은 경우에는 그러하지 아니하다.

6) 관세 등의 납부
① 수입신고한 물품의 화주는 그 물품에 대한 관세등의 납세의무자가 된다.

② 「관세법」 제38조 제1항에 따른 납세신고를 한 자는 수입신고가 수리된 날로부터 15일 이내에 관세 등을 국고수납은행이나 우체국에 납부해야 한

다.[105) 이때 통관시스템에서 부여한 납부서 번호와 세액을 기재한 납부서(별지 제5호 서식)를 함께 제출해야 한다.

③ 납세의무자는 수입신고가 수리되기 전에도 제2항에 규정된 절차에 따라 납부서를 출력하여 세액을 납부할 수 있다.

수입상이 관세사에게 수입신고를 위탁한 경우, 관세사로부터 관세 등의 내역을 받아 관세사에 납부를 하면 된다. 수입신고수리 후 관세 등을 납부하여야 수입신고필증이 발급된다.

7) 수입신고필증

① 수입신고필증 교부

세관장은 수입신고를 수리한 때에는 「세관특수청인에 관한 규정(기획재정부훈령)」에 따른 세관특수청인을 전자적으로 날인한 신고필증을 교부한다.

② 수입신고필증(서식)

수입신고인은 수입신고를 하기 위하여 "수입신고서"를 작성해야 하는데, 일반적으로 수입상은 관세사에게 수입신고를 위탁함으로써 관세사가 그것을 작성하여 수입신고를 한다. 수입신고서와 선적서류(Commercial Invoice 등)를 근거로 하여 수입신고필증이 발행된다. 예시는 다음과 같다.

※ CASE 12-5. 수입신고필증

---

105) 국고금 : 국고금은 한국은행이 관리하며, 수납의 편의를 위해 한국은행은 금융기관과 계약을 통해 전국의 금융기관(은행) 영업점과 전국의 우체국에게 수납업무를 위탁하고 있다.
이와 같이 국고대리점은 국고수납대리점(전국 은행 영업점, 농협·수협·신협·새마을금고·상호저축은행·산림조합의 중앙회를 포함한다)과 국고금수납점(농협·수협·신협·새마을금고·상호저축은행·산림조합의 중앙회 산하의 회원조합 또는 회원은행에 국고금 수납 사무를 재위탁한 점포)이 있다. 내국세, 관세 등은 수납가능국고금에 해당된다.

수입신고필증

(갑지) ※처리기간 : 3일

①신고번호 15000-21-401000 U	②신고일 2021/11/20	③세관.과 021-11		⑥입항일 2021/11/18		⑦전자인보이스제출번호	
④B/L(AWB)번호 SFCOZ10088	⑤화물관리번호 92YSHJH0000-0088			⑧반입일 2021/11/19		⑨징수형태 11	

⑩신고자 천지인관세사		⑮통관계획 D 보세구역장치후		⑲원산지증명서 유무 Y		㉑총중량 2,550KG	
⑪수입자 TO ORDER　　　　(10002000 A)		⑯신고구분 A 일반 P/L신고		⑳가격신고서 유무 Y		㉒총포장갯수 30 CTN	
⑫납세의무자 ALPS RI INC. (주소) 경기도 남양주시 진접읍 425 (상호) ALPS RI INC. (성명) 최종훈		⑰거래구분 11 일반형태수입		㉓국내도착항 KRPUS 부산항		㉔운송형태 10-FC, LC	
⑬운송주선인 람세스 물류주식회사		⑱종류 21 일반수입(내수용)		㉕적출국 AU, AUSTRALIA			
				㉖선기명 WIDE JULIET 016N			
⑭공급자 GLEBE FASHION PTY. LTD.		㉗Master B/L번호 SFCOZ10088				㉘운송기관부호	

㉙검사(반입)장소　03012240-210080213A (한국허치슨터미널(주)부산컨테)

- 품명·규격 (란번호/총란수 : 001/001)

㉚품명 : OF TEXTILE MATERIALS ㉛거래품명 : KANGAROO EMBLEM BAG 　　　　　(SHELL: POLY 600D OXFORD FABRIC)	㉜상표 NO

㉝모델·규격	㉞성분	㉟수량	㊱단가(USD)	㊲금액(USD)
KANGAROO BAG	POLY 600D OXFORD	3,000PC	USD10.00	USD30,000

㊳세번부호	4202.2 2.2000	㊵순중량	2,400KG	㊸C/S검사	S CS검사생략	㊺사후기관	
㊴과세가격 (CIF)	$ 30,000	㊶수량	3,000PC	㊹검사변경			
	₩ 33,000 ,000	㊷환급물량	2,400KG	㊻원산지	AU-6-Y-F	㊼특수세액	

㊽수입요건확인 (발급서류명)		103-3-11	1000-001	
		한호FTA원산지증명서	ACCI,원산지증명서	

㊾세종	㊿세율 (구분)	감면율	세액	감면분납부호	감면액	내국세종부호
관부	FAU1 (0%)					

결제금액(인도조건-통화종류-금액-결제방법)	CIF-USD-30,000　　-L/C LS		환율	1,100.0000

총과세가격	$ 30,000	운임	0	가산금액	0	납부번호	1130-001-00-00-1-100 10314
	₩33,000,000	보험료	0	공제금액	0	부가가치세과표	₩

세종	세액	※신고인기재란	세관기재란
관세	FTA무관세		- 이 물품은 사후심사결과에 따라 적용세율이 변경 될 수 있습니다.
개별소비세	0		
교통세	0		
주세	0		
교육세	0		
농특세	0		
부가세	₩3,300,000		
신고지연가산세	0		
미신고가산세	0		
총세액합계		담당자 김철수	접수일시 2021.11.20. 13:30	수리일자 2021. 11.20

* 제7장 CASE 7-2. Purchase Sheet 및 CASE 7-4. 신용장 원본의 발주 건에 해당한다.

* 용어 설명

① 신고번호 : 수입신고번호는 14자리로 구성된다. 중간에 연도가 표기된다.

② 신고일 : 수입신고서를 세관에 제출한 일자

③ 세관, 과 : 수입신고를 수리한 부서

④ B/L(AWB) 번호 : 수입신고에 해당하는 선하증권(항공화물운송장) 번호
포워더가 발행한 HOUSE B/L 번호가 있으면 HOUSE B/L 번호가 표기되고, 없으면
선사가 발행한 MASTER B/L 번호가 표기된다.

⑤ 화물관리번호 : 19자리로 표기되며 개별화물에 화물번호를 매긴 것이다.
적하목록번호(11) + MASTER B/L 번호(4) + HOUSE B/L(4) 번호로 구성되어 있다.

⑥ 입항일 : 선박이 입항 또는 입항 예정일 날짜

⑦ 전자인보이스 제출번호 : Commercial Invoice(송품장, 상업송장)를 전자문서로
제출한 경우에는 그 제출번호가 적힌다.

⑧ 반입일 : 해당 화물이 장치장(CY, CFS, 보세창고 등)에 반입된 날

⑨ 징수 형태 : 세금을 징수하는 형태로 '11'은 신고·수리전 납부를 뜻하며 '43'은 월
별 납부를 뜻한다. 대부분 신고·수리전 납부에 해당하며 월별 납부는 미리 월별 납부
에 대한 승인을 받은 업체에 해당된다.

⑩ 신고자 : 수입신고인이 적혀있다. 관세사에게 위탁한 경우 관세사명이 적힌다.

⑪ 수입자 : Commercial Invoice(송품장, 상업송장) Consignee란에 적혀 있는 상호명이 기재된다.

CASE 7-4. 신용장 원본 발주의 건(또는 CASE 10-1. Commercial Invoice) Consignee란에 따라 "TO ORDER"라 기재된다.

그리고 통관고유번호, 납세의무자 동일 여부(동일한 경우 : A, 상이한 경우 : B)가 적힌다.

⑫ 납세의무자 : 수입화주(수입자)

수입자가 수입대행계약을 하여 위탁자가 대신 수입을 하는 경우 수입자가 수입대행자, 납세의무자는 위탁자가 된다.

⑬ 운송주선인 : 포워더 상호명

⑭ 공급자 : 물품 공급자(수출자)

⑮ 통관계획

통계부호표를 참조하여 출항전신고, 입항전신고, 또는 장치후신고 등 통관계획부호가 적힌다.

부호	통관계획 표기	설명
A	출항전신고	출항전 신고(부두내 직반출 물품 포함)
B	입항전신고	입항전 신고(부두내 직반출 물품 포함)
C	보세구역도착전	보세구역 도착 전 신고 (부두 밖 또는 내륙지세관 통관희망 물품)
D	보세구역장치후	보세구역 장치 후 신고 (부두 밖 또는 내륙지세관 통관희망 물품)

E	도착전부두직반출	보세구역 도착 전 신고 (부두내에서 직반출 희망 물품)
F	도착후부두직반출	보세구역 도착 후 신고 (부두내에서 직반출 희망 물품)
G	물품반출후수입신고	물품반출 후 신고
H	적하목록없는물품(휴대품)	적하목록이 없는 물품의 신고(휴대품)
Z	적하목록없는물품(선용품 등)	적하목록이 없는 물품의 신고(선용품 등)

⑯ 신고구분 : 통계부호표를 참조하여 일반 및 간이신고여부 등 수입신고구분부호가
적힌다.

부호	수입신고구분 표기
A	일반P/L신고
B	일반서류신고
C	간이P/L신고
D	간이서류신고
E	간이특송신고
F	포괄적 즉시수리
G	사후전자제출

⑰ 거래구분 : 통계부호표를 참조하여 일반수입, 수탁가공무역 등 수입거래구분부호
가 적힌다.

부호	거래구분 표기	설명
11	일반형태수입	일반형태 수입
12	주문자상표부착	주문자상표부착(OEM)에 의한 수입
13	방산용원자재	방위산업용 시설재 및 원자재 수입
14	조선용원자재	조선용 원자재 수입
15	전자상거래에 의한 수입	전자상거래에 의한 수입

21	수탁가공용. 외투	국내 외국인투자업체 수탁가공수출을 위한 원자재 수입
22	수탁가공용(일반)	기타 일반업체 수탁가공수출을 위한 원자재 수입
29	위탁가공	위탁가공(국외가공) 후 수입
87	견본및광고용품	무상으로 반입하는 상품의 견본(샘플) 및 광고용품
89	크레임물품반입	수출물품 클레임 등의 이유로 반입
91	이사화물	이사화물 수입
96	휴대품수입	여행자 또는 승무원 휴대품 수입
⋮	⋮	-

⑱ 종류 : 통계부호표를 참조하여 내수용, 수출용원재료 등 수입종류부호가 적힌다.

부호	종류 표기
11	일반수입(외화 획득용)
12	외국으로부터 수출할 목적으로 보세공장에 반입되는 물품
13	보세공장으로부터 수입(제품과세)
18	보세판매장 반입물품(보세공장, 수출자유지역반입)
21	일반수입(내수용)
22	수리전반출승인수입(외화획득용)
23	수리전반출승인수입(내수용)
26	우편물품(국제우체국 면허분)
⋮	⋮

⑲ 원산지 증명서 유무 : 원산지증명서 구비 여부가 적힌다.
일반적으로 유무에 따라 Y 또는 N으로 표기된다.

⑳ 가격신고서 유무 : 가격신고 제출 여부가 적힌다.

㉑ 총중량 : 수입신고 물품의 총중량

㉒ 총 포장 개수 : 수입신고 물품의 외포장 개수 및 포장 종류

㉓ 국내 도착항 : 우리나라 도착항 부호가 적힌다.

㉔ 운송 형태 : 통계부호표를 참조하여 운송수단 및 운송용기 부호가 적힌다.
운송수단에서 10은 선박, 40은 항공기, 50은 우편물 운송이다.
운송용기는 BU(벌크), FC(FCL컨테이너), LC(LCL컨테이너), ETC(기타) 등이 있다.

㉕ 적출국 : 통계부호표를 참조하여 신고물품의 해외 선적국가 부호가 적힌다.

㉖ 선기명 : 도착한 해당 선박(항공기) 및 국적 부호가 적힌다.

㉗ Master B/L 번호 :   선사 또는 항공사가 발행한 Master 선하증권 또는 항공화물
운송장 번호가 적힌다.

㉘ 운송기관부호 : 세관에 신고된 운항선사 또는 항공사 부호가 적힌다.

㉙ 검사(반입)장소 : 수입물품의 검사 또는 반입할 보세구역 부호가 적힌다.

㉚ 품명 : 해당 물품을 나타내는 관세율표상의 품명이 영문으로 적힌다.
CASE 7-2. Purchase Sheet 건(또는 CASE 10-1. Commercial Invoice) 제품은
HS-CODE 4202.22.2000이며 관세율표상 영문 품명은 "Of textile materials"이다.

㉛ 거래 품명 : 거래 시 실제 Commercial Invoice(송품장, 상업송장) 등 무역서류에
기재된 품명이 영문으로 적힌다.

㉜ 상표 : 관세청에 등록된 대표 상표코드 및 상표명에 해당하는 경우에 한하여 적한다.

㉝ 모델·규격 : 세관 심사에 필요한 모델 및 규격 사항 등이 적힌다.

㉞ 성분 : 세관 심사에 필요한 성분 및 함량 등이 적힌다.

㉟ 수량 : Commercial Invoice(송품장, 상업송장)에 기재된 수량이 적힌다.

㊱ 단가 : Commercial Invoice(송품장, 상업송장)에 기재된 단가가 결제통화 단위로 적힌다.

㊲ 금액 : Commercial Invoice(송품장, 상업송장)에 기재된 금액이 결제통화 단위로 적힌다.

㊳ 세번부호 : 관세율표에 기재된 HS CODE가 적힌다.

㊴ 과세가격(CIF) : 운임보험료포함인도(CIF)기준으로 가격을 미화(US$) 및 원화로 적힌다.

㊵ 순중량 : 물품의 포장용기를 제외한 중량으로, Commercial Invoice(송품장, 상업송장)에 기재된 순중량이 적힌다.

㊶ 수량 : Commercial Invoice(송품장, 상업송장)에 기재된 수량이 적힌다.

㊷ 환급물량 : 관세환급 소요량계산 시 실제 사용하는 단위로 환산하여 적힌다.

⑭ C/S 검사 : C/S(Cargo Selectivity)는 화물선별검사/우범화물선별검사 시스템으로 전산에 등록된 기준에 따라 우범성이 예상되는 경우 검사를 실시한다.

검사실시는 "Y"로 검사생략은 "S"로 기재된다. 일반적으로 C/S 검사에서는 원산지표시 여부를 확인한다.

⑭ 검사변경 : C/S 검사방법 변경 부호

⑮ 사후기관 : 수입물품이 사후확인대상인 경우 통계부호표를 참조하여 사후관리를 하는 수입요건확인기관의 부호가 적힌다.

⑯ 원산지 : 통계부호표를 참조하여 원산지 국가부호, 결정기준, 표시유무, 표시방법 및 표시면제사유의 부호가 적힌다.

⑰ 특수세액 : 주정인 경우 알코올 도수(주세), 분당으로 계산되는 종량세의 경우 란별 총분수(관세_종량세), 귀금속 등 기준가격 초과개수(개별소비세) 등이 적힌다.

⑱ 수입요건확인(발급서류명) : 통계부호표를 참조하여 「관세법」 제226조에 따른 수입요건확인 관련 요건신고서 구분부호, 요건승인번호, 발급서류명, 발급일자, 법령부호가 적힌다.

CASE 7-2. Purchase Sheet 건의 제품은 한-호주 FTA 협정세율 품목으로 수입상(수출상)이 제출한 한-호주 FTA 원산지증명서의 관련 서류들이 기재된다.

⑲ 세종 : 품목의 관세와 각종 내국세의 종류가 순차적으로 적힌다.

'관부'는 관세, 부가가치세를 뜻한다.

⑳ 세율(구분) : 품목의 세종별로 세율구분과 세율이 적힌다.

CASE 7-2. Purchase Sheet 건(또는 CASE 10-1. Commercial Invoice) 제품은 HS-CODE 4202.22.2000로 한·호주 FTA 협정세율 해당 품목으로 "FAU1, 0%"로 기재된다.

▪ 감면율 : 품목의 해당 세목의 감면율이 적힌다. 다만, 내국세의 경우 내국세목부호란에 통계부호표를 참조하여 내국세 세목부호가 적힌다.

▪ 세액 : 각 품목별 해당 세액이 적힌다.

▪ 감면분납부호 : 감면분납부호가 적힌다.

▪ 감면액 : 감면액이 적히고, 관세감면액은 ( )에 적힌다.

▪ 내국세종부호 : 내국세인 경우 내국세종부호가 적힌다.

▪ 결제금액 : Commercial Invoice(송품장, 상업송장)에 기재된 금액이 기재되며, 통계부호표를 참조하여 인도조건, 통화종류, 결제금액, 결제방법이 함께 적힌다. 결제방법 표기에는 T/T(전신환송금), LS(일람출급신용장), LU(기한부 신용장) 등이 있다.

▪ 환율 : 항목의 통화종류에 대한 관세청 고시환율이 적힌다.

▪ 총 과세가격 : 품목별 전체 과세가격의 합계가 적힌다.

▪ 운임 : 실제 지급한 운임을 원화로 환산하여 적힌다.
CASE 7-2. Purchase Sheet 건은 CIF 거래조건이므로 (수입상 측 부담)운임이 기재되지 않는다. 만약 FOB 거래조건인 경우 원화로 환산하여 운임이 기재된다.

- 보험료 : 실제 지급한 보험료를 원화로 환산하여 적힌다.

CASE 7-2. Purchase Sheet 건은 CIF 거래조건이므로 (수입상 측 부담)보험료가 기재되지 않는다. 만약 FOB 거래조건인 경우 원화로 환산하여 보험료가 기재된다.

- 가산금액 : 납부기한 등을 지키지 못했을 때 추가로 더하여 부담하는 금액. 품목 전체에 영향을 미친 가산금액을 원화로 환산하여 적힌다.

- 공제금액 : 일정한 금액을 뺀 금액. 품목 전체에 영향을 미친 공제금액을 원화로 환산하여 적힌다.

- 납부번호 : 세관에서 부여한 납부고지서 번호

- 부가가치세과표 : 총 품목 전체의 부가가치세 과세과표 및 면세과표가 적힌다.

- 세액 : 세종별 세액이 적힌다.

- 총 세액합계 : 총 세액의 합계가 적힌다.

- 신고인기재란 : 신고인(관세사 등)이 신고서에 표시하려는 사항이나 세관에 제공하는 정보를 통계부호표를 참조하여 구분하여 기재된다.

다만, 「관세법」 제327조에 따라 국가관세종합정보망(UNIPASS CSP)으로 전자서명을 첨부하여 전자문서에 의해 신고할 경우 신고인 서명 등을 생략할 수 있다.

- 세관기재란 : 세관의 특기사항 기재란

17. 반출 (Release)

물품의 반출은 수입통관이 완료되고 수입상이 수입물품을 찾을 수 있게 되어 국내로 이동시킬 수 있는 것을 말한다. 앞서 설명한바와 같이 수입신고수리일로부터 15일 이내에 해당 보세구역에서 수입물품을 반출하여야 한다.

1) 수입물품의 위치

① 장치장소

수입물품을 보세구역에 위치하여 놓은 장소를 장치장(Storage area)이라 한다. 모든 수입물품은 보세구역(Bonded area)에 장치되는 것을 원칙으로 하고 있다. 보세구역으로는,

• 세관장이 지정하는 **지정보세구역** (지정장치장, 세관검사장)

• 세관장의 허가를 받아 개인이 운영하는 **특허보세구역** (보세창고, 보세공장, 보세전시장, 보세건설장, 보세판매장)

• 관세청장이 지정하는 **종합보세구역**

• 세관장의 허가를 받은 보세구역 외 장치인 **타소장치장**이 있다.

분류	구역	명칭
보세구역	지정보세구역	지정장치장 세관검사장
	특허보세구역	보세창고 보세공장 보세전시장 보세건설장 보세판매장
	종합보세구역	종합보세구역
보세구역 외	보세구역 외	타소장치장

① **지정장치장** : 통관을 하려는 물품을 일시 장치하기 위한 장소로 세관 구내창고, 공항, 항만을 관리하는 법인이 운영하는 창고 등을 말하며 CY, 부두 내 CFS 등이다. 물품의 장치와 검사를 진행할 수 있다.

② **세관검사장** : 세관검사장은 통관하려는 물품을 검사하기 위한 장소로서 세관장이 지정하는 지역이다. 물품의 검사만을 하는 장소이기 때문에 세관공무원이 상주하는 세관 구내, 공항, 항만, 또는 공업단지 내에 위치해 있다.

세관검사장에 반영되는 물품은 모두 검사대상물품에 해당한다. 통관하려는 물품의 전부 또는 일부를 세관검사장에 반입하여 검사할 수 있다.

세관검사장에 반입되는 물품의 채취·운반 등에 필요한 비용(검사비용)은 화주가 부담한다.

③ **보세창고** : CFS (컨테이너화물 장치장/작업장)를 보통 보세창고라 한다.

LCL화물의 분류, 적입, 적출, 콘솔작업, 물품검사, 보수작업 등이 이루어진다.

보세창고에는 외국물품이나 통관을 하려는 물품을 장치한다. 이에 따른 물품의 장치에 방해되지 아니하는 범위에서 내국물품을 장치할 수 있다.

④ **보세공장** : 원재료를 수입통관하지 않고 보세공장에서 가공한 후 완제품을 국내로 반입하거나(내수용), 해외로 수출하는(수출용) 보세공장이 있다.

보세공장에서는 외국물품을 원료 또는 재료로 하거나, 외국물품과 내국물품을 원료 또는 재료로 하여 제조·가공하거나 그 밖에 이와 비슷한 작업을 할 수 있다.

보세공장에서는 세관장의 허가를 받지 아니하고는 내국물품만을 원료로 하거나 재료로 하여 제조·가공하거나 그 밖에 이와 비슷한 작업을 할 수 없다.

세관장은 수입통관 후 보세공장에서 사용하게 될 물품에 대하여는 보세공장에 직접 반입하여 수입신고를 하게 할 수 있다.

⑤ **보세전시장** : 박람회, 전람회, 견본품 전시회 등의 운영을 위하여 외국물품을 장

치·전시하거나 사용한다.

❻ **보세건설장** : 보세건설장에서는 산업시설의 건설에 사용되는 외국물품인 기계, 설비, 공사용 장비를 장치·사용하여 해당 건설공사를 할 수 있다.

보세건설장 운영인은 보세건설장에 외국물품을 반입하였을 때에는 사용 전에 「수입통관사무처리에 관한 고시」에 따라 해당 물품의 수입신고를 하여야 한다.

건설에 사용되는 외국물품인 기계류 설비품은 수입신고 후 사용해야 하며, 공사용 장비 및 기타물품은 수입신고수리전에 사용할 수 없다.

❼ **보세판매장** : 보세판매장은 사전에 면세된 상태에서 물품이 판매되므로 "사전면세점"이라 하며 위치에 따라 시내면세점, 출국장면세점, 입국장면세점이 있다.

내국인은 시내+출국장면세점에서 미화 3,000달러까지 면세범위에서 구매가능하다. 반면 입국 시 입국장면세점에서는 미화 600달러까지 면세범위에서 구매가능하다(술, 담배, 향수는 제외). 술, 담배, 향수는 별도로 면세범위(술 1병 1리터 이하 400달러, 담배 궐련 200개비 또는 엽궐련 50개비 중 1종류 : 1보루, 향수 60ml)에서 구매가능하다 〈기획재정부 보도자료 2019.6.4. 세제실〉

❽ **종합보세구역** : '특허보세구역'의 구역들 기능 중 둘 이상의 기능을 하는 구역을 말한다.

❾ **타소장치장** : 다음 물품은 보세구역 외 장치를 허가한다.
a. 물품의 크기 또는 무게의 과다로 보세구역 내에 장치하기 곤란한 물품
b. 다량의 산물로서 보세구역에 장치 후 다시 운송하는 것이 불합리한 물품
c. 부패, 변질 우려가 있거나 다른 물품을 오손할 우려가 있는 물품과 방진, 방습 등 특수보관이 필요한 물품
d. 귀중품, 의약품, 살아있는 동식물 등 보세구역에 장치가 곤란한 물품
e. 보세구역이 아닌 검역시행장에 반입할 검역물품

f. 교통이 불편한 지역에 양륙된 물품으로서 보세구역으로 운반하는 것이 불합리한 물품

g. 「대외무역관리규정」 제2조 제11호에 따른 중계무역물품으로서 보수작업이 필요한 경우 시설미비, 장소협소 등의 사유로 인하여 보세구역 내에서 보수작업이 곤란하고 감시단속상 문제가 없다고 세관장이 인정하는 물품

h. 자가공장 및 시설(용광로, 전기로, 압연시설)을 갖춘 실수요자가 수입하는 고철 등 물품

i. 그 밖에 세관장이 보세구역 외 장치를 허가할 필요가 있다고 인정하는 물품

※ 「보세화물관리에 관한 고시」 제4조(화물분류기준)에 따르면,

> 선사는 화주 또는 그 위임을 받은 자(관세사)가 보세구역 운영인과 협의하여 정하는 장소에 보세화물을 장치하는 것을 원칙으로 한다.
>
> a. 수입물품은 일반적으로 세관지정장치장(CY, CFS) 또는 세관지정 보세창고에 장치
>
> b. 입항전 또는 하선(기)전에 수입신고가 되거나 보세운송신고가 된 물품은 보세구역에 반입함이 없이 부두 또는 공항내에서 보세운송 또는 통관절차와 검사절차를 시행한다.
>
> c. 위험물, 보온·보냉물품, 검역대상물품, 귀금속 등은 해당 물품을 장치하기에 적합한 요건을 갖춘 보세구역에 장치하여야 한다.
>
> d. 식품류는 식품 보관기준을 갖춘 보세구역에 장치하여야 한다.
> - 시설기준 : 공산품과 분리하여 보관, 내수처리, 방충·방서 처리, 환기시설 등
> - 관리기준 : 청결관리, 벽과 거리유지, 유통기한 경과 식품 별도 관리, 병해충 방지
> - 냉장·냉동 시설기준 : 냉장 영상 10℃ 이하, 냉동 영하 18℃ 이하에서 보관

e. 보세창고, 보세공장, 보세전시장, 보세판매장에는 특허 시 세관장이 지정한 장치 물품만 장치한다.

f. 보세구역 외 장치의 허가를 받은 물품은 그 허가를 받은 장소에 장치한다.

g. 관리대상화물은 「관리대상화물 관리에 관한 고시」 제6조 및 제7조에 따라 장치한다.

h. 수입고철(비금속설 포함)은 고철전용장치장에 장치하는 것을 원칙으로 한다.

② 보세구역 내의 보수작업 등

보세구역에 장치된 물품에 다음과 같은 보수작업을 할 수 있으며, 이때에 보수작업을 하려는 수입화주(또는 보세구역 운영인, 화물관리인)는 보수작업승인(신청)서를 제출하여 세관장의 승인을 받아야 한다.

① 보수작업 대상

a. 보세구역에 장치된 물품이 운송 도중에 파손되거나 변질되어 시급히 보수하여야 할 필요가 있는 경우

b. 보세구역에 장치된 물품의 통관을 위하여 개장, 분할구분, 합병, 원산지 표시, 그 밖에 이와 유사한 작업을 하려는 경우

c. 「대외무역관리규정」 제2조 제11호에 따른 중계무역물품을 수출하거나 보세판매장에서 판매할 물품을 공급하기 위하여 제품검사, 선별, 기능보완 등 이와 유사한 작업이 필요한 경우

② 보수작업 허용범위

a. 물품의 보존을 위해 필요한 작업 (부패, 손상 등을 방지하기 위한 보존작업 등)

b. 물품의 상품성 향상을 위한 개수작업 (포장개선, 라벨표시, 단순절단 등)

c. 선적을 위한 준비작업 (선별, 분류, 용기변경 등)

d. 단순한 조립작업 (간단한 세팅, 완제품의 특성을 가진 구성요소의 조립 등)

e. 원산지표시 보수 (원산지표시가 법령에서 정하는 기준과 방법에 부합되지 아니하게 표시된 경우, 원산지표시가 부정한 방법으로 사실과 다르게 표시된 경우, 원산지표시가 되어 있지 아니한 경우)

※ 수출입허가(승인)한 규격과 세번을 합치기 위한 작업을 하려는 경우와 관세율표(HSK 10단위)의 변화를 가져오는 것은 보수작업으로 인정하지 않는다.

2) 원본 선적서류 도래

T/T 거래의 경우(Original B/L 발급 시), 수출상이 직접 원본의 선적서류를 쿠리어나 특송 우편을 통해 수입상에게 보낸다.

신용장 거래의 경우, 수출상은 선적 후 NEGO를 하여 원본의 선적서류를 은행에 접수시켜 개설은행에 보내고, 개설은행이 수입상에게 인도한다.

원본 선적서류의 도래(渡來) 시점은 가까운 홍콩, 중국과 같은 경우 배편 운행이 2~5일 만에 부산항에 도착함으로 물품도착시간과 거의 비슷하거나 서류가 조금 늦게 도래하게 된다. 반면 수출지가 북미이거나 원거리 국가인 경우 배편 운행이 보름에서 길게는 20여 일 넘게 걸리기 때문에 물품도착시간보다 훨씬 일찍 서류가 도래하게 된다.

Note

※ 원본의 선적서류

수출상이 수출물품을 선적하며 작성하는 서류로서, Commercial Invoice, Packing List, Insurance Policy, B/L, 선적과 관련된 기타 서류 등을 포함한 것을 선적서류

488

원본의 선적서류가 필요한 이유는, 도착한 선사에 선하증권 원본(Original B/L)을 제시하여야만 원칙적으로 수입물품을 찾을 수 있기 때문이다.

T/T 거래 Original B/L 발급의 경우와 신용장 거래의 경우는 선하증권 원본(Original B/L)을 제시해야 하고, T/T 거래 Surrender B/L 발급의 경우에는 선하증권 팩스본(Copy B/L)을 제시하여도 물품을 수취할 수가 있다.

신용장 거래의 경우, 만약 선하증권 원본(Original B/L)이 도착하기 전 수입화주가 급하게 물품을 찾고자 한다면 선적됨과 동시에 수입상은 개설은행으로 가서 수입화물선취보증서(L/G : Letter of Guarantee)를 신청하여 받도록 한다. L/G는 수입상이 일정한 보증금을 내고 개설은행으로부터 발급받는 보증서이다.

L/G는 선하증권을 대신하는 역할을 하며, L/G를 선사에 제출하면 D/O 발급이 가능하다. 이에 수입상은 D/O를 보세구역 운영인(화물관리인)에게 제출하고 물품을 수취할 수 있다.

3) D/O 수령

"화물인도지시서"를 D/O(Delivery order)라 한다.

D/O란 선사가 화물을 보관하고 있는 보세구역(CY, CFS, 또는 보세창고 등) 운영인(화물관리인)에게 "D/O 소지인에게 해당 화물을 인도할 것"을 지시하는 비유통 서류이다.

수입자가 선사로부터 D/O를 교부받기 위해선 원칙적으로 ORIGINAL B/L (선하증권 원본)을 제시하여야 한다.

① ORIGINAL B/L 제시

ORIGINAL B/L은 수입자가 직접 선사에 등기우편 또는 방문하여 제출한다. 또는 수입자가 ORIGINAL B/L을 포워더에 보내어 포워더가 선사에 등기우편 또는 방문하여 제출한다.

② D/O 신청

D/O 신청은 수입자가 직접 또는 포워더에 위탁하여 유로지스허브(UlogisHub : www.ulogishub.com), 또는 프리즘(Plism 3.0 : www.plism.com) 사이트에서 신청한다.

별도로 발송한 ORIGINAL B/L과 D/O 신청이 모두 접수되고 나면 선사는 팩스, 첨부파일, 또는 PDF 파일과 같은 전자문서로 신청인에게 D/O를 발급한다.

■ 신용장 거래의 경우

① 신용장 거래의 경우, 선적 직후 수출상은 선적서류(Commercial invoice, Packing list, Insurance policy, B/L, 기타 서류)를 매입은행에 제출을 한다.
② 이것은 은행과 은행을 통해 개설은행에 곧바로 송부된다.
③ 물품 운송을 맡은 선사는 도착예정통지서(Arrival notice)를 포워더에게 통지한다.
④ 포워더는 이를 수입화주(수입상)에게 알린다.
⑤ 한편, 선적서류가 도착하면 개설은행은 신용장개설인인 수입상에게 연락을 한다.
⑥ 수입화주(수입상)는 개설은행에 물품대금결제 후 개설은행으로부터 선적서류를 입수하고 선하증권 원본(Original B/L)을 선사/포워더에 제출하고 운임 등 관련 비용을 정산한다. 그리고 수입화주 또는 포워더는 관련 사이트를 통해 D/O 신청을 한다.
⑦ 선사는 D/O 신청접수와 선하증권 원본을 받고 화물인도지시서(D/O)를 내어준다.
⑧ 수입화주는 화물운송회사에 트럭을 준비시켜 물품반출을 준비한다. 그리고 선사/포워더로부터 보세구역(장치장)의 위치를 확인한다.

⑨ 수입화주는 화물운송회사에 지시하여 수령한 화물인도지시서(D/O)를 해당 보세구역(장치장) 화물관리인에게 제시를 하고 수입물품을 반출한다.

⑩ 수입화주는 사무실 또는 창고로 수입물품을 받는다.

* 위 ⑧항과 ⑨항을 포워더 또는 관세사에게 반출 및 운송을 위탁할 수도 있다. 일반적으로 대부분 포워더에 위탁하여 진행을 한다.

* 만일 선하증권 원본(Original B/L)이 도착하기 전에(급히 수입화물을 찾고자 한다면) 수입화주는 은행으로부터 수입화물선취보증서(L/G : Letter of Guarantee)를 발급받아 선사에 제출하면 D/O 발급이 가능하며 물품을 반출할 수 있다.

■ T/T 거래 (Original B/L 발급 시)

① T/T 거래 Original B/L 발급의 경우, 선적 직후 수출상은 선적서류(Commercial invoice, Packing list, Insurance policy, B/L, 기타 서류) 원본을 수입상에게 쿠리어/특송 우편으로 발송한다.

② 1~2일 이내 수입상은 선적서류를 택배로 받는다.

③ 물품 운송을 맡은 선사는 도착예정통지서(Arrival notice)를 포워더에게 통지한다.

④ 포워더는 이를 수입화주(수입상)에게 알린다.

⑤ 수입화주(수입상)는 은행을 통해 수출상에게 물품대금을 결제하고, 쿠리어/특송 우편으로 받은 선하증권 원본(Original B/L)을 선사/포워더에 제출하고 운임 등 관련 비용을 정산한다. 그리고 수입화주 또는 포워더는 관련 사이트를 통해 D/O 신청을 한다.

⑥ 선사는 D/O 신청접수와 선하증권 원본을 받고 화물인도지시서(D/O)를 내어준다.

⑦ 수입화주는 화물운송회사에 트럭을 준비시켜 물품반출을 준비한다. 그리고 선사/포워더로부터 보세구역(장치장)의 위치를 확인한다.

⑧ 수입화주는 화물운송회사에 지시하여 수령한 화물인도지시서(D/O)를 해당 보세구역(장치장) 화물관리인에게 제시를 하고 수입물품을 반출한다.

⑨ 수입화주는 사무실 또는 창고로 수입물품을 받는다.

* 위 ⑦항과 ⑧항을 포워더 또는 관세사에게 반출 및 운송을 위탁할 수도 있다.

일반적으로 대부분 포워더에 위탁하여 진행을 한다.

■ T/T 거래 (Surrender B/L 발급 시)

① T/T 거래 Surrender B/L 발급의 경우, 선적 직후 수출상은 선적서류 (Commercial invoice, Packing list, Insurance policy, B/L, 기타 서류)를 수입상에게 팩스 또는 이메일(스캔이미지)로 보낸다.

② 수입상은 선적서류를 팩스 또는 이메일(스캔이미지)로 받는다.

③ 물품 운송을 맡은 선사는 도착예정통지서(Arrival notice)를 포워더에게 통지한다.

④ 포워더는 이를 수입화주(수입상)에게 알린다.

⑤ 수입화주(수입상)는 은행을 통해 수출상에게 물품대금을 결제하고, 선하증권 사본 (팩스본)을 선사/포워더에 제출하고 운임 등 관련 비용을 정산한다. 그리고 수입화주 또는 포워더는 관련 사이트를 통해 D/O 신청을 한다.

⑥ 선사는 D/O 신청접수와 선하증권 팩스본(만으로도)을 받고 화물인도지시서(D/O)를 내어준다.

⑦ 수입화주는 화물운송회사에 트럭을 준비시켜 물품반출을 준비한다. 그리고 선사/포워더로부터 보세구역(장치장)의 위치를 확인한다.

⑧ 수입화주는 화물운송회사에 지시하여 수령한 화물인도지시서(D/O)를 해당 보세구역(장치장) 화물관리인에게 제시를 하고 수입물품을 반출한다.

⑨ 수입화주는 사무실 또는 창고로 수입물품을 받는다.

* 위 ⑦항과 ⑧항을 포워더 또는 관세사에게 반출 및 운송을 위탁할 수도 있다.

일반적으로 대부분 포워더에 위탁하여 진행을 한다.

4) 화물 수취

수입화주(수입상)는 받은 D/O를 보세구역 운영인(화물관리인)에게 제출하고 자사의 물품을 찾게 된다. 원칙적으로는 물품이 장치된 보세창고에 D/O 원본을 제출해야 물품을 반출할 수 있으나 실무에선 D/O Copy로도 반출이 이루어지고 있다.

만약 수입화주가 포워더 또는 관세사에게 반출을 위탁한 경우 그들이 업무를 대행하며 수입화물을 인수하고 운송까지 담당해 준다. 수입상은 그들에게 필요한 사항들을 보조한다.

5) 운송차량

수입물품의 수취는 수입화주가 화물운송회사에 연락을 취하거나 관세사 또는 포워더에 운송 업무를 위탁할 수 있다.

LCL 화물의 경우 트럭을 물품이 보관되어 있는 보세구역 장치장에 시간에 맞춰 넣어주고 수취를 한다.

FCL 화물의 경우에는 컨테이너화물 전용 트레일러[106]로 운송이 되므로 포워더에 운송 의뢰하는 것이 바람직하다. CASE 7-2. Purchase Sheet 오더 건처럼 LCL과 FCL 화물이 함께 하는 경우 포워더에 일괄 운송 의뢰를 한다.

컨테이너 트레일러는 수입화주가 지정한 사무실 또는 창고로 수입물품을 운송하고 하역을 마무리한다.

18. 수입화물 이동경로

선박으로 들어오는 "해상 수입화물"과 항공기로 들어오는 "항공 수입화물"로 나눠서 살펴볼 수 있다.

---

106) 컨테이너화물 전용 트레일러 : 견인을 하는 차의 머리 부분이 3개의 차축(바퀴 6개)으로 되어 있으며 뒤의 피견인 부분이 2개~3개의 차축(바퀴 4개~6개)으로 되어있다.

1) 해상 수입화물

수입화물은 보세구역 장치장에 일시 보관·장치되어 있다가 수입신고 수리가 진행되고 경우에 따라 검사소 또는 장치장 내에서 물품검사가 이루어진다. 물품검사가 끝나면 수입신고 신청인(화주 또는 관세사)은 관세 등 세금 납부를 완료하고 수입물품을 반출하게 된다.

수입화물을 LCL, FCL로 나누어서 이동경로를 살펴보자.

① LCL 화물

LCL 화물은 화주가 여러 명인 컨테이너화물이며, 그들의 화물이 혼합적재되어 있다.

컨테이너화물이 하선하면 LCL 화물은 보통 CFS 또는 보세창고로 이동되어 컨테이너에서 적출, 수하인별로 화물이 분류된다.

또는 부두 밖 CY(ODCY : Off dock CY)에 일시 반입되었다가 다시 CFS 또는 보세창고로 이동되기도 한다.

이후 필요에 따라 검사가 실시되고 화주는 필요한 경우 보수작업 등을 할 수 있으며, 수입화주는 수입신고수리 후 선사로부터 수령한 D/O(화물인도지시서)를 제시하여 수입물품을 반출하게 된다.

▪ LCL 화물 이동경로
① 부두통관 : 터미널 양하 → 구내이송 → CFS 입고 → 반입신고 → 수입통관 → 화주별 또는 B/L별 컨테이너 내장물품 인출 → 필요시 검수, 검량, 감정 → 화주의 화물반출
② ODCY통관 : 터미널 양하 → 터미널 게이트 반출 → 셔틀운송 → ODCY 반입 Gate Log 작성 → CFS 반입 → 수입통관 → 컨테이너 내장물품 인출 → 필요시 검수, 검량, 감정 → 화주의 화물반출

494

② FCL 화물

FCL 화물은 화주가 1명인 컨테이너화물이다.

컨테이너화물이 하선하면 보통 FCL 화물은 부두 내 CY(On dock CY) 또는 부두 밖 CY(ODCY : Off dock CY)로 반입된다.

이후 필요에 따라 검사가 실시되고, 수입화주는 수입신고수리 후 선사로부터 수령한 D/O(화물인도지시서)를 제시하여 수입물품을 반출하게 된다.

FCL 화물을 반출하는 유형으로는 부두 내에서 직반출(부두직통관), 부두 밖 CY 반입 후 반출, 부두 밖 CY 반입 및 CFS(보세창고)로 이동 후 반출, ICD(내륙컨테이너기지, 보세운송)로 이송 후 반출, 타 보세구역(보세운송)으로 이송 후 반출 등이 있다.

① 부두 내에서 직반출(부두직통관)

"부두직통관"이란, 화물 전부가 1명인 화주의 컨테이너로 반입된 화물로써 부두 내에서 통관절차 및 검사절차가 이루어지는 것을 말한다.

화주 또는 관세사가 "부두내 하선요청(즉, 부두밖 이송 금지)"함으로써, 부두내에서(부두밖 ODCY를 경유함이 없이) 직접 화주 입고지(창고, 공장)까지 반출되는 것을 말한다. 통상 화물이 화주에게로 반출되기까지 입항 후 소요일수 약 1~2일이 된다.

이 제도는 수입화주의 화물 유통기간 확보와 통관시간, 비용, 물류비 절감의 효과를 가져다주는데 그 의의가 있다.

a. 대상 :

부산항, 인천항, 광양항, 평택항으로 반입되는 FCL 컨테이너화물에 부두직통관 제도를 실시하고 있다.

b. 수입신고 : 부두직통관을 하려는 경우 신청인(화주 또는 관세사)은 수입신고 때에 수입신고서 "통관계획"란에 부호를 다음 각 호 중에서 표기를 하여 신청할 수 있다.

가. A 출항전신고(부두내 직반출 물품 포함)

나. B 입항전신고(부두내 직반출 물품 포함)

다. E 도착전부두직반출 : 보세구역도착전신고

라. F 도착후부두직반출 : 보세구역도착후신고

c. 수입신고 시기 :

가. 출항전신고 또는 입항전신고는 해당 선박 등이 우리나라에 입항하기 5일 전 (항공기의 경우에는 1일 전)부터 할 수 있다. 만약 보세운송이 필요한 경우에 함께 보세운송 신고(또는 승인신청)를 한다.

나. 입항전 또는 하선(기)전에 수입신고가 되거나 보세운송신고가 된 물품은 보세구역에 반입함이 없이 부두 또는 공항내에서 보세운송 또는 통관절차와 검사절차를 수행하도록 하여야 한다(이 경우 본·부선통관 목적으로 입항전수입신고를 한 물품은 본·부선 내에서 통관절차와 검사절차를 수행하도록 하여야 한다).(보세화물관리에 관한 고시 제4조 제2항 1호).

d. 신청방법 : 부두직통관을 하려는 신청인(화주 또는 관세사)은 **하선신고수리전까지** 미리 "부두하선요청서를 작성"하여 "부두내 하선요청(On-dock CY 하선요청)"을 선사 또는 세관화물담당과장에게 신청한다.

부두직통관은 수입화물을 출항전신고, 입항전신고, 부두내 장치후, 또는 하선전 보세운송신고를 하여 부두에서 직반출하는 경우로, 이와 같이 미리 신청을 하면 해당 선박이 입항하여 선사가 당해 화물을 부두내 하선(부두내 장치)하거나, 본선에서 차상반출(부두직상차반출)할 수 있도록 계획을 세우는 것이다.

e. 하선계획 : 선사가 하선작업을 할 때에는 다음 각 호의 어느 하나에 해당하는 물품별로 하선작업계획을 수립하여 하역장소 내에 구분하여 일시장치 한다.

가. 하선장소내에서 통관할 물품

나. 하선장소내 CFS 반입대상물품

다. 타지역으로 보세운송할 물품

라. 세관장이 지정한 장치장에 반입할 검사대상화물

마. 냉동·냉장화물

바. 위험물품

사. 그 밖에 세관장이 별도로 화물을 분류하도록 지시한 물품

(보세화물 입출항 하선 하기 및 적재에 관한 고시 제15조 제5항)

f. 부두직통관 진행 순서

부두직통관 진행 순서 ⇩	신청, 요청/집행 → 전달
출항전신고 또는 입항전신고	수입화주/관세사 → 세관장
적하목록제출	선사 → 세관장
부두하선요청(서)	수입화주 → 선사/포워더, 또는 수입화주 → 세관화물담당과장
부두하선요청(서) 통보	세관화물담당과장 → 선사
하선신고서 제출	선사 → 세관장
하선신고수리	세관장 → 선사, 부두운영회사
부두하선요청목록 인수	세관화물담당과장 → 선사
하선계획	선사, 부두운영회사
ON-DOCK CY : 부두내 CY 하선 (부두직상차 반출)	선사, 부두운영회사·항만하역사업자
ON-DOCK CY : 부두내 CY 통관장, 또는 세관검사장, 보세구역 장치 (직통관 반출)	선사, 부두운영회사·항만하역사업자, 보세구역 운영인(화물관리인)

g. 검사와 통관 : 당해 물품은 부두내 하선장소로 제한되며 부두 내에서 통관절차 및 검사절차가 이루어진다. 부두직통관 물품의 검사가 필요한 경우 검사는 세관검사장에서 실시된 후 통관은 부두통관장에서 진행이 된다.

「수입통관 사무처리에 관한 고시」 제30조의 2에 따라,

가. 수입화주 또는 수입화주로부터 화물의 보관·관리를 위탁받은 부두운영사 등은 부두직통관 물품이 검사대상으로 선별된 경우 해당 컨테이너를 부두통관장에서 "세관검사장 등" 검사가 가능한 장소로 이송해야 한다.

나. 세관장은 신속하고 효율적인 검사를 위해 부두운영사 등에게 컨테이너 개장

및 검사대상 화물 적출을 위한 작업자의 배치와 장비의 확보 등 검사 준비를 요청할 수 있다. 이 경우 부두운영사 등은 세관장의 요청에 적극 협조해야 한다.

다. 부두운영사 등은 검사가 완료된 경우 세관장의 지시에 따라 적출(Devanning, Destuffing)[107]된 화물을 컨테이너에 다시 적입(Vanning, Stuffing)[108]하여 "부두통관장으로 이송"해야 한다.

h. 화물운송 :
부두내(On-dock CY)에서 직통관 처리되어 컨테이너 전용트레일러에 직상차하거나, 부두내 장치 후 상차하여 바로 수입화주에게로 운송된다.
보세운송신고수리 또는 승인을 받아 타지역 보세구역(예로 들어 내륙컨테이너기지 등)으로 이송되는 물품은 육로운송(컨테이너 전용트레일러) 또는 철도운송으로 이동하게 되며 거기서 수입통관이 진행되게 된다.

② 부두 밖 CY 반입 후 반출

컨테이너터미널의 야적장 여건에 따라 FCL 화물이 부두 밖 CY(ODCY : Off dock CY)로 반입되어 장치된다. ODCY는 부두 바로 옆에 인접해 있거나 부두와 다소 떨어진 지역에 위치해 있기도 한다.
여기서 수입통관 후 수입물품을 반출하여 수입화주의 입고지로 운송된다. 통상 화물이 화주에게로 반출되기까지 입항 후 소요일수 약 2~3일이 된다.
또는 보세운송을 신청하여 다른 보세구역으로 물품을 이동할 수 있다.

③ 부두 밖 CY 반입 및 CFS(보세창고)로 이동 후 반출

컨테이너터미널의 야적장 여건, 물품의 특성, 또는 화주의 요청에 따라 FCL 화물이 부두 밖 CY(ODCY : Off dock CY)로 반입되었다가, 다시 CFS(보세창고)

---

107) 적출(積出) : 컨테이너 밖으로 화물을 꺼내는 것을 말한다.
108) 적입(積入) : 컨테이너 안으로 화물을 넣는 것을 말한다.

등으로 반입되어 장치되기도 한다.

장치 후 수입통관하고 수입물품을 반출하여 수입화주의 입고지로 운송된다. 통상 화물이 화주에게로 반출되기까지 입항 후 소요일수 약 2~4일이 된다.

이곳 CFS에서도 보세운송에 의해 다른 보세구역으로 물품을 이동할 수 있다.

④ ICD(내륙컨테이너기지, 보세운송)로 이송 후 반출

ICD (Inland container depot)를 "내륙컨테이너화물통관기지", 또는 줄여서 "내륙컨테이너기지"라 하며, ICD 전체가 보세구역이다. 우리나라에는 의왕 ICD(경기도 의왕시)와 양산 ICD(경남 양산)가 있다. 대표적인 보세운송의 형태이다.

"내륙에 있는 부두"라 할 수 있으며 항만과 똑같이 컨테이너터미널과 화물처리를 위한 시설을 갖추고 수출입통관업무 등 종합적인 업무를 하는 지역이다. 커다란 컨테이너 야적장(CY), CFS 등이 있으며 그 중앙으로 타지역과 보세운송이 가능하도록 철도가 놓여 있다.

a. 목적 : FCL 컨테이너화물이 해당되며, 물류비 절감과 물류 유통기일 축소가 주요 목적이다.

b. 주요 기능 : 수출통관, 수입 내륙통관, 화물집하, 보관, 분류, 간이보세운송, 보세운송 후 수입통관, 내륙도로운송, 철도운송, 관세환급, 선사 B/L 발급, 공컨테이너 반납(Return empty containers)[109] 등이 있다.

c. 시설 : 대규모 CY, CFS, 냉동냉장창고 등 특수창고, 창고시설, 세관, 선사, 관세사, 포워더, 화물운송회사, 포장회사, 물류 대리점 등이 입주해 있다.

d. 보세운송 : 수입 시 부산항에서 의왕 ICD로 철도보세운송이 가능하다. 이후

---

109) 공컨테이너 반납 : 포워더 및 화물운송기사에 의해, 공컨테이너는 선사의 소유로 반출했던 터미널의 부두밖 CY(ODCY)로 반송해야 한다. 또는 선사가 지정한 선사의 대리점이 있는 내륙컨테이너기지 (ICD), CY에 반납할 수 있다.

의왕 ICD에서 수입통관을 한 후 내륙도로운송과 연계하여 경인지역에 위치한 수입화주의 입고지로 물품 운송이 가능하다. 반대로 수도권에서 부산항으로 내려가는 컨테이너화물도 마찬가지이다. 의왕 ICD-양산 ICD-부산신항·북항은[110] 철도로 연결되어 컨테이너화물이 운송된다.

e. 양산 ICD : 최대 장치능력은 CY는 24,960 TEU, CFS는 74,380 R/T[111]다. 연간 CY에서는 1,069,000 TEU, CFS는 4,463,000 R/T 처리능력을 갖고 있다. 내륙운송, 내륙통관, 철도수송 등의 기능을 하고 있다.
수입 시 부산신항, 북항, 광양항으로부터-양산 ICD-수입화주까지 철도운송 및 육로운송이 가능하며, 수출 시에도 수출화주로부터-양산 ICD-부산신항, 북항, 광양항으로 육로운송 및 철도운송이 가능하다.

f. 의왕 ICD : 의왕 ICD는 육로운송보다 철도를 통한 대량화물 운송 및 수출입 관련 업무가 주된 핵심 사업이다.
화물전용역인 "오봉역"을 중심으로 의왕 ICD가 조성되어 있고 오봉역에서 컨테이너화물의 철도운송이 이루어진다. 수도권 수출입 물류에 큰 역할을 하고 있다.
의왕 ICD는 부산항과 광양항 등을 매일 왕복 운행하며 철도운송만 연간 75만 TEU의 컨테이너화물을 수송할 수 있다(도로운송 포함 총 연간 물동량 200만 TEU).
식품의약품안전청, 농림축산검역본부, 수입식품검사소가 있으며 특징으로는 시멘트 양회단지와 시멘트 가루 저장고가 위치해 있어 전국의 건설 현장으로 공급되고 있다.

g. 비용절감 : 실제 화주가 ICD를 이용할 경우 수입 시는 상당한 유통기일 축소 및 물류비 절감을 하는 것으로 평가하고 있는데, 보통 부산에서 경인지역까지 입

---

110) 컨테이너 화물역 : 부산신항에는 부산신항역에서 분기된 북철송장역, 남철송장역이 있으며, 북항에는 부산진역이 있다.
111) R/T(Revenue ton) : 운임톤이라 하며, Weight, CBM 중 운임 산정의 기준이 되는 톤을 말한다.

항 후 약 10~12일이 소요됨에 비해 ICD 이용 시 5~6일로 단축 가능하며 각종 부대비용 포함 총비용도 TEU 당(20피트 컨테이너 당) 20만 원 정도 절감 가능한 것으로 나타나고 있다〈무역협회〉.

h. ICD 이송 물품(보세운송)의 신고 : 출항전신고, 입항전신고
   (필요시 부두내 CY 장치 후 이동, 부두밖 CY 장치 후 이동)

i. 신청방법 :
수입화주는 관세사를 통해 "수입신고를 입항전신고로 하고 화물도착 전 선사에 ICD로 배정해 줄 것을 요청한다. 그리고 보세운송도 함께 신청"을 한다.
이에 따라 수입항에 도착한 FCL 컨테이너화물은 ICD까지 보세운송이 되고, ICD에서 수입통관 절차가 이루어지게 된다. 이후 컨테이너 화물은 반출되어 내륙도로운송 컨테이너 트레일러에 의해 수입화주의 입고지로 운송이 된다.
ICD로 보세운송을 하기 위해서는 신청인(화주 또는 관세사)은 미리 전자문서로 작성한 "보세운송신고서"를 세관화물전송시스템에 전송하여 세관장으로부터 보세운송신고수리를 받거나, 신고가 아닌 승인 대상물품에 해당하는 경우는 "보세운송승인신청서"를 제출하여 승인을 받아야 한다.

⑤ **타 보세구역(보세운송)으로 이송 후 반출**
타 보세구역으로 물품을 이송할 때에는 보세운송이 요구된다.
보세운송의 신고(또는 승인신청) 시기는 '입항전수입신고시에 보세운송 신고', '하선 전에 보세운송 신고', '보세구역 장치 후에 보세운송 신고'를 할 수 있다.
보세운송에 대한 자세한 설명은 다음의 "항공 수입화물"에 이어서 하기로 한다.

일반적으로 FCL 화물 이동경로 유형은 다음과 같다.

> ▪ FCL 화물 이동경로
>
> ① 부두에서 보세운송으로 부두 직반출 (컨테이너 내장물품의 부두 보세운송)
>
> ② 부두 통관 후 부두 직반출 (컨테이너 내장물품의 부두 통관)
>
> ③ 부두양하 → 보세운송·타소장치 허가 → 철도이용 보세운송 → 부산진역 경유 → 의왕ICD → 화물차 하차 → (일시장치) → 트럭 → 상차 → 화주 문전 도착 → 수입통관 → 컨테이너 내장물품 인출 → 공컨테이너 반환
>
> ④ 부두양하 → 게이트반출 → ODCY 반입 → 장치 → 수입통관 → 화주화물 반출 → 화주 문전 수송
>
> ⑤ 부두양하 → 게이트반출 → ODCY 반입 → 보세운송·타소장치 허가 → 도로 보세운송 → 화주 문전 수입통관 → 컨테이너 내장물품 인출 → 공컨테이너 반환

2) 항공 수입화물

「보세화물 입출항 하선 하기 및 적재에 관한 고시」 제21조-제32조에 의거, 항공 수입화물에 대한 절차는 다음과 같다.

① 적하목록 제출

항공사(또는 기장)은 항공기가 입항하기 4시간 전까지 항공입항 적하목록, 또는 항공입항 혼재화물목록을 항공기 입항예정지 세관장에게 전자문서로 제출해야 한다. 다만 근거리 지역(중국, 일본, 대만, 홍콩, 러시아 극동지역, 필리핀, 베트남, 캄보디아, 태국 등)의 경우에는 석재항에서 항공기가 출항하기 전까지, 특송화물의 경우에는 항공기가 입항하기 1시간 전까지 제출해야 한다.

② 하기신고

항공사가 하기신고서를 세관장에게 전자문서로 제출한다.

수입물품의 하기장소는 입항한 공항 항역내 보세구역으로 한정한다. 검사대상화물은 세관장이 지정한 장치장에 반입된다.

③ 하기계획

항공사가 하기작업을 할 때에는 다음 각 호의 어느 하나에 해당하는 물품별로 하기작업계획을 수립하여 하역장소 내에 구분하여 일시장치 한다.

    a. 공항 항역내 하기장소별로 통관할 물품

    b. 타지역으로 보세운송할 물품

    c. 세관장이 지정한 장치장에 반입할 검사대상화물

    d. 보냉·보온물품

    e. 위험물품

    f. 그 밖에 세관장이 별도로 화물을 분류하도록 지시한 물품

※ 서울도착 화물은 인천세관, 김포세관, 서울세관, 남서울세관 화물로 분류된다.

④ 하기장소에 물품반입

하기장소에 물품을 반입하고 하역장소 보세구역 운영인은 해당 물품의 반입 즉시 House AWB 단위로 세관장에게 전자문서로 물품반입신고를 한다. 다만, House AWB가 없는 화물은 Master AWB 단위로 반입신고를 할 수 있다.

Note

※ AWB (Air Waybill)

"항공화물운송장"이라 하며, 해상 편의 B/L(선하증권)과 같은 역할을 한다. 다만, 유가증권이 아니며 양도가 불가능하다. 화물과 함께 보내어진다.

• Master AWB - 항공사가 발행하는 운송장. 운송장 번호가 1개 표기돼 있다.

• House AWB - 화물운송주선업자 [화물혼재업자(Consolidator), 포워더] 가 발

행하는 운송장. 운송장 번호가 Master 번호, House 번호로 2개가 표기돼 있다.

⑤ 수입신고수리

해상화물의 수입신고와 같다.

수입화주 또는 위임받은 관세사가 관할 세관에 수입신고를 할 수 있으며 제
출서류는 다음과 같다.

- 수입신고서
- Commercial Invoice(송품장, 상업송장)
- Packing List(포장명세서)
- 항공화물운송장(AWB) 부본
- Certificate of Origin(원산지증명서) – 해당 물품에 한한다.
- 합의에 의한 세율적용 승인(신청)서 – 해당 물품에 한한다.
- 기타 요구서류 – 해당 물품에 한한다.

⑥ 보세운송 : 타(지역) 보세구역으로 보세운송하는 물품은 면허를 가진 보
세운송업자의 보세운송차량으로 운송해야 한다. 보세운송을 원하는 경우에는
보세운송신고(또는 승인신청)을 완료한 후에 보세운송이 가능해진다.

보세운송을 하는 경우는 대부분 수입자가 계약한 보세창고가 별도로 있는 경
우(자가보세창고)이거나 회사가 지방에 위치한 경우(타세관 관할 보세구역)
등이다. 거기서 수입통관을 진행하게 된다.

⑦ 반출 및 입고지로 화물 이동

관세 및 부가가치세를 납부하고 수입신고수리가 완료되면 관세사나 포워더에
배차를 위탁하여 수입물품을 수입화주의 입고지로 운송한다.

> ▪ 항공화물 이동경로
> ① 적하목록제출 → 하기신고 → 보세창고반입 → 공항세관, 수입신고수리 → 반출, 입고지
> ② 적하목록제출 → 하기신고 → 보세운송(신고/승인) → 제2보세창고(김포, 대구, 부산 등) → 수입신고수리(관할지 세관) → 반출, 입고지

3) 보세운송

해상화물 및 항공화물의 국내운송 시 이용되는 보세운송에 대해 알아보자.

"보세운송(Bonded transportation)"이란 외국으로부터 수입하는 외국화물을 입항지(양하항)에서 통관하지 않고 관세 등 미납된 보세상태에서 다른 보세지역으로 외국화물을 운송하여 거기에서 수입통관절차를 하는 것을 말한다.

즉, A 보세구역에서 B 보세구역으로 외국물품을 이동할 때에는 반드시 "보세운송을 신고(또는 승인신청)"하여야 하며, 아래의 장소 간에 한정하여 외국물품 그대로 운송할 수 있다. 다만, 법 제248조에 따라 수출신고가 수리된 물품은 해당 물품이 장치된 장소에서 다음 각 호의 장소로 운송할 수 있다.(관세법 제213조 보세운송의 신고).

① 보세운송 목적지

• 국제항
• 보세구역
• 보세구역 외 타소장치장
• 세관관서112)
• 통관역113)

---

112) 세관관서 : Customs office. 세관절차를 이행할 권한이 있는 세관행정 단위, 또는 권한 있는 기관이 승인한 구역(지역)이다.
113) 통관역 : Customs clearance stations. 국경을 출입하는 차량이 주정차할 수 있는 장소로서 통관 절차가 진행될 수 있도록 시스템을 갖춘 열차역이다.

- 통관장114)
- 통관우체국115)
- 자유무역지역(2020년 3월 현재)116)
    - 공항·항만형 자유무역지역(6) : 인천공항, 인천항, 평택당진항, 광양항,
                                        부산항, 포항항
    - 산업단지형 자유무역지역(7) : 군산, 김제, 대불, 율촌, 마산, 울산, 동해
- ICD (Inland container depot, 내륙컨테이너화물통관기지)

「관세법」과 「보세운송에 관한 고시」에는 다음과 같이 명시하고 있다.

② 보세운송의 목적

보세운송을 하는 이유는 화주에게는 물류경비 절감, 절차의 간소화 등 편의를 주는
게 목적이다.

③ 보세운송의 신고인

보세운송 신고는 화주, 관세사 등, 또는 보세운송업자가 할 수 있다.

"보세운송신고" 또는 "승인신청"은 보세운송하려는 화물이 장치되어 있거나 입항예정
인 보세구역을 관할하는 세관(발송지세관) 또는 보세운송 물품의 도착지 보세구역을
관할하는 세관(도착지세관)의 장에게 한다.(보세운송에 관한 고시 제2조).

④ 보세운송의 신고시기

보세운송신고를 하려는 자는 「보세화물 입출항 하선 하기 및 적재에 관한 고시」에

---

114) 통관장 : Customs clearance areas. 열차로 운송되는 수출입화물은 통관역에서 일반적으로 처리된
다. 통관장은 일반 차량을 이용하여 육로를 통하여 수출입 되는 화물을 국경에서 통관처리하기 위한
장소이다.
115) 통관우체국 : Customs clearance post office. 수출입통관을 적법하게 처리할 수 있는 우체국으로
서 이곳에는 세관직원이 상주하거나 파견근무를 한다. 현재는 통관우체국을 운영하지 않고 인천공항
국제우편세관 또는 부산국제운편세관에서 처리하고 있다.
116) 자유무역지역 : 관세 및 제세가 면제된 상태에서 보세운송으로 반입할 수 있고, 그 지역 내에서는 자
유롭게 제품의 반입·반출·포장·해장·개장·상표 첨부·혼합·분류·조립 등의 처리와 가공이 가능하다.

따라 화물관리번호가 부여된 이후에 할 수 있다.(보세운송에 관한 고시 제25조).

보세운송 신고(또는 승인신청)는 수입물품의 적하목록을 제출하고 하선(기) 장소에 당해 물품이 반입된 이후에 신고하는 것이 원칙이다.

입항전수입신고 또는 하선 전에 보세운송 신고(또는 승인신청)도 가능하다. 이때에 선사는 하선작업 계획을 수립하여 '타지역으로 보세운송할 물품'을 하역장소 내에 구분하여 일시장치 한다.(보세화물 입출항 하기 및 적재에 관한 고시 제15조 제5항).

⑤ 보세운송신고 또는 보세운송승인

보세운송신고를 하려는 신청인(화주 또는 관세사)은 미리 전자문서로 작성한 "보세운송신고서"를 세관화물전송시스템에 전송하여 세관장에게 신고하여야 한다.

반면 「관세법 시행령」 제226조 제3항에 해당하는 물품으로 보세운송승인을 받아야 하는 경우에는 신청인은 전자문서로 작성한 "보세운송승인신청서" 및 기타 서류를 세관화물정보시스템에 전송하여 세관장으로부터 승인을 받아야 한다.(보세운송에 관한 고시 제26조, 제32조)

⑥ 보세운송신고가 아닌 "보세운송승인"을 받아야 하는 경우

① 보세운송된 물품 중 다른 보세구역 등으로 재보세운송하고자 하는 물품

② 「검역법」, 「식물방역법」, 「가축전염병예방법」 등에 따라 검역을 요하는 물품

③ 「위험물안전관리법」에 따른 위험물

　　「화학물질관리법」에 따른 유해화학물질

④ 비금속설

⑤ 화물이 국내에 도착된 후 최초로 보세구역에 반입된 날부터 30일이 경과한 물품

⑥ 통관이 보류되거나 수입신고수리가 불가능한 물품

⑦ 법 제156조의 규정에 의한 보세구역외 장치허가를 받은 장소로 운송하는 물품

⑧ 귀석, 반귀석, 귀금속, 한약재, 의약품, 향료 등과 같이 부피가 작고 고가인 물품

⑨ 화주 또는 화물에 대한 권리를 가진 자가 직접 보세운송하는 물품

⑩ 법 제236조의 규정에 의하여 통관지가 제한되는 물품

⑪ 적재화물목록상 동일한 화주의 선하증권 단위의 물품을 분할하여 보세운송하는 경우 그 물품

⑫ 불법 수출입의 방지 등을 위하여 세관장이 지정한 물품

⑬ 법 및 법에 의한 세관장의 명령을 위반하여 관세범으로 조사를 받고 있거나 기소되어 확정판결을 기다리고 있는 보세운송업자 등이 운송하는 물품

(관세법 시행령 제226조 제3항).

Note

※ **부연 설명**

① 보세운송된 물품 중 다른 보세구역 등으로 재보세운송하려는 물품은 보세공장, 보세전시장, 보세건설장, 보세판매장, 자가용보세창고에 반입하여야 할 경우 등 세관장이 부득이하다고 인정하는 경우에만 할 수 있다.

② 「검역법」, 「식물방역법」, 「가축전염병예방법」 등에 따라 검역이 필요한 물품은 정해진 조치를 마쳤거나, 보세구역(보세구역외 장치 허가를 받은 장소를 포함한다)으로 지정받은 검역시행장으로 운송하는 경우에만 할 수 있다.

③ 「위험물안전관리법」에 따른 위험물, 「화학물질관리법」에 따른 유해화학물질은 도착지가 관계 법령에 따라 해당 물품을 취급할 수 있는 경우에만 할 수 있다.

❀보세운송에 관한 고시 제31조(승인기준) 제1항 1~3호 ❀

⑦ 보세운송승인의 담보제공

세관장은 관세채권 확보를 위하여 보세운송의 승인을 신청한 물품에 대하여는 관세 및 제세 상당액을 담보로 제공하게 해야 한다. 다만, 다음 각 호의 어느 하나에 해당하는 경우에는 그러하지 아니한다.

① 무세 또는 관세가 면제될 것이 확실하다고 인정하는 물품

② 자율관리 보세구역으로 지정된 보세공장에 반입하는 물품

③ 보세운송신고(승인신청)하는 화주가 「관세 등에 대한 담보제도 운영에 관한 고시」에 따른 담보제공 생략자, 담보제공 특례자 또는 포괄담보제공업체로서 담보한도액 범위인 경우이거나 이미 담보를 제공한 물품

④ 간이보세운송업자가 보세운송의 승인을 신청한 물품

(보세운송에 관한 고시 제34조)

⑧ 보세운송의 물품검사

세관장은 보세운송신고한 물품의 감시단속을 위하여 필요하다고 인정하면 발송지세관 또는 도착지세관에서 검색기 검사, 세관봉인부착, 개장검사, 모바일 보세운송 검사(모바일 보세운송 앱을 활용하여 물품의 출발과 도착을 확인) 등의 검사방법으로 화물관리공무원이 검사하게 할 수 있다.(보세운송에 관한 고시 제28조).

⑨ 보세운송기간

보세운송물품은 신고수리(승인)일로부터 다음 각 호의 어느 하나에 정하는 기간까지 목적지에 도착하여야 한다. 다만, 세관장은 선박 또는 항공기 입항전에 보세운송신고를 하는 때에는 입항예정일 및 하선(기)장소 반입기간을 고려하여 5일 이내의 기간을 추가할 수 있다.

a. 해상화물 : 10일

b. 항공화물 : 5일

(보세운송에 관한 고시 제6조).

⑩ 보세운송통로

세관장은 보세운송물품의 감시, 단속을 위하여 필요하다고 인정될 때에는 관세청장이 정하는 바에 따라 운송통로를 제한할 수 있다.(관세법 제216조 제1항).

⑪ 보세운송기간 경과 시의 징수

보세운송하는 외국물품이 지정된 기간 내에 목적지에 도착하지 아니한 경우에는 즉

시 그 관세를 징수한다. 다만, 해당 물품이 재해나 그 밖의 부득이한 사유로 망실되었거나 미리 세관장의 승인을 받아 그 물품을 폐기하였을 때에는 그러하지 아니하다.(관세법 제217조).

⑫ 간이 보세운송

세관장은 보세운송을 하려는 물품의 성질과 형태, 보세운송업자의 신용도 등을 고려하여 관세청장이 정하는 바에 따라 보세운송업자나 물품을 지정하여 '신고절차의 간소화', '검사의 생략', '보세운송의 담보제공 면제' 조치를 할 수 있다.(관세법 제220조).

⑬ 주의사항

일반적인 수입물품은 보세운송을 통하여 A 보세구역에서 B 보세구역으로 이동한 뒤, B 보세구역에서 수입통관을 진행하여 물품을 반출하게 된다.

하지만 보세운송승인 물품에서 식물 등과 수산물 등은 그러하지 않다. 수입항에서 검역검사(방제, 방역 포함)를 실시하고 수입통관을 진행해야 한다.

① 식물방역법

• 제2조(식물 정의) :

a. 종자식물, 양치식물, 이끼식물, 버섯류

b. 이에 규정된 것의 씨앗, 과실 및 가공품(병해충이 잠복할 수 없도록 가공한 것으로서 농림축산식품부령으로 정하는 것은 제외한다),

• 제9조(수입항) : 식물검역대상물품은 항만·공항·기차역 등 농림축산식품부령으로 정하는 장소("수입항"이라 한다)외의 장소를 통하여 수입하지 못한다.

• 제47조(벌칙) : 다음에 해당하는 자는 3년 이하의 징역 또는 3천만 원 이하의 벌금에 처한다 - 제9조를 위반하여 수입항 외의 장소를 통하여 식물검역대상물품을 수

입한 자

② 수산생물질병 관리법

• 제2조(수산생물 정의) : 수산생물이란 '수산동물'과 '수산식물'을 말한다.
수산동물은 살아 있는 어류, 패류, 갑각류, 그 밖에 대통령령으로 정하는 것과 그 정
액(精液) 또는 알을 말하며, 수산식물은 살아 있는 해조류, 그 밖에 대통령령으로 정
하는 것과 그 포자(胞子)를 말한다.

• 제29조(수입장소의 제한) : 지정검역물은 해양수산부령으로 정하는 항구 및 공항
등의 장소("수입장소"라 한다)를 통하여 수입하여야 한다. 다만, 수산생물검역기관의
장이 지정검역물을 수입하는 자의 요청에 따라 수입장소를 따로 지정하는 경우에는
그러하지 아니한다.

• 제53조(벌칙) :
제29조를 위반하여 수입장소를 통하지 아니하고 수입한 자 − 3년 이하의 징역 또는
3천만 원 이하의 벌금에 처한다.

• 제54조(벌칙) :
이동의 제한, 또는 지시를 받지 아니하고 다른 장소로 이동시킨 자 − 1년 이하의 징
역 또는 1천만 원 이하의 벌금에 처한다.

Note

※ 통관의 주요 날짜 기한 ; 정리
1. 하선장소 물품반입
① 컨테이너화물: 3일, 기간 내 하선장소에 반입
② 원목, 곡물, 원유 등 산물 : 10일, 기간 내 하선장소에 반입
❀ 보세화물 입출항 하선 하기 및 적재에 관한 고시 제19조(하선장소 물품반입)

2. 보세운송

보세운송 후 해당 보세구역 반입

– 보세운송 신고수리(승인)일부터 해상화물 10일, 항공화물 5일 기간 내

❀ 보세운송에 관한 고시 제6조 (보세운송기간)

3. 수입신고

▪ 출항전신고, 입항전신고, 보세구역 도착전신고, 보세구역 장치후신고 중

신고방법을 선택하여 수입신고

❀ 수입통관 사무처리에 관한 고시 제6조 (신고의 시기)

▪ 수출, 수입, 또는 반송하려는 물품의 신고일

지정장치장 또는 보세창고에 반입하거나 보세구역이 아닌 장소에 장치한 후

그 반입일 또는 장치일부터 30일 이내 신고

❀ 관세법 제241조 (수출, 수입 또는 반송의 신고) 제3항

4. 관세 등 납부

수입신고 수리일부터 15일 이내

❀ 관세법 제9조 (관세의 납부기한 등), 수입통관 사무처리에 관한 고시 제45조

5. 수입물품 반출

관세청장이 정하는 보세구역에 반입되어 수입신고가 수리된 물품의 화주 또는 반입자는 제177조(외국물품, 내국물품은 1년의 범위에서 그 기간을 연장할 수 있다, 또는 기타 물품 연장기한)에도 불구하고 **그 수입신고 수리일부터 15일 이내에** 해당 물품을 보세구역으로부터 **반출하여야 한다.**

다만, 외국물품을 장치하는 데에 방해가 되지 아니하는 것으로 인정되어 세관장으로부터 해당 반출기간의 연장승인을 받았을 때에는 그러하지 아니하다.

❀ 관세법 제157조의 2 (수입신고수리물품의 반출)

19. 물품대금결제 (L/C Payment)

물품의 대금결제에 대해서는 앞선 "제10장. 제3절 결제방법"에서 자세히 설명하였다.

결제시점으로 보면, T/T 거래의 경우 대개 선적 전에 수입자는 은행을 통해 수출상에게 결제를 한다.

반면 신용장 거래의 경우 수입자는 발주서를 발행하고 'Sight L/C', 'Shipper's Usance L/C', 'Banker's Usance L/C' 중 하나로 신용장 개설을 한다. 그리고 수출상이 선적 후 선적서류를 NEGO(은행에 제출)하여 개설은행에 보내와야 결제하는 여건이 된다.

1) SIGHT L/C (일람출급신용장)

수출상의 NEGO 후 개설은행에 선적서류가 도착하면, 개설은행은 수입자에게 서류가 도래하였음을 통지한다.

수입자는 개설은행을 방문하여 선적서류를 인수하는 즉시 바로 물품대금을 지급해야 한다.

2) SHIPPER'S USANCE L/C (기한부신용장, 쉬퍼 유전스)

수출상의 NEGO 후 개설은행에 선적서류가 도착하면, 개설은행은 수입자에게 서류가 도래하였음을 통지한다.

수입자는 개설은행을 방문하여 선적서류를 먼저 인수하고, 대신에 물품대금은 개설 시 약정한 만기일(예로 들어 B/L 발행일 그 다음날로부터 90일째 만기일)에 개설은행에 결제한다. 만기일 동안 이자발생은 수출상이 부담한다(Shipper's usance).

3) BANKER'S USANCE L/C (기한부신용장, 뱅커 유전스)

수출상의 NEGO 후 개설은행에 선적서류가 도착하면, 개설은행은 수입자에게 서류가 도래하였음을 통지한다.

수입자는 개설은행을 방문하여 선적서류를 먼저 인수할 수 있으며, 대신에 환어음 인수수수료와 개설 시 약정한 만기일 동안 이자는, 수입자 부담으로, 먼저 은행에 결제를 해야 한다(Banker's usance).

물품대금은 개설 시 약정한 만기일(예로 들어 B/L 발행일 그 다음날로부터 60일째 만기일)에 수입자가 개설은행에 결제한다.

20. 내륙운송 (Inland transportation)

수입화물을 반출함에 있어 수입화주(수입상)의 결정에 따라 내륙운송은 다음 주체에 의해 진행할 수 있다.

1) 수입화주

수입신고, 통관, 반출을 수입화주가 직접 진행하거나, 수입신고, 통관은 관세사에게 위탁하고 반출은 수입화주가 진행할 수 있다.

2) 포워더에 위탁

수입신고, 통관은 관세사에게 위탁하고, 반출은 포워더에 위탁 진행할 수 있다.

3) 관세사에 위탁

수입신고, 통관, 반출까지 모두 관세사에 위탁 진행할 수 있다.

　가장 일반적인 케이스는 수입화주가 수입신고 및 통관은 관세사에게 위탁하고, 반출과 내륙운송은 포워더에게 위탁하여 진행하는 것이다. 그러한 이유는 시간적 효율성과 함께 그들이 그 분야에서 전문적으로 업무 처리를 하기 때문이다.

　대부분 관세사에도 협력업체로 연계된 포워더와 화물운송회사가 있다. 마찬가지로 포워더에도 협력업체로 연계된 관세사와 화물운송회사를 가지고 있다. 따라서 관세사 또는 포워더에 일괄적으로 위탁하여 진행할 수도 있다.

　한편 수출입에서 화주, 관세사, 포워더, 화물운송회사는 항상 유기적으로 협조하여 일을 진행하는 관계이므로 협력이 우수한 편이다. 예를 들면 화주를 중심으로 급한 경우 관세사가 포워더에게, 포워더가 화물운송회사에게 바로 전화 연락을 취하여 업무 협조를 주고받기도 한다. 그럼에도 불구하고 화주는 물품의 주인(貨主)으로서 중심이 되어야 하고 일이 잘 진행되고 있는지 확인을 해야 실수나 문제가 발생하지 않는다.

21. 국내판매 (Local sales)

　수입상의 입고지(회사 또는 창고)에 도착한 수입물품은 국내 판매를 위한 준비과정을 거치게 된다.

　완제품의 경우 국내판매를 위해 재포장이 필요하다면 별도의 작업을 하여야 한다. 그런 후에 온라인 고객 또는 오프라인 거래처에게 판매와 운송을 한다. 반면에 원재료를 수입한 경우 직접 수입물품을 받거나 또는 부두직통관으로 거래처 가공공장으로 바로 입고를 시켜 물품을 납품할 수도 있다.

A Practical Guide to Trade and Import

제 **5** 부

국내판매 하기

시내 과일야채상 가판대
19세기

Vegetables and fruit stand in the city, 19th Century

제13장 물품입고와 판매

사심 없이 헌신하라. 무한경쟁시대 일수록 사심 없는 헌신이 필요하다
— 포스코 박태준 명예회장

제1절 물품 입고처

수입상은 수입통관 전 미리 수입물품을 보관할 장소를 확보해 두어야 한
다. 수입물품을 보관할 수 있는 장소로는 회사 창고, 공장, 또는 물류창고가
될 수 있으며 물류창고는 월 사용으로 임대하여 보관할 수 있다.

CASE 7-2. Purchase Sheet(또는 CASE 10-1. Commercial Invoice) 수입물품의
경우 앞서 설명한 대로 40피트 컨테이너 1개와 LCL 화물의 양으로 관세사나
포워더에 반출 및 운송을 위탁하는 게 편리하다.

반면에 LCL 화물의 경우 수입상은 직접 화물운송회사에 반출과 운송을 의
뢰할 수 있다. 특히 화물운송회사에 위탁하는 경우 수입상은 물품을 픽업할
보세창고 장소(CFS)와 운송해서 입고해야할 장소를 알려줘야 한다.

1. 물품 입고처 통보

화물운송회사에 다음과 같이 물품 입고처를 팩스하여 알려준다.

※ CASE 13-1. 물품 입고처

ALPS INC.

경기도 남양주시 진접읍 경복대로 425 경복대학교 충효관 6401호
Ph. 82-31-525 2000 Fax. 82-31-525 2021

수신 : 효성물류
발신 : ALPS
제목 : 하와이안 셔츠 15박스 수입물품 건
날짜 : 2022년 1월 5일

담당자님께,

안녕하세요.

방금 전화 통화한 대로 위 진행 건에 대한 물품 입고처는 다음과 같습니다.

* 물품 입고처
물품 픽업장소 : 부산시 남구 용당동 123, (주)한진신선대 CFS
　　　　　　　Ph. 051-621-7222
입고처 : 경기도 남양주시 오남읍 진건오남로 양지리 100, ALPS 창고
전화　 : 031-555-2121
담당자 : 최민호 대리

첨부서류로 Packing list, B/L copy, D/O copy를 함께 보냅니다.

감사합니다.

최종훈 드림.

제2절 물품보관

1. 회사 사무실 보관

소량의 수입물품인 경우 회사 사무실에 보관할 수 있다.

2. 회사 창고 보관

회사가 창고를 보유하고 있다면 수입물품을 창고에 보관한다.

3. 공장에 보관

수입물품을 수입한 후 국내 판매용으로 재포장이 필요한 경우 또는 후가공과 재포장이 함께 필요한 경우는 수입물품을 바로 공장(공장은 외주공장을 포함한다)으로 입고시켜 보관하고 그 작업을 실시한다.

4. 물류창고에 보관

회사가 자체 창고를 보유하고 있지 못하다면 물류창고에 의뢰하여 월 사용료를 지불하고 수입물품을 보관한다. 이때 보관할 날짜 수 대비 창고료가 얼마나 나오는지 계산해 두었다가 원가계산에 적용한다.

판매가격에 대해서는 앞서 제4장 전반에 걸쳐 특히 제4장 제5절 '수입비용 계산하기'에 자세히 설명하였다.

판매가격과 판매단가는 원론적으로 같은 의미의 말이다. 협상에서 판매단가가 좀 더 상대방에게 의미를 명확하게 전달하고자 할 때 쓰는 단어라고 볼 수 있다. 판매단가(Unit price)란 단위 당 제품 1개의 가격을 말한다.

공급자와 계약서를 작성할 때 전체 수량뿐만 아니라 칼라별 또는 아이템별 수량, 단가, 총 금액, 가격조건 등이 기재된다. 여기서 구매자인 수입상은 공급받는 가격에서 통관 및 기타 제반 비용을 합산하여 판매원가를 도출한다. 그리고 마진을 붙이면 수입상의 판매단가(판매가격)가 된다.

용어 설명에서 원가(Cost)는 원래 특정 물품이나 서비스를 얻는 데 그동안 소비된 재화나 용역의 가치를 화폐액으로 측정한 것이다. 일반적으로 '제조원가(Production cost)'를 뜻한다. 제조원가는 물건을 만들 때 든 비용, 임대료, 전기수도료, 종업원 급여 등도 포함시켜 나타낸 것이다.

제조원가는 직접재료원가, 직접노무원가, 제조간접원가로 나눠진다. 한 제품을 생산하는데 들어가는 원재료, 가공료 및 기타 비용 등을 모두 합산하여 나타낸 제품의 순가격이다. 그것은 실무자가 당해 산업과 업체의 특성에 따라 어떤 항목을 추가할지 그 기준으로 삼아 정해야 한다.

1. 판매단가 계산

수입상의 기본적인 판매단가는 다음과 같이 계산해 볼 수 있다.

- **판매단가(판매가격) = 구매단가 + 마진 + 수입비용(및 기타)**

- 판매단가(판매가격) : 수입상이 소비자 또는 도·소매 고객에게 판매할 가격
- 판매원가 : 구매단가 + 수입비용(및 기타)
- 구매단가 : 수출상으로부터 구매하는 물품 1개당 단가, 오퍼가격
- 마진 : 물품 1개당 단가에 붙이는 수입상의 이익
- 수입비용 및 기타 : 수입통관비용 및 그 과정에 소요되는 제반 비용
  기타 비용으로 재포장비, 광고비 등을 포함할 수 있다.

판매단가로 수입상은 국내고객에게 단위당 제품의 가격으로 판매를 한다. 가격의 단위로는 제품의 종류 또는 특성에 따라 개당(piece), 미터(meter), 야드(yard), 그램(gram), 킬로그램(kilogram), 리터(liter) 등이 있다.

예로 들어 만약 단가가 한국 화폐로 5,000원이라면 표기는 ₩5,000/PC, ₩5,000/M, ₩5,000/YD, ₩5,000/G, ₩5,000/KG, ₩5,000/L 등으로 계약서 및 서류 등에 작성할 수 있다.

국내고객으로는 도매상, 소매상이 될 수도 있고 직접소비자(개별소비자)가 될 수도 있다.

제4절 국내 판매처

수입상은 제품의 종류 또는 유통의 성격에 따라 고객(사)이 다르며 이에 따라 판매전략, 판매홍보, 판매방식도 달라진다.

1. 중간 · 완성품 업체

원재료를 수입하는 경우 수입상의 고객사는 중간 가공업체이거나 완성품 생산업체가 된다.

중간 가공업체는 수입상으로부터 공급받은 원재료를 이용하여 가공·조립·혼합 등을 통해 부분 공정을 하고 다음 단계의 다른 고객사에게 공급한다. 예로 들어 수입상으로부터 섬유 원사(原絲 : 직물의 실, Yarn)를 공급받아 직기(Weaving machine)로 생지117)(Grey fabric)를 짜서 다음 단계의 염색업체(Dyeing factory)에 생지를 공급하고, 염색업체는 다시 다음 단계의 가공업체(Finishing factory)에 염색지(PD : Plain dyed fabric)를 공급하게 된다.

한편 완성품 생산업체는 원재료를 이용하여 바로 가공·조립 등의 마무리를 하여 완성품을 생산한 후 국내 유통업체에 판매를 하거나 제3국으로 수출하기도 한다.

2. 대리점

「대리점거래의 공정화에 관한 법률」 (약칭. 대리점법)의 정의에 따르면, 대리점거래란 공급업자와 대리점 사이에 상품 또는 용역의 재판매 또는 위탁판매를 위하여 행하여지는 거래로서 일정 기간 지속되는 계약을 체결하여 반복적으로 행하여지는 거래를 말한다.

한편, 대리점은 공급업자로부터 상품 또는 용역을 공급받아 불특정다수의 소매업자 또는 소비자에게 "재판매 또는 위탁판매" 하는 사업자를 말한다. 여기서 **재판매**는 대리점이 공급업자로부터 상품이나 용역을 매입하여 소매업자나 소비자에게 판매하는 것을 의미하는 것이고(상품 또는 용역의 소유권이 대리점으로 이전), **위탁판매**는 대리점이 공급업자 소유의 상품 또는 용역을 대신

---

117) 생지(生地) : 제직한 상태의 염색 전 하얀색 백포. Grey, Gray, 또는 Greige fabric이라고 한다.

판매해주는 것으로 그 대가로서 대리점은 수수료를 지급받는 것이다(상품 또는 용역의 소유권이 대리점으로 이전되지 않음). 전자를 특약점 방식(Distributor)이라 하고 후자를 대리상 방식(Agency)이라 한다.

「대리점법」은 특약점 방식에 적용된다. 그리고 「대리점법」은 모든 공급업자와 모든 대리점 사이에 적용되는 것은 아니다. 공급업자가 중견기업 이상에 해당되어야 하고(중소기업기본법 제2조 제1항 또는 제3항에 해당하는 중소기업인 경우는 제외), 대리점이 중소기업에 해당해야 한다(중소기업기본법 제2조 제1항 또는 제3항에 해당하는 중소기업), 그리고 공급업자가 대리점에 대하여 거래상 우월적 지위를 가지고 있다고 인정되는 경우에 한한다.

따라서 일반적으로 우리가 알고 있는 대리점 개념과 「대리점법」 적용 사이에는 격차가 있다.

다음은 통칭의 관점에서 대리점 이야기를 살펴보자. 예로 들면 필자가 예전에 다니던 회사의 경우 유명 해외 스포츠 E 브랜드에 의류를 생산하여 납품을 하였다. E 브랜드 본사는 매년 한 두 차례 S/S 또는 F/W 프리시즌 (Spring/Summer, Fall/Winter Preseason)에 행사관을 대여하여 전국 E 브랜드 대리점 사업자들을 모시고 품평회를 열었다. 1박 2일 품평회 기간 동안 신제품에 대한 전시, 품평, 의견 수렴, 예비구매를 실시한다. 참석한 전국의 대리점 사업자들은 E 본사의 특약점 방식(Distributor)의 대리점이자 개별 사업장으로서 구매자이다. E 브랜드에서는 본사가 직접 운영하는 직영점이 있고 이와 같이 특약점 방식의 대리점들이 있다.

이와 마찬가지로 수입상은 수입물품을 장기적으로 판매해 줄 대리점 사업자를 찾아 제품을 반복적으로 납품할 수 있다.

3. 도매상, 소매상

도매상(Wholesaler)과 소매상(Retailer)은 대리점과 달리 일정하기보다 구매가 불규칙적이거나 산발적으로 일어날 수 있는 고객사들이다.

도매상은 물품을 공급자로부터 대량으로 구매하여 보다 낮은 가격으로 주로 소매상에게 판매를 한다. 소매상은 개별 점포를 갖고 약간의 이윤을 남기고 직접 개별 소비자를 상대하여 판매를 하게 된다.

수입상은 도매상과 소매상 업체에게 차별적인 가격 정책으로 동시에 판매할 수 있는 방법을 모색해 볼 수 있다.

4. 직접소비자 (개별소비자)

수입상이 직접 개별소비자에게 제품을 판매하는 경우는 드물며 고객사나 도·소매상에게 공급하는 판매경로를 먼저 개척하고, 추후에 영업 매출이 성장하면 인터넷 온라인망을 구축하여 판매하는 방법을 모색하는 것이 바람직하다.

A Practical Guide to Trade and Import　제 **6** 부

수입 후 사후관리

관세청
19세기

Customs building Parliament, 19th Century

제14장 사후관리

자네는 사물을 보기만 하고 관찰하지 않는군. 보는 것과 관찰하는 것은 다르다네
– 셜록홈즈, 보헤미안의 스캔들

제1절 거래금액 정산

정산(精算)이란 정밀하게 계산하는 것을 말한다. 국제 비즈니스 거래에서 공급자가 판매한 물품대금에 대한 명세서(계산서)는 기본적으로 Commercial Invoice(상업송장)로 나타내고 있다. 또는 물품을 공급하기에 앞서 선금을 받기 위한 경우 공급자는 Proforma Invoice(선금 요구할 때, 명세서, 견적서, 계약서, 샘플인보이스 등에 사용된다)를 발행하여 구매자에게 보내기도 한다.

그러나 공급자(수출상)가 물품대금을 모두 받은 후에 일부 금액의 누락, 오기, 부족하게 청구, 과하게 청구 등이 있을 수 있다. 또한 물품대금과 별개로 공급자 측에서 청구해야 할 샘플대금, 비용 등이 있을 수 있고 구매자 측에서 청구해야 할 과지급금 환수, 반품, 수량 부족, 불량으로 인한 감액, 클

레임 청구 등이 있을 수 있다. 이러한 경우 관련 금액을 다시 정리하고 계산하여 양측에서 서로 결산 처리를 하는 것을 '정산(Settlement)' 또는 '정산서(Settlement of accounts)'라고 한다.

정산서로는 Debit Note, Credit Note, Statement 세 가지가 있다.

1. Debit과 Credit 용어에 대한 이해

1) 차변과 대변

차변과 대변이란 말은 예전에 대차대조표(Balance Sheet)에 나오는 용어이다. 현재는 대차대조표란 명칭이 "재무상태표(Statement of Financial Position)"로 바뀌었다.

영문으로 차변을 'Debit'이라 하고, 대변을 'Credit'이라 한다. 재무상태표에서 왼쪽이 차변으로 자산이, 오른쪽이 대변으로 부채와 자본이 기재된다.

※ CASE 14-1. 재무상태표

차변 (Debit)	대변 (Credit)
자산	부채
	자본

차변에 '차(借 : Debt)'라 하면 차용 등과 같이 '빌리다(돈을 갚아야 한다)'라는 뜻이고, 대변에 '대(貸 : Credit)'라 하면 대여 등과 같이 '빌려주다(돈을 받아야 한다)'라는 뜻이다.

그런데 재무상태표에서 '부채'는 차변에 기재되지 않고 대변(빌려주다)에 기재하도록 되어 있다. '자산'도 대변에 기재되지 않고 거꾸로 차변(빌리다)에 기재되어 있다. 대다수 교재나 이론에서 이 부분이 거꾸로 되어있어 여러 유래설과 함께, 헷갈린다는 논평이 많다. 필자도 마찬가지이다.

그것은 우리가 전형적으로 단어만으로 인식하는 것과 달리, 기장(記帳 : 장부에 적음, Bookkeeping)은 그와 반대로 기록이 된다.

이것은 역사적으로 내려오는 기장방법으로, 차변을 'Debit', 'Dr.', 또는 'Debtor'로 표기하고, 대변을 'Credit', 'Cr.', 또는 'Creditor'로 표기한다. 그래서 예전부터 대출 관계에서 "차변에는 나에게 돈을 빌려간 사람(차인 : Debtor)들의 내역과 금액을 적고, 대변에는 내가 돈을 갚아야할 사람(대인 : Creditor)들의 내역과 금액을 적었다고 한다. 그러므로 차변에는 자산의 증가(+)가 일어나고, 대변에는 부채의 증가(+)가 일어난다"라고 이해하는 것이 가장 옳은 이론으로 보인다.

2) Debit Note와 Credit Note

한편, Debit Note와 Credit Note는 기본적으로 공급자(Supplier : 수출상)가 **발행하는 것으로 비즈니스 원론에 나와 있다.** 그것은 업무에 혼선을 주는 것을 방지하고 바이어의 서류 업무나 성가심을 줄여주는 의미가 있다.

즉 원론적으로 공급자가 발행을 하고 Debit Note는 공급자가 '돈을 받을 때', Credit Note는 공급자가 '돈을 갚아야 할 때'에 발행하는 정산서이다.

하지만 가끔은 바이어가 '돈을 받아야 할 때', 마찬가지로, Debit Note를 공급자에게 발행하는 경우도 있다(이것은 바이어가 공급자에게 Credit Note를 발행해 달라고 요청하는 것과 같다).

정리하면, 'To Debtor(차인/채무자)'에게 발행을 할 때는 Debit Note라 하고 (돈을 받아야 함), 'To Creditor(대인/채권자)'에게 발행을 할 때는 Credit Note(돈을 갚아야 함)로 이해하면 명확해진다.

※ CASE 14-2. Debit Note와 Credit Note 구분

구분	Debit Note	Credit Note
한글	데빗 노트	크레딧 노트
이해	To Debtor (차인/채무자에게)	To Creditor (대인/채권자에게)
대금	받을 때	줘야할 때
발행인	기본적으로 공급자 (수출상)	기본적으로 공급자 (수출상)
공급자입장	공급자 채권노트 (= 바이어 채무노트)	공급자 채무노트 (= 바이어 채권노트)

※ 공급자가 Debit Note 발행하는 경우

• 공급자가 과소 청구 (When a supplier has undercharged a buyer)

• 공급자의 샘플대금 청구 (Sample charge)

• 바이어의 결제누락 (Payment omitted)

※ 공급자가 Credit Note 발행하는 경우

• 공급자가 과다 청구 (When a supplier has overcharged a buyer)

• 공급자가 공급한 제품의 손상 또는 수량부족 (Damaged goods or short quantity)

• 공급자의 불량품 공급 (Defective goods)

• 바이어로부터 제품상이, 초과수량, 불량, 유효기간 초과 등으로 반품 들어온 것 (Sales return)

• 공급자가 할인해 주기로 했을 때 (Give discount)

• 바이어의 과지급금 (Overpayment from a buyer)

• 바이어로부터 클레임 (Claim from a buyer)

2. Debit Note

Debit Note는 공급자의 입장에서 **공급자의 채권노트**, 즉 공급자가 받아야 할 금액이 적힌 정산서이다. 공급자(수출상)가 발행을 하여 바이어(수입상)에게 청구를 한다. 앞서 설명한 바와 같이, 무역실무에서 원론적으로 서류를 공급 자 측에서 발행한다는 전제가 깔린 상태에서 얘기하는 것이다.

가끔 바이어가 자신이 받아야 할 금액이 있어 공급자에게 Debit Note를 발행하는 경우도 있다. 이러한 경우 바이어는 공급자에게 확인용(Confirmation)으로 이에 응답하는 Credit Note를 보내달라고 요청하여 받기도 한다.

즉 상대방으로부터 받을 금액이 있을 때 발행하는 것이 "Debit Note"이다.

대개 타이틀 **"DEBIT NOTE"는 검은색 또는 파란색 글씨로 적는다.** 원래 Black ink는 흑자(+)를 뜻한다.

예를 들면 앞서 제6장과 제7장에서 호주의 수출상 Glebe Fashion 회사는 한국의 수입상 Alps Ri 회사에 아래와 같이 3건으로 캥거루 가방 물품 (KANGAROO EMBLEM BAG)을 보내었다.

CASE 6-1에서 샘플 1pc를 보내었고, CASE 6-2에서는 샘플 작업을 하였다. 그리고 CASE 7-1에서 메인오더를 진행하여 공급하였다.

• CASE 6-1. Sample Invoice

Sample Invoice NO. GSI-210701-1, Dated 01/07/2021

BLACK 1PC (including courier charge) : USD25.00

• CASE 6-2. Purchase Sheet(SAMPLE ORDER)

S/C NO : 21-001S, Dated 15/08/2021

BROWN 5PC, NAVY 5PC (including courier charge) : USD300.00

• CASE 7-1, Purchase Sheet(T/T 거래)

S/C NO. 21-099, Dated 01/09/2021

BROWN 50PC, NAVY 50PC : USD1,000.00

　이후 수입상 Alps Ri 회사는 물품대금 지급 시에 간과하여, 메인오더분 USD1,000.00(CASE 7-1)만을 수출상에게 결제하였다. 이를 확인한 호주의 수출상은 부족하게 결제된 금액 USD25.00(CASE 6-1)와 USD300(CASE 6-2)에 대해 이메일을 통해 수입상에게 그 사실을 알리고 Debit Note를 보낸다.

　아래와 같이 Debit Note를 작성하여 수입상에게 총 청구금액 USD325.00를 바로 요청할 수 있으며, 또는 그렇지 않고 바이어 측이 부담해야 할 별도 은행 송금수수료와 번거로움을 감안해 차기 오더 결제건에 합산케 하여 받을 수도 있다. 공급자(수출상)는 이메일을 통해 그것에 대한 자신의 의사표시를 한다.

Glebe Fashion Pty. Ltd.

Unit 402, 34 Wentworth St., Glebe, Sydney, NSW2037, Australia
Ph. 61-2-2730 0000 Fax. 61-2-2730 0001

Messrs.: ALPS RI INC.   Date : 10/09/2021
Attn. : Mr. Justin Choi
Ref. no : D21-1

DEBIT NOTE

DATE	DETAILS	AMOUNT
01.07.2021	KANGAROO EMBLEM BAG Sample invoice no. GSI-210701-1, Black 1pc	USD25.00
15.08.2021	Sample order S/C no.21-001S Brown 5pc, Navy 5pc	USD300.00
Total :		USD325.00

- **TOTAL AMOUNT : USD325.00**
******SAY US DOLLARS THREE HUNDRED TWENTY FIVE DOLLARS ONLY.

- **OUR BANK DETAILS**
- Account name : Glebe Fashion Pty. Ltd.
- Account no. : 2000-26-103311
- Shift code : AMPBAU2SRET
- Advising bank : AMP BANK (Sydney RET Branch)
31 Floor, 50 Bridge St., Sydney, NSW 2000, Australia

We look forward to receiving early settlement of the total amount due.

Yours Sincerely,

Scott Smith

Scott Smith
Director
Glebe Fashion Pty. Ltd.

* 용어 설명

① Ref. no

Debit Note에 관련 번호를 적어 나중에 의사소통 및 서류 찾기에 쉽도록 한다.

② DATE

관련된 서류의 발행 날짜를 적는다.

③ DETAILS

관련된 서류의 발행 번호와 내용을 적는다.

④ AMOUNT

관련된 서류에 나타난 금액을 적는다.

⑤ TOTAL AMOUNT : USD325.00

*****SAY US DOLLARS THREE HUNDRED TWENTY FIVE DOLLARS ONLY.

• 청구할 금액을 숫자(USD325.00)로 먼저 적고 한 줄 아래 영문금액으로 함께 써주는 게 관례이다.

• 만약 오타 등으로 인하여 숫자금액과 영문금액이 서로 일치하지 않는 경우에는 통상적으로 영문금액을 우선시한다.

• 영문금액 시에는 해당 화폐명(여기서는 미국달러)으로 하여 'SAY US DOLLARS', 또는 'SAY TOTAL US DOLLARS'라고 앞에 먼저 적어준다.

• 영문금액은 소문자 방식(small letter), 대문자 방식(capital letter), 그리고 타이틀 글자 방식(title case)이 있는데 보편적으로 예시에서처럼 대문자 방식을 가장 많이 사용한다.

• 단위 DOLLAR(dollar)와 CENT(cent)에는 "S(s)"를 붙인다.

• 통상적으로 DOLLAR(dollar)와 CENT(cent)를 구분하기 위해 그 사이에만

AND(and)를 넣는다.

예로 들어, 금액이 USD110.20이라면 'SAY US DOLLARS ONE HUNDRED TEN DOLLARS AND TWENTY CENTS ONLY'가 되겠다.

⑥ OUR BANK DETAILS

- Account name : 계좌이름(예금주)
- Account no. : 계좌번호
- Shift code[118] : 은행식별코드
- Advising bank : AMP은행 시드니 RET지점(계좌은행)

오스트레일리아, 뉴사우스웨일스주 2000, 시드니, 브리지 거리 50번지, 31층

⑦ Yours Sincerely,

Scott Smith

Scott Smith
Director
Glebe Fashion Pty. Ltd.

경의의 맺음말과 서명란이다.

이곳에 회사고무날인(사인방, 명판, 또는 직인)을 찍는다.[119]

Debit Note처럼 중요한 문서에는 날인[120](또는 자필 사인)을 반드시 해서 보내도록 한다. 회사고무날인을 스캔하여 붙이기를 하여도 된다.

 Debit Note는 외화 입금 또는 송금 시에 은행에 제출해야 하는 증빙서류

---

118) SWIFT 코드 : Society for Worldwide Interbank Financial Telecommunication code. 전 세계 은행 간 식별 코드로 BIC(Bank Identifier Code) 코드라고도 부른다. 신속하고 정확한 '해외송금'을 위해 만든 것으로 보통 영문과 숫자의 혼합으로 8자리 또는 11자리로 이루어져 있다.
119) 회사고무날인(사인방) : 회사고무날인을 일반 회사에서는 보통 '사인방'이라 부르며 회사 도장을 뜻한다.
120) 날인(捺印) : 도장을 찍음.

(Copy 제출 가능)의 역할을 한다. 은행에 제출하여야 외화의 입금 또는 송금이 가능하다.

3. Credit Note

Credit Note는 공급자의 입장에서 **바이어의 채권노트(구매자의 채권노트)**, 즉 구매자가 받아야 할 금액이 적힌 정산서이다. 앞서 설명한 바와 같이, 무역실무에서 원론적으로 서류를 공급자 측에서 발행한다는 전제가 깔린 상태에서 얘기하는 것이다.

정의하자면, 공급자이든 바이어이든 상대방에게 줘야 할 금액이 있을 때 발행하는 것이 "Credit Note"이다.

대개 타이틀 **"CREDIT NOTE"는 붉은색 글씨로 적는다.** 그렇게 하는 것은 다른 서류와 쉽게 구분하기 위해서이다. 그리고 원래 Red ink는 적자(-)를 뜻한다.

예를 들면 앞서 CASE 7-2. Purchase Sheet(관련 건 CASE 7-4. L/C NO. LC9607235/01, CASE 10-1. Commercial Invoice)의 수입 캥거루 가방(KANGAROO EMBLEM BAG)의 물품대금은 USD30,000.00이다.

한국의 수입상 Alps Ri 회사는 신용장 방식을 통해 물품대금을 호주의 수출상 Glebe Fashion 회사에 결제를 하였다. 추후 도착한 수입물품을 검사하는 과정에서 Brown 5pc, Navy 5pc, Black 10pc의 불량품을 발견하였다. 이에 불량품을 반품하고(20pc X 단가 USD10.00/PC), 총 USD200.00 금액을 청구·환수 받고자 한다. 이메일을 통해 수입상은 수출상에게 내용설명을 하고 수출상으로 하여금 Credit Note를 발행케 하고 송금해 줄 것을 요청했다.

설명한 바와 같이 Debit Note든 Credit Note든 그것을 어느 측이 발행하는가는 근본적으로 문제가 없다. 단지 비즈니스에서 통상 공급자 측에서 발행하는 것을 기본으로 인식하고 있다. 그것은 업무의 혼선을 방지하며, 공급제품에 대한 이해도(관련 오더번호, 스펙표기 등)가 높은 공급자가 발행을 하는 것이 보다 낫다. 또한 바이어의 서류 업무나 성가심을 줄여주는 의미도 있다.

그럼 상기 불량품에 대한 USD200.00의 Credit Note는 수출상(Glebe Fashion Pty. Ltd.)이 어떻게 발행하는지 살펴보기로 하자.

Glebe Fashion Pty. Ltd.

Unit 402, 34 Wentworth St., Glebe, Sydney, NSW2037, Australia
Ph. 61-2-2730 0000 Fax. 61-2-2730 0001

Messrs.: ALPS RI INC.   Date : 30/11/2021
Attn. : Mr. Justin Choi
Ref. no : C21-1

CREDIT NOTE

DATE	DETAILS	AMOUNT
28.10.2021	Commercial invoice no. GCI-211028 L/C NO. LC9607235/01 KANGAROO EMBLEM BAG Defective goods : Brown 5pc, Navy 5pc, Black 10pc Unit price USD10.00/PC	USD200.00
Total :		USD200.00

- **TOTAL AMOUNT : USD200.00**

******SAY US DOLLARS TWO HUNDRED DOLLARS ONLY.

We will remit the settlement very soon.

Yours Sincerely,

Scott Smith

Scott Smith
Director
Glebe Fashion Pty. Ltd.

4. Statement

Statement는 **거래내역서**로 Debit(공급자가 받아야 할 금액), Credit(공급자가 지급해야 할 금액), Balance(차액/잔액)를 한꺼번에 정리한 정산서이다.

미국 할리우드 영화를 보다 보면 정보요원(CIA/FBI agent)이 어떤 인물을 추적하며 은행 금융거래내역서를 뽑아보는 장면이 종종 나오는데 그 용지 표면에 'Statement'라는 글씨가 찍혀있는 것을 볼 수 있다. 우리의 일상에서는 기간별 통장거래내역을 조회해 보면 입금내역, 출금내역, 잔액이 나오는데 그것이 바로 "Statement"이다.

Statement 역시 공급자가 발행하여 구매자(바이어, 수입상)에게 보낸다. 여러 개의 내역들을 한목에 볼 수 있도록 정리한 것이다.

바이어의 요청이 있는 경우, 관련된 모든 서류들을 여러 장 일일이 팩스로 넣어 줄 수도 있겠지만 이렇게 한 장에 종합하여 보내면 바이어가 확인하기가 쉽다. 특히 장기간에 걸친 내역들은 그러하다. 대체로 거래내역서는 바이어로부터 요청이 있을 시에 월 별, 일정한 기간별, 또는 분기별로 정리하여 보낸다.

Statement의 경우 일반적으로 따로 보내는 이의 첨부 설명 이메일은 나가지 않는다.

Glebe Fashion Pty. Ltd.

Unit 402, 34 Wentworth St., Glebe, Sydney, NSW2037, Australia
Ph. 61-2-2730 0000 Fax. 61-2-2730 0001

Messrs.: ALPS RI INC.   Date : 05/12/2021
Attn. : Mr. Justin Choi
Ref. no : STAT21-1

STATEMENT

Date	Details	Debit	Credit	Balance
10.09.2021	Debit note D21-1	USD325.00		
28.10.2021	C/invoice GCI-211028	USD30,000.00		USD30,325.00
30.11.2021	Credit note C21-1		USD200.00	USD30,125.00

Yours Sincerely,

Scott Smith

Scott Smith
Director
Glebe Fashion Pty. Ltd.

문제 제기

수입상이 계약을 한 이후에 제품이 생산, 완료, 선적, 또는 선적 후 과정에서 여러 가지 문제들이 발생할 수 있다. 대표적으로 가장 많이 발생하는 문제는 품질 문제, 납기지연 문제, 마켓 문제 등이다.

1. 품질 문제

품질은 무엇보다도 가장 중요시해야 할 항목이다.

품질의 기준은 첫째로 계약서에 명시된 규격과 스펙에 부합해야 하고 둘째로 견본샘플(또는 제시받은 샘플)에 합당해야 한다. 그리고 품질에 하자(결점)가 없어야 하고 수량의 과도한 과부족(過不足)이 발생하지 않아야 한다.

이를 방지하기 위해 수입상은 수출상으로부터 중간 생산샘플을 받아 품질을 확인하고 필요에 따라 현지를 방문하여 검사를 실시할 수도 있다. 또한 테스트 기관에 의뢰하여 품질 테스트를 하거나 수출상으로부터 시험성적서 (Test report)를 받아 검증할 수 있다.

선적 전에는 쉬핑샘플을 받아 최종 품질을 확인하고 수입 후에는 현물에 이상이 없는지, 기타 레벨(Labelling, Tag)이 맞게 부착되어 있는지, 포장상태에 찢긴 데가 없는지, 물품 색싱의 변색 여부는 어떤지 등 전반적으로 품질을 확인해야 한다.

① 규격과 스펙 확인
② 견본샘플과 비교
③ 품질 하자(결점) 확인

④ 수량의 과도한 과부족 확인

⑤ 중간 생산샘플 확인

⑥ 시험성적서 의뢰

⑦ 쉬핑샘플 확인

⑧ 수입 후 전반적인 품질 확인(포장상태, 레벨, 변색, 오염 등)

2. 납기 문제

다음은 납기(납품기일, Delivery date)의 중요성이다.

수출상과 수입상의 납기 약속은 다시 수입상과 고객사의 납기로 연계돼 이어져 있다. 따라서 납기지연은 단순히 신뢰의 문제뿐 만 아니라 바로 금전적 손실과 앞으로의 영업활동에도 영향을 준다.

납기가 많이 지체되거나 경과한 경우 수입상은 다음 4가지 경우의 수를 염두에 두고 업무에 임해야 한다.

첫째, 어느 정도 납기가 조정 또는 연장이 가능한 경우 최대한 판매 일정을 다시 조정하고 고객 거래처에게 미리 이해를 구하도록 한다. 둘째, 일정 조정이 불가능한 경우 수출상에게 요청하여 일부 수량을 먼저 항공편(Air shipment)으로 선적을 받고 나머지 수량은 준비되는 대로 해상편(Sea freight shipment)로 받는다. 셋째, 도저히 시간적 여유가 없다면 전량(전체 수량)을 항공편으로 선적해 줄 것을 요청해야 한다. 끝으로 두 번째 경우로 진행한 상태에서 추가적인 금전적 손실 발생에 대해 비용 청구를 하는 경우이다(만약 전량을 항공편 선적으로 모두 받았다면 추가적인 금전 손실까지 수출상에게 청구하는 것은 바람직하지 않다. 그것은 도의상으로도 그렇고 상대방에게 과도한 책임을 지우는 것이기 때문이다).

① 납기 및 판매 일정 조정 후 납기를 연장해 줌
② 일부 수량은 먼저 항공편 선적, 나머지 수량은 해상편 선적으로 요청
③ 전량 항공편 선적으로 요청
④ 일부 수량은 먼저 항공편 선적, 나머지 수량은 해상편 선적으로 요청하고 이후 추가 발생한 손실비용을 청구 또는 분담함

비즈니스는 한 번만 거래하고 그만두는 것은 아니다. 따라서 수입상은 수출상과의 긴 안목으로 협조해가며 상승효과를 만들어 갈 때 서로 발전할 수가 있다. 따라서 손실비용을 무조건 100% 청구하기보다는 일부 부담을 줄여준다는 관점에서 수출상에게도 최대한 손실을 줄여주는 것, 또는 그러한 방법을 찾아 절감해 주는 것이 수입상이 가져야 할 기본자세라 할 수 있다. 만약 고객사로부터 불만(Complaint)이 극성하고 클레임이 제기되어도 실타래를 풀 듯 설득하고 그 문제를 해결하는 노력 그리고 공급자에게 손실을 삭감해 줄 수 있는 것도 수입상의 기술이다. 단지 그러한 수입상의 노력을 공급자에게 설명해 줄 필요는 있다. 개인과 개인 간의 관계와 마찬가지로 그러한 수고를 설명하지 않으면 공급자는 모르거나 문제를 경시해 하는 경우가 있다.

이렇게 수입상이 평소 호의적이라면, 반대로 수입상이 자금이 부족하거나 때로는 납기가 급하여 생산해 주는 곳이 마땅치 않는 경우, 이제는 공급자가 수입상을 도와주거나(자금부족인 경우 공급자가 결제조건을 분납 또는 기간을 공여하거나 단가를 깎아줄 수도 있다) 신속히 생산을 서눌러 수입상이 근심을 덜게 되는 경우도 생기게 된다. 인간사(人間事)든 비즈니스든 상호 호혜적(Mutual-reciprocal)이어야 한다.

3. 마켓 문제

수입상 측의 시장 상황 또는 판매 상황의 문제를 마켓 문제라 하며 이로 인해 문제 제기하는 것을 "마켓 클레임(Market Claim)"이라 한다.

마켓 클레임은 바이어 측의 상황 악화로 인하여 고의로(deliberately) 공급자에게 문제를 제기하는 클레임이다. 그 내용으로는 바이어의 기획 실패, 디자인 실패, 실적 저조, 내부 문제 등이 있다.

필자의 경험을 얘기하면 B 브랜드 회사에서 디자인을 기획하고 그에 따라 그대로 스키복을 생산하고 납품을 하였는데 이후 판매가 저조하다는 소식을 접했다. 가장 큰 이유는 겉감 원단(소재)이 너무 얇다는 것이다. 그로 인해 의류 판매율이 낮아지고 재고는 쌓여만 갔다. 디자인과 소재 결정은 바이어의 고유 권한으로 이러한 경우 엄밀히 말해 바이어 측의 기획 실패이다. 아무리 이쁘고 좋은 디자인이라도 추운 겨울에 얇은 스키복이 팔릴 이유가 만무했다. 그래서인지 B 브랜드는 차일피일 결제를 미루더니 이런저런 이유를 들어 클레임 청구가 들어왔다. 이러한 경우 공급자 입장에서 마켓 클레임임이 짐작은 가나 입증할 명확한 증거가 없다.

결국 판매된 수량분에 대해서만 물품대금을 받고 미판매분에 대해서는 의류로 반송을 받았다. 그리고 B 브랜드에게는 브랜드 라벨(Label, Tag)을 떼고 직접 오프라인으로 판매할 수 있도록 승낙을 받았다. 그리하여 스키장에 스키복 대여점 등을 돌아다니며 저가로 판매하여 손실을 줄였다.

수입상은 비록 마켓 상황이 나쁘다 하더라도 공급자(수출상)에게 책임을 전가하거나 악의적으로 마켓 클레임을 청구해서는 안 된다고 강조하고 싶다. 그것은 동업자 정신에도 맞지 않을뿐더러 상대방도 그 상황을 미리 짐작하여 내막을 알고 있을 가능성이 높다. 이러한 경우 지속적인 비즈니스 관계를 유지하기는 어렵다. 또한 이러한 수입상은 나쁜 평판으로 소문이 나거나 뜨내기손님(Casual visitor)으로 이곳저곳 떠돌아다닐 것이고 결국 듬직한 공급자가 없어 영업 영역이 위축되고 줄어들게 된다.

제3절 클레임 (Claim)

1. 의미

앞서 설명한 대로 품질 문제, 납기 문제, 마켓 문제 또는 기타 사유로 인하여 부득이 클레임을 제기해야 하는 경우가 있다. 이러한 경우 이미 수차례 메일을 통하여 단계적으로 문제 제기가 되고 비용적 손실에 대해서도 충분히 공급자에게 설명이 되어야 한다. 또한 클레임이 발생하기 전에 어떻게든 문제 해결을 할 수 있도록 상호가 노력해야 한다. 그럼에도 불구하고 피치 못할 경우에 수입상은 클레임을 제기하고 유감 표시의 레터를 보내야 한다. 이때 레터의 톤은 완곡한 표현(Euphemism)으로 공격적이지 않되 그러나 의사 전달이 확고하며 설득력이 있어야 한다.

이후 수입상은 Debit Note를 직접 발행하거나 공급자(수출상)의 동의를 얻어 공급자에게 Credit Note를 발행해 줄 것을 요청한다.

이렇듯 무역실무에서는 클레임 노트라 하지 않고, 클레임을 제기하는 바이어의 관점에서 바이어가 발행한다고 얘기할 때에 "Debit Note"라 한다.

2. 클레임 레터 쓰기

ALPS INC.

Unit 6401, Chunghyo Bldg., Kyeongbok Uni., 425 Jinjeop, Namyangju-si, Korea Republic
Ph. 82-31-525 2000 Fax. 82-31-525 2021

Messrs.: GLEBE FASHION PTY. LTD.   Date : 28/11/2021

Dear Mr. Scott Smith,

RE: DEFECTIVE GOODS 20PC, KANGAROO EMBLEM BAG (3,000PC) ORDER
Commercial Invoice no. GCI-211028
L/C NO. LC9607235/01
Brown 5pc, Navy 5pc, Black 10pc

We found some defective goods in your recent shipment.

20 pieces were very seriously twisted out of shape and have stains as well.
We attached photos. If necessary, we will return each specimen.

So, please confirm and issue your credit note soon.

Yours Sincerely,

Justin Choi
General Manager

위와 같이 클레임 레터가 먼저 나가고 이후 적당한 시점 또는 오더가 종료
된 후에 수출상(공급자)으로부터 Credit Note를 발행해 줄 것을 요청한다(또는
수입상이 직접 Debit Note를 발행한다). 그리고 청구한 클레임 금액을 받는다.

Credit Note는 앞선 예시 CASE 14-4. CREDIT NOTE와 같다.

제4절 클레임 정산 방식

1. 계약 해지 (Order Cancellation)

구매자(수입상)와 공급자(수출상) 간에 계약서를 작성한 후에 드물게 계약이 해지(解止)되는 경우가 있다.

만약 해지가 구매자의 요청이라면 공급자 측에서 원재료를 생산에 투입하기 전에 구매자는 빠르게 해지하는 것이 바람직하다. 왜냐하면 공급자가 원재료를 이미 생산에 투입했다면, 다른 고객의 오더 건으로 활용하거나 전환할 수 있다면 괜찮겠지만, 불가피하게 비용 손실이 생긴 부분을 모른 척 외면하기 어렵기 때문이다.

계약이 해지되는 경우로는 계약 위반사항이 발견되었거나, 계약 체결 이후에 추가적인 무리한 요구, 불성실, 또는 태도 변화 등이 있다. 그 원인이 구매자 측으로부터 야기될 수 있고 또는 공급자 측으로부터 야기될 수 있으므로 양측 어디든지 계약해지를 먼저 제기할 수 있으며 상대방이 동의하면 최종 해지된 것으로 본다.

계약 해지로 서로 금전적 손실이 발생하지 않았다면 따로 청구할 내용이 없다. 만약 구매자 측에서 손실이 생기거나 공급자 측에서 손실이 생긴다면 상호 파트너십 원칙에 따라 기본적이고 최소한의 비용만을 상대방에게 청구하거나 가능한 범위 내에서 청구없음으로 종결을 한다.

2. 전량 재생산 (Reproduction in whole)

생산 과정 중 수입상은 샘플을 요청하여 중간 품질을 체크하고 수출상은 생산 과정 중 알릴 사항이 있다면 수입상에게 보고를 하게 된다. 특히 생산 중에 불량 발생이 많이 나는 경우 숨김없이 그대로 수입상에게 보고를 해야 한다. 그래야 양 측에서 좀 더 현명한 해법을 찾고 대처하여 추가적인 비용 손실 등을 방지할 수 있기 때문이다.

수입상은 생산 제품에 허용하기 힘든 심각한 결함이 발생하거나 불량률이 60% 이상 나오면 전량 재생산해 줄 것을 수출상에게 요청을 한다. 이러한 경우 제품은 새롭게 생산에 들어가고 자연적으로 납기지연이 발생하게 된다. 이러한 납기지연은 수입상이 최대한 조정하거나 또는 고객사와 조율해서 감당할 수 있도록 한다. 그럼에도 불구하고 이것으로 비용 손실이 많이 발생하면 일부 나눠서 수출상에게 클레임을 통지한다.

• 납기지연으로 인한 비용 손실 예상

3. 일부 재생산 (Reproduction in part)

생산 중 수입상은 수출상으로부터 일부 수량에 불량이 발생했다는 보고를 받거나 검사 과정 또는 샘플을 통해 심한 불량을 발견한 경우 확인 수량만큼 재생산해 줄 것을 요청한다. 그리고 해당 재생산분에 대해서는 추후 항공편 (Air shipment)으로 선적해 줄 것을 요청한다. 그 이유는 고객과의 납기를 맞추기 위해서이다. 이러한 경우 납기에 크게 지장을 주지 않는 경우가 대부분으로 수입상은 수출상에게 클레임을 제기할 이유는 없다.

하지만 어떠한 이유로 한두 차례 더 불량이 발생하고 거듭 재생산을 해야 하는 상황이 온다면 항공편 선적뿐만 아니라 추가적 비용 손실이 발생할 수

밖에 없다. 이때는 손실금액 만큼에 대한 클레임을 청구한다.

• 납기지연으로 인한 비용 손실 예상
• 추가적인 비용 손실 발생 시에 그 부분만 클레임 청구

4. 감액 (Deduction)

감액(Deduction)이란 클레임이 발생하여 구매자(수입상)가 그 금액만큼 물품대금에서 공제하겠다는 것을 뜻한다.

현재 오더가 진행되고 있는 도중에 클레임이 발생하였다면 수입상은 물품의 결제대금에서 클레임 금액만큼 빼고 결제를 하면 된다. 이 경우 이미 메일로 합의하였다면 별도의 수입상의 Debit Note를 발행할 필요는 없다.

반면 오더가 완료되어 이미 물품대금이 지급된 상황에서 클레임이 발생되면 수입상은 메일로 내용을 설명하고 합의 후에 수출상에게 Credit Note를 발행해 줄 것을 요청한다. 그래서 별도로 수출상으로부터 청구금액을 지급받는다.

신용장 거래의 경우(오더가 진행 또는 완료됨과 상관없이) 신용장 내용대로 수출상이 선적서류의 매입(NEGO)을 하면 수입상은 그대로 물품대금을 결제한다. 따라서 이후 별도로 클레임을 청구하고 수출상에게 Credit Note를 발행해 줄 것을 요청한다(또는 수입상이 수출상에게 Debit Note를 발행한다).

감액은 이와 같이 청구금액을 별도로 받는 방법이 있고, 향후 진행되는 오더 건에서 수출상의 단가(Unit price)를 낮추어 청구금액만큼 환급의 혜택을 받는 경우가 있다. 후자의 경우 추후 진행 예정인 오더 건(Repeat order)[121]의 단가를 이전 단가보다 낮추는 것이다. 예로 들면 이전 단가가 USD1.50/yd였

---

121) Repeat order : 같은 아이템(제품)으로 반복적으로 발주하는 오더를 말한다.

다면 클레임 금액만큼 적용하여 다음 오더건 단가를 USD1.32/yd 이런 식으로 진행하는 것이다. 단, 이러한 경우 같은 아이템(제품)에 국한하는 것이 바람직하다. 그럼에도 불구하고 수입상은 추후 어떠한 논쟁을 방지하기 위해 증빙서류로 감액에 관련한 Credit Note를 수출상으로부터 받아 둔다.

- 수출상으로부터 Credit Note를 받고 감액
- 단가 조정을 통한 감액

5. 손해배상 (Indemnification)

손해배상(Indemnification, Compensation for damages)은 기본적으로 앞서 언급한 클레임 내용들을 포함한다. 하지만 여기서 말하는 손해배상은 구매자와 공급자의 잘못이 아닌 제3자 또는 다른 요인들에 의해 발생하는 손해배상을 일컫는다.

이에 해당하는 것으로는 운송업자의 부주의로 인한 제품 훼손, 운송 중 제품 분실, 취급주의 잘못으로 인한 제품 손괴(망가뜨림), 수량 과부족 등 다양하게 나타날 수 있다.

이러한 경우 수입상은 수입지에서 일어난 것은 바로 해당 업체에 손해배상을 청구하고 수출지에서 일어난 것은 수출상에게 손해배상을 청구하고 수출상은 다시 해당 업체에 청구하는 방법으로 해결을 한다.

주로 일어나는 유형은 다음과 같다.
- 화물운송회사 - 취급 부주의로 인한 제품 손괴, 운송 중 제품 분실
- 수출포장회사 - 포장 부주의로 인한 제품 분실 및 손괴
- 선사 - 해상운송 중 사고로 인한 제품 분실, 전손(Total loss), 분손(Partial

loss) 등. 해상보험회사를 통해 처리

• 창고업자 – 보관 부주의로 인한 제품 분실, 오염 및 화재 등

6. 지불 거부 (Unpaid)

지불 거부는 현실적으로 무역현장에서는 거의 일어나기 어려운 경우 중 하나이다. 아무리 공급자가 부실한 생산과 불성실한 태도로 일관하여도 최소한 수취한 정품에 대한 대금결제는 해야 하는 것이 상업적 도리이다.

지불 거부가 일어나는 경우는 두 업체 간의 비즈니스 관계를 끊는다는 것을 의미한다. 이러한 경우 설령 공급자 측에서 원인을 제공하였다 하여도 구매자의 과도한 행위로 평가할 수밖에 없다.

T/T 거래의 경우 일부 선금을 받거나 대부분 후불로 대금을 받기 때문에 물품을 이미 받은 상태에서, 반품하는 경우를 제외하고, 구매자(수입상)가 지불 자체를 거부하거나 오랜 기간 미지급하는 것은 악덕업자(Unscrupulous dealer)에 불과하다 하겠다. 신용장 거래의 경우 구매자가 직접 지불 거부하는 것은 그 명분과 이유에 있어서 어떠한 법 조항을 갖다 댄다 해도 궁색한 변명(Poor excuse)에 불과하다.

따라서 구매자는 이러한 지불 거부 방법은 아예 생각하지 않는 것이 바람직하다.

• 지불 거부는 생각하지 말 것

제5절 중재 (Arbitration)

1. 중재의 의미

중재(Arbitration)란, 무역에서 업체 간 계약을 체결한 후 분쟁이 발생할 시에 그것을 법원 소송이 아닌 국제 중재하여 해결하는 것을 말한다.

중재에는 기관중재(Institutional arbitration)와 당사자 간 임의중재(Ad hoc arbitration)가 있으며 여기서 설명하고자 하는 것은 기관중재를 일컫는다.

중재에 대한 문구는 일반적인 단일 물품구매서(Purchase sheet)에는 사용하지 않으며 대체로 큰 수주건, 공사 계약, 독점공급계약서, 대리점계약서 등 대형 프로젝트의 계약서에 넣게 된다. 이것은 나중에 예기치 않은 분쟁 발생 시 중재를 통해 문제를 해결하기 위함이다.

2. 중재 용어

우선 주요한 중재 용어를 살펴보고 이해하자.

용어	의미
중재지(중재장소), 중재지 법	Place of Arbitration
중재인	Arbitrators
단독 중재인	Sole arbitrator
3인의 중재인	Three arbitrators
주관 중재인	The presiding arbitrator
중재판정인, 중재판정부	Arbitral tribunal
중재조항	Arbitral rules
중재언어	Language of arbitration
중재기관	Arbitral institution
중재합의	Arbitration agreement
중재절차	Arbitral proceeding
중재판정	Arbitral award
중재재판소	Arbitral tribunal
중재법	Arbitration act

개시	Commencement, Discovery
준거법	Governing law, Applicable law
홈 코트 어드밴티지	Home court advantage
관할법원	Competent court
서면의 통지	Notice of written communication
원고	Complainant, Plaintiff
피고	Defendant
증인출석	Witness scheduling
증인진술	Witnesses statements of fact
서면으로	in writing
후견인	Tutorials
보호조치	Protective order
입증책임	Burden of proof
증거물, 증거물/서류 등을 제출하다	Exhibits
사유	Grounds
심리	Hearings
구술심리	Oral hearing
증거조사	Taking evidence
권리포기	Waiver
무효 또는 효력 상실	null and void
기각하다	dismiss the action
구속력	Binding power
이의신청	Right to object
이의신청권의 상실	Waiver of right to objet
당사자들	The parties
담보	Asset
담보의 제공	Provision of security
신속한 해결	Expeditious resolution
비용 및 손해배상	Costs and damages
손해배상	Compensation for damage
임시적 처분	Interim measures
항고	Appeal, complaint

중재인에 대한 기피사유	Grounds for Challenge
중재인에 대한 기피절차	Procedures for Challenge
중재지법, 중재절차의 준거법 ㉾ 122)	*lex arbitri*
법률상 또는 사실상 ㉾	*de jure* or *de facto*
공정과 선(善)의 원칙에 따라 ㉾	*ex aequo et bono*
선의의, 선량한 ㉾	*bona-fide*
직권으로 ㉾	*ex officio*
직권으로	Own initiative
당사자 간에 다른 합의가 없다면	Unless otherwise agreed by the parties
과반수의 결의	The resolution of a majority of all its members
감정인	Expert
감정서	Expert report
신청서와 답변서	Statement of claim and defense
중재비용의 분담	Allocation of arbitration costs
지연이자	Past due interest
효력 및 불복	Effect and recourse
중재판정 취소의 소	Action for setting aside award
법원에의 제소	Substantive claim before court
중재판정 집행	Enforcement of arbitral awards
정본(正本)	The authentic copy
오기(誤記)	Clerical or typographical errors
변론, 구두변론	Oral argument
변론기일	Pleading date
심문기일	Examination date
시행하다	enter into force
정지되다	to be suspended
종결되다	to be terminated
공표일	Promulgation date
시행일	Enforcement date

---

122) ㉾ : 라틴어

3. 국제 중재

1) 대표적인 국제 중재기관

대표적인 국제 중재기관은 다음과 같다.

① International Court of Arbitration (ICC's)

ICC's (국제상공회의소, the International Chamber of Commerce) 중재기관

② International Center for Dispute Resolution, ICDR (AAA's)

AAA's (미국중재협회, the American Arbitration Association) 중재기관

③ London Court of International Arbitration, LCIA

런던 국제 중재법원

그 외에 중재기관으로는,

• ICCA (the International Council for the Commercial Arbitration) 상업중재 국제위원회

• KCAB (the Korean Commercial Arbitration Board) 대한상사중재원

• SIAC (the Singapore International Arbitration Centre) 싱가포르 국제중재센타

• HKIAC (the Hongkong International Arbitration Centre) 홍콩 국제중재센타

- SSC (the Stockholm Chamber of Commerce) 스톡홀름 상공회의소

- DIS (the German Institute of Arbitration) 독일 중재기관

- VIAC (the Vienna International Arbitration Centre) 비엔나 국제중재센타

- PCA (the Permanent Court of Arbitration in the Hague) 헤이그 중재재판소

- CIETAC (the China International Commerce Arbitration) 중국 국제 경제 무역 중재위원회

- WIPO (the World Intellectual Property Organization) 세계 지적 재산권기구(WIPO) 중재조정센터

- GAFTA (the Grain and Feed Trade Association) 런던 곡물거래업협회

- LMAA (the London Maritime Arbitration Association) 런던 해사중재협회

- FOSFA (the Federation of Oils, Seeds and Fats Association) 유지류 거래업협회

- LME (the London Metal Exchange) 런던 금속거래소 등이 있다.

2) 국제 중재의 특징과 장·단점

국제 중재기관을 통한 중재의 특징은 법정의 중립성(The neutrality of the

forum), 뉴욕협약123)에 의한 법 시행성(The likelihood of obtaining enforcement, by virtue of the New York Convention), 그리고 기업의 사업에 대한 비밀유지(Confidentiality)가 있다.

장점으로는 국제소송에 비해 신속함으로써 대략 6개월 정도의 시간에 해결점을 찾을 수 있다. 그리고 중재인의 구성은 해당 분야의 전문가들로 구성되어 전문성이 높으며 충분한 변론의 기회를 부여받아 일반 법정보다 편안함이 있다. 그리고 비용이 상대적으로 적게 든다.

반면 단점으로는 단심이기 때문에 불복하여 상소할 수가 없다. 또한 중재라고 하지만 어느 한쪽의 신청을 받아 진행되므로 편향성이 나타나는 경향도 발생한다.

3) 진행과정

중재는 양측에 의하여 중재인(Arbitrators), 중재조항(Rules), 중재지(Place of arbitration), 중재언어(Language of arbitration)를 정하게 된다.

중재인은 해당 분야의 전문성을 가진 이들로 구성되며 전문가, 교수, 현장 실무가 등이 포함된다. 보통 3인으로 구성되는데 중재인은 양측의 중재심문(Hearings)을 통해 가급적 원만한 해결을 찾는데 노력한다. 따라서 양측이 조금씩 양보하는 것으로 해결책을 찾고 중재안을 마련한다.

중재판정은 법원의 확정판결과 동일한 효력을 갖게 되며 뉴욕협약에 가입된 나라라면 어느 나라의 중재판정도 다자국의 법정에서 이루어진 판결과 동일한 효력을 인정받고 있다. 따라서 한 쪽의 중재판정이 다른 나라(상대국)에

---

123) 뉴욕협약(the New York Convention) : 원어는 "Convention on the Recognition and Enforcement of Foreign Arbitral Awards(1958)" : 외국중재판정의 승인 및 집행에 관한 UN협약(1958)이다. 국제 상거래에서 중립적인 중재인을 선임해 분쟁을 해결하고 판정받는 절차이다. 법원 판결과 달리 강제성은 없으나 구속력(Binding)이 있다. 뉴욕협약에 의한 국제중재는 외국에서도 효력이 보장됨으로 국적이 다른 기업 간의 상거래에서 분쟁 해결제도로 자리 잡았다. 가입국은 2019년 10월 현재 161개국이 속해있다.

받아들여지게 된다.

4) 실무에서

실무에서, 앞서 설명한 대형 프로젝트 계약서(대형 발주건, 공사건, 파트너 계약서 등)의 경우 계약서 내용 중 중재조항(Article. Arbitration) 부분을 충분히 살펴보고 검토한 후 계약서에 서명 날인을 하여야 한다.

중재라 하더라도 소송비용 문제가 있으며 특히 중재지가 어떻게 명시되어 있느냐에 따라 승소에 어려움이 따를 수 있기 때문이다.

계약서를 준비하는 측에서 슬쩍 중재지 또는 중재기관을 본국의 장소와 기관으로 작성하는 경우가 많다. 이것은 분쟁 발생 시 중재기관이 중립성을 취한다고 하지만 본국 해당 회사에게 유리한 판결을 할 가능성이 있기 때문이다. 이것을 '홈 코트 어드밴티지(Home court advantage)'라 한다.

따라서 중재지를 제3국으로 하거나 상대적으로 다소 약소(弱小)한 측에서 중재지를 정하는 것이 바람직하다. 그렇지 아니한 경우 상대방에게 계약서에서 중재지 표기는 빼고 다시 작성할 것을 요청한다.

중재지가 표기돼 있지 않은 경우 분쟁 발생 시 중재기관의 안내에 따라 원칙적으로 당사자 간의 합의로 정해진다. 합의가 없는 경우 당사자의 편의와 해당 사건에 관한 모든 사정을 고려하여 중재판정부에서 중재지를 정하게 된다.

4. 중재에 대한 규제 체계

시카고 로욜라 대학교 Margaret L. Moses 교수는 그의 저서 『The Principles and Practice of International Commercial Arbitration, 201

2」에서 Arbitration Agreement(중재합의)의 상위 체계로〈 Arbitration Rules(중재규칙)〈 National Laws(국내법)〈 International Arbitration Practice(국제중재법)〈 International Treaties(국제조약)으로 나타내고 있다.

『The arbitration agreement』 is the underpinning for the regulatory framework governing the private dispute resolution process. If the arbitration agreement is not valid, then there is no legal basis for arbitration…

At one step above the arbitration agreement are 『the arbitration rules』 chosen by the parties…Frequently, a rule will contain a provision that says, "unless otherwise agreed in writing by the parties." This means that the rule is not mandatory, but rather is a default rule that will apply if the parties have not reached their own agreement on the particular topic…

At the next level are 『the national laws』. Both the arbitration law of the seat of the arbitration *(the lex arbitri)* and substantive laws will come into play, and they are likely to be different national laws. Many countries have adopted as their arbitration law the UNCITRAL Model Law(United Nations Commission on International Trade Law Model Law) on International Commercial Arbitration. The Model Law is meant to work in conjunction with the various arbitration rules, not to conflict with them…

At the next step above the national laws is 『international arbitration practice』, which tends to be utilized to various degrees in all arbitrations. This includes various practices that have developed in international arbitration, some of which have been codified as additional rules or guidelines...Arbitrators and parties may agree that some of these international practices will be followed, or arbitrators may simply use them as guidelines...

Finally, at the top of it are any pertinent 「international treaties」.

For most international commercial arbitrations, "the New York Convention" will be the relevant treaty because it governs the enforcement of both arbitration agreements and awards, and because so many countries are parties to the Convention. In addition to the New York Convention, three other important conventions are the Inter-American Convention on International Commercial Arbitration("the Panama Convention"), "the European Convention" on International Commercial Arbitration, and the Convention on the Settlement of Investment Disputes between States and Nationals of other States("the Washington Convention" or the ICSID Convention: International Center for the Settlement of Investment Disputes Convention)...

Although parties have substantial autonomy to control the arbitration process, the supplementation and reinforcement of the process by both national and international laws help ensure that the process functions in a fair and effective manner. The regulatory framework also gives parties confidence that they will have a reasonable method of recourse when problems develop in their international business transactions.

----

5. 대한상사중재원의 중재

우리나라의 대한상사중재원에서는 국제중재를 주관하고 있으며 국내거래와 무역에서 국내 기업 당사자가 계약서를 작성할 때 중재문구 작성에 쉽게 이용할 수 있도록 "표준중재조항"을 마련해 놓고 있다. 그 내용은 다음과 같다.

1) 일반절차

① 국내거래

"이 계약으로부터 발생되는 모든 분쟁은 대한상사중재원에서 국내 중재규칙에 따라 중재로 해결한다."

② 국제거래(국문/영문)

"이 계약으로부터 발생되는 모든 분쟁은 대한상사중재원에서 국제 중재규칙에 따라 중재로 해결한다."
중재인의 수 [1/3]
중재지 [서울/대한민국]
중재에 사용될 언어 [언어]

"Any disputes arising out of or in connection with this contract shall be finally settled by arbitration in accordance with the International Arbitration Rules of the Korean Commercial Arbitration Board."
The number of arbitrators shall be [one/three]
The seat, or legal place, of arbitral proceedings shall be [Seoul/South Korea]
The language to be used in the arbitral proceedings shall be [language]

2) 중재인을 당사자가 직접 선정하는 방식

① 단독 중재인의 경우

"이 계약과 관련하여 당사자 간에 발생하는 모든 분쟁은 대한민국 서울에서 대한상사중재원의 국내(국제) 중재규칙과 대한민국 법에 따라 중재에 의하여 최종적으로 해결한다. 중재판정부는 양 당사자들의 합의에 따라 1인으로 구성한다."

"All disputes which may arise between the parties, in relation to this contract, shall be finally settled by arbitration in Seoul, Korea in accordance with the Domestic(International) Arbitration Rules of the Korean Commercial Arbitration Board and under the Law of Korea. The dispute shall be decided by a sole arbitrator appointed by agreement of both parties."

② 3인 판정부의 경우

"이 계약과 관련하여 당사자 간에 발생하는 모든 분쟁은 대한민국 서울에서 대한상사중재원의 국내(국제) 중재규칙과 대한민국 법에 따라 중재에 의하여 최종적으로 해결한다. 중재판정부는 3인으로 구성하되 각 당사자는 각자 1인의 중재인을 선정하고, 이에 따라 선정된 2인의 중재인들이 합의하여 의장중재인을 선정한다."

"All disputes which may arise between the parties, in relation to this contract, shall be finally settled by arbitration in Seoul, Korea in accordance with the Domestic(International) Arbitration Rules of the Korean Commercial Arbitration Board and under the Law of Korea. The arbitral tribunal consists of three arbitrators, each party shall appoint one arbitrator and two arbitrators chosen by them shall appoint a third arbitrator, as a presiding arbitrator."

3) 신속절차

① 국내거래

"이 계약으로부터 발생되는 모든 분쟁은 대한상사중재원 국내 중재규칙의 신속절차에 따라 중재로 최종 해결한다."

② 국제거래

"이 계약과 관련하여 당사자 간에 발생하는 모든 분쟁은 대한민국 서울에서 대한상사중재원 국제 중재규칙의 신속절차 및 대한민국 법에 따라 중재에 의하여 최종적으로 해결한다."

"All disputes which may arise between the parties, in relation to this contract, shall be finally settled by arbitration in Seoul, Korea in accordance with the Expedited Procedures in International Arbitration Rules of the Korean Commercial Arbitration Board and under the Law of Korea."

4) 신청인주의, 피신청인주의 절차

① 신청인 국가에서 중재를 하기로 하는 경우 (한·중 기업 간의 예)

"이 계약과 관련하여 발생하는 모든 분쟁은 신청인의 국가에서 중재로 최종 해결한다. 만일 신청인이 (한국기업)일 경우 대한상사중재원에서, 만일 신청인이 (중국기업)일 경우 중국국제경제무역중재위원회에서 진행한다."

"All disputes in relation to this contract shall be finally settled by arbitration in the country of the claimant. In case the claimant is (a Korean enterprise), the arbitration shall be held at the Korean Commercial Arbitration Board. In case the claimant is (a Chinese enterprise), the arbitration shall be held at the China International Economic and Trade Arbitration Commission."

② 피신청인 국가에서 중재를 하기로 하는 경우 (한·일 기업 간의 예)

"이 계약과 관련하여 발생하는 모든 분쟁은 피신청인의 국가에서 중재로 최종 해결한다. 만일 피신청인이 (한국기업)일 경우 대한상사중재원에서, 만일 피신청인이 (일본기업)일 경우 일본상사중재협회에서 진행한다."

"All disputes in relation to this contract shall be finally settled by arbitration in the country of the respondent. In case the respondent is (a Korean enterprise), the arbitration shall be held at the Korean Commercial

Arbitration Board. In case the respondent is (a Japanese enterprise), the
arbitration shall be held at the Japan Commercial Arbitration Association."

〈출처 : 대한상사중재원 www.kcab.or.kr〉

대한상사중재원은 세계 41개국 50개 중재기관들과 업무협약을 맺고 있는
데, 중재장소 등의 결정은 주로 피신청인의 국가에서 하도록 정하고 있다.

만약 당사자 간에 이러한 '신청인주의(신청인의 국가에서 중재장소, 중재기관을 정
하는 것)', '피신청인주의(피신청인의 국가에서 중재장소, 중재기관을 정하는 것)'로 중재
지 또는 중재기관을 정하는데 실패하는 경우 제3국의 국제 중재기관을 정하
게 된다.

기업 당사자는 국내 및 국제거래 계약서에서 앞서 예시한 중재문구 등을
참고하여 작성할 수가 있다.

■ 중재 문의 : 대한상사중재원 ☎ 02-551-2000

제15장 원산지 증명

너는 나에게 나는 너에게 잊혀지지 않는 하나의 의미가 되고 싶다
- 김춘수의 시 "꽃"

제1절 HS CODE

1. HS CODE란?

HS 코드는 1988년 국제협약에서 제정되었으며 수출입물품에 부여되는 상품 분류 코드이다. 사람마다 각자 고유한 이름과 ID 번호가 있듯이 세계의 모든 물품마다 번호를 정하고 분류하여 무역거래에서 각국의 소통과 업무에 차질이 없도록 하는데 그 목적이 있다.

HS CODE(Harmonized System Code)는 우리말로 '세번' 또는 '세번부호'라 한다. 수출신고필증에 '세번부호'라는 HS CODE 기재란이 있다. 따라서 용어 표기는 HS CODE, HS-CODE, 세번, 세번부호 등으로 한다.

우리나라는 HSK(HS of Korea)라 부르며 10자리를 사용하고 있으며 미국

10자리, 일본 9자리, EU는 8자리를 사용하고 있다.

HS 코드는 세계관세기구(WCO : World Customs Organization)에서 운용되고 있으며 세계무역의 물품 98%가 이 코드로 식별이 된다. 앞 6자리는 세계공통분류로서 똑같으며 많은 국가들이 뒤에 몇 자리를 추가하여 구분함으로써 물품을 세분화하여 설명하고 있다.

예로 들면 최근 우리나라의 마른김은 일본과 아시아뿐만 아니라 미주에서도 인기가 높다. 마른김의 한국 HS CODE 번호(HSK)는 1212.21.1010 이며 수출 시 선적 관련 서류에 'HS CODE 1212.21.1010' 이렇게 표기를 한다.

■ HS CODE

앞 1~2 자리 : 상품군
앞 3~4 자리 : 소분류(가공별 분류)
앞 5~6 자리 : 세분류(용도, 기능별 분류)
7자리~   : 각 나라마다 자체적으로 부여한다.

2. HS CODE와 HTS CODE에 대한 이해

HS CODE와 HTS CODE는 같은 의미로 혼용되어 사용된다.

구분하자면 HS CODE(Harmonized System Code)는 세계적으로 표준화된 상품 코드로 국경을 넘나드는 모든 상품에 사용되어 세관에 신고 시 상품을 확인할 수 있게 했다.

한편 HTS CODE(Harmonized Tariff Schedule Code) 역시 세계관세기구(WCO : World Customs Organization)에 의해 개발된 것으로 국제 무역상품을 규정하고 분류하기 위해서였다. 수출국의 무역물품은 반드시 수입국의 HTS(관세율표 :

Harmonized Tariff Schedule)와 부합하도록 HTS 코드를 부여하여야 한다.

둘의 차이점은 HS CODE는 세계적으로 공통 분류로 사용되는 앞의 6자리 코드라는 것에 방점(傍點)이 있으며 HTS CODE는 7~10자리 코드로 수입물품에 정해진 6자리 이후에 각국 특유의 숫자들로 정해진 것을 뜻한다.

HTS에 대해 오하이오 주립대 교수 Daniel C.K.Chow와 조지 워싱턴대 교수 Thomas J. Schoenbaum은 자신들의 저서 「International Trade Law, 2013」에서 이렇게 설명하고 있다.

In assessing tariff, the initial step is to classify a product under a country's tariff schedule. Most WTO members have adopted the so-called Harmonized Tariff System(HTS) developed by the World Customs Organization(WCO), formerly the Customs Cooperation Council, located in Brussels...

The HTS classifies goods into twenty-two different categories called Sections, which are further subdivided into chapters. Note that the HTS is a classification system only; nothing in the HTS concerns the rate of duty that must be imposed upon any particular classification. This decision is up to each nation, consistent with its GATT obligations. The HTS itself does not have the direct force of law within national legal systems. Each WTO member adopting the HTS will transform it into its own law, and it is the domestic implementation, not the HTS itself, which has legal force. For example, the United States has adopted the HTS(with some inevitable variations) as the Harmonized Tariff Schedule of the United States(HTSUS)...

WTO nations have agreed to be consistent for chapters, headings, and subheadings upto the six-digit level but allow for national differences beyond this point(the HTS may freely adapt the last four digits as it sees fit). In the United States, tariffs are assessed at the eight-digit level. The

United States uses a ten-digit classification; the last two digits of the ten-digit number are used by the United States for information-gathering purposes.

_____

설명에서 미국의 상품분류코드는 10자리로 'HTSUS'라 한다.

3. HS CODE 확인 방법

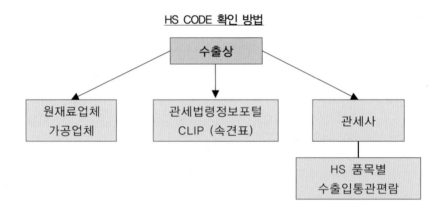

수출상은 선적을 위해 선적서류를 준비할 때 선적서류에 HS CODE를 기재해야 한다. 이때에 HS CODE 번호를 확인하는 방법은 위와 같이 세 가지 방법으로 가능하다.

첫째, 원재료업체에 문의를 하면 물품 10자리 중 물성에 따라 앞 4자리를 파악할 수 있고 그다음 가공업체에 문의를 하면 후가공에 따라 뒷자리가 어떻게 변하는지를 알 수 있으므로 총 10자리 조합이 완성된다.

둘째, 관세청에서 운용하는 **"관세법령정보포털 CLIP"**124)이 있다. 관세법령

_____

124) 관세청 사이트(UNIPASS) : 관세청이 운용하는 사이트로 "관세법령정보포털 CLIP"과 "국가관세종합정보망 CSP"가 있다. UNIPASS CLIP에는 관세법령, 관세정보, 세계 HS 등의 내용으로 돼 있으며, UNIPASS CSP에는 고시환율정보, 전자신고, 전자납부 등의 내용으로 돼 있다.

정보포털 CLIP(unipass.customs.go.kr/clip/index.do) 〉세계 HS〉 HS정보〉 속견 표를 검색하면 해당 품목과 가공에 따라 HS CODE 10자리를 파악할 수 있 다.

셋째, 가장 편리하고 정확한 방법은 관세사에게 전화를 걸어 문의하면 된 다. 관세사에게 수출하고자 하는 품목의 제품명과 스펙 및 가공을 알려주면 관세사가 검색 또는 「HS 품목별 수출입통관편람」 이란 도서를 통해 HS CODE 10자리를 찾아 알려 준다. 그 편람을 보유하고 있다면 수출상이 직접 찾아볼 수도 있다. 1990년대~2010년대까지만 해도 관세사뿐만 아니라 무역 업체에서는 「HS 품목별 수출입통관편람(한국관세무역개발원 발간)」 이란 도서를 사무실에 구비해 놓고 필요할 때마다 찾아보는 경우가 많았다.

앞서 언급한 마른김의 경우 관세법령정보포털 CLIP를 통해 HS CODE를 찾아보면 대분류는 '제12류 채유용종자·인삼'에 속해 있으며 호는 1212 '로커 스트콩(locust bean)·해초류와 그 밖의 조류(藻類)·사탕무와 사탕수수…'이다. 거기에 김(Laver)은 1212.21.10이며 건조한 것(Dried)은 뒷자리에 10이 붙어있 다. 따라서 마른김은 10자리 최종 'HS CODE 1212.21.1010'임을 알 수 있다.

HS CODE는 관세청이 고시를 하고 관세사가 수출상으로부터 품목에 대한 정보를 받아 수출상에게 확인해 주게 된다. 따라서 수출상은 관세사로부터 HS CODE 번호를 확인받거나 또는 계속 수출하는 품목에 대해 HS CODE 번호를 알고 있다면 생산업체들을 통해 확인하고 선적서류에 기재를 하면 된 다.

수출상은 선적서류 중 Commercial Invoice에 가장 먼저 작성하고 나머지 서류들도 똑같이 작성한다. 그리고 관세사에게 Commercial Invoice와 Packing List를 팩스를 보내어 수출신고필증을 발급받는다. 그런 다음 Commercial Invoice와 수출신고필증을 대한상공회의소에 인터넷(온라인)으로 신청하여 원산지증명서를 발급받게 된다. 이 두 서류(수출신고필증, 원산지증명서)에는 수출상이 만든 선적서류를 기초로(기재한 대로) HS CODE 번호가 기재되어 발급이 된다.

4. HS CODE는 왜 중요한가?

- 수입되는 물품의 관세를 결정짓게 된다(부과/징수/감면/혜택/면제 등).
- 자국의 무역통계, 법률 및 경제적 분석, 무역협상 등 자료의 기초가 된다.
- 정확한 HS CODE 기재는 관세사로부터 불필요한 지연 및 창고료 발생 등을 방지한다.
- 잘못된 HS CODE 기재로 과다(Overpaying) 관세지급이 발생할 수 있다.
- 잘못된 HS CODE 기재로 과소(Underpaying) 관세지급이 발생할 수 있으며 이로 인해 세관으로부터 벌금이 부과될 수 있다.
- 기업은 HS CODE를 기재함으로써 무역에 대한 법적 의무를 이행하는 역할을 한다.

제2절 원산지 증명

1. 원산지 증명의 의미

원산지(Country of Origin)는 물품의 생산·가공·제조 등이 이루어진 것으로 보는 국가를 말하며, 한 나라 밖에 있는 식민지, 속령 또는 특정지역(홍콩) 등과 같이 자치보유국, 독립관세영역 지역도 원산지가 될 수 있다.

오늘날 온전히 한 국가에서 재배, 가공되어 생산되는 제품이 드물기 때문에 원산지 판정 기준이 중요해졌다.

원산지 증명은 관세의 부과·징수 및 감면, 수출입물품의 통관 등을 할 때 그 기준이 된다. 특히 일반특혜관세 및 협정관세의 경우(대표적으로 FTA 협정관세), 협정에서 정한 원산지증명서를 구비해야 체약상대국에서 특혜세율을 적용받을 수 있기 때문에 원산지 증명은 매우 중요하며 앞서 제12장의 '수입통관 시 관세납부'와 이후 제16장에서 다루어질 '관세환급'과도 매우 밀접한 관계가 있다.

2. 원산지 판정 기준

「대외무역시행령」 제61조(수출입 물품의 원산지 판정 기준)에 따르면 원산지 판정은 다음 어느 하나의 기준에 따라야 한다.

① 수입물품의 전부가 하나의 국가에서 채취되거나 생산된 물품(완전생산물품)인 경우에는 그 국가를 그 물품의 원산지로 할 것

② 수입물품의 생산·제조·가공 과정에 둘 이상의 국가가 관련된 경우에는 최종적으로 실질적 변형을 가하여 그 물품에 본질적 특성을 부여하는 활동(실질적 변형)을 한 국가를 그 물품의 원산지로 할 것

③ 수입물품의 생산·제조·가공 과정에 둘 이상의 국가가 관련된 경우 단순한 가공활동을 하는 국가를 원산지로 하지 아니할 것

위 완전생산물품, 실질적 변형, 단순한 가공활동의 기준 등 원산지 판정

기준에 관한 구체적인 사항은 관계 중앙행정기관의 장과 협의하여 산업통상자원부장관이 정하여 고시한다.

수출물품에 대한 원산지 판정은 위 항에 따른 기준을 준용하여 판정하되, 그 물품에 대한 원산지 판정기준이 수입국의 원산지 판정기준과 다른 경우에는 수입국의 원산지 판정기준에 따라 원산지를 판정할 수 있다.

3. 원산지 표시

수입물품에 대한 원산지 표시는 「대외무역관리규정」에 잘 나타나 있다.

1) 수입물품의 원산지표시대상물품 등 (대외무역관리규정 제75조)
① 원산지표시대상물품은 HS CODE에 게기된 수입물품이며 원산지표시대상물품은 해당 물품에 원산지를 표시하여야 한다.

② 제1항에도 불구하고 원산지표시대상물품이 다음 각 호의 어느 하나에 해당되는 경우에는 영 제56조 제2항에 따라 해당 물품에 원산지를 표시하지 않고 해당 물품의 최소포장, 용기 등에 수입물품의 원산지를 표시할 수 있다.
• 해당 물품에 원산지를 표시하는 것이 불가능한 경우
• 원산지 표시로 인하여 해당 물품이 크게 훼손되는 경우(예 : 당구공, 콘택트렌즈, 포장하지 않은 집적회로 등)
• 원산지 표시로 인하여 해당 물품의 가치가 실질적으로 저하되는 경우
• 원산지 표시의 비용이 해당 물품의 수입을 막을 정도로 과도한 경우(예 : 물품 값보다 표시비용이 더 많이 드는 경우 등)
• 상거래 관행상 최종구매자에게 포장, 용기에 봉인되어 판매되는 물품 또는 봉인되

지는 않았으나 포장, 용기를 뜯지 않고 판매되는 물품(예 : 비누, 칫솔, VIDEO TAPE 등)

• 실질적 변형을 일으키는 제조공정에 투입되는 부품 및 원재료를 수입 후 실수요자에게 직접 공급하는 경우

• 물품의 외관상 원산지의 오인 가능성이 적은 경우(예 : 두리안, 오렌지, 바나나와 같은 과일·채소 등)

• 관세청장이 산업통상자원부장관과 협의하여 타당하다고 인정하는 물품

③ 영 제55조 제2항에 따른 단순한 가공활동의 구체적인 사항은 제85조 제8항 각호를 준용한다.

2) 수입물품 원산지 표시의 일반원칙 (대외무역관리규정 제76조)

① 수입물품의 원산지는 다음 각 호의 어느 하나에 해당되는 방식으로 한글, 한자 또는 영문으로 표시할 수 있다.

• "원산지 : 국명" 또는 "국명 산(産)"
• "Made in 국명" 또는 "Product of 국명"
• "Made by 물품 제조자의 회사명, 주소, 국명"
• "Country of Origin : 국명"
• 「대외무역법 시행령」 제61조의 원산지와 동일한 경우로서 국제상거래관행상 타당한 것으로 관세청장이 인정하는 방식

② 수입물품의 원산지는 최종구매자가 해당 물품의 원산지를 용이하게 판독할 수 있는 크기의 활자체로 표시하여야 한다.

③ 수입물품의 원산지는 최종구매자가 정상적인 물품구매 과정에서 원산지표시를 발견할 수 있도록 식별하기 용이한 곳에 표시하여야 한다.

④ 표시된 원산지는 쉽게 지워지지 않으며 물품(또는 포장·용기)에서 쉽게 떨어지지 않아야 한다.

⑤ 수입물품의 원산지는 제조단계에서 인쇄(Printing), 등사(Stenciling), 낙인(Branding), 주조(Molding), 식각(Etching), 박음질(Stitching) 또는 이와 유사한 방식으로 원산지를 표시하는 것을 원칙으로 한다.
다만, 물품의 특성상 위와 같은 방식으로 표시하는 것이 부적합 또는 곤란하거나 물품을 훼손할 우려가 있는 경우에는 날인(Stamping), 라벨(Label), 스티커(Sticker), 꼬리표(Tag)를 사용하여 표시할 수 있다.

⑥ 최종구매자가 수입물품의 원산지를 오인할 우려가 없는 경우에는 다음 각 호와 같이 통상적으로 널리 사용되고 있는 국가명이나 지역명 등을 사용하여 원산지를 표시할 수 있다.
- United States of America를 USA로
- Switzerland를 Swiss로
- Netherlands를 Holland로
- United Kingdom of Great Britain and Northern Ireland를 UK 또는 GB로
- UK의 England, Scotland, Wales, Northern Ireland
- 특정국가의 식민지, 속령 또는 보호령 지역에서 생산된 경우 관세청 무역통계부호에 규정된 국가별 분류기준에 따른 국가명
- 기타 관세청장이 산업통상자원부장관과 협의하여 타당하다고 인정하는 국가나 지역명

⑦ 「전기용품 및 생활용품 안전관리법」, 「식품위생법」 등 다른 법령에서 물품에 대한 표시방식 등을 정하고 있는 경우에는 이를 적용하여 원산지를 표

시할 수 있다.

4. 원산지 국가명 표기

「원산지제도 운영에 관한 고시」 제8조(원산지 국가명 표기)에서는 다음과 같이 설명하고 있다.

① 영문으로 국가명을 표시하는 경우에는 약어(예 : Great Britain을 "Gt Britain"으로 표기) 또는 변형된 표기(예 : Italy를 "Italie"로 표기)를 표시할 수 있으나, 국가명 또는 국가명의 형용사적 표현이 다른 단어와 결합되어 특정 상품의 상표로 최종구매자에게 오인될 우려가 있는 경우(예 : Brazil Nuts)에는 원산지표시로 인정하지 아니한다.

② 식민지 및 국가로부터 자치권을 행사하는 특별구역은 별도의 원산지국가로 표시하여야 한다(예 : Hong Kong, Macao, Guam, Samoa Islands, Virgin Islands).

③ 각각의 개별 국가가 아닌 지역·경제적 연합체는 이를 원산지로 표시할 수 없다(예 : EU, NAFTA, ASEAN, MERCOSUR, COMESA).

④ 최종구매자가 수입물품의 원산지를 오인할 우려가 없는 경우에는 통상적으로 널리 사용되고 있는 국가명이나 지역명 등을 사용하여 원산지를 표시할 수 있다(예 : United States of America를 USA 또는 US 또는 America로, Switzerland를 Swiss로, Netherlands를 Holland로, United Kingdom of

Great Britain and Northern Ireland를 UK 또는 GB로, UK의 England, Scotland, Wales, Northern Ireland).

⑤ 국제 관행상 국가명만 표시하는 것으로 인정되는 물품의 경우에는 국가명만 표시할 수 있다(예 : 시계, 볼펜, 사인펜, 연필, 색연필 등).

⑥ 국제상거래 관행상 정착된 표시방법은 적정한 원산지표시로 인정할 수 있다(예 : "Manufactured by 물품제조자 회사명, 주소, 국가명", "Manufactured in 국가명", "Produced in 국가명", "국가명 Made", "Country of Origin : 국가명").

이외에 같은 고시 제7조(1회용 포장용기의 원산지표시)에서 1회용 포장용기는 최소 판매단위 포장에 원산지를 표시할 수 있다.
제9조(원산지표시 면제)에서는 원산지표시가 면제되는 물품의 경우를 명시하고 있다.

5. 원산지증명서 (Certificate of Origin)

1) 원산지증명서 구분
원산지증명서는 크게 2가지로 나눌 수 있으며 그것은 **"일반 원산지증명서"**와 **"관세양허대상 원산지증명서"**이다. 그리고 관세양허대상 원산지증명서의 하위에는 여러 관세양허대상 원산지증명서들이 있다.[125]
공식적인 용어는 「수출물품 원산지증명서 발급규정」에서 "일반수출물품

---

125) 관세양허 : Concession of tariff. 협정을 체결한 국가 간에 특정 품목의 관세를 일정 수준 이상으로 부과하지 않겠다는 약속을 말한다. 양허는 "서로 양보하여 세율을 낮추기로 허락하다"라는 의미이다.

원산지증명서"라 정의하며 이를 관세청에서는 '비특혜 원산지증명서'라고도 한다. 마찬가지로 "관세양허대상수출물품 원산지증명서"라 정의하며 이를 관세청에서는 '특혜 원산지증명서'로 부르기도 한다.(이하 같은 의미로 쓴다).

공식 용어	비공식 용어
일반수출물품 원산지증명서 (일반 원산지증명서)	비특혜 원산지증명서
관세양허대상수출물품 원산지증명서 (관세양허대상 원산지증명서)	특혜 원산지증명서

2) 원산지증명서 신청인

원산지증명서 발급을 신청할 수 있는 자는 수출자(권한을 위임받은 관세사가 대리 가능)를 말한다. 다만, 협정에 규정되어 있는 경우 생산자도 가능하다.〈원산지제도 운영에 관한 고시 제27조〉

3) 원산지증명서 관련 서식모음

원산지증명서와 관련한 아래의 모든 서식들은 두 기관의 홈페이지에 있다.

① 대한상공회의소 원산지증명센터 (cert.korcham.net)
  ☞ 양식 및 견본

② 관세청종합솔루션 Yes FTA (www.customs.go.kr/ftaportalkor/main.do)
  ☞ FTA 활용제노〉원산지증명서 발급〉원산지증명서 서식
  ☞ FTA 자료실〉FTA 서식모음〉원산지증명서 발급

※ 관련 서식
• 일반 원산지증명서

- 관세양허대상 원산지증명서 (종류별)

- FTA 원산지증명서 (나라별)

- 원산지소명서

- 원산지결정기준사실신고서

- 원산지(포괄)확인서

- 소요부품자재명세서(BOM)

- 국내제조(포괄)확인서

- 협정관세 적용신청서

- 업체별 원산지인증수출자 인증(연장) 신청서

- 품목별 원산지인증수출자 인증(연장) 신청서

- 기타서류

이외에 필요한 서식은 관세사에게 요청을 하거나 관련 법규의 '별표/서식'을 참고한다.

제3절 일반 원산지증명과 관세양허대상 원산지증명

1. 일반 원산지증명서

1) 의미

일반 원산지증명서는 관세양허대상이 아닌 유상 또는 무상으로 수출하는 모든 물품에 대하여 발급하고, 해외 바이어의 자국 내 원산지 표시문제 및 불공정 무역행위(덤핑) 조사 등을 이유로 필요로 한다.

수입자가 따로 일반 원산지증명서를 요구하지 않는 경우에는 수출자는 원산지증명서를 발급받지 않고 수출할 수 있다(수출자는 계약 시 수입자에게 일반 원산지증명서 발급이 필요한 지 묻는다).

우리나라의 일반 수출물품의 경우 "일반 원산지증명서" 발급기관은 ; 대한상공회의소이다. 다른 나라의 일반 수출물품의 일반 원산지증명서 발급기관도 대체로 자국의 상공회의소이다.

2) 대한상공회의소에 발급 신청

한국의 수출자가 해외로 제품을 수출하는 경우, 대한상공회의소에 원산지증명서 발급 신청을 할 때에 그 절차는 다음과 같다.

① 신청인은 원칙적으로 수출 시 또는 수출물품의 선적이 완료되기 전까지 원산지증명서 발급 신청을 한다.

대한상공회의소에서는 '일반 원산지증명서'뿐만 아니라 '관세양허대상 원산지증명서'도 발급을 한다.

② 몇 년 전만 하더라도 대한상공회의소에서의 원산지증명서 발급은 방문·신청 발급도 가능하였으나, 2022년 현재는 인터넷(온라인) 발급 정책으로 바뀌었다.

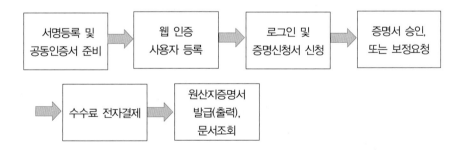

* 대한상공회의소 원산지증명센터 : ☎ 02-6050-3303, 🖥 cert.korcham.net

※ 서명등록

"서명등록"은 상공회의소에서 제반서류를 인증받고 이용하기 위해서는 필수 사항이다.(서명등록 방법과 제출서류는 홈페이지를 참고한다)

서명등록은 1년간 사용이 유효하며 등록비는 ₩55,000원이다.

인터넷(온라인)으로 서명등록이 가능하다. 그리고 1년이 지나면 매년 다시 등록비를 내고 서명등록을 해야 한다.

※ 공동인증서(구. 공인인증서)

기업은 "공동인증서"를 가지고 있어야 한다. 상공회의소에서 사용 가능한 공동인증서 타입(종류)은 '사업자 범용' 또는 '전자무역용' 공동인증서이다.

만약 공동인증서가 없다면 상공회의소를 통해서도 공동인증서를 만들 수 있는데 이것은 한차례 내방하여 방문·발급하는 것을 원칙으로 하고 있다.(준비해야 할 제출서류는 홈페이지를 참고한다)

위 플로 차트(Flow chart)의 발급 절차에 대한 자세한 설명은 홈페이지를 참고하자.

③ 대한상공회의소의 원산지증명서 발급을 위한 구비서류는 다음과 같다.

▪ 일반 원산지증명서

① 신청서

② 수출신고필증 사본

③ Commercial Invoice(상업송장/송품장) 또는 거래계약서(Purchase sheet 등)

　(이 서류는 제출이 생략될 수도 있다)

④ 발급은 인터넷(온라인)으로 인쇄하여 출력한다.

일반 원산지증명서는 원본 1부, 부본 2부로 발급된다.

⑤ 발급수수료는 건 당 ₩7,000원~9,000원이다.

3) 일반 원산지증명서 서식

1. Exporter (Name, address, country) GLEBE FASHION PTY. LTD. UNIT 402, 34 WENTWORTH ST., GLEBE, NSW2037, AUSTRALIA	ORIGINAL **CERTIFICATE OF ORIGIN** Issued by AUSTRALIAN CHAMBER OF COMMERCE & INDUSTRY Sydney, Australia
2. Consignee(Name, address, country) TO ORDER	**3. Country of Origin** AUSTRALIA
4. Transport details FROM : SYDNEY, AUSTRALIA TO : BUSAN, KOREA BY : WIDE JULIET 016N ON : 28 OCT. 2021	**5. Remarks** - BUYER ALPS RI INC. UNIT 6401, CHUNGHYO BLDG., KYEONGBOK UNI., 425 JINJEOP, NAMYANGJU-SI, KOREA REPUBLIC - LC9607235/01 - CONTRACT NO. S/C NO. : 21-100 - INVOICE NO. & DATE GCI-211028, 28 OCT. 2021

6. Marks & numbers; number and packages ; description of goods	7. Quantity
ALPS (IN DIA) 30C/T DESTINATION : GOODS : BUSAN, KOREA 21-100 HS-CODE 4202.22.2000 ITEM : K.BAG COUNTRY OF ORIGIN : AUSTRALIAN ORIGIN COL. : Q'TY : PRICE TERM : CIF BUSAN KOREA C/NO : 1-30 KANGAROO EMBLEM BAG MADE IN (SHELL: POLY 600D OXFORD FABRIC) AUSTRALIA BROWN 1,000PC ////////////// NAVY 800PC BLACK 1,200PC	G.W : 2,550KG N.W : 2,400KG
TOTAL :	3,000PC
* NAME OF MANUFACTURER : GLEBE FASHION PTY. LTD. * THE GOODS ARE OF AUSTRALIAN ORIGIN ///	

| 8. Declaration by the Exporter

(Signature)

(Name) Director SCOTT SMITH | 9. Certification

Authorized Signature
Certification No. |

* 제7장 CASE 7-2. Purchase Sheet 및 CASE 7-4. 신용장 원본의 발주 건에 해당한다.

* 용어 설명

① Exporter (Name, address, country) : 수출상 이름, 주소, 국적

② Consignee (Name, address, country) : 수화인 이름, 주소, 국적

③ Country of Origin : 원산지

④ Transport details : 운송 경로

⑤ Remarks : 참고사항

⑥ Marks & numbers ; number and kind of packages : description of goods :
쉬핑마크 ; 박스 수 와 포장방법 : 제품설명

⑦ Quantity : 수량

⑧ Declaration by the Exporter, signature, name
수출상의 서명란. 회사고무날인, 대표자 이름

⑨ Certification : 상공회의소 확인도장과 발행번호

2. 관세양허대상 원산지증명서

1) 의미

관세양허대상 원산지증명서는 협정에서 정한 원산지증명서를 구비하여 제출하여야 체약상대국(수입국)에서 수입 시 협정의 특혜관세 적용이 가능하여 관세 혜택을 볼 수가 있다.

"관세양허대상 원산지증명서" 발급기관은 ;

세관(장), 상공회의소 및 대한상공회의소이나. 다만, 미산 및 군산자유무역지역관리원 관할구역안의 입주업체에 대해서는 해당 자유무역지역관리원장을 발급기관으로 한다.

※ 관세양허대상이란,

① 아시아태평양 무역협정(APTA) 협정국으로 수출되는 물품

② 일반특혜관세제도(GSP)의 특혜를 받기 위하여 노르웨이, 캐나다, 뉴질랜드 등으로 수출되는 물품

③ 세계무역기구협정 개발도상국간의 무역협상에 관한 의정서(TNDC) 가입국으로 수출되는 물품

④ 유엔 무역개발회의 개발도상국간 특혜무역제도에 관한 협정(GSTP) 가입국으로 수출되는 물품

⑤ 남북교역물품(북한으로 반출되는 것)

⑥ FTA 협정국가로 수출되는 물품

⑦ 기타 우리나라산 물품이 특혜관세를 공여 받는 경우이다.

「관세법」 제232조의 2에 따라, 우리나라가 원산지인 물품으로 위의 수출물품 중에 해당되는 것은 세관(장)이 원산지증명서를 발급할 수 있다.

원산지증명서는 협정 등에서 달리 규정하지 않는 한 수출신고 기준으로 발급하거나 작성·서명하여야 한다. 다만, 하나의 원산지증명서에 수출신고서의 각 품목별로 구분하여 작성·발급할 수 있으며 수출물품을 분할하거나 동시포장하여 적재하는 경우에는 선하증권 또는 항공운송장별로 원산지증명서를 발급하거나 작성·서명할 수 있다.〈원산지제도 운영에 관한 고시 제24조〉

2) 세관에 발급 신청

한국의 수출자가 해외로 제품을 수출하는 경우, 세관에 '관세양허대상 원산지증명서'를 발급 신청할 때에 그 절차는 다음과 같다.(참고로 관세양허대상 원산지증명서는 대한상공회의소에서도 발급이 가능하다).

① 신청인은 원칙적으로 수출 시 또는 수출물품의 선적이 완료되기 전까지 원산지증명서 발급 신청을 한다 [다만, 「자유무역협정(FTA)관세법」 제24조 제1항 제1호의 물품(특정 농림축산물에 대한 특별긴급관세조치)이외에 부득이한 사유가 있는 경우에는 선적일부터 1년 안에 원산지증명서의 사후발급을 신청할 수 있다)].

② 발급신청은 전자자료교환방식(XML) 또는 인터넷(온라인)방식이 있으며, 관세청 UNIPASS CSP를 통해 가능하다.

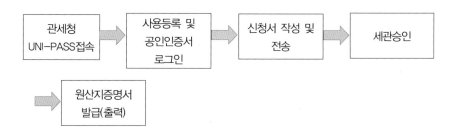

* 관세청 국가관세종합정보망 UNIPASS CSP : unipass.customs.go.kr/csp/index.do

③ 세관의 관세양허대상 원산지증명서 발급을 위한 구비서류는 다음과 같다.

▪ **관세양허대상 원산지증명서**
① 신청서
② 수출신고필증 사본
③ Commercial Invoice(상업송장/송품장) 또는 거래계약서(Purchase sheet 등)
④ 원산지소명서(FTA 경우) 또는 기타요구서류
⑤ 원산지소명서 기재내용을 입증할 수 있는 서류·정보(협정에 따른 원산지결정기준에 충족하지 않다고 세관장이 판단하여 제출을 요구하는 경우로 한정한다). 다만, 수출자와 생산자가 다른 경우 생산자는 해당 서류를 증명서 발급기관에 직접 제출할 수 있다.
* 「자유무역협정(FTA)관세법」 제12조 제1항에 따른 "원산지인증수출자"의 경우에는

④ 발급은 인터넷(온라인)으로 인쇄하여 출력한다.
관세양허대상 원산지증명서는 원본 1부, 부본 1부로 발급된다.

⑤ 발급수수료는 원산지증명서 발급기관이 정하는 소정의 수수료를 납부하며, 세관(장)이 원산지증명서를 발급하는 경우에 발급수수료를 면제한다.

3) 관세양허대상 원산지증명서 서식

관세양허대상 원산지증명서는 제목(타이틀)만 바뀔 뿐 일반 원산지증명서의 구성과 내용면에서 거의 유사하거나 같다.

☞ 이후 제5절에 나오는 한-호주 FTA 원산지증명서 서식 참고

☞ 관세양허대상 원산지증명서 종류별 서식은 대한상공회의소 홈페이지, 관세청종합솔루션 Yes FTA 홈페이지, 또는 관세사를 통해 확인할 수 있다.

3. 일반 원산지증명서와 관세양허대상 원산지증명서 비교

1) 분류 비교

국내업체가 해외로 수출하는 경우 「수출물품 원산지증명서 발급규정」 제14조-제44조에 다음과 같이 6가지 원산지증명의 종류에 대해 규정하고 있다. 1항이 "일반 원산지증명(서)"에 해당하며, 나머지 2~6항이 모두 "관세양허대상 원산지증명(서)"에 해당한다.

분류	원산지 증명의 종류
일반 원산지증명서 (비특혜 원산지증명서)	① 일반수출물품의 원산지증명
관세양허대상 원산지증명서 (특혜 원산지증명서)	② 일반특혜관세(GSP) 수출품의 원산지증명 ③ GATT 개발도상국간 관세양허대상 수출품의 원산지증명 ④ 아시아-태평양 무역협정(ASIA-PACIFIC TRADE AGREEMENT/ APTA)에 의한 관세양허대상 수출품의 원산지증명 ⑤ 개발도상국간 특혜무역제도(GSTP)에 의한 관세양허대상 수출품 의 원산지증명 ⑥ 자유무역협정(FTA)에 의한 관세양허대상 수출품의 원산지증명 (FTA 원산지증명)

Note

• **일반특혜관세(GSP)** : Generalized System of Preferences. 개발도상국의 수출 확대 및 공업화 촉진을 위해 선진국이 개발도상국으로부터 수입하는 농수산품, 공산품의 제품 또는 반제품에 대하여 일반적으로 무관세의 적용 또는 저율의 관세를 부여하는 특별대우 관세를 말한다.

• **관세 및 무역에 관한 일반협정(GATT)** : General Agreement on Tariffs and Trade. 세계 각국의 관세를 인하하고 세계무역의 모든 제한을 점진적으로 완화 또는 폐지함으로써 무차별, 호혜의 자유무역체계를 확립하기 위한 국제적인 무역협정을 말한다. 1947년 처음 협정이 체결되었고, 1994년 "GATT 1994"를 통해 GATT 체제의 단점을 보완하여 WTO가 창립되었다. 기존 GATT 회원국들이 모두 가입하였고 1994년 12월 31일 세계무역기구(WTO) 창립으로 발전되면서 GATT 체제는 종식되었다.

• **아세아 태평양 무역협정(APTA)** : Asia-Pacific Trade Agreement. 아시아-태평

양 경제사회이사회(ESCAP)내 개발도상 회원국 간의 무역을 확대하기 위한 것을 목적으로 하는 협정이다. 1975년 7월 서명되었으며 회원국은 한국, 중국, 인도, 스리랑카, 방글라데시, 라오스이다.

• 개발도상국간 특혜무역제도(GSTP) : Agreement on the Global System of Trade Preferences among Developing Countries. 개발도상국 상호 간의 관세 및 비관세 장벽 완화를 위한 개도국 간 특혜 무역협정을 말한다.

• 자유무역협정(FTA) : Free Trade Agreement. 협정을 체결한 국가 간에 상품·서비스 교역에 대한 관세 및 무역장벽을 철폐함으로써 무역특혜를 서로 부여하는 협정이다. 최근에는 지적재산권·정부조달·경쟁 등 다양한 통상규범도 포함하여 체결되는 추세이다. 경제통합의 단계 중 하나로, 협정국 간 관세를 포함하여 각종 무역제한조치 철폐가 목적이다.

2) 발급 비교

분류	발급대상품목	발급기관	발급부수
일반 원산지증명서 (비특혜 원산지증명서) (①항)	일반 수출품목	대한상공회의소	원본 1부, 부본 2부 (또는 원본, 부본 추가)
관세양허대상 원산지증명서 (특혜 원산지증명서) (②~⑥항)	해당 관세양허대상 수출품목	세관, 상공회의소, 대한상공회의소 (일부 마산 및 군산 자유무역지역관리원장)	원본 1부, 부본 1부 (또는 부본 추가)

4. 관세양허대상 원산지증명서 종류별 발급 신청 구비서류

국내업체가 해외로 수출하는 경우 상대국이 관세양허대상이면, 종류에 따른 관세양허대상 원산지증명서의 종류별 명칭, 그리고 발급에 필요한 구비서류는 다음과 같다. 앞서 나온 관세양허대상 이름과 비교하여 살펴보자.

1) 일반특혜관세 원산지증명서

▪ 구비서류 ;

① 신청서

② 수출신고필증 사본

③ Commercial Invoice(상업송장/송품장) 또는 거래계약서(Purchase sheet 등)

④ 원산지결정기준사실신고서

⑤ 원산지(포괄)확인서 (해당 물품의 생산자와 수출자가 다른 경우에 한한다)

〈수출물품 원산지증명서 발급규정 제21조〉

2) GATT 개발도상국간 관세양허협정에 의한 원산지증명서

▪ 구비서류 ;

① 신청서

② 수출신고필증 사본

③ Commercial Invoice(상업송장/송품장) 또는 거래계약서(Purchase sheet 등)

④ 원산지결정기준사실신고서

⑤ 원산지(포괄)확인서 (해당 물품의 생산자와 수출자가 다른 경우에 한한다)

〈수출물품 원산지증명서 발급규정 제27조〉

3) APTA 협정에 의한 원산지증명서

▪ 구비서류 ;

① 신청서

② 수출신고필증 사본

③ Commercial Invoice(상업송장/송품장) 또는 거래계약서(Purchase sheet 등)

④ 원산지결정기준사실신고서

⑤ 원산지(포괄)확인서 (해당 물품의 생산자와 수출자가 다른 경우에 한한다)

〈수출물품 원산지증명서 발급규정 제32조〉

4) 개발도상국간 특혜무역제도에 의한 원산지증명서

■ 구비서류 ;

① 신청서

② 수출신고필증 사본

③ Commercial Invoice(상업송장/송품장) 또는 거래계약서(Purchase sheet 등)

④ 원산지결정기준사실신고서

⑤ 원산지(포괄)확인서 (해당 물품의 생산자와 수출자가 다른 경우에 한한다)

〈수출물품 원산지증명서 발급규정 제37조〉

5) 협정에 의한 원산지증명서(FTA 원산지증명서)

■ 구비서류 ;

① 신청서

② 수출신고필증 사본

③ Commercial Invoice(상업송장/송품장) 또는 거래계약서(Purchase sheet 등)

④ 원산지확인서 (해당 물품의 생산자와 수출자가 다른 경우에 한한다)

⑤ 원산지소명서 (다음 각 목의 어느 하나에 해당하는 물품의 경우에는 해당 목에서 정하는 서류로 대신할 수 있다). 다만, 수출자와 생산자가 다른 경우 생산자는 원산지소명서를 증명서발급기관에 직접 제출할 수 있다.

　　a. 최종물품의 생산자와 수출자가 동일한 물품 : 관세청장이 원산지확인서로 인정하여 고시하는 서류

> b. 관세청장이 제조공정의 특성상 국내에서 제조·가공한 사실만으로 원산지를 확
> 인할 수 있는 물품으로 인정하여 고시하는 물품 : 국내제조확인서 또는 국내제조
> 포괄확인서

〈자유무역협정(FTA)관세법 시행규칙 제10조〉

각 관세양허대상 원산지증명서의 ④항과 ⑤항의 제출서류들은 발급기관인 상공회의소 또는 세관에 확인하는 절차가 바람직하다. 관세양허 대상국에 따라 요구하는 서류가 달라질 수 있기 때문이다.

한편, 수출입을 하는 기업들은 우리나라와 FTA 체결국과의 거래가 활발해짐에 따라 FTA 체결국과의 원산지증명과 해당 품목의 (자국 또는 상대국)수입세율에 많은 관심을 가지고 있을 것이다. 관세양허대상 원산지증명서 중 대표적인 것이 FTA 원산지증명서이다.

따라서 다음 4~5절을 통해 FTA 원산지증명서에 대해 살펴보기로 하자.

제4절 FTA에 대한 이해

1. FTA란?

FTA(Free Trade Agreement)는 우리말로 "자유무역협정"이라 한다.

협정을 체결한 국가 간에 상품과 서비스 교역에 대한 관세 및 배타적인 무역장벽을 철폐함으로써 무역특혜를 서로 부여하는 협정이다. **즉 관세의 철폐 또는 인하에 관한 조약·협정을 말한다.**

FTA는 그동안 유럽연합(EU)이나, 북미자유무역(NAFTA) 등과 같이 인접 국

가나 일정한 지역을 중심으로 이루어졌기 때문에 흔히 "지역무역협정(RTA : Regional Trade Agreement)"이라고도 부른다.

지역무역협정(RTA)은 체결국간 경제통합의 심화 정도에 따라 크게 5단계로 구분할 수 있다.

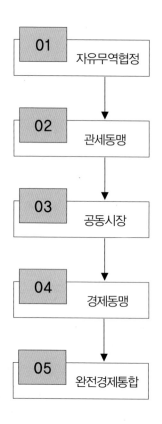

01 자유무역협정

02 관세동맹

03 공동시장

04 경제동맹

05 완전경제통합

2. 지역무역협정의 종류와 포괄 범위

1) 자유무역협정 (FTA : Free Trade Agreement)

회원국 간 무역자유화를 위해 관세를 포함하여 각종 무역제한조치를 철폐한다. 예로 들어 NAFTA가 있으며, 역내 관세철폐가 핵심이다.

2) 관세동맹 (Customs Union)

회원국 간 역내무역 자유화 이외에도 역외국에 대해 공동관세율을 적용하여 대외적인 관세까지도 역내국들이 공동보조를 취한다. 예로 들어 남미공동시장(MERCOSUR)가 있으며, 역내 관세철폐 + 공동관세 부과가 핵심이다.

3) 공동시장 (Common Market)

관세동맹 수준의 무역정책 이외에도 회원국 간 노동, 자본 등 생산요소의 자유로운 이동이 가능하다. 예로 들어 구주공동체(EC), 중앙아메리카 공동시장(CACM)가 있다.

역내 관세철폐 + 공동관세 부과 + 생산요소 이동자유화가 핵심이다.

4) 경제동맹 (Economic Union)

회원국 간 금융, 재정정책, 사회복지 등 모든 경제정책을 상호 조정하여 공동의 정책을 수행한다. 예로 들어 유럽연합(EU)이 있다.

역내 관세철폐 + 공동관세 부과 + 생산요소 이동자유화 + 재정·금융정책 상호조정이 핵심이다.

5) 완전경제통합 (Complete Economic Union)

회원국들이 독립된 경제정책을 철회하고, 단일경제체제하에서 모든 경제정책을 통합 및 운영하고 회원국 간에 단일 의회 설치와 같은 초국가적 기구를 설치한다.

역내 관세철폐 + 공동관세 부과 + 생산요소 이동자유화 + 재정·금융정책 상호조정 + 경제주권포기, 경제정책 통합이 핵심이다.

3. 우리나라 FTA 현황과 자료

우리나라는 2022년 4월 기준 현재 전 세계 18개 국가(또는 연합)와 FTA 협정이 체결되어 발효되었으며 이는 총 73개국을 포함하고 아우르고 있다. 그리고 계속해서 추가적으로 다른 국가와의 FTA 협상을 진행하고 있다.

"관세청종합솔루션 Yes FTA(www.customs.go.kr/ftaportalkor)" 또는 "FTA 강국, KOREA(www.fta.go.kr)"에는 우리나라 FTA 현황이 잘 설명돼 있다. 그리고 체약상대국[126]과의 FTA 협정문(국문/영문), 체약상대국과의 FTA 원산지증명서 서식도 검색해 볼 수 있다.(이하 "체약상대국", "체약국", "체결국"은 모두 같은 의미로 쓴다).

체약상대국과의 FTA 협정문 안에 들어가면 협정문 내용과 함께 양국 간의 수입과 수출 시 품목별(HS CODE별) 양허표가 있고 거기에 기준세율과 양허유형 등이 상세히 설명되어 있다.

따라서 만약 국내업체가 한국과 FTA 체결국인 미국 또는 호주로부터 A 물품을 수입하는 경우 기준관세율이 얼마였으며, 현재는 FTA 양허유형에 따라 무관세인지 아니면 얼마나 낮은 세율을 적용받는지 미리 비즈니스 전에 확인해 볼 수가 있다. 그리고 그에 따라 원가 또는 판매가격을 설정할 수가

---

126) 체약상대국 : 우리나라와 자유무역협정을 체결한 국가(국가연합, 경제공동체 또는 독립된 관세영역을 포함)를 말한다.

596

있다. 그리고 적용세율의 정확성을 위해서는 관세사에게 재확인을 하는 것이
바람직하다.

4. 우리나라 FTA 체결국 현황

우리나라가 체결한 최초의 FTA는 한-칠레와의 FTA이다. 그리고 그 이후
계속해서 FTA의 무역영토를 넓혀가고 있다.

※ CASE 15-2. 한국-FTA 체결국 현황

2022. 4월 기준

구분	상대국	추진현황			의의
		개시	서명	발효	
발효 (18건)	칠레	1999.12	2003.02	2004.04	최초의 FTA, 중남미 시장의 교두보
	싱가포르	2004.01	2005.08	2006.03	ASEAN 시장 교두보
	EFTA[1]	2005.01	2005.12	2006.09	유럽시장 교두보
	ASEAN[2]	2005.02	2006.08 (상품무역협정)	2007.06 (상품무역협정)	거대경제권과 체결한 최초의 FTA
			2007.11 (서비스협정)	2009.05 (서비스협정)	
			2009.06 (투자협정)	2009.09 (투자협정)	
	인도	2006.03	2009.08	2010.01	BRICs국가, 거대시장
	EU[3]	2007.05	2010.10.06.	2011.07.01. (잠정) 2015.12.13. (전체) *2011.07.01. 이래 만 4년 5개월 간 잠정적용	거대 선진경제권
	페루	2009.03	2011.03.21.	2011.08.01.	자원부국 중남미 진출 교두보
	미국	2006.06	2007.06	2012.03.15.	세계 최대경제권 (GDP기준)
		2018.01 (개정협상)	2018.09.24. (개정협상)	2019.01.01. (개정의정서)	
	터키	2010.04	2012.08.01. (기본협정·상품 무역협정)	2013.05.01. (기본협정·상품무 역협정)	유럽·중앙아 진출 교두보
			2015.05.26. (서비스·투자협 정)	2018.08.01. (서비스·투자협정)	
	호주	2009.05	2014.04.08.	2014.12.12.	자원부국, 오세아니아 주요시장
	캐나다	2005.07	2014.09.22.	2015.01.01.	북미 선진시장
	중국	2012.05	2015.06.01.	2015.12.20.	우리의 제1위 교역대상국 ('19년 기준)
	뉴질랜드	2009.06	2015.03.23.	2015.12.20.	오세아니아 주요시장
	베트남	2012.08	2015.05.05.	2015.12.20.	우리의 제5위 투자대상국 ('19년 기준)

	콜롬비아	2009.12	2013.02.21.	2016.07.15.	자원부국, 중남미 신흥시장
	중미5개국[4]	2015.06	2018.02.21.	2021.03.01. 전체발효	중미 신시장 창출
	영국	2017.02	2019.08.22.	2021.01.01.	브렉시트 이후 한영 통상관계 지속
	RCEP[5]	2012.11.20	2020.11.15	2022.02.01	동아시아 경제통합기여

1) EFTA(유럽자유무역연합)(4개국) : 스위스, 노르웨이, 아이슬란드, 리히텐슈타인

2) ASEAN(10개국) : 브루나이, 캄보디아, 인도네시아, 라오스, 말레이시아, 미얀마, 필리핀, 싱가포르, 베트남, 태국

3) EU(27개국) : 오스트리아, 벨기에, 체코, 키프로스, 덴마크, 에스토니아, 핀란드, 프랑스, 독일, 그리스, 헝가리, 아일랜드, 이탈리아, 라트비아, 리투아니아, 룩셈부르크, 몰타, 네덜란드, 폴란드, 포르투갈, 슬로바키아, 슬로베니아, 스페인, 스웨덴, 불가리아, 루마니아, 크로아티아

4) 중미(5개국) : 파나마, 코스타리카, 온두라스, 엘살바도르, 니카라과

5) RCEP(역내포괄적경제동반자협정)(한국제외 14개국) : 한국, 아세안 10개국, 중국, 일본, 호주, 뉴질랜드

구분	상대국	추진현황	의의
서명	인도네시아 CEPA	2019.02.19. 협상재개 선언 2012.07~2019.10 총 10차례 협상 개최 2019.11.25. 협상타결선언 2020.12.18. 정식서명 2021. 06.29. 국내 국회비준완료	동남아 시장 진출 확대 기여
	이스라엘	2016.05 협상 개시 2016.06~2018.03 총 6차례 공식협상 개최 2019.08.21. 한-이스라엘 FTA 타결공동선언 2021.05.12. 정식서명	창업국가 성장모델
	캄보디아	2020.07 협상 개시 선언 2020.07~2020.11 4차례 협상 개최 2021.02.03. 한-캄보디아 FTA 협상선언 2021.10.26. 서명	동남아 시장 진출 확대
타결	필리핀	2019.06 협상 개시 2019.06~2020.01 5차례 협상 개최 2021.10.26. 협상타결선언	동남아 시장 진출 확대 기여

협상진행	한중일	2012.11.20. 협상 개시 선언 2013.03~2019.11 16차례 공식협상 개최	동북아 경제통합 기반 마련
	MERCOSUR[6]	2018.05 협상 개시 공식 선언 2018.09~2021.08 7차례 공식협상 개최	남미 최대 시장
	러시아	2019.06 한-러시아 서비스·투자 FTA 협상 개시 선언 2019.06~2020.07 5차례 협상 개최	유라시아 진출 교두보
	말레이시아	2019.06 협상개시 선언 2019.07~2019.09 3차례 협상 개최	동남아 시장 진출 확대 기여
	에콰도르	2015.08 협상개시 선언 2016.01~2016.11 5차례 협상 개최	자원부국, 중남미 시장 진출 교두보
	우즈베키스탄	2021.01 협상개시 선언 2021.04~11 2차례 협상 개최	중앙아 최대시장
	한-아세안 추가 자유화	2010.10~2021.7 18차례 이행위원회 개최	교역확대, 통상환경 변화 반영
	한-인도 CEPA 업그레이드	2016.10~2019.06 8차례 개선협상 개최	주력 수출품목 양허· 원산지기준 개선
	한-칠레 FTA 업그레이드	2018.11~2021.10 6차례 개선협상 개최	통상환경 변화 반영
	한중 FTA 서비스·투자 후속협상	2018.03~2020.10 9차례 서비스·투자 후속협상 개최	우리의 제1위 서비스수출국
	과테말라의 한-중미 FTA 가입협상	2021.10.12. 협상개시 2021.11.18. 수석대표 회의	중미 최대 교역파트너, 북-남미 진출 교두보
	GCC[7]	2007~2009 3차례 협상 개최 2010.1월 협상 중단(GCC측의 FTA 전면재검토 사유) 2021.1월 공식 재개 합의 2022.3월 4차 협상(재개 후 첫 협상) 개최	자원부국, 중동 시장 진출 교두보

재개,개시, 여건조성	PA[8]	2018.05 국회보고 2019.09 PA ToR협의개시 2020.12 PA ToR합의 2022.01 협상개시 선언	중남미 신흥 시장
	EAEU[9]	2016.10~2017.04 3차례 한·EAEU 정부간 협의회 개최 2017.09 공동 실무 작업반 설치 합의 (*EAEU: 러시아, 카자흐스탄, 벨라루스, 아르메니아, 키르기즈스탄)	거대 신흥시장 확보
	멕시코	2022.03 협상 재개 선언	중남미 주요 교역파트너
	영국	2022.2.7 한-영 FTA 무역위 계기 연내 개선협상 추진 합의 ※ 협정문상 발효(21.1.1.) 후 2년 내 개선협상 개시의무	유럽지역 교두보 확보

6) MERCOSUR(남미공동시장)(4개국) : 아르헨티나, 브라질, 파라과이, 우루과이
7) GCC(걸프협력회의)(7개국) : 사우디아라비아, 카타르, 쿠웨이트, 바레인, 오만, 아랍에미리트, 이라크
8) PA(태평양동맹)(3개국) : 콜롬비아, 멕시코, 페루
9) EAEU(유라시아경제연합)(5개국) : 러시아, 벨라루스, 카자흐스탄, 아르메니아, 키르기스스탄

〈출처 : FTA 강국, KOREA〉

5. FTA 세율정보

1) 협정세율(Conventional Rate)

FTA 체결국 간의 FTA 발효로 해당 협정에 따라 적용되는 세율이다.

FTA 발효가 되면 품목별로 즉시 관세철폐, 단계별(점진적) 관세철폐, 관세 인하, 관세 변동이 없는 미양허 품목 등으로 구분된다. 단, 한·아세안 FTA의 경우에는 일반품목, 민감품목, 초민감품목으로 그 구분을 한다.

▪ FTA 협정문 관세양허의 구성

관세양허의 구성	내용 (예시)
즉시 관세철폐 (Eliminating entirely on customs duty)	어떤 품목은 발효 즉시 관세를 철폐한다. (예. 8% → 0%)
단계별(점진적) 관세철폐 (Removing customs duty in annual stages)	어떤 품목은 매년 또는 몇 년 간격으로 점진적으로 관세를 인하하고 최종 철폐한다. (예. 8% → 5% → 3% → 0%)
관세인하 (Lowering of customs duty)	어떤 품목은 관세를 인하하는 것으로 한다. (예. 8% → 5%)
관세할당 (Tariff (rate) quota)	어떤 품목은 일정한 수량의 쿼터를 정해놓고 그 수량 또는 금액만큼 저세율 또는 무관세를 적용한다. (예. 철강제품 연간 268만 톤까지만 무관세)
미양허 품목(양허제외 품목) (Remaining at base rate)	어떤 품목은 현행 관세율(기준관세율)을 유지하며, 양허하지 않는다.

따라서 FTA 체결국으로부터 수입하는 대다수 물품은 기준세율(Base rate)보다 낮은 FTA 협정세율로 우선하여 적용받을 수 있다.

Note

• **협정** : "협정"이란 용어는 앞서 관세양허대상의 모든 협정들이 이에 해당되지만, 관련 법률(자유무역협정FTA관세법) 등에는 가장 대표적인 자유무역협정을 줄여서 "협정"이라 하고 자유무역협정에 따른 관세를 "협정관세"라 한다.
따라서 실무자는 문장의 맥락이나 상황에 따라 용어를 구분해서 이해할 필요가 있다.

2) 기본세율(General Rate)

자국법에 따라 정해진 세율 중에서 가장 기본이 되는 세율이다.

우리나라로 수입되는 물품에 기본적으로 적용되는 것으로 모든 국가에게 차등 없이 공통적으로 부과된다.

특정국가와 FTA 체결을 한 후 FTA 협정세율이 적용되는 품목이더라도 원산지 증명 등의 요건을 충족하지 못하면 기본세율이 적용된다.

3) 기준세율(Base Rate)

관세인하 교섭 등에서 각국의 관세율 수준을 나타내는 세율이다. FTA 협상 시 기준이 된 관세율로서, 관세 철폐 또는 감축의 출발점이다.

관세율은 크게 나누어 기본세율과 협정세율이 있는데, 이 가운데 협정세율인 품목에 대해서는 '협정세율'을 기준세율로 하고, 협정세율이 아닌 품목은 '기본세율'을 기준세율로 사용한다.

4) MFN (Most Favored Nation) 세율

① 의미

이것은 「GATT(General Agreement on Tariffs and Trade : 관세 및 무역에 관한 일반 협정, 1947)」 제 1조 1항에 규정되어 있다.

"최혜국대우(Most Favored Nation treatment)[127]"란, 통상조약을 체결한 국가가 통상·항해·관세 면에서(기타 상품의 통관절차, 제반 편의, 호의, 특권 또는 면제 등을 포함한다) 이제까지 제3국에 제공한 특혜가 있었으면 동일한 우대를 즉시 그리고 무조건적으로(immediately and unconditionally) 조약 상대국에게 적용하는 의무를 지니며, 상대국은 이것을 청구할 권리를 갖는다는 원칙이다.

현재 최혜국대우는 WTO(GATT가 발전하여 1994년 WTO가 창립되었다) 기본 규범으

---

127) 최혜국대우(MFN) : 최근에는 MFN을 "NTR(Normal Trade Relation) : 통상적인 무역관계"라고도 한다.

로 채택되어 모든 WTO 회원국에 공통적으로 적용되고 있다.

차별 철폐를 목적으로 상호 간에 적용하고 있는 원칙으로 "최혜국대우 세율(MFN 세율)"은 물품을 수입하는 국가(WTO 회원국)에서 '최고의 대우를 하여 가장 낮게 운용하는 세율'이다.

예를 들면 A 국가가 B 국가로부터 수입물품인 커피를 수입할 때 8%의 관세를 부과하고 있다면, C 국가로부터 수입되는 동종(Like product)의 수입물품 커피에 대해서도 똑같이 8%의 관세를 부과해야 하는 것이다. 관세 외에도 통관, 수출입 절차 등에 있어서도 특정 국가에만 특별한 대우를 해서는 안 된다. 이는 A 국가에 수출을 하는 B 국가, C 국가 등에 대해서도 수출입 절차 등에 동일하고 최우선 대우(Most favored)를 해야 한다는 의미이다. 체약국들을 서로 차별하지 않고 똑같이 혜택을 주어야 한다는 규정이다.

② 예외

WTO 회원국들이 자유무역지역(FTA)이나 관세동맹(Customs Union)을 맺은 경우 등은 최혜국대우의 예외가 인정된다(GATT협정 제24조).

따라서 WTO 회원국에 대해 MFN 세율로 최혜국대우하여 적용하지만, FTA를 체결한 국가에 대해서는 더 낮은 저율관세 또는 무관세 등을 부여하는 것이 가능하다.

③ 적용

따라서 대체로 기본세율〉MFN 세율〉잠정세율〉FTA 협정세율 순으로 세율이 차차 낮게 형성된다.

중간에 잠정세율은 세율 간에 차이가 많이 나거나 조정이 필요한 경우, 적용을 하게 된다.

수입상은 상대국으로부터의 수입물품이 이 중 어떤 세율을 적용받을 수 있는지 미리 관세사에게 체크를 하고 관련 사항들을 준비한다.

5) 상호대응세율 : 한-아세안 FTA

① 의미

한-아세안 FTA 협정에서 FTA 상대국이 미양허하거나 고관세를 유지하는 "민감품목"을 수출할 경우, 수입국도 그 품목이 협정상 관세 철폐하기로 약속한 품목이더라도, 상호주의 원칙(Reciprocity)[128]에 따라 상대국 관세율 수준(또는 FTA 미체결국에 적용되는 수준)으로 관세를 부과할 수 있는 제도이다. 2008년 9월부터 한-아세안 FTA 협정에 도입되었다.

② 적용

예를 들어 한-아세안 FTA국인 인도네시아, 말레이시아, 필리핀, 베트남(베트남은 우리나라와 개별 FTA 체결국이기도 하다)은 우리나라가 수출하는 승용차를 "민감품목"으로 분류하여 FTA 특혜관세 혜택을 부여하지 않고 있으므로, 이들 국가가 우리나라에 승용차를 수출하는 경우, 우리나라는 위 4개국으로부터 수입되는 승용차에 대하여는 FTA 특혜세율 0%가 아닌 MFN 세율 8%를 적용한다.

다만, 아세안국가가 우리나라로부터 수입하는 물품에 대해 적용하는 관세율이 10% 이하인 경우, 우리나라도 해당 물품을 아세안국가로부터 수입할 시

---

128) 상호주의 원칙 : 호혜주의. 무역거래에서 두 나라가 서로 대등한 관계에서 이익을 주고받자는 원칙이다.

아세안국가와 동일한 관세율(상호대응세율)을 적용한다.

제5절 FTA 원산지증명서

1. FTA 원산지증명

앞서 설명한 대로 "협정에 의한 원산지증명서(이하 'FTA 원산지증명서'라 한다)"는 관세양허대상 원산지증명 중 하나이다.

FTA 원산지증명서란, FTA 체결국 간의 수출물품이 FTA 협정에서 정한 원산지 기준을 충족하였음을 확인하는 서류이며 또한 협정에서 정한 원산지 증명서를 구비해야 상대국에서 FTA 협정세율을 적용받을 수 있기에 중요하다. 「수출물품 원산지증명서 발급규정」의 제7장 [자유무역협정(FTA)에 의한 관세양허대상 수출품의 원산지증명] 에서는 다음과 같이 명시하고 있다.

1) FTA 원산지증명서 발급대상 품목 (제40조)

자유무역협정에 따라 관세양허를 받기 위해서 원산지증명서를 발급받을 수 있는 품목은 협정에서 양허한 품목에 한정한다.

2) FTA 원산지 기준 (제41조)

① 우리나라에서 생산된 수출물품에 대하여 상대국에서 대한민국을 원산지로 인정받기 위한 원산지 결정기준은 상대국과의 협정과 그 부속서 및 규칙에서 정하는 바에 따른다.

② 원산지를 결정하기 위한 목적상 협정과 법령이 상충하는 때는 협정의 규정을 우선하여 적용한다.

3) 제출 및 확인서류 (제42조)

협정에서 정한 서류를 발급기관에 제출하고 확인받아야 한다.

4) 증명서 서식 (제43조)

상대국과의 협정에 따라 우리나라를 원산지로 하는 수출물품에 대하여 발급하는 원산지증명서의 서식은 협정에서 정한 방식을 적용한다.

5) 원산지증명서 발급 및 보관 (제44조)

협정에 의한 원산지증명서는 수입자에게 송부할 원본 1부와 부본 2부를 발급하되, 부본은 발급기관과 신청자가 각 1부씩 보관한다.

2. FTA 원산지증명서 종류

FTA 원산지증명서 종류는 '서식의 모습 또는 형식'이라 할 수 있으며 그것에는 원산지증명서, 원산지신고서, 연결원산지증명서가 있다.

구분	적용 협정
원산지증명서 (Certificate of Origin)	칠레, 싱가포르, 아세안, 인도, 미국, 페루
원산지신고서 (Origin Declaration)	EU, EFTA, 페루, 터키, 영국 * 송품장 하단에 원산지 문구를 넣는 것을 말한다.
연결원산지증명서 (Back to Back C/O)	아세안(역내 경유국에서 발급) * 역내포괄적경제동반자협정(RCEP)에 도입된 것으로 체결한 역내국으로 재수출하는 물품은 중간 경유국(2차 국가)에서 최초 수출국의 원산지증명에 기초해 연결원산지증명서를 작성·발급할 수 있다.

3. FTA 원산지증명서 발급방식

세계적으로 FTA 원산지증명서를 발급하는 방식에는 기관증명방식과 자율증명방식이 있다.

기관증명방식은 상공회의소, 세관 등 (각국의 상공회의소, 세관, 상무부, 통상부 등) 기관에서, 자율증명방식은 수출자 또는 생산자(이하 "수출자"라 한다)가 발급하는 것으로 일정한 요소를 갖춘 서식을 이용한다.

반면 일반수출물품의 경우, 우리나라의 일반 원산지증명서 발급은 대한상공회의소에서 한다.

1) 기관증명방식

기관증명방식(또는 "기관발급"이라 한다)은 국가마다 상공회의소, 세관, 상무부, 통상부, 산업협회 등 지정한 발급기관이 있다.

우리나라의 FTA 원산지증명서(또는 모든 관세양허대상 원산지증명서) 기관발급은 상공회의소[129], 대한상공회의소, 그리고 세관에서 한다. 단, 마산 및 군산자유무역지역관리원의 관할구역 안의 입주업체에 대해서는 해당 자유무역지역관리원을 발급기관으로 한다.

※ 기관발급을 채택하고 있는 FTA는 ;
한-싱가포르, 한-EFTA(스위스 치즈에 한한다), 한-아세안, 한-인도 CEPA, 한-호주, 한-중, 한-베트남, 한-RCEP이다.

2) 자율증명방식

---

129) 상공회의소 : 상공회의소법에 의해 설립된 상공회의소.

자율증명방식(또는 "자율발급"이라 한다)도 국가마다 서식과 형식이 다 다르다. 자율증명방식을 보면 대체로 자율(권고서식), 통일서식, 송품장 등의 방식으로 발급하고 있다.

※ 자율발급을 채택하고 있는 FTA는 ;
한-칠레, 한-EFTA, 한-EU, 한-페루, 한-터키, 한-미, 한-호주, 한-캐나다, 한-뉴질랜드, 한-콜롬비아, 한-중미, 한-영, 한-RCEP이다.

① 자율(권고서식)

"자율(권고서식)"은 수출자가 자율적으로 작성·서명하는 것을 말한다.

예를 들어, 한-미 FTA의 경우 증명서식은 "자율(권고서식)"이다.

수출자, 생산자, 또는 수입자가 협정문상 정해진 항목을 포함하여 자율적으로 작성한다. 따라서 정해진 양식을 사용하지 않더라도 원산지증명서에 아래의 요소는 반드시 포함시켜야 한다(한-미 FTA 협정문 제6.15조).

한국에서는 아래의 요소를 포함한 권고서식을 제공하고 있는데 '관세청종합솔루션 Yes FTA 홈페이지(FTA 활용제도〉 원산지증명서 발급〉 원산지증명서 서식〉 한-미국 별지 제17호)'에 첨부되어 국내업체는 이용할 수 있다.

▪ 한-미 FTA 원산지증명서 [자율발급 : 자율(권고서식) 방식]

a. 증명인의 성명 (필요한 경우 연락처 또는 그 밖의 신원확인 정보를 포함)

b. 상품의 수입자

c. 상품의 수출자

d. 상품의 생산자

e. 통일 상품명 및 부호체계에 따른 품목분류와 품명

f. 상품이 원산지 상품임을 증명하는 정보

g. 증명일

h. 증명 유효기간 (포괄증명의 경우)

② 통일서식

"통일서식"은 양국 간의 협정문에 명시를 하고 협정에 따른 통일된 서식을 사용하여 수출자가 작성·서명하거나 기관이 발급한다(두 가지 방식으로 가능).

서식의 타이틀이 "OOO(체약국)과의 협정에 따른 원산지증명서의 서식, Korea-OOO(체약국) Free Trade Agreement Certificate of Origin"로 된 것이 통일서식이다.

'협정에 따른', 'Certificate of Origin과 Free Trade Agreement' 단어가 들어가 있는 게 특징이다.

베트남의 경우 통일서식을 사용하고 기관발급으로 채택하고 있다(한국 기관 : 세관/상공회의소. 베트남 기관 : 산업무역부). 반면 캐나다의 경우 통일서식을 사용하고 자율발급으로 채택하고 있다(자율발급 : 수출자/생산자).

따라서 통일서식은 국가에 따라 어떤 나라는 기관발급으로, 어떤 나라는 자율발급 방식으로 이용하고 있음을 알 필요가 있다.

③ 송품장

원산지신고서(Origin Declaration) 형식이다.

"송품장" 방식은 별도의 정형화된 원산지증명서 서식을 사용하지 않고, 수출자가 선적서류의 송품장("Commercial Invoice"를 말한다), 인도증서 또는 그밖의 상업서류에 원산지신고서 문안(증빙문구)을 기재하는 것으로 한다.

다음은 한-EU FTA 원산지증명서와 한-영 FTA 원산지증명서의 견본이다. 수출자가 선적서류 작성 시 Commercial Invoice(송품장) 하단에 아래의 문구를 넣으면 된다.

- 한-EU FTA 원산지증명서 (자유발급 : 송품장 방식)

> 한국어본 : 이 서류(세관인증번호.....)의 적용대상이 되는 제품의 수출자는, 달리 명확하게 표시되는 경우를 제외하고, 이 제품은..... 의 특혜원산지 제품임을 신고한다.
>
> 영어본 : "The exporter of the products covered by this document (customs authorization No.....) declares that, except where otherwise cleary indicated, these products are of..... preferential origin"

- 수출자가 EU로 건당 6,000유로 초과 수출 시 인증수출자에 한해 한-EU FTA 관세 혜택을 받기 위한 원산지증명서 자율발급이 가능하다.
- 6,000 유로 이하 수출물품의 경우에는 인증수출자가 아니더라도 수출업체가 서명한 원산지증명서 자율발급이 가능하다.

- 한-영 FTA 원산지증명서 (자율발급 : 송품장 방식)

> 한국어본 : 이 서류(세관인증번호.....)의 적용대상이 되는 제품의 수출자는, 달리 명확하게 표시되는 경우를 제외하고, 이 제품은..... 의 특혜원산지 제품임을 신고한다.
>
> 영어본 : "The exporter of the products covered by this document (customs authorization No.....) declares that, except where otherwise clearly indicated, these products are of..... preferential origin"

- 수출자가 영국으로 건당 6,000유로 초과 수출 시 인증수출자에 한해 한-영 FTA 관세 혜택을 받기 위한 원산지증명서 자율발급이 가능하다.
- 6,000 유로 이하 수출물품의 경우에는 인증수출자가 아니더라도 수출업체가 서명한 원산지증명서 자율발급이 가능하다.

• **원산지인증수출자(인증수출자) 제도** : 관세당국이 원산지증명 능력이 있다고 인증한 수출자에게 원산지증명서 발급권한을 부여하는 것을 말한다(예. 한-EU FTA, 한-영 FTA 등).
"업체별 원산지인증수출자"와 "품목별 원산지인증수출자"로 구분한다. 전자는 모든 협정, 모든 품목이 해당되며, 후자는 인증받은 개별품목(HS 6단위)이 해당된다.
- 유효기간 : 5년
- 인증기관 : 본부세관(서울, 인천, 부산, 대구, 광주) 그리고 평택세관
이를 통해 원산지 증명 및 발급 절차를 간소화하는데 그 목적이 있다.

FTA 원산지증명서 발급에서 어떤 나라는 자율발급, 어떤 나라는 기관발급, 또는 어떤 나라는 자율발급과 기관발급을 혼용으로 정하고 있다.("관세청 종합솔루션 Yes FTA〉 FTA 활용제도〉 원산지증명서 발급〉 원산지증명서 서식"에 체결국별 FTA 원산지증명서 서식이 있다)

4. FTA별 원산지 증명방식

※ CASE 15-3. 한국-FTA 체결국별 원산지 증명방식 2022. 4월 기준

구분	칠레	싱가포르	EFTA	아세안	인도
발급방식	자율발급	기관발급	자율발급 (치즈-기관)	기관발급	기관발급
발급자	수출자	* 싱가포르 (세관) * 한국 (세관, 상의, 자유무역관리원)	수출자/ 생산자	아세안(정부기관) 한국(세관,상의)	* 인도 (수출검사위원 회) * 한국 (세관,상의)
증명서식	통일서식	별도서식	송품장	통일서식(AK)	통일서식
유효기간	2년	1년	1년	1년	1년
사용언어	영어				
사용횟수	1회 사용원칙				

구분	EU	페루	터키	미국
발급방식	자율발급	자율발급	자율발급	자율발급
발급자	수출자/6천 유로이상 인증수출자	수출자/생산자	수출자	수출자, 생산자, 수입자
증명서식	송품장	통일서식	송품장	자율(권고서식)
유효기간	1년	1년	1년	4년
사용언어	한글.EU당사국언어	영어		영어, 한글
사용횟수	1회 사용원칙			12개월 내에 포괄발급가능

구분	호주	캐나다	중국	베트남
발급방식	자율/기관발급	자율발급	기관발급	기관발급
발급자	* 수출자/생산자 *호주(상공회의소, 산업협회)	수출자/생산자	*중국(해관총서/ 국제무역 촉진위원회) *한국(세관/상의)	*한국(세관/상의) *베트남(산업무역부)
증명서식	자율(권고서식)	통일서식	통일서식	통일서식
유효기간	2년	2년	1년	1년
사용언어	영어	한국 (한글 또는 영어) 캐나다 (영어 또는 불어)	영어	영어
사용횟수	1회 사용원칙			

구분	뉴질랜드	콜롬비아	중미	영국
발급방식	자율발급	자율발급	자율발급	자율발급
발급자	수출자/생산자	수출자/생산자	수출자/생산자	수출자/6천 유로이상 인증수출자
증명서식	송품장/ 권고서식	통일서식	통일서식	송품장
유효기간	2년	1년	1년	1년
사용언어	영어			영어, 한글
사용횟수	1회 사용원칙			

구분	RCEP
발급방식	자율발급/기관발급
발급자	수출자, 생산자, 수출 당사자의 발급기관(제3.17조)
증명서식	부속서 3-나 (최소 정보요건)를 포함한 서식
유효기간	1년
사용언어	영어
사용횟수	-

* 한-EFTA : 스위스산 치즈는 기관발급이다. 국내업체가 스위스로부터 치즈 수입 시 스위스연방농업국이 인증한 기관인 연방농업청의 위임을 받아 "4개 특산 치즈 제조사가 원산지증명서를 직접 발급한다."
* 한-EU, 한-영 : 건당 수출금액이 6,000유로 초과 시에는 원산지 인증수출자만 자율발급이 가능하다.
* 상의 : 상공회의소를 뜻한다.
* RCEP(역내포괄적경제동반자협정)(한국제외 14개국) : 한국, 아세안 10개국, 중국, 일본, 호주, 뉴질랜드
〈출처 : 관세청종합솔루션 Yes FTA〉

5. FTA 원산지증명서 제출

국내업체가 수입 시 FTA 원산지증명서에 의해 수입관세의 혜택을 받기 위해서는 실무에서 「자유무역협정의 이행을 위한 관세법의 특례에 관한 법률(약칭. 자유무역협정(FTA)관세법)」 제8조(협정관세의 적용신청 등)에 따라 세관에 FTA 원산지증명서를 제출하여야 한다.

- **협정관세의 적용신청 등 [자유무역협정(FTA)관세법 제8조]**

① 협정관세를 적용받으려는 자(이하 "수입자"라 한다)는 수입신고의 수리 전까지 대통령령으로 정하는 바에 따라 세관장에게 협정관세의 적용을 신청하여야 한다.

② 제1항에 따라 협정관세의 적용을 신청할 때에 수입자는 원산지증빙서류를 갖추고 있어야 하며, 세관장이 요구하면 제출하여야 한다. 다만, 세관장은 대통령령으로 정하는 물품에 대해서는 관세 탈루의 우려가 있는 경우를 제외하고는 원산지증빙서류 제출을 요구할 수 없다. 〈개정 2019.12.31.〉

③ 세관장은 수입자가 제2항 본문에 따라 요구받은 원산지증빙서류를 제출하지 아니하거나 수입자가 제출한 원산지증빙서류만으로 해당 물품의 원산지를 인정하기가 곤란한 경우에는 제35조에 따라 협정관세를 적용하지 아니할 수 있다.

④ 세관장은 제1항에 따른 협정관세의 적용신청을 받은 경우에는 수입신고를 수리한 후에 심사한다. 다만, 관세채권을 확보하기가 곤란하거나 수입신고를 수리한 후 원산지 및 협정관세 적용의 적정 여부를 심사하는 것이 부적당하다고 인정하여 기획재정부령으로 정하는 물품은 수입신고를 수리하기 전에 심사한다.

제1항에서 **협정관세의 혜택을 받기 위해서는, 수입신고 수리 전까지 세관장에게 협정관세의 적용 신청을 하여야 한다.** 이에 **"협정관세 적용신청서"**를 **작성**해야 하는데, 보통 수입자는 수입통관을 관세사에 위탁하여 진행을 하므로 직접 작성하거나 관세사에 위탁을 하고 미리 수입신고 수리 전에 신청해 줄 것을 요청한다.(협정관세 적용신청서 서식은 '관세청종합솔루션 Yes FTA〉 FTA 자료실〉 FTA 서식모음〉 원산지증명서 발급〉 별지 제1호'에 있다)

그러므로 수입자는 수입통관 및 수입신고를 위한 선적서류(Commercial Invoice, Packing List, B/L, FTA 원산지증명서) 등을 관세사에 팩스로 보내는 것으로 실무처리를 하면 된다. 그리고 관세사에게 'FTA 건'이라 설명하고 필요한 업무 협조를 받도록 한다.

6. 한-호주 FTA 원산지증명서 (KOREA-AUSTRALIA FTA Certificate of Origin)

그럼 실무적으로 한-호주 FTA 원산지증명서를 통해 내용을 살펴보자.

앞서 CASE 7-2. Purchase Sheet 건(또는 CASE 10-1. Commercial Invoice)에서 한국의 수입상은 호주로부터 캥거루 가방(HS CODE 4202.22.2000) 3,000PC 물품을 수입하였다.

① 비즈니스 시작 또는 구매 전 한국의 수입상은 해당 제품의 수입관세가 어떻게 되는지 미리 체크를 한다.

② 우선 수입물품 캥거루 가방의 HS CODE가 어떻게 되는지 체크를 한다.
☞ 관세법령정보포털 CLIP, 또는 관세사

③ 다음으로 한국과 호주는 어떠한 협정 체결국인지 확인을 하고, FTA 협정국임을 파악한다.
☞ FTA 강국 KOREA, 또는 관세청종합솔루션 Yes FTA

④ 그리고 한-호주 FTA 협정문의 내용에 접속하거나 관세사에 해당 제품(HS

CODE)의 양허 관세율을 파악한다. 이에 해당 캥거루 가방은 FTA 협정세율(이하 FTA 특혜관세, FTA 혜택관세와 같은 의미로 쓴다)을 적용받아 호주로부터 수입 무관세(무세) 제품임을 알게 된다.

☞ FTA 강국 KOREA〉협정문, 관세청종합솔루션 Yes FTA〉협정문, 또는 관세사

⑤ 이에 관세 혜택을 받기 위해서 수입상은 호주의 수출상에게 선적 시 선적서류와 함께 "FTA 원산지증명서"를 발급하여 보내 줄 것을 요청한다.

⑥ 한국의 수입상은 한-호주 FTA 원산지증명서 발급방식과 서식은 어떠한지 미리 파악한다. 만약 호주의 수출상이 그 내용을 모른다면 서식견본 등을 이메일로 보내어 확인시켜 준다.

☞ 발급방식 : 관세청종합솔루션 Yes FTA〉FTA 활용제도, 또는 관세사
☞ 발급서식 : 관세청종합솔루션 Yes FTA, 대한상공회의소, 또는 관세사

⑦ T/T 거래의 경우 한국의 수입상은 선적서류와 함께 FTA 원산지증명서를 쿠리어 또는 특급 우편으로 받는다.

반면 신용장 거래의 경우 한국의 수입상은 선적서류와 함께 FTA 원산지증명서를 매입은행(NEGO)을 통하여 개설은행으로부터 받는다.

⑧ 수입상은 수입통관 시 선적서류와 함께 FTA 원산지증명서를 관세사에게 팩스로 보내고(수입신고 수리 전 협정관세 신청을 하여), 협정에서 정한 해당 물품의 관세 혜택을 받는다.

1) 한-호주 FTA 원산지증명서 발급방식

한-호주 양국은 FTA를 2014년 4월 서명하여 2014년 12월 12일 발효하였다. 그리고 협정에서 'FTA 원산지증명서'는 자율발급 및 기관발급을 혼용해서 채택하고 있다. 발급방식은 다음과 같다.

발급방식	한국	호주
자율발급	○ • FTA 특례법시행규칙에 따른 서식 (통일서식) • 한-호주 FTA 협정문상의 서식 [자율(권고서식)] (필수 요소가 포함되어 있는 경우 변형된 서식도 가능)	
기관발급	X	○ • 호주상공회의소(ACCI)발급 서식 • 호주산업협회(AIG)발급 서식

① 자율발급

자율발급은 수출자 또는 생산자가 발급하는 것을 말한다.

협정에서는 "FTA 특례법시행규칙에 따른 서식(명칭 : 호주와의 협정에 따른 원산지증명서의 서식 Korea-Australia Free Trade Agreement Certificate of Origin)"이라는 한국-호주 양 측이 정한 통일서식, 또는 자율(권고서식)을 사용하고 있다.

따라서 수출자가 한국업체인 경우나 호주업체인 경우에도 자율발급 방식으로 이 서식을 사용한다.

② 기관발급

기관발급은 기관이 발행하는 것이다.

협정에서 수출자가 호주업체인 경우 호주상공회의소(ACCI) 또는 호주산업협회(AIG)에서 발급하는 것으로 되어 있다.

수출자가 한국업체인 경우에는 기관발급이 없다.

결론적으로, 위 표에서 보듯이 만약 수출자가 한국업체인 경우는 자율발급으로 '호주와의 협정에 따른 원산지증명서의 서식 Korea-Australia Free Trade Agreement Certificate of Origin)'을 사용한 원산지증명서를 발급하여 호주 수입상에게 보내면 된다.

반대로 만약 수출자가 호주업체인 경우, 자율발급/기관발급의 '호주와의 협정에 따른 원산지증명서의 서식 Korea-Australia Free Trade Agreement Certificate of Origin)', '호주상공회의소(ACCI)발급 서식', 또는 '호주산업협회(AIG)발급 서식' 세 가지 중에 1가지의 원산지증명서를 발급하여 한국 수입상에게 보내면 된다.

한-호주 FTA 원산지증명서의 유효기간은 서명일/발급일로부터 2년이다.

2) 한-호주 FTA 원산지증명서 발급서식

표에서 언급된 발급서식은 다음과 같다.

① FTA 특례법시행규칙에 따른 서식 (통일서식)

호주와의 협정에 따른 원산지증명서의 서식

Korea-Australia Free Trade Agreement Certificate of Origin

② 호주상공회의소(ACCI)발급 서식

KOREA-AUSTRALIA FREE TRADE AGREEMENT (KAFTA)

CERTIFICATE OF ORIGIN

③ 호주산업협회(AIG)발급 서식

AUSTRALIAN INDUSTRY GROUP,

KOREA-AUSTRALIA FREE TRADE AGREEMENT

CERTIFICATE OF ORIGIN

※ CASE 15-4. 호주와의 협정에 따른 원산지증명서의 서식

■ 자유무역협정의 이행을 위한 관세법의 특례에 관한 법률 시행규칙 [별지 제19호 서식]　　　(앞쪽)

호주와의 협정에 따른 원산지증명서의 서식

<table>
<tr><td colspan="3">

Korea–Australia Free Trade Agreement
Certificate of Origin

1. Issuing Number:
</td></tr>
<tr><td colspan="2">2. Exporter– Name and contact details:</td><td>3. Blanket Period for multiple shipments:

From: (DD/MM/YYYY)　To: (DD/MM/YYYY)</td></tr>
<tr><td colspan="2">4. Producer– Name and contact details (optional field):</td><td>5. Importer– Name and contact details (optional field):</td></tr>
<tr><td>6. Description of good(s) (including quantity, invoice number or other unique reference number where appropriate):</td><td>7. Harmonized System code(six digits):</td><td>8. Preference criterion:</td></tr>
<tr><td></td><td></td><td></td></tr>
<tr><td colspan="3">9. Observations (optional field):</td></tr>
<tr><td colspan="3">

10. Declaration:

I certify that:

– The information in this document is true and accurate and I assume the responsibility for proving such representations. I understand that I am liable for any false statements or material omissions made on or in connection with this document.

– I agree to maintain, and present upon request, documentation necessary to support this Certificate, and to inform, in writing, all persons to whom the Certificate was given of any changes that would affect the accuracy or validity of this Certificate.

– The goods originate in the territory of one or both Parties and comply with the origin requirements specified for those goods in the Korea – Australia Free Trade Agreement.

This Certificate consist of _____ pages, including all attachments.
</td></tr>
<tr><td colspan="2">11. Signature:</td><td>Company or Authorised Body</td></tr>
<tr><td colspan="2">Name:</td><td>Title:</td></tr>
<tr><td colspan="2">Date:</td><td>Contact details:</td></tr>
</table>

622

작 성 방 법

※ 이 서식은 수출자, 생산자 또는 원산지증명서발급기관(호주의 발급권한이 있는 기관에 한정한다)이 명료하고 충분하게 작성해야 하며 협정관세의 적용을 신청할 때에 수입자가 갖추고 있어야 합니다. 이 서식은 영문으로 작성되어야 하며 타자로 치거나 인쇄체로 기재해야 합니다. 작성을 위한 추가 공간이 필요한 경우 별지를 사용하십시오.

1. 제1란에는 증명서의 고유번호(발급 일련번호)를 적습니다.
2. 제2란에는 수출자의 성명과 연락처(주소, 전화번호, 팩스번호, 이메일주소를 포함한다)를 적습니다.
3. 제3란은 이 증명서가 제6란의 물품과 동일한 물품의 복수 선적에 적용될 경우 포괄증명기간을 적습니다. "FROM"은 증명서가 포괄증명물품에 적용 가능하게 되는 날이며(이 증명서의 서명일보다 앞설 수도 있습니다), "TO"는 포괄증명기간이 종료되는 날입니다. 이 증명서를 근거로 협정관세 적용의 신청이 이루어지는 물품의 수입은 두 날짜 사이에 이루어져야 합니다.
4. 제4란의 기재는 선택사항으로 생산자의 성명, 연락처(주소, 전화번호, 팩스번호, 이메일주소를 포함한다)를 적습니다.
5. 제5란의 기재는 선택사항으로 수입자의 성명, 연락처(주소, 전화번호, 팩스번호, 이메일주소를 포함한다)를 적습니다.
6. 제6란에는 각 물품에 대한 상세한 품명을 적습니다. 품명은 송품장 및 HS(국제통일상품분류체계)상의 품명과 연계할 수 있도록 충분한 세부명세를 포함해야 합니다. 이 증명서가 물품의 단일 선적에 적용될 경우에는 각 물품의 수량, 측정단위(가능한 경우 일련번호를 포함한다)와 상업 송품장에 표시된 송품장번호를 적습니다. 송품장 번호를 알 수 없는 경우 고유의 참조번호(배송주문번호, 구매주문번호 또는 물품을 식별하는 데 사용될 수 있는 번호 등)를 적습니다.
7. 제7란에는 제6란의 각 물품에 대한 HS 품목번호를 6단위까지 적습니다.
8. 제8란에는 제6란의 각 물품에 적용되는 원산지결정기준을 아래의 표에 따라 적습니다. 원산지결정기준은 호주와의 협정(이하 "협정") 제3장(원산지규정) 및 부속서3-가(품목별 원산지기준)에 규정되어 있습니다.

기재 문구	원산지결정기준
WO	협정 제3.1조 가호에 따라 체약당사국의 영역에서 완전생산된 경우
PE	협정 제3.1조 나호에 따라 체약당사국의 영역에서 전적으로 원산지 재료로만 생산된 경우
PSR	협정 제3.1조 다호에 따라 체약당사국의 영역에서 전적으로 생산되고 품목별 원산지기준을 충족하는 경우
Other	협정 제3장(원산지규정)에 따라 원산지 물품으로 인정되는 경우

9. 제9란에는 제6란의 각 물품에 대해 사전심사를 받거나 비당사국에서 송품장이 발급되는 경우 등 이 증명서와 관련된 다른 참고사항이 있는 경우에 적습니다.
10. 제11란에는 수출자가 작성, 서명하고 날짜를 적어야 합니다. 수출자에게 사용될 목적으로 생산자가 증명서를 작성하는 경우에는 생산자가 작성, 서명하고 날짜를 적어야 합니다. 호주의 경우 수출자 또는 생산자가 서면 신청서를 제출하면 권한 있는 기관이 증명서를 발급할 수 있으며 권한 있는 기관은 이 란을 작성, 서명하고, 날짜를 적고, 관인을 날인해야 합니다. 이 란의 날짜는 이 증명서가 작성되고 서명된 날이어야 합니다.

ACCI - Authorised Signatures to Sign Documentary Evidence of Origin under KAFTA

KAFTA Certificate of Origin template (with continuation sheet)

ORIGINAL

2. Goods Consigned from (Exporter's name, address and country)	1. Certificate of Origin No.	Form KAFTA

KOREA – AUSTRALIA FREE TRADE AGREEMENT (KAFTA)

CERTIFICATE OF ORIGIN
(Combined Declaration and Certificate)
Issued in **AUSTRALIA**

3. Blanket Period for Multiple Shipments
This Certificate is applicable to a single shipment only.

4. Producer, including contact details (optional)

5. Goods Consigned to (Importer's/ Consignee's name, address, country)

For Official Use

☐ Preferential Treatment Given Under KAFTA

☐ Preferential Treatment Not Given (Please state reason/s)

Means of transport and route (if known)

Shipment Date:

Vessel's name/Aircraft etc.:

Port of Discharge:

Signature of Customs Official of the Importing Country

6. Description of goods; Number and kind of packages and brand name (if applicable)	7. Harmonized System Code (6 digits - for each good)	8. Preference Criterion (WO, PE, PSR or Other - for each good)

9. Observations (optional)

☐ De Minimis

10. Declaration by the exporter

I am the authorized representative of _____ (exporter)

The information in this document is true and accurate and I assume the responsibility for proving such representations. I understand that I am liable for any false statements or material omissions made on or in connection with this document.
I agree to maintain, and present upon request, documentation necessary to support this Certificate, and to inform, in writing, all persons to whom the Certificate was given of any changes that would affect the accuracy or validity of this Certificate.
The goods originate in the territory of one or both of the Parties and comply with the origin requirements specified for those goods in the Australia – Korea Free Trade Agreement.

This Certificate consists of _____ pages, including all attachments.

11.

Signature

Printed Name

Company

Date

Certification

On the basis of control carried out, it is hereby certified that the information herein is correct and that the goods described comply with the origin requirements specified in the Korea-Australia Free Trade Agreement.

AUSTRALIAN CHAMBER OF COMMERCE AND INDUSTRY

ACCI

Level 3, Commerce House, 24 Brisbane Avenue, Barton A.C.T. 2600, Australia
Telephone: International (+612) 6273 2311 - Local (02) 6273 2311
ABN 85 008 391 795
Authorised to issue Certificates of Origin by the Government of the Commonwealth of Australia

This form © Australian Chamber of Commerce and Industry 2014

Place and date, signature and stamp of Issuing Authority/ Body

《호주 원산지증명서 서식 - AIG 발급》

EXPORTER – Name and contact details	CERTIFICATE No.
	EXPORTERS REFERENCE
(Optional) Producer – name and contact details	(Optional) Importer – name and contact details

AUSTRALIAN INDUSTRY GROUP
20 Queens Road
MELBOURNE VICTORIA 3004 AUSTRALIA
T: +61 (0)3 9867 0111 F: +61 (0)3 9867 0157

The Australian Chamber of Manufactures has merged with the MTIA to form the Australian Industry Group

KOREA - AUSTRALIA FREE TRADE AGREEMENT
CERTIFICATE OF ORIGIN

| BLANKET PERIOD (Optional) For multiple shipments. | FROM (DD/MM/YYYY) | TO (DD/MM/YYYY) |

HARMONIZED SYSTEM CODE (SIX DIGITS)	PREFERENCE CRITERION	DESCRIPTION OF GOODS

I certify that:
- The information in this document is true and accurate and I assume the responsibility for proving such representations. I understand that I am liable for any false statements or material omissions made on or in connection with this document.
- I agree to maintain, and present upon request, documentation necessary to support this Certificate, and to inform, in writing, all persons to whom the Certificate was given of any changes that would affect the accuracy or validity of this Certificate.
- The goods originate in the territory of one or both Parties and comply with the origin requirements specified for those goods in the Australia – Korea Free Trade Agreement.

This Certificate consists of _____ pages, including all attachments.

SIGNED: ....

COMPANY: ....

This Certificate is based on the information supplied to the Designated Issuing Authority by the Consignor and it is not to be taken as amounting to a warranty or representation of fact by the Designated Authority or its servants The undersigned, duly authorised by the Designated Issuing Authority certifies on the basis of information supplied and to the best of his knowledge and belief that the goods designated above are of AUSTRALIAN origin, production or manufacture under the provisions of the Australia – Korea Free Trade Agreement.

NAME OF AUTHORISED OFFICER

SIGNATURE OF AUTHORISED OFFICER

TITLE

DATE

3) 해당 제품(HS CODE)의 양허 관세율 찾기

수입물품의 FTA 양허 관세율을 찾아보자.

앞서 CASE 7-2. Purchase Sheet 건(또는 CASE 10-1. Commercial Invoice)에 서 한국의 수입상이 호주로부터 수입하는 제품은 캥거루 가방(HS CODE 4202.22.2000)이다.

"FTA 강국, KOREA" 홈페이지(fta.go.kr)에 접속하여,

"FTA일반〉 전 세계 FTA체결현황〉 한-호주 FTA〉 협정문〉 부속서 2-1 한 국양허표〉 4202.22.2000"을 찾아보면, 품목명에 '방직용 섬유재료제의 것'이 나와 있다. 기준세율은 8%였으며 '양허유형 0(즉시 관세철폐, 무관세)'이라고 되 어 있다.

한-호주 FTA : 한국 양허표

HSK 2010	품목명	기준세율	양허유형	긴급수입 제한조치
4202221020	폴리우레탄의 것	8	0	
4202221090	기타	8	0	
4202222000	방직용 섬유재료제의 것	8	0	
4202291000	판지제의 것	8	0	
⋮	⋮	⋮	⋮	

* 기준세율(Base rate) : FTA 협상 시 기준이 된 관세율로 관세철폐 또는 감축의 출발점이다.
* 양허유형(Staging category) : 한-호주 FTA 협정문에서 0은 협정 발효일 즉시 관세철폐를 명시하 고 있다. ☞ 아래의 '한국 관세양허표' 참고.

이에 따라 한국으로 수입되는 해당 캥거루 가방의 수입관세는 한-호주 FTA 협정에 의해 무관세 혜택을 본다.

한국의 수입상이 호주로부터→ 한국으로 수입 시에는 '한국 양허표'를 확인 한다. 반면 호주의 수입상이 한국으로부터→ 호주로 수입 시에는 '호주 양허 표'를 확인한다. 이렇듯 수입자는 자신의 수입국 이름의 양허표를 확인한다.

4) 한국 관세양허표(Tariff Schedule of Korea) 읽기 (한국업체 수입)

한국 관세양허표는 한국의 수입상이 호주로부터→ 한국으로 수입 시에 적용되는 관세양허이다.

"관세양허(Concession of Tariff)**"**란 국가 간 관세 적용에 관한 협상에서 당사국이 특정 품목의 관세를 일정 수준 이상으로 부과하지 않겠다고 약속하는 것을 의미한다. 관세 양허된 품목의 세율에 대해서는 상대방의 동의 없이는 변경할 수 없다.

단계별로 관세 적용 정도를 나타낸 것이 **"양허유형**(Type of Concession)**"**이다.

「한-호주 FTA 협정문」 제1절(한국 관세양허표, Page 13) 내용은 다음과 같다.

① 한국 통일 상품명 및 부호체계(HSK)와의 관계 : 이 양허표의 규정은 일반적으로 HSK식으로 표현되며, 이 양허표 소호의 품목 적용범위를 포함한 이 양허표상 규정에 대한 해석은 HSK의 일반 주해, 부 주해 및 류 주해에 의하여 규율된다. 이 양허표의 규정이 이에 상응하는 HSK 규정과 일치하는 한도에서, 이 양허표의 규정은 이에 상응하는 HSK 규정과 같은 의미를 가진다.

② 기준관세율 : 이 양허표에 규정된 기준관세율은 2010년 1월 1일 발효 중인 한국 최혜국 관세율을 반영한다.

③ 양허단계 : 다음의 단계별 양허유형은 제2.3조에 따른 한국의 관세 인하 또는 철폐에 적용된다

---

a. 양허유형 "0" - 양허유형 0으로 규정된 상품에 대한 관세는 완전히 철폐되며, 이 협정의 발효일에 그러한 상품에 대하여 무관세가 적용된다.

b. **양허유형 "3"** - 양허유형 3으로 규정된 원산지 상품에 대한 관세는 이 협정의 발효일을 시작으로 3단계에 걸쳐 매년 균등하게 철폐되어, 이행 3년차 1월 1일부터 그러한 상품에 대하여 무관세가 적용된다.

c. **양허유형 "5"** - 양허유형 5로 규정된 원산지 상품에 대한 관세는 이 협정의 발효일을 시작으로 5단계에 걸쳐 매년 균등하게 철폐되어, 이행 5년차 1월 1일부터 그러한 상품에 대하여 무관세가 적용된다.

d. **양허유형 "7"** - 양허유형 7로 규정된 원산지 상품에 대한 관세는 이 협정의 발효일을 시작으로 7단계에 걸쳐 매년 균등하게 철폐되어, 이행 7년차 1월 1일부터 그러한 상품에 대하여 무관세가 적용된다.

e. **양허유형 "10"** - 양허유형 10으로 규정된 원산지 상품에 대한 관세는 이 협정의 발효일을 시작으로 10단계에 걸쳐 매년 균등하게 철폐되어, 이행 10년차 1월 1일부터 그러한 상품에 대하여 무관세가 적용된다.

f. **양허유형 "12"** - 양허유형 12로 규정된 원산지 상품에 대한 관세는 이 협정의 발효일을 시작으로 12단계에 걸쳐 매년 균등하게 철폐되어, 이행 12년차 1월 1일부터 그러한 상품에 대하여 무관세가 적용된다.

g. **양허유형 "13"** - 양허유형 13으로 규정된 원산지 상품에 대한 관세는 이 협정의 발효일을 시작으로 13단계에 걸쳐 매년 균등하게 철폐되어, 이행 13년차 1월 1일부터 그러한 상품에 대하여 무관세가 적용된다.

h. **양허유형 "15"** - 양허유형 15로 규정된 원산지 상품에 대한 관세는 이 협정의 발

효일을 시작으로 15단계에 걸쳐 매년 균등하게 철폐되어, 이행 15년차 1월 1일부터 그러한 상품에 대하여 무관세가 적용된다.

i. **양허유형 "17"** - 양허유형 17로 규정된 원산지 상품에 대한 관세는 이 협정의 발효일을 시작으로 17단계에 걸쳐 매년 균등하게 철폐되어, 이행 17년차 1월 1일부터 그러한 상품에 대하여 무관세가 적용된다.

j. **양허유형 "18"** - 양허유형 18로 규정된 원산지 상품에 대한 관세는 이 협정의 발효일을 시작으로 18단계에 걸쳐 매년 균등하게 철폐되어, 이행 18년차 1월 1일부터 그러한 상품에 대하여 무관세가 적용된다.

k. **양허유형 "20"** - 양허유형 20으로 규정된 원산지 상품에 대한 관세는 이 협정의 발효일을 시작으로 20단계에 걸쳐 매년 균등하게 철폐되어, 이행 20년차 1월 1일부터 그러한 상품에 대하여 무관세가 적용된다.

l. **양허유형 "B"** - 양허유형 B로 규정된 원산지 상품에 대한 관세는 이 협정의 발효일을 시작으로 10단계에 걸쳐 매년 균등하게 50퍼센트를 인하하고, 그리고 그 이후부터 그 관세율이 유지된다.

m. **양허유형 "S-1"** - 양허유형 S-1로 규정된 원산지 상품에 대한 관세는 다음의 규정을 따른다.

ⓐ 12월 1일부터 4월 30일까지 한국으로 반입되는 상품에 대한 관세는 완전히 철폐되며, 이 협정의 발효일에 그러한 상품에 대하여 무관세가 적용된다.

ⓑ 그리고 5월 1일부터 11월 30일까지 한국으로 반입되는 상품에 대한 관세는 이 협정의 발효일을 시작으로 15단계에 걸쳐 매년 균등하게 철폐되어, 이행 15년차 1월 1일부터 그러한 상품에 대하여 무관세가 적용된다.

n. 양허유형 "S-2" – 양허유형 S-2로 규정된 원산지 상품에 대한 관세는 다음의 규정을 따른다.

ⓐ 10월 1일부터 3월 31일까지 한국으로 반입되는 상품에 대한 관세는 기준관세율이 유지된다.

ⓑ 그리고 4월 1일부터 9월 30일까지 한국으로 반입되는 상품에 대한 관세는 이 협정의 발효일에 종가세 30퍼센트로 인하된다. 관세는 이행 2년차 1월 1일을 시작으로 6단계에 걸쳐 매년 균등하게 철폐되어, 이행 7년차 1월 1일부터 그러한 상품에 대하여 무관세가 적용된다.

o. 양허유형 "S-3" – 양허유형 S-3으로 규정된 원산지 상품에 대한 관세는 다음의 규정을 따른다.

ⓐ 10월 1일부터 3월 31일까지 한국으로 반입되는 상품에 대한 관세는 기준관세율이 유지된다.

ⓑ 그리고 4월 1일부터 9월 30일까지 한국으로 반입되는 상품에 대한 관세는 이 협정의 발효일을 시작으로 18 단계에 걸쳐 매년 균등하게 철폐되어, 이행 18년차 1월 1일부터 그러한 상품에 대하여 무관세가 적용된다.

p. 양허유형 "S-4" – 양허유형 S-4로 규정된 원산지 상품에 대한 관세는 다음의 규정을 따른다.

ⓐ 5월 1일부터 11월 30일까지 한국으로 반입되는 상품에 대한 관세는 기준관세율이 유지된다.

ⓑ 그리고 12월 1일부터 4월 30일까지 한국으로 반입되는 상품에 대한 관세는 이 협정의 발효일에 종가세 24퍼센트로 인하된다. 관세는 이행 2년차 1월 1일을 시작으로 4단계에 걸쳐 매년 균등하게 철폐되어, 이행 5년차 1월 1일부터 그러한 상품에 대하여 무관세가 적용된다.

q. **양허유형 "S-5"** - 양허유형 S-5로 규정된 원산지 상품에 대한 관세는 다음의 규정을 따른다.

ⓐ 11월 1일부터 4월 30일까지 한국으로 반입되는 상품에 대한 관세는 기준관세율이 유지된다.

ⓑ 그리고 5월 1일부터 10월 31일까지 한국으로 반입되는 상품에 대한 관세는 이 협정의 발효일을 시작으로 15단계에 걸쳐 매년 균등하게 철폐되어, 이행 15년차 1월 1일부터 그러한 상품에 대하여 무관세가 적용된다.

r. **양허유형 "E"** - 양허유형 E로 규정된 원산지 상품에 대한 관세는 기준관세율이 유지된다.

s. **양허유형 "R"** - 양허유형 R로 규정된 품목에 대해서는 이 협정상 관세에 관한 어떠한 의무도 적용되지 아니한다. 이 협정상의 어떠한 규정도 2005년 4월 13일자 세계무역기구 문서 WT/Let/492(양허표 LX-대한민국의 수정 및 정정의 인증본) 및 그 개정에 규정된 약속의 이행에 대한 한국의 권리 및 의무에 영향을 미치지 아니한다.

———————

④ 기준관세율 및 단계별 양허유형은 한국양허표에 표시된다.

⑤ 과도적인 양허 단계별 관세율은 최소한 백분율의 가장 근접한 소수점 첫째자리까지 되도록 그 아래는 버리거나, 관세율이 통화단위로 표시되는 경우, 최소한 가장 근접한 원 단위로 표시되도록 그 아래는 버린다.

⑥ 이 양허표의 목적상, 이행 1년차란 이 협정이 발효되는 연도를 말한다.

⑦ 이 양허표의 목적상, 이행 2년차를 시작으로 매년 단계별 관세인하는 해당 연도의 1월 1일부터 효력이 발생한다.

5) 호주 관세양허표(Tariff Schedule of Australia) 읽기 (호주업체 수입)

　호주 관세양허표는 호주의 수입상이 한국으로부터 → 호주로 수입 시에 적용되는 관세양허이다. 「한-호주 FTA 협정문」 제2절(호주 관세양허표, Page 358) 내용은 다음과 같다.

① 1995년도 호주 관세법과의 관계 : 이 부속서 제2절에 규정된 품목은 일반적으로 1995년도 호주 관세법(관세법) 양허표 3의 상응하는 품목으로 표현되며, 이 부속서 제2절의 소호의 품목 적용범위를 포함한 이 부속서 제2절의 품목에 대한 해석은 관세법에 의하여 규율된다.

이 부속서 제2절에 규정된 품목이 관세법 양허표 3의 상응하는 품목과 일치하는 한도에서, 이 부속서 제2절의 품목은 관세법상의 상응하는 품목과 같은 의미를 가진다.

② 기준관세율(Base rate) : 이 양허표에 규정된 기준관세율은 2010년 1월 1일 발효 중인 호주의 최혜국 관세율을 반영한다.

③ 양허단계 : 다음의 단계별 양허유형은 제2.3조에 따른 호주의 관세 철폐에 적용된다.

---

　a. **양허유형 "0"** - 단계별 양허유형 0으로 규정된 원산지 상품에 대한 관세는 완전히 철폐되며, 이 협정의 발효일에 그러한 상품에 대하여 무관세가 적용된다.

　b. **양허유형 "3"** - 양허유형 3의 상품에 대한 관세는 이 협정의 발효일에 3.3퍼센트로 인하된 후, 이행 2년차 1월 1일부터 1.7퍼센트로 인하되고, 이행 3년차 1월 1일부터 그러한 상품에 대하여 무관세가 적용된다.

c. **양허유형 "3A"** – 양허유형 3A의 상품에 대한 복합관세 중 종가세 부분은 이 협정의 발효일에 3.3퍼센트로 인하된 후, 이행 2년차 1월 1일에 1.7퍼센트로 인하된다. 양허유형 3A의 상품에 대한 복합관세 중 종량세 부분은 이 협정의 발효일에 호주달러 8,000달러로 인하된 후, 이행 2년차 1월 1일에 호주달러 4,000달러로 인하된다. 이행 3년차 1월 1일부터 그러한 상품에 대하여 무관세가 적용된다.

d. **양허유형 "5"** – 양허유형 5의 상품에 대한 관세는 이 협정의 발효일에 4퍼센트로 인하된 후, 이행 2년차 1월 1일을 시작으로 4단계에 걸쳐 매년 균등하게 철폐되어, 이행 5년차 1월 1일부터 그러한 상품에 대하여 무관세가 적용된다.

e. **양허유형 "8A"** – 양허유형 8A의 상품에 대한 관세는 이행 4년차 1월 1일을 시작으로 5단계에 걸쳐 매년 균등하게 철폐되어, 이행 8년차 1월 1일부터 그러한 상품에 대하여 무관세가 적용된다.

————————

④ 품목에 대한 기준관세율 및 단계별 양허유형은 호주 양허표의 품목에 표시된다.

⑤ 과도적인 양허 단계별 관세율은 최소한 백분율의 가장 근접한 소수점 첫째자리까지 되도록 그 아래는 버리거나, 관세율이 통화단위로 표시되는 경우, 최소한 가장 근접한 호주달러 단위로 표시되도록 그 아래는 버린다.

⑥ 이 양허표의 목적상, 이행 1년차란 이 협정이 발효되는 연도를 말한다.

⑦ 이 양허표의 목적상, 이행 2년차를 시작으로 매년 단계별 관세인하는 해당 연도의 1월 1일부터 효력이 발생한다.

6) 한-호주 FTA 상품 수출입의 전반적 이해

"상품"의 수출입에 대한 FTA 내용은 'FTA 강국, KOREA'의 「한-호주

FTA 상세설명자료」에 잘 나타나 있다. 이를 통해 전반적인 한-호주 FTA 협정 내용을 살펴보고 이해할 수 있다.

① 양측은 대다수 품목에 대해 협정발효(2014.12.12일) 후 10년 이내에 관세를 철폐한다.

* 품목수 기준 : (한국 측) 94.3%, (호주 측) 100%

* 수입액 기준 : (한국 측) 94.6%, (호주 측) 100%

② 한-호주 FTA는 우리나라가 공산품을 수출하고, 호주는 원자재 및 농축산물 등을 수출하는 전형적인 산업간 무역 형태를 가지는 양국 간 교역구조의 상호보완성을 극대화할 것으로 평가된다.

* 우리의 對호주 주요 수출품인 자동차(관세율 5%), TV·냉장고(5%), 일반기계(5%)를 포함하여 호주로 수출되는 모든 공산품에 대해 8년 이내 관세철폐한다.

* 반면, 우리의 對호주 수입 중 78% 이상이 유연탄, 원유, 동광 등 광물 제품에 집중되어 있는바, 한-호주 FTA 체결로 인한 추가 개방 부담은 미미하다.

2013년 기준

분류	한-호주 주요 교역품목 (금액, 전체 수출입 대비 비중)
수출	승용차(19.6억불, 20.5%), 자동차부품(2.8억불, 2.9%), 철구조물(6.6억불, 6.9%), 건설중장비(1.5억불, 1.5%), 합성수지(1.4억불, 1.4%), 칼라TV(1.3억불, 1.4%) 등
수입	철광(59.8억불, 28.9%), 유연탄(51.7억불, 24.9%), 원유(17.5억불, 8.4%), 가축육류(8.6억불, 4.2%), 알루미늄 및 스크랩(7.8억불, 3.7%), 동광(7.4억불, 3.6%) 등

③ 우리의 對호주 주력 수출품목인 가솔린 중소형 승용차 및 칼라TV·냉장고 등에 대해 즉시 철폐를 확보하여, 호주 내 수입시장에서 우리의 주요 경쟁국인 일본 등에 비해 유리한 조건을 선점할 수 있다.

④ 우리의 민감 농수산물에 대해서는 양허 제외, 농산물 세이프가드, 계절관세 등 다양한 예외적 수단과 장기 관세철폐 기간을 통해 관련 산업에 대한 피해를 최소화한다.

* 우리는 쌀, 돼지고기(냉동삼겹살), 분유, 천연꿀, 감귤, 인삼, 전복, 뱀장어 등 주요 농수산물 162개 품목(품목수 기준 1.4%)에 대해 양허 제외한다.

■ **공산품**

• 10년 이내에 대다수 공산품에 대한 관세철폐를 한다.

* 호주는 5년 내 품목수 기준 99.4%, 수입액 기준 100%에 해당하는 공산품 철폐.

* 우리는 10년 내 품목수 기준 99.4%, 수입액 기준 99.9%에 해당하는 공산품 철폐.

• 우리의 對호주 주요 공산품 수입은 철광, 유연탄, 원유 등 자원 광물에 집중되어 있고, 여타 공산품도 호주의 경쟁력이 높지 않아 한·호주 FTA로 인한 실질적 추기 개방 효과는 제한적이다.

• 호주 측은 우리의 對호주 주력 수출품목인 자동차('12년 對호주 수출액 23.3억 불, 관세율 5%) 관련, 가솔린 중형차(1500~3000cc), 가솔린 소형차

(1000~1500cc) 등 20개 세번에 대해 즉시철폐 및 나머지 세번은 3년 철폐한다.

- 또한, 우리의 주요 수출 공산품에 대한 호주 측 관세(대부분 5%)가 철폐됨에 따라, 우리 업계의 對호주 수출이 증가할 것으로 전망된다.

* TV·냉장고·세탁기 등 가전제품(관세율 5%, '12년 對호주 수출액 3.3억 불), 전선·변압기 등 전기기기(5%, 2.2억 불), 건설중장비·섬유기계 등 일반기계(5%, 5.5억 불) 품목은 대부분 발효 즉시 관세철폐.

* 자동차부품(5%, 2.9억 불)은 대부분 3년 내 철폐, 타이어(5%, 1.2억 불)는 대부분 즉시철폐.

* 냉연강판, 열연강판, 도금강판 등 주요 철강제품(5%, 3.5억 불)에 대해 대부분 즉시철폐, 일부 품목은 5년 철폐.

* 석유화학(0% 또는 5%, 2.6억 불) 관련 합성수지 등 석유화학제품에 대해 대부분 즉시철폐, 일부 품목은 5년 철폐 – 對호주 총수출의 32%(29.4억 불)를 차지하는 휘발유·경유 등 석유제품은 무세.

■ **농산물**

- 호주는 우리의 농산물 모든 품목에 대해 **발효 즉시 관세철폐한다.**

- 우리는 농산물 분야의 **민감성을 반영**하여, 주요 품목에 대해서 양허제외, 저율할당관세, 농산물 세이프가드, 계절관세, 장기 관세철폐기간 설정 등 다양한 예외적 수단을 확보했다.

■ **수산물**

• 호주는 수산물 모든 품목(235개 품목)에 대해 발효 즉시 관세철폐한다.

* 對호주 주력 수출 품목인 김(4백만 불), 참치(75만 불) 등에 대해 현행 5% 수준의 관세 부과('13).

• 우리는 주요 민감 수산물 43개 품목(품목수 기준 9.7%)에 대하여 장기 관세철폐(10년 초과) 및 양허제외 등의 보호수단을 확보했다.

* 전복(산 것, 신선, 냉장), 뱀장어 기타(활어), 명태(냉동), 굴(냉동) 등 4개 품목은 양허제외.

* 오징어(냉동), 고등어(냉동), 민어(냉동) 등 여타 39개 민감품목은 10년 초과 장기 관세철폐 기간 설정.

* 주요 수입 품목인 참치는 12년(가다랑어)/15년(황다랑어, 눈다랑어, 참다랑어) 관세철폐, 돔은 12년(옥돔)/15년(기타 돔) 관세철폐 기간 설정 – 2013년도 기준, 참치는 2,850천 불, 돔은 194천 불 수입.

「한-호주 FTA 협정문」에는 "상품"외에 원산지 규정 및 원산지 절차, 관세 행정 및 무역원활화, 무역에 대한 기술장벽과 위생 및 식물위생 조치, 무역규제, 국경 간 서비스무역, 금융서비스, 통신, 자연인의 이동, 투자, 정부조달, 지적재산권, 경쟁정책, 전자상거래, 협력, 노동, 환경, 투명성, 분쟁해결, 제도규정, 일반적 규정과 예외, 최종규정, 부속서로 내용이 구성되어 있다.

제16장 관세환급과 부가가치세

남에게 대접을 받고자 하면 너희도 남을 대접하라 – 마태복음 7장 12절

제1절 무역과 수입의 종류

1. 무역의 종류

무역의 종류에 대해 간단히 살펴보자.

무역의 종류는 직접무역, 가공무역, 간접무역으로 나눌 수 있다.

직접무역은 수출상과 수입상 당사자끼리 계약을 하여 수출입하는 것을 말한다. 가공무역은 위탁하거나 또는 수탁하여 그 비용을 빼고 이익을 창출하는 것을 말한다. 그리고 간접무역에는 중개무역, 통과무역, 그리고 중계무역이 있다. 기타 여러 분류에 의한 종류가 있지만 실무에서는 이것만 이해하면 되겠다.

1) 직접무역

① 직접 수출(Direct export) : 수출상이 직접 수입상과 계약하고 수출을 진행한다.

② 직접 수입(Direct import) : 수입상이 직접 수출상과 계약하고 수입을 진행한다.

2) 가공무역

① 위탁가공무역(Improvement trade on consignment) : 위탁가공무역은 '가공임을 지급하는 조건으로' 외국에서 가공(제조, 조립, 재생, 개조를 포함)할 원료의 전부 또는 일부를 거래 상대방에게 수출하거나 외국에서 조달하여 이를 가공한 후 가공물품 등을 수입하거나 외국으로 인도하는 수출입을 말한다.

② 수탁가공무역(Improvement trade on trust) : 수탁가공무역은 '가득액(稼得額)[130]을 영수하기(받기) 위하여' 원자재의 전부 또는 일부를 거래 상대방의 위탁에 의하여 수입하여 이를 가공한 후 위탁자 또는 그가 지정하는 자에게 가공물품 등을 수출하는 수출입을 말한다.(다만, 위탁자가 지정하는 자가 국내에 있음으로써 보세공장 및 자유무역지역에서 가공한 물품 등을 외국으로 수출할 수 없는 경우 「관세법」에 따른 수탁자의 수출·반출과 위탁자가 지정한 자의 수입·반입·사용은 이를 「대외무역법」에 따른 "수출·수입"으로 본다).

3) 간접무역

① 중개무역(Merchandising trade) : 수출국과 수입국 중간에서 제3국의 상인이 중개하고 알선하여 거래가 이루어지는 경우이다. 제3국의 중개인 관점에서의

---

130) 가득액 : 해외에 수출하는 제품의 가격에서 그 제품을 생산하는 데 들어간 원자재의 수입 가격을 뺀 금액.

볼 때 이를 간접무역이라 한다. 이를 통해 수출국 또는 수입국 상인으로부터 거래를 알선해 주고 중개수수료(Commission)를 받는다.

② 통과무역(Transit trade) : 수출국에서 수입국으로 수출되는 물품이 자국을 경유하는 형태이다. 경유하게 되는 나라의 관점에서 볼 때 이를 통과무역이라 한다. 자국의 항만, 창고, 운송 등을 이용하게 되므로 이에 따른 정박료, 하역비, 보관료, 수수료 등 무역 외 수입을 취할 수 있다.

③ 중계무역(Intermediate trade) : 수출할 것을 목적으로 물품 등을 수입하여 「관세법」 제154조에 따른 보세구역 및 같은 법 제156조에 따라 보세구역 외 장치의 허가를 받은 장소 또는 「자유무역지역의 지정 등에 관한 법률」 제4조에 따른 자유무역지역 이외의 국내에 반입하지 아니하고 수출하는 수출입을 말한다(중계무역에서는 Switch B/L[131]을 발급받아 진행하기도 한다).
중계무역은 중계상이 물품을 수출할 것을 목적으로 자기책임과 비용 부담으로 수입한 후 다시 제3국으로 수출함으로써 수입금액과 수출금액에서 오는 매매차익을 얻는 거래이다. 수입 계약과 수출 계약은 완전히 별개의 것이다. 예로 들어 중계상이 중국에 완제품을 생산 의뢰하고 현지에서 생산관리 후 수입하여 보세구역에서(내륙운송하지 않고) 제3국으로 보내기 위해 자사의 재포장이나 필요한 라벨 작업 등을 거친 후 수출하는 것이다.
현재 부산항만 자유무역지역(보세구역)에서는 많은 중계무역이 이루어지고 있다. 최근 자유무역지역이 수출 중심에서 중계·가공무역 중심으로 바뀌고 있는 추세이다.

---

131) Switch B/L : 스위치 비엘은 중계무역에서 원 수출자(생산자)가 중계업자의 바이어에게 직접 노출되는 것을 막기 위해 포워더에게 요청하여 B/L의 수출자 이름 및 제품의 단가 등을 중계업자의 정보로 바꾸어 발급하는 것을 말한다.

※ 무역(수출입)의 3대 기본법

대외무역법, 외국환거래법, 관세법

2. 수입의 종류

제조업과 무역으로 대표되는 우리나라 산업의 경우 원재료 수입 또는 완제품 수입이 수입의 대부분을 차지하고 있다.

1) 수출용원재료 수입

원재료 수입은 국내시장의 가공업체에 판매할 목적이거나 직접 원재료를 후가공, 결합 또는 완성하여 국내시장에 판매하거나 또는 제3국 해외에 수출할 목적으로 수입한다.

2) 완제품 수입

완제품 수입은 대부분 국내시장에 판매할 목적으로 제품을 수입하는 경우이다.

제2절 관세의 종류

1. 관세의 의미

관세란 관세 영역, 즉 국경을 통과하는 물품에 대하여 부과하는 세금이다.

영문으로 Tariff(s), Duty(ies), Rate(s)로 사용되고, 우리말로 관세, 관세율, 세율이 포괄적으로 같은 의미로 사용된다.

관세는 수출물품에 대해 부과하는 수출세, 수입물품에 대해 부과하는 수입세, 국경을 통과하는 물품에 대해 부과하는 통과세로 구분되는데 현재 대부분 나라가 수입세를 채택하고 있으므로 일반적인 관세 의미는 '수입물품에 대해 부과되는 세금'이라 할 수 있다. 반면 수출세나 통과세를 채택하고 있는 국가는 많지 않다.

「관세법」 제14조에는 '수입물품에는 관세를 부과한다'라고 규정되어 있다. 수입물품에는 관세와 부가가치세뿐만 아니라 지방소비세, 담배소비세, 지방교육세, 개별소비세, 주세, 교육세, 교통·에너지·환경세 및 농어촌특별세 등이 부과될 수 있다.

관세는 모든 물품에 일률적으로 부과하는 것이 아니며 물품마다 또는 동일한 물품이라도 용도 등에 따라 각각 다른 세율의 관세를 부과한다. 관세에 따라 그 나라의 통상 정책에 있어 수출입량에 영향을 주므로 무역에서 중요한 역할을 하게 된다. 그리고 자국의 산업을 보호하기 위한 보호무역 정책의 일환(一環)132)이 된다.

1) 과세물건

과세물건은 과세의 대상이 되는 것으로 수입물품을 뜻한다.

2) 과세표준

관세의 과세표준은 수입물품의 가격 또는 수량으로 한다.

가격으로 하는 경우를 "종가세(Ad Valorem duty)"라 하고 비디오테이프나 일부 농산물과 같이 물품의 수량(개수, 중량, 부피, 면적 등)을 기준으로 하는 경우

---

132) 일환(一環) : 여러 가지 관계 중에 한 가지. 고리 가운데 하나.

를 "종량세(Specific duty)"라 한다. 그리고 두 가지가 혼합된 "혼합세율 (Compound duty)"이 있다.

대부분 수입물품의 과세표준은 종가세(Ad Valorem duty)를 적용한다.

3) 납세의무자

수입물품에 대한 관세의 납세의무자는 원칙적으로 수입화주(수입상)에 있다.

4) 특별납세의무자

하지만 특별한 경우에 특별납세의무자로 달리 되는 경우가 있으며 예로 들어 보세구역에서 장치 중 물품을 도난 또는 분실한 경우 보세구역 운영인 또는 화물관리인이 된다.

보세운송기간이 경과하여 관세를 징수하는 물품은 보세운송의 신고인 또는 승인을 얻은 자가 해당된다. 외국물품인 선용품133), 기용품134), 차량용품135)이나 외국무역선(기) 안에서 판매하는 물품을 허가받은 대로 적재하지 않아 관세를 징수하는 물품은 하역 허가를 받은 자가 해당된다. 기타 여러 사유가 있는 경우에 해당 특별납세의무자가 낸다.

2. 관세의 종류

1) 국정관세와 협정관세

관세는 크게 국정관세(National tariff)와 협정관세(Conventional tariff)로 나뉜다. 국정관세(율)는 우리나라에서 정부가 정한 세율을 말하며 협정관세(율)는

---

133) 선용품(선박용품) : 선박용품이란 음료, 식품, 연료, 소모품, 밧줄, 수리용 예비 부분품 및 부속품, 집기, 그 밖에 이와 유사한 물품으로서 해당 선박에서만 사용되는 것을 말한다.
134) 기용품(항공기용품) : 항공기용품이란 선박용품에 준하는 물품으로서 해당 항공기에서만 사용되는 것을 말한다.
135) 차량용품 : 선박용품에 준하는 물품으로서 해당 차량에서만 사용되는 것을 말한다.

특정국가 간 또는 한 국가가 국제기구(WTO, UN 등)와의 협상을 통해 양허한 관세를 말한다. 대표적으로 우리가 잘 알고 있는 FTA 협정은 협정관세에 속한다.

그럼 관세의 종류에 대해 살펴보기로 하자.

2) 관세 분류도

관세	국정관세	기본관세	
		잠정관세	
		탄력관세	− 반덤핑관세 − 상계관세 − 보복관세 − 긴급관세 − 특정국물품긴급관세 − 농림축산물에 대한 특별긴급관세 − 조정관세 − 할당관세 − 계절관세 − 편익관세
		일반특혜관세	
	협정관세	세계무역기구협정 일반양허관세 (WTO 일반협정관세)	
		세계무역기구협정 개발도상국간 양허관세 (WTO 개도국협정관세)	
		아시아·태평양 무역협정 양허관세	
		유엔무역개발회의 개발도상국간 특혜무역제도의 양허관세 (UN 개도국협정관세)	
		특정국가와의 관세협상에 따른 양허관세 (국제협력관세)	
		FTA 협정관세	

644

3) 국정관세(National tariff)에 속하는 관세

① 기본관세 (General duties, General rate)

기본관세(율)는 수입물품에 원칙적으로 적용되는 세율이다.

② 잠정관세 (Provisional duties, Provisional tariff)

잠정관세(율)는 특정물품에 대해 일시적으로 기본세율을 수정할 필요가 있는 경우에 일정 기간 기본관세(율)를 대신해 적용하는 세율을 말한다. 따라서 잠정세율이 기본세율에 우선하여 적용된다.

잠정관세(율)는 특정물품에 대하여 물품과 관련이 있는 관계부처의 장 또는 이해관계인이 기획재정부장관에 요청하여 필요성이 있는 경우에 한하여 기본세율로부터 세율을 조정, 인상, 인하할 수 있도록 한 것이다.

③ 탄력관세 (Flexible tariff system)

탄력관세는 관세율을 탄력적으로(flexible) 변경하는 것을 말한다. 국내외 무역환경의 급변 또는 가변적인 여건에 따라 대통령령이나 기획재정부령으로 이행되게 된다. 「관세법」에 그 내용이 잘 나타나 있다.

㉠ 반덤핑관세 (Anti-dumping duties)

행정 또는 관세법상 용어는 "덤핑방지관세"라고 하고 실무에선 대체로 "반덤핑관세"라 부른다.

외국의 물품이 대통령령으로 정하는 정상가격 이하로 수입되는 것을 '덤핑'이라고 한다. 국내산업과 이해관계가 있는 자로서 대통령령으로 정하는 자 또는 주무부장관이 부과요청을 한 경우로서 다음 각 호의 어느 하나에 해당하는 것(실질적 피해 등)이다.

a. 국내산업이 실질적인 피해를 받거나 받을 우려가 있는 경우

b. 국내산업의 발전이 실질적으로 지연된 경우

이에 조사를 통하여 확인되고 해당 국내산업을 보호할 필요가 있다고 인정되는 경우에는 기획재정부령으로 그 물품과 공급자 또는 공급국을 지정하여 해당 물품에 대하여 정상가격과 덤핑가격 간의 차액("덤핑차액"이라 한다)에 상당하는 금액 이하의 관세("덤핑방지관세"라 한다)를 추가하여 부과할 수 있다.

반덤핑관세는 보복적인 성격을 띠고 있으며 수입제한 효과가 매우 크다. 그리고 일반적으로 민간단체의 제소에서 비롯되어 조사 결과에 따라 부과함으로써 정부의 부담이 적어 부과하기가 용이하다.

반덤핑관세의 대표적인 예가 **"2013년 한·미국 세탁기 분쟁"**이다.

2011년 12월 30일 미국의 월풀사(Whirlpool Corporation)가 미국 상무부(U.S Department of Commerce)에 '**덤핑과 정부보조금**'을 통해 한국산 세탁기가 미국 시장에서 저가로 판매되고 있다며, 한국산 세탁기 수출(삼성전자, LG, 대우전자)에 대한 '**반덤핑관세 및 상계관세를 부과**'해 줄 것을 제소한다. 이를 시작으로 미국 상무부는 2013년 2월 8일 반덤핑관세 명령을 결정하였다.

미국 상무부가 한국산 세탁기의 할인판매를 '표적덤핑(Targeted Dumping)'으로 간주해 '제로잉(Zeroing) 방식'을 적용한 고율의 반덤핑관세를 적용한 것이다.(삼성전자와 LG전자가 2012년 블랙프라이데이[136] 기간에 할인판매한 것을 표적덤핑으로 판단하고 삼성전자에 11.14%와 LG전자에 13.02%의 반덤핑관세 및 상계관세를 합하여 부과하였다).

이에 대해 한국정부는 2013년 8월 29일 WTO에 제소를 하였다. WTO 분쟁해결기구는 미국의 반덤핑관세율 산정방식, 그리고 제로잉 방식에 대해서도 WTO 협

---

136) 블랙프라이데이 : 11월 마지막 금요일에 열리는 미국최대할인행사.

정위반으로 판정하여, 3년이 걸려 2016년 9월 7일 한국이 승소했다. 그럼에도 불구하고 미국은 고율의 반덤핑관세를 종료 시점인 2017년 12월까지 그대로 유지하였다.

그러는 동안 삼성전자와 LG전자는 반덤핑관세를 피해 생산기지를 중국으로 옮기자 미국은 중국 현지 법인에 최대 111.09%의 반덤핑관세를 매겼다. 이에 재차 베트남, 태국 등으로 생산기지를 옮겨 수출을 하고 관세를 피하자, 트럼프정부의 미국 상무부는 2018년 한국 세탁기와 그 부품에 대해 수입제한조치(세이프가드)를 단행했다(한국산 세탁기 수출의 연간 수출쿼터 물량을 120만대로 제한하고 쿼터 한도 내에서는 14~20% 관세부과, 한도를 넘어서면 30~50% 고율 관세부과가 그 내용이다).

결국 삼성전자는 미국 사우스캐롤라이나 주에 3.8억 달러, LG전자는 테네시 주에 3.6억 달러를 각각 투자하고 미국 현지생산을 시작하였다.

세이프가드에 대해 한국정부는 다시 WTO에 제소하였으며 바이든 정부 2022년 초 1심에서 승소하였다. 하지만 미국정부가 다시 상소할 경우 기존의 미국의 세이프가드는 2023년 2월까지 지속된다.

이처럼 승소함에도 불구하고, 한·미국 세탁기 분쟁은 수년 동안 국내 기업들의 막대한 비용과 수출 피해, 그리고 해외로 생산기지를 옮기면서 국내에서 고용 창출 감소, 산업 공동화, 지역 침체 등의 문제점을 현재까지 가져다주고 있다.[137]

Note

• **표적덤핑(Targeted Dumping)** : 미국정부가 수입된 전체 물량이 아니라 특정 시기, 특정 지역에서 판매된 물량에 대해서만 덤핑 마진을 산정하는 방식이다. 이와 같이 적용하면 블랙프라이데이 등 특정 행사 기간에 한국업체가 다른 미국 업체와 비슷한 할인율로 물건을 할인하여 판매하는 경우 이를 덤핑으로 판단할 수 있다.

137) 출처 : 한국무역협회, 통상보고서

- 덤핑 마진 (Dumping Margin) : 덤핑차액이다. 수입국가에서 통용되는 정상가격(내수가격)에서 수출가격을 공제하는 방식으로 계산된다.

- 제로잉 방식(Zeroing) : 수출가격이 내수가격보다 낮은 경우만 덤핑 마진으로 산정하고, 수출가격이 내수가격보다 높은 경우 발생하는 부의 마진은 마이너스(−)로 계산하지 않고 0(Zeroing)으로 계산하여 결과적으로 덤핑 마진이 높아지도록 계산하는 것을 제로잉(Zeroing)이라고 한다.
미국이 전 세계에서 유일하게 사용해 온 덤핑 마진 계산법으로, 이로 인해 자주 반덤핑 마진이 발생하여 반덤핑 관세를 부담할 수 있어, 미국에 수출하는 국가가 불리해진다.

② 상계관세 (Countervailing duties)

상계관세는 외국 정부가 자국의 기업에 직접 또는 간접으로 보조금(Subsidies)을 지원하여 그로 인해 제조·생산된 특정물품이 수입국 국내산업의 피해 우려가 되는 경우 수입국이 부과하는 관세이다.

국내산업과 이해관계가 있는 자로서 대통령령으로 정하는 자 또는 주무부장관이 부과요청을 한 경우로서 다음 각 호의 어느 하나에 해당하는 것(실질적 피해 등)이다.

a. 국내산업이 실질적인 피해를 받거나 받을 우려가 있는 경우
b. 국내산업의 발전이 실질적으로 지연된 경우

이에 조사를 통하여 확인되고 해당 국내산업을 보호할 필요가 있다고 인정되는 경우에는 기획재정부령으로 그 물품과 수출자 또는 수출국을 지정하여 그 물품에 대하여 해당 보조금 등의 금액 이하의 관세("상계관세"라 한다)를 추

가하여 부과할 수 있다.

상계관세는 「GATT 제6조 및 WTO 보조금 및 상계조치에 관한 협정 (Agreement on Subsidies and Countervailing Measures)」에 의해 인정되고 있다.

일례로, 미국의 오바마 정부는 태양광 패널과 강선 등 22개 중국산 제품이 중국 정부의 정부보조금을 받고 있다며 '상계관세'를 부과했다. 이에 중국은 WTO에 제소를 하였다.

WTO 판결 결과, 2014년 미국이 제시한 보조금 입증자료가 부실하고 보조금 계산에도 오류가 있다며, 중국이 매년 6억 4천500만 달러 상당의 미국산 제품에 대해 역조치인 '보복관세'를 부과할 수 있다고 허용하고 판결하였다.

---

③ 보복관세 (Retaliatory duties)

보복관세는 교역상대국이 우리나라의 수출물품 등에 대하여 다음 각 호의 어느 하나에 해당하는 행위를 하여 우리나라의 무역이익이 침해되는 경우에는 그 나라로부터 수입되는 물품에 대하여 피해상당액의 범위에서 관세("보복관세"라 한다)를 부과할 수 있다.

a. 관세 또는 무역에 관한 국제협정이나 양자 간의 협정 등에 규정된 우리나라의 권익을 부인하거나 제한하는 경우
b. 그 밖에 우리나라에 대하여 부당하거나 차별적인 조치를 하는 경우

보복관세를 부과하여야 하는 대상 국가, 물품, 수량, 세율, 적용시한, 그 밖에 필요한 사항은 대통령령으로 정한다.

④ 긴급관세 (Emergency duties)

특정물품의 수입증가로 인하여 동종물품(Like product) 또는 직접적인 경쟁관계에 있는 물품을 생산하는 국내산업이 심각한 피해를 받거나 받을 우려가 확인되고 국내산업을 보호할 필요가 있다고 인정되는 경우 필요한 범위 내에서 추가하여 부과하는 관세이다.

뉴스에서 긴급수입제한조치, 세이프가드라는 말을 종종 들어 보았듯이 "긴급관세", "긴급수입제한조치", "세이프가드(Safeguard)"는 모두 같은 의미로 사용되고 있다. 「관세법」에서는 '긴급관세'라는 용어로 사용된다.

긴급관세 또는 잠정긴급관세를 부과하여야 하는 대상 물품, 세율, 적용기간, 수량, 수입관리방안, 그 밖에 필요한 사항은 기획재정부령으로 정한다.

긴급관세의 대표적인 예가 **"2000년 한·중 마늘교역 분쟁"**이다.

우루과이라운드(UR) 이후 시장 개방에 따라 중국으로부터 양파, 마늘, 참깨, 고추 등 농산물의 수입이 급증하였다. 특히 냉동마늘, 초산제조마늘의 경우 1996년 대비 1999년에 수입이 9배 이상으로 급증하였다. 이는 산둥성을 비롯한 중국이 적극적인 마늘 재배와 냉동설비 설치 등의 수출전략을 도입하였기 때문이다.

이에 정부는 2000년 6월 1일 중국산 마늘에 대해 「WTO 협정」과 「대외무역법」 및 「관세법」에 근거하여 냉동마늘 및 초산조제마늘의 경우 30% 기본관세에 추가하여 285%의 '긴급관세'를 부과하였다. 중국정부는 이에 대한 보복 조치로 2000년 6월 7일부터 우리나라산 휴대용 무선전화기와 폴리에틸렌에 대한 '잠정수입금지조치'를 취한다.

이후 여러 차례 한·중 마늘 협상이 개시되었고 세이프가드 기간을 줄이고 관세율쿼터(TQR)를 조정·합의하였다. 그리고 2003년부터 중국산 마늘은 수입자유화가 되었다[38].

---

138) 출처 : 행정안전부 국가기록원

⑤ 특정국물품 긴급관세 (Transitional safeguard mechanism)

국제조약 또는 일반적인 국제법규에 따라 허용되는 한도에서 대통령령으로 정하는 국가를 원산지로 하는 물품(특정국물품)이 조사를 통하여 확인된 경우에 피해를 구제하거나 방지하기 위하여 필요한 범위에서 관세를 추가하여 부과할 수 있다.

해당 물품의 수입증가가 국내 시장의 교란 또는 교란우려의 중대한 원인이 되는 경우(동종물품 또는 직접적인 경쟁관계에 있는 물품을 생산하는 국내산업이 실질적 피해를 받거나 받을 우려가 있는 경우), 또는 세계무역기구 회원국이 해당 물품의 수입증가에 대하여 자국의 피해를 구제하거나 방지하기 위하여 한 조치로 인하여 중대한 무역전환이 발생하여 해당 물품이 우리나라로 수입되거나 수입될 우려가 있는 경우이다.

특정국물품 긴급관세 또는 특정국물품 잠정긴급관세를 부과하여야 하는 대상 물품, 세율, 적용기간, 수량, 수입관리방안 등에 관하여 필요한 사항은 기획재정부령으로 정한다.

⑥ 농림축산물에 대한 특별긴급관세 (SSG : Special safeguard)

「관세법」 제73조(국제협력관세)에 따라 국내외 가격차에 상당한 세율로 양허한 농림축산물의 수입물량이 급증하거나 수입가격이 하락하는 경우에는 대통령령으로 정하는 바에 따라 양허한 세율을 초과하여 관세("특별긴급관세"라 한다)를 부과할 수 있다.

「WTO 농업협정」 제5조에 의해 인정되고 있으며 일반 세이프가드와는 달리 국내 산업의 심각한 피해가 확인되지 않더라도 수입제한조치(세이프가드)를 발동할 수 있다.

특별긴급관세를 부과하여야 하는 대상 물품, 세율, 적용시한, 수량 등은 기획재정부령으로 정한다.

⑦ 조정관세 (Adjustment duties)

새롭게 수입자유품목으로 지정된 물품에 대하여 해당 물품의 수입물량이 급격히 증가하거나 아주 낮은 가격으로 수입되는 경우 국내시장의 교란을 막기 위해 관세를 높여 부과할 수 있다.

다음 어느 하나에 해당하는 경우에는 100분의 100에서 해당 물품의 기본세율을 뺀 율을 기본세율에 더한 율의 범위에서 관세를 부과할 수 있다. 다만, 농림축수산물 또는 이를 원재료로 하여 제조된 물품의 국내외 가격차가 해당 물품의 과세가격을 초과하는 경우에는 국내외 가격차에 상당하는 율의 범위에서 관세를 부과할 수 있다.

산업구조의 변동 등으로 물품 간의 세율 불균형이 심하여 이를 시정할 필요가 있는 경우, 공중도덕 보호, 인간·동물·식물의 생명 및 건강 보호, 환경보전, 한정된 천연자원 보존 및 국제평화와 안전보장 등을 위하여 필요한 경우, 국내에서 개발된 물품을 일정 기간 보호할 필요가 있는 경우, 농림축수산물 등 국제경쟁력이 취약한 물품의 수입증가로 인하여 국내시장이 교란되거나 산업기반이 붕괴될 우려가 있어 이를 시정하거나 방지할 필요가 있는 경우가 해당된다.

조정관세를 부과하여야 하는 대상 물품, 세율 및 적용시한 등은 대통령령으로 정한다.

⑧ 할당관세 (Quota duties, Tariff quota system)

수입국이 특정물품의 수입에 대하여 일정한 수량의 "쿼터(Quota)"를 정해 놓고 그 수량 또는 금액만큼 수입되는 분에 대해서는 저세율을 적용하고 그 이상 수입되는 분에 대해서는 고세율을 적용하는 "이중관세율제도(Dual tariff system, Double tariff system)"139)를 말한다.

_____

한때 터키(Turkey)는 섬유에 대한 할당관세로 유명하였다.

그리고 할당관세의 대표적인 예는 "**2018년 미국의 무역확장법 232조**(Section 232 of the Trade Expansion Act, **일명 철강 232조**)"이다.

미국은 2018년 자국의 안보와 산업보호를 위해 「무역확장법 232조(일명 철강 232조)」를 시행하여 해외로부터 수입산 철강에 대해 25%의 고율 관세를 매겼다. 이에 우리나라는 협상을 통해 무역확장법 232조 발동 당시 25% 관세 부과 대신 무관세로 268만 톤(2015-2017 직전 3년 평균 수출량의 70%)까지만 미국에 수출할 수 있는 수량을 제한하는 쿼터를 선택했다. 이에 따라 2021년 12월 현재 한국 철강의 미국 수출량은 연간 268만 톤을 넘기지 못하게 돼 있다(2022년 4월 현재까지 미국과 철강 232조에 대한 완화나 철폐에 대한 협상을 못하고 있다).

한편, 국제 상황에 의한 인플레이션의 영향으로 밀가루, 식용유, 커피 원두 등 곡물가격과 소고기, 돼지고기 등 육류가격 등 국내 물가가 급등하는 경우에, 물가안정을 위하여 정부는 1년 또는 한시적으로 해당 품목들에 대하여 수입관세를 인하하는 할당관세 정책(물량 및 시한적으로 기본세율보다 낮은 관세적용 또는 무관세)을 편다. 그리고 일부 품목의 조정관세 적용을 제외하기도 하고 부가가치세를 면제해 주기도 한다.

_____

a. 할당관세에서 다음 각 호의 어느 하나에 해당하는 경우에는 100분의 40의 범위의 율을 기본세율에서 빼고 관세를 부과할 수 있다. 이 경우 필요하다고 인정될 때에는 그 수량을 제한할 수 있다.

• 원활한 물자수급 또는 산업의 경쟁력 강화를 위하여 특정물품의 수입을 촉

_____

139) 이중관세율제도(Dual tariff, Double tariff) : 고율과 저율 2종의 세율이 동일한 수입물품에 대하여 설정되어 있는 경우의 관세제도를 말한다.

진할 필요가 있는 경우

• 수입가격이 급등한 물품 또는 이를 원재료로 한 제품의 국내가격을 안정시키기 위하여 필요한 경우

• 유사물품 간의 세율이 현저히 불균형하여 이를 시정할 필요가 있는 경우에 관세율을 조정하거나 인하하여 시행을 한다.

b. 특정물품의 수입을 억제할 필요가 있는 경우에는 일정한 수량을 초과하여 수입되는 분에 대하여 100분의 40의 범위의 율을 기본세율에 더하여 관세를 부과할 수 있다. 다만, 농림축수산물인 경우에는 기본세율에 동종물품·유사물품 또는 대체물품의 국내외 가격차에 상당하는 율을 더한 율의 범위에서 관세를 부과할 수 있다.

관세를 부과하여야 하는 대상 물품, 수량, 세율, 적용기간 등은 대통령령으로 정한다.

⑨ 계절관세 (Seasonal duties)

계절에 따라 가격의 차이가 심한 물품으로서 동종물품·유사물품 또는 대체물품의 수입으로 인하여 국내시장이 교란되거나 생산 기반이 붕괴될 우려가 있을 때에는 계절에 따라 해당 물품의 국내외 가격차에 상당하는 율의 범위에서 기본세율보다 높게 관세를 부과하거나 100분의 40의 범위의 율을 기본세율에서 빼고 관세를 부과할 수 있다.

관세를 부과하여야 하는 대상 물품, 세율 및 적용시한 등은 기획재정부령으로 정한다.

⑩ 편익관세 (Beneficial duties)

관세에 관한 조약에 따른 편익을 받지 아니하는 나라의 생산물로서 우리나라에 수입되는 물품에 대하여 이미 체결된 외국과의 조약에 따른 편익의 한도에서 관세에 관한 편익("편익관세"라 한다)을 부여할 수 있다.

편익관세를 부여할 수 있는 대상 국가, 대상 물품, 적용 세율, 적용방법, 그 밖에 필요한 사항은 대통령령으로 정한다.

④ 일반특혜관세 (GSP : Generalized system of preference)

대통령령으로 정하는 개발도상국가(특혜대상국)를 원산지로 하는 물품 중 대통령령으로 정하는 물품(특혜대상물품)에 대하여는 기본세율보다 낮은 세율의 관세("일반특혜관세"라 한다)를 부과할 수 있다.

일반특혜관세를 부과할 때 해당 특혜대상물품의 수입이 국내산업에 미치는 영향 등을 고려하여 그 물품에 적용되는 세율에 차등을 두거나 특혜대상물품의 수입수량 등을 한정할 수 있다. 국제연합총회의 결의에 따른 최빈개발도상국 중 대통령령으로 정하는 국가를 원산지로 하는 물품에 대하여는 다른 특혜대상국보다 우대하여 일반특혜관세를 부과할 수 있다.

특혜대상물품에 적용되는 세율 및 적용기간과 그 밖에 필요한 사항은 대통령령으로 정한다.

4) 협정관세(Conventional tariff)에 속하는 관세

협정관세는 관세협정을 체결한 국가 또는 지역경제통합체 등으로부터 수입되는 물품에 적용된다.

앞서 관세의 종류 '관세 분류도' 표에 나타냈듯이, 협정관세에는 다음의 관세들이 있다.

① WTO 일반협정관세
② WTO 개도국협정관세

③ 아세아·태평양 무역협정 양허관세

④ UN 개도국협정관세

⑤ 국제협력관세

⑥ FTA 협정관세

협정관세는 곧 양허관세로 이해할 수 있다. **"양허관세(Tariff concession)"**란 협정을 체결한 국가와 양허관세를 시행하는 것으로, 국가 간 협상을 통해 관세율이 인하되면 그 인하된 세율수준 이상으로는 특별한 사유가 없는 한 관세인상을 할 수 없게 협정을 맺은 관세를 뜻한다.

5) 세율 적용 우선순위

관세율이 서로 상충할 때 다음과 같은 순서로 세율을 우선시 적용한다.

순위	세율 종류	내용
1순위 ➡	• 반덤핑관세 • 보복관세 • 긴급관세 • 상계관세 • 농림축산물에 대한 특별긴급관세 • 특정국물품 긴급관세	• 긴급관세와 같은 세이프가드 • 부과 대상은 특정국가 또는 기업의 물품 별로 부과 • 기본관세보다 높은 세율(비특혜 세율) ※ 세율의 높낮이에 관계없이 최우선적으로 적용한다.
2순위 ➡	• 편익관세 • FTA 협정관세 • 국제협력관세	• 기본관세보다 낮은 세율(특혜 세율) ※ 2순위의 세율은 3,4,5,6,7순위의 세율보다 낮은 경우에 한하여 우선 적용한다.
3순위 ➡	• 조정관세 • 계절관세 • 할당관세	※ 할당관세는 4순위의 세율보다 낮은 경우에 한하여 우선 적용한다
4순위 ➡	• 일반특혜관세	

5순위 ➡	• 농림축산물에 대한 양허관세	
6순위 ➡	• 잠정관세	
7순위 ➡	• 기본관세	• 기본세율

제3절 관세 감면, 면세 및 혜택

관세는 현재 거의 모든 국가에서 수입관세를 채택하고 있으며 수출관세는 채택하지 않으므로 실무에서 관세라 함은 '수입관세'를 뜻하는 것으로 이해해도 된다.

우선 관세의 감면, 면세, 혜택, 환급 용어를 구분해 보자.

"감면(Tariff reduction)"이란 기획재정부령으로 정한 특정물품에 대해 관세(율)를 일정률로 인하하여 줄여주는 것을 말한다. "면세(Tariff exemption)"란 같은 령으로 정한 특정물품에 대해 관세(율)를 면제해 주는 것을 말한다. "혜택(Tariff benefit)"이란 어떠한 협정 등에 의하여 낮게 관세(율)를 매기는 것을 말한다. "환급(Tariff refund)"이란 수입 시에 징수한 관세(율)를 후에 되돌려 주는 것을 말한다.

※ 관세 수혜의 종류[140]

▪ 관세 감면, 관세 면세, 관세 혜택 : 수입에서 관세등 납부 전(통관 전)에 적용된다.

▪ 관세환급 : 수입에서 관세등 납부완료 후 시일이 지난 시점에 이행된다.

---

140) 수혜(受惠) : 혜택을 받음. 이어서 나오는 '관세 혜택'과 구분하기 위해 수혜라는 단어를 사용하였다.

이번 절에는 수입물품의 관세의 감면, 면세, 혜택에 해당하는 것을 알아보고, 다음 4절에는 관세의 환급에 대해 알아보자.

관세 감면, 면세, 혜택의 종류 - 수입 시	내용
▪ 일반 수입물품	기본세율, MFN 세율
▪ 일반특혜관세에 해당 물품	관세 혜택
▪ 협정관세에 해당 물품	관세 혜택 (낮은 관세, 무관세)
▪ 반송에 해당하는 물품	무관세
▪ 관세법상 특정 수입물품에 대한 관세의 면세	관세 감면, 관세 면세

1. 일반 수입물품

일반적 수입물품에 대하여 "기본세율", 또는 WTO 회원국의 "MFN 세율"이 적용된다.

2. 일반특혜관세에 해당 물품

일반특혜관세에 해당하는 물품을 수입하는 경우 낮은 관세로 "관세 혜택"을 받을 수 있다.

3. 협정관세에 해당 물품

협정관세에 속하는 관세들 중에 해당하는 물품을 수입하는 경우 협정에 따라 품목에 따라 "관세 혜택"을 받는다. 낮은 관세 또는 무관세가 적용된다.

대표적으로 FTA 협정관세가 있다.

4. 반송에 해당하는 물품

「반송절차에 관한 고시」에 의거, 외국으로부터 보세구역에 반입된 외국물품(수입신고를 하지 않은 상태)을 다시 외국으로 반송하는 물품(수출신고수리를 하지 않은 상태)은 "무관세" 적용을 받는다.

이러한 물품은 수입신고를 하지 않고 무관세 상태에서 "반송신고"를 하게 된다. 반송신고를 하려는 자는 「관세법」 제241조에 따라 관련 서류와 반송신고서(수출신고서 서식을 사용하되, 서식명은 반송신고서로 변경 사용한다)를 세관장에게 제출하여야 한다.[141]

※ 관세법 또는 무역실무에서 반송과 반품의 용어는 구별해야 한다. **'반품'**은 수입자가 수입신고수리한 후에 물품의 하자, 계약내용 상이 등으로 물품을 돌려보내는 것을 말한다. 반품은 반품만큼의 관세환급을 받게 된다.

'반송에 해당하는 물품'으로는 다음의 종류가 있다.
① 단순반송물품 : 주문이 취소되거나 잘못 반입된 물품, 수입신고 전 계약상이가 확인된 물품, 수입신고 전 수입요건을 갖추지 않은 것이 확인된 물품, 선사(항공사)가 외국으로 반출하는 선(기)용품, 선(기)내 판매용품, 기타 사유 등
② 통관보류물품 : 수입신고를 하였으나 수입신고수리요건 등을 갖추지 못하여 통관이 보류된 물품
③ 위탁가공물품 : 해외에서 위탁가공 후 보세구역에 반입된 물품으로서 외국으로 반출될 물품
④ 중계무역물품 : 「대외무역법령」에 의하여 수출할 것을 목적으로 보세구역(자유무역지역) 또는 세관장으로부터 보세구역외 장치허가를 받은 장소에 반입하여 외국으

---

141) 반송(返送) : 외국물품(수출신고수리물품은 제외)을 외국으로 반출하는 것을 말한다.

로 반출하는 물품

⑤ 보세창고 반입물품 : 외국으로부터 보세창고에 반입된 물품으로서 국내 수입화주
의 결정지연 등으로 수입하지 아니한 상태에서 다시 외국으로 반출될 물품

⑥ 장기비축 수출용원재료 및 수출물품 사후 보수용품 : 보세창고에 반입된 해외조
립용 수출용원재료 또는 이미 수출한 물품의 사후 보수, 수리를 위한 물품(법 제159
조 제1항에 따라 해체·절단 등의 작업을 한 구성품을 포함)

⑦ 보세전시장반출물품 : 우리나라에서 개최하는 박람회 등을 위하여 보세전시장에
반입된 후 전시종료 후 외국으로 반출될 물품

⑧ 보세판매장반출물품 : 보세판매장에 반입되어 판매중인 외국물품이 변질, 고장,
그 밖에 유행의 변화 등의 사유로 판매하지 못하여 운영인이 외국으로 반출하려는
물품

⑨ 수출조건부 미군불하물품 : 미군교역처에서 수출조건부로 불하[142]한 보세물품

※ 다음 각 호의 어느 하나에 해당하는 경우에는 그 반출을 하려는 자는 수
입신고를 하고 관세등을 내야 한다.

a. 자유무역지역(보세구역)에서 외국물품등의 전부 또는 일부를 원재료로 하여 제조·
가공·조립·보수 등의 과정을 거친 후 그 물품을 관세영역[143]으로 반출하려는 경우

b. 외국물품등을 자유무역지역에서 그대로 관세영역으로 반출하려는 경우
(자유무역지역의 지정 및 운영에 관한 법률, 제29조)

5. 관세법상 특정 수입물품에 대한 관세의 면세

「관세법」 제4장 1절(감면) 제88조-105조에 따라 다음에 해당하는 물품이
수입될 때에는 그 관세를 "감면" 또는 "면제(면세)"한다.

---

142) 불하(拂下) : 국가나 공공 단체의 재산을 민간에게 팔아넘기는 일.
143) 관세영역 : 동일한 관세제도에 의하여 관세가 부과되는 일정한 지역으로, 관세영역은 통상 정치상의
　　국가영역(영토·영해 및 영공)과 일치한다. 하지만 「자유무역지역의 지정 및 운영에 관한 법률」 여기
　　서 "관세영역"이란 자유무역지역 외의 국내지역을 말한다.

① 외교관용 물품 등의 면세 (관세법 제88조)

다음 각 호의 어느 하나에 해당하는 물품이 수입될 때에는 그 관세를 면제한다.

① 우리나라에 있는 외국의 대사관·공사관 및 그 밖에 이에 준하는 기관의 업무용품, 사절과 그 가족이 사용하는 물품, 직원과 그 가족이 사용하는 물품

② 정부와 체결한 사업계약을 수행하기 위하여 외국계약자가 계약조건에 따라 수입하는 업무용품

③ 국제기구 또는 외국 정부로부터 우리나라 정부에 파견된 고문관·기술단원 및 그 밖에 기획재정부령으로 정하는 자가 사용하는 물품

② 세율불균형물품의 면세 (관세법 89조)

세율불균형을 시정하기 위하여 「조세특례제한법」 제6조 제1항에 따른 중소기업이 대통령령으로 정하는 바에 따라 세관장이 지정하는 공장에서 다음 각 호의 어느 하나에 해당하는 물품을 제조 또는 수리하기 위하여 사용하는 부분품과 원재료(수출한 후 외국에서 수리·가공되어 수입되는 부분품과 원재료의 가공 수리분을 포함한다) 중 기획재정부령으로 정하는 물품에 대해서는 그 관세를 면제할 수 있다.
① 항공기(부분품을 포함한다)
② 반도체 제조용 장비(부속기기를 포함한다)

③ 학술연구용품의 감면 (관세법 90조)

다음 각 호의 어느 하나에 해당하는 물품이 수입될 때에는 그 관세를 감면할 수 있으며, 그 감면율은 기획재정부령으로 한다.
① 국가기관, 지방자치단체 및 기획재정부령으로 정하는 기관에서 사용할 학술연구용품·교육용품 및 실험실습용품으로서 기획재정부령으로 정하는 물품

② 학교, 공공의료기관, 공공직업훈련원, 박물관, 그 밖에 이에 준하는 기획재정부령으로 정하는 기관에서 학술연구용·교육용·훈련용·실험실습용 및 과학기술연구용으로 사용할 물품 중 기획재정부령으로 정하는 물품

③ 제2호의 기관에서 사용할 학술연구용품·교육용품·훈련용품·실험실습용품 및 과학기술연구용품으로서 외국으로부터 기증되는 물품. 다만, 기획재정부령으로 정하

는 물품은 제외한다.

④ 기획재정부령으로 정하는 자가 산업기술의 연구개발에 사용하기 위하여 수입하는 물품으로서 기획재정부령으로 정하는 물품

④ 종교용품, 자선용품, 장애인용품 등의 면세 (관세법 91조)

다음 각 호의 어느 하나에 해당하는 물품이 수입될 때에는 그 관세를 면제한다.

① 교회, 사원 등 종교단체의 의식에 사용되는 물품으로서 외국으로부터 기증되는 물품. 다만, 기획재정부령으로 정하는 물품은 제외한다.

② 자선 또는 구호의 목적으로 기증되는 물품 및 기획재정부령으로 정하는 자선시설·구호시설 또는 사회복지시설에 기증되는 물품으로서 해당 용도로 직접 사용하는 물품. 다만, 기획재정부령으로 정하는 물품은 제외한다.

③ 국제적십자사·외국적십자사 및 기획재정부령으로 정하는 국제기구가 국제평화봉사활동 또는 국제친선활동을 위하여 기증하는 물품

④ 시각장애인, 청각장애인, 언어장애인, 지체장애인, 만성신부전증환자, 희귀난치성 질환자 등을 위한 용도로 특수하게 제작되거나 제조된 물품 중 기획재정부령으로 정하는 물품

⑤ 「장애인복지법」 제58조에 따른 장애인복지시설 및 장애인의 재활의료를 목적으로 국가·지방자치단체 또는 사회복지법인이 운영하는 재활 병원·의원에서 장애인을 진단하고 치료하기 위하여 사용하는 의료용구

⑤ 정부용품 등의 면세 (관세법 제92조)

다음 각 호 어느 하나에 해당하는 물품이 수입될 때에는 그 관세를 면제할 수 있다.

① 국가기관이나 지방자치단체에 기증된 물품으로서 공용으로 사용하는 물품. 다만, 기획재정부령으로 정하는 물품은 제외한다.

② 정부가 외국으로부터 수입하는 군수품(정부의 위탁을 받아 정부 외의 자가 수입하는 경우를 포함한다). 다만, 기획재정부령으로 정하는 물품은 제외한다.

그리고, 국가원수의 경호용으로 사용하기 위하여 수입하는 물품

③ 외국에 주둔하는 국군이나 재외공관으로부터 반환된 공용품

④ 과학기술정보통신부장관이 국가의 안전보장을 위하여 긴요하다고 인정하여 수입하

는 비상통신용 물품 및 전파관리용 물품

⑤ 정부가 직접 수입하는 간행물, 음반, 녹음된 테이프, 녹화된 슬라이드, 촬영된 필름, 그 밖에 이와 유사한 물품 및 자료

⑥ 국가나 지방자치단체(이들이 설립하였거나 출연 또는 출자한 법인을 포함한다)가 환경오염(소음 및 진동을 포함한다)을 측정하거나 분석하기 위하여 수입하는 기계·기구 중 기획재정부령으로 정하는 물품

⑦ 상수도 수질을 측정하거나 이를 보전·향상하기 위하여 국가나 지방자치단체(이들이 설립하였거나 출연 또는 출자한 법인을 포함한다)가 수입하는 물품으로서 기획재정부령으로 정하는 물품

⑧ 국가정보원장 또는 그 위임을 받은 자가 국가의 안전보장 목적의 수행상 긴요하다고 인정하여 수입하는 물품

⑥ 특정물품의 면세 등 (관세법 제93조)

다음 각 호 어느 하나에 해당하는 물품이 수입될 때에는 그 관세를 면제할 수 있다.

a. 동식물의 번식·양식 및 종자개량을 위한 물품 중 기획재정부령으로 정한 물품

b. 박람회, 국제경기대회, 그 밖에 이에 준하는 행사 중 기획재정부령으로 정하는 행사에 사용하기 위하여 그 행사에 참가하는 자가 수입하는 물품 중 기획재정부령으로 정하는 물품

c. 핵사고 또는 방사능 긴급사태 시 그 복구지원과 구호를 목적으로 외국으로부터 기증되는 물품으로서 기획재정부령으로 정하는 물품

d. 우리나라 선박이 외국 정부의 허가를 받아 외국의 영해에서 채집하거나 포획한 수산물(이를 원료로 하여 우리나라 선박에서 제조하거나 가공한 것을 포함한다)

e. 우리나라 선박이 외국의 선박과 협력하여 기획재정부령으로 정하는 방법으로 채집하거나 포획한 수산물로서 해양수산부장관이 추천하는 것

f. 해양수산부장관의 허가를 받은 자가 기획재정부령으로 정하는 요건에 적합하게 외국인과 합작하여 채집하거나 포획한 수산물 중 해양수산부장관이 기획재정부장관과 협의하여 추천하는 것

g. 우리나라 선박 등이 채집하거나 포획한 수산물과 제5호 및 제6호에 따른 수산물의 포장에 사용된 물품으로서 재사용이 불가능한 것 중 기획재정부령으로 정하는 물품

h. 「중소기업기본법」 제2조에 따른 중소기업이 해외구매자의 주문에 따라 제작한 기계·기구가 해당 구매자가 요구한 규격 및 성능에 일치하는지를 확인하기 위하여 하는 시험생산에 필요한 원재료로서 기획재정부령으로 정하는 요건에 적합한 물품

i. 우리나라를 방문하는 외국의 원수와 그 가족 및 수행원의 물품

j. 우리나라의 선박이나 그 밖의 운송수단이 조난으로 인하여 해체된 경우 그 해체재 및 장비

k. 우리나라와 외국 간에 건설될 교량, 통신시설, 해저통로, 그 밖에 이에 준하는 시설의 건설 또는 수리에 필요한 물품

l. 우리나라 수출물품의 품질, 규격, 안전도 등이 수입국의 권한 있는 기관이 정하는 조건에 적합한 것임을 표시하는 수출물품에 붙이는 증표로서 기획재정부령으로 정하는 물품

m. 우리나라의 선박이나 항공기가 해외에서 사고로 발생한 피해를 복구하기 위하여 외국의 보험회사 또는 외국의 가해자의 부담으로 하는 수리 부분에 해당하는 물품

n. 우리나라의 선박이나 항공기가 매매계약상의 하자보수 보증기간 중에 외국에서 발생한 고장에 대하여 외국의 매도인의 부담으로 하는 수리 부분에 해당하는 물품

o. 국제올림픽·장애인올림픽·농아인올림픽 및 아시아운동경기·장애인아시아운동경기 종목에 해당하는 운동용구(부분품을 포함한다)로서 기획재정부령으로 정하는 물품

p. 국립묘지의 건설·유지 또는 장식을 위한 자재와 국립묘지에 안장되는 자의 관·유골함 및 장례용 물품

q. 피상속인이 사망하여 국내에 주소를 둔 자에게 상속되는 피상속인의 신변용품

r. 보석의 원석(原石) 및 나석(裸石)으로서 기획재정부령으로 정하는 것

⑦ 소액물품 등의 면세 (관세법 제94조)

다음 각 호 어느 하나에 해당하는 물품이 수입될 때에는 그 관세를 면제할 수 있다.

① 우리나라의 거주자에게 수여된 훈장, 기장(紀章), 이에 준하는 표창장 및 상패

② 기록문서 또는 그 밖의 서류

③ 상업용 견본품 또는 광고용품

④ 우리나라 거주자가 받는 소액물품. 이상 기획재정부령으로 정하는 물품

예시) 상업용 견본품 및 금메달 반입

• 과세가격이 미화 250달러 이하의 물품으로 반입되는 회사 비즈니스용 샘플(견본품)은 관세가 면세이다.

• 올림픽에서 쇼트트랙 최민정 선수가 받은 금메달, 2021-2022시즌 손흥민 선수가 받은 EPL 득점왕 골든부츠 등은 관세가 면세이다.

⑧ 환경오염방지물품 등에 대한 감면 (관세법 제95조)

다음 각 호의 어느 하나에 해당하는 물품으로서 국내에서 제작하기 곤란한 물품이 수입될 때에는 그 관세를 감면할 수 있으며, 그 감면기간과 감면율은 기획재정부령으로 정한다.

① 오염물질(소음 및 진동을 포함한다)의 배출 방지 또는 처리를 위하여 사용하는 기계·기구·시설·장비

② 폐기물 처리(재활용을 포함한다)를 위하여 사용하는 기계·기구

③ 기계·전자기술 또는 정보처리기술을 응용한 공장 자동화 기계·기구·설비(그 구성기기를 포함한다) 및 그 핵심부분품

⑨ 여행자 휴대품 및 이사물품 등의 감면 (관세법 제96조)

다음 각 호 어느 하나에 해당하는 물품이 수입될 때에는 그 관세를 면제할 수 있다.

① 여행자의 휴대품 또는 별송품으로서 여행자의 입국 사유, 체재기간, 직업, 그 밖의 사정을 고려하여 기획재정부령으로 정하는 기준에 따라 세관장이 타당하다고 인정하는 물품

② 우리나라로 거주를 이전하기 위하여 입국하는 자가 입국할 때 수입하는 이사물품으로서 거주 이전의 사유, 거주기간, 직업, 가족 수, 그 밖의 사정을 고려하여 기획재정부령으로 정하는 기준에 따라 세관장이 타당하다고 인정하는 물품

③ 국제무역선 또는 국제무역기의 승무원이 휴대하여 수입하는 물품으로서 항행일수, 체재기간, 그 밖의 사정을 고려하여 기획재정부령으로 정하는 기준에 따라 세관장이 타당하다고 인정하는 물품

※ 여행자가 휴대품 또는 별송품(제1호에 해당하는 물품은 제외한다)을 기획재정부령으로 정하는 방법으로 자진신고하는 경우에는 15만원을 넘지 아니하는 범위에서 해

당 물품에 부과될 관세(제81조에 따라 간이세율을 적용하는 물품의 경우에는 간이세율을 적용하여 산출된 세액을 말한다)의 100분의 30에 상당하는 금액을 경감할 수 있다.

⑩ 재수출면세 (관세법 제97조)

수입신고 수리일부터 다음 각 호의 어느 하나의 기간에 다시 수출하는 물품에 대하여는 그 관세를 면제할 수 있다.

① 기획재정부령으로 정하는 물품: 1년의 범위에서 대통령령으로 정하는 기준에 따라 세관장이 정하는 기간. 다만, 세관장은 부득이한 사유가 있다고 인정될 때에는 1년의 범위에서 그 기간을 연장할 수 있다.

② 1년을 초과하여 수출하여야 할 부득이한 사유가 있는 물품으로서 기획재정부령으로 정하는 물품: 세관장이 정하는 기간

수입신고수리일로부터 1년의 범위에서 다시 수출하는 물품, 또는 1년을 초과하여 수출하여야 할 사유가 있는 물품으로 기획재정부령으로 정하는 물품이 해당된다.

예시) 국내 전시회 전시 등으로 수입
• 국내 박람회, 전시회, 품평회 등 주체 기관의 공인된 행사에 사용하기 위해 수입하는 물품은 1년 내에 다시 수출하는 경우 관세가 면세된다.

⑪ 재수출 감면 (관세법 제98조)

장기간에 걸쳐 사용할 수 있는 물품으로 그 수입이 임대차계약에 의하거나 도급계약 또는 수출계약의 이행과 관련하여 국내에서 일시적으로 사용하기 위하여 수입하는 물품 중 기획재정부령으로 정하는 물품이 그 수입신고 수리일부터 2년(장기간의 사용이 부득이한 물품으로서 기획재정부령으로 정하는 것 중 수입하기 전에 세관장의 승인을 받은 것은 4년의 범위에서 대통령령으로 정하는 기준에 따라 세관장이 정하는 기간을 말한다) 이내에 재수출되는 것에 대해서는 재수출기간의 구분에 따라 그 관세를 경감할 수 있다.

⑫ 재수입면세 (관세법 제99조)

다음 각 호 어느 하나에 해당하는 물품이 수입될 때에는 그 관세를 면제할 수 있다.

① 우리나라에서 수출(보세가공수출을 포함한다)된 물품으로서 해외에서 제조·가공·수리 또는 사용(장기간에 걸쳐 사용할 수 있는 물품으로 임대차계약 또는 도급계약 등에 따라 해외에서 일시적으로 사용하기 위하여 수출된 물품이나 박람회, 전시회, 품평회, 국제경기대회, 그 밖에 이에 준하는 행사에 출품 또는 사용된 물품 등 기획재정부령으로 정하는 물품의 경우는 제외한다)되지 아니하고 수출신고 수리일부터 2년 내에 다시 수입(재수입)되는 물품. 다만, 해당 물품 또는 원자재에 대하여 관세를 감면받은 경우 등은 관세를 면제하지 아니한다.

② 수출물품의 용기로서 다시 수입하는 물품

③ 해외시험 및 연구를 목적으로 수출된 후 재수입되는 물품

예시) 바이어 클레임 등에 따른 재수입

• 국내에서 수출한 물품이 바이어로부터 계약상이 또는 클레임 등으로 인해 2년 이내에 재수입되는 경우, 관세가 면세된다.

(단, 당해물품 또는 원자재에 대하여 관세를 감면받은 경우, 「관세법」 또는 「수출용원재료에 대한 관세 등 환급에 대한 특례법」에 의한 환급을 받은 경우, 또는 보세가공 또는 장치기간경과물품을 재수출조건으로 매각함에 따라 관세가 부과되지 아니한 경우는 면제하지 아니한다).

⑬ 손상물품에 대한 감면 (관세법 제100조)

수입신고한 물품이 수입신고가 수리되기 전에 변질되거나 손상되었을 때, 그 밖의 법률 또는 조약·협정 등에 따라 관세를 감면받은 물품에 대하여 관세를 추징하는 경우 그 물품이 변질 또는 손상되어 그 가치가 떨어졌을 때에는 대통령령으로 정하는 바에 따라 그 관세를 경감할 수 있다

⑭ 해외임가공물품 등의 감면 (관세법 제101조)

다음 각 호의 어느 하나에 해당하는 물품이 수입될 때에는 대통령령으로 정하는 바에 따라 그 관세를 경감할 수 있다.

① 원재료 또는 부분품을 수출하여 기획재정부령으로 정하는 물품으로 제조하거나 가공한 물품

② 가공 또는 수리할 목적으로 수출한 물품으로서 기획재정부령으로 정하는 기준에 적합한 물품

단, 제1항의 물품이 다음 각 호의 어느 하나에 해당하는 경우에는 그 관세를 경감하지 아니한다 ;

1항에 해당 물품 또는 원자재에 대하여 관세를 감면받은 경우, 「수출용원재료에 대한 관세 등 환급에 관한 특례법」에 따른 환급을 받은 경우, 보세가공 또는 장치기간 경과물품을 재수출조건으로 매각함에 따라 관세가 부과되지 아니한 경우.

예시 1) 원부자재 수출 → 현지 위탁 임가공 후 → 완제품 수입

• 국내의 원부자재(원단, 지퍼, 단추 등)업체로 부터 원부자재를 구매하여 한국에서 보내주고(임가공 수출) 중국에서 의류(완성품)로 만들어 한국으로 수입하는 경우,

• 현지 해외생산법인이 중국 내에서 원부자재를 전부 또는 일부를 구입하여 가공 후 의류로 만들어 한국으로 수입하는 경우, 또는

• 현지 해외생산법인이 해외로부터 원부자재를 전부 또는 일부를 구입하여 가공 후 의류로 만들어 한국으로 수입하는 경우 등은 원재료(원부자재) 수출금액에 대해서 관세 감면을 받을 수 있다.

예시 2) 수리를 위한 완제품 수출 → 해외 현지법인 수리 후 → 완제품 재수입

• 수리비를 지급하는 조건으로 해외에서 가공 또는 수리할 목적으로 완제품을 수출하고, 현지 수리 후 다시 재수입된 물품으로(가공 전과 가공 후의 HSK 10단위 번호가 일치해야 한다) 이때에 관세 감면을 받을 수 있다.

단, 하자보수보증기간(수입신고수리 후 1년으로 한정) 중에, 원 외국 판매자(매도인)의 부담으로 물품을 수리하는 경우에는 왕복운임, 가공/수리비의 면세도 가능해진다.

⑮ 관세감면물품의 사후관리 (관세법 제102조)

제89조부터 제91조까지와 제93조 및 제95조에 따라 관세를 감면받은 물품은 수입신고 수리일부터 3년의 범위에서 대통령령으로 정하는 기준에 따라 관세청장이 정하는 기간에는 그 감면받은 용도 외의 다른 용도로 사용하거나 양도(임대를 포함한다)할 수 없다. 다만, 기획재정부령으로 정하는 물품과 대통령령으로 정하는 바에 따라 미리 세관장의 승인을 받은 물품의 경우에는 그러하지 아니하다.

만약 다른 용도로 사용한 경우, 사용하려는 자에게 양도한 경우에 감면된 관세를 즉시 징수한다. 양도인(임대인을 포함한다)으로부터 해당 관세를 징수할 수 없을 때에는 양수인(임차인을 포함한다)에게 감면된 관세를 징수한다.

⑯ 관세감면물품의 용도 외 사용 (관세법 제103조)

① 법령, 조약, 협정 등에 따라 관세를 감면받은 물품을 용도 외에 다른 용도로 사용하거나 다른 용도로 사용하려는 자에게 양도하는 경우에는, 대통령령으로 정하는 바에 따라 제83조 제3항, 제88조 제3항, 제97조 제3항, 제98조 제2항, 제102조 제2항 또는 제109조 제2항에 따라 징수하여야 하는 관세를 감면할 수 있다. 다만, 이 법 외의 법령, 조약, 협정 등에 따라 그 감면된 관세를 징수할 때에는 그러하지 아니하다.

② 그리고 '학술연구용품의 감면(제90조)', '특정물품의 면세 등(제93조)', '환경오염방지물품 등에 대한 감면(제95조)' 또는 '재수출 감면(제98조)'에 따라 관세를 감면받은 물품은 「대·중소기업 상생협력 촉진에 관한 법률」 제2조 제4호에 따른 수탁·위탁거래의 관계에 있는 기업에 양도할 수 있으며, 이 경우 제98조 제2항과 제102조 제2항에 따라 징수할 관세를 감면할 수 있다. 다만, 이 법 외의 법령, 조약, 협정 등에 따라 그 감면된 관세를 징수할 때에는 그러하지 아니하다.

※ (관세법 제104조) 〈삭제〉

⑰ 시설대여업자에 대한 감면 등 (관세법 제105조)

「여신전문금융업법」에 따른 시설대여업자가 이 법에 따라 관세가 감면되거나 분할납부되는 물품을 수입할 때에는 제19조에도 불구하고 대여시설 이용자를 납세의무자로 하여 수입신고를 할 수 있다. 이 경우 납세의무자는 대여시설 이용자가 된다.

이에 따라 관세를 감면받거나 분할납부를 승인받은 물품에 대하여 관세를 징수하는 경우, 납세의무자인 대여시설 이용자로부터 관세를 징수할 수 없을 때에는 시설대여업자로부터 징수한다.

제4절 **관세환급**

1. 관세환급 용어

- **관세등** : 관세, 임시수입부가세, 개별소비세, 주세, 교통·에너지·환경세, 농어촌특별세 및 교육세를 말한다.(이하 '관세등'이라 붙여 표기한다).

- **수출등** : 관세법, 임시수입부가세법, 개별소비세법, 주세법, 교통·에너지·환경세법, 농어촌특별세법 및 교육세법(이하 관세법 등이라 한다)의 규정에도 불구하고 수출용원재료에 대한 관세등을 환급받을 수 있는 수출을 말한다.(이하 '수출등'이라 붙여 표기한다).

- **수출물품** : 수출등의 용도에 제공되는 물품을 말한다.

- **수출용원재료** : 관세등을 환급받을 수 있는 원재료를 말한다.

- **소요량** : 수출물품을 생산(수출물품을 가공·조립·수리·재생 또는 개조하는 것을 포함한다)하는 데에 드는 원재료의 양으로서 생산과정에서 정상적으로 발생되는 손모량(損耗量)[144]을 포함한 것을 말한다.

- **환급** : 환급대상 수출용원재료를 수입하는 때에 납부하였거나 납부할 관세등을 관세법 등의 규정에도 불구하고 이 법에 따라 수출자나 수출물품의 생산자에게 되돌려 주는 것을 말한다.

- **정산** : 환급대상 수출용원재료에 대하여 일정 기간별로 일괄납부할 관세등과 지급이 보류된 환급금을 상계(相計)하는 것을 말한다.

- **조견표(환급금 계산내역표)** : 사전적 의미는 한눈에 알아보기 쉽도록 만든 표이다. 꼭 필요한 법정서식은 아니나 환급받아야 할 품목, 수출신고필증 등 및 수입신고필증 등이 여러 건으로 되어 있어 환급액 계산이 복잡할 경우에 환급기관에서 검산하기 편리하도록 작성되는 표이다.

- **유상수출** : 유상으로 외국에서 외국으로 수출이 되는 것을 말한다.

- **위탁 가공수출(무역)** : 가공임을 지급하는 조건으로 외국에서 가공(제조, 조립, 재생, 개조를 포함)할 원료의 전부 또는 일부를 거래 상대방에게 수출하거나 외국에서

---

144) 손모량 : 손모량은 수출물품을 정상적으로 생산하는 과정에서 발생하는 원재료의 손실량(불량품에 소요된 원재료 중 재활용이 가능한 원재료의 양은 제외한다)을 말한다.

조달하여 이를 가공한 후 가공물품 등을 수입하거나 외국으로 인도하는 수출입을 말한다.

• **수탁 가공수출(무역)** : 가득액을 받기(영수하기) 위하여 원자재의 전부 또는 일부를 거래 상대방의 위탁에 의하여 수입하여 이를 가공한 후 위탁자 또는 그가 지정하는 자에게 가공물품 등을 수출하는 수출입을 말한다.

다만, 위탁자가 지정하는 자가 국내에 있음으로써 보세공장 및 자유무역지역에서 가공한 물품 등을 외국으로 수출할 수 없는 경우, 「관세법」에 따른 수탁자의 수출·반출과 위탁자가 지정한 자의 수입·반입·사용은 이를 「대외무역법」에 따른 수출·수입으로 본다.

2. 관세환급 종류

관세환급(Tariff refund)이란 수입 시 세관에 납부한 관세에 대해 그것이 어떠한 사유에 해당되는 경우 수입 후에 관세를 되돌려 받는 것을 말한다.

관세환급의 종류에는 "관세법에 의한 환급"과 "수출용원재료에 대한 관세 등 환급에 관한 특례법(관세환급특례법)에 의한 환급"으로 구분할 수 있다.

※ 관세환급의 종류
- 「관세법」에 의한 환급
- 「관세환급특례법」에 의한 환급

관세환급의 종류 - 수입 후	
관세법	▪ 과오납금에 대한 환급 (제46조)
	▪ 계약 내용과 다른 물품 등에 대한 환급 (제106조)
	▪ 계약 내용과 다른 물품 Ship-back 건에 대한 환급 (제106조 1항)
	▪ 지정 보세구역 장치 중에 물품 멸실·손상에 대한 환급 (제106조 4항)
	▪ 수입한 상태 그대로 수출되는 자가사용물품에 대한 환급 (제106조의 2)
관세환급특례법	▪ 개별환급
	▪ 간이정액환급

3. 관세환급 준비와 신청

관세환급을 받기 위해서는 다음의 준비사항이 필요하다. 필요한 경우 관세사로부터 조언을 받는다.

① 환급용 계좌개설(통장개설)

관세환급을 받기 위해 우선 은행에서 환급용 전용계좌(통장)를 만들어야 한다. 법인은 법인명의로 개인회사는 대표자명의로 개설한다.

② 환급금전용계좌통보서

환급금전용계좌통보서는 환급용 계좌(통장)를 만들었다는 것을 신고하는 신고서로 관할지 세관장에게 제출하는 서류이다.

신고인 회사명과 대표자명, 지급은행명, 예금주 성명 등을 기재하게 된다.

환급금전용계좌통보서 서식은 "관세법령정보포털 CLIP(unipass.customs.go.kr/

clip/index.do)〉 법령·판례 등〉 행정규칙〉 고시〉 「수출용원재료에 대한 관세 등 환급사무처리에 관한 고시」 〉 별표·서식"에서 찾을 수 있다.

③ 인감증명서 1부와 환급용 계좌(통장) 사본 1부

인감증명서 1부와 환급용 계좌(통장) 사본 1부를 환급금전용계좌통보서에 첨부하여 함께 관할지 세관장에게 제출해야 한다.

제5절 관세법에 의한 환급

1. 관세법 내용

"관세법에 의한 환급"에는 다음과 같은 종류가 있다.

1) 관세환급금의 환급 (관세법 제46조 1항)

> 납세의무자가 관세·가산세 또는 강제징수비의 **과오납금** :
>
> 세관장은 납세의무자가 관세·가산세 또는 강제징수비의 과오납금 또는 이 법에 따라 환급하여야 할 환급세액의 환급을 청구할 때에는 대통령령으로 정하는 바에 따라 지체 없이 이를 관세환급금으로 결정하고 30일 이내에 환급하여야 하며, 세관장이 확인한 관세환급금은 납세의무자가 환급을 청구하지 아니하더라도 환급하여야 한다.

관세의 과납(過納)은 수입자가 해당 관세보다 많이 낸 경우를 말하며, 오납(誤納)은 내지 않아도 될 관세를 낸 경우를 말한다. 이러한 경우 신청하여 관세환급을 받는다.

반대로 환급이 많이 된 경우는, 그 부분에 대해 세관이 징수한다.

2) 과다환급관세의 징수 (관세법 제47조 1항)

납세의무자에게 **과다 지급한 환급금**에 대한 징수 :

반대로, 세관장은 제46조에 따른 관세환급금의 환급에 있어서 그 환급액이 과다한 것을 알게 되었을 때에는 해당 관세환급금을 지급받은 자로부터 과다 지급된 금액을 징수하여야 한다.

3) 계약 내용과 다른 물품 등에 대한 관세환급 (관세법 제106조)

① 수입신고가 수리된 물품이 계약 내용과 다르고 수입신고 당시의 성질이나 형태가 변경되지 아니한 경우 해당 물품이 수입신고 수리일부터 1년 이내에 다음 각 호의 어느 하나에 해당하면 그 관세를 환급한다.〈개정 2011. 12. 31〉

① 외국으로부터 수입된 물품 : 보세구역(제156조 제1항에 따라 세관장의 허가를 받았을 때에는 그 허가받은 장소를 포함한다)에 이를 반입하였다가 다시 수출하였을 것. 이 경우 수출은 수입신고 수리일부터 1년이 지난 후에도 할 수 있다.

② 보세공장에서 생산된 물품 : 보세공장에 이를 다시 반입하였을 것.

② 제1항에 따른 수입물품으로서 세관장이 환급세액을 산출하는 데에 지장이 없다고 인정하여 승인한 경우에는 그 수입물품의 일부를 수출하였을 때에도 제1항에 따라 그 관세를 환급할 수 있다.

③ 제1항과 제2항에 따른 수입물품의 수출을 갈음하여 이를 폐기하는 것이 부득이하다고 인정하여 그 물품을 수입신고 수리일부터 1년 내에 보세구역에 반입하여 미리 세관장의 승인을 받아 폐기하였을 때에는 그 관세를 환급한다.

④ 수입신고가 수리된 물품이 수입신고 수리 후에도 지정보세구역에 계속 장치되어 있는 중에 재해로 멸실되거나 변질 또는 손상되어 그 가치가 떨어졌을 때에는 대통

령령으로 정하는 바에 따라 그 관세의 전부 또는 일부를 환급할 수 있다.

⑤ 제1항부터 제4항까지의 규정을 적용할 때 해당 수입물품에 대한 관세의 납부기한이 종료되기 전이거나 징수유예 중 또는 분할납부기간이 끝나지 아니하여 해당 물품에 대한 관세가 징수되지 아니한 경우에는 세관장은 해당 관세의 부과를 취소할 수 있다.

⑥ 제1항부터 제4항까지에서 규정한 관세의 환급에 관하여는 제46조와 제47조를 준용한다.

우리가 실무에서 가끔 일어나는 '수입신고수리 후에 Ship-back(반품)'의 경우도 이에 해당한다. 계약과 다른 품질로 물품이 수입된 경우(계약상이 : 契約相異), 수입자가 수출자에게 문제를 제기(Claim 청구)하고 물품을 다시 외국으로 반품하거나 국내에서 폐기하는 경우의 물품을 말한다. 수입자는 수입통관 후에 물품을 확인하게 되므로 수입통관 시에 납부한 관세를 환급신청할 수 있다. 이를 실무에선 "위약환급"이라 한다.

수입한 물품 100개를 전량 반품할 때에 100개의 수입관세에 대한 환급을, 100개 중 70개를 반품하면 70개에 대한 환급을 받을 수 있다. 단 물품을 사용하지 않은, 수입상태 그대로 반품해야 한다. 때로는 반품시키는 비용이 관세환급액보다 더 큰 경우, 세관장의 승인을 받아 국내에서 물품을 폐기할 수도 있다. 이러한 경우도 관세환급을 받을 수 있다.(하지만 실무에서 수출국으로 다시 반품해야 하는 경우, 특별한 예외사항이 아니라면, 대체로 수출자는 반품을 받으려 하며 폐기하라고 하시 않는다. 따라서 이 부분을 먼지 수출지와 논의하서아 한다).

4) 수입한 상태 그대로 수출되는 자가사용물품 등에 대한 관세 환급
(관세법 제106조의 2)

① 수입신고가 수리된 개인의 자가사용물품이 수입한 상태 그대로 수출되는 경우로서 다음 각 호의 어느 하나에 해당하는 경우에는 수입할 때 납부한 관세를 환급한다. 이 경우 수입한 상태 그대로 수출되는 경우의 기준은 대통령령으로 정한다.〈개정 2021. 12. 21〉

① 수입신고 수리일부터 6개월 이내에 보세구역에 반입하였다가 다시 수출하는 경우

② 수입신고 수리일부터 6개월 이내에 관세청장이 정하는 바에 따라 세관장의 확인을 받고 다시 수출하는 경우

③ 제241조 제2항에 따라 수출신고가 생략되는 탁송품 또는 우편물로서 기획재정부령으로 정하는 금액 이하인 물품을 수입신고 수리일부터 6개월 이내에 수출한 후 관세청장이 정하는 바에 따라 세관장의 확인을 받은 경우

② 여행자가 제96조 제2항에 따라 자진신고한 물품이 다음 각 호의 어느 하나에 해당하게 된 경우에는 자진신고할 때 납부한 관세를 환급한다.〈개정 2021. 12. 21〉

① 제143조 제1항 제2호에 따른 국제무역선 또는 국제무역기 안에서 구입한 물품이 환불된 경우

② 제196조에 따른 보세판매장에서 구입한 물품이 환불된 경우

③ 제1항 및 제2항에 따른 관세 환급에 관하여는 제46조, 제47조 및 제106조 제2항·제5항을 준용한다.〈개정 2019. 12. 31.〉

개인이 해외로부터 직구(직접 구매)한 물품을 6개월 이내에 반품하는 경우에 수입 시 이미 납부한 관세를 환급받을 수 있다.

또한 개인이 기내에서 구매한 물품, 또는 면세점(보세판매장)에서 구매한 물품을 반품하는 경우에도 이미 납부한 관세를 환급받을 수 있다.

2. 관세법에 의한 환급의 관세환급기간

「납세업무 처리에 관한 고시」 제25조-제41조에 명시되어 있다.

① 과오납금의 환급 (제25조)

과오납금의 환급청구권은 다음 어느 하나에서 정한 날부터 5년간 행사하지 않으면 소멸시효가 완성된다.

a. 경정통지서를 교부한 경우에는 경정일[145](예. 과납의 경우)

b. 과다납부했거나 이중납부를 한 경우에는 그 세액의 납부일(예. 오납의 경우)

c. 신고납부한 수입신고 건의 신고취하승인서 또는 신고각하통지서를 교부한 경우, 납부한 수정신고 또는 보정신청 건이 각하된 경우에는 신고취하일 또는 각하일

② 계약내용과 다른 물품의 환급 (제29조)

계약내용 상이 물품에 대한 환급청구권(수입물품을 반입하였다가 수출한 경우 등)은 해당 물품의 수출신고수리일 또는 보세공장반입신고일부터 5년간 행사하지 않으면 소멸시효가 완성된다.

③ 수출에 갈음한 폐기물품의 환급 (제33조)

수출에 갈음한 폐기물품에 대한 환급청구권은 수입물품을 미리 세관장의 승인을 얻어 폐기한 날부터 5년간 행사하지 않으면 소멸시효가 완성된다.

④ 재해로 인한 멸실, 변질 또는 손상물품의 환급 (제37조)

재해로 인한 멸실·변질 또는 손상물품에 대한 환급청구권은 수입신고 수리된 물품이 멸실·변질 또는 손상된 날부터 5년간 행사하지 않으면 소멸시효가 완성된다.

---

145) 경정(更正) : 납세의무자의 신고가 없거나 신고액이 너무 적을 때에 정부가 과세표준과 과세액을 변경하는 일.

⑤ 수입한 상태 그대로 수출하는 자가사용물품의 환급 (제39조의 3)

수입한 상태 그대로 수출되는 자가사용물품에 대한 환급청구권은 수출신고가 수리된 날(다만 수출신고가 생략되는 물품은 운송수단에 적재된 날)부터 5년간 행사하지 아니하면 소멸시효가 완성된다.

⑥ 확정가격신고물품 환급 (제41조)

확정가격 신고로 인한 환급청구권은 「관세법」 제38조의 3 제6항에 따른 경정결정일부터 5년간 행사하지 아니하면 소멸시효가 완성된다.

제6절 관세환급특례법에 의한 환급

우리가 일반적으로 무역실무에서 대하는 수입관세에 대한 환급이라 함은 대부분 「수출용원재료에 대한 관세 등 환급에 관한 특례법(약칭. 관세환급특례법. 이하 "관세환급특례법"이라 한다)」에 의한 환급에 해당한다.

이는 우리나라의 수출을 촉진하고 가격경쟁력을 제고시키기 위한 수출지원제도이다. 수출용원재료를 수입하면서 납부한 관세등을 일정 기간 내에 수출 등에 제공한 때에 수출자 또는 수출물품 제조자에게 관세를 되돌려 주는 것이다.(이하 수출물품 제조자는 제조업체, 생산업체와 같은 의미로 쓴다). "관세환급특례법에 의한 환급" 방법에는 '개별환급'과 '간이정액환급'이 있다.

관세환급특례법에 의한 환급		
구분	개별환급	간이정액환급
대상	대기업, 중견기업, 모든 수출기업	연간 환급금이 6억 원 이하의 중소기업
방식	정확하게 환급하는 방식	약식으로 일정금액으로 환급하는 방식
기준	소요된 원재료로 납부세액을 산출	간이정액률표
서류	수입사실확인서류 소요량계산서 수출사실확인서류	수출사실확인서류 (수출신고필증)
장점	환급금이 정확하다	간소한 환급절차 제공 수출사실확인으로 환급금 지급 국산원재료 사용촉진효과
단점	구비서류 준비가 복잡하다 소요량 산출이 어렵다	환급이 정확하지 않음 환급금이 적다 과다·과소환급 발생 WTO 등으로부터 수출보조금 제기우려

1. 관세환급특례법에 의한 환급요건

다음 요건을 모두 충족하여야 "관세환급특례법에 의한 환급"을 받을 수 있다.

① 수입물품(수출용원재료)에 대한 관세등의 납부[146]

② 환급대상 원재료

③ 환급대상 수출

④ 수출이행기간 준수

---

146) 관세등 : 관세, 임시수입부가세, 개별소비세, 주세, 교통·에너지·환경세, 농어촌특별세 및 교육세를
말한다.

2. 관세환급특례법 내용

「관세환급특례법」에서 정의한 환급 정의, 원재료 등의 내용을 살펴보자.

1) 환급 정의 (관세환급특례법 제2조 5호)

> 수출용원재료를 수입하는 때에 납부하였거나 납부할 관세등을 「관세법」 등의 규정에도 불구하고 이 법에 따라 수출자나 수출물품의 생산자에게 되돌려 주는 것을 말한다.

2) 환급대상 원재료 (관세환급특례법 제3조)

> ① 관세등을 환급받을 수 있는 원재료(이하 "수출용원재료"라 한다)는 다음 각 호의 어느 하나에 해당하는 것으로 한다.〈개정 2017. 12. 19.〉
>
> ① 수출물품을 생산한 경우 : 다음 각 목의 어느 하나에 해당하는 것으로서 소요량을 객관적으로 계산할 수 있는 것
> a. 해당 수출물품에 물리적 또는 화학적으로 결합되는 물품
> b. 해당 수출물품을 생산하는 공정에 투입되어 소모되는 물품. 다만, 수출물품 생산용 기계·기구 등의 작동 및 유지를 위한 물품 등 수출물품의 생산에 간접적으로 투입되어 소모되는 물품은 제외한다.
> c. 해당 수출물품의 포장용품
>
> ② 수입한 상태 그대로 수출한 경우 : 해당 수출물품
>
> ② 국내에서 생산된 원재료와 수입된 원재료가 동일한 질(質)과 특성을 갖고 있어 상호 대체 사용이 가능하여 수출물품의 생산과정에서 이를 구분하지 아니하고 사용되는 경우에는 수출용원재료가 사용된 것으로 본다.

3) 환급대상 수출등 (관세환급특례법 제4조)

수출용원재료에 대한 '관세등'을 환급받을 수 있는 '수출등'은 다음 각 호의 어느 하나에 해당하는 것으로 한다.

① 관세법에 따라 수출신고가 수리(受理)된 수출
다만, 무상으로 수출하는 것에 대하여는 기획재정부령으로 정하는 수출로 한정한다.

② 우리나라 안에서 외화를 획득하는 판매 또는 공사 중 기획재정부령으로 정하는 것

③ 관세법에 따른 보세구역 중 기획재정부령으로 정하는 구역 또는 「자유무역지역의 지정 및 운영에 관한 법률」에 따른 자유무역지역의 입주기업체에 대한 공급

④ 그 밖에 수출로 인정되어 기획재정부령으로 정하는 것

1호의 관세법에 의한 유상수출은, 우리가 알고 있는 일반 기업의 일반적인 제품수출, 정상수출을 뜻한다.

1호의 무상으로 수출하는 것은, 외국에서 개최되는 박람회, 전시회, 영화제 등에 반출하는 물품의 수출. 해외에서 투자, 건설, 용역 등 사업에 종사하고 있는 우리 국민에게 보내는 기계, 시설, 생활필수품 등. 반품된 물품에 대체하기 위한 물품의 수출. 해외구매자에게 무상으로 보내는 견본용 물품의 수출등이 있다.

2호의 경우는 우리나라 주한미군에 판매하는 물품 등이다.

3호는 보세창고, 보세공장, 보세판매장, 종합보세구역, 자유무역지역에 수출한 물품에 대한 수리·보수를 위해 부품의 반입/판매, 또는 수출용원재료로 공급하는 경우 등이다.

보세창고는 물품을 보관하는 기능이 있는 장소이며, 보세공장은 대기업 조선소, 현대자동차, 삼성전자 등 공장들이 이에 해당한다. 이곳에 납품하는 회사들은 자재, 물품 등을 공급하고 환급받을 수 있게 된다. 보세판매장은 시내 면세점을 말한다. 종합보세구역은 2가지 이상의 역할을 하는 장소이다.

4호는 선박 또는 항공기에 선용품 또는 기용품으로 공급하는 경우 등이다.

이와 같이 환급대상 수출등의 정의는 모두 외화획득에 효과가 있다는 점이 핵심이다. 환급이 가장 많이 이루어지는 것이 1호의 유상수출과 3호의 보세구역으로 들어가는 물품이다.

4) 수출용원재료에 대한 관세등의 징수 (관세환급특례법 제5조)

① 세관장은 수입하는 수출용원재료에 대하여는 「관세법」 등의 규정에도 불구하고 수입하는 때에 해당 관세등을 징수한다.

② 삭제 〈2018. 12. 31.〉

③ 수출용원재료가 내국신용장이나 그 밖에 기획재정부령으로 정하는 이와 유사한 서류(외국환은행의 장이 내국신용장에 준하여 발급하는 구매확인서, 관세청장이 인정하는 매매계약서 기타 이와 유사한 서류. 이하 "내국신용장 등"이라 한다)에 의하여 거래되는 것으로서 관세청장이 제6조 제1항에 따른 관세 등의 일괄납부 및 제7조에 따른 정산이 가능하다고 인정하는 경우에는 「관세법」 등의 규정에도 불구하고 내국신용장 등에 의하여 수출용원재료를 공급하는 것을 수출로, 공급받는 것을 수입으로 볼 수 있다. 〈개정 2018. 12. 31.〉

5) 관세등의 환급 (관세환급특례법 제9조)

① 세관장은 물품이 수출등에 제공된 경우에는 대통령령으로 정하는 날부터 소급하여 2년 이내에 수입된 해당 물품의 수출용원재료에 대한 관세등을 환급한다.

다만, 수출등에 제공되는 데에 장기간이 소요되는 물품으로서 대통령령으로 정하는 물품에 대하여 대통령령으로 정하는 불가피한 수출등의 지연사유가 있는 경우에는 소급하여 3년 이내에 수입된 해당 물품의 수출용원재료에 대한 관세등을 환급한다. 〈개정 2015.12.15.〉

② 수출용원재료가 내국신용장등에 의하여 거래되고, 그 거래가 직전의 내국신용장등에 의한 거래(직전의 내국신용장등에 의한 거래가 없는 경우에는 수입을 말한다)가 있는 날부터 대통령령으로 정하는 기간에 이루어진 경우에는 해당 수출용원재료가 수입된 날부터 내국신용장등에 의한 최후의 거래가 있는 날까지의 기간은 제1항에 따른 기간에 산입(算入)하지 아니한다. 다만, 수출용원재료가 수입된 상태 그대로 거래된 경우에는 그러하지 아니한다. 〈전문개정 2011.7.14.〉

1항의 설명은, 수출등에 제공한 달의 말일로부터 소급하여 2년 이내에 수입된 원재료이어야 환급이 가능하다.

2항은, 수입원재료를 사용한 중간원재료가 내국신용장 등에 의하여 국내거래되는 경우로 ;

  a. 제조·가공한 경우 : 수입된 날부터 1년 이내 양도될 경우 1년의 기간은 수출이행기간에 산입하지 않는다. 단, 물품의 특성 또는 거래상 부득이한 경우 6개월의 범위에서 연장이 가능하다.

  b. 수입상태 그대로 거래가 된 경우 : 수출 등에 제공한 달의 말일로부터 소급하여 2년 이내에 환급 가능하다.

6) 환급의 신청 (관세환급특례법 시행령 제18조)

① 법 제14조 제1항에 따른 관세등의 환급신청은 다음 각 호의 어느 하나에 해당하는 자가 하여야 한다.

① 법 제4조 제1호의 수출인 경우에는 수출자(수출위탁의 경우에는 수출위탁자를 말

한다) 또는 수출물품의 생산자 중에서 수출신고필증에 환급신청인으로 기재된 자

② 법 제4조 제2호 내지 제4호의 경우에는 수출등에 제공한 사실을 확인하기 위하여 관세청장이 정하는 서류에 당해 물품을 수출·판매 또는 공급등을 하거나 공사를 한 자로 기재된 자

③ 제1호 또는 제2호에 해당하는 법인이 합병한 경우 합병 후 존속하는 법인 또는 합병으로 설립된 법인

「관세환급특례법」과 「관세환급특례법 시행령」에 의한 관세환급 신청은, 수출용원재료를 그대로 공급한 자, 수출용원재료를 제조·가공하여 공급한 자, 수출용원재료를 사용하여 수출한 자 등이 해당되는데 주로 제조·가공한 자와 최종 수출자가 환급을 신청하게 된다.

1호에서 대부분 최종 수출자가 환급을 신청을 하는데 이때에 수출신고필증의 수출대행자, 수출화주, 제조자 란에 공히 '최종 수출자'의 이름이 기재토록 한다.

반면, 제조자가 환급을 받으려면 수출신고필증에 수출자와 제조자가 별도로 구분돼 있어야 한다.

a. 간이정액환급에서 수출신고필증의 수출자(수출화주)와 제조자가 다르다면 제조자가 환급을 신청하여야 한다.

b. 개별환급에서도 만약 수출자가 환급을 어려워 기피하는 경우, 수출신고필증의 수출자(수출화주)와 제조자가 다르다면 제조자가 환급을 신청할 수가 있다.

따라서 수출자가 수출물품을 직접 제조하여(임가공147) 포함) 수출한 경우

---

147) 임가공 : 생산에 필요한 주요 자재들을 공급해 주고 외주 공장에 가공료를 줘서 생산을 맡기는 것을

수출자가 환급신청을 하고, 단순히 제조자로부터 물품을 받아 수출하는 경우에는 제조자가 그 환급을 신청할 수도 있다.

「관세환급특례법 시행령」에 의거, 수출자가 수출대행했거나 또는 완제품을 공급받아 수출한 경우를 포함한 일반 유상수출의 경우, **수출자 또는 제조자 중 수출신고필증상에 환급신청인으로 기재된 자가 환급신청을 할 수 있다.**

※ 수출신고필증의 기재란

수출신고필증에는 '수출대행자, 수출화주, 제조자, 환급신청인(1.수출대행자/화주, 2.제조자)'을 기재하는 란 등으로 구성되어 있다.

수출 시 관세사와 사전 논의하여 "환급신청인"을 명확히 하는 것이 중요하다.

2호는, 우리나라 안에서 외화를 획득하는 판매 또는 공사 중 기획재정부령으로 정하는 것, 예로 들어 보세공장 등에의 물품공급은 공급자가 환급신청을 하고 보세판매장의 공사를 시행한 경우 시행자가 환급신청을 하여야 한다.

기업 실무에서는 이러한 부분들을 수출 전 미리 관세사에게 환급에 대한 조언을 구하고 환급 방법을 선택하여 지침에 따라 요청받은 서류들을 제출하는 방식이 바람직하다.

3. 관세환급특례법에 의한 환급의 관세환급기간

"관세환급특례법에 의한 환급"은 원재료 수입일로부터 2년 내에 수출하여야 하며, 수출한 날로부터 2년 이내에 환급신청하여야 한다.

말한다. 대체로 여러 단계별 가공 공장들을 거쳐 하나의 완성품을 만들게 되며, 생산관리, 품질관리, 물품입고 등은 직접 관여를 한다.

수출에 있어 수출등에 제공한 달의 말일로부터 소급하여[148] 2년 이내에 수입된 원재료이어야 환급이 가능하다. 만약 2022.5.20일 수출을 하였다면 그 달의 말일인 5월 31일을 기준으로 하여 거슬러 2년을 계산하면 2020.6.1 일(이후)에 수입된 원재료이어야 환급이 가능하다.

※ CASE 16-1. 관세환급특례법에 의한 관세환급기간

원재료 수입		수출		관세환급 신청
20.5.21일 수입 환급 불가능	20.6.1일 수입 환급 가능	22.5.20일 수출	22.5.31일 기준일 소급 2년	24.5.19. 환급신청 수출 후 2년

4. 개별환급

관세환급특례법에 의한 환급에서 "개별환급"이란, 수출물품을 생산하는데 소요된 **"각각의 원재료별 소요량을 산출"**하고 각 원재료를 수입하는 때에 납부한 관세등을, 이후 그것을 사용한 수출자 또는 수출물품 제조자에게, 수입 신고필증 등에 의해 계산하여 환급해 주는 것을 말한다. 원칙적으로 정확히 계산하여 환급해 주는 환급 방법이다.

1) 개별환급 해당기업

개별환급은 주로 대기업 또는 중견기업이 신청하는 방법이다. 또한 모든 수출기업이 신청할 수 있다.(모든 수출기업은 **"간이정액환급 비적용승인"**을 통해 개별환급 방법을 이용할 수 있다).

---

148) 소급하다 : 과거로 거슬러 올라가 효력을 계산하다.

2) 개별환급 산출

"소요량 계산서"를 작성한다.

이는 수출물품 제조에 사용된 소요량(소요된 원재료의 종류별 양)을 계산하고 동 원재료의 수입 시 납부한 세액을 개별적으로 산출한다.

3) 개별환급 신청에 필요한 서류

① 수입신고필증 (또는 갈음할[149] 기초원재료납세증명서, 수입세액분할증명서) : 원재료 수입증명/수입사실확인서류

② 소요량 계산서 (조견표, 자재명세서 추가할 수 있음)

③ 수출신고필증 (또는 갈음할 물품반입확인서, 물품적재확인서, 외화입금증명서 서류) : 수출증명/수출사실확인서류

※ 기업 담당자는 원재료 소요량 계산, 환급금 계산, 서류관리 등을 전산화해 두면 개별환급 신청 업무가 보다 수월해진다.

4) 납부세액 증명방법

이와 같이, 수출용원재료를 수입하여 관세를 냈다는 증명, 제조 중에 수출용원재료를 사용했다는 증명, 수출등에 제공하였다는 증명이 있어야 개별환급을 받을 수 있다. 이러한 3가지 증명사항을 '납부세액 증명방법'라 한다.

첫째, 수입 시 관세를 납부했다는 사실과 납부세액 확인이 필요하다 :

수입을 승명하는 원(原) 서류로 "수입신고필증"이 있다.

한편 관할지 세관장으로부터 지정받은 물품(HSK 10단위)의 월 해당 수출용원재료 수입의 평균세액을 나타내는 "평균세액증명서"가 있다.

---

149) 갈음 : 다른 것으로 바꾸어 대신하다.

그리고 수입 시 납부세액을 증명하고 수입신고필증을 대신 갈음(대체)하는 서류로 "기초원재료납세증명서, 수입세액분할증명서"가 있다.

수입자만이 수입신고필증을 갖고 있으므로 수입자는 수입신고필증으로, 수입자로부터 공급받은 자(다음 단계 업체들)는 수입자 또는 이전 단계의 업체로부터 수입신고필증을 대신하는 갈음 서류를 받아 그것으로 증명한다.

둘째, 수입한 수출용원재료를 완제품 또는 반제품으로 가공하고 소요했다는 확인이 필요하다 :

이에 대한 증명은 "소요량계산서"이다.

이 서류는 주로 중간 단계의 업체에서 필요하다.

셋째, 수출등에 제공한 사실도 확인되어야 한다 :

이에 대한 수출을 증명하는 원(原) 서류로 "수출신고필증"이 있다.

또는 이에 갈음하는 서류인 "물품반입확인서, 물품적재확인서, 외화입금증명서" 등이 있다.

내용	증명서류
수입증명/ 수입사실확인서류	수입신고필증, 또는 평균세액증명서
수입 시 납부세액 증명서류	수입세액분할증명서(분증) 기초원재료납세증명서(기납증)
제조·가공 증명	소요량계산서
수출증명/ 수출사실확인서류	수출신고필증, 또는 물품반입확인서 물품적재확인서 외화입금증명서

주요 서류에 대한 설명은 다음과 같다.

그 내용은 「관세환급특례법」, 「관세환급특례법 시행령」, 「수출용원재료에 대한 관세 등 환급사무처리에 관한 고시」에 잘 나타나 있다.

① 수입신고필증

수입신고필증은 최초 수입자가 수입물품을 수입한 후 관세사를 통해 관할 세관으로부터 발급받는 수입증명 서류이다. 실무에선 약칭으로 "수입면장"이라 한다.

② 평균세액증명서 (평세증)

평균세액증명서를 실무에선 약칭으로 "평세증"이라 한다(이하 평세증이라 한다).

세관장은 수출용원재료에 대한 관세등의 환급업무를 간소화하기 위하여 필요하다고 인정하는 경우에는 대통령령으로 정하는 바에 따라 수출용원재료를 수입(내국신용장등에 의한 매입을 포함한다)하는 자의 신청에 의하여 **그가 매월 수입한 수출용원재료의 품목별 물량과 단위당 평균세액을 증명하는 서류(평세증)**를 발행할 수 있다. 이 경우 해당 수출용원재료에 대하여는 수입한 날이 속하는 달의 1일에 수입된 것으로 본다.

평균세액증명서제도는 기초원재료납세증명서나 분할증명서와 같이 국내 거래된 수출용원재료에 대한 관세등의 납부세액 증명서류가 아니라, 당해 수출업체에서 그 달에 외국으로부터 수입하거나 국내에서 매입한 수출용원재료를 HS 10단위별로 통합하여 규격확인을 생략하고, 전체 물량의 단위당 평균세액을 산출하여 환급하는 제도이다. 개별환급방법을 좀 더 개선하고 복잡한 절차를 간소화하기 위해 마련된 제도이다. (즉 기업의 월평균 수입과 국내 매입을 증명하여 개별환급을 받을 수 있도록 한 것이나, 다음 단계 업체의 수입 납부세액 증명으로는 사용하지 못한다고 하겠다. 따라서 평세증은 별개로 구분해서 이해할 필요가 있다).

① 평세증 발급대상은,

a. 평균세액증명서를 발급받고자 하는 자는 관할지 세관장으로부터 평균세액증명 대상물품의 지정을 받아야 한다. 대상물품이란, '수출용원재료의 관세·통계통합품목분류표의 품목번호(HS 10자리)'를 말한다.

b. 지정받은 물품에 대하여 평균세액증명서를 발급받고자 하는 자는 관세청장이 정하는 관련 증빙서류를 첨부하여 수출용원재료를 수입한 날 또는 내국신용장등에 의하여 매입한 날이 속하는 달의 다음 달 1일 이후에 관할지 세관장에게 제출하여야 한다.

c. 세관장은 평균세액증명서를 발급한 후에 제b항에 규정된 사항의 전부 또는 일부가 변경된 때에는 기획재정부령이 정하는 바에 따라 평균세액증명서를 발급하여야 한다.

d. 평균세액증명서는 품목번호를 기준으로 매월 수입하거나 내국신용장등에 의하여 매입한 수출용원재료 전량에 대하여 일괄신청하여야 한다. 다만, 기획재정부령이 정하는 경우에는 그러하지 아니하다.

e. 지정을 받은 물품에 대하여는 계속하여 평균세액증명서 발급을 신청하여야 한다. 수입신고필증 등에 의한 환급이 불가능하며, 반드시 평세증에 의해서만 환급이 가능하다.

f. 평균세액증명서의 발급을 받아야 할 수출용원재료에 대한 수입신고필증 또는 기초원재료납세증명서 등은 관세등의 환급신청 또는 다음 국내 거래단계에 따른 기초원재료납세증명서등의 발급신청자료로 사용하지 못한다.

g. 세관장은 평균세액증명서에 의하여 환급 또는 기초원재료납세증명서등을 발급하는 것이 수출용원재료에 대한 관세등의 세액과 현저한 차이가 있다고 인정하는 경우에는 평균세액증명서 발급대상물품의 지정을 취소하여야 한다.

② 평세증 발급은,

세관장이 발행을 하고, 또 세관장은 다음 어느 하나에 해당하는 자 중 관세청장이 정하는 기준에 해당되는 자로 하여금 대통령령으로 정하는 바에 따라 평균세액증명서를 발급하게 할 수 있다.

a. 수출용원재료를 수입한 자

b. 관세사 (상기 a 수입한 자로부터 위임받은 자로 한정한다)

③ 평세증 발급에 제출서류는,

a. 평균세액증명서 (별지 제23호 서식의 신청서)

b. 소요원재료에 대한 납부세액 확인서류 (수입신고필증, 기납증, 분증)

c. 내국신용장등으로 수출용원재료를 공급받은 경우, 국내거래 인정서류 (내국신용장, 양도승인서, 구매확인서, 수출신용장 또는 수출계약서, 매매계약서 등)

실무에서는 관세사에 위탁하거나, 관세청 국가관세종합정보망 CSP ; (unipass.customs.go.kr/csp/index.do)를 통해서 발급신청이 가능하다. (CSP 기술지원센터 : ☎ 1544-1285)

③ 수입세액분할증명서 (분증)

수입세액분할증명서를 실무에선 약칭으로 "분증"이라 한다(이하 분증이라 한다). 수출용원재료가 내국신용장 등에 의하여 거래된 경우이다.

외국으로부터 **수입한 원재료를 수입된 상태 그대로, 또는 국내 공급받은 상태 그대로, 다음 단계의 수출물품 제조업체 또는 수출자에게 공급하는 경우** 원재료 수입 시 납부한 관세 등의 세액을 증명해 주는 서류이자 제도이다. 원재료의 관세 부분만 분할하여 증명한 것이다.

중간 단계 업체는 수입신고필증이 없으므로, 수입자 또는 (수입자와 직접거래가 없다면)이전 단계 업체로부터 수입신고필증 대신 갈음으로 받는 서류가 분증이다.

① 분증 발급대상은,

a. 수입분증[150] 또는 수입분증의 분증은 해당 수입(매입)원재료의 수입신고 수리일로부터 2년 이내에 수입(매입)한 상태 그대로 수출자 및 수출물품의 생산자(제조자) 또는 수출물품을 생산하는데 사용할 중간원재료를 생산하는 자에게 양도한 경우 발급할 수 있다.

b. 평세분증은 평세증이 발급된 물품의 전부 또는 일부를 제조·가공하지 아니하고 양도한 경우로서 ;

　　가. 수입원재료만으로 평세증이 발급된 경우에는 수입한 날이 속하는 달의 첫날부터 2년 이내에 거래된 경우

　　나. 국내 생산원재료 또는 수입원재료와 국내 생산원재료를 일괄하여 평세증이 발급된 경우에는 매입(수입)한 날이 속하는 달의 첫날부터 1년 이내에 거래된 경우

c. 기납분증[151] 또는 기납분증의 분증은 국내 생산원재료를 매입한 날부터 1년 이내에 매입한 상태 그대로 양도한 경우 발급할 수 있다.

② 분증 발급은,

세관장이 발급을 하고, 또 세관장은 다음 어느 하나에 해당하는 자 중 관세청장이 정하는 기준에 해당되는 자로 하여금 대통령령으로 정하는 바에 따라 기초원재료납세증명서 또는 수입세액분할증명서를 발급하게 할 수 있다.

a. 내국신용장 등에 의하여 물품을 공급한 자

---

150) 수입분증 : 수입한 원재료를 (제조·가공 없이) 그대로 공급하는 경우의 분증.
151) 기납분증 : 기납증이 발급된 물품을 (제조·가공 없이) 매입한 그대로 공급하는 경우의 분증.

b. 관세사 (상기 a에 해당하는 자로부터 위임받은 자로 한정한다)

③ 분증 발급에 제출서류는,

a. 분할증명서 (별지 제26호 서식의 신청서)

b. 국내거래 인정서류 (내국신용장, 양도승인서, 구매확인서, 수출신용장 또는 수출계약서, 매매계약서 등)

c. 양도일자 확인서류 (세금계산서상의 물품공급일)

d. 수입신고필증 등 분할하려는 물품 및 납부세액을 확인할 수 있는 서류 (수입신고필증, 기납증, 분증)

e. 해당 수출용원재료의 수불자료[152] (세관장이 환급대상 원재료 등에 대한 확인을 위해 제출을 요구하는 경우에 한한다)

• 분증발급신청을 하려는 자는 "분할증명서 작성요령"에 따라 작성한 전자문서를 전송하고 접수통지를 받아 접수번호를 기재한 별지 제26호 서식의 분할증명서를 접수통지 받은 날부터 3일 이내에 세관장에게 제출하여야 한다.

• 세관장은 전송된 전자문서내용과 제출된 서류를 대조·확인하고 분할증명세액의 정확성 여부를 확인한 후 분증을 발급하여야 한다.

• 발급한 분증은 양수자가 관세환급시스템에서 확인할 수 있도록 그 내역을 공개한다.

• 신청인이 요청하는 경우에는 양수자에게 분증을 전자문서로 통보할 수 있다. 이 경우 양도자는 별지 제25호 서식의 제증명 전자문서 전송업체 (신규·변경) 통보서를 발급신청 전까지 세관장에게 통보하여야 하며 이를 통보받은 세관장은 관세환급시스템에 등록하여야 한다.

실무에서는 관세사에 위탁하거나, 관세청 국가관세종합정보망 CSP ; (unipass.customs.go.kr/csp/index.do)를 통해서 발급신청이 가능하다. (CSP 기술지원

---

152) 원재료 수불자료 : 원재료의 반출입 사항을 기록한 장부 또는 마이크로필름, 광디스크, 그 밖의 자료 보존매체를 말한다.

센터 : ☎ 1544-1285)

④ 기초원재료납세증명서 (기납증)

기초원재료납세증명서를 실무에선 약칭으로 "기납증"이라 한다(이하 기납증이라 한다). 수출용원재료가 내국신용장 등에 의하여 거래된 경우이다.

외국으로부터 **수입한 원재료를 제조·가공한 후 이를 수출물품 제조업체 또는 수출자에게 수출용원재료로 공급하는 때**에 국내거래 공급자의 신청에 의거 동 공급물품에 포함되어 있는 기초원재료의 납부세액을 증명하는 제도이다.

즉, 원재료를 수입할 때에 납부한 관세등을 증명하는 증빙자료로서 수입신고필증을 제출하여야 하나, 중간업체는 수입신고필증이 없다. 국내에서 내국신용장 등에 의해 구매한 물품이므로 수입자 또는 (수입자와 직접거래가 없다면)이전 단계 업체로부터 대체하여 갈음으로 받는 서류가 기납증이다.

국내 제조과정이 여러 단계일 경우에는 그 제조·가공 단계에 따라 전 단계 기납증을 근거로 2차, 3차 등의 기납증을 발급받을 수 있는데, 수입신고수리일 또는 전 단계 거래일로부터 1년 이내에 기납증이 양도/양수 되어야 한다.

기납증에는 수입세액에다 제조·가공비도 포함돼 있는 것이다.

① 기납증 발급대상은,

a. 수입원재료를 사용하여 생산한 물품을 '해당 수입원재료의 수입신고수리일부터 1년 이내에 수출물품을 생산하는 자에게 양도하거나 수출물품의 중간원재료를 생산하는 자에게 양도하는 경우'

b. 수입원재료와 중간원재료를 사용하여 생산한 물품을 '수입신고수리일(중간원재료의 경우에는 구매일)부터 1년 이내에 수출물품을 생산하는 자에게 양도하거나 수출물품의 중간원재료를 생산하는 자에게 양도하는 경우'

694

c. 수출물품의 중간원재료를 사용하여 생산한 물품을 '그 중간원재료의 구매일부터 1년 이내에 수출물품을 생산하는 자에게 양도하거나 수출물품의 중간원재료를 생산하는 자에게 양도하는 경우'

d. 수입원재료 또는 중간원재료(수입원재료와 중간원재료 포함)를 사용하여 생산한 물품을 '수입신고수리일(중간원재료의 경우에는 구매일)부터 1년 이내에 수출하는 자에게 양도하는 것으로서 수출자가 환급받고자 하는 경우'

• 수출물품의 생산에 사용할 원재료의 국내 거래과정이 여러 단계일 경우 세관장은 거래단계별로 기납증을 발급할 수 있다.

※ CASE 16-2. 기납증과 수출이행기간

2019.1.2	1년 이내	2020.1.1	2년	2022.12.31
수입 (수입신고필증)		제조 후 양도 (기납증)		제조 후 수출 (수출신고필증)

② 기납증 발급은,

세관장이 발급을 하고, 또 세관장은 다음 어느 하나에 해당하는 자 중 관세청장이 정하는 기준에 해당되는 자로 하여금 대통령령으로 정하는 바에 따라 기초원재료납세증명서 또는 수입세액분할증명서를 발급하게 할 수 있다.

a. 내국신용장 등에 의하여 물품을 공급한 자

b. 관세사 (상기 a에 해당하는 자로부터 위임받은 자로 한정한다)

③ 기납증 발급에 제출서류는,

a. 기납증 (별지 제24호 서식의 신청서)

b. 국내거래 인정서류 (내국신용장, 양도승인서, 구매확인서, 수출신용장 또는 수출계약서, 매매계약서 등)

c. 양도일자 확인서류 (세금계산서상의 물품공급일)

d. 소요량계산서

e. 소요원재료에 대한 납부세액확인서류 (수입신고필증, 기납증, 분증)

• 기납증 발급신청을 하려는 자는 "기초원재료납세증명서 작성요령"에 따라 작성한 전자문서를 전송하고 접수통지를 받아 접수번호가 기재된 기납증에 상기에 따른 서류를 첨부하여 접수통지를 받은 날부터 3일 이내에 관할지 세관장에게 제출하여야 한다.

• 세관장은 전송된 전자문서내용과 제출된 서류를 대조·확인하고 수출환급훈령 제9조를 준용하여 증명세액의 정확성 여부를 심사한 후 기납증을 발급한다.

• 발급한 기납증은 양수자가 관세환급시스템에서 확인할 수 있도록 그 내역을 공개한다.

• 신청인이 요청하는 경우에는 양수자에게 기납증을 전자문서로 통보할 수 있다. 이 경우 양도자는 별지 제25호 서식의 제증명 전자문서 전송업체 (신규·변경) 통보서를 발급신청 전까지 관할지 세관장에게 통보하여야 하며 이를 통보받은 세관장은 관세환급시스템에 등록하여야 한다.

실무에서는 관세사에 위탁하거나, 관세청 국가관세종합정보망 CSP ; (unipass.customs.go.kr/csp/index.do)를 통해서 발급신청이 가능하다. (CSP 기술지원센터 : ☎ 1544-1285)

| Note |

• 분증 또는 기납증을 "납부세액 증명서류"라 한다.
• 수입한 원재료를 수입상태 그대로 양도하면 "분증"에 해당한다.

- 수입한 원재료를 제조 또는 가공한 후에 양도하면 "기납증"에 해당한다.
- 분증 또는 기납증의 혜택으로는 부가가치세 영세율, 국내거래에서 분증, 기납증만으로도 수출실적을 인정받으며, 저금리 등 무역금융혜택이 있다.

- 분증과 기납증 발급은 원칙적으로 "관할지 세관장"이 하며, 환급업무를 효율적으로 수행하기 위해 세관장은 관세청장이 정하는 기준에 해당하는 자로 대통령령으로 정하는 바에 따라 "내국신용장 등에 의하여 물품을 공급한 자", 또는 "(그로부터 위임받은)관세사"에게 그것을 발급하게 할 수 있다.
  ❀ 관세환급특례법 제12조, 기초원재료납세증명 등 ❀

⑤ 소요량계산서

소요량계산서는 제조·가공 과정 중에 수출용원재료가 얼마나 사용되었는지 산출한 것으로 제조업체가 자율적으로 직접 작성을 하며, 관세사의 안내를 받도록 한다. 산출된 소요량에 의해 환급금을 계산하여 환급을 신청한다.

> **소요량 = 단위실량**[153] **+ 손모량**[154]

「소요량의 산정 및 관리와 심사에 관한 고시」에 자율소요량 산정 방법으로 6가지를 명시하고 있으며 업체는 가장 적합한 방법 1가지를 선택하여 소요량 계산서를 작성하고 관할 세관에 신고하여야 한다.

① 단위실량 산정방법 : 수출물품 1단위를 구성하고 있는 원재료의 종류별 양으로 산정. 관련 업종 - 기계류, 선사세품 등 (설계노면, 부품내역서 등)

---

153) 단위실량 : 수출물품 1단위를 형성하고 있는 원재료의 종류별 양을 말한다.
154) 손모량 : 수출물품을 정상적으로 생산하는 과정에서 발생하는 원재료의 손실량. (불량품에 소요된 원재료 중 재활용이 가능한 원재료의 양, 화재 등에 의한 손실, 원재료 자체의 불량 등은 제외한다)

② 단위설계소요량 산정방법 : 제조사양서상의 원재료 중 환급을 받으려는 원재료의 종류별 양으로 산정. 관련 업종 – 화학제품류, 섬유, 의류 등 (제조사양서)

③ 수출건별 등 총 소요량 : 수출신고필증, 기납증 또는 수출계약서상의 수출물품을 생산하는 과정에서 사용한 원재료의 종류별 총량으로 산정. 관련 업종 – 농림축산물, 시제품 등 (제품사양서, 생산일지, 원재료 및 제품수불부)

④ 일정기간별 총 소요량 : 물리적으로 결합되는 경우에는, 일정기간별 단위소요량은 6개월 이내의 범위에서 일정기간 동안 제품 생산에 사용된 원재료의 종류별 총량을, 일정기간 동안 생산된 제품의 원재료별 환산량으로 나눈 값에 단위실량을 곱한 양으로 산정.
화학적으로 통합되는 경우에는, 일정기간별 단위소요량은 일정기간 동안 제품 생산에 사용된 원재료의 종류별 총량을, 일정기간 동안에 생산된 제품의 총량으로 나눈 양으로 산정. 관련 업종 – 신설업체, 수명주기가 단기인 제품 등 (제품사양서, 생산일지, 원재료 및 제품수불부)

⑤ 1회계연도 단위소요량 : 물리적으로 결합되는 경우, 1회계연도 단위소요량은 1회계연도 동안 제품생산에 사용된 원재료의 종류별 총량을, 1회계연도 동안에 생산된 제품의 원재료별 환산량으로 나눈 값에 단위실량을 곱한 양으로 산정.
화학적으로 통합되는 경우, 1회계연도 단위소요량은 1회계연도 동안 제품 생산에 사용된 원재료의 종류별 총량을, 1회계연도 동안에 생산된 제품의 총량으로 나눈 양으로 산정. 관련 업종 – 철강, 철강제품, 석유화학, 대기업 제품 등 (제품사양서, 생산일지, 원재료 및 제품수불부)

⑥ 위탁건별 총 소요량 : 위탁가공계약서 등에 따라 수출물품을 위탁생산하는 경우, 수출물품의 생산을 위탁한 업체에서 수출물품의 생산을 수탁한 업체에 공급한 원재료 중 수탁업체가 해당 위탁생산물품을 생산하는 과정에서 사용한 원재료의 종류별 총량으로 산정. 관련 업종 – 신발, 의류, 완구, 전자제품 등 (제품사양서, 생산일지, 원재료 및 제품수불부)

⑥ 수출신고필증

수출신고필증은 최종 수출자가 수출을 이행한 후 관세사를 통해 관할 세관으로부터 발급받는 수출증명 서류이다. 실무에선 약칭으로 "수출면장"이라 한다.

※ CASE 16-3. 개별환급 예시

다음은 대만으로부터 원재료(원사)가 수입된 후, 여러 단계의 업체를 통해 제직, 염색 등의 제조·가공 과정을 거쳐 완성품(원단)으로 최종 미국에 수출되었다. 이 경우의 개별환급을 살펴보자.

A 원사 수입자	B 제직	C 정련·염색	D 코팅/ 후가공	E 수출자
수입업체	제직업체	염색업체	코팅업체	수출업체
(수입신고필증 평균세액증명서) 분증 ➡	기납증 ➡	기납증 ➡	기납증 ➡	수출신고필증

* 원사 : 실
* 제직 : 실을 재료로 하여 천을 짜는 것
* 정련 · 염색 : 제직된 천(생지)을 깨끗이 불순물을 제거하고 염색하는 과정
* 코팅 및 후가공 : 염색지에 기능성 또는 사용할 수 있도록 가공을 부가하고 처리하는 것

A 수입자는 수입한 원재료를 상태 그대로 하여 B에게 공급하였으므로 '분증'을 발급한다. 만약 원재료를 가공하여 공급하면 '기납증'을 발급한다.

B는 추가로 제조·가공하여 C에게 공급하였으므로 기납증을 발급한다.

C 역시 추가로 제조·가공하여 D에게 공급하였으므로 기납증을 발급한다.

D 역시 추가로 제조·가공하여 E에게 공급하였으므로 기납증을 발급한다.

만약 중간업체 예로 들어 C가 B로부터 받은 물품을 그대로 D에게 공급한다면 분증을 발급한다.

앞서 설명한 대로 대부분 최종 수출자인 E가 관세환급을 신청하여 받고,

또는 중간업체 중 대부분의 생산을 주도한 제조업체가 있다면 제조업체가 관세환급을 받을 수도 있다.

5) 종합

개별환급

■ 적용대상 :

- 간이정액환급률표에 HS 10단위가 게기(게시)[155]되지 아니한 수출물품
- 간이정액환급 비적용 승인을 얻은 업체
- 중소기업자가 아닌 자 또는 제조업자가 아닌 자가 수출한 물품 등
- 대기업, 중견기업
- 수출자 또는 제조자 중 수출신고필증에 환급신청인으로 기재된 자

■ 제출서류 :

- 기본서류

   (환급금전용계좌통보서 등, 소요량산정방법등 신고서, 간이정액환급 비적용 승인신청서)

- 환급신청서[156]
- 수입증명, 납부세액 증명서류

   (수입신고필증, 평균세액증명서, 수입세액분할증명서, 기초원재료납세증명서 등)

- 소요량 계산서(업체에서 자율 계산)
- 환급금 계산내역표(조견표) 및 자재명세서(BOM)[157] - 추가할 수 있음

* 수입상태 그대로 수출하거나 구매상태 그대로 수출할 경우 소요량계산서 불필요.

- 수출증명 (수출신고필증, 물품반입확인서, 물품적재확인서, 외화입금증명서 등)

---

155) 게기(게시) : 등재한 것. 여러 사람에게 알리기 위해 내걸어 보게 함.
156) 환급신청서 : 환급신청서(개별환급용)와 환급신청서(간이정액환급용) 서식은 다르다.
157) 자재명세서(BOM) : Bill Of Materials. 제품을 구성하고 있는 모든 원재료 및 부분품들에 대한 상세한 목록을 말한다. 제조원가를 따질 때도 사용된다.

■ 신청가능 업체 :

대기업, 중견기업, 모든 수출기업

① 최종 수출자

– 수출용원재료를 사용하여 생산한 수출물품의 최종 수출자

– 수출물품의 품명, 규격, 수량 등이 나타나 있어야 한다.

② 제조자

– 수출용원재료를 사용하여 생산한 수출물품의 제조 또는 가공을 한 자로 대부분의 생산에 관여를 한 자. 이때에 수출자의 수출신고필증에 제조자로 기재가 돼 있어야 한다.

– 수출물품의 품명, 규격, 수량 등이 나타나 있어야 한다.

■ 해당품목 :

간이정액환급률표에 HS 10단위가 게기(게시)되지 아니한 수출물품

모든 수출업체의 모든 수출물품

■ 환급방법 :

수출물품 제조에 사용한 원재료별 소요량을 산출하고, 원재료별 납부 세액을 수입신고필증 등에 의해 계산하여 환급하는 방법

■ 환급기간 :

관세환급은 원재료 수입일로부터 2년 이내에 수출하여야 하며, 수출한 날(수출신고 수리일)로부터 2년 이내에 환급신청을 하여야 환급받을 수 있다.

6) 개별환급 과정

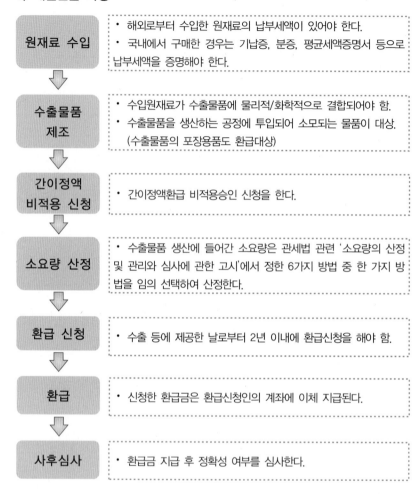

| 원재료 수입 | • 해외로부터 수입한 원재료의 납부세액이 있어야 한다.
• 국내에서 구매한 경우는 기납증, 분증, 평균세액증명서 등으로 납부세액을 증명해야 한다. |

| 수출물품 제조 | • 수입원재료가 수출물품에 물리적/화학적으로 결합되어야 함.
• 수출물품을 생산하는 공정에 투입되어 소모되는 물품이 대상.
  (수출물품의 포장용품도 환급대상) |

| 간이정액 비적용 신청 | • 간이정액환급 비적용승인 신청을 한다. |

| 소요량 산정 | • 수출물품 생산에 들어간 소요량은 관세법 관련 '소요량의 산정 및 관리와 심사에 관한 고시'에서 정한 6가지 방법 중 한 가지 방법을 임의 선택하여 산정한다. |

| 환급 신청 | • 수출 등에 제공한 날로부터 2년 이내에 환급신청을 해야 함. |

| 환급 | • 신청한 환급금은 환급신청인의 계좌에 이체 지급된다. |

| 사후심사 | • 환급금 지급 후 정확성 여부를 심사한다. |

7) 개별환급 장단점과 벌칙

정확한 환급금 산출이 장점이나, 관련 서류가 많고 계산이 복잡하다는 단점이 있다. 과소환급 시 과소환급금에 대해 세관장은 가산세를 적용하여 환급받은 자에게 지급한다. 반면, 과다환급 시 추징의 사유가 되며 환급받은 자는 가산세를 적용하여 납부하여야 한다.

거짓이나 그 밖의 부정한 방법으로 관세등을 환급받은 자는 3년 이하의 징역, 또는 환급받은 세액의 5배 이하에 상응하는, 또는 2천만 원 이하의 벌금에 처한다. 해당 내용으로는 ;

- 거짓으로 소요량계산서를 작성한 자
- 거짓으로 또는 부정한 방법으로 세관장 또는 관세사로부터 기납증, 분증을 발급받은 자
- 세관장으로부터 승인을 얻은 내국신용장 등에 의하여 물품을 공급한 자 또는 관세사가 기납증, 분증을 거짓으로 발급하는 경우 등이다.

(관세환급특례법 제21조-제23조).

5. 간이정액환급

'관세환급특례법에 의한 환급'에서 "간이정액환급"이란, 개별환급을 받을 여건이 안 되는 중소기업의 수출을 지원하고 환급절차를 간소화하기 위하여 도입된 제도이다(중소기업이면서 제조업체에 한한다).

간이정액환급 방법은 원재료 수입단계의 관세등 납부세액증명, 소요량 계산서 산정을 하지 않고, 이를 증명하지 않아도 환급을 신청할 수 있는 간편한 제도이다.

세관에서 수출사실확인서류만 확인하면 환급이 가능한 제도로, 환급신청서에 수출신고필증(등)만 제출하면 환급이 된다. 다만, 모든 수출물품이 환급대상인 것은 아니고 간이정액환급률표에 게기된 물품만 환급받을 수 있다(게기되지 않은 물품은 개별환급 방법으로 신청해야 한다).

해당 수출물품에 대한 환급금은 간이정액환급률표[158]의 환급액을 기초로 지급된다.

---

158) 간이정액환급률표 : 중소기업의 수출물품에 적용하는 정액환급률표를 "간이정액환급률표"라 한다.

HSK	세번명	수출금액(FOB) 1만원당 환급액
0202-20-1000	갈비	10
0202-30-0000	뼈 없는 것	100
0303-23-0000	틸라피아 [오레오크로미스(Oreochromis)종]	10
0303-24-0000	메기 [판가시우스(Pangasius)종·실루러스(Silurus)종·클라리아스(Clarias)종·익]	10
0303-25-0000	잉어[사이프리너스(Cyprinus)종·카라시우스(Carassius)종· 크테노파린고돈 이	20
⋮	⋮	⋮

1) 간이정액환급 해당기업

① **중소기업이면서 제조업체이어야 한다.** 국내에서 임가공을 위탁한 업체도 포함된다. 예로 들어 생산공장 또는 설비는 없지만 공장에 위탁하여 생산한 자도 제조업체(생산자)로 본다.

② 「중소기업기본법」 제2조의 규정에 의한 중소기업이 해당한다 ;

　　a. 법에 규정한 중소기업은, 주된 업종의 분류에 따라 평균매출액 또는 연간매출액이 1,500억 원 이하~ 400억 원 이하 규모 기준이다.

　　해당 기업이 의류, 가죽, 가방, 신발, 전기장비, 가구 등의 제조업은 1,500억 원 이하 기준에 속하며, 섬유제품, 목재, 석유정제품, 화학제품, 플라스틱제품, 전자부품, 기계, 장비, 자동차 등의 제조업과 전기, 가스, 건설업, 도소매 등은 1,000억 원 이하 기준에 속해야 한다.

　　음료, 의료, 의약품, 수도 하수처리, 운수, 창고업 등은 800억 원 이하, 보건업, 예술, 스포츠, 개인 서비스업 등은 600억 원 이하, 숙박 및 음식점업, 금융, 보험업, 부동산, 임대업, 교육서비스 등은 400억 원 이하 기준에 속해야 한다.

　　b. 자산총액이 5천억 원 미만이어야 한다.

③ 그리고 직전 2년간 매년도 총 환급실적이 6억 원 이하인 기업이 해당되며, 주로 중소기업으로 개별환급에 어려움을 느끼는 경우 간이정액환급 방법으로 신청을 한다.

④ 따라서 대기업, 중견기업, 제조하지 않는 기업은 해당되지 않는다.

※ 간이정액환급 대상이면 간이정액환급을 개별환급보다 우선시하여 적용한다.

※ 간이정액환급을 원치 않고 개별환급을 받고자 하는 경우, 관할지 세관장으로부터 "간이정액환급 비적용승인"을 받으면 개별환급 방법으로 전환하여 환급을 받을 수 있다. 단, 2년 이내에는 다시 간이정액환급 방법으로 회귀할 수 없다. 그리고 수출품목별로 선별하여 간이정액환급 비적용승인은 허용되지 않는다.

환급의 추세를 보면 예전에는 간이정액환급을 많이 이용했으나 요즘은 개별환급 이용이 늘어나고 있다고 한다.

2) 간이정액환급 산출

간이정액환급률표에 HS CODE별로 나타낸 환급액으로 환급한다.(간이정액환급률표는 최근 6개월 이상 기간 동안의 품목번호별 평균환급액 또는 평균납부세액 등을 기초로 하여 정해진다).

수출신고필증의 경우는 FOB 수출금액(원화) 기준으로, 기납증 발급신청의 경우는 내국신용장, 구매확인서 또는 특수신용장상의 물품대금(원화) 기준으로, 1만 원당 얼마씩으로 환급을 하는데 간이정액환급률표의 HS CODE에 의한다.

※ 환급액 = {수출금액(FOB 원화금액) X 간이정액환급률표 기재된 환급액} / 1만 원

3) 간이정액환급 신청에 필요한 서류

① 수출신고필증 (또는 갈음할 물품반입확인서, 물품적재확인서, 외화입금증명서 서류) : 수출증명/수출사실확인서류

② 중소기업확인서

③ 공장등록증

※ 수출사실확인서류만 확인하여 간단하게 환급하는 제도이다.

4) 간이정액환급률표 적용에 제외 물품

• 간이정액 비적용승인을 받은 수출물품

• 수입한 상태 그대로 수출등에 제공 (내국신용장에 의한 공급 포함)

• 해외로부터 가공임을 받고 국내에서 가공할 목적으로 반입된 수입원재료의 가공물품 수출

• 계약조건과 상이하여 반품된 물품의 대체 수출

5) 종합

간이정액환급

▣ 적용대상 :

• 간이정액환급률표에 HS 10단위가 계기(게시)된 수출물품

• 중소기업이면서 수출물품 제조자(제조업체/생산업체), 임가공을 위탁한 자도 포함

• 중소기업기본법 제2조의 규정에 의한 중소기업
  (연간 매출액 1,500억 원 이하, 자산총액 5,000억 원 미만)

• 환급신청일이 속하는 연도 및 직전 2년간 매년도 총 환급실적(기납증 발급실적 포함)이 6억 원 이하인 업체

▣ 제출서류 :

• 기본서류 (환급금계좌통보서)

• 환급신청서

• 수출신고필증 등 수출사실확인서류

• 중소기업확인서 및 표준손익계산서

• 공장등록증 등 제조사실 증빙서류

▣ 신청가능 업체 :

중소기업이면서 제조업체(임가공을 위탁한 자도 포함)

직전 2년간 매년도 환급 6억 원 이하인 업체

▣ 해당품목 :

간이정액환급률표에 HS 10단위가 계기(게시)된 수출물품

▣ 환급방법 :

간이정액환급률표에 따라 지급

간이정액환급률표는 수출금액(FOB) 1만 원당 환급액으로 책정되어 있으며 "관세법령 정보포털 CLIP(unipass.customs.go.kr/clip/index.do)〉 법령·판례 등〉 행정규칙〉 고시〉 「간이정액환급률표」 〉 별표·서식 또는 첨부파일"에서 찾을 수 있다.

▣ 환급기간 :

관세환급은 원재료 수입일로부터 2년 이내에 수출하여야 하며, 수출한 날(수출신고 수리일)로부터 2년 이내에 환급신청을 하여야 환급받을 수 있다.

6) 간이정액환급 과정

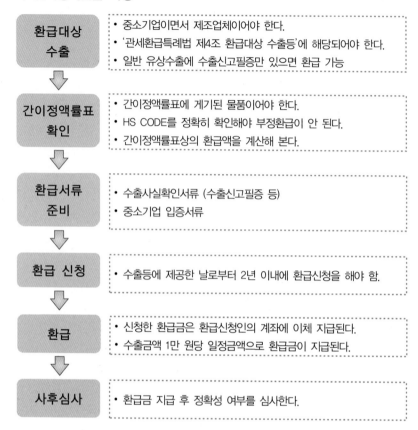

환급대상 수출
- 중소기업이면서 제조업체이어야 한다.
- '관세환급특례법 제4조 환급대상 수출등'에 해당되어야 한다.
- 일반 유상수출에 수출신고필증만 있으면 환급 가능

간이정액률표 확인
- 간이정액률표에 게기된 물품이어야 한다.
- HS CODE를 정확히 확인해야 부정환급이 안 된다.
- 간이정액률표상의 환급액을 계산해 본다.

환급서류 준비
- 수출사실확인서류 (수출신고필증 등)
- 중소기업 입증서류

환급 신청
- 수출등에 제공한 날로부터 2년 이내에 환급신청을 해야 함.

환급
- 신청한 환급금은 환급신청인의 계좌에 이체 지급된다.
- 수출금액 1만 원당 일정금액으로 환급금이 지급된다.

사후심사
- 환급금 지급 후 정확성 여부를 심사한다.

7) 간이정액환급 장단점

장점으로는, 수출사실확인으로 환급금을 지급하므로 절차가 간소하다. 국산원재료, 저가공원재료를 사용한 업체는 원재료에 대한 납부세액보다 더 많은 환급을 받을 수 있다. 이에 국산원재료 사용촉진에 효과가 있다.

단점으로는, 환급금이 적다. 환급이 정확하지 않으며 과다·과소환급이 발생할 수 있다. 그리고 WTO 등 세계 여러 나라로부터 이것은 곧 수출보조금이라는 문제 제기 우려가 있다(이러한 경우 상대국으로부터 상계관세 부과가 발생할 수 있다).

708

6. 관세환급특례법에 의한 환급 도식표

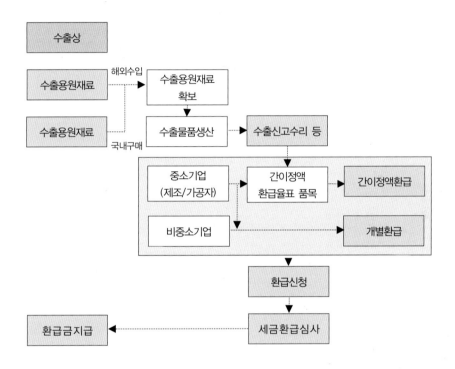

7. 관세 사무처리

관세에 관한 사무처리는 수입과 수출의 유형이나 품목에 따라 기업의 담당자가 서류들을 구분·준비하고 관할 세관에 신청하여 진행하기에는 어려움이 많다. 따라서 전문가인 관세사에 위탁하여 도움을 받아 요청받은 서류를 제출함으로써 관세등 납부 및 납부 후 환급받는 것이 바람직하다.

1) 수출의 경우

대부분 국가와 우리나라의 수출에는 과세(수출관세)가 없다.

수입 시에만 과세(수입관세)가 있다.

즉, 수출의 경우 수출관세는 없으며, 수출물품에 외국으로부터 수입한 수출용원재료를 사용한 경우, 「관세환급특례법」에 따라, 제조자 또는 수출자가 추후 관세환급 혜택을 받을 수 있게 된다.

2) 수입의 경우

무역형태, 수입국, 품목, 협정 등에 따라 다음 어느 것에 해당하는지 살핀 후 관세사의 조언과 도움을 받는다.

① 수입 시, 관세 감면

② 수입 시, 관세 면세

③ 수입 시, 관세 혜택

④ 수입 후, 관세환급

3) 관세환급의 준거[159]

환급이 필요한 경우, 관세환급은 「관세법」 및 「관세환급특례법」을 따르며 관할 세관(장)이 환급한다.

제7절 부가가치세

1. 부가가치세의 의미

---

159) 준거(準據) : 기준이 되는 것.

부가가치세(VAT : Value-added tax, GST : Goods and services tax)는 재화(상품)나 용역(서비스)이 생산·유통·제공되는 모든 단계에서 기업이 새로 만들어 내는 가치인 '부가가치(이윤)'에 대해 부과하는 세금을 말한다.

부가가치세는 최종소비자가 부담하는 금액이기 때문에, 재화(상품)의 판매가격에는 각 단계마다 발생한 부가가치와 세금이 모두 포함되어 있다.

재화(상품)를 판매한 사업자들은 최종 판매가격에 부가가치세를 포함하여 일시적으로 소비자(공급받은 자)로부터 세금을 징수하였다가 부가가치세 신고 시에 그것을 국가에 납부하는 것이다.

2. 부가가치세 납세의무자

「부가가치세법」 제3조(납세의무자)에 따라 부가가치세 납세의무자는, ① 다음 각 호의 어느 하나에 해당하는 자로서 개인, 법인(국가 · 지방자치단체와 지방자치단체조합을 포함한다), 법인격이 없는 사단 · 재단 또는 그 밖의 단체는 이 법에 따라 부가가치세를 납부할 의무가 있다. 〈개정 2020. 12. 22.〉

① 사업자

② 재화를 수입하는 자

② 제1항에도 불구하고 대통령령으로 정하는 신탁재산과 관련된 재화 또는 용역을 공급하는 때에는 「신탁법」 제2조에 따른 수탁자가 신탁재산별로 각각 별도의 납세의무자로서 부가가치세를 납부할 의무가 있다. 〈신설 2020. 12. 22., 2021. 12. 8.〉

③ 제1항 및 제2항에도 불구하고 다음 각 호의 어느 하나에 해당하는 경우에는 「신탁법」 제2조에 따른 위탁자가 부가가치세를 납부할 의무가 있다. 〈신설 2020. 12. 22., 2021. 12. 8.〉

① 신탁재산과 관련된 재화 또는 용역을 위탁자 명의로 공급하는 경우

② 위탁자가 신탁재산을 실질적으로 지배·통제하는 경우로서 대통령령으로 정하는 경우

③ 그 밖에 신탁의 유형, 신탁설정의 내용, 수탁자의 임무 및 신탁사무 범위 등을 고려하여 대통령령으로 정하는 경우

④ 제2항에 따라 수탁자가 납세의무자가 되는 신탁재산에 둘 이상의 수탁자(이하 "공동수탁자"라 한다)가 있는 경우 공동수탁자는 부가가치세를 연대하여 납부할 의무가 있다. 이 경우 공동수탁자 중 신탁사무를 주로 처리하는 수탁자(이하 "대표수탁자"라 한다)가 부가가치세를 신고·납부하여야 한다. 〈신설 2020. 12. 22.〉

⑤ 제2항부터 제4항까지에서 규정한 사항 외에 신탁 관련 납세의무의 적용에 필요한 사항은 대통령령으로 정한다. 〈신설 2020. 12. 22.〉

3. 과세대상

부가가치세의 과세대상은,
① 사업자가 행하는 재화 또는 용역의 공급
② 재화의 수입

4. 과세기간

① 간이과세자 : 1월 1일부터 12월 31일까지
② 일반과세자 : 제1기. 1월 1일부터 6월 30일까지
　　　　　　　　제2기. 7월 1일부터 12월 31일까지

　간이과세자란, 직전 연도의 재화와 용역의 공급에 대한 대가(부가가치세가 포함된 대가를 말한다. 공급대가)의 합계액이 대통령령으로 정하는 금액에 미달하는 사업자로서, 간편한 절차로 부가가치세를 신고·납부하는 개인사업자를 말한다. 일반과세자는 '간이과세자가 아닌 사업자'를 말한다.

5. 부가가치세의 세율

　우리나라의 부가가치세의 표준 세율은 10퍼센트(10%)로 한다.

6. 부가가치세의 영세율 적용

　「부가가치세」 법에 따라 아래의 경우에는 10퍼센트가 아니라 영세율(0%)을 적용한다.

① 재화의 수출
재화의 공급이 수출에 해당하면 영세율을 적용한다.
① 내국물품(대한민국 선박에 의하여 채집되거나 잡힌 수산물을 포함한다)을 외국으

로 반출하는 것.

② 중계무역 방식의 거래 등 대통령령으로 정하는 것으로서 국내 사업장에서 계약과 대가 수령 등 거래가 이루어지는 것.

③ 기획재정부령으로 정하는 내국신용장 또는 구매확인서에 의하여 재화(금지금 : 金地金은 제외한다)를 공급하는 것 등으로서 대통령령으로 정하는 것.

② 용역의 국외 공급

국외에서 공급하는 용역에 대하여 영세율을 적용한다.

③ 외국항행 용역의 공급

선박 또는 항공기에 의한 외국항행 용역의 공급에 대하여 영세율을 적용한다 (외국항행 용역은 선박 또는 항공기에 의하여 여객이나 화물을 국내에서 국외로, 국외에서 국내로, 또는 국외에서 국외로 수송하는 것을 말하며 외국항행 사업자가 자기의 사업에 부수하여 공급하는 재화 또는 용역으로서 대통령령으로 정하는 것을 포함한다).

④ 외화 획득 재화 또는 용역의 공급 등

① 우리나라에 상주하는 외교공관, 영사기관, 국제연합과 이에 준하는 국제기구(우리나라가 당사국인 조약과 그 밖의 국내 법령에 따라 특권과 면제를 부여받을 수 있는 경우만 해당) 등에 재화 또는 용역을 공급하는 경우.

② 외교공관 등의 소속 직원으로서 해당 국가로부터 공무원 신분을 부여받은 자 또는 외교부장관으로부터 이에 준하는 신분임을 확인받은 자 중 내국인이 아닌 자에게 대통령령으로 정하는 방법에 따라 재화 또는 용역을 공급하는 경우.

③ 그 밖에 외화를 획득하는 재화 또는 용역의 공급으로서 대통령령으로 정하는 경우에 영세율을 적용한다.

⑤ 영세율에 대한 상호주의 적용

① 위 제1항부터 제4항까지의 규정을 적용할 때 사업자가 비거주자 또는 외국법인이면 그 해당 국가에서 대한민국의 거주자 또는 내국법인에 대하여 동일하게 면세하는

경우에만 영세율을 적용한다. 〈개정 2018. 12. 24.〉

② 사업자가 제4항 2호에 따라 재화 또는 용역을 공급하는 경우에는, 해당 외국에서 대한민국의 외교공관 및 영사기관 등의 직원에게 공급하는 재화 또는 용역에 대하여 동일하게 면세하는 경우에만 영세율을 적용한다.

③ 상호주의 적용에서 "동일하게 면세하는 경우"는 해당 외국의 조세로서 우리나라의 부가가치세 또는 이와 유사한 성질의 조세를 면세하는 경우와 그 외국에 우리나라의 부가가치세 또는 이와 유사한 성질의 조세가 없는 경우로 한다.

7. 재화 또는 용역의 공급에 대한 부가가치세의 면세

다음의 재화 또는 용역의 공급에 대해서는 부가가치세를 면제한다.

① 가공되지 아니한 식료품(식용으로 제공되는 농산물, 축산물, 수산물과 임산물을 포함한다) 및 우리나라에서 생산되어 식용으로 제공되지 아니하는 농산물, 축산물, 수산물과 임산물로서 대통령령으로 정하는 것

② 수돗물

③ 연탄과 무연탄

④ 여성용 생리 처리 위생용품

⑤ 의료보건 용역(수의사의 용역을 포함)으로서 대통령령으로 정하는 것과 혈액

⑥ 교육 용역으로서 대통령령으로 정하는 섯

⑦ 여객운송 용역
다만, 다음 어느 하나에 해당하는 여객운송 용역으로서 대통령령으로 정하는 것은 제외한다 : 항공기, 고속버스, 전세버스, 택시, 특수자동차, 특종선박 또는 고속철도에

의한 여객운송 용역, 케이블카, 유람선 등 관광 또는 유흥 목적의 운송수단에 의한 여객운송 용역

⑧ 도서(도서대여 용역을 포함), 신문, 잡지, 관보(기관지), 「뉴스통신 진흥에 관한 법률」 에 따른 뉴스통신 및 방송으로서 대통령령으로 정하는 것. 다만, 광고는 제외한다.

⑨ 우표(수집용 우표는 제외), 인지(印紙), 증지(證紙), 복권 및 공중전화

⑩ 「담배사업법」 제18조 제1항에 따른 판매가격이 대통령령으로 정하는 금액 이하인 것, 그리고 제19조에 따른 특수용 담배로서 대통령령으로 정하는 것

⑪ 금융·보험 용역으로서 대통령령으로 정하는 것

⑫ 주택과 이에 부수되는 토지의 임대 용역으로서 대통령령으로 정하는 것

⑬ 「공동주택관리법」 제18조 제2항에 따른 관리규약에 따라 같은 법 제2조 제1항 제10호에 따른 관리주체 또는 같은 법 제2조 제1항 제8호에 따른 입주자대표회의가 제공하는 「주택법」 제2조 제14호에 따른 복리시설인 공동주택 어린이집의 임대 용역

⑭ 토지

⑮ 저술가·작곡가나 그 밖의 자가 직업상 제공하는 인적(人的)용역으로서 대통령령으로 정하는 것

⑯ 예술창작품, 예술행사, 문화행사 또는 아마추어 운동경기로서 대통령령으로 정하는 것

⑰ 도서관, 과학관, 박물관, 미술관, 동물원, 식물원, 그 밖에 대통령령으로 정하는 곳에 입장하게 하는 것

⑱ 종교, 자선, 학술, 구호(救護)160), 그 밖의 공익을 목적으로 하는 단체가 공급하

---

160) 구호(救護) : 재해나 재난 따위로 어려움에 처한 사람을 도와 보호하는 것.

는 재화 또는 용역으로서 대통령령으로 정하는 것

⑲ 국가, 지방자치단체 또는 지방자치단체조합이 공급하는 재화 또는 용역으로서 대통령령으로 정하는 것

⑳ 국가, 지방자치단체, 지방자치단체조합 또는 대통령령으로 정하는 공익단체에 무상으로 공급하는 재화 또는 용역

위에 언급한 면세되는 재화 또는 용역의 공급에 통상적으로 부수되는 재화 또는 용역의 공급은 그 면세되는 재화 또는 용역의 공급에 포함되는 것으로 본다.

8. 수입물품에 대한 부가가치세의 면세

다음에 해당하는 재화의 수입에 대하여는 부가가치세를 면제한다.

① 가공되지 아니한 식료품(식용으로 제공되는 농산물, 축산물, 수산물 및 임산물을 포함한다)으로서 대통령령으로 정하는 것

② 도서, 신문 및 잡지로서 대통령령으로 정하는 것

③ 학술연구단체, 교육기관, 「한국교육방송공사법」에 따른 한국교육방송공사 또는 문화단체가 과학용·교육용·문화용으로 수입하는 재화로서 대통령령으로 정하는 것

④ 종교의식, 자선, 구호, 그 밖의 공익을 목적으로 외국으로부터 종교단체·자선단체 또는 구호단체에 기증되는 재화로서 대통령령으로 정하는 것

⑤ 외국으로부터 국가, 지방자치단체 또는 지방자치단체조합에 기증되는 재화

⑥ 거주자가 받는 소액물품으로서 관세가 면제되는 재화

⑦ 이사, 이민 또는 상속으로 인하여 수입하는 재화로서 관세가 면제되거나 「관세법」 제81조 제1항에 따른 간이세율이 적용되는 재화

⑧ 여행자의 휴대품, 별송(別送)물품161) 및 우송(郵送)물품162)으로서 관세가 면제되거나 「관세법」 제81조 제1항에 따른 간이세율이 적용되는 재화

⑨ 수입하는 상품의 견본과 광고용 물품으로서 관세가 면제되는 재화

⑩ 국내에서 열리는 박람회, 전시회, 품평회, 영화제 또는 이와 유사한 행사에 출품하기 위하여 무상으로 수입하는 물품으로서 관세가 면제되는 재화

⑪ 조약·국제법규 또는 국제관습에 따라 관세가 면제되는 재화로서 대통령령으로 정하는 것

⑫ 수출된 후 다시 수입하는 재화로서 관세가 감면되는 것 중 대통령령으로 정하는 것. 다만, 관세가 경감되는 경우에는 경감되는 비율만큼만 면제한다.

⑬ 다시 수출하는 조건으로 일시 수입하는 재화로서 관세가 감면되는 것 중 대통령령으로 정하는 것. 다만, 관세가 경감되는 경우에는 경감되는 비율만큼만 면제한다.

⑭ 「담배사업법」 제18조 제1항, 제19조에 따른 특정 담배

⑮ 제6호부터 제13호까지의 규정에 따른 재화 외에 관세가 무세(無稅)이거나 감면되는 재화로서 대통령령으로 정하는 것. 다만, 관세가 경감되는 경우에는 경감되는 비율만큼만 면제한다.

9. 부가가치세 사무처리

---

161) 별송물품 : 별도로 보내는 물품.
162) 우송물품 : 우편으로 보내는 물품.

1) 수출의 경우

재화의 수출의 경우 부가가치세는 영세율이다.

2) 수입의 경우

수입물품을 수입할 때 수입자는 관세와 함께 부가가치세를 납부하게 된다. 원래 관세는 관할 세관(장)에게, 일반 부가가치세는 관할 세무서에게 납부하는 것으로 각각 사무처리 기관이 다르다.

하지만 수입자의 수입물품에 대한 부가가치세는 「부가가치세법」에 다음과 같이 규정하고 있다.

▪ 납세지 (부가가치세법 제6조 6항)

재화를 수입하는 자의 부가가치세 납세지는 「관세법」에 따라 수입을 신고하는 세관의 소재지로 한다.

▪ 과세 관할 (부가가치세법 제7조)

① 사업자에 대한 부가가치세는 제6조 제1항부터 제5항까지의 규정에 따른 납세지를 관할하는 세무서장 또는 지방국세청장이 과세한다.

② 재화를 수입하는 자에 대한 부가가치세는 제6조 제6항에 따른 납세지를 관할하는 세관장이 과세한다.

▪ 재화의 수입에 대한 신고·납부 (부가가치세법 제50조)

재화를 수입하는 자의 납세의무자가 재화의 수입에 대하여 「관세법」에 따라 관세를 세관장에게 신고하고 납부하는 경우에는 재화의 수입에 대한 부가가치세를 함께 신고하고 납부하여야 한다. 〈개정 2020.12.22.〉

따라서 수입자는 수입관세와 부가가치세를 수입신고를 위탁한 관세사를 통해 관할 세관(장)에게 납부를 한다.

그리고 같은 법 제50조의 2(재화의 수입에 대한 부가가치세 납부의 유예)에 의거, 만약 어떠한 경우에 수입물품의 부가가치세만을 별도로 관할 세무서에 납부하였다면, 세관에 이중 납부할 필요가 없다.

그 외에 앞서 "8. 수입물품에 대한 부가가치세의 면세"에 해당하는 경우에는 면세가 된다.

3) 국내거래의 경우

국내업체가 국내에서 재화나 용역을 타 업체에 제공할 때에 관할 세무서에 부가가치세를 납부한다.

한편, 국내 A수출업체(공급받는 자)가 바이어로부터 받은 원(原)수출신용장(Master L/C)을 근거로 국내은행을 통해 내국신용장(Local L/C)[163] 또는 구매확인서를 공급하는 자 B에게 발행하면, B공급업체는 A수출업체에게 물품을 판매하고 세금계산서를 발행할 때에 부가가치세를 영세율로 한다.

■ **영세율의 적용, 내국신용장 등의 범위 (부가가치세법 시행규칙 제21조)**

> 사업자가 국내에서 수출용 원자재, 수출용 완제품 또는 수출재화임가공용역을 공급받으려는 경우에 해당 사업자의 신청에 따라 외국환은행의 장이 '재화나 용역의 공급시기가 속하는 과세기간이 끝난 후 25일 이내(그 날이 공휴일 또는 토요일인 경우에는 바로 다음 영업일을 말한다)'에 개설하는 내국신용장, 발급하는 구매확인서의 경우 영세율을 적용받을 수 있다.

---

163) 내국신용장(Local L/C) : 해외 바이어로부터 받은 원신용장(Master L/C)을 근거로 수출업체가 개설 신청인이 되고, 공급업체를 수익자로 하여 국내에서 다시 개설하는 신용장이다.

예로 들어 국내에서 수출재화 등의 구매일이 금년도 2기 과세기간 ('22.7.1~12.31)에 속하는 경우 '23년 1월 26일까지 외국환은행으로부터 내국신용장·구매확인서를 개설·발행받는 경우 영세율을 적용받을 수 있다. (이때 공급하는 자가 세금계산서를 발급할 때의 공급가액은 내국신용장상의 원화표시금액은 그 금액, 외화표시금액은 공급받는 사업자가 재화를 인수하는 때의 해당일자 기준환율로 한다).

수출업체는 공급업체로부터 매입 시 부가가치세 영세율 혜택을 받고, 공급업체는 국내 수출업체에 판매하는 것이지만 영세율 세금계산서를 발급하고 무역금융 혜택, 수출실적 인정 그리고 관세환급을 받을 수 있다.

그 외에 앞서 "7. 재화 또는 용역의 공급에 대한 부가가치세의 면세"에 해당하는 경우에는 면세가 된다.

4) 부가가치세환급의 준거

환급이 필요한 경우, 부가가치세의 환급은 「부가가치세법」 을 따르며 관할 세무서(장)이 환급한다.

Note

- 수입 시 관세와 부가가치세 납부 : 함께 '관할지 세관'에 한다.
- 관세환급 : 관할지 세관에 신청하여 '관할지 세관'으로부터 받는다.
- 부가가치세환급 : 관할지 세무서에 확정신고하고 '관할지 세무서'로부터 받는다.

부록

A Practical Guide to Trade and Import

1. 비즈니스 레터에서 사용하는 약어 (Abbreviation)

약어	설명	의미
ASAP.	As soon as possible	가능한 한 빨리
PLS	Please	~을 해주세요.
CFM	Confirm	~을 확인해 주세요.
c.f	Confer	참조
P.S	Post Script	추신, 덧붙임
ABT.	About	대략
PC	Piece	1 개당
SMPL	Sample	샘플
BIZ	Business	비즈니스
BLDG.	Building	빌딩 (주소)
FLWG	Following	다음 아래에~
EA	Each	1 개당
EXP.	Export	수출
IMP.	Import	수입
CONSOL.	Consolidate	여러 가지(선적들)를 합치다.
COMM.	Commission	커미션(수수료)
SPEC.	Specification	스펙, 제품규격, 제품명세
INFO.	Information	알림
ATTN.	Attention	참고. 참고인
TKS. THX.	Thanks	감사합니다.
WT.	Weight	무게
MSG.	Message	메시지, 전달 내용
MFG.	Manufacturing	제조공장
FYI.	For your information	(당신에게) 참고로

i.e.	라틴어 id est	즉(예로)
e.g	라틴어 exempli gratia	예를 들면
etc.	라틴어 et cetera	기타 등등...
RSVP.	프랑스어 repondez sil vous plait	답을 주기 바랍니다.
BTW	By the way	그건 그렇고
TBA	To be announced	추후 통보 예정
TBN	To be notified	추후 통보 예정
R&D	Research & Development	연구개발
CC.	Carbon copy	복사본
FAQ	Frequently asked question	자주 묻는 질문
St.	Street	거리 (주소)
N/A	Not applicable	해당사항 없음
W/	With	~ 함께
W/O	Without	~ 없이
Approx.	Approximately	대략
Ltd.	Limited	주식회사 (영국식)
Co.	Company	일반적 회사를 나타낼 때
Inc.	Incorporated	주식회사 (미국식)
Pty.	Proprietary company	개인회사 (호주식)
CUZ.	Because	~ 때문에
B.regards,	Best regards,	경의의 맺음말

비즈니스 레터는 가능하면 간결하게(Concise) 작성하는 것이 원칙이다. 하지만 간결하다고 해서 레터를 약어로 채우거나 과도한 사용은 좋지 않다.

약어는 짧게 전하는 메일이나 급한 경우에 한두 차례 사용하되 상대방이 읽었을 때 확실히 알 수 있는 것을 사용해야 한다. 지나친 약어 사용은 작성자가 실무가 부족하거나 평소 게으른 습관을 가진 사람으로 인식되기 쉽다.

2. 회사직위 영문표기 (Title)

한글	영어
1. 최고경영진(Executive Level)	
최고경영자	CEO (Chief Executive Officer)
고문	Advisor
회장	Chairman of the Board
이사	Director
임원	Executive Officer
사장	President, Representative Director
부사장	Vice President
재무총괄경영인	CFO (Chief Finance Officer)
정보총괄경영인	CIO (Chief Information Officer)
기술총괄경영인	CTO (Chief Technology Officer)
업무총괄경영인	COO (Chief Operating Officer)
2. 상위관리자(Upper Management)	
전무이사	Senior Managing Director, Executive Vice President
상무이사	Managing Director, Executive Vice President
감사	Auditor
부장	General Manager
차장	Deputy General Manager
3. 중간관리자(Middle Management)	
차장	Deputy Manager
과장	Manager
실장	Section Chief
팀장	Team Manager, Team Head

대리	Junior Manager, Assistant Manager
계장	Sub Manager
4. 기타(Others)	
사원	Staff
안내데스크 직원	Information Desk, Information Clerk
동료	Co-worker, Colleague

    회사직위 영문표기는 비즈니스 레터 작성, 명함, 또는 공식행사의 이름표 등에 사용할 수가 있다.

3. 무역에 참고할 만한 기관 홈페이지

다음은 무역에 참고할 만한 기관으로 아래와 같은 정보를 볼 수 있다.

■ **한국무역협회** (www.kita.net)

•무역통상 뉴스, 해외시장 동향, 무역통계, 무역서식, 무역업고유번호인증, 수출입 실적증명, 환율정보, 무역사례

•무역지원서비스 – 해외마케팅사업, 해외바이어 매칭서비스, 무역 애로사항 및 상담서비스, 분야별 전문가 자문

■ **코트라** (대한무역진흥공사 : www.kotra.or.kr)

•국가별 시장정보, 품목별 유망시장, 수출상담, 수출과 해외투자지원

•유료맞춤서비스 – 해외시장조사, 해외비즈니스출장지원, 지사화사업

•종합서비스 – 수출 상담회(국내), 무역 사절단(해외), 글로벌파트너링(GP) 사업, 투자유치 상담회(국내), 투자유치 사절단(해외)

■ **GEP 글로벌 전시 플랫폼** (www.gep.or.kr)

코트라 사이트로 전세계 전시회 정보 및 일정, 전시회 참가신청

■ **관세청** (www.customs.go.kr)

관세행정, 수출입 통관, 관세정보

■ **관세청, 관세법령정보포털 UNIPASS CLIP**

(unipass.customs.go.kr/clip/index.do)

관세법령, 관세정보, 세계 HS, 속견표, HS CODE 확인

■ 관세청, 국가관세종합정보망 UNIPASS CSP

(unipass.customs.go.kr/csp/index.do)

고시환율, 전자신고, 전자납부, 업무지원, 정보조회

■ Trade NAVI 통합무역정보서비스 (www.tradenavi.or.kr)

관세 동향, FTA 동향, FTA/관세, HS CODE 확인, 국가정보, 수출지원

■ 관세청종합솔루션 Yes FTA (www.customs.go.kr/ftaportalkor)

FTA 현황, FTA 협정문, FTA 양허표, 원산지증명서 및 서식, FTA 기업지원

■ FTA 강국, KOREA (fta.go.kr)

FTA 현황, FTA 협정문, FTA 양허표, 원산지증명서 및 서식, 국가정보

■ 대한상공회의소 (www.korcham.net)

전국 상공회의소 주소와 연락처, 주한외국상공회의소 주소와 연락처, 경제지표, 산업소식, 기업뉴스

■ 한국무역보험공사 (www.ksure.or.kr)

수출보험, 수입보험 등 무역보험안내, 환율동향, 국외기업신용조사 등

■ 대한상사중재원 (www.kcab.or.kr)

해외 바이어와 거래 중 분쟁 시 중재, 조정, 해결 방법, 표준계약서 서식

4. 기명식 선하증권 (Straight B/L)과 지시식 선하증권 (Order B/L)

수출상 참고

선하증권(B/L)은 수출상이 수출 시 선적물품에 대하여 선사/포워더에 신청을 하여 발급받는 것으로, '기명식'과 '지시식'에 대한 이해는 수출상이 알아야 할 부분이다.

1) 선하증권(B/L)과 항공화물운송장(AWB, Air Waybill)

수출물품이 해상편으로 보내지면 선사/포워더로부터 **"선하증권(B/L)"**이 발행되고, 수출물품이 항공편으로 보내지면 항공사/포워더로부터 **"항공화물운송장(AWB, Air Waybill)"**이 발행된다.

항공화물운송장(AWB, Air Waybill)은 짧은 비행시간으로 수출입이 이루어지기에 Consignee(수화인) 란에 특정인을 바로 기재하는 '기명식(Straight)'으로 발행된다. 그리고 항공화물운송장은 화물과 함께 보내진다. 또한 선하증권(B/L)과 달리 유가증권이 아니며 양도나 유통이 불가능한 게 특징이다.

2) 기명식 B/L과 지시식 B/L

해상 선하증권(B/L)의 종류에는 Consignee(수화인) 란에 특정인(이름/회사명)을 기재하는 '기명식(Straight)'과 특정인을 기재하지 않는 '지시식(Order)'이 있다.

① 기명식 B/L

보통 T/T 거래나 항공수출 거래(항공화물운송장)의 경우 수출상은 선적서류 Consignee 란에 바로 수입자/수입화주의 이름을 기재함으로써 기명식 B/L을 발행하도록 한다.

기명식 B/L은 Consignee(수화인) 란에 기재된 특정인만이 물품을 찾을 수 있다.

법률적으로는 우리나라 「상법」 제130조(화물상환증의 당연한 지시증권성)에 기명식 B/L이어도 "배서금지 문구(Non-negotiable : 배서금지, 또는 유통이 불가능하다)"가 없다면 배서하여 양도할 수 있다고 돼 있다.

② 지시식 B/L

신용장 거래의 경우 지시식 B/L이 발행되도록 하는 것이 원칙이다.

지시식 B/L은 Consignee(수화인) 란에 "TO ORDER" 또는 "TO ORDER OF SHIPPER" 등으로 기재된다.

'TO ORDER'라는 뜻은 "SHIPPER의 지시에 따라, SHIPPER의 지시를 받아, SHIPPER 배서에 의해 양도가 가능한, SHIPPER의 지시를 받은 자, SHIPPER의 지시인"으로 해석을 한다.

참고로 "TO ORDER"와 "TO ORDER OF SHIPPER"는 같은 뜻이다.

지시식 B/L은 "배서에 의해 양도된다." 배서는 배서인의 기명날인(또는 서명), 배서 문언, 그리고 피배서인 기재로, 어음의 소유자인 배서인이 어음의 권리를 타인의 피배서인에게 이전한다는 뜻으로 "어음의 뒷면(이면)에 배서를 하는 것으로 하고 있다."

- **기명식(Straight) B/L** : Consignee 란에 특정인 (이름/회사명) 기재.
  (예. KS COMPANY)
  * T/T 거래, 항공수출 거래(항공화물운송장)

- **지시식(Order) B/L** : Consignee 란에 특정인을 기재하지 않음.
  (예. TO ORDER)
  (예. TO ORDER OF SHIPPER)

(예. TO ORDER OF ABC BANK)

* 신용장 거래

* 이러한 경우 Notify 란에 수입자명(수입화주)을 적게 된다.

3) 지시식(Order) B/L에서의 네 가지 배서방법

지시식 B/L은 신용장 거래에서 사용하는 방식으로, 실무에선 "Order B/L"이라 부르며 소통하기도 한다.

지시식 B/L에 대한 내용은 '신용장 46A 조항(Documents required)'의 B/L에 관한 명시 문구에 있다. 문구는 Consignee(수화인)지정과 + 배서방법이 나타나 있는데, 배서방법에는 네 가지로 백지배서, 기명식 배서, 지시식 배서 그리고 선택무기명식 배서로 나눌 수 있다.

• 백지배서 : 'endorsed in blank'라 되어 있으며, B/L 또는 보험증권의 뒷면에 피배서인을 지정하지 않은 채 배서한다.

• 기명식 배서 : 'endorsed to ***회사명'이라 되어 있으며, B/L 뒷면에 배서인이 배서하는데(회사고무날인, 명판과 서명날인), 피배서인 'TO ***회사명'라고 적어야 함(날인).

• 지시식 배서 : 'endorsed to the order of ABC bank'라 되어 있으며, B/L 뒷면에 배서인이 배서하는데(회사고무날인, 명판과 서명날인), 피배서인 'TO THE ORDER OF ABC BANK'라고 적어야 함(날인).

• 선택무기명식 배서 : 'endorsed to ***회사명 or bearer(or bona fide)'라 되어 있으며, B/L 뒷면에 배서인이 배서하는데(회사고무날인, 명판과 서명날인), 피배서인 'TO ***회사명 OR BEARER(OR BONA FIDE)'라고 적어야 함(날인).

4) 신용장 예시로 본 해석과 배서방법

① FULL SET OF CLEAN ON BOARD OCEAN BILL OF LADING <u>MADE OUT TO ORDER OF SHIPPER</u> AND ENDORSED IN BLANK...

- Consignee : TO ORDER OF SHIPPER
- 배서인 : SHIPPER
- 피배서인 : 지정되지 않음
- 배서방법 : 백지배서(Endorsed in blank).
- 형식 : 지시식 B/L, 백지배서

수출상은 선적서류를 Consignee 란에 'TO ORDER OF SHIPPER'라 하여 만들고, 선사/포워드로부터 동일하게 B/L을 받는다.

그리고 매입은행에 NEGO 시 B/L 뒷면에, 피배서인을 지정하지 않고(백지배서), 수출상(SHIPPER)이 배서하면(회사고무날인, 명판과 서명날인) 소유권은 매입은행으로 이전된다.

백지배서는 '배서된 선하증권을 소지한 이에게' 선사는 화물을 인도한다.

* Consignee는 '수화인/수하인', '수입화주'의 뜻이다.
* 배서하다는 'endorse'라 한다.
* 배서는 'endorsement'라 한다.
* 백지배서는 'endorsed in blank'라 한다.
* 배서인은 'endorser'이고 양도인이라 한다.
* 피배서인은 'endorsee'이고 양수인이라 한다.

② FULL SET OF CLEAN ON BOARD OCEAN BILL OF LADING <u>MADE OUT TO ORDER OF ABC BANK</u> AND ENDORSED IN BLANK...

- Consignee : TO ORDER OF ABC BANK
- 배서인 : ABC BANK
- 피배서인 : 지정되지 않음
- 배서방법 : 백지배서(Endorsed in blank).

• 형식 : 지시식 B/L, 백지배서

수출상은 선적서류를 Consignee 란에 'TO ORDER OF ABC BANK'라 하여 만들고, 선사/포워드로부터 동일하게 B/L을 받는다.

그리고 매입은행에 NEGO 시 선적서류와 B/L을 제출하고 매입은행은 개설은행으로 보낸다. 이후 개설은행(ABC BANK)이 B/L 뒷면에 배서를 하는데(은행의 명판과 서명날인) 피배서인을 지정하지 않고 백지배서를 한다. 개설은행은 수입자로부터 물품대금을 받고 배서한 후 선적서류와 B/L을 인도한다.

즉 'TO ORDER OF ABC BANK'는 선적물품에 대한 소유권을 은행이 가지는 것이고, 배서를 통해 그 소유권을 수입화주에게 인도하는 것이다. 앞선 수출상이나 매입은행은 배서하지 않는다.

백지배서는 '배서된 선하증권을 소지한 이에게' 선사는 화물을 인도한다.

③ FULL SET OF CLEAN ON BOARD OCEAN BILL OF LADING MADE OUT TO ORDER AND ENDORSED TO KS COMPANY...

• Consignee : TO ORDER

• 배서인 : SHIPPER

• 피배서인 : KS COMPANY

• 배서방법 : B/L 뒷면에 수출상(SHIPPER)이 배서하는데(회사고무날인, 명판과 서명날인), 피배서인 'TO KS COMPANY'라고 적어야 함(날인).

선사는 'KS COMPANY에게만' 화물을 인도해야 한다.

• 형식 : 지시식 B/L, 기명식 배서

④ FULL SET OF CLEAN ON BOARD OCEAN BILL OF LADING MADE OUT TO ORDER AND ENDORSED TO THE ORDER OF ABC BANK...

• Consignee : TO ORDER

• 배서인 : SHIPPER

• 피배서인 : TO THE ORDER OF ABC BANK

- 배서방법 : B/L 뒷면에 수출상(SHIPPER)이 배서하는데(회사고무날인, 명판과 서명날인), 피배서인 'TO THE ORDER OF ABC BANK'라고 적어야 함(날인).
배서인이 피배서인을 다음 피배서인의 지시인으로 명기한 것이다. 피배서인(개설은행 : ABC BANK)은 수입자로부터 물품대금을 받고 배서한 후 인도하게 된다.
- 형식 : 지시식 B/L, 지시식 배서

⑤ FULL SET OF CLEAN ON BOARD OCEAN BILL OF LADING <u>MADE OUT **TO ORDER** AND ENDORSED TO KS COMPANY OR BEARER(OR BONA FIDE HOLDER)</u>...

- Consignee : TO ORDER
- 배서인 : SHIPPER
- 피배서인 : TO KS COMPANY OR BEARER(OR BONA FIDE HOLDER)
- 배서방법 : B/L 뒷면에 수출상(SHIPPER)이 배서하는데(회사고무날인, 명판과 서명날인), 피배서인 'TO KS COMPANY OR BEARER(OR BONA FIDE HOLDER)'라고 적어야 함(날인). 선사는 'KS COMPANY 또는 선하증권 소지인(또는 선의의 소지인)에게' 화물을 인도한다.
- 형식 : 지시식 B/L, 선택무기명식 배서

예시와 같이 "신용장 문구"는 개설은행과 수입상(신용장 개설신청인)이 처음 신용장을 개설할 때 정하게 된다. 따라서 어떻게 내용을 정할지 개설은행과 논의하여 신용장개설신청서를 작성하도록 한다.
보편적으로 가장 많이 사용하는 문구는 ①항으로 백지배서에 의한다.

5. 기한부신용장 만기일

수입상/수출상 참고

기한부신용장에 대해서는 앞서 제10장 제3절에서 살펴보았다.

기본 의미는 수입상이 신용장 개설 시에 개설은행과 약정을 하여 환어음 지급 만기일(결제유예기간)을 두고 그 만기일에 물품대금을 지급하는 신용장이다. 그 기간 동안 발생하는 이자(어음할인료)를 수출상이 내는 것이 기한부신용장 쉬퍼 유전스(Shipper's usance L/C)이고, 그것을 수입상이 내는 것이 기한부신용장 뱅커 유전스(Banker's usance L/C)이다.

1) 기한부신용장 Shipper's Usance L/C

① 이자

만기일 동안의 이자(어음할인료)를 수출상이 낸다.

② 환어음 기한 설정

수입상은 환어음 기한을 예로 들어 아래와 같이 정할 수 있다.

· at 90days after sight.
· at 90days after negotiating date.
· at 90days after B/L date.

보통 날짜는 30일, 60일, 90일, 180일 등으로 달의 날짜 수로해서 정한다.

③ 설명

• at 90days after sight :

'일람164) 후(개설은행에 선적서류와 환어음이 접수되는 날), 그 다음날로부터 90일째 되는 날이 만기일이다'라는 뜻이다.

• at 90days after negotiating date :

'수출상이 NEGO 한 날, 그 다음날로부터 90일째 되는 날이 만기일이다'라는 뜻이다.

• at 90days after B/L date.

'B/L 발행일, 그 다음날로부터 90일째 되는 날이 만기일이다'라는 뜻이다.

④ 결제 시점

만약 Shipper's usance L/C를 at 90days after B/L date로 개설하였다면 결제시점은 다음과 같다.

① 수입상

수출상이 선적 후 선적서류와 환어음을 발행하여 NEGO하면 그것은 은행을 통하여 개설은행에 도착한다. 수입상은 선적서류를 개설은행으로부터 먼저 받아 그 서류로 도착한 수입물품을 찾을 수 있으며 바로 국내 판매에 들어갈 수 있다.

반면 결제는 'B/L 발행일 그 다음날로부터 90일째 만기일'에 개설은행에 대금결제를 한다.

---

164) 일람 : 수출상이 네고한 선적서류와 환어음이 은행을 통해 수입상 측 개설은행에 접수되는 것. 여기
　　서는 접수되는 날을 뜻한다.

② 수출상

수출상은 수입상의 대금결제가 이루어지는 'B/L 발행일 그 다음날로부터 90일째 만기일' 그때까지 기다려 물품대금(신용장대금)을 받게 된다. 또는 만기일 이전에 90일에 해당하는 이자(어음할인료)를 매입은행에 먼저 지불하고, 즉 어음할인하여 (공제된)금액으로 물품대금을 받을 수도 있다.

③ 개설은행

개설은행은 선적서류는 수입상에게 먼저 내어 준다.

이후 'B/L 발행일 그 다음날로부터 90일째 만기일'이 되어 수입상으로부터 대금결제를 받는다. 개설은행(또는 상환은행(결제은행)을 통해)은 만기일에 매입은행에게 물품대금을 결제한다. 이에 매입은행도 만기일에 수출상에게 물품대금을 지급한다.

2) 기한부신용장 Banker's Usance L/C

① 이자

Banker's Usance는 수입상이 국내 개설은행(국내은행인수신용장 : Domestic Banker's usance L/C) 또는 해외은행(해외은행인수신용장 : Overseas Banker's usance L/C)으로부터 만기일 기간만큼 신용을 받는 것이다. 따라서 만기일 동안의 이자(어음할인료)를 수입상이 부담한다.

② 환어음 기한 설정

수입상은 환어음 기한을 예로 들어 아래와 같이 정할 수 있다.

· at 90days after sight.
· at 90days after negotiating date.

보통 날짜는 30일, 60일, 90일, 180일 등으로 달의 날짜 수로해서 정한다.

③ 설명

설명은 앞선 Shipper's Usance 내용과 같다.

④ 결제 시점

만약 Banker's usance L/C를 at 120days after B/L date로 개설하였다면 결제시점은 다음과 같다.

① 수입상

결제는 'B/L 발행일 그 다음날로부터 120일째 만기일'에 개설은행에게 대금결제를 한다(물론 형편이 되어 만기일 이전에 결제를 하여도 된다).

반면 선적서류는 도래 시 개설은행으로부터 먼저 받을 수 있으며 이때 어음 인수수수료와 이자(어음할인료) 부분은 먼저 결제를 하여야 한다.

② 수출상

Banker's usance는 Sight L/C처럼 은행에 NEGO를 하고, 즉시(일람출급) 물품대금(신용장대금)을 받는다.

수출상의 입장에서는 이자부담 없이 바로 수출대금을 받기 때문에 실질적으로 Sight L/C와 차이가 없다.

③ 개설은행 (또는 해외인수은행 : 개설은행과 예치환거래약정이 돼 있다)

개설은행은 선적서류를 수입상에게 먼저 내어 주는데 이때에 만기일 기간 동안의 이자를 수입상으로부터 먼저 결제 받는다. 그리고 물품대금은 수입상으로부터 만기일에 결제 받는다.

반면, 개설은행(또는 해외인수은행)은 매입은행에 물품대금(신용장대금)을 선지급으로 즉시(일람출급) 결제를 한다. 매입은행도 이를 즉시(일람출급) 수출상에게 지급한다.

일람출급신용장(Sight L/C)은 수입상이 개설은행으로부터 선적서류를 인수하며 즉시 대금결제를 해야 하므로 수입상은 그만큼의 자금 여유가 있어야 한다.

반면 기한부신용장(Usance L/C)은 수입상이 개설은행으로부터 선적서류를 먼저 인수하고 대금결제는 이후 만기일에 한다. 따라서 수입상은 그 기간 동안 수입물품을 국내 판매하여 자금화를 할 수 있고 그것으로 은행에 대금결제할 수 있게 된다. 단, 기한부신용장을 열기 위해서는 수입상은 은행에 신용도가 있거나 담보를 제공해야 한다. 그러므로 회사의 담보능력은 있으나 자금 순환을 고려할 때 개설하는 신용장이 기한부신용장이다.

6. 수입화물선취보증신청서 (L/G)

L/G(Letter of Guarantee)는 우리말로 "수입화물선취보증신청서"라 한다.

수입상이 반드시 알아두어야 할 내용으로, L/G는 수입 시 신용장을 개설한 경우에 해당되는 서류이며 T/T 거래의 경우와는 관련이 없다.

신용장 거래의 경우 수입상은 은행을 통해 수출상으로부터 선적서류를 받고서 그것으로 도착지에서 수입물품을 찾을 수 있게 된다. 특히 선적서류 중 B/L(선하증권) 원본을 도착지 선사에게 제시해야 물품을 찾을 수 있다.

하지만 선적서류가 도착하기 전 도착지에 도착한 수입물품을 B/L없이 수입상이 빨리 찾고자 할 때 이와 같이 은행에 L/G 신청을 한다. 보통 이러한 경우는 수입상이 물품을 빨리 찾아 국내판매를 해야 하거나 바이어와 약정한 납기가 급한 경우에 이용한다. 이를테면 L/G 신청은 긴급조치의 일환으로 수입상이 아주 드물게 특별한 경우에 실시하는 것으로 이해하면 된다.

1) L/G 신청서류

수입상은 신용장을 개설한 개설은행에 L/G 발급을 신청한다.

- 수입물품대도신청서 1부 (서식은 은행 홈페이지에서 다운로드)
- 수입화물선취보증서 1부 (서식은 은행 홈페이지에서 다운로드)
- 화물도착통지서 (도착예정통지서, Arrival Notice) (선사로부터 통지받은 것)
- Commercial Invoice(상업송장) 사본 (수출상으로부터 팩스로 받은 것)
- Packing List(포장명세서) 사본 (수출상으로부터 팩스로 받은 것)
- B/L(선하증권) 사본 (수출상으로부터 팩스로 받은 것)

2) 신청방법

수입상은 개설은행을 방문하여 외환 담당자에게 신청한다. 단, L/G 신청의 조건으로 보증금을 내야 한다는 사실을 염두에 두어야 한다.

보증금은 보통 상업송장(Commercial Invoice)의 3%에 해당하는 금액을 예치해야 한다. 물론 이 금액은 나중에 상환 받거나 물품대금결제 시 결제금액으로 사용할 수 있다.

① 수입물품대도신청서

수입물품대도신청서(T/R : Trust receipt)란 수입상에게는 어음대금을 결제하기 전이라도 수입화물을 처분할 수 있도록 하고, 개설은행은 그 화물에 대한 담보권(Security right)을 상실하지 않도록 하는 제도이다.

다시 말해 일람출급신용장(Sight L/C) 경우에서 수입상(개설의뢰인)이 개설은행에 수입화물을 대도하여 줄 것을 신청하고 개설은행은 자기 소유 하에 있는 수입화물을 수입상에게 대도하여 그 화물을 적기에 처분하도록 함으로써 그 판매대금으로 수입대금을 결제할 수 있도록 하는 제도이다. 은행은 그 화물에 대한 담보권을 상실하지 않고 수입상에게 화물을 빨리 인도할 수 있도록 편의를 제공하는 것이다.

다만 여기서 이 사실을 알지 못하는 선의의 제3자가 발생할 수 있고 은행은 이를 보호해야 한다. 즉 개설은행이 T/R을 내세워 선의의 제3자에게 대항할 수 없기 때문에 은행은 T/R 시 신중을 가해야 한다. 따라서 T/R(대도행위)은 은행이 수입상을 전적으로 신용하는 경우에서 가능하게 된다. 그리고 수입상은 그 화물을 타인에게 판매할 수 있어야 하며 해당 화물을 다시 다른 사람에게 담보용으로 제공해서는 안 된다.

담당	검토자	결제권자

☐ 선 적 서 류 수 령 증
☑ 수입물품 대도 (T/R) 신청서

우리은행 앞

☑ 본인은 아래 신용장에 의한 선적서류를 정히 수령하였습니다.

☑ 본인은 아래 신용장의 수입물품을 대도 신청함에 있어 따로 제출한 외국환거래약정서 및 양도담보계약서의 모든 조항에 따를 것을 확약합니다.

신용장번호 (L/C번호)	금액(AMOUNT)	선하증권번호 (항공화물운송장)	비 고

년   월   일

본   인   인

주   소

인감 및 원본확인

⊙우리은행

744

* 용어 설명

① 수입물품대도(T/R)신청서

대도는 영어로 "Trust Receipt"라 한다. 이곳에 체크를 한다.

② 신용장번호(L/C번호)

신용장번호는 개설한 신용장의 전문 각 페이지 맨 위 상단에 적혀있다.

예) Credit No. LC9607235/01

③ 금액(Amount)

수출상이 팩스로 보내온 Commercial Invoice의 금액을 적는다.

④ 선하증권번호(항공화물운송장)

수출상이 팩스로 보내온 B/L 번호를 적는다.

만약 선적이 항공편으로 이루어졌다면 항공화물운송장(Air waybill) 번호를 적는다.

⑤ 년 월 일

신청 날짜를 적는다.

⑥ 본인 & 주소

회사명판, 직인을 찍는다.

② 수입화물선취보증신청서(L/G)

※ CASE A6-2. 수입화물선취보증신청서(L/G)

수입화물선취보증신청서

(Application For Letter of Guarantee)

(□ 수입물품대도(T/R)신청   □ EDI형 서비스 신청)

담 당	결 재

우리은행 앞

선박회사명(Shipping Co.)		신용장(계약서) 번호(L/C NO.)	L/G 번호(L/G NO.)
		선하증권번호 (B/L NO.)	
송하인(Shipper)		선박명 (Vessel Name)	
		도착(예정)일 (Arrival Date)	
상업송장금액(Invoice Value) USD		항해번호 (Voyage No)	
선적항(Port of Loading)		도착항 (Port of Discharge)	
인수예정자(Party to be Delivered)		수하인 (Consignee)	
화물표시 및 번호 (Nos. & Marks)	포장 수(Packages)	상품명세 (Description of Goods)	

□ 본인은 위 신용장의 수입물품을 대도(T/R) 신청함에 있어 따로 제출한 외국환거래약
정서 및 양도담보계약서의 모든 조항에 따를 것을 확약합니다.
□ 본인은 EDI 방식에 의한 수입물품선취보증서(L/G) 발급의 경우 소정의 서비스 이용료
를 납부하고 본건이 발급된 후에는 변경 또는 취소가 불가능함을 확약합니다.

본인은 위 신용장 등에 의한 관계선적서류가 귀행에 도착하기 전에 수입화물을 인도받기 위해 수입화물 선취보증을 신청하며 본인이 따로 제출한 수입화물 선취보증서(LETTER OF GUARANTEE)에 귀행이 서명함에 있어 다음 사항을 따를 것을 확약합니다.

1. 귀행이 수입화물 선취보증서에 서명함으로써 발생하는 위험과 책임 및 비용은 모두 본인이 부담하겠습니다.

2. 본인은 위 수입화물에 대하여는 귀행이 소유권이 있음을 확인하며 귀행이 수입화물선취보증서에 따른 보증채무를 이행하여야 할 것이 예상될 경우 또는 본인에 대하여 은행여신거래 기본약관 제7조의 사유가 발생할 경우에는 귀행의 청구를 받는 즉시 위 수입화물을 귀행에 인도하겠으며, 수입화물의 인도가 불가능할 경우에는 위 수입물품에 상당하는 대금으로 상환하겠습니다.

3. 본인은 위 수입화물에 대한 관계 선적서류를 제3자에게 담보로 제공하지 않았음을 확인하며, 또한 귀행의 서면 동의없이 이를 담보로 제공하지 않겠습니다.

4. 본인은 위 수입화물에 관한 관계 선적서류가 도착할 때는 신용장 조건과의 불일치 등 어떠한 흠에도 불구하고 이들 서류를 반드시 인수하겠습니다.

수입보증금 적립 구분
(   ) 원화수입보증금적립에 동의함
(   ) 개설통화수입보증금적립에 동의함

년   월   일

신 청 인 :   (인)

주   소 :

인감 및 원본확인	

* 용어 설명

① 선박회사명(Shipping Co.)

수출상이 팩스로 보내온 B/L상에 선사의 이름이 나와 있다.

② 신용장(계약서) 번호(L/C NO.)

신용장번호는 개설한 신용장의 전문 각 페이지 맨 위 상단에 적혀있다.

예) Credit No. LC9607235/01

③ L/G 번호(L/G NO.)

은행 담당자가 기재를 한다.

④ 선하증권번호(B/L NO.)

수출상이 팩스로 보내온 B/L상에 나와 있다.

⑤ 송하인(Shipper)

수출상 이름을 적는다. 수출상이 팩스로 보내온 선적서류에 기재된 대로 적는다.

⑥ 선박명(Vessel Name)

수출상이 팩스로 보내온 B/L상에 나와 있다.

⑦ 도착(예정)일(Arrival Date)

수출상이 팩스로 보내온 B/L상에 나와 있다.

⑧ 상업송장금액(Invoice Value)

수출상이 팩스로 보내온 Commercial Invoice의 금액을 적는다.

⑨ 항해번호(Voyage No.)

수출상이 팩스로 보내온 B/L상에 배 편명이 나와 있다.

⑩ 선적항(Port of Loading)

수출상이 팩스로 보내온 B/L상에 기재된 대로 적는다.

⑪ 도착항(Port of Discharge)

수출상이 팩스로 보내온 B/L상에 기재된 대로 적는다.

⑫ 인수예정자(Party to be Delivered)

인수예정자는 수하인과 다를 수 있다. 따라서 정확한 의미를 은행에 체크한 후 적는
다.

⑬ 수하인(Consignee)

수하인은 수입화주로 수입상을 뜻한다. B/L상에 기재된 대로 적는다.

⑭ 화물표시 및 번호(Nos. & Marks)

쉬핑마크를 적는다. B/L상에 기재된 대로 적는다.

⑮ 포장 수(Packages)

수출상이 팩스로 보내온 B/L 또는 Packing List에 나와 있다.

⑯ 상품명세(Description of Goods)

신용장 또는 수출상이 팩스로 보내온 B/L 또는 Commercial Invoice에 기재된 대로
적는다.

*** 은행에 제출하는 서류작성은 정확성을 위하여 은행 담당자의 안내를 받아 작성
하는 것이 바람직하다.

7. 무역서류 보관기간

「관세법」 제12조와 「관세법 시행령」 제3조에 따라 무역서류에 대한 보관기간은 다음과 같다.

무역서류에 대한 보관은 관세청장이 정하는 바에 따라 마이크로필름·광디스크 등 자료전달 및 보관 매체에 의하여 보관할 수 있다.

1) 보관기간

무역서류	보관기간
• 수입신고필증 • 수입거래관련 계약서 또는 이에 갈음하는 서류 (Purchase sheet, Order sheet 등) • 지식재산권의 거래에 관련된 계약서 또는 이에 갈음하는 서류 • 수입물품 가격결정에 관한 자료	신고수리일부터 5년
• 수출신고필증 • 반송신고필증 • 수출물품·반송물품 가격결정에 관한 자료 • 수출거래·반송거래 관련 계약서 또는 이에 갈음하는 서류 (Offer sheet, Proforma invoice 등)	신고수리일부터 3년
• 보세화물반출입에 관한 자료 • 적재화물목록에 관한 자료 • 보세운송에 관한 자료	신고수리일부터 2년

2) 무역서류 부실관리 또는 위반에 관한 벌칙 및 과태료

위반사항	과태료
관세법 제12조(신고서류의 보관기간)를 위반하여 신고서류 미보관 (과태료 부과 제외)	2천만 원 이하 벌금, 과실인 경우 300만 원 이하의 벌금
정당한 사유없이 관세법 제37조의 4 제3항에서 정한 기한(자료제출을 요구받은 날부터 60일 이내)까지 자료를 제출하지 아니하거나 거짓의 자료를 제출하는 자 이 경우 제276조(허위신고죄 등)는 적용되지 아니한다.	1억 원 이하의 과태료
관세법 제12조(신고서류의 보관기간)를 위반하여 신고필증을 보관하지 아니한 자	200만 원 이하의 과태료

8. FTA 무역서류 보관기간

「자유무역협정의 이행을 위한 관세법의 특례에 관한 법률 시행령(약칭 : 자유무역협정(FTA)관세법 시행령」 제10조(보관대상 원산지증빙서류 등)에 따라 FTA 무역서류에 대한 보관기간은 다음과 같다.

FTA 무역서류에 대한 보관은 관세청장이 정하여 고시하는 바에 따라 마이크로필름·광디스크 등 자료전달 매체 또는 서버 등 자료보관 매체 등을 이용하여 보관할 수 있다.

1) 보관기간

수입자의 FTA 무역서류	보관기간
• 원산지증명서 사본 　또는 협정관세의 적용대상임을 증명하는 서류 • 수입신고필증 • 수입거래 관련 계약서 (Purchase sheet, Order sheet 등) • 지식재산권 거래 관련 계약서 • 수입물품의 과세가격 결정에 관한 자료 • 수입물품의 국제운송 관련 서류 • 사전심사서 사본 및 사본심사에 필요한 증빙서류(사전심사서를 받은 경우만 해당)	협정관세의 적용을 신청한 날의 다음날로부터 5년
수출자의 FTA 무역서류	**보관기간**
• 수입자에게 제공한 원산지증명서 사본 • 원산지증명서 발급신청서류 사본 • 수출신고필증 • 원재료의 수입신고필증(수출자의 명의로 수입신고한 경우만 해당) • 수출거래 관련 계약서 (Offer sheet, Proforma invoice 등) • 해당물품 및 원재료의 생산 또는 구입 관련 증빙서류	원산지증명서 발급일로부터 5년 (단 중국은 3년)

	보관기간
• 원가계산서, 원재료내역서 및 공정명세서 • 해당물품 및 원재료의 출납·재고관리대장 • 생산자 또는 해당물품의 생산에 사용된 재료를 공급하거 나 생산한 자가 해당물품의 원산지증명을 위하여 작성한 후 수출자에게 제공한 서류 (원산지확인서)	원산지증명서 발급일로부터 5년 (단 중국은 3년)

생산자의 FTA 무역서류	보관기간
• 수출자 또는 체약상대국의 수입자에게 해당 물품의 원산 지증명을 위하여 작성·제공한 서류(원산지확인서) • 수출자와의 물품공급계약서 (Offer sheet, Proforma invoice 등) • 해당물품의 생산에 사용된 원재료의 수입신고필증(수출자 의 명의로 수입신고한 경우만 해당) • 해당물품 및 원재료의 생산 또는 구입 관련 증빙서류 • 원가계산서, 원재료내역서 및 공정명세서 • 해당물품 및 원재료의 출납·재고관리대장 • 해당물품의 생산에 사용된 재료를 공급하거나 생산한 자 가 해당재료의 원산지증명을 위하여 작성한 후 생산자에게 제공한 서류	원산지증명서 발급일로부터 5년 (단 중국은 3년)

2) FTA 무역서류 부실관리 또는 위반에 관한 벌칙

위반사항	벌칙
① 제38조를 위반하여 비밀취급자료를 타인에게 제공 또는 누설하거나 목적 외의 용도로 사용한 자	3년 이하의 징역 또는 3천만 원 이하의 벌금
① 협정 및 이 법에 따른 원산지증빙서류를 속임수 또는 그 밖의 부정한 방법으로 신청하여 발급받았거나 작성·발급한 자 ② 제4조 제2항에서 준용하는 관세법 제83조 제2항을 위반 하여 용도세율 적용 물품을 해당 용도 외의 다른 용도에 사 용하거나 양도한 자(제46조 제2항 제2호에 해당하는 자는 제 외한다)	2천만원 이하의 벌금 (과실로 ②, ⑤호에 해당하는 경우는 300만 원 이하의 벌금)

위반사항	
③ 정당한 사유 없이 제15조를 위반하여 관련 서류를 보관하지 아니한 자	
④ 제16조 제1항에 따라 관세청장 또는 세관장이 요청한 서류를 거짓으로 제출한 자	
⑤ 제30조 제3항에서 준용하는 관세법 제97조 제2항을 위반하여 관세 면제 물품을 해당 용도 외의 다른 용도에 사용하거나 양도한 자(제46조 제2항 제4호에 해당하는 자는 제외한다)	2천만원 이하의 벌금 (과실로 ②, ⑤호에 해당하는 경우는 300만 원 이하의 벌금)
⑥ 제31조에 따른 사전심사에 필요한 자료를 거짓으로 제출하거나 고의로 제출하지 아니한 자	
⑦ 협정 및 이 법에 따른 원산지증빙서류를 속임수나 그 밖의 부정한 방법으로 발급한 세관공무원과 대통령령으로 정하는 원산지증빙서류 발급자	
① 과실로 협정 및 이 법에 따른 원산지증명서류를 사실과 다르게 신청하여 발급받았거나 작성·발급한 자 (다만, 제14조 제1항에 따라 원산지증빙서류의 수정 통보를 한 자는 제외)	300만 원 이하의 벌금

3) FTA 무역서류 부실관리 또는 위반에 관한 과태료

위반사항	과태료
① 정당한 사유 없이 제16조 제2항에 따른 기간 이내에 서류를 제출하지 아니한 자	1천만 원 이하의 과태료 (수입자에 한함)
② 제17조 제1항 및 제18조 제1항에 따른 관세청장 또는 세관장의 서면조사 또는 현지조사를 거부·방해 또는 기피한 자	

① 제4조 제2항에서 준용하는 관세법 제83조 제1항을 위반하여 용도에 따라 세율을 다르게 정하는 물품을 세율이 낮은 용도에 사용한 자 ② 제4조 제2항에서 준용하는 관세법 제83조 제2항을 위반한 자 중 세율이 낮은 용도와 동일한 용도에 사용하려는 자에게 양도한 자 ③ 제14조 제2항에 따라 원산지증빙서류의 오류 내용을 통보받고도 이를 세관장에게 세액정정·세액보정 신청 또는 수정신고를 하지 아니한 자 ④ 제30조 제3항에서 준용하는 관세법 제97조 제2항을 위반한 자 중 해당 물품을 직접 수입한 경우에는 관세의 감면을 받을 수 있는 자에게 양도한 자	500만 원 이하의 과태료

9. 고시환율

"**관세청 고시환율**"은 지난 1주간 환율 변동을 종합하여 다음 한 주간 수출과 수입신고 시 적용되는 주간 환율로, 다음 주 월요일부터 1주간 적용된다.

고시환율 확인은 국가관세종합정보망 UNIPASS CSP에서 확인할 수 있다 (unipass.customs.go.kr/csp/index.do).

홈페이지 왼쪽 화면에〉 환율정보 적용기간〉 + 클릭〉 상단에 환율구분 ○ 수출 ○ 수입(과세)에서 선택을 하면 현재의 고시환율(주간환율)을 볼 수 있다.

고시환율(주간환율)표 상단에는 기준일자와 적용기간(1주간)이 표기돼 있다. 예로 들어 기준일자(2021.11.19.금요일 검색하면), '적용기간 2021.11.14.일~ 2021.11.20.토'라 명시되어 있고 아래에 화폐별 환율이 나타나 있다.

고시환율에는 수출환율과 수입(과세)환율이 있다.

수출환율은 수출자의 판매가격 계산 등에 참고할 수 있다.

수입(과세)환율은 수입 시 관세 등 제세 부과의 기준이 되는 환율이다. 수입 시 과세표준은 CIF(운임, 보험료포함 가격) 기준이며, 외화로 표시된 인보이스 가격을 원화인 과세가격으로 변경한 후에 이를 기준으로 관세 등이 부과된다.

10. 환율 매매기준율과 적용

수출상과 수입상은 거의 매일 그날의 매매기준율을 알고 있어야 한다. 하루의 일과를 환율 매매기준율을 체크하는 것으로 시작한다면 실무자로서 좋은 습관을 가지고 있는 것이다.

특히 거의 모든 무역거래는 미국 달러로 계약이 되므로 미국 달러(미화)에 대한 매매기준율을 주시해야 한다. 그 이유는 환율에 따라 제품의 원가와 단가 계산을 달리 적용하고 시장 동향을 살펴봐야 하기 때문이다.

원화와 외화의 매매가 이루어지는 곳을 '외환시장(Exchange market)'이라 한다. 우리나라의 외환시장은 **"서울외국환중개소"**에서 운영하며 은행과 금융기관이 참여하고 있다. **"매매기준율"**이란 원화와 외화를 교환하는 기준율을 말하며 이를 환율이라고 한다. 예를 들어 미화 1달러를 사기 위해 1,100원을 지불해야 한다면 매매기준율은 1,100원이 된다.

1) 매매기준율 고시(기준환율)

서울외국환거래소는 전날 거래된 모든 외환 거래의 평균값을 내어 다음날 오전 8시 반에 매매기준율(기준환율)을 고시한다. 이 환율은 그날 외환거래를 시작하는 은행 매매기준율의 기준이 된다.

2) 매 분마다 업데이트

서울외국환거래소는 평일 아침 9시부터 오후 3시 반까지 열리는데, 주식시장(유가증권거래소)의 주가가 시시각각 업데이트되는 것처럼, 환율도 변하는 것을 매 분마다 업데이트하여 고시한다.

3) 은행의 매매기준율

서울외국환중개소에 고시된 매매기준율이 1달러 당 1,100원이라면, A 은행은 1,105원, B 은행은 1,106원 식으로 은행은 자체 매매기준율을 정한다. 약간씩 차이가 나는 이유는 은행에서 비용과 수수료를 적용하기 때문이다. 이것을 **"환전수수료"** 또는 **"환율 스프레드**(Exchange spread)**"**라 한다.

우리가 은행을 방문하면 보통 벽에 '환율 현황판'을 볼 수 있다. 여기에는 우리나라에서 많이 거래하고 있는 미국 USD, 일본 YEN, 유럽연합 EUR, 중국 RMB 외화가 적혀있으며 아래 예시와 같이 '현찰을 살 때', '현찰을 팔 때', '송금을 보낼 때', '송금을 받을 때', '매매기준율' 등으로 나눠져 있다. 그리고 일본 YEN의 경우 100YEN을 기준으로 게시되어 있다.

※ CASE A10-1. 환율현황판

현재 환율 단위 원 　　　　　　　　　　　　　　　　2021년 11월 19일 시간 13:21

구분		미국 1US$	일본 100 YEN	유로 1 EUR	중국 1 RMB
현찰 CASH	사실 때 YOUR BUYING	1,206.75	1,054.53	1,369.96	195.06
	파실 때 YOUR SELLING	1,165.25	1,018.27	1,317.04	176.50
여행자수표 TC	사실 때 YOUR BUYING	1,200.50	1,049.45	1,359.93	190.93
	파실 때 YOUR SELLING	1,174.50	1,026.35	1,330.07	183.93
송금 REMITTANCE	보내실 때 OUTWARD	1,197.50	1,046.45	1,356.93	187.63
	받으실 때 INWARD	1,174.50	1,026.35	1,330.07	183.93
매매기준율 BASIC RATE		1,186.00	1,036.40	1,343.50	185.78

◎우리은행

이날 당일 시각 서울외국환중개소[165] 기준환율(매매기준율)은 미국 달러 1,180.50, 일본 100엔 1,033.31, 유럽연합 유로 1,342.52, 중국 위안 185.07 로 되어있으며. 은행 매매기준율은 위 표처럼 약간의 차이가 난다.

우리은행(또는 시중은행)의 일별 환율조회는 은행 홈페이지에서 검색이 가능하다. 지난 연도의 원하는 달, 일별 환율도 확인해 볼 수가 있다.

4) 환율 적용

위 표에서 '현찰(CASH)'과 '여행자수표(T/C)'는 우리가 해외여행 등을 가기 위해 현금이 필요한 경우에 참고를 할 수 있다.

한편 '송금(Remittance)'는 개인의 해외 유학자금을 송금하거나 받는 경우, 또는 무역거래에서 T/T로 송금하거나 받는 경우에 참고하는 환율이다.

① 수출상의 환율 적용

수출상은 물품을 수출한 후 일정 기간이 지나 수입상으로부터 물품대금을 받게 된다.

현실적으로 물품대금을 받는 시점을 정확히 특정 지을 수는 없다.

납기가 지연되는 경우도 있고 수입상이 결제를 생각보다 늦게 하여 송금할 수도 있다. 또는 수입상이 선적 전에 결제를 하는 경우도 있고 선적 후 물품을 받은 후에 결제를 하는 경우도 있다. 신용장 거래에서도 상황이나 은행에 따라 정확히 며칠날 입금이 될지 알 수는 없다. 수출상은 가격을 낼 때 한 달간 환율의 흐름을 보고 환율 상 약간의 여유를 두고 가격을 내도록 한다.

수출상이 바이어에게 오퍼가격을 낼 때는 "송금을 받을 때(Inward)" 환율을 적

---

165) 서울외국환중개소 : www.smbs.biz

용해야 한다.

② 수출상의 단가 내기

만약 오늘 바이어로부터 어떤 제품의 가격을 내달라거나 Offer sheet를 보내달라고 의뢰가 온다면, 수출상은 표에 나타난 오늘 미국 달러 매매기준율(1US$ = 1,186.00)과 송금 받을 때(1US$ = 1,174.50) 환율을 참고한다.

그리고 지난 한 달간 환율 동향을 살펴 단가에 환율을 어떻게 적용할지를 결정한다. 환율이 계속 오르고 있는 추세인지 아니면 보합의 추세인지를 파악한다.

예로 들면 수출상의 A 제품 원가 구성비는 다음과 같다.

예) • 원재료 가격 : USD1.00/PC

　　 • a 업체 후가공비 : ₩500원/PC

　　 • b 업체 후가공비 : ₩300원/PC

　　 • c 업체 수출포장비 : ₩20원/PC

　　 • 내륙운송료 및 기타 비용 : ₩50원/PC

이렇듯 제품의 원가 구성은 가공업체에 따라 달러와 원화가 혼재되어 있는 경우가 대부분이다. 이에 수출상은 해외 바이어에게 오퍼하기 위해 구성비를 미국 달러로 통일할 필요가 있고 이때 "송금 받을 때" 환율을 적용하여 계산한다. 그 이유는 수출상이 바이어로부터 물품대금을 받을 때에는 매매기준율이 아닌 "송금 받을 때" 환율을 적용받기 때문이다.

따라서 표에서 송금 받을 때 환율 1US$ = 1,174.50원 기준에서 조금 여유를 두어 1,170원 또는 그보다 낮게 하여(자체적으로 적당한 선에서 판단하여) 단가 계산에 적용한다.

그럼 1US$ = 1,170원으로 계산하여 수출상의 원가 구성비를 다시 쓰면 다음과 같다.

예) • 원재료 가격 : USD1.00/PC

     • a 업체 후가공비 : USD0.43/PC (₩500원/PC)

     • b 업체 후가공비 : USD0.26/PC (₩300원/PC)

     • c 업체 수출포장비 : USD0.02/PC (₩20원/PC)

     • 내륙운송료 및 기타 비용 : USD0.04/PC (₩50원/PC)

     생산원가 합계 : USD1.75/PC

수출상은 생산원가 USD1.75/PC에 마진을 붙여 바이어에게 오퍼 하면 된다.

이렇게 수출상이 가격오퍼 시 "송금 받을 때" 환율을 적용하는 것은 가격에 차이가 나기 때문이다. 예로 들어 가격 ₩3,000/M 제품을 수출상이 CASE A10-1. 표를 보고 미국 달러로 환산하여 오퍼하고자 한다면 ;

• 송금 보낼 때 (1US$ = 1197.50) 적용 시 → USD2.51/M

• 송금 받을 때 (1US$ = 1174.50) 적용 시 → USD2.55/M

• 매매기준율 (1US$ = 1186.00) 적용 시 → USD2.53/M

이와 같이 차이가 난다. 따라서 안정적으로 오퍼(여기서는 USD2.55/M)를 해야 환율 변동성 또는 예기치 않은 이유 등으로부터 손해를 방지할 수 있다.

③ 수입상의 환율 적용

한국의 수입상이 해외 수출상으로부터 제품 단가를 USD2.50/PC로 받았다면 이를 국내시장에 판매하는 경우 환율 적용을 어떻게 해야 하는가?

이때에는 "송금 보낼 때" 환율(Outward)을 적용한다.

"송금 보낼 때" 환율(1US$ = 1,197.50)에 여유를 두어 1,200원으로 계산을 한다면 USD2.50/PC x 1,200원 = ₩3,000원/PC가 된다.

이에 수입상의 마진, 예로 들어 마진 ₩1,000원/PC을 붙인다면 국내 판매가격은 ₩4,000원/PC으로 하여 판매할 수 있다.

영업맨은 핵심 포인트로서 미국 달러는 매매기준율에서 '송금 보낼 때 대략 20원이 높고', '송금 받을 때는 대략 20원 낮다'고 기억해두면 영업활동하는데 도움이 된다.

예로 들어 한국의 수출상이 바이어에게 가격을 오퍼하는 경우 매매기준율(1US$ = ₩1,186.00)로부터 대략 20원 낮게(원화 강세로) 계산하여 가격을 오퍼하면 된다. 왜냐하면 영업활동 중에 일일이 환율을 검색할 수 있는 상황이 안 되기 때문에 현재 매매기준율만 기억해 두었다가 가격 계산에 바로 적용할 수 있도록 이러한 방법을 활용한다.

Note

- 수출상은 "송금 받을 때" 환율을 적용한다.
- 수입상은 "송금 보낼 때" 환율을 적용한다.
- 평소 매매기준율을 기억해 둔다.

11. 외환관련수수료

1) 외환수수료

구분			수수료
환전	외화현찰 수수료(지폐)	미화현찰로 외화예금계좌에 입금한 금액 범위 내에서 미화현찰로 인출할 경우 및 미화현찰 입금일로부터 8일 이상 경과 후(혹은 7일 초과 후) 외화대체로 인출할 경우 외화현찰 수수료가 면제됨.	USD, JPY, EUR : 1.5% 기타 통화 : 3.0%
	여행자수표 판매수수료	외화 현찰 대가 판매 시	현찰 수수료율
		현찰 이외의 외화 대가 판매 시	0.7%
	외화수표 매입수수료	U$ 100 상당액 이하	5,000원
		U$ 5,000 상당액 이하	10,000원
		U$ 10,000 상당액 이하	15,000원
		U$ 10,000 상당액 초과	20,000원
	외화수표 추심수수료	–	0.1% (최저 5,000원 ~ 최고 20,000원)
송금	외화자금 이체 (국내)	우리은행 지점 상호 간 / 송금 금액별 적용	2,000원 ~ 5,000원
		인터넷 외화자금이체 시	면제
		국내 타행 앞 / U$ 10,000 상당액 이하	5,000원
		U$ 10,000 상당액 초과	10,000원
		인터넷 외화자금이체 시	2,500원 ~ 5,000원
	당발송금수수료 (국내에서 해외로)	U$ 500 상당액 이하	5,000원
		U$ 2,000 상당액 이하	10,000원
		U$ 5,000 상당액 이하	15,000원
		U$ 20,000 상당액 이하	20,000원
		U$ 20,000 상당액 초과	25,000원
		인터넷 해외송금 시	50% 우대 (개인고객만 해당)
	타발송금수수료 (해외에서 국내로)	–	10,000원 (인터넷 타발송금 입금 시 5,000원)
	제신고 및 발급수수료	송금(여행자)수표 분실신고/재발행	건당 5,000원
		외국환매입(예치)증명서 발급수수료	건당 1,000원
기타	우편료	지역별/종류별	2,000원 ~ 24,000원
	외환전신료	–	8,000원
	대체료	–	대고객 0.10%
			은행 간 0.05%

2) 수출입 수수료

구분			수수료
수출	수출추심수수료	–	매입 금액의 0.1% (최저 20,000 ~ 최고 30,000원)
	수출환어음매입수수료	건당	20,000원
	L/C 통지수수료	건당	20,000원 (단, EDI는 건당 15,000원)
	L/C 양도수수료	양도, 증액 건당	30,000원
		기타 변경 건당	15,000원
	수출입실적 증명서	부수당	1,000원
	분실통지 수수료	건당	30,000원
수입	L/C 개설수수료	신용등급별 적용	연 0.7% ~ 1.5%
	L/C 조건변경수수료	건당	10,000원 (단, EDI는 건당 4,000원)
	수입추심수수료	–	매입 금액의 0.1% (최저 20,000 ~ 최고 30,000원)
	L/G 발급수수료	건당	10,000원
	인수수수료	신용등급별 적용	연 1.2% ~ 2.4%(최저 8,000원)
	전신료	SIGHT	20,000원
		USANCE	30,000원
		특수신용장	35,000원
		EDI	10,000원 ~ 15,000원
	수입만기연장 취급 수수료	–	50,000원
내국 신용 장	개설수수료	신용등급별 적용	연 0.4% ~ 0.8%
	매입 이자	1개월 미만 단기대출 기준금리 + 신용가산금리(최저 5,000원)	
	추심수수료	–	0.10% (최저 10,000원 ~ 최고 50,000원)
공통	전신료	기타 전문	10,000원

〈출처: 2020년 우리은행 홈페이지〉

12. 한국 연도별 수출입 실적 자료

누계 : 해당 연도   단위 : US DOLLAR

순번	년도	수출		수입		수지
		금액	증감률	금액	증감률	
1	2021	644,438,885,080	25.7	615,036,502,234	31.5	29,402,382,846
2	2020	512,498,037,591	−5.5	467,632,762,629	−7.1	44,865,274,962
3	2019	542,232,609,969	−10.4	503,342,947,435	−6.0	38,889,662,534
4	2018	604,859,656,650	5.4	535,202,428,391	11.9	69,657,228,259
5	2017	573,694,420,822	15.8	478,478,295,995	17.8	95,216,124,827
6	2016	495,425,939,637	−5.9	406,192,887,095	−6.9	89,233,052,542
7	2015	526,756,503,366	−8.0	436,498,972,625	−16.9	90,257,530,741
8	2014	572,664,607,063	2.3	525,514,505,732	1.9	47,150,101,331
9	2013	559,632,433,795	2.1	515,585,515,039	−0.8	44,046,918,756
10	2012	547,869,792,141	−1.3	519,584,472,675	−0.9	28,285,319,466
11	2011	555,213,655,843	19.0	524,413,089,854	23.3	30,800,565,989
12	2010	466,383,761,707	28.3	425,212,160,250	31.6	41,171,601,457
13	2009	363,533,560,927	−13.9	323,084,521,283	−25.8	40,449,039,644
14	2008	422,007,327,952	13.6	435,274,736,840	22.0	−13,267,408,888
15	2007	371,489,085,751	14.1	356,845,733,275	15.3	14,643,352,476
16	2006	325,464,848,413	14.4	309,382,632,467	18.4	16,082,215,946
17	2005	284,418,742,503	12.0	261,238,263,693	16.4	23,180,478,810
18	2004	253,844,671,952	31.0	224,462,687,152	25.5	29,381,984,800
19	2003	193,817,442,830	19.3	178,826,656,828	17.6	14,990,786,002
20	2002	162,470,527,800	8.0	152,126,152,681	7.8	10,344,375,119
21	2001	150,439,144,119	−12.7	141,097,820,706	−12.1	9,341,323,413
22	2000	172,267,510,313	19.9	160,481,018,297	34.0	11,786,492,016
23	1999	143,685,459,178	8.6	119,752,281,997	28.4	23,933,177,181

순번	년도	수출		수입		수지
		금액	증감률	금액	증감률	
24	1998	132,313,142,752	-2.8	93,281,754,283	-35.5	39,031,388,469
25	1997	136,164,203,692	5.0	144,616,374,496	-3.8	-8,452,170,804
26	1996	129,715,137,186	3.7	150,339,100,491	11.3	-20,623,963,305
27	1995	125,057,988,428	30.3	135,118,932,805	32.0	-10,060,944,377
28	1994	96,013,237,310	16.8	102,348,174,966	22.1	-6,334,937,656
29	1993	82,235,865,900	7.3	83,800,142,389	2.5	-1,564,276,489
30	1992	76,631,515,081	6.6	81,775,256,988	0.3	-5,143,741,907
31	1991	71,870,121,851	10.5	81,524,857,868	16.7	-9,654,736,017
32	1990	65,015,730,769	4.2	69,843,678,236	13.6	-4,827,947,467
33	1989	62,377,174,143	2.8	61,464,772,358	18.6	912,401,785
34	1988	60,696,388,417	28.4	51,810,631,821	26.3	8,885,756,596
35	1987	47,280,927,285	36.2	41,019,812,113	29.9	6,261,115,172
36	1986	34,714,470,374	14.6	31,583,900,000	1.4	3,130,570,374
37	1985	30,283,121,864	3.6	31,135,655,000	1.6	-852,533,136
38	1984	29,244,861,000	19.6	30,631,441,058	16.9	-1,386,580,058
39	1983	24,445,054,000	11.9	26,192,220,948	8.0	-1,747,166,948
40	1982	21,853,394,000	2.8	24,250,840,455	-7.2	-2,397,446,455
41	1981	21,253,757,000	21.4	26,131,421,000	17.2	-4,877,664,000
42	1980	17,504,862,000	16.3	22,291,663,000	9.6	-4,786,801,000
43	1979	15,055,453,000	18.4	20,338,611,000	35.8	-5,283,158,000
44	1978	12,710,642,000	26.5	14,971,930,000	38.5	-2,261,288,000
45	1977	10,046,457,000	30.2	10,810,538,000	23.2	-764,081,000
46	1976	7,715,343,000	51.8	8,773,632,000	20.6	-1,058,289,000
47	1975	5,081,016,000	13.9	7,274,434,000	6.2	-2,193,418,000
48	1974	4,460,370,000	38.3	6,851,848,000	61.6	-2,391,478,000
49	1973	3,225,025,000	98.6	4,240,277,000	68.1	-1,015,252,000

순번	년도	수출		수입		수지
		금액	증감률	금액	증감률	
50	1972	1,624,088,000	52.1	2,522,002,000	5.3	−897,914,000
51	1971	1,067,607,000	27.8	2,394,320,000	20.7	−1,326,713,000
52	1970	835,185,000	34.2	1,983,973,000	8.8	−1,148,788,000
53	1969	622,516,000	36.7	1,823,611,000	24.7	−1,201,095,000
54	1968	455,400,000	42.2	1,462,873,000	46.8	−1,007,473,000
55	1967	320,229,000	27.9	996,246,000	39.1	−676,017,000
56	1966	250,334,000	43.0	716,441,000	54.6	−466,107,000
57	1965	175,082,000	47.1	463,442,000	14.6	−288,360,000
58	1964	119,058,000	37.2	404,351,000	−27.8	−285,293,000
59	1963	86,802,000	58.4	560,273,000	32.8	−473,471,000
60	1962	54,813,000	34.1	421,782,000	33.4	−366,969,000
61	1961	40,878,000	24.5	316,142,000	−8.0	−275,264,000
62	1960	32,827,000	65.7	343,527,000	13.1	−310,700,000
63	1959	19,812,000	20.4	303,807,000	−19.7	−283,995,000
64	1958	16,451,000	−25.9	378,165,000	−14.5	−361,714,000
65	1957	22,202,000	−9.7	442,174,000	14.5	−419,972,000
66	1956	24,595,000	0.0	386,063,000	0.0	−361,468,000

※ 금액 읽기 : 2021년도 수출액 6,444억 달러. 수입액 6,150억 달러

〈출처 : 한국무역협회, 한국무역통계 수출입 총괄〉

- 한국의 10대 수출국

2022년 기준	국가	비중(%)
1위	중국	24.1%
2위	미국	14.9%
3위	베트남	9.6%
4위	일본	4.7%
5위	홍콩	4.5%
6위	대만	3.8%
7위	인도	2.6%
8위	싱가포르	2.5%
9위	호주	2.0%
10위	멕시코	2.0%

- 한국의 10대 수입국

2022년 기준	국가	비중(%)
1위	중국	20.8%
2위	미국	11.5%
3위	일본	8.1%
4위	호주	6.4%
5위	사우디아라비아	5.1%
6위	베트남	3.9%
7위	대만	3.6%
8위	러시아	3.3%
9위	독일	3.1%
10위	말레이시아	2.4%

〈출처 : 산업통상자원부, 관세청 통관자료〉

세계무역기구(WTO)에 따르면 2021. 1월~8월 기준 세계무역규모 순위는 1위 중국, 미국, 독일, 네덜란드, 일본, 홍콩, 프랑스, 한국, 이탈리아, 영국 순으로 8위에 위치해 있다.

13. UCP 600

UCP는 신용장통일규칙(Uniform Customs and Practice for Documentary Credits, UCP)으로 국제상업회의소가 제정·공표한 자치 법규이다. 가장 최신 개정판은 2007년 7월 1일부터 시행되고 있는 UCP 600다.

"UCP 600"이라는 명칭은 당시 이것이 'ICC Publication no. 600(국제상업회의소 간행물 제600호)'으로 공표되어 이렇게 표기하고 부르고 있다. 국제무역에서 사용되는 대부분의 신용장은 UCP600(신용장통일규칙)을 따르고 있으며, 선적서류 및 신용장에 대한 기준 등을 설명해 놓은 규범으로 이해할 수 있다. UCP600은 총 39조항으로 구성되어 있다.

- [제1조] 신용장통일규칙의 적용범위
- [제2조] 정의
- [제3조] 해석
- [제4조] 신용장과 원인계약
- [제5조] 서류와 물품, 용역 또는 의무이행
- [제6조] 이용가능성, 유효기일 그리고 제시장소
- [제7조] 개설은행의 의무
- [제8조] 확인은행의 의무
- [제9조] 신용장 및 이에 대한 조건변경의 통지
- [제10조] 조건변경
- [제11조] 전신과 사전통지된 신용장 및 그 조건변경
- [제12조] 지정
- [제13조] 은행간 상환약정
- [제14조] 서류심사의 기준
- [제15조] 일치하는 제시

이 중 주목할 만한 제1조, 제2조, 제3조, 제17조, 제18조, 제28조, 제29조, 제30조, 제31조, 제32조, 제33조, 제34조의 본문을 싣는다.

UCP 600

[Article 1] Application of UCP

The Uniform Customs and Practice for Documentary Credits, 2007 Revision, ICC Publication no. 600 ("UCP") are rules that apply to any documentary credit ("credit") (including, to the extent to which they may be applicable, any standby letter of credit) when the text of the credit expressly indicates that it is subject to these rules. They are binding on all parties thereto unless expressly modified or excluded by the credit.

[제1조] 신용장통일규칙의 적용범위

제6차 개정 신용장통일규칙(2007년 개정, 국제상업회의소 간행물 제600호, "신용장통일규칙")은 신용장의 문면에 위 규칙이 적용된다는 것을 명시적으로 표시한 경우 모든 화환신용장(위 규칙이 적용 가능한 범위 내에서는 보증신용장(standby letter of credit)[166]을 포함한다. 이하 "신용장"이라 한다)에 적용된다. 이 규칙은 신용장에서 명시적으로 수정되거나 그 적용이 배제되지 않는 한 모든 당사자를 구속한다.

[Article 2] Definitions

For the purpose of these rules:

Advising bank means the bank that advises the credit at the request of the issuing bank.

Applicant means the party on whose request the credit is issued.

Banking day means a day on which a bank is regularly open at the place at which an act subject to these rules is to be performed.

Beneficiary means the party in whose favour a credit is issued.

Complying presentation means a presentation that is in accordance with the terms and conditions of the credit, the applicable provisions of these rules and international standard banking practice.

Confirmation means a definite undertaking of the confirming bank, in addition to that of the issuing bank, to honour or negotiate a complying presentation.

Confirming bank means the bank that adds its confirmation to a credit upon

---

166) 보증신용장 : 무화환신용장을 뜻한다.

the issuing bank's authorization or request.

Credit means any arrangement, however named or described, that is irrevocable and thereby constitutes a definite undertaking of the issuing bank to honour a complying presentation.

Honour means:

    a. to pay at sight if the credit is available by sight payment.

    b. to incur a deferred payment undertaking and pay at maturity if the credit is available by deferred payment.

    c. to accept a bill of exchange ("draft") drawn by the beneficiary and pay at maturity if the credit is available by acceptance.

Issuing bank means the bank that issues a credit at the request of an applicant or on its own behalf.

Negotiation means the purchase by the nominated bank of drafts (drawn on a bank other than the nominated bank) and/or documents under a complying presentation, by advancing or agreeing to advance funds to the beneficiary on or before the banking day on which reimbursement is due to the nominated bank.

Nominated bank means the bank with which the credit is available or any bank in the case of a credit available with any bank.

Presentation means either the delivery of documents under a credit to the issuing bank or nominated bank or the documents so delivered.

Presenter means a beneficiary, bank or other party that makes a presentation.

[제2조] 정의

이 규칙에서는 다음과 같이 해석한다.

통지은행(Advising Bank)은 개설은행의 요청에 따라 신용장을 통지하는 은행을 의미한다.

개설의뢰인(Applicant)은 신용장 개설을 신청한 당사자를 의미한다.

은행영업일(Banking day)은 이 규칙이 적용되는 행위가 이루어지는 장소에서 은행이 통상적으로 영업하는 날을 의미한다.

수익자(Beneficiary)는 신용장 개설을 통하여 이익을 받는 당사자를 의미한다.

일치하는 제시(Complying presentation)는 신용장 조건, 적용 가능한 범위 내에서의 이 규칙의 규정, 그리고 국제표준은행관행에 따른 제시를 의미한다.

확인(Confirmation)은 일치하는 제시에 대하여 결제(honour) 또는 매입하겠다는 개설은행의 확약에 추가하여 확인은행이 하는 확약을 의미한다.

확인은행(Confirming bank)은 개설은행의 수권 또는 요청에 의하여 신용장에 확인을 한 은행을 의미한다.

신용장(Credit)은 그 명칭과 상관없이 개설은행이 일치하는 제시에 대하여 결제(honour)하겠다는 확약으로서 취소가 불가능한 모든 약정을 의미한다.

결제(honour)는 다음과 같은 내용을 의미한다.

a. 신용장이 일람지급에 의하여 이용가능하다면 일람출급으로 지급하는 것.

b. 신용장이 연지급에 의하여 이용가능하다면 연지급을 확약하고 만기에 지급하는 것.

c. 신용장이 인수에 의하여 이용가능하다면 수익자가 발행한 환어음을 인수하고 만기에 지급하는 것.

개설은행(Issuing bank)은 개설의뢰인의 신청 또는 그 자신을 위하여 신용장을 개설한 은행을 의미한다.

매입(Negotiation)은 일치하는 제시에 대하여 지정은행이, 지정은행에 상환하여야 하는 은행영업일 또는 그 전에 대금을 지급함으로써 또는 대금지급에 동의함으로써 환어음(지정은행이 아닌 은행 앞으로 발행된) 및/ 또는 서류를 매수(purchase)하는 것을 의미한다.

지정은행(Nominated bank)은 신용장에서 권한을 받은 특정한 은행을 의미하고, 모든 은행에 대한 수권이 있는 신용장의 경우에는 모든 은행을 의미한다.

제시(Presentation)는 신용장에 의하여 이루어지는 개설은행 또는 지정은행에 대한 서류의 인도 또는 그렇게 인도된 그 서류 자체를 의미한다.

제시자(Presenter)는 제시를 하는 수익자, 은행 또는 다른 당사자를 의미한다.

[Article 3] Interpretations

For the purpose of these rules:

Where applicable, words in the singular include the plural and in the plural include the singular.

A credit is irrevocable even if there is no indication to that effect.

A document may be signed by handwriting, faccimile signature, perforated signature, stamp, symbol or any other mechanical or electronic method of authentication.

A requirement for a document to be legalized, visaed, certified or similar will be satisfied by any signature, mark, stamp or label on the document which appears to satisfy that requirement.

Branches of a bank in different countries are considered to be separate banks.

Terms such as "first class", "well known", "qualified", "independent", "official", competent or "local" used to describe the issuer of a document allow any issuer except the beneficiary to issue that document.

Unless required to be used in a document, words such as "prompt", "immediately" or as soon as possible will be disregarded.

The expression "on or about" or similar will be interpreted as a stipulation that an event is to occur during a period of five calendar days before until five calendar days after the specified date, both start and end dates included.

The words "to", "until", "till", "from" and "between" when used to determine a period of shipment include the date or dates mentioned, and the words "before" and "after" exclude the date mentioned.

The words "from" and "after" when used to determine a maturity date exclude the date mentioned.

The terms "first half" and "second half" of a month shall be construed respectively as the 1st to the 15th and the 16th to the last day of the month, all dates inclusive.

The terms "beginning", "middle" and "end" of a month shall be construed respectively as the 1st to the 10th, the 11th to the 20th and the 21st to the last day of the month, all dates inclusive.

[제3조] 해석
이 규칙에서는 다음과 같이 해석한다.

적용 가능한 경우, 단수의 단어는 복수의 단어를 포함하고, 복수의 단어는 단수의 단어를 포함한다.

신용장은 취소불능이라는 표시가 없더라도 취소가 불가능하다.

서류는 자필, 팩시밀리서명, 천공서명, 스탬프, 상징 또는 그 외 기계식 또는 전자식 확인방법으로 서명될 수 있다.

공증, 사증, 공인 또는 이와 유사한 서류의 요건은 그 요건에 부합하는 것으로 보이는 서류상의 모든 서명, 표시, 스탬프 또는 라벨에 의하여 만족될 수 있다.

서로 다른 국가에 위치한 같은 은행의 지점들은 다른 은행으로 본다.

서류의 발행자를 표현하기 위하여 사용되는 "first class(일류)", "well known(저명한)", "qualified(자격 있는)", "independent(독립적인)", "official(공적인)", "competent(능력 있는)" 또는 "local(현지의)"라는 용어들은 수익자를 제외하고, 해당 서류를 발행하는 모든 서류 발행자가 사용할 수 있다.

서류에 사용하도록 요구되지 않았다면 "신속하게(prompt)", "즉시(immediately)" 또는 "가능한 한 빨리(as soon as possible)"라는 단어들은 무시된다.

그 시경(on or about)" 또는 이와 유사한 표현은 어떠한 일이 첫날과 마지막 날을 포함하여 특정 일자의 전 5일부터 후 5일까지의 기간 중에 발생해야 하는 규정으로 해석된다.

선적기간을 정하기 위하여 "to", "until", "till", "from", 그리고 "between"이라는 단어가 사용된 경우 이는 (기간에) 명시된 일자 또는 일자들을 포함하고, "before"와 "after"라는 단어는 명시된 일자를 제외한다.

만기(滿期)를 정하기 위하여 "from"과 "after"라는 단어가 사용된 경우에는 명시된 일자를 제외한다.

어느 월의 "전반(first half)"과 "후반(second)"이라는 단어는 각 해당 월의 1일부터 15일까지, 16일부터 해당 월의 마지막 날까지로 해석되며, 그 기간 중의 모든 날짜를 포함한다.

어느 월의 "초(beginning)", "중(middle)", "말(end)"이라는 단어는 각 해당 월의 1일부터 10일, 11일부터 20일, 21일부터 해당 월의 마지막 날까지로 해석되며, 그 기간 중의 모든 날짜가 포함된다.

[Article 17] Original Documents and Copies

a. At least one original of each document stipulated in the credit must be presented.

b. A bank shall treat as an original any document bearing an apparently original signature, mark, stamp, or label of the issuer of the document, unless the document itself indicates that it is not an original.

c. Unless a document indicates otherwise, a bank will also accept a document as original if it:

i. appears to be written, typed, perforated or stamped by the document issuer's hand; or

ii. appears to be on the document issuer's original stationery; or

iii. states that it is original, unless the statement appears not to apply to the document presented.

d. If a credit requires presentation of copies of documents, presentation of either originals or copies is permitted.

e. If a credit requires presentation of multiple documents by using terms such as "in duplicate", "in two fold" or "in two copies", this will be satisfied by the presentation of at least one original and the remaining number in copies, except when the document itself indicates otherwise.

[제17조] 원본 서류와 사본

a. 적어도 신용장에서 명시된 각각의 서류의 원본 한 통은 제시되어야 한다.

b. 서류 자체가 원본이 아니라고 표시하고 있지 않은 한, 은행은 명백하게 원본성을 갖는 서류 발행자의 서명, 마크, 스탬프 또는 라벨이 담긴 서류를 원본으로 취급한다.

c. 서류가 달리 표시하지 않으면, 은행은 또한 다음과 같은 서류를 원본으로 수리한다.

ⅰ. 서류 발행자의 손으로 작성, 타이핑, 천공서명 또는 스탬프된 것으로 보이는 것 또는

ⅱ. 서류 발행자의 원본 서류용지 위에 작성된 것으로 보이는 것 또는

ⅲ. 원본이라는 표시가 제시된 서류에는 적용되지 않는 것으로 보이지 않는 한, 원본이라는 표시가 있는 것

d. 신용장이 서류 사본의 제시를 요구하는 경우, 원본 또는 사본의 제시가 모두 허용된다.

e. 신용장이 "in duplicate", "in two folds" 또는 "in two copies"와 같은 용어를 사용하여 복수의 서류의 제시를 요구하는 경우, 이 조건은 그 서류 자체에 달리 정함이 없는 한 적어도 한 통의 원본과 나머지 수량의 사본을 제시함으로써 충족된다.

[Article 18] Commercial Invoice

a. A commercial invoice:

ⅰ. must appear to have been issued by the beneficiary (except as provided in article 38);

ⅱ. must be made out in the name of the applicant (except as provided in sub-article 38 (g));

ⅲ. must be made out in the same currency as the credit; and

ⅳ. need not be signed.

b. A nominated bank acting on its nomination, a confirming bank, if any, or the issuing bank may accept a commercial invoice issued for an amount in excess of the amount permitted by the credit, and its decision will be binding upon all parties, provided the bank in question has not honoured or negotiated for an amount in excess of that permitted by the credit.

c. The description of the goods, services or performance in a commercial invoice must correspond with that appearing in the credit.

[제18조] 상업송장

a. 상업송장은,

i. (제38조가 적용되는 경우를 제외하고는) 수익자가 발행한 것으로 보여야 한다.

ii. (제38조 (g)항이 적용되는 경우를 제외하고는) 개설의뢰인 앞으로 발행되어야 한다.

iii. 신용장과 같은 통화로 발행되어야 한다. 그리고

iv. 서명될 필요는 없다.

b. 지정에 따라 행동하는 지정은행, 확인은행이 있는 경우의 확인은행 또는 개설은행은 신용장에서 허용된 금액을 초과하여 발행된 상업송장을 수리할 수 있고, 이러한 결정은, 문제된 은행이 신용장에서 허용된 금액을 초과한 금액을 결제(honour) 또는 매입하지 않았던 경우에 한하여, 모든 당사자를 구속한다.

c. 상업송장상의 물품, 서비스 또는 의무이행의 명세는 신용장상의 그것과 일치하여야 한다.

[Article 28] Insurance Document and Coverage

a. An insurance document, such as an insurance policy, an insurance certificate or a declaration under an open cover, must appear to be issued and signed by an insurance company, an underwriter or their agents or their proxies. Any signature by an agent or proxy must indicate whether the agent or proxy has signed for or on behalf of the insurance company or underwriter.

b. When the insurance document indicates that it has been issued in more than one original, all originals must be presented.

c. Cover notes will not be accepted.

d. An insurance policy is acceptable in lieu of an insurance certificate or a declaration under an open cover.

e. The date of the insurance document must be no later than the date of shipment, unless it appears from the insurance document that the cover is effective from a date not later than the date of shipment.

f.

i. The insurance document must indicate the amount of insurance coverage and be in the same currency as the credit.

ii. A requirement in the credit for insurance coverage to be for a percentage of the value of the goods, of the invoice value or similar is deemed to be the minimum amount of coverage required. If there is no indication in the credit of the insurance coverage required, the amount of insurance coverage must be at least 110% of the CIF or CIP value of the goods. When the CIF or CIP value cannot be determined from the documents, the amount of insurance coverage must be calculated on the basis of the amount for which honour or negotiation is requested or the gross value of the goods as shown on the invoice, whichever is greater.

iii. The insurance document must indicate that risks are covered at least between the place of taking in charge or shipment and the place of discharge or final destination as stated in the credit.

g. A credit should state the type of insurance required and, if any, the additional risks to be covered. An insurance document will be accepted without regard to any risks that are not covered if the credit uses imprecise terms such as "usual risks" or "customary risks".

h. When a credit requires insurance against "all risks" and an insurance document is presented containing any "all risks" notation or clause, whether or not bearing the heading "all risks", the insurance document will be accepted without regard to any risks stated to be excluded.

i. An insurance document may contain reference to any exclusion clause.

j. An insurance document may indicate that the cover is subject to a franchise or excess (deductible).

[제28조] 보험서류와 부보범위

a. 보험증권, 보험증서 또는 포괄보험에서의 확인서와 같은 보험서류는 보험회사, 보험인수인 또는 그들의 대리인 또는 수탁인(proxies)에 의하여 발행되고 서명 된 것으로 보여야 한다. 대리인 또는 수탁인에 의한 서명은 보험회사 또는 보험중개인을 대리하여 서명했는지의 여부를 표시하여야 한다.

b. 보험서류가 한 통을 초과한 원본으로 발행되었다고 표시하는 경우, 모든 원본 서류가 제시되어야 한다.

c. 잠정적 보험영수증(cover notes)은 수리되지 않는다.

d. 보험증권은 보험증서나 포괄보험의 확인서를 대신하여 수리 가능하다.

e. 보험서류의 일자는 선적일보다 늦어서는 안 된다. 다만 보험서류에서 부보가 최소한 선적일자 이전에 효력이 발생함을 나타내고 있는 경우에는 그러하지 아니하다.

f.
ⅰ. 보험서류는 부보금액을 표시하여야 하고 신용장과 동일한 통화로 표시되어야 한다.

ⅱ. 신용장에 부보금액이 물품의 가액, 송장가액 또는 그와 유사한 가액에 대한 백분율로 표시되어야 한다는 요건이 있는 경우, 이는 요구되는 부보금액의 최소한으로 본다. 신용장에 부보 범위에 부보금액에 대한 명시가 없는 경우, 부보금액은 최소한 물품의 CIF 또는 CIP 가액의 110%가 되어야 한다. 서류로부터 CIF 또는 CIP 가액을 결정할 수 없는 경우, 부보금액의 범위는 요구된 결제(honor) 또는 매입 금액 또는 송장에 나타난 물품에 대한 총가액 중 더 큰 금액을 기준으로 산출되어야 한다.

ⅲ. 보험서류는 최소한 신용장에 명시된 수탁지 또는 선적지로부터 양륙지 또는 최종 목적지 사이에 발생하는 위험에 대하여 부보가 되는 것이어야 한다.

g. 신용장은 요구되는 보험의 종류를 명시하여야 하고, 부보되어야 할 추가 위험이 있다면 그것도 명시하여야 한다. 만일 신용장이 "통상의 위험" 또는 "관습적인 위험"과 같이 부정확한 용어를 사용하는 경우 보험서류는 특정위험을 부보하지 않는지 여부와 관계없이 수리된다.

h. 신용장이 "전위험(all risks)"에 대한 부보를 요구하는 경우, 어떠한 "전위험(all risks)" 표시 또는 문구를 포함하는 보험서류가 제시되는 때에는, 제목에 "전위험(all risks)"이 포함되는가에 관계없이, 또한 어떠한 위험이 제외된다고 기재하는가에 관

계없이 수리된다.

i. 보험서류는 어떠한 제외문구(exclusion clause)에 대한 언급을 포함할 수 있다.

j. 보험서류는 부보범위가 일정한도 본인부담이라는 조건 또는 일정한도 이상 보상 조건(a franchise or excess) (일정액 공제제도, deductible)의 적용을 받고 있음을 표시할 수 있다.

[Article 29] Extension of Expiry Date or Last Day for Presentation
a. If the expiry date of a credit or the last day for presentation falls on a day when the bank to which presentation is to be made is closed for reasons other than those referred to in article 36, the expiry date or the last day for presentation, as the case may be, will be extended to the first following banking day.

b. If presentation is made on the first following banking day, a nominated bank must provide the issuing bank or confirming bank with a statement on its covering schedule that the presentation was made within the time limits extended in accordance with sub-article 29 (a).

c. The latest date for shipment will not be extended as a result of sub-article 29 (a).

[제29조] 유효기일 또는 최종제시일의 연장
a. 신용장의 유효기일 또는 최종제시일이 제시가 되어야 하는 은행이 제36조에서 언급된 사유 외의 사유로 영업을 하지 않는 날인 경우, 유효기일 또는 경우에 따라 최종제시일은 그 다음 첫 은행영업일까지 연장된다.

b. 만일 제시가 그 다음 첫 은행영업일에 이루어지는 경우, 지정은행은 개설은행 또는 확인은행에 제시가 제29조(a)항에 따라 연장된 기한 내에 이루어졌음을 기재한 표지서류를 제공하여야 한다.

c. 최종선적일은 제29조 (a)항에 의하여 연장되지 않는다.

[Article 30] Tolerance in Credit Amount, Quantity and Unit Prices

a. The words "about" or "approximately" used in connection with the amount of the credit or the quantity or the unit price stated in the credit are to be construed as allowing a tolerance not to exceed 10% more or 10% less than the amount, the quantity or the unit price to which they refer.

b. A tolerance not to exceed 5% more or 5% less than the quantity of the goods is allowed, provided the credit does not state the quantity in terms of a stipulated number of packing units or individual items and the total amount of the drawings does not exceed the amount of the credit.

c. Even when partial shipments are not allowed, a tolerance not to exceed 5% less than the amount of the credit is allowed, provided that the quantity of the goods, if stated in the credit, is shipped in full and a unit price, if stated in the credit, is not reduced or that sub-article 30 (b) is not applicable. This tolerance does not apply when the credit stipulates a specific tolerance or uses the expressions referred to in sub-article 30 (a).

[제30조] 신용장 금액, 수량 그리고 단가의 허용치
a. 신용장 금액 또는 신용장에서 표시된 수량 또는 단가와 관련하여 사용된 "about" 또는 "approximately"라는 단어는, 그것이 언급하는 금액, 수량 또는 단가에 관하여 10%를 초과하지 않는 범위 내에서 많거나 적은 편차를 허용하는 것으로 해석된다.

b. 만일 신용장이 수량을 포장단위 또는 개별단위의 특정 숫자로 기재하지 않고 청구금액의 총액이 신용장의 금액을 초과하지 않는 경우에는, 물품의 수량에서 5%를 초과하지 않는 범위 내의 많거나 적은 편차는 허용된다.

c. 물품의 수량이 신용장에 기재된 경우 전량 선적되고 단가가 신용장에 기재된 경우 감액되지 않은 때, 또는 제30조(b)항이 적용되지 않는 때에는, 분할선적이 허용되지 않더라도 신용장 금액의 5% 이내의 편차는 허용된다. 이 편차는 신용장이 특정 편차를 명시하거나 제30조(a)항에서 언급된 표현을 사용하는 때에는 적용되지 않는다.

[Article 31] Partial Drawings or Shipments
a. Partial drawings or shipments are allowed.

b. A presentation consisting of more than one set of transport documents evidencing shipment commencing on the same means of conveyance and for the same journey, provided they indicate the same destination, will not be regarded as covering a partial shipment, even if they indicate different dates of shipment or different ports of loading, places of taking in charge or dispatch. If the presentation consists of more than one set of transport documents, the latest date of shipment as evidenced on any of the sets of transport documents will be regarded as the date of shipment. A presentation consisting of one or more sets of transport documents evidencing shipment on more than one means of conveyance within the same mode of transport will be regarded as covering a partial shipment, even if the means of conveyance leave on the same day for the same destination.

c. A presentation consisting of more than one courier receipt, post receipt or certificate of posting will not be regarded as a partial shipment if the courier receipts, post receipts or certificates of posting appear to have been stamped or signed by the same courier or postal service at the same place and date and for the same destination.

[제31조] 분할청구 또는 분할선적
a. 분할청구 또는 분할선적은 허용된다.

b. 같은 운송수단에서 개시되고 같은 운송구간을 위한 선적을 증명하는 두 세트 이상의 운송서류로 이루어진 제시는, 그 운송서류가 같은 목적지를 표시하고 있는 한 비록 다른 선적일자 또는 다른 선적항, 수탁지 또는 발송지를 표시하더라도 분할선적으로 보지 않는다. 제시가 두 세트 이상의 운송서류로 이루어지는 경우 어느 운송서류에 의하여 증명되는 가장 늦은 선적일를 선적일로 본다. 같은 운송방법 내에서 둘 이상의 운송수단상의 선적을 증명하는 하나 또는 둘 이상의 세트의 운송서류로 이루어진 제시는, 비록 운송수단들이 같은 날짜에 같은 목적지로 향하더라도 분할선적으로 본다.

c. 둘 이상의 특송배달영수증, 우편영수증 또는 우송확인서로 이루어진 제시는 만일 특송배달영수증, 우편영수증 또는 우송확인서가 같은 특송배달용역 또는 우체국에 의하여 같은 장소, 같은 날짜 그리고 같은 목적지로 스템프가 찍히거나 서명된 것으로 보이는 경우에는 분할선적으로 보지 않는다.

[Article 32] Instalment Drawings or Shipments
If a drawing or shipment by instalments within given periods is stipulated in

the credit and any instalment is not drawn or shipped within the period allowed for that instalment, the credit ceases to be available for that and any subsequent instalment.

[제32조] 할부청구 또는 할부선적
신용장에서 할부청구 또는 할부선적이 일정한 기간 내에 이루어지도록 명시된 경우 동 할부 거래를 위하여 배정된 기간 내에 할부청구나 할부선적이 이루어지지 않으면 동 신용장은 해당 할부분과 향후 할부분에 대하여 더 이상 이용될 수 없다.

[Article 33] Hours of Presentation
A bank has no obligation to accept a presentation outside of its banking hours.

[제33조] 제시시간
은행은 자신의 영업시간 외의 제시를 수리할 의무가 없다.

[Article 34] Disclaimer on Effectiveness of Documents
A bank assumes no liability or responsibility for the form, sufficiency, accuracy, genuineness, falsification or legal effect of any document, or for the general or particular conditions stipulated in a document or superimposed thereon; nor does it assume any liability or responsibility for the description, quantity, weight, quality, condition, packing, delivery, value or existence of the goods, services or other performance represented by any document, or for the good faith or acts or omissions, solvency, performance or standing of the consignor, the carrier, the forwarder, the consignee or the insurer of the goods or any other person.

[제34조] 서류의 효력에 대한 면책
은행은 어떤 서류의 방식, 충분성, 정확성, 진정성, 위조 여부 또는 법적 효력 또는 서류에 명시되거나 위에 추가된 일반 또는 특정조건에 대하여 어떠한 책임(liability or responsibility)도 지지 않는다. 또한 은행은 어떤 서류에 나타난 물품, 용역 또는 다른 이행의 기술, 수량, 무게, 품질, 상태, 포장, 인도, 가치 또는 존재 여부 또는 물품의 송하인, 운송인, 운송중개인, 수하인 또는 보험자 또는 다른 사람의 선의 또는 작위 또는 부작위, 지불능력, 이행 또는 지위(standing)에 대하여 어떠한 책임도 지지 않는다.

참고문헌

- 국세기본법 [시행 2022. 1. 1.] [법률 제18586호, 2021. 12. 21., 일부개정]

- 관리대상화물 관리에 관한 고시 [시행 2021. 1. 31.] [관세청고시 제2021-18호, 2021. 1. 31., 일부개정]

- 관세법 [시행 2022. 1. 1.] [법률 제18583호, 2021. 12. 21., 일부개정]

- 관세법 시행령 [시행 2022. 2. 18.] [대통령령 제32449호, 2022. 2. 17., 타법개정]

- 납세업무 처리에 관한 고시 [시행 2020. 5. 8.] [관세청고시 제2020-15호, 2020. 5. 8., 일부개정]

- 대외무역법 [시행 2021. 2. 5.] [법률 제16929호, 2020. 2. 4., 타법개정]

- 대외무역관리규정 [시행 2022. 1. 1.] [산업통상자원부고시 제2021-238호, 2021. 12. 31., 일부개정]

- 대외무역법 시행령 [시행 2022. 1. 1.] [대통령령 제32297호, 2021. 12. 31., 타법개정]

- 반송절차에 관한 고시 [시행 2020. 11. 27.] [관세청고시 제2020-51호, 2020. 11. 27., 일부개정]

- 보세화물 입출항 하선 하기 및 적재에 관한 고시 [시행 2020. 11. 23.] [관세청고시 제2020-40호, 2020. 11. 23., 일부개정]

- 보세화물관리에 관한 고시 [시행 2021. 1. 14.] [관세청고시 제2021-11호, 2021. 1. 14., 일부개정]

- 보세운송에 관한 고시 [시행 2021. 2. 3.] [관세청고시 제2021-25호, 2021. 2. 3., 일부개정]

- 부가가치세법 [시행 2022. 1. 1.] [법률 제18577호, 2021. 12. 8., 일부개정]

- 부가가치세법 시행규칙 [시행 2022. 9. 6.] [기획재정부령 제934호, 2022. 9. 6., 일부개정]

- 소요량의 산정 및 관리와 심사에 관한 고시 [시행 2021. 3. 30.] [관세청고시 제2021-37호, 2021. 3. 30., 일부개정]

- 수입통관 사무처리에 관한 고시 [시행 2021. 12. 8.] [관세청고시 제2021-64호, 2021. 12. 8., 일부개정]

- 수출물품 원산지증명서 발급규정 [시행 2020. 7. 1.] [산업통상자원부고시 제2020-70호, 2020. 5. 15., 전부개정]

- 수출용원재료에 대한 관세 등 환급에 관한 특례법 (약칭: 관세환급특례법) [시행 2020. 6. 9.] [법률 제17339호, 2020. 6. 9., 타법개정]

- 수출용 원재료에 대한 관세 등 환급에 관한 특례법 시행령 (약칭: 관세환급특례법 시행령) [시행 2021. 1. 5.] [대통령령 제31380호, 2021. 1. 5., 타법개정]

- 수출용원재료에 대한 관세 등 환급에 관한 특례법 시행규칙 (약칭: 관세환급특례법 시행규칙) [시행 2021. 7. 30.] [기획재정부령 제862호, 2021. 7. 30., 일부개정]

- 수출용원재료에 대한 관세 등 환급사무처리에 관한 고시 [시행 2021. 12. 28.] [관세청고시 제2021-78호, 2021. 12. 28., 일부개정]

- 원산지제도 운영에 관한 고시 [시행 2017. 5. 11.] [관세청고시 제2017-16호, 2017. 4. 28., 일부개정]

- 자유무역협정의 이행을 위한 관세법의 특례에 관한 법률 (약칭: 자유무역협정(FTA)관세법) [시행 2022. 1. 1.] [법률 제18592호, 2021. 12. 21., 일부개정]

- 자유무역협정의 이행을 위한 관세법의 특례에 관한 법률 시행령 (약칭: 자유무역협정(FTA)관세법 시행령) [시행 2022. 1. 1.] [대통령령 제32277호, 2021. 12. 31., 일부개정]

- 중재법 [시행 2020. 2. 4.] [법률 제16918호, 2020. 2. 4., 일부개정]

- 한-호주 FTA 협정문 [발효 2014.12.12.]

- Margaret L. Moses, "The Principles and Practice of International Commercial Arbitration", New York: Cambridge University Press, 2012

- Daniel C.K. Chow, Thomas J. Schoenbaum, "International Trade Law, Problems, Cases, and Materials", New York: Wolters Kluwer, 2013

- The Uniform Customs and Practice for Documentary Credits, 2007 Revision, ICC Publication no. 600 ("UCP")

- ISO 668:2013-Series 1 freight containers-Classification, dimensions and ratings. ISO 668:2013(E). Archived from the original(PDF) on 31 March 2019.

- Georgia storage containers: Specifications (georgiastoragecontainers.com)

- 관세청 (www.customs.go.kr)

- 국가관세종합정보망 UNIPASS CSP (unipass.customs.go.kr/csp/index.do)

- 관세법령정보포털 UNIPASS CLIP (unipass.customs.go.kr/clip/index.do)

- 관세청종합솔루션 Yes FTA (www.customs.go.kr/ftaportalkor)

- Trade NAVI 통합무역정보서비스 (www.tradenavi.or.kr)

- FTA 강국, KOREA (fta.go.kr)

- 부산항만공사 (www.busanpa.com)

- OPEN 공공누리 (www.kogl.or.kr)

실무자가 알려주는
무역과 수입가이드
A Practical Guide to Trade and Import

초판 1쇄 발행   2022. 12. 23.

지은이   최종훈
펴낸이   김병호
펴낸곳   주식회사 바른북스

편집진행   김재영
디자인   양현경

등록   2019년 4월 3일 제2019-000040호
주소   서울시 성동구 연무장5길 9-16, 301호 (성수동2가, 블루스톤타워)
대표전화   070-7857-9719 | **경영지원**   02-3409-9719 | **팩스**   070-7610-9820

•바른북스는 여러분의 다양한 아이디어와 원고 투고를 설레는 마음으로 기다리고 있습니다.

이메일   barunbooks21@naver.com | **원고투고**   barunbooks21@naver.com
홈페이지   www.barunbooks.com | **공식 블로그**   blog.naver.com/barunbooks7
공식 포스트   post.naver.com/barunbooks7 | **페이스북**   facebook.com/barunbooks7

ⓒ 최종훈, 2022
ISBN 979-11-6545-968-0 03320